MARIA ECCLESIA

마리아와 교회

마리아론과 교회론의 관계

제 2 권

성찰과 자극

Maria-Ecclesia
Perspektiven einer marianisch grundierten Theologie und Kirchenpraxis
by Gisbert Greshake

마리아와 교회 – 마리아론과 교회론의 관계

제2권 • 성찰과 자극

교 회 인 가 • 2025년 4월 24일
제1판 제1쇄 • 2025년 5월 30일

지은이 • 기스베르트 그레사케
옮긴이 • 조한규
펴낸이 • 최준규
펴낸곳 • 가톨릭대학교출판부
등 록 • 제300-1989-1호(1989년 1월 13일)
주 소 • 03083 서울시 종로구 창경궁로 296-12
전 화 • 02-740-9718
전 송 • 02-745-9793
전자우편 • cukpress@catholic.ac.kr
홈페이지 • http://press.catholic.ac.kr
인쇄제작 • 재영아트

ISBN 978-89-7108-395-6 04230
ISBN 978-89-7108-379-6 04230 (세트)

값 35,000원

마리아와 교회

마리아론과 교회론의 관계

제2권

성찰과 자극

기스베르트 그레사케 지음 | 조한규 옮김

가톨릭대학교출판부

"전 교회와 함께 고백한다.
마리아는 하느님의 손에서 빚어 만들어진
피조물에 불과하다.
무한하시고 존엄하신 하느님과 비교해
마리아는 티끌보다 못하며
무(無)일 따름이다.
오직 하느님만이 '그분'이시기 때문이다."

루이 마리 그리뇽 드 몽포르(Louis-Marie Grignion de Montfort)

"예수 그리스도는
'마리아 안에 계시는 하느님'이 아니고
다른 누구이겠는가!"

빌헬름 클라인(Wilhelm Klein SJ)

MARIA
ECCLESIA

II

제2권 | 성찰과 자극

MARIA
ECCLESIA

I

제1권 | 마리아에 관한 성경적·교의적·신학사적 진술

MARIA ECCLESIA

I

마리아에 관한 성경적 · 교의적 · 신학사적 진술

II

성찰과 자극

/옮/긴/이/의/ /글/

『마리아와 교회』 – 가톨릭교회 마리아론의 성사론적 특성

1. 저자와 이 책에 대하여

프란치스코 교황은 성모님에 대한 교회의 오랜 공경의 칭호인 '복되신 동정 마리아'와 '교회의 어머니'라는 칭호가 함께할 수 있는 축일을 로마 보편 전례력에 포함시키도록 권고하였습니다. 이에 교황청 경신성사성 장관 로베르투스 사라 추기경은 교황의 의향에 따라서 2018년 3월 3일자로 '교회의 어머니이신 복되신 동정 마리아'(De Celebratione Beatae Mariae Virginis Ecclesiae Matris) 기념일을 성령 강림 대축일 다음 월요일에 매년 지낸다는 교령을 발표했습니다(『가톨릭평화신문』 2018년 3월 11일자 참조).

교회의 전례 안에서, 그리고 교회 교부들은 마리아의 역사가 교회의 역사와 함께하고 있음을 강조하고 있고, 이는 이번 교령에도 반영되었습니다. "성 아우구스티누스는 마리아를 그리스도의 지체들에 대한 어머니라고 말한다. 그녀가 사랑으로 신자들을 교회 안에서 새롭게 태어날 수 있도록 협력했기 때문이다. 〔…〕 마리아가 동시에 그리스도, 곧 하느님 아들의 어머니이시며, 그리스도의 신비로운 몸인 교회의 지체들의 어머니시라고 말하고 있다.” 또한 교령은 성경이 예수님의 십자가 밑에 마리아가 있었다고 전하고 있고(요한 19,25 참조), 거기서 그녀는 교회의 어머니가 됐다는 점을 분명하게 지적하고 있습니다. “당신 아들이 남기신 사랑의 유언을 받아들이셨으며, 모든 이들을 영원한 생명으로 다시 태어나는 아들딸로, 사랑하는 제자로 각각 맞아들이셨다. 그래서 그녀는 〔…〕 교회의 자애로운 어머니가 되셨다.”

마리아와 교회의 관계는 그리스도교가 자리매김하던 첫 시기부터 서로 밀접한 관계였고, 따라서 초기 교회의 시작과 정착 과정을 이해하기 위해서는 마리아에 대한 이해가 중요합니다. 마리아에 대한 이해는 교회의 본질과 핵심을 이해하기 위한 필연적인 단초 내지 실마리가 될 수 있습니다.

신약 시대는 하느님의 구원계획이 예수 그리스도의 구체적인 인격 안에서 형상화되고 보편화되는 과정이자 완성입니다. 이 책은 신약 시기 이래 구약의 이스라엘 안에서 몇몇 여인들을 통해 예형화되었던 구원론적인 여성상이 신약의 마리아 인격 안에서 실현되었다는 점에 주목합니다. 또한 한 인간의 실존을 초월해서 하느님께로 나아가는 마리아의 모습이 바로 교회의 전형(典型)이고 목적이어야 한다는 점에 주목합니다.

이 책의 저자인 기스베르트 그레사케(Gisbert Greshake)는 독일 가톨릭교회의 사제이자 신학자입니다. 1933년 독일 중서부에 위치한 레클링하우젠(Recklinghausen)에서 태어났고, 1954년부터 1961년까지 독일 뮌스터 대학교와 로마 그레고리오 대학교에서 철학, 신학, 교회음악을 공부했습니다. 1960년 사제 서품을 받고 수년간 본당 사목을 한 후 1969년에 뮌스터 대학교에서 발터 카스퍼

(Walter Kasper) 교수의 지도하에 박사 학위를 받았습니다. 그리고 1972년 독일 튀빙엔 대학교에서 교수자격논문(Habilitation)이 통과되었습니다. 1974년부터 1999년에 은퇴할 때까지 오스트리아 빈 대학교와 독일 프라이부르크 대학교 신학부에서 교의신학, 교의사, 교회일치 신학을 가르쳤습니다. 교의신학, 교회론, 창조론, 종말론에 관한 책을 다수 집필했습니다. 대표적인 저서로는 『죽은 이들의 부활』(*Auferstehung der Toten. Ein Beitrag zur gegenwärtigen theologischen Diskussion über die Zukunft der Geschichte*, Essen, 1969), 『구체적 자유로서 은총』(*Gnade als konkrete Freiheit. Eine Untersuchung zur Gnadenlehre des Pelagius*, Mainz, 1972), 『선사된 자유』(*Geschenkte Freiheit: Einführung in die Gnadenlehre*, Freiburg im Br./Basel/Wien, 1977), 『사제란 무엇인가?』(*Priestersein: zur Theologie und Spiritualität des priesterlichen Amtes*, Freiburg im Br./Basel/Wien, 1982), 『죽음, 그다음엔?』(*Tod – und dann? Ende – Reinkarnation – Auferstehung; der Streit der Hoffnungen*, Freiburg im Breisgau/Basel/ Wien, 1988), 『삼위일체 하느님』(*Der dreieine Gott: eine trinitarische Theologie*, Freiburg im Br./Basel/Wien, 1997), 『마리아와 교회』(*Maria - Ecclesia. Perspektiven einer marianisch grundierten Theologie und Kirchenpraxis*, Regensburg, 2014) 등이 있습니다. 한국에 번역된 책은 『은총 — 선사된 자유』(성바오로출판사, 1979), 『종말 신앙: 죽음보다 강한 희망』(성바오로출판사, 1980) 등이 있습니다.

이 책 『마리아와 교회』(*Maria – Ecclesia*, 번역본의 부제목은 '마리아론과 교회론의 관계'인데, 독일어 원서의 원래 부제목은 'Perspektiven einer marianische grundierten Theologie und Kirchenpraxis', 즉 '마리아에 기반한 신

학과 교회의 실천에 대한 전망'입니다)는 2014년에 독일 푸스텟 출판사(Verlag Friedrich Pustet)에서 출간됐습니다. 저자는 서문에서 자신이 고령이기에 이 책이 자신이 출간하는 방대한 분량의 마지막 책이 될 것이라 밝힙니다. 생애의 마지막 저서가 될 수도 있고, 본인 신학 작업의 마무리가 될 수 있는 시점에 저자는 마리아론이라는 주제를 택합니다. 마리아, 그리고 마리아론은 가톨릭교회에서 너무나 자주 언급되는 주제이지만, 실상 가톨릭교회에서 이 주제는 정확하게 이해되거나 적용되지 않고 있다고 저자는 지적합니다. 그래서 저자는 이 책에서 마리아에 관한 성경과 교부들의 가르침, 그리고 교의사적 흐름을 구체적이고 포괄적으로 제시함으로써, 가톨릭교회 내의 올바른 마리아론을 정립하고자 하였고, 특히 마리아론과 교회론의 관계를 바르게 이해하려고 노력합니다.

이 책의 독일어 원서는 제1부와 제2부로 구성됩니다. 제1부는 '마리아에 관한 성경적·교의적·신학사적 진술'이라는 제목으로, 제2부는 '마리아와 교회 – 성찰과 자극'이라는 제목으로 제시됩니다. 그런데 독일어 원서가 너무 방대해서 한글 번역본은 제1부를 제1권으로, 제2부는 제2권으로 각각 출간합니다. 제1권은 총 7개의 장으로 구성됩니다. 제1장은 성경에서 증언하는 마리아에 대해서, 제2장은 초기 교회 교부들이 이해한 마리아에 대해, 제3장은 마리아의 동정성에 대해, 제4장은 원죄 없이 잉태되심에 대해, 제5장은 마리아의 몽소승천에 대해, 제6장은 지혜라는 개념을 통해 마리아를 바라보고자 하고, 제7장은 비가톨릭교회에서 바라보는 마리아에 대해 서술합니다.

제2권은 총 5개 장으로 구성됩니다. 제1장은 신앙인의 모범으로서 마리아에 대해, 제2장은 마리아와 교회의 관계에 대해, 제3장은 성사성(聖事性), 즉 구원의 대상이자 협력자로 마리아에 대해, 제4장은 마리아의 선재성에 대해, 제5장은 이 책 전체의 전망에 대해 서술합니다.

이 책은 저자가 다양한 초세기의 자료들, 수많은 신학자의 견해를 이용해 소개하고 있고, 특히 독일어 등의 현대어는 물론 고대 그리스어와 라틴어로 된 자료까지 폭넓게 인용하고 있습니다. 초기 교회가 이해했던 마리아의 모습, 그리고 마리아의 삶과 신앙이 교회에 어떤 영향을 주었는지 잘 설명하고 있습니다. 때로는 전통적인 교회의 가르침과 달리 보이는 부분을 강조하는 신학자들의 주장도 소개하고 있지만, 이 책을 전체적인 측면에서 바라본다면 큰 문제는 없다고 판단됩니다. 신학이 추구하는 기본 방향과 영역에 충실하고자 노력한 책입니다.

이 책 제1권은 마리아에 대한 성경적이고 교의사(教義史, Dogmengeschichte)적인 내용입니다. 마리아에 대한 초기 교회의 자료들을 자세하고, 그리고 때로는 인간적인 눈으로 바라보고 있습니다. 그래서 마리아를 세속적인 차원에서도 바라보고 있지만, 결국에는 하느님 구원 경륜의 신비 안에서 이해하고자 합니다. 이 책의 가장 큰 장점은 마리아를 제대로 이해하기 위해서 많은 근거를 제시하고, 다양한 방향과 시각으로 접근한다는 점입니다. 때로는 논쟁적인 내용들, 때로는 전통적인 교의에 도전적인 질문을 던지기도 합니다. 그래서 지금까지 우리가 당연하다고 믿어왔던 내용이 혼란스러울 수도 있지만, 이 모든 것이 결국에는 올바른 길을 가기 위한 반성이고 성찰이라면 충분히 의미 있는 작업이라 믿습니다. 마리아에 대한 올바른 이해, 그리고 이에 기반한 마리아론, 더 나아가 마리아론이 교회론에 어떤 영향과 결과를 미쳤는지를 이해한다면, 신학의 영역이 발전하는 것은 물론이고 신앙의 영역도 풍요로워질 것입니다. 특히 한국에서 마리아와 관련된 사항은 개신교와의 대화나 협력에서 종종 걸림돌이 되곤 합니다. 하지만 만일 가톨릭 신자들이 마리아에 대해서 올바로 이해하고, 제대로 전할 수만 있다면, 오히려 교회 일치 운동에 윤활유 내지 촉진제가 될 수 있을 것입니다.

가톨릭교회의 핵심이자 중심은 당연히 삼위일체 하느님이십니다. 이 사항은 변함이 없습니다. 그리고 삼위일체 하느님의 모든 신비는 예수 그리스도를 통해 밝게, 명확하게, 충만하게 드러났습니다. 따라서 그리스도를 올바로 믿고 따르는 것이 그리스도교라 할 수 있습니다. 그리스도를 따르고 이해하는 데 있어서 가장 중요한 내용은 그리스도의 말씀과 행적이 '**기록된**' 성경(聖經)과 사도들을 통해 그리스도의 말씀과 행적이 '**전달된**' 성전(聖傳, Traditio)입니다. 성경과 성전 다음으로 그리스도가 누구신지 가장 잘 아는 분이 바로 성모(聖母)이신 마리아입니다. 이 세상을 구원하고자 하시는 하느님의 뜻을 받아들여 "예!"라고 대답하신 후, 그리스도의 몸을 가장 먼저 당신 안에 품으신 후 이 세상에 낳으셨던 분입니다. 우선 예수님을 낳으신 어머니로, 그리고 평생 예수님만을 따른 동정녀로 사셨습니다. 교회는 성모님이 그러셨던 것처럼, 그리스도를 믿는 사람들을 낳는 어머니 역할을 해야 하고, 평생 오직 그리스도만을 따르는 동정녀 역할을 해야 합니다. 교회의 본질과 사명은 예수님을 통해 밝히 드러났고, 성모님의 모범을 통해 우리에게 이해됩니다. 구약의 이스라엘 백성이 하느님의 선택을 통해 계약을 맺었습니다. 구약은 하느님의 백성을 시온의 딸이라 불렀습니다. 초기 교회 교부들은 새 하느님 백성인 교회 역시 시온의 딸이라 불렀는데, 교회 이전에 성모님을 선택된 백성이자 성사적 백성, 즉 시온의 딸이라 불렀습니다.

2. 시온의 딸, 마리아, 교회

이스라엘, 마리아, 그리고 교회 등은 성경이 증언하는 하느님의 구원 역사 안에서 성사적(聖事的) 특성이 가장 잘 드러나는 대표적인 개념들입니다.

우선 구약의 이스라엘 백성을 상징하는 '시온의 딸'이라는 표현은 제2차 바티칸 공의회가 신약의 마리아를 부르는 대표적 호칭입니다. "약속의 오랜 기다림 뒤에, 마침내 빼어난 시온의 딸인 이 여인과 더불어 때가 차고 새로운 계획이 시작되었으며, 그때에 하느님의 아들이 이 여인에게서 인성을 받아들이시어 당신 육신의 신비로 인간을 죄에서 해방시키셨다"(「교회 헌장」 55항). 공의회는 이 단어를 통해서 교회 개념과 관련해서 마리아론이 갖는 중요한 의미를 설명합니다. 먼저, 남성적이고 제도적인 하느님 백성으로 이해되는 교회를 보다 여성적이고 모성적으로, 즉 단순히 백성 개념이나 제도로서의 조직을 넘어서는 교회를 표상하고 있습니다. 동시에, '시온의 딸'이라는 표현 안에는 마리아의 위치와 의미를 신약은 물론 구약의 맥락 안에서 이해하고, 구약과 신약 전체에 연결된 구원의 연속성 안에서 바라보고자 하는 의도 역시 포함하고 있습니다.[1]

구약성경에서 '시온'은 성경의 여러 본문에서 예루살렘 전체(참

조: 즈카 8,2~3; 미가 3,12~4,2)를 가리키거나 예루살렘의 중심인 성전이 있는 자리 혹은 성전 자체를 의미하는 표현입니다.[2] '시온'이라는 단어가 함축한 의미는 일차적으로 예루살렘이라는 도시와 연결되지만, 궁극적으로는 이스라엘의 전체적인 회복과 관련해서 다시금 성전이 세워질 성스러운 장소라는 의미로서 종말론적이고 구원론적인 희망을 포괄한다고 할 수 있습니다.[3] 시온은 율법이 새롭게 주어지고, 새로운 계약이 맺어질 장소로 묘사됩니다. 특히, 예언서에서 시온을 새로운 시나이(이사 2,2)로 묘사하거나 토라는 시온에서 나온다(이사 2,3)고 표현하기도 합니다. 시온과 관련된 사상의 중심에는 하느님께서 이스라엘을 선택하셨고, 그들과 함께 머무르기로 하셨다는 하느님의 구원계획이 함께합니다. 그리고 그들에게 자리한 선민의식은 이스라엘을 이집트에서 탈출시키고, 시나이 산에서 계약을 맺으며, 약속의 땅으로의 정착과 연결되고 있습니다. 결국 시온 사상은 하느님의 부르심과 선택에서 출발하여, 이스라엘을 구원으로 이끄시려는 하느님과

---

1) 요셉 라칭거는 신약의 마리아상(像)은 구약의 실마리에서 형성되었고, 따라서 올바른 마리아 이해를 위해서 신약을 통해 구약을 읽어 나가거나, 아니면 그 반대로 접근해 갈 수도 있다고 주장한다. 라칭거의 주장에 따르면, 사라 혹은 사무엘의 어머니인 한나 같은 구약의 위대한 어머니상이 신약의 마리아 묘사에 수용되었고, 특히 예언자들이 간택과 계약의 신비, 즉 이스라엘에 대한 하느님 사랑의 신비를 시온의 딸로 진술함으로써 시온의 딸에 관한 신학이 구성되었다고 한다(참조: 요셉 라칭거, 『시온의 딸』, 김정희 역, 성바오로출판사, 1990, 13쪽).

2) 시온(Sion, Zion)은 다윗이 여부스인들에게 빼앗은 예루살렘의 성(2사무 5,6~7)으로, 예루살렘의 동쪽 산마루, 성전의 남쪽에 위치해 있다. 다윗은 그곳에 '계약의 궤'를 모셨고(1사무 6,12), 솔로몬은 그 북쪽에 하느님의 성전을 짓고 '계약의 궤'를 모셨다(1열왕 6장). 시온이라는 이름은 예루살렘에 있는 하느님의 성산(聖山)이란 뜻으로 쓰였고(시편 2,6), 예루살렘의 대명사로 쓰였으며(이사 1,27), 은유적으로 천상 도시(히브 12,22; 묵시 14,1)를 뜻하기도 한다(참조: 백민관, 『가톨릭에 관한 모든 것. 백과사전』 3, 가톨릭대학교출판부, 509쪽). 그리스도인들에게는 최후의 만찬과 성령 강림이 이루어진 곳이고, 제자들이 성모 마리아와 함께 머물렀던 장소를 통칭하는 의미로도 사용된다(참조: 『한국가톨릭대사전』 제8권, 한국교회사연구소, 5338쪽).

3) Cf. G. Fohrer / E. Lohse, "Zion", *TDNT* Ⅶ, pp.301~302.

맺은 계약을 통해 주어진 신앙의 토대가 됨으로써 구체화됩니다.[4] 하느님 백성으로서 이스라엘은 성사적 백성으로서의 자기 정체성, 즉 온 세상을 향한 하느님의 보편적 구원 의지 안에서 그들이 먼저 구원의 대상이자, 동시에 모든 민족의 구원을 위한 도구로 자리매김해야 했습니다.

그리고 특히 구약에서 이스라엘이 자신을 일컫는 대표적 표현 중 하나인 '시온의 딸'은 구원에 대한 희망을 간직한 이스라엘의 모든 지체들(요엘 3,1), 예루살렘(이사 23,10.12; 47,1) 등으로 묘사되는 하느님 백성을 인격화한 개념입니다.[5] 선택된 하느님 백성으로서 시온의 딸은 '야훼의 신부'(호세 1,3; 이사 1,21; 62,4; 예레 2,2; 3,1), '어머니 시온'(시편 87,5), '처녀 이스라엘'(이사 47,1~4; 예레 18,13; 31,4; 31,21; 아모 5,1 이하) 등으로도 표현됩니다. 여기서 눈여겨볼 점은 이스라엘이 신부, 딸, 어머니 등의 호칭은 물론, 심지어 '처녀'라고도 언급된다는 점입니다. 사실 구약성경에서 '처녀'라는 개념과 관련해서는 긍정적인 의미의 언급이 많지 않습니다. 당시

---

4) 구약 시대 계약의 특징, 특히 유배 시대 전후 이스라엘에 주어진 계약의 의미와 특징에 대해서 다음과 같이 이야기할 수 있다. "구약성서에 있어서 '계약'은 항상 하느님 앞에서의 이스라엘 백성의 유일한 위치에 대한 믿음의 표현이었다. 이스라엘이 하느님의 선택된 민족임을 드러내는 신앙의 표현인 계약은 시기적으로 볼 때 이스라엘 역사의 이른 시대나 왕조 시대의 예언자들에게서 보다 유배 시대를 전후하여 상대적으로 빈번하게 등장하고 있다. [···] 이러한 계약 전승은 제2 이사야 예언자에 의해 계승되어지는 바, 그에게 있어서도 계약 사상은 '신앙의 토대'(Glaubensgrundlage)가 되고 있다. [···] 특히 다윗 계약에 대한 자유로운 해석을 통해 지금까지 구약성서 신학에서 그 유래를 찾아볼 수 없는 독특한 사상, 즉 이스라엘이 하느님과 맺는 계약의 파트너로서 그분의 보편적 구원계획 안에서 하나의 역할을 수행하는 사명을 부여받았음을 제시하였다"(송재준, 「제2이사야의 계약사상에 대한 고찰: 이스라엘의 새로운 자기이해」, 『가톨릭신학』 제2권(2003/여름), 103~105쪽).

5) Cf. "Tochter", *LThK* Band Ⅹ, Freiburg, 1961, p.65. 그리고 '시온'은 단순하게 지역이나 건물을 가리키는 표현이 아니고, 시온이라는 도성은 백성을 위한 능동적 기능을 가진 하나의 인격체, 혹은 인격적 관계를 지닌 여성으로 제시된다. 참조: N. 로핑크·E. 쩽어, 『이스라엘의 하느님과 민족들』, 박영식 옮김, 가톨릭출판사, 2008, 203~204쪽).

에 한 여자가 결혼을 못 한다는 것은 거의 저주로 여겨지기도 했습니다.[6] 이스라엘이 구약성경에서 처녀로 비유된 곳에서는 자기 스스로 독립적으로 할 수 있는 것이 거의 없는 자신들의 처지를 드러내고 있습니다. 이 개념들은 유일무이한 야훼(JHWH) 하느님 없이는 스스로 아무것도 할 수 없는 하느님 백성의 현실과 운명을 분명하게 보여 주고 있습니다. 결국 '시온의 딸'은 하느님에 의한 선택과 계약을 통해 구원의 보증을 받고, 따라서 모든 민족의 어머니가 되어야 하며, 모든 것을 야훼 하느님께 의지해야만 하는 이스라엘 자신을 반영합니다.[7]

또한 선택된 하느님 백성인 이스라엘을 인격화한 '시온의 딸'이라는 표현은 구약성경에서 새로운 백성의 탄생을 암시하기도 합니다. "마지막 때에 주님의 집이 서 있는 산은 〔…〕 주님의 산으로 〔…〕 시온에서 가르침이 나오고 예루살렘에서 주님의 말씀이 나오기 때문이다. 〔…〕 주님이 시온 산에서 이제부터 영원토록 그들을 다스리리라"(미카 4,1~14).[8] 여기서 '시온의 딸'은 다시 세

---

6) 예를 들어, 이사 47,1 "처녀 딸 바빌론아 내려와 먼지 위에 앉아라. 딸 칼데아야 왕좌가 없으니, 땅바닥에 앉아라. 사람들이 너를 더 이상 부드러운 여인이라고, 상냥한 여인이라고 부르지 않으리라"; 예레 18,13 "그러므로 주님께서 이렇게 말씀하신다. "뭇 민족에게 물어보아라, 누가 이 같은 말을 들어 보았느냐고. 처녀 이스라엘이 너무나 끔찍한 일을 저질렀다"; 예레 31,4 "처녀 이스라엘아 내가 너를 다시 세우면 네가 일어서리라. 네가 다시 손북을 들고 흥겹게 춤을 추며 나오리라"; 예레 31,21 "너 자신을 위하여 길에 이정표를 세우고 푯말을 박아 놓아라. 네가 다녔던 큰길 작은 길을 깊이 헤아려 보아라. 처녀 이스라엘아, 돌아오너라. 네가 살던 이 성읍들로 돌아오너라"; 아모 5,2 "처녀 이스라엘이 쓰러져 다시는 일어나지 못하는구나. 제 땅에 내던져졌어도 일으켜 줄 사람 하나 없구나" 등이다.

7) 이와 관련해서 라칭거는 다음과 같이 강조하고 있다. "이스라엘의 위대한 여인들은 이스라엘 백성 자신의 존재와 의미를 대리하고 있다. 이러한 여인의 역사는 바로 하느님 백성의 신학인 동시에 하느님 백성을 통한 계약의 신학이다. 이스라엘 여인들은 계약의 범주를 포괄하며, 그 범주의 내용과 영적 방향을 제시해 주고, 이러한 여인상은 구약의 신심 즉, 구약에서 하느님과의 관계 속으로 파고든다"(라칭거, 앞의 책, 20쪽).

8) 이외에도 다음 구절들이 있다. "딸 시온아, 환성을 올려라. 이스라엘아, 크게 소리쳐

워지게 될 하느님의 백성을 일컫는 이름이 되고 있습니다. 즉 모든 이스라엘 전체가 아니라 유배에서 돌아온 '남은 자'들과 같은 선택받은 의인들을 의미합니다. 그들에게서 하느님의 새로운 백성이 나오게 됩니다.[9] 이스라엘의 '남은 자'와 연결된 '시온의 딸'은 고통스러운 출산을 겪기는 하지만 출산 후 맞이하게 될 커다란 기쁨에 초대되고 있습니다(참조: 즈카 9,9; 요엘 2,21~27). 왜냐하면 이들은 곧 승리와 구원을 얻게 될 것이기 때문입니다. 따라서 '시온의 딸'은 하느님을 믿고 의지하는 사람들에게 희망을 상징하는 표현이 됩니다.[10] 아울러 '시온의 딸'은 메시아 왕권을 수립하는 데 있어서 주 하느님의 공동 협력자로 나타나고 있습니다. 예언자들에게도 역시 자주 간택된 백성으로서의 이스라엘이 여성으로서, 동정녀로서, 애인으로서, 아내로서, 또 어머니로서 묘사됩니다(참조: 애가 1,15; 1,16; 시편 87,4~5).

초기 그리스도교 전승은 처녀이면서 어머니인 마리아에게서 이러한 '시온의 딸'과 관련된 예언들이 실현되는 것으로 보고 있습니다. 마리아는 메시아를 기다리는 '시온의 딸'이고 그 실현이며, '시온의 딸'을 마리아의 예형(豫型)이라고 말할 수 있습니다. 성서와 교부들만이 아니라 현대의 많은 신학자들도 마리아를 시온의

라. 딸 예루살렘아, 마음껏 기뻐하고 즐거워하여라"(스바 3,14). "딸 시온아, 한껏 기뻐하여라. 딸 예루살렘아, 환성을 올려라. 보라, 너의 임금님이 너에게 오신다. 그분은 의로우시며 승리하시는 분이시다. 그분은 겸손하시어 나귀를, 어린 나귀를 타고 오신다"(즈카 9,9). "시온의 자손들아, 주 너희 하느님 안에서 즐거워하고 기뻐하여라. 주님이 너희에게 정의에 따라 가을비를 내려 주었다"(요엘 2,21~27).

9) 구약성경에서 '남은 자'가 의미하는 것은 한편으로는 하느님께서 구원의 대상으로 선택된 자로서의 남은 자, 즉 선민의식을 드러내고, 다른 한편으로는 하느님 구원 사업에 있어서 임무를 수행해야 하는 소명 의식을 드러내고 있다(cf. J. Lindblom, *Prophecy in Acient Israel*, Philadelphia: Fortress Press, 1965, pp.365~367).

10) 참조: 조규만, 『마리아, 은총의 어머니』, 가톨릭대학교출판부, 1998, 25쪽.

딸과 연관시키고 있습니다. 예를 들어, 교부 예로니모(Hieronymus)는 구약의 여러 예언을 마리아에 적용시키면서, 이사 37,22의 '시온의 딸 처녀'를 마리아에게 적용합니다. 그리고 현대의 여러 신학자 중에 특히 포테리(Ignace de la Potterie), 콩가르(Yves Congar), 발타사르(Hans Urs von Balthasar), 라칭거(Joseph Ratzinger, 교황 베네딕토 16세), 뢰저(Walter Löser) 등은 마리아를 '시온의 딸' 혹은 비슷한 의미로 '인격화된 이스라엘'(Israel in Person), '참된 이스라엘'로 묘사합니다.[11] 이는 신약의 마리아 안에서 구약성경이 말하고 있는 '시온' 또는 '시온의 딸'이 지닌 종말론적이고 구원론적인 의미가 종합되고 귀결된다는 것입니다.

새로운 계약의 백성은 하느님이 선택하신 구원 계획의 우선적(exclusive) 대상이자 동시에 모든 시대와 모든 사람을 위한(inclusive) 구원의 도구입니다. 그리스도의 몸으로 이루어진 새 하느님 백성인 교회는 제2 위격의 동정녀 잉태를 통해서 준비되었습니다. 그리스도교 공동체는 인류 구원을 위한 예수 그리스도 사건들이 원죄 없이 잉태되신 하느님의 어머니가 보여 준 신앙적 순종의 "예!"와 밀접하게 연결되었음을 잘 알고 있습니다. 그래서 교회는 구약성경에 드러난 구원론적 표징인 동정녀, 어머니, 시온의 딸 등의 호칭을 마리아에게 적용하여 부릅니다.

교회의 가장 깊은 본질 역시 그리스도와의 관계에서 유래하는 마리아의 모성과 동정성에 근거해서 유비(類比)적으로 이해될 수

---

11) Cf. I. d. l. Potterie, *Marie dans le mystee de l'alliance*, Paris, 1988; Y. Congar, *Le Christ, Marie et l'Eglise*, Paris, 1952; H.U. v. Balthasar, *Sponsa Verbi. Skizzen zur Theologie* Ⅱ, Einsiedeln, 1961; 요셉 라칭거, 『시온의 딸: 교회의 마리아 신앙에 대한 고찰』, 김정희 옮김, 성바오로출판사, 1990; W. Löser, "Maria, die Tochter Zion", in: A. Raffelt(Hrsg.), *Weg und Weite. Festschrift für Karl Lehmann*. Freiburg/Basel/Wien, 2001, pp.535~547.

있습니다. "마리아와 교회 사이의 일치가 〔…〕 말씀을 통해 이루어졌다. 마리아는 신앙을 통해 그리스도를 품었고, 그리스도인들은 교회 안에서 신앙과 세례를 통해 그리스도를 품는다. 마리아가 그리스도를 낳은 것처럼, 교회는 그리스도를 낳는다. 마리아와 교회는 동정녀이기 때문에, 그 둘은 진정 다산(多産)이 가능하다."[12] 서방교회의 대표적인 신학자인 아우구스티누스(Aurelius Augustinus) 역시 마리아와 교회가 유비적으로 어머니이자 동정녀라는 연관성을 강조합니다.[13] 그리고 이에 근거해서 아우구스티누스는 마리아를 교회의 전형(典型, Typus)이자 원형이며 모범이라고 강조합니다.[14]

영원하신 하느님의 말씀이 특정한 한 여인 안에서 인간이 되신 것은 구세사 전체에서 매우 상징적인 사건입니다. 이 사건은 시온의 딸인 이스라엘의 종말론적이고 구원론적 완성이 마리아라는 구체적인 한 인격 안에서 실현되었음을 의미하기 때문입니다. 제2 위격이신 '하느님의 말씀'을 직접 몸에 품은 마리아가 하느님께 순명해야 하는 이스라엘의 인격화된 표상으로 이해될 수

12) G. Lohfink / L. Weimar, *Maria - nicht ohne Israel. Eine neue Sicht der Lehre von der Unbefleckten Empfängnis*, Freiburg, 2008, p.272.

13) "마리아는 교회의 머리를 출산하였다. 교회는 너희 지체들을 출산하였다. 그러므로 교회 역시 동정녀요 어머니이다. 사랑의 자궁을 가진 어머니요, 그 신앙과 신심의 온전성을 통해서 동정녀이다"(Augustinus, *Sermo* 192, 2: PL 38, pp.1012~1013; 재인용 - 조규만, 앞의 책, 186쪽).

14) "교회가 그리스도의 어머니라는 것 또한 사실이다. 마리아는 어머니로서 교회의 모습을 앞서 보여 주고 있다"(Augustinus, *De Sermone Denis* 25, 8: Miscellanes Agostiniana 164; 재인용 - 조규만, 앞의 책, 186쪽). 발타사르는 자신의 책에서 교회와 관련된 '마리아적인 원칙'(Das marianische Prinzip)에 대해서 이야기한다. 즉, 마리아는 교회의 전형이자, 원형이며, 마리아는 교회의 모성 그 자체라는 주장이다. 따라서 남성인 베드로가 교회 직무를 대표한다면, 여성인 마리아는 교회 전체를 드러낸다는 것이다. 발타사르는 마리아적이고 여성적인 교회상 역시, 남성적이고 베드로적인 교회상만큼이나 중요하다고 주장한다(cf. H.U. v. Balthasar, *Schleifung der Bastionen. Von der Kirche in dieser Zeit,* Einsiedeln, 1952, p.27).

있기에, 마리아가 보여 준 한 인간의 응답과 실존적 삶 전체는 새 하느님 백성인 교회의 전형이 될 수 있습니다.

첫 번째 하느님 백성과 새 하느님 백성 사이의 연속성과 비연속성이 마리아를 통해 구체화됩니다. 옛 계약의 백성은 유일한 진리이신 하느님의 계시를 구체적인 역사적 체험을 통해서 받아들이고, 전달해 가면서 그 깊은 의미를 깨달았습니다. 그들에게는 자신들의 하느님인 야훼와 함께한 역사와 체험이 바로 진리이고 계시 자체이며 세상 모든 것의 핵심 의미입니다.[15] 역사와 체험을 통해 전해진 하느님의 뜻은 율법(Tora)이 되었고, 이스라엘은 율법을 통해 하느님의 백성임을 확인해 왔습니다. 선택된 백성은 우선 계약으로 보증된 구원을 선취하고, 이후 세상 모든 민족을 시온, 즉 이스라엘에 계신 야훼께로 이끌어야 하는 사명을 갖습니다. 이스라엘은 하느님 백성으로서의 정체성을 지닐 때, 즉 구원의 대상이자 도구, 즉 성사적 백성이 될 때 온전히 하느님 백성이 될 수 있습니다.

새 하느님 백성은 스스로를 '에클레시아'(ἐκκλησία, Ecclesia, 회중)라는 단어로 규정했습니다. 이는 구약의 이스라엘 백성이 스스로를 규정한 '카할'(קהל, Qahal, 회중)의 그리스어 번역입니다. 그리스도를 머리로 하는 이 공동체는 자신을 새로운 이스라엘, 새로운 하느님 백성, 새 계약의 백성 등으로 이해함으로써, 구약의 백성과의 연속성 안에서 자신의 정체성을 찾고자 노력하였습니다. 특히 구약의 끝에서, 그리고 신약의 시작에서 마리아는 선택

15) 참조: 조한규, 「보편적이고 구체적인 진리로서 역사적 예수: 교황 베네딕토 16세의 신학 안에서 그리스도교 본질 연구」, 『신학전망』 194(2016), 광주가톨릭대학교출판부, 38~41쪽.

과 계약으로 시작되는 하느님 백성이 갖춰야 할 참된 신앙과 순명의 자세를 보여 주고 있습니다. 하느님의 구원 계획에 하느님 백성을 대표해서 "예!"라고 순명함으로써, 마리아는 참된 이스라엘이자, 이스라엘의 '남은 자'의 표상을 드러냈으며 시온의 딸이 되었습니다. 계약 사상에 근거한 하느님의 구원 계획이 마리아 안에서 실현되었습니다.

그리고 마리아는 하느님의 구원 계획에 신앙적 순종을 통해 응답하고 협력했을 뿐만 아니라, 그리스도를 머리로 하는 새로운 계약의 백성인 교회의 첫 번째 구성원, 즉 그리스도와 온전히 결합한 첫 인물이었습니다. 그리스도에 근거한 새로운 백성과 새로운 계약이 마리아를 통해 시작되었고 구체화되었습니다. 따라서 옛 백성과 새 백성 사이의 연속성과 비연속성이 그리스도와 마리아의 관계를 통해 분명하게 드러납니다. 마리아는 말씀의 육화라는 하느님 구원계획의 정점에서 구원의 대상이자, 구원의 도구, 즉 '성사'가 되었습니다. 구원의 성사로서 마리아의 실존적 삶은 "탁월하고도 독특하게"(eminenter et singulariter, 「교회 헌장」 63항) 교회보다 앞서서 존재했고, 교회가 지녀야만 하는 어머니 또는 동정녀라는 교회의 근본적인 자세를 모범적으로 보여 줍니다.

3. 마리아와 교회, 마리아와 성체성사

요셉 라칭거(교황 베네딕토 16세)는 교회의 본질적 특성을 무엇보다 '하느님 백성'과 '그리스도의 몸' 개념을 통해서 설명합니다.[16)]

'하느님 백성'이라는 개념을 통해서는 첫 하느님 백성인 이스라엘과 새 하느님 백성인 교회 사이의 연속성을 강조합니다. 구약의 백성은 선택과 계약을 통해서 하느님의 구원 역사를 자신들의 역사 안에서 체험하였습니다. 그리고 새로운 하느님 백성에 대한 선택과 계약은 옛 계약과의 연속성 안에서 동시에 예수 그리스도를 통해 주어지는 비연속성 안에서 지속되고 보증되고 있습니다.[17] 오늘날 '하느님 백성'이라는 개념이 여전히 교회를 특징짓는 가장 대표적 호칭이기는 하지만, 이 개념은 교회가 지닌 신비의 전체적인 측면을 대변하지는 못합니다. 본래 구약의 백성에게 주어졌던 '하느님 백성'이라는 호칭은 예수 그리스도가 직접 설립한 교회 안에서 그리스도론적 혹은 성령론적 해석을 거친 후에 교회에 새롭게 적용되었습니다. 교회는 새 계약을 맺은 새 백성입니다(「교회 헌장」 9항).

그래서 '하느님 백성'을 보완하는 동시에 교회의 가장 깊은 본질을 드러내는 또 다른 표현은 '그리스도의 몸'입니다. 이 개념은 1943년에 반포된 교황 비오 12세 회칙 「그리스도의 신비체」(*Mystici Corporis Christi*)에서 교회를 그리스도의 몸으로 규정한 이래 교회의 본질에 관한 중심 개념으로 자리 잡았습니다. "거룩하고 보편적이고 사도로부터 이어 온 로마 교회인 이 참된 그리스도 교회의 본질을 설명하는 데 있어서 〔…〕 교회가 '그리스도의 신비체'로서 규정되는 표현보다 더 적합할 수 없다"(13항). 이 문헌에서는 '그리스도의 신비체'가 교회와 동일시되고 있고, 신비체로서의 교회 개념이 다시금 강조되고 심화되어 표현되고 있습니다. 그리고 제2차 바티칸 공의회 「교회 헌장」 역시 교회가 그리

---

16) Cf. J. Ratzinger, *Das neue Volk Gottes*, Düsseldorf, 1969, p.96.

17) Cf. "Kirche", in: *LThK* Band 4, Freiburg, 1961, p.175.

스도의 몸이라는 교회의 가장 깊은 본질에 대해서 강조합니다(7항).[18]

사실 '그리스도의 몸으로서 교회'를 이해하는 것은 바오로 사도의 신학에 기초합니다. 바오로는 교회를 '그리스도의 몸', 그리고 그리스도인들을 '그리스도의 지체'라고 표현하고 있습니다(참조: 1코린 6,12~20; 10,14~22; 12,12~31; 15,21 이하; 44~49; 로마 12,4~8; 5,12~21; 6,1~11; 갈라 3,16.26~28). 그리고 그리스도와 그리스도인의 하나됨을 설명할 때 바오로 사도는 성체성사와 관련하여 언급하고 있습니다(참조: 1코린 10,14~22; 12,13; 로마 6,1~11). 교회는 성체성사를 통해 그리스도의 몸이 될 때 자신의 주님과 하나가 되고, 믿는 이들의 공동체와 하나가 된다고 합니다(1코린 10,14~22 참조). 성체성사 안에서 모든 믿는 이들은 "빵이 하나이므로 우리는 여럿일지라도 한 몸"(1코린 10,17)이 되기 때문입니다. 사도 바오로는 또한 로마 5장에서 인류와 아담의 관계, 그리고 그리스도를 통한 인류 구원에 대해서 언급하고 있습니다. 두 번째 아담인 그리스도를 통해서 인간은 새로운 몸으로 변화되고, 이 새로운 몸은 세례를 통해 실현되며(참조: 로마 6,1~11; 1코린 12,12~13), 성체성사 안에서 완성됩니다(1코린 11,17~34 참조).

교회는 가시적인 예배형식인 성체성사를 거행함으로써 비가시적인 그리스도의 신비로운 몸을 기억하고 기념하며 재현합니다. 이때 비로소 교회는 자신의 참된 본질을 실현합니다. 교회는 그

18) 『가톨릭교회 교리서』(*Catechismus Catholicae Ecclesiae*, CCE, 1992) 역시 교회는 '그리스도의 몸'이라는 점에 대해서 분명히 언급한다. "교회를 몸에 비유하는 것은 교회와 그리스도의 관계가 얼마나 밀접한지 잘 보여 준다. 교회는 단순히 그리스도 주위에 모인 것이 아니라, 그분의 몸 안에서, 그분 안에 하나가 되었다. 그리스도의 몸인 교회의 세 가지 측면, 곧 그리스도와 결합하여 이루는 모든 지체 간의 일치, 그 몸의 머리이신 그리스도, 그리스도의 신부인 교회는 특히 강조되어야 한다"(789항).

리스도와 하나가 될 때 하느님 백성이 되고, 그리스도인들은 교회가 그리스도의 몸이 될 때, 즉 성체성사가 거행될 때 비로소 하느님 백성이 됩니다. 따라서 사도 바오로 신학 안에서 교회의 핵심 개념은 교회가 그리스도의 몸으로부터 비롯된 하느님 백성이라는 것입니다.[19]

단순히 구약의 '하느님 백성'이라는 표현을 다시 언급하지 않고, 새롭게 '교회'(Ecclesia)라는 표현을 사용한 것은 새 하느님 백성의 본질적 특성을 '그리스도의 몸' 개념으로부터 이해했다는 것입니다. 새로운 계약의 백성인 교회는 그리스도의 몸에서 비롯되었습니다. 그리고 '신비로운 그리스도의 몸'과 '그리스도의 신비체' 사상은 교회 안에서 '그리스도의 현존' 개념과 함께 발전합니다. 앙리 드 뤼박(Henri de Lubac)은 '신비체'(corpus mysticum)라는 단어가 그리스도의 몸으로서 교회와 성체성사 사이의 불가분의 관계를 의미한다고 주장합니다.[20] 그리스도의 몸으로서 교회 개

---

19) "예수는 '교회' 즉 하나의 가시적인 구원 공동체를 만들었다. 예수는 교회를 최후의 만찬에서 기인하고 형성되고 지속적인 근거를 갖는 새로운 이스라엘, 새로운 하느님 백성으로 이해했다. 달리 말하자면, 새로운 하느님 백성은 그리스도의 몸으로부터 비롯된 백성이다"(J. Ratzinger, *Das neue Volk Gottes*, p.80).

20) 이 '신비체'라는 단어는 오늘날 신학자들로부터 결국에 '성체성사 교회론' 혹은 '친교 교회론'의 개념을 이끌게 되었는데, 제2차 바티칸 공의회 기간 중에 큰 주목을 받았고, 특히 「교회 헌장」에 중요한 가르침으로 받아들여졌다(cf. J. Ratzinger, *Die Ekklesiologie des Zweiten Vatikanums*, Einsiedeln, 1987, p.43). 교회가 그리스도의 신비체라는 함축에는 두 가지 중요한 의미가 담겨 있다. 첫째, 그리스도 자신이 교회를 세우셨고, 그분은 교회 안에 계시다. 그분의 교회를 통해 육화의 신비가 지금 이곳에서 현재화하고 있고, 교회는 언제나 그리스도의 현존을 드러낸다. 따라서 제2차 바티칸 공의회 「교회 헌장」의 첫머리는 교회의 신비와 관련해서 이렇게 시작하고 있다. "인류의 빛은 그리스도이시다"(Lumen Gentium cum sit Christus, 1항). 둘째, 교회가 그리스도의 신비체라는 개념은 교회가 지닌 그리스도와의 가장 긴밀하고 내밀한 관계를 의미한다. 교회는 그리스도를 통하여, 그리스도와 함께, 그리스도 안에서 실행하는 성사들 안에서, 그리고 그분을 향한 믿음과 희망과 사랑으로 형성되어 간다. 교회의 자기 정체성을 언제나 그리스도와 밀접한 관계를 맺는다. 교회가 그리스도와 동일시되지는 않지만, 교회는 언제나 그리스도와 불가분의 관계 안에 놓여

념은 성체성사와 직접 연결이 됩니다(1코린 10,16~17 참조). 성체성사를 거행하는 교회는 그리스도의 몸이기 때문에 그리고 그리스도의 성사로서 존재하기 때문에 새로운 하느님 백성이 될 수 있습니다.

현세에서 교회에 주어진 핵심적 역할은 전례를 통해 그리스도의 현존을 드러내는 성사적 공동체입니다. 성체성사는 교회의 원천이고, 교회는 성체성사가 거행되는 바로 그곳에 존재하고 그곳에서 자신의 본질을 실현합니다. 성체성사가 거행되는 제대 위에서 주님 현존의 신비는 매일매일 새롭게 현재화합니다. 따라서 성체성사는 다른 모든 성사와 구분이 되고, 성체성사를 거행하는 것이 그리스도교만의 특별한 점입니다. 교회는 성체성사 거행 안에서 교회의 참된 모습을 실현하고, 그리스도인의 본질을 구현합니다(「교회 헌장」 26항).

성체성사를 거행하는 것이 성사적 교회의 본질이고 핵심이기에, 새로운 하느님 백성의 근원적인 출발점은 교회의 성체성사에 있습니다. 성 요한 바오로 2세 교황의 회칙 「교회는 성체성사로 산다」(*Ecclesia de Eucharistia vivit*)[21]는 교회와 성체성사의 필연적 관계를 조명하면서, 교회 신비의 핵심이 성체성사를 통해 주어지고 있음을 분명히 합니다.

제2차 바티칸 공의회가 성체성사는 "그리스도교 생활 전체의 원천이며 정점"(「교회 헌장」 11항)이며 "주님과 인간의 계약이 성찬

있다(cf. *ibid*., pp.13~15).

21) 2003년 4월 17일에 반포된 본 회칙은 서론과 본론 총 6장(제1장 신앙의 신비, 제2장 교회를 세우는 성체성사, 제3장 성체성사와 교회의 사도 전래성, 제4장 성체성사와 교회 친교, 제5장 성찬례 거행의 품위, 제6장 '성찬의 여인'이신 성모님의 학교에서), 그리고 결론 등 62항으로 구성되어 있다.

례에서 새로워"(「전례 헌장」 10항)진다는 점을 강조하였는데,[22] 이 회칙 역시 공통된 관점하에서 "신자 공동체 안에서 그리스도 구원의 현존이며 그 영적 양식인 성체성사는 역사를 통한 여정에서 교회가 지닐 수 있는 가장 귀중한 재산"(9항)이라고 설명하고 있습니다.

본 회칙에서는 마리아가 성체성사와 깊은 관련이 있음을 지적하고 있습니다. "교회와 성체성사가 분리될 수 없이 결합되어 있다면, 마리아와 성찬례 역시 마찬가지이다"(57항). '그리스도의 몸'이라는 단어로 표현되는 교회의 성체성사적이고 그리스도론적 신비는 마리아에 관한 신비를 포함할 때 더 올바르고 풍성하게 이해될 수 있습니다. 마리아는 온 생애를 통하여 '성체성사의 여인'(53항)이 되었습니다. 하느님 말씀의 강생을 위해 자신을 내어놓은 수태고지에서부터 십자가 사건과 부활과 성령강림 때까지도 '성체성사의 여인'이셨습니다. 그리스도와의 온전한 결합인 성체성사가 마리아 안에서 이미 선취됩니다. "모든 신자 안에 성사적으로 일어나는 일들을 마리아는 선취하였다"(55항). 그리스도인이 성체성사를 통해 그리스도와 한 몸이 되는 것처럼, 마리아는 예수를 잉태한 순간부터 한 몸이었습니다. 물론 이것은 단순한 육체적 결합만을 의미하는 것이 아니라, 믿음을 통해 이뤄지는 내적 결합을 의미합니다. 잉태할 때, 출산할 때, 공생활 중에, 십자가 밑에서 마리아는 예수 그리스도와 하나가 되었습니다. 또한 마리아는 예수의 부활을 체험하고, 예수의 재림을 기다리며 "사도들의 가

22) 이외에 제2차 바티칸 공의회 교령 「사제품」에서도 "지극히 거룩한 성체성사 안에 교회의 모든 영적 선이 내포되어 있습니다. 곧 우리의 '파스카'이시며, 살아 있는 빵이신 그리스도께서 바로 그 안에 계십니다. 그리스도께서는 성령으로 생명을 얻고 또 생명을 주는 당신 살로써 사람들에게 생명을 주십니다"(5항)라고 밝히고 있다.

르침을 받고 친교를 이루며 빵을 떼어 나누고 기도하는 일에 전념"(사도 2,42)하는 종말론적 공동체인 교회와 함께했습니다.

성체성사와 교회의 깊고 풍요로운 관계를 규명하는 이 문헌은 마지막 장에서 교회의 어머니이자 모범이신 성모님과 성체성사의 관계를 규정합니다.

마리아는 임신 초기 사촌 엘리사벳을 만나러 가셨는데(루카 1,36 참조), 역사적으로 그 여행은 사람이 되신 말씀을 잉태하고 계셨기에 첫 번째 '성체 거동'이었습니다.[23] 육화되신 하느님 말씀을 모신 마리아는 역사상 '최초의 감실'(55항)이었고, 따라서 마리아는 주님이 당신 백성을 찾아오시고 구원해 주시는 계약의 궤였습니다. 예수님의 현존이 마리아를 통해서 현재화되었고, 역사적이고 구체적으로 실현되었습니다.

성체성사는 십자가상의 희생 제사를 재현하고 현재화하는 것이고, 이를 기념하는 것이며, 그 결과를 현실에 적용시키는 것입니다.[24] 교회가 거행하는 성체성사는 그리스도께서 바치신 희생 제사와 동일한 것이기 때문입니다. 교회는 성체성사를 통해 그리스도의 파스카, 즉 그리스도의 생애와 죽음과 부활로 완성된 구원사업을 기념하고, 그분의 구원 사업을 전례 행위로 현재화하며 성사적으로 봉헌합니다(『가톨릭교회 교리서』 1362항 참조). 성체성사

---

23) 참조: 교황 베네딕토 16세, 『미사성제, 그리스도교 삶의 중심』, 김한수 옮김, 가톨릭대학교출판부, 2013, 28쪽.

24) 라칭거에 따르면 교회의 성사는 교회 안에서 그리스도의 구체적 현존을 드러내는 것으로서, 이는 이스라엘의 예배 사상의 핵심인 '기억 혹은 기념'에 바탕한 현존화 과정이다. 특히 성찬례 중 '기념'이라는 과정은 감사의 말씀과 기억의 말씀을 통해 구성되는데, 미사 중의 감사기도(anaphora), 즉 감사와 축성의 기도는 유다교 예식과의 직접적인 연결 지점이고, 이를 통해 성체성사의 핵심이 드러나게 된다. "너희는 나를 기억하여 이를 행하여라"(루카 22,19)(cf. J. Ratzinger, *Eucharistie - Mitte der Kirche*, München, 1978, p.26).

가 거행되는 바로 그곳이 하느님이 온전히 현존하는 곳이고, 그리스도를 통한 하느님과 인간의 성사적 친교가 가시적으로 현재화하는 장소입니다. 교회는 그리스도의 몸과 친교를 이룰 때 그리스도의 성사, 즉 하느님과 일치를 이루는 구원의 대상이자 도구가 됩니다. 교회가 주님의 죽음과 부활의 기념제인 성체성사를 매일 매일 제단에서 거행할 때, 이 구원 사건은 우리 가운데에 실제로 현존하게 되고, 구원 활동이 이루어집니다. 교회가 기억하고 기념하는 '그리스도의 몸'은 하느님의 계획에 따라 마리아로부터 유래한 몸이고, 마리아가 잉태한 바로 그 몸입니다. 그러므로 '그리스도의 몸'이 교회와 성사의 결합을 의미한다면, 그리스도의 몸과 결합된 마리아는 교회와도 결합되어 있고, 성체성사와도 결합되어 있습니다. 마리아는 주님의 몸과 피를 통해 일어나는 성사적 과정을 누구보다 먼저 몸소 겪으신 분입니다. 마리아는 참된 성체성사의 영혼을 몸소 사셨던 분입니다. 따라서 마리아는 교회가 성체성사를 거행할 때마다 교회와 함께 계시며 교회의 어머니로서 현존하십니다(57항). 마리아는 우리를 성체성사에 대한 온전한 이해로 이끌어 줍니다. 교회는 그리스도의 성사로서 그리스도의 신비를 가리키고 드러내고 있습니다. 교회가 성체성사와 분리될 수 없는 것처럼, 성체성사와 마리아도 분리될 수 없습니다. 교회는 마리아의 삶을 통해서 하느님께서 피조물을 만나고 구원 활동에 참여시키는 성사적인 방식이 실현되는 것을 보았습니다. 마리아는 탄생 예고부터 성령 강림 때까지 하느님의 부르심에 응답하는 순종을 통해 참으로 자유로운 인간의 모습을 보여 주었습니다. 신앙적 순종의 삶을 살았던 마리아는 깊은 신앙적 순종이 필요한 성체성사를 받아들이기 위한 가장 모범적인 본보기입니다. 지상의 교회에서 주어지는 성체성사는 믿는 이들에게 종말론적 희망을 미리 맛보게 해 주는 것이고, 올바르게 믿는 이들에게 마리아는 이 희망의 징표입니다. 회칙 제6장은 다음의 말로 마무리를 짓습니다. "성체성사는 우리의 삶이 성모님의 삶처럼 완전한 찬미와 감사의 노래가 되도록 우리에게 주어졌습니다"(58항).

1968년 출간된 『그리스도 신앙 어제와 오늘』의 머리말에서 요셉 라칭거는 그 유명한 '행운의 한스' 이야기를 하고 있습니다. 한스는 운 좋게도 금덩어리를 갖게 되었는데, 자신의 금덩어리가 너무 무겁다고 여겨 처음에는 말 한 마리와 바꾸다가, 그다음에는 소 한 마리, 그다음에는 거위 한 마리, 마지막으로 숫돌 한 토막과 바꾸다가, 결국 마지막 남은 숫돌 한 토막마저도 물에 던져 버린다는 이야기입니다. 현대 세계에서 그저 버겁게만 느껴지는 그리스도교 신앙의 유산과 교회의 전통을 가볍게 여기고 훼손하는 당시의 풍토에 대한 라칭거의 지적과 비판입니다. 그리고 이는 오늘날에도 여전히 유효하고, 어쩌면 더 심각한지도 모르겠습니다.

그리스도교의 그리스도교다움이란 그리스도가 중심이 되는 것입니다. 신학과 신앙의 핵심 내용을 그리스도에서 출발하고, 그리스도에서 발견하고, 그리스도에서 결론을 도출해 내는 것이 그리스도교입니다. 그리고 그리스도를 올바로 이해하는 가장 중요한 과정과 방법 중 하나가 마리아와 교회입니다. 그리스도와 마리아의 관계, 그리스도와 교회의 관계, 그리고 마리아와 교회의 관계에 대한 물음은 그리스도교를 올바르게 이해하는 초석이자

주춧돌입니다. 교회(즉, 성사를 통해서, 특히 성체성사를 통해서 그리스도의 현존을 현재화는 구원의 공동체, 구원의 대상이자 도구)는 마리아(즉, 구약의 하느님 백성이 맺은 계약을 자신의 인격 안에서 실현하신 분, 그래서 교회의 전형과 모범이 되신 분, 그리스도와의 완전한 결합을 통해 교회의 첫 구성원이 되신 분, 교회의 표상인 어머니이자 동정녀이신 분, 구원의 대상이자 구원의 협조자가 되신 분)를 통해서 그리스도를 인격적으로, 직접적으로 만날 수 있다는 점이 이 책에서도 가장 강조되고 있는 내용입니다.

이 책을 출간할 수 있도록 도움 주신 많은 분께 이 자리를 통해 감사 인사를 전합니다. 그리고 제가 지금까지 학문의 길을 갈 수 있도록 도와주신 많은 분께 감사드립니다. 특히 언제나 제 학문 여정의 이정표가 되어 주시는 박사논문 지도교수 칼-하인츠 멘케(Prof. Dr. Karl-Heinz Menke) 신부님께 깊은 감사를 드립니다. 출판의 모든 과정을 충실하게 도와준 가톨릭대학교출판부에도 감사 인사를 전합니다.

"교회를 어머니로 모시지 못한 사람은 하느님을 아버지로 모실 수 없다."

(성 치프리아누스)

2024년 8월 28일

성 아우구스티누스 축일에

혜화동 신학교에서

조한규 신부

1. 교회와 사회와 전기적(傳記的) 관점에 따른 마리아

내 나이가 고령에 이르렀으니, 이 책은 내가 방대한 분량으로 출간하는 마지막 신학 저서임이 분명하다. 이런 까닭에 이 책에서는 다루고자 하는 바는 신학에서 일반적으로 '마리아론'이라는 이름으로 전개되는 것이 왜 중요한지, 다시 말해 주님의 어머니인 마리아에 관해서 체계적으로 가르치는 내용이 왜 그토록 중요한지에 대한 이유를 언급하고자 한다. "가톨릭 신학자로서 마리아론의 영역으로 진입하고자 사람은 어느 정도 거리를 두고 생각해야 한다"[1]고 말했던 마르쿠스 호프만(Markus Hofmann)의 주장은 일리가 있다. 이 말은 우리가 마리아론에 관해 접근할 때 가져야 할 태도를 매우 '신중하게', 그리고 '탁월하게' 표현한 것으로 여겨진다.

마리아에 관한 연구에서 고려해야 하는 점은 무엇일까?

---

1) M.M. Hofmann, *Maria, die neue Eva. Geschichtlicher Ursprung einer Typologie mit theologischem Potential*, Regensburg, 2011, p.17.

- 현재 우리에게는 시급한 문제들이 훨씬 더 많이 있지 않은가? 예를 들어 교회와 관련된 문제나 신학적인 문제들, 그리고 무엇보다 평화와 정의, 사람들의 연대, 환경 보존 등과 관련된 문제들이 더 시급하게 다루어져야 하는 것 아닌가?
- 종교 문제 관련 토론을 하더라도 그리스도교 신앙의 핵심에 관한 문제를 더 중요하게 다루어야 하는 것 아닌가? 당장 시급하지 않은 문제를 먼저 다루거나 심지어 '미화'하는 것은 삼가해야 하는 것 아닌가?
- 교회 생활 안에서 마리아와 마리아의 중요성에 대한 주제는 이미 너무 자주, 너무 많은 것을 언급하지 않았는가?

이러한 문제 제기에도 불구하고 나는 마리아라는 주제를 다루기 위해서 먼저 전기적(傳記的)인 이유들을 제시하고자 한다. 나는 "마리아의 한 세기"[2]라고 불리는 시대에 성장했다. 당시에 마리아의 중요성은 교회가 신앙에 관해 선포한 것에서, 전례적인 혹은 반(反) 전례적인 예식에서, 개인적 신심 및 조배 행위에서는 물론 신학적 가르침 내에서도 흘러넘쳤고, 결국엔 비오 12세 교황의 재임 시기에 절정에 달했다. 그때까지 이미 100년에 걸쳐 마리아에 관한 교황 서한과 담화문이 500개 이상 반포되었다. 수

2) 이 시대는 원죄 없이 잉태되신 마리아에 관한 교리가 선포된 때(1854)와 제2차 바티칸 공의회가 개최된 시기 사이를 말한다. 이 표현은 교황권 지상주의를 신봉하는 어느 저널리스트에게서 유래했는데, 그는 1854년에 그 교리가 선포된 뒤 '마리아의 시대'(siècle de Marie)를 기대했다. 당시는 볼테르와 프랑스 계몽주의 시대의 백과전서파 이후 시기로, 프랑스에서 신앙이 적대시되던 상황이었다. 이와 관련해서는 다음 문헌들을 보라: A. Ziegenaus(Hrsg.), *Das Marianische Zeitalter*, Regensburg, 2002; A. Heinz, "Maria in Liturgie und Frömmigkeit des Marianischen Jahrhunderts", in: B. Schneider(Hrsg.), *Maria und Lourdes*, Münster, 2008, pp.표 56~85, 여기서는 pp.57~58.

백만 명에 이르는 가톨릭 신자들이 루르드와 파티마를 순례했다. 비오 12세에 의해서 '마리아의 해'로 선포된 1954년에만 마리아를 주제로 국제적으로 저명한 마리아 관련 회의가 43번 개최되었으며, 거기서 작업한 것은 다수의 두꺼운 책으로, 18권에 달하는 방대한 분량의 저작물로 출간되었다.[3] 그리고 마리아론에 관한 수많은 학술지가 나왔고, 이는 오늘날까지도 이어지고 있다. 반면에 기이하게도 그리스도론에 관한 학술지는 단 하나도 없다.[4] 국제적으로 널리 알려진 마리아론 신학자인 르네 로랑탱(René Laurentin)은 마리아를 주제로 다룬 광범위한 책이 10만여 권에 이를 거라고 추산했다.[5] 물론 다수의 신학자는 그 책들의 수준을 다소 의심스럽게 여겼다. 이와 관련해 하인리히-마리아 쾨스터(Heinrich-Maria Köster)는 다음과 같이 기술한다. "물리학에서 우라늄 광석과 라듐의 관계가 그러하듯, 마리아에 관한 문헌이 다량으로 출간된 것과 정신적 소득의 관계는 반비례하는 것으로 평가된다."[6]

그렇지만 이러한 양적인 과잉 현상보다 더 중대한 것은 마리아를 가톨릭 신앙 전체 안에 받아들인 신학적이고 영적인 중요

---

3) 마리아론에 대한 과열 현상이 일어난 것에 관한 상세한 사항들은 특히 다음 글에서 볼 수 있다: H.M. Köster, "Die Mariologie im 20. Jahrhundert", in: H. Vorgrimler/ R. Vander Gucht, *Bilanz der Theologie im 20. Jahrhundert*, Freiburg in Br., 1970, pp.126~147, 특히 pp.127~128.

4) 칼 라너는 이에 대해 비난에 찬 어조로 언급한다: K. Rahner, "Das marianische Jahr", in: *GuL* 26(1953), pp.406~413, 여기서는 p.407.

5) R. Laurentin, *Kurzer Traktat der marianischen Theologie*, Regensburg, 1959, p.199. 가장 중요한 책들은 베수티(G.M. Besutti)가 편찬했으며 그사이에 9권으로 나온 전집(*Bibliografia Mariana*, Rom, 1950-1989)에 요약되어 있다. 독일어권 문헌은 다음 책을 보라: M. Instinsky-Anrich, *Deutschsprachige Marianische Literatur* 1945-1987, Kevelaer, 1987.

6) Köster, *Mariologie*, p.129.

성 그 자체이다. 비오 12세는 20세기 초부터 마리아 관련 단체가 매년 1천 개 이상씩 생겨났다고 밝히며 매우 자랑스러워했다. 전 세계에서 온 8백만 장 이상의 청원서가 교황에게 전달되었고, 받아들여져서 '마리아가 하늘에 올림을 받음'(성모몽소승천, 聖母蒙召昇天) 교리가 규정되었다. 일반적으로 주님의 어머니에게는 다른 경우와는 달리 대부분 긍정적으로 받아들여지는 경향이 있다. 그래서 교회가 '마리아 - 모든 은총의 중개자'와 '마리아 - 공동 구원자'라는 칭호를 공식적으로 선포하고 신학적으로 뒷받침해 달라는 청원, 또한 마리아에게 점점 더 특별한 은사와 사명과 특전이 부여되었음을 승인해 달라는 요청 등이 더욱 확산되었다.

마리아론에 대한 이러한 과열 현상에 있어서 분명히 주목해야 할 부분이 있다. 이러한 현상을 불러일으키는 중요한 요인은 사실 그리스도교 초기부터 있었다. 추측하건대 초기 그리스도교 시기에 유다교 출신의 그리스도인들이 차츰 사라진 이후, 그리스도의 모습은 단성론(單性論, Monophysitismus)을 통해 신성이 강조되었다. 즉 그리스도의 신성이 강조되었기에, 그리스도의 인성에 부합하는 자리에 차츰 마리아가 부각되었다는 것이다.[7] 이처럼 그리스도의 모습과 하느님에 대한 이미지를 단편적으로 이해하는 경향은 중세 후기까지 여전히 강력하게 전달되었다. 하느님의 모습은 자신의 엄격한 재판권을 역시 엄격한 아들에게 물려준 무시무시한 제왕으로 이해되었다. "저희를 그토록 무섭게 위협하시는 모든 죄인의 엄하신 재판관이시여(…)." 어린 시절에 내가 자주 그리고 열심히 불렀던 어느 성가의 가사다. 하느님은 이렇

7) 이에 관해서는 다음 책을 보라: Y. Congar, *Christus - Maria - Kirche*, dt. Mainz, 1959, pp.59~66.

게 위협하시는 분이기에 사람들은 어머니이신 마리아의 사랑 안에서 위로와 확신을 찾았다. 그래서 많은 사람이 벌주시는 그리스도에 맞서 마리아의 품에 안겨 하느님의 무서운 심판 앞에서 구제될 거라고 믿었다. 마리아는 엄하시고 남성적인 하느님과 그 아드님으로부터 인간을 지극히 안전하게 화해시켜 주는 어머니이자 중개자이자, "요청하시는 전능한 분"이며, 따라서 "삼위일체 하느님 안에 있는 넷째 위격"이라고 여겼다.[8] 많은 그리스도인이 추구하던 개인적인 신앙이 실현되기 위해서 마리아는 결국 하느님보다 더 중요해졌다. 신앙, 즉 '믿는다'(credere = cor dare, '심장을 내어 주다')라는 단어의 의미가 결국에는 가장 먼저 마리아에게로 향했다. 사람들은 "자신의 심장"을 어머니에게 바쳤다. "제 피와 생명을 당신께 드리오니, 이 얼마나 좋은가요. 제가 가진 모든 것, 저 자신을 마리아, 당신께 기쁘게 바치나이다!" 최근까지 독일의 옛 『성가집』(*Gotteslob*, 많은 교구에서 사용하는 성가집 부록에 나와 있음)에 수록되어 있으며 깊이 경배드리며 불렀던 성모님에 관한 성가의 가사다.[9]

사람들은 이 모든 것을 성경과는 결부시킬 수 없었다. 만일 결

---

8) 다음 책이 이를 증명한다. R. Laurentin, *Die marianische Frage*, Freiburg i. Br., 1965, p.119.
마리아의 지위가 정도에서 벗어난 것은 일방적이고 잘못된 '남성적' 하느님 상에 그리고 성령론이 지속적으로 배제된 것에 근거한다고 뮐렌이 다음 글에서 지적한다. H. Mühlen, "Der Aufbruch einer neuen Verehrung Marias", in: *Maria im Geheimnis der Kirche = Sonderheft Cath. 29*(1975), pp.145~163. 여기서 더 나아가 사람들은 그 앞에서 마리아를 지켜 줄 수 있는 하느님의 '무시무시함'과 관련하여 절대적으로 초월적이고 '제왕적인 하느님' 상과 함께 중세 후기에 나온 유명론(명목론)을 고려하게 될 것이다.

9) 예를 들어 옛 성가집 960번(독일 뮌스터 교구에서 사용하는 성가집 부록)을 보라. 오스트리아 일부 교구에서 쓰는 새 성가집에는 948번에 표현되어 있다. 그렇지만 기이하게도 위에서 지탄받은 텍스트는 지금 여기서 언급되지 않는 진부한 면을 수정하지 않았다.

부시킬 수 있었다면, 그저 비유적인 차원에서 일부분 그렇게 했을 것이다. 중심적으로 드러난 내용들은 '신앙적 이해'(ratio fidei)가 아니다. 이는 그저 정서적인 종교성에서 생겨난 것을 어머니이신 마리아, 그리고 마리아의 기적과 발현에 대한 신앙에 의해 동반되고 고무된 신앙 체험에 대한 감상적인 갈망이고, 그중에서도 신앙과 관련된 도우심과 위로에 대한 갈망을 채워 주는 것이었다. 그러한 종교성에 비추어 훗날 바오로 6세는 "잘못된 형태의 신심이 존재했다고, 다시 말해 진지한 종교적 노력보다는 외적 활동으로부터 더 많이 길러 낸 공허하고 가벼운 신심이, 부단하고 진지한 노력을 요구하는 복음 정신에 어긋난 피상적인 감상주의가 존재했다"라고 말했다. 이런 감상주의 대신 마리아 관련 신심은 그 토대가 더욱 견고해야 한다고 교황은 이어서 말했다. "마리아 신심은 역사적 진리에 근거해야 하고 모든 잘못된 것과 단순히 전설적인 것을 배제해야 한다."[10] 그렇지만 적어도 레오 13세부터 비오 12세까지 이르는 교황들은 열정에 빠진 그러한 마리아 신심을 허용했을 뿐만 아니라 강력히 지지했다.

마리아론이 그토록 과열 양상을 띠게 된 또 다른 이유는 교회론과 연관된 내용 때문이기도 하다. 근대 가톨릭 신학에서는 '교회'라는 주제가 점점 더 주목받았는데, 비록 서로 상이한 이유이지만 상호 보완적인 두 가지 강조점 때문에 그렇게 되었다. 한편에서는 교황권, 그리고 교황의 통치를 가능하게 하는 교회에 대한 전권(全權, plena potestas)이 크게 강조되었다. 다른 한편에서는 마리아의 구원론적 중요성이 크게 강조되었다. 두 강조점은 서로

---

10) 바오로 6세, 사도 서한, "Marialis cultus"(1974.02.02.), Nr. 38. 독일어는 *Nachkonziliare Dokumentation* 45, Trier, 1975, p.89 참조.

지대한 영향을 미치면서 함께 부각되었는데, 그 이유를 찾는다면, 근대의 마리아론을 과열 양상으로 이끌어 내는 데 지속적으로 작용한 진원지에 도달하게 된다. 근대 이후에는 '주체에게로 향함'이라는 전형적인 모습이 중시되는데, 특별히 가톨릭교회에서는 이 현상이 교황 공경과 마리아 공경으로 드러났다. 관계가 긴밀한 두 위대한 인물이라고 할 수 있는 교황과 마리아에게로 모든 것이 드러나고 집중되었다. 근대라는 시기에 거룩하다고 여겨지는 것은 인간의 자유, 자율성, 위대함, 존엄함, 완전함 등이다.[11] 가톨릭 신자들의 종교적 열망이 특별한 방식으로 이 두 가지 요소 주변에서 실현되고, 이 두 가지 요소에 의해 부각되는 가운데, 근대적 의미에서 인간은 '주체'가 되었다.

그리면서 근대의 전형적인 모습은 또 다른 곳에서도 이루어졌다. 마리아가 '초(超, hyper)-주체화'되는 것과 동일한 수준에서 교회가 '구원의 장소'로 '초-제도화'된 것이다. 이러한 '상호 작용'은 결국 어떤 결과를 낳게 된다. 마리아와 교황에 대한 초-주체적인 관계가 드러나는 이면에, 교회의 '믿는 이들'에게는 말씀, 성사, 직무와 같은 구원의 제도적이고 객관적인 확실성이 당연한 귀결로 여전히 남아 있었기 때문이다. 이러한 상호 작용으로 결국 신앙과 교회가 지닌 '인격적'이고 '제도적'인 요소는 점점 더 분리되었다.[12]

---

11) 두 위대한 인물의 유사성에 관해서는 다음 책을 참조하라: A. Dittrich, *Mater Ecclesiae*, Würzburg, 2009, 374[423]. "마리아가 티 없고 죄가 없듯이, 교황은 교회의 최고 권위자로서 장엄한 교리 선포에 있어서 오류가 없는 것으로 보인다." 제2차 바티칸 공의회도 교황과 마리아와 관련하여 유사하게 진행되었다. 사람들은 두 위대한 인물을 연결함으로써 두 인물에 대한 과열 현상을 교회의 친교 안으로 되돌아오게 하려고 시도했다.

12) 주체화와 제도화의 이러한 일치에 관해서는 다음 책을 참조하라: D. Mieth / B. Müller-Schauenburg(Hrsg.), *Mystik, Recht und Freiheit. Religiöse Erfahrung und*

종교개혁과 이와 연결된 개신교 전통은 근대의 '주체에게로 향함'을 다른 방식으로 실행했다. 이 '주체에게로 향함'이라는 의미를 신앙의 주체가 가져야 할 '오직 신앙만으로'(sola fide)라는 종교적 실현으로 집중시켰다. 이렇게 신앙을 열정적으로 강조하는 것은 인간을 향한 것이 아니라, 하느님께 영광을 드리도록 이끌었다. 그렇지만 한스 우르스 폰 발타사르(Hans Urs von Balthasar)는 이렇게 말한다. "'내가 아니라 하느님!'이라는 인간의 외침은 모든 시선을 인간에게가 아니라 하느님께로 향하게 한다."[13] 스위스 바젤 출신의 이 신학자가 내놓은 이러한 예리한 분석에 동의하지 않더라도, 종교개혁의 전통은 모든 것을 믿는 이의 신앙, 구원의 필요성, 개인의 구원 체험과 구원에 대한 확신에 집중시킴으로써 '주체에게로 향함'을 실행했다는 것을 알 수 있다. 반면 가톨릭교회에서는 마리아와 교황이 각기 다른 방식으로 주체의 주관적 욕구와 이상을 일치시키면서 중요하게 다뤄졌다.

이후에 마리아론이 과열 양상을 띤 것은 형식적으로 신학 내부적인 이유도 있었다. 예전 빈(Wien)의 교의 신학자 칼 요한 옐로우쉐크(Carl Johann Jellouschek, 1877~1961)는 학생들이 보고 들은 것을 가지고 증언한 것들에 의거해 다음과 같은 결론을 내렸다. 교의신학, 그러니까 가톨릭교회의 신학은 철저히 연구되어 결론에 이른 것이고, 따라서 신학자는 이에 대해 논평할 수 있다는 것이다. 마리아론에 대한 질문들에 있어서는 아직 일종의 '얼룩'

---

kirchliche Institutionen im Spätmittelalter, Stuttgart, 2012.

13) H.U. v. Balthasar, *Karl Barth. Darstellung und Deutung seiner Theologie*, Köln, ²1962, p.92.

같은 것이 있다. 이를 고려하여 고유하게 연구한 내용을 제시하고, 그런 다음 연구 결과 내에서 가르침을 펼치고 제시할 수 있는 가능성이 있다. 옐로우쉐크는 이 같은 견해를 제시했고, 또한 그만이 아니라 여러 사람이 19세기 말과 20세기 초에 출간된 적잖은 신스콜라주의에 기반한 교의신학 책들에 실제로 다음과 같은 사항이 명확히 언급되어 있다는 점에 주목했다. 전승된 신앙의 자료, 즉 '신앙의 유산'(depositum fidei, 신앙의 진리의 '보존')에는 어떤 것도 고유한 것이라 추가되지 않고, 늘 이미 가르쳤던 것이 다시금 계속 이어진다고 할 수 있다. 그런데 바로 이 점에서 마리아론은 유일한 예외가 되었다. 그래서 적잖은 수의 신학자들이 이 주제에 달려들었는데, 그들은 '교의'(Dogma)의 한 측면 내지 교의신학 전체를 완전히 비역사적인 관점으로 바라보았다. 이런 태도는 이미 '완결된' 교의신학에 그들이 새롭고 고유하게 '발견한 것들'을 추가하기 위해서였다. 그러나 결과적으로 이는 당시에 마리아에 대한 과열 양상의 결과로 말미암아 점점 더 혼란스러운 '마리아 전성기'로 이끌었다. 그리하여 예를 들어 로마 제국과 관련된 나라들의 신학자들은 "마리아는 이미 태중에서 거룩한 삼위일체의 신비에 대해 알았는지"[14]라는 주제에 관한 논문을 썼다.

마리아에 대한 신심 깊은 교회성이 과열된 현상을 나는 어린 시절에 한 본당에서 체험했다. 당시 본당 사제는 매우 열정적이고 신심 깊은 사람으로 재속 수도회인 '쇤슈테터'(Schönstätter) 회

14) 다음 글을 보라: K. Rahner, "Über die theoretische Ausbildung künftiger Priester heute", in: *Scbr.* VI, pp.139~167, 여기서는 p.145.

원이었고, 따라서 어느 영적 공동체에 속했는데, 그 공동체 영성에서 마리아는 탁월한 역할을 했다. 그리하여 적어도 마리아에 관한 성가를 한 곡이라도 부르지 않고서 거행된 전례는 거의 없었고, 마리아에 관한 긴 언급 없이는 강론이 진행되지 않았으며, 마리아와 관련이 없는 본당 사제의 특별한 활동, 가령 마리아에 중점을 둔 사순절 강론, 마리아 축일을 기념하여 거행하는 행렬, 마리아에게 봉헌함, 마리아 제대를 새롭게 건립함, 성모상 축성 등의 활동 이외에 다른 활동은 없었다. 그리고 과도한 마리아 신심에 결코 빠지지 않은 우리 집에서도 가족에게 중요한 일들, 예를 들어 장거리 여행, 시험, 면접 등이 있을 때에는 집안 한가운데에 성모상을 모셔 놓고 촛불을 켜는 것이 일반적이었다.

이러한 배경에서 지금 지난날을 회고해 보면, 나는 나의 고유한 신앙의 길을 발견하고 걸어갔는데, 마리아에 대한 모든 과도한 것들이 나에게 영향을 준 사실은 물론이고, 나의 신앙생활에 있어서 다양한 방식으로 마리아의 중요성을 강조했던 모든 것을 단호하게 거부했다는 것도 이제 수긍하고 이해할 만하다. 내게 그것들은 '충분했다.' 만일 내가 아인슈타인의 상대성 이론에 관심을 기울인다면, 아인슈타인의 어머니와 나는 무슨 관계가 있을까 하는 생각이 들었다. 물론 그렇게 비교하는 것은 별로 적절하지 않다는 것도 알았고, 다른 한편으로 아인슈타인과 그의 어머니의 관계가 예수와 마리아의 관계와는 구별된다는 것도 내게 분명해졌다. 또한 나는 예수의 어머니를 '아무튼' 주목하고 공경할 준비도 되어 있었다. 마리아는 아인슈타인을 월등히 능가하는 위대하신 분의 어머니이기 때문이다. 그러나 나는 당시에 그것을 더 이상은 이해할 수 없었고 실천에 옮기지도 못했다. 칼 라너

(Karl Rahner)가 다음과 같이 한 말은 내 생각과는 거리가 매우 멀었다. "그분[=마리아]이 하느님의 어머니임은 그분의 신앙 행위(루카 1,45; 11,27~28)이고, 따라서 그저 생물학적 과정이 아니다. 그러나 그분의 이 신앙 행위는 단지 그분의 사적 인생사에서 일어난 한 사건이 아니다."[15]

그렇지만 내 신앙의 이러한 비-마리아적 '진자 운동'은 신학 공부를 시작하면서 강력한 반대편의 진자 운동으로 인해 더욱 구체화되었다. 로마에 있는 독일 신학원(Germanicum)에서 나는 매우 깊은 인상을 준 영성 사제로 예수회원인 빌헬름 클라인(Wilhelm Klein SJ, 그에 관한 더 자세한 것은 제2권 4장 1.2.를 보라)을 만났다. 예전에, 특히 철학 교수로 발켄부르크에서 예수회원들을 가르치면서 그는 헤겔의 영향을 강하게 받았다. 그렇지만 마리아를 '순수한 피조물'의 전형으로 이해하고 신적인 정신의 장소로 이해하면서 헤겔의 부정적인 변증법을 극복하고자 애썼다. 이 신적인 정신은 헤겔의 모든 변증법과 그리고 클라인이 그것을 해석했듯이, 그의 '로고스 일원론'(Logomonimus)의 모든 내용을 설명해 주는 것이었다. 여기서 대략적으로 이야기한다면, 마리아는 클라인 신부의 영적 지도 및 동반에 늘 함께했다. 더 자세히 말하면, 지극히 독창적인 방식으로만이 아니라 지극히 성찰적이고 그리스도교적인 것의 핵심을 드러내는 방식으로도 마리아는 클라인 신부에게 영향을 주었다. 그리하여 마리아는 나의 신앙생활에 다시 영향을 주기 시작했다.[16] 특히 나는 로마에 있는 러시아 신학원

15) Karl Rahner, "Maria, Mutter des Herrn", in: *SW* 9, pp.515~568, 여기서는 p.518.

16) 물론 나는 당시에 로마에서 '친마리아적' 영향만 받은 것은 아니다. 이 시기에 내가 수학한 그레고리오 대학교의 교수인 하인리히 렌너츠가 마리아론을 책으로 냈다(P. Heinrich Lennerz SJ, *De beata virgine. Tracratus dogmaticus*, Rom, 1957). 그러

을 통해 동방교회 신학 및 신심을 더 긴밀히 접했고, 이런 방식으로 여기서 마리아가 차지하는 지위와 중요성도 더 밀접하게 체험하게 되었다.

그렇지만 또 한 번의 새로운 '진자 운동'이 마리아가 내 삶에서 차지하는 위치를 다시 한번 바꿔 놓았다. 공의회가 개최된 시기와 그다음 몇 해 동안 나는 내가 속한 교구에서 사목 활동을 했다. 여기서 제2차 바티칸 공의회와 이 공의회가 본당 활동에 미친 영향을 체험했다. 구체적인 교회 생활에서 마리아의 '지위 변경'도 공의회의 수많은 '분명한' 결과에 포함되었다. 공의회 준비위원회는 마리아의 중요성에 관해 고유한 도식을 준비했는데, 400명의 주교는 '마리아 — 모든 은총의 중개자'라는 문구를 교의로 규정할 것을 주장한 반면, 공의회에 참석한 다수 위원들은 완전히 다른 길을 갔다. 그 의견은 마리아에 대해 앞서가는 과열 현상을 고려해서 논의된 것이었다. 마지막 투표에서 가까스로 다수표(겨우 17표 차이!)를 얻음으로써, 빈의 프란츠 쾨니히(Franz König) 추기경의 책임 아래 '마리아'라는 주제를 교회에 관한 가르침에 넣기(「교회 헌장」 8장 52~69항)로 결정했다. 이러한 결정 배후에는 '마리아'와 관련된 주제를 단순히 형식적인 차원에서 배열할 것인가 하는 물음 그 이상의 의미가 있었다. 결국 중요한 것은 마리아가 교회 '위'에 또는 교회 '안'에 서 있는지, 혹은 마리아는 다른 믿는 이들과 분리된 독자적인 인물인지, 아니면 그들과 함께 '신앙의 나그넷길'을 걸어가는 '신앙 안의 자매'인지

나 이 책은 교회 인가를 받지 못했는데, 잘못된 내용이 담겨서가 아니라 너무 냉철하고 따라서 그 시기의 마리아에 대한 과열 현상과는 정반대된 것을 기술했기 때문이다. 우리 학생들은 당시에 이렇게 말하곤 했다. "렌너츠 신부님은 그 책으로 성모님의 얼음꽃을 따셨다!"

하는 것이다(「교회 헌장」 58항). 이에 상응하여 마리아에게 부여된 '중개자'나 심지어 '공동 구원자'라는 칭호를 결부시켜 말하려는 많은 공의회 교부의 원의도 거부되었다. 마리아의 구세사적 중요성과 구원 사업에서의 마리아의 참여 및 마리아에 관해 지금까지 나온 교의적 진술들이 공의회 문헌에서 간략하고 냉철하게 전개되었다. 하지만 '중개자'와 '전구자'라는 칭호와 관련해서는 이렇게 기술되어 있다. "그러나 이것은 유일한 중개자이신 그리스도의 존엄과 능력에서 아무것도 빼지 않고 아무것도 보태지 않는다고 이해되어야 한다"(「교회 헌장」 62항).

마리아가 '교회'의 현실 안으로 '배열'됨으로써 지금까지의 마리아에 대한 과열 현상이 이렇게 공의회를 통해 '느슨해진 것', 그리고 마리아론이 "자신 안에 중심점을 맞춘 개인을 위한 특전 목록이 되기"[17]를 포기했다는 사실은 즉시 또 직접적으로 교회의 토대에 다음과 같이 대단히 놀라운 반향을 불러일으켰다. 마리아와 관련된 사안에 있어서 새로운 냉철함을 지니게 됨으로써, 기존에 대부분의 가톨릭 신자들이 입고 있던 외투가 이미 오래 전부터 더 이상 맞지 않았다는 것을 알았고, 그리고 이제는 드디어 유행이 지난 외투를 벗어 버린 것 같은 상황이 되었다. 거의 예기치 않게 마리아에 대한 신앙 선포와 신심 행위는 완전히 오프사이드와 같은 상황으로 빠져들고 말았다.[18] 마리아에 관해

---

17) Köster, *Mariologie*, p.130.

18) 이에 관해서는 다음 글도 보라: A. Ziegenaus, "Erwägungen zum Rückgang marianischer Frömmigkeit", in: ders.(Hrsg.), *Marianisches Zeitalter*, p.209 이하. 공의회 이후의 결과와 관련해서 공의회에 참석한 소수 위원은 사실 권한을 얻어야 했다. 그들은 마리아에 관한 주제를 놓고 논쟁하는 동안 일종의 팸플릿을 배포했는데, 그 안에는 이렇게 쓰여 있었다. "1. 우리가 동정녀 마리아를 우리와 동일한 사람

"공의회 이후의 침묵" 같은 것이 시작되었다.[19] 더구나 "큰 위기"에 봉착하게 되었고, "마리아론 안에서 충격"이 일어났다.[20] 어마어마한 단절 현상이 일어났다. 노년기에 이르러 가톨릭교회의 주일 강론을 고정적으로 청취했던 칼 바르트가 "요즘엔 마리아에 관한 강론은 들은 적이 없다. '그러니 마리아 없이도 너희(가톨릭교회)의 일은 진행된다'고 단언하면서 만족스러워했다"[21]고 한스 우르스 폰 발타사르는 전한다. 불안감이 감돌던 1960년대 초에는 다른 것이 전면에 서 있었다. 제삼 세계의 문제, 사회 개혁, 증가하는 세속화된 세상 쪽에서 다가오는 도전들이 그것이다. 당시에 사목자로서 나는 특히 젊은이들과 교류하면서 모든 것을 피할 수 없었고, 마치 저절로 그렇게 된 것처럼 마리아는 내 신앙의 시야에서 다시 한 구간 멀어졌다.

그렇지만 1970년대 말부터 이전과 달리 마리아에 관한 관심이

으로 바라볼 경우, 마리아에 관한 전통적 가르침은 큰 위험에 처하게 된다. 2. 마리아 안에서 교회의 예형을 보는 이들이 구상한 것은 전통과 같은 꼴이 아니라, 몇 해 전에 아주 새롭게[!!!] 나온 것이다. 3. 마리아의 특전과 사명이 최소화될수록 마리아 공경은 더 감소된다. (…)"(인용: P. Hünermann, *Kommentar zu Lumen Gentium = HthK Vat II*, Bd. II, p.512).

19) St. Hartmann, *Die Magd des Herrn. Zur heilsgeschichtlichen Mariologie Heinrich M. Kösters*, Regensburg, 2009, p.12.

20) J. Ratzinger, "Erwägungen zur Stellung der Mariologie und Marienfrömmigkeit im Ganzen von Glauben und Theologie", in: ders. / H.U. v. Balthasar, *Maria - Kirche im Ursprung*, Einsiedeln-Freiburg, ^{5}2005, pp.15~30, 여기서는 p.22.

21) H.U. v. Balthasar, *Klarstellungen*, Freiburg i. Br., 1971, p.65.
이에 대해 발타사르는 다음과 같이 입장을 표명한다. "고유한 사람들을 인정하지 않는 [바르트의 이러한 평]에 맞서지 않을 수 없다. 그것은 교회 일치 차원의 전략인가? (그러나 좋은 전략이 아니다.) 그것은 성경으로 되돌아가는 것인가? (그러나 이렇게 하는 것은 교회의 눈으로 볼 때 창조와 구원에 있어서 여성의 역할을 가리켜 보이는 것이다.) 그것은 최근에 개최된 공의회와 관련된 것인가? (그러나 이는 공의회의 교회론을 마리아론에서 절정에 이르게 한다.) 그렇지 않으면 그것은 인간의 두려움이자 인간을 압박하는 것이다. 그러면 신학적 진보가 최근에 외치는 소리 뒤에 물러서 있으라는 목소리를 전혀 듣지 못하게 된다."

다시 조금(!) 커졌다. 유럽에서도 곧 지대한 관심을 불러일으킨 남아메리카의 해방신학에서 이른바 대중 신심의 지극히 보편적인 가치와 중요성이 새롭게 발견되었을 뿐만 아니라, 특히 '마리아의 노래'를 부른 마리아가 보잘것없는 이들과 가난한 이들을 위한 중요한 '해방 인물'로서 부각되었다.[22] 비교적(秘教的) 사조 속에서 "풍요로움, 성(性), 싹, 대지, 달"[23]과 같은 삶의 요소들이 새롭게 주목받았는데, 적어도 마리아에게 부합하는 모든 요소가 그랬다. 그러나 무엇보다 이제 힘을 얻으면서 발언하게 된 페미니즘 운동과 그 안에서 태동한 여성신학이 마리아에게 새로운 관심을 보였다.[24] 페미니즘과 관련해서는 마리아에게 성경에서 증명된 "하느님의 어머니이심"[25] 내지 앤드루 그릴리(Andrew Greely)가 "하느님의 여성적 차원"이라고 일컫는 것이 명료해지고 구체화된다.[26]

---

22) 마리아에 대한 해방신학적 관점과 관련해서는 예컨대 다음 책에서 개관할 수 있다: M. Heymel, *Die jüdische Mutter Jesu und wir Heidenchristen. Ein dogmatischer Beitrag zur evangelischen Predigt und Lehre über Maria*, Habil.-schrift Heidelberg, 1987, pp.351~357. 그 밖에 다음 문헌들도 참조하라: I. Gebara / M.C. Lucchetti Bingener, *Maria, Mutter Gottes und Mutter der Armen*, dt. Düsseldorf, 1988; E.A. Johnson, "Wahrlich unsere Schwester. Ein feministisch-hermeneutischer Zugang", in: *Conc.* 44(2008), pp.387~394.

23) H. Cox, *Verführung des Geistes*, dt. Stuttgart-Berlin, 1974, p.179.

24) 이에 관한 가장 중요한 문헌은 다음 책들에 요약되어 있다: W. Beinert, *Unsere Liebe Frau und die Frauen*, Freiburg i. Br., 1989; B. Forte, *Maria - Mutter und Schwester des Glaubens*, dt. Zürich, 1990, 253[30]. 이후에 나온 다음 문헌들도 참조하라: M. Hauke, *Gott oder Göttin? Feministische Theologie auf dem Prüfstand*, Aachen, 1993, pp.155~156; Heymel, *Jüdische Mutter*, pp.373~411; Hartmann, *Magd* 24[31,32]. 나아가 다음 글도 보라. H. Harbecke, "Maria und die Frau(en). Mariologische Linien bei Joseph Ratzinger/Benedikt XVI. im Gespräch mit differenzfeministischen Ideen", in: *Conc.* 44(2008), pp.492~501.

25) 하느님의 '여성성'에 관해 즉위 후 곧바로 선종한 요한 바오로 1세 교황은 1978년 9월 10일에 일반 신자들에게 한 짧은 인사말(Angelus-Ansprache)에서 "하느님은 아버지이시자 어머니이십니다"라고 말했다. *L'Osservatore Romano* (1978.09.21.), p.5. 이에 관해서는 다음 글을 보라: H. Dietschy, "'Gott ist Vater und Mutter'. War Johannes Paul I. ein Ketzer?", in: *Ref.* 30(1981), pp.425~432.

26) Cf. A. Greeley, *Maria. Über die weibliche Dimension Gottes*, dt. Graz, 1979.

페미니즘적 관점에서 마리아를 새롭게 발견한 것의 최고봉으로는 페미니즘의 선구자 중 하나인 로즈메리 래드퍼드 류터(Rosemary Radford Ruether)인데, 그는 이렇게 표현한다. "남자와 여자로 구성된 인류가 구원받으려면 여성이 아무튼 이 구원 사업에 협력해야 한다."[27] 이로부터 몇 년 전에 피에르 테야르 드 샤르댕(Pierre Teilhard de Chardin)은 마리즈 소이지(Maryse Choisy)에게 보낸 한 편지에서 마리아 공경은 "그리스도인의 억누를 수 없는 욕구에 부합하고, 신적인 것에 대한 과도하게 남성화된 사고를 시정한다"[28]라고 기술함으로써 교회 안에서 마리아 공경이 전개되는 것을 옹호했다.

이처럼 새롭게 마리아에게로 향하는 움직임이 위에 언급된 영역들에서 개별적으로는 진지하게 혹은 진지하지 않을지라도, 마리아라는 주제가 공의회 이후에 변방에서 나와 다시 새롭게 주목받았고, 심지어 개신교회들 안에서도 더 큰 관심을 얻기 시작한 것(!)은 사실이다. 개신교 신학자 미하엘 하이멜(Michael Heymel)의 견해에 따르면, 마리아는 "현재의 전반적인 신학적이고 교회적인 상황에서 핵심적 위치를 점한다."[29] 물론 이는 아주 심하게 과장된 표현일 것이다. 그러나 사실상 종교 일치 차원에서의 대화에서도 마리아에 관한 진술들은 거의 모든 신학적 문제의 교차점에서 있다는 것이 점점 더 분명해진다. 몇 해 전에 미하엘 슈마우스(Michael Schmaus)가 이 문제를 다음과 같이 기술했다. "마리아론에서 (…) 거의 모든 신학적 노선이, 즉 그리스도론적·교회론적·인

---

[27] R.R. Ruether, *Maria. Kirche in weiblicher Gestalt,* München, 1980, p.69.

[28] *Zit. nach H. de Lubac, Kommentar zu: P. Teilhard de Chardin, Hymne an das Ewig-Weibliche,* dt. Einsiedeln, 1968, pp.17~160, 여기서는 p.156.

[29] Heymel, *Jüdische Mutter,* p.8.

간학적·종말론적 노선이 합류된다. (…) 신적이고 인간적인 활동의 관계, 의화와 성화의 본질과 의미, 완성된 인간의 상태에 대한 물음은 마리아론에서 명료한 형상을 얻는다. (…) 따라서 마리아론에서 우리 신앙 전체에 유익을 주는 결정이 내려진다. 반대로 그리스도론과 교회론과 은총론에서 드러나는 신학적 인식은 마리아론에서 그 영향력이 드러난다."[30]

마리아론과 관련해 내가 살면서 체험한 '진자 운동' 내지 파동(波動)들은 내 안에 수많은 물음표와 해결되지 않은 문제들을 남겨 놓았다. 나의 지상에서의 순례 여정이 끝나가는 이 시기에 다시 한번 이것들에게로 시선을 돌리고 싶다. 이런 맥락에서 이 연구는 매우 전기적(傳記的)인 성격을 띠고 있다.

이 책을 쓰게 된 둘째 이유는 조직신학적인 측면 때문이다. 내가 지난 10년 동안 작업하여 펴낸 삼위일체론 책들과 관련해서[31] 무엇보다 중요하다고 여기는 것은, 삼위일체 하느님에 대한 신앙의 중요성을 경험할 수 있는 세상의 현상들과 걸맞게 강조하는 것, 그리고 이를 통해 그와 관련해서 종종 신앙에 당혹스럽게 들이닥치는 현실과 교류하기 위해 적합한 이해의 열쇠를 제시하는 것이었다. 그러나 이때 어떤 근본적인 문제가 생겨난

---

30) M. Schmaus, *Katholische Dogmatik*, Bd. V, München, 1955, p.5. 다음 글도 이와 유사한 내용을 담고 있다: W. Beinert, "Himmelskönigin - Urbild der Kirche - neue Frau. Die Wandlungen des katholischen Marienbildes von der Gegenreformation bis zum Ende des 20. Jh.", in: W. Beinert u.a.(Hrsg.), *Maria - eine ökumenische Herausforderung*, Regensburg, 1984, pp.75~116, 여기서는 p.102.

31) G. Greshake, *Der dreieine Gott*, Freiburg i. Br., 1997. (개정판) 52007; ders., *Hinführung zum Glauben an den drei-einen Gott*, Freiburg i. Br., 1998. (개정판) 52008.

다. 다시 말해 다음과 같은 물음이 제기된다. "무한하신 하느님과 유한한 피조물 사이에 일치가 이루어질 수 있다는 것, 나아가 무한하신 하느님이 유한한 현실 세계로 들어오시고 그 현실 세계를 당신의 세계로 받아들이실 수 있다는 것이 도대체 어떻게 가능할까? 그러기 위해서 피조물 편에서는 어떤 조건들이 채워져야 할까?" 이 물음들과 이와 유사한 물음들은 마리아론에 대해서 깊이 생각하지 않고서는 풀릴 수 없다는 것이 내게 점점 더 분명해졌다. 마리아는 창조주와 피조물을 중개하는 사건 안으로 아주 특별한 방식으로 받아들여진 인간이기 때문이다. 단지 '생물학적' 관점에서가 아니라, 한 '인격'으로서, 질문을 받고 자유로이 응답할 수 있는 사람으로서 말이다. 따라서 마리아는 삼위일체 하느님을 규명할 수 있는 사람의 원형으로 묘사된다. 그렇게 볼 때, 나의 이 연구는 내가 그동안 펴낸 삼위일체론 책들과 하나의 짝이 되고, 하나의 '보충'이 될 것이다.

그 이외에도 마리아론에 대한 공의회의 근본적 관점은 교회의 근본적인 내용들과 관련해서는 결코 관심 있게 다루어지지 않았으며 보완되지도 않았다. 후고 라너(Hugo Rahner)는 교부학을 연구하면서 이미 수년 전에 공의회의 근본적 관점 중 해결할 과제와 관련해서 다음과 같이 기술했다. "우리는 마리아가 교회 안에 있고 교회가 마리아 안에 있다는 것을 다시 배워야 한다."[32] 공의회는 첫째 것은 행했지만, 둘째 것은 행하지 않았다. 마리아는 교회 안으로 통합되었지만, 교회는 마리아 안으로 통합되지 않았다. 이런 맥락에서 "마리아께서는 실제로 구원의 역사 속으로 가

[32] H. Rahner, *Maria und die Kirche. Zehn Kapitel über das geistliche Leben*, Innsbruck u.a., ^{2}1962, pp.8. 16.

장 깊숙이 들어가시어 신앙의 최고 진리를 어느 모로 당신과 결합시키고 반영"(「교회 헌장」 65항)하신다고 한 공의회의 진술 역시 교회적인 결론 없이 머물러 있다.

최근에 독일어권에서 교회론에 관해 구상한 것들〔한스 큉(Hans Küng, 1967), 미구엘 가리요-궴베(Miguel M. Garijo-Guembe, 1988), 지그프리트 비덴호퍼(Siegfried Wiedenhofer, 1992), 메다르트 켈(Medard Kehl, 1992), 요셉 메이어 추 슐로흐터른(Josef Meyer zu Schlochtern, 1992), 위르겐 베르빅(Jürgen Werbick, 1994), 페터 휘너만(Peter Hünermann, 1995), 그레고르 마리아 호프(Gregor Maria Hoff, 2011), 발터 카스퍼(Walter Kasper, 2011), 미하엘 뵌케(Michael Böhnke, 2013)〕도 마리아를 전혀 언급하지 않거나 기껏해야 아주 부차적으로 언급하고 있다. 가장 상세하게 다룬 글이 겨우 일곱 페이지에 달한다고 발터 카스퍼는 지적하고 있다. 그러나 교회로부터 비롯된 마리아에 대한 관점뿐만 아니라, 마리아로부터 비롯된 교회에 관한 분명한 관점은 교회에 대한 다른, 진정한 개혁의 이미지로 이어지지 않을까? 즉 비록 세상 안에 있지만 세상으로부터 존재하지 않는 교회, 신앙이 가득한 교회의 모습으로 존재하고, '마리아의 노래'에 나오는 것처럼 보잘것없는 이들과 가난한 이들의 교회이고, 그 안에서는 이 영원의 위계질서가 맨 위에 있는 교회가 되지 않을까? 바로 여기서부터 신앙과 교회 생활을 위한 실제적이고 구체적인 결론 역시 입증되는 것이 아닐까?

나에게는 종교 일치 차원에서의 대화 역시 결국에는 무조건 마리아론적 관점이 요구되는 것처럼 보인다. 여기서는 가톨릭교회의 마리아에 관한 진술이나 전례에서 걸림돌이 되는 마리아의 위치만 다루고자 하는 것이 아니다. 마리아론이 그리스도론과 교회론과 긴밀히 결부된 부분만 다루고자 하는 것도 아니다. 무엇보다 여기서는 하느님과 창조의 근본적인 관계가 표현된 것을 다루고자 한다. 칼 라너는 다음과 같이 기술하면서 이미 이 내용을 암시했다. "개신교와 가톨릭교회 각각의 가르침에서 드러나는 차이 대부분은 마리아론에서 서로 대립하는 점에서 재발견될 수 있다. 이렇게 대립하는 것은 결국 인간에 대한 신학적 가르침에 있어서, 그리고 인간과 하느님의 관계에 있어서 대립하는 것의 가장 극단적인 예시일 것이기 때문이다."[33]

따라서 다음의 문제도 다뤄져야 한다. 그렇다, '마리아'라는 주제는 교의신학에서 실제로 그 경계를 분명히 정할 수 없는 것임이 분명하다. "마리아의 형상은 인간의 존엄과 자유, 하느님의 지혜, 천국, 원죄, 선택과 예정, 구원과 구세사, 하느님 백성, 거룩한 남은 자들, 유다교와 교회, 메시아, 하느님의 아들, 성령과의 협력, 교회와 은총의 중개, 세례신학, 하느님의 신부임, 교회의 완성과 세상의 완성이라는 주제들도 건드린다."[34] 이렇게 열거된 모든 것은 내용 전체를 보완할 수 있을 것이다. 왜냐하면, 미하엘 슈마우스의 말을 다시 한번 되풀이하자면, "마리아론에서 거의 모든 신학적 노선이 합류되기" 때문이다. 이런 맥락에서 마리아론은 신학 전체를 다시 한번 머릿속에 차례차례 떠올리는 데 기여한다.

---

33) K. Rahner, "Zur konziliaren Mariologie", in: *StdZ* 174(1964), pp.87~101, 여기서는 pp.88~89.

34) G. Lohfink / L. Weimer, *Maria - nicht ohne Israel*, Freiburg i. Br., 2008, p.398.

2. 이 책에 대하여

이 책은 "마리아에 바탕을 둔 신학을 통해 보는 관점들"이라는 부제를 달고 있다. 따라서 두 가지가 언급되어야 한다. 첫째, 단지 몇 가지 관점에 집중하는 것이 중요하지, 모든 신학적인 구상들을 전부 완성하는 것은 이 책에서 결코 중요한 게 아니다. 둘째, 내가 생각하기에 이미 그 자체로 형용 모순(contradicio in adjecto)이라고 여겨지는 '마리아론'을 다루는 것은 중요하지 않다. 왜냐하면 신학이란 말씀(Logos), 즉 하느님에 관해 말하는 것이지, 마리아 관련된 것만 고립되어 말하는 게 아니기 때문이다. 그러나 신학이 존재하는 이유는 좀 더 다양할 수 있다. 여기서도 "아무도 이미 놓인 기초 외에 다른 기초를 놓을 수 없습니다. 그 기초는 예수 그리스도이십니다"(1코린 3,11)라는 것이 원칙으로 간주되지만, 예수 그리스도가 다름 아닌 "마리아 안에 계신 하느님"(빌헬름 클라인)이시라면 마리아 역시 이 신학적 기초에 속한다. 이런 까닭에 나는 '마리아에 바탕을 둔 신학'이라는 약간 '특별한' 표현 내지 용어를 사용하고자 했다. 그리스도교 신학의 토대에서 '마리아적인 요소'가 부각되어야 한다. 이 요소가 있는 그대로 진지하게 받아들여진다면 중대한 결과들이 도출될 수 있을 것이다.

본 연구에서 새로운 것은 무엇일까? 어떤 관점에서 보면, 우선 새로운 것은 전혀 없을 것이다. 이미 언급된 내용, 즉 1959년까지 대략 10만 권에 달하고, 시간이 흐르면서 지금까지 마리아론 관련 책과 논문, 소논문 등이 적어도 수만 권 출간된 점을 고려할 때 마리아론에 관해 이미 제시되지 않았거나 밝혀지지 않은 내용은 거의 없을 테고, 그 가운데 일부는 이미 지겨울 정도까지 이르렀을 것이다. 신학의 역사 안에서 어느 정도만 중요하게 여겨지는 마리아론에 관한 진술들은 마치 값진 돌처럼 이미 끝없이 그리고 자주, 때로는 미시적 방식으로 고찰되기도 하고 여기저기로 떠밀려 빈번히 외면받기도 하였다. 따라서 이런 관점에서 볼 때 "달 아래 새로운 것은 아무것도 없다!"(nil novi sub luna). 그러나 돌은 모자이크 그림을 위한 소재로도 사용될 수 있다. 그리고 이어서 같은 돌들로부터 매우 다른 모습들이 만들어질 수 있다. 만일 이렇게 비유적으로 암시된 방향에서 볼 수 있다면, 본 연구에서 새로운 것 내지 독창적인 것도 찾아볼 수 있다. 이는 내용적인 것에서 찾을 수 있는 것이 아니라, 그 안에서 다양한 소재가 정리되고 선별되고 평가되고 통합된 관점에서 찾을 수 있다. 이 책의 제목도 말해 주듯, 이 관점은 '마리아와 교회'라는 것이다. 그러나 이와 관련해서도 이미 많은 예시가 있다!

이 책의 고유한 특징은 다음의 두 가지 문제 제기에 초점을 맞췄다는 점이다.

(1) '마리아와 교회'라는 핵심어는 신앙과 신학의 근본 주제에, 그리고 무엇보다 겉보기에 '늙어 버린' 교회의 쇄신을 위해 어떤 결과를 가져오는가?
(2) '마리아와 교회'라는 관계 도식을 교부학에서 중요하게 여기는 '초기 교회'(ecclesia primigenia)와의 관련성으로 확대하는 문제는 어느 정도 가능할까? 혹은 구약성경에서 지혜는 "하느님 길의 시작"과 함께한다고 하는데, 전례에서 그렇

게 다루고 있는 것처럼, 구약성경 지혜의 핵심 사상을 마리아와 교회에 적용하는 것은 단지 비유적 의미에서만이 아니라 완전히 실제적 의미에서 어느 정도 가능할까? 어떤 결과들과 함께 가능할까?

이 책의 제1권은 '마리아'라는 주제에 관해 성경의 증언을 통해서 그리고 교도권의 신학적이고 중요한 문헌을 통해 '마리아'에 관한 주제를 연구했기에, 적어도 매우 독창적인 내용이라 할 수 있다. 제1권에서 다루는 '마리아론'은 '일반적인' 교의신학 논문이라고 할 수 있다.[35] 원래 나는 성서주석학적인 관점으로 제1장을 저술했는데, 나의 의도는 나와 독자들이 여유를 갖고 연구결과를 대하기를 바라는 것이었고, 이는 아주 특별한 방식으로 진행되는 연구를 가리켜 보이고자 했다. 그러나 내가 쓴 삼위일체론 관련 방대한 책들과 관련해서 비평가들과 비판적 독자들에게는 성서주석학적 견해가 아직 사라지지 않았다. 비록 내가 그 책들에서 충분한 이유와 함께 주석학적으로 다루는 것을 포기하고 완전히 몰두한 일련의 주석학적 연구에 대해 언급했을지라도, 그들은 부족한 점들을 지적했을 뿐이다. 왜 그러한가에 대해서는 지금까지도 나는 납득하기 어렵다. 분명 일부 사람들에게 굴러가는 '바퀴'(das Rad)는 언제나 새롭게 발명되어야 할 것이다. 그럼에도 불구하고 제1장에서는 마리아의 중요성에 대해 성경에서는

35) 원래 19세기에 시작되어 20세기에 전성기를 맞이한 고유한 교의학 논문인 '마리아론'의 역사에 관해서는 다음 글들이 정보를 제공해 준다. H.M. Köster, "Der geschichtliche Weg von marianischen Einzelaussagen zum geschlossenen Traktat einer systematischen Mariologie", in: *ThGl*(1978), pp.368~384; Fr. Courth, "Mariologie, Maria, die Mutter des Christus", in: W. Beinert(Hrsg.), *Glaubenszugänge. Lehrbuch der katholischen Dogmatik*, Bd. II, Paderborn u.a., 1995, pp.307~308.

전혀 독창적이지 않게 해석되었다는 점이 언급되어야 한다. 제1장은 다섯 항목으로 나누어, 여러 측면에서 마리아론의 신학사적 발전 과정을 개략적으로 기술하고 분석하며, 현대 신학의 관점에서 해석한다.

이때 중요한 점은 마리아에 관해서 지극히 '냉철한' 관점으로, 다시 말해 '특전을 갖지 않는 것', 따라서 우리를 '신앙 안의 자매'인 마리아와 결속시키는 '보편적이고 인간적인 것'을 강조하는 관점으로 기술한다는 것이다. 제1권에 제시된 두 가지 신조에 완전히 부합해야 한다는 말이다. 첫째 신조는 아기 예수의 성녀 데레사가 한 말이다. 사람들이 마리아에 관해 말할 때, 가령 "하느님의 어머니에 관해 강론을 들으면서, 순수하게 '아!' 또는 '오!' 하며 경탄하기 전에 처음부터 끝까지 힘겹게 빨리 숨 쉬라고 강요받는다면, 그렇다면 그것으로 족하다. 그리고 이런 경우엔 사랑하도록 이끌지도 않고 모방하도록 이끌지도 않는다."[36] 둘째 신조는 보나벤투라가 이미 마리아에 관해 다음과 같이 기술한 것이다. "우리는 마리아에게 경의를 표할 새로운 칭호를 찾아낼 수 없다. 완전한 진리이신 마리아는 진리에 어긋나는 진술이 필요하지 않으신다."[37] 끝으로 제7장은 비가톨릭교회들 안에서 바라보는 마리아의 위치에 관한 정보를 제공하고자 한다.

제1권은 결정적이고 독창적인 입장을 대표하는 게 아니라, 오히려 상대적으로 내용이 더 짧은 제2권을 준비하는 토대로 기여

---

36) Therese v. Lisieux, dt. in: I.F. Görres, *Das verborgene Antlitz*, Freiburg i. Br., [3]1949, p.318.

37) Bonaventura, *In III sent* 3,1,2 ad 3 = *Opera Omnia*(*Quaracchi*), 68.

하기에 일종의 '서론'과 같은 내용으로 썼다. 제2권은 제1권과 달리 마리아의 '특별한 것'을 부각함으로써, 제1권과 상당히 의도적으로 일종의 긴장 관계에 있다. 더 자세히 말하자면, 세 가지 관점에서, 즉 신앙인으로서, 인격 안에 있는 교회로서, 그리고 창조의 원형(시작, arche)이자 인격적 형태로서 그러하다. 마리아 연구에 관한 제1권과 제2권에서 감지되는 변증법적 긴장은 이 연구를 시작하면서 바로 언급한 두 가지 신조로도 표현한다. 첫째 신조는 루이 마리 그리뇽 드 몽포르와 함께 마리아를 '창조된 무(無)'로 묘사한다. 반면에 둘째 신조는 최고의 존재인 마리아로, 즉 "이해할 수 없는 하느님을 이해하는"〔교부 시대에 마리아 찬가로 손꼽힌 '아카티스토스 찬가'(Hymnus Akathistos)의 표현〕 존재로 이해할 수 있다. 그러니까 이런 존재로서의 마리아는 "하느님 스스로 마리아 안에" 존재하시기 위해서 하느님이 택하신 '장소'라고 할 수 있다. 내가 생각하기에는 오직 이러한 변증법적 사고를 통해서만 마리아를 통합적으로 이해할 수 있다. 물론 이 내용에 대해서는 이 책 끝부분에 이르러서야 동의할 만한 근거를 발견하게 될 것이다(제2권 4장 2.2.3.).

제2권에서 드러나는 세 가지 관점은 몇 가지 신학적 근본 문제 및 주제를 통해서 새롭게 '초벌 작업'을 하고자 한다. 첫째 관점(제1장)을 통해서는 신앙에 관해 마리아론적으로 채색된 논문들과 신학적 인간학 분야에 기여하고자 한다. 오트마르 모이펠스(H. Otmar Meuffels)에 따르면, 마리아는 "인간학에서 중요하거나, 그렇지 않으면 전혀 아무것도 아니기"[38] 때문이다. 둘째 관점(제

38) H.O. Meuffels, "Mariologie und Anthropologie", in: *ThG(B)* 43(2000), pp.198~211, 여기서는 p.199. 마리아론에 인간학이 관련된 것에 관해 (물론 신학 내에서 제

2장과 제3장)에서는 마리아에 바탕을 둔 교회론의 기본 주제들을 다룬다. 셋째 관점(제4장)에서는 마리아에 바탕을 둔 창조론과 종교신학의 주안점들에 관해 설명하고자 한다. 이 4개의 장은 '결론'이라는 표현이 달린 단락을 통해서 마무리한다. 여기서는 마리아에 의해서 더욱 강하게 다져질 신학에 대한 안내뿐만 아니라, 부분적으로는 현재의 교회적이고 신학적 상황에 대한 비판적 평가 및 교회의 가르침과 규정과 구조의 근본적 개혁을 위한 제안들도 제시한다. 내 생각에 이처럼 실제적인 결론들을 제시하는 것은 불가피하다. 마리아가 전형적인 신앙인이라면, 교회가 지닌 신앙의 방식도 마리아에 대해 알자는 것이어야 하기 때문이다. 마리아가 인격 안에 있는 교회라면, 교회적 삶이란 교회 자체의 모든 측면을 마리아에게 맞춰야 한다. 성경의 비유에 따라서 말해 보겠다. 만일 마리아가 창조의 원형(arche), 즉 하느님과 당신 피조물과의 '혼인'을 목표로 하는 창조의 원형이라면, 이는 창조의 현실과 세상의 현실 사이에 '내밀한' 관계에 있다는 것이고, 비그리스도교 종교들을 높게 평가하는 결과를 얻게 된다. 왜냐하면 모든 종교는 각자의 방식으로 종교가 지니는 근원적 관계의 원형을 가지는데, 이를 하느님과 마리아, 또는 더 명확히 말하면 "마리아 안에 계시는 하느님" 안에서 찾을 수 있다.

이 책에서 마주하게 될 '경건한' 견해들에 찬성의 뜻을 표할 일부 독자와 신학자와 성직자가 반대로 교회에 대한 비판적 견해와 개혁적 관점들에 대해서는 너무 급진적인 것으로 나름대로

기된 문제에 초점을 크게 맞춘) 개관한 것은 다음 글이 기여한다: M. Hauke, "Anthropologie und Mariologie in der zeitgenössischen theologischen Diskussion: gemeinsame Perspektiven und Probleme", in: *FKTh* 29(2013), pp.1~21.

상상해 볼 수 있다. 나는 내 스스로 '특정 부분을 미리 검열함으로써'(ad usum Delphini) 꽤 신중하게 기술했다고 생각하고 있는데 반해서, 그들은 그렇게 생각하지 않고 내가 실제로는 훨씬 더 급진적이라고 확신을 가지고 생각할 수 있다. 그러나 나는 미래의 교회가 내가 가리킨 방향으로 길을 가리라고, 혹은 가야 한다고 확신하기에, 때로 더 급진적인 결과들이 이 책에서 저절로 나오게 된 것이다. 다른 한편으로, 개혁적인 관점들에 대해서는 원칙적으로 찬성하지만 그 관점들이 마리아에게로 향하는 것을 전혀 불필요한 우회로와 같은 것이라고 간주하는 독자들도 있을 것이다. 개혁이 필요한 부분이라 제시된 것들이 마리아의 형상과 중요성으로부터 나온 결과라는 지적도 맞고, '기록된 것 이외의'(aliunde) 근거를 가지고 제시될 수 있다는 비판은 맞다. 그럼에도 나에게는 마리아에 관해 기술할 때 명확하게 범위를 두는 것이 과도하게 보이지 않는다. 마리아는 교회의 신앙과 교회의 핵심으로 우리를 이끌어 주고 당신의 생생한 구체성을 통해 모든 추상적인 신학적 근거를 크게 뛰어넘기 때문이다.

'전망'(展望, Aus-Blick)이라는 두 가지 뜻이 담긴 단어가 붙은 제5장에서는 마리아에 대한 예술적인 묘사들을 살펴보고 이에 관해 설명한다. 결론에서 다시 한번 간략히 요약하기 전에, 이 연구의 몇 가지 중요한 결정적인 점들이 비유적 방식으로 기술될 것이다.

이 책의 제2권 역시 순수한 독창성이 흘러넘치는 그런 내용은 아니지만, 그럼에도 여기서는 때로 간과되어 온 몇 가지 중요한 상징적인 지혜에 대해서 주목할 것이다. 여기서도 두 가지 중요한 통찰이 여전히 유효한데, 이에 관해서는 이미 삼위일체론 책들에서 언급했다.

(1) "발명가가 되기를 바라는 사람은 첫째가 되기를 열망한다. 오직 지혜만 원하는 사람은 선구자가 되기를 열망한다"

(임마누엘 칸트).[39]

이 책에서 이루어진 작업은 '진실을 바라기' 때문에 많은 선구자를 큰 소리로 불러내는 것도 부끄러워하지 않는다. 이는 때때로 인용문들을 통해서 여실히 증명될 것이다. '선구자들'이 어떤 생각을 완전하고 탁월하게 표현했던 바로 그것을, 내가 굳이 다시금 이 생각을 그 원천에서 끌어내어 고유한 언어 형태로 주조해 낼 이유는 없는 것 같다.

(2) "우리는 거인의 어깨 위에 앉아 있는 난장이와 같다.
그러나 이런 이유로도 거인보다
더 많이 그리고 더 정확히 볼 수 있을 것이다.
자신의 시력이나 키 때문이 아니라
키가 큰 거인이 우리를 들어 올려 주기 때문이다"

(사르트르의 베르나르).[40]

"거인의 어깨"라는 말은 이미 많이 인용되었고, 여러 참고 문

---

39) I. Kant, Reflexionen 2159, *WW* 16(Ak. Ausgabe) 235.

40) Bernhard v. Chartres, zit. bei Johannes v. Salisbury, *Metalogikon* 3,4,46, J.B. Hall(Hrsg.), Turnhout, 1991, p.116.

헌에서도 볼 수 있다. 이 작업을 마무리하면서 내가 참고한 문헌이 이루 헤아릴 수 없이 많은 것에 나도 깜짝 놀랐다. 내가 참고한 문헌을 모두 다 기술한 것은 아니고, 내가 실제로 사용한 문헌들만 적었다. 참고 문헌을 기술할 때 항상 그렇게 하지는 않았지만, 경우에 따라 해당 대목에 제시했다. 이는 너무 긴 주석을 피하기 위해서였다. 기술된 참고 문헌의 90퍼센트는 내가 실제로 숙독한 것이다. 내 책에 비판적인 독자들에게 단언하고 싶다. 나머지 참고 문헌은 적어도 대강 훑어보거나 인용문을 찾아보면서 알게 된 것들이다. 이 책의 분량이 상당히 많더라도, 제기된 주제 전체를 다룰 수는 없었을 것이다. 부제목을 '관점들'이라고 한 것처럼, 여기서 다루는 내용의 반대편 내용들의 개별적 관점들과 더 큰 전체적인 전망은 여전히 존재하고 남아 있다.

▌이 책을 읽는 방식에 대하여

내가 방대한 분량의 삼위일체론 관련 책들을 펴내면서 이미 언급했던 내용들은 여기서도 동일하게 적용된다. 이 책은 신학에 기여하고자 하므로, 신학자가 아닌 이들에게는 모든 내용을 다 공감할 수는 없는 신학적 논증 방식으로 전개될 것이다. 이들에게는 경우에 따라서 '자기 전공에 관해 이야기하는 것'으로 비치기도 할 것이다. 이러한 독자층이 이 책에 쉽게 접근하도록 이 책을 읽는 방식을 제안하겠다. 이 책에서 전개하는 생각을 이해하기 위해서 '부록'과 본문에 작은 글자로 적힌 부분들을 비롯해 수많은 주석을 반드시 읽을 필요는 없다. 물론 대략 30개의 주석은 예외적인 것인데, 해당 번호에는 줄표가 표시되어 있다. 여기에는 더 중요한 보충과 설명들이 있고, 때로 본문 내용과 조금 다른 내용이 나와 있기도 하다. 그 밖에 책 중간중간에 문장들이 인용된 것은 독자 여러분이 전체와의 연관성 없이도 개별 단락을 그 자체로 이해하도록 하기 위해서다.

약어 및 참고 문헌은 이 책 끝부분을 보라.
성경 말씀은 원칙적으로 인용 부호 없이 제시했다.

엉뚱하게 생각하고 때로는 상당히 도발적으로 표현하는 쪽으로 기우는 경향이 있는 개신교 교부학자이자 마리아론 신학자(!)인 울리히 비케르트(Ulrich Wiekert)는 이렇게 기술한다. "마리아를 사랑하지 않는 사람은 마리아에 관해 말하는 것을 먼저 시작해서는 결코 안 될 것이다."[41] 동의할 만한 문장처럼 비칠 수 있지만, 나는 이 문장이 틀리고 그 반대가 옳다고 생각한다. 마리아를 사랑하지 않는 사람은 마리아 연구에 몰두하고 마리아에 관해 토론하기를, 그러니까 '말하기'를 시작해야 할 것이다. 그러고 나면 그는 내가 경험했던 것과 유사한 것을 경험하게 될 것이다. 나는 마리아에 대한 사랑에 관해 직접 언급하지는 않겠지만, 적어도 발견된 것들에 관해서, 즉 마리아에 관한 새로운 관점을 가능하게 해 주고, 여러 가지를 새롭게 바라볼 수 있도록 이끌어 준 것들에 관해서는 말할 것이다. 미하엘 슈마우스가 1955년에 기술한 문장은 60년이 지난 뒤에도 여전히 유효하다. "지금은 바야흐로 마리아론을 위한 시간이 온 듯하다. 자기 자신에 대해 더

---

41) U. Wickert, *Ein evangelischer Theologie schreibt über Maria*, Berlin, 1979, p.9.

이상 확신하지 못하는 사람에게는 그리스도에 대한 자신의 신앙이 미치는 영향을 신뢰의 눈으로 바라보게 하고 그리스도를 통하여 부여된 삶의 궁극적 의미를 깨닫게 해 줄 수 있는 인물이 필요하기 때문이다."[42]

다음의 말은 아우구스티누스가 한 것이다.

"이 책을 읽는 사람은 나의 확신을 공유하면서
나와 함께 계속 걸어가려 할 것이다.
그는 나와 함께 마음이 요동치면서
나와 함께 찾으려 할 것이다.
그는 자기 옆에서 어떤 실수를 알아채면서
나에게 질문하려 할 것이다.
그는 나의 어떤 실수를 발견하면서
나를 부르려 할 것이다.
따라서 우리는 함께 사랑의 길을 가고
'내 얼굴을 항상 찾으라!' 하고 말씀하시는 분을 향해
손을 뻗을 것이다."[43]

이 책을 감사의 말로 끝맺고 싶다. 이 책은 내가 대학교수로 퇴직한 이후 비서나 조교, 학문적 협력자의 도움 없이 완전히 혼자 완성한 첫 번째 방대한 분량의 책이다. 이를 넘어 지금 내가 처한 상황을 고려하여 다른 신학자들과는 거의 그 어떤 교류도

42) Schmaus, *Dogmatik* V, p.9.

43) Augustinus, *De trin.* I, 3,5(CC 50,32).

하지 않았고, 따라서 비판적 질문들과 교정을 위한 제안들, 도움이 되는 자극들을 받지 못했다. 탈고할 무렵에야 비로소 알베르트 라우흐 박사(Dr. Albert Rauch, 레겐스부르크 동방교회 연구소장)가 친절하게도 러시아정교회의 영성과 신학과 긴밀한 연관성이 있는 '마리아-지혜'에 관한 두 장을 검토해 주었다. 그리고 본(Bonn) 대학의 칼-하인츠 멘케(Karl-Heinz Menke) 교수도 시간을 내어 원고 전체를 비판적 입장에서 읽고, 중요한 반대 논거, 특히 나의 '마리아-지혜'의 구상에 맞서는 실제적이고도 근본적인 논거를 많이 제시해 주었다. 그럼에도 그는 알베르트 라우흐 박사도 그랬듯이, 이 원고를 책으로 내는 데 있어서 나를 크게 격려해 주었다.

이 책이 나오기까지 두 가지 환경적 요인이 내게 도움이 되었다.

(1) 이 책의 대부분은 빈 인근 칼크스부르크(Kalksburg)에 있는 카리타스-소치알리스(Caritas-Socialis) 수녀원에서 완성했는데, 이 수녀원이 운영하는 양로원에서 나는 사목 활동을 하고 있다. 이곳은 주변이 조용하고 영적 분위기가 감돌았으며, 빈(Wien) 숲이 근처에 있었다. 이 숲길을 걷는 가운데 내가 작업하면서 생기는 많은 문제가 글자 그대로 '사라져 버렸다.'

(2) 나는 빈 대학교 '가톨릭-개신교 공동 신학도서관'을 마음대로 이용할 수 있었다. 예전에는 분리되었던 두 신학부 도서관이 통합된 뒤에 수많은 책을 소장하고 있어 읽을 게 있게 되었을 뿐만 아니라, 크고 넓은 공간도 갖추게 되었다. 이곳에 있으면 기분이 좋아졌고, 기꺼이 도움을 주는 도서관장 알프레드 프리들(Dr. Alfred Friedl) 박사와 도서관 사서들에게서 늘 친절한 지원을

받을 수 있었다.

프리드리히 푸스텟 출판사의 루돌프 츠방크(Dr. Rudolf Zwank) 박사의 흔쾌한 협력에도 감사하고, 그 모든 도움에 대해 깊이 감사드린다. 따라서 이렇게 말할 수 있을 뿐이다.

> "먼저 (…) 감사를 드립니다(Πρῶτον μὲν εὐχαριστῶ)"(로마 1,8).

프라이부르크와 빈에서,
2014년 3월 9일
정교회의 '말씀이 사람이 되셨다' 마리아-이콘 축일에
기스베르트 그레사케

제2권

성찰과 자극

II

"그대가 그럴 만하다면,
그대 안에서도
하느님의 말씀이 태어나실 것이다."

— 오리게네스(Origenes)

"내가 마리아가 되어야
하느님께서 나에게서 태어나실 수 있고,
나에게 영원히
복됨을 보증해 주실 것이다."

— 안겔루스 질레지우스(Angelus Silesius)

MARIA
ECCLESIA

II

제1장

마리아와 신앙인

제 1 장 • 마리아와 신앙인

신약성경에서 마리아는 '신앙인'으로 묘사되고 증명된다. 이에 상응하여 제2차 바티칸 공의회 문헌에서 마리아는 신앙의 '전형'이자 '원형'(「교회 헌장」 53항)이라 불린다. 이에 관해 생각하기에 앞서 신앙의 몇 가지 본질적 요소를 규명해 보자.

1.1. 신앙의 차원들

'신앙'이라는 용어는 일상어를 비롯해 현상학적 고찰이나 학문적 반성 영역, 가령 철학이나 사회교육학 등에서도 다양한 차원을 지니고 있다.[1] 신학에서도 신앙은 광범위하게 사용되는 용어이다. '믿는다'의 첫 번째 의미는 어휘사(語彙史)에서 찾을 수 있다. 독일어로 '믿는다'(glauben)는 게르만어 '갈라우브얀'(galaubjan)에서 유래한 말로, '누군가를 좋아하다' '누군가를 인정하다'와 같은 뜻을 지니고 있다. 이 두 동사는 '사랑하다'(lieben)라는 말과 관련된 어휘군에 속한다. 라틴어 '크레데레'(credere)도 마찬가지다. 이 동사는 원래 '코르'(cor)와 '다레'(dare)가 합성된 것으로, '누군가에게 마음을 주다'와 같은 의미를 지니고 있다. 따라서 신앙은 일차적으로 추측되었거나 증명된 실상(實狀)과 관련된 말이 아니라, 누군가를 완전히 신뢰하는 것과 관련이 있다.[2]

---

1) 이와 관련해서는 예를 들어 다음 책을 참조하라: B. Welte, *Was ist Glauben? Gedanken zur Religionsphilosophie*, Freiburg i. Br., 1982. 나아가 동일한 주제를 다룬 다음 문헌들도 참조하라: *HWph*에 수록된 관련 글; H. Küng, *Existiert Gott? Antwort auf die Gottesfrage der Neuzeit*, München-Zürich, 1978, pp.819~820(여기에 관련 문헌들이 명시되어 있음).

2) 이에 관한 무수한 문헌 가운데 예컨대 최근에 나온 다음 문헌들을 참조하라: Beiträge aus dem Sammelband I. U. Dalferth / S. Peng-Keller. *Gottvertrauen* = QD 250, Freiburg i. Br. 2012; K. Schmid, *Was heißt Vertrauen?*; Th. Söding, *Heilsamer Glaube*; H. Weder, *Glaube - Hoffnung - Vertrauen*.

그렇게 보면, 신앙은 결코 특별히 종교적 용어가 아니다. 오히려 신앙은 인간 삶을 근본적으로 실현하는 것의 일부이다. 더 정확히 말하면, 신앙에는 두 가지 상이한 형태가 있다.

(1) 하나는 '삶을 구성하는 신앙'이다. 이는 베른하르트 벨테(Bernhard Welte)가 표현한 말로, 신뢰가 선행되지 않으면, 현실에, 특히 자신의 삶에 근본적으로 "예!" 하지 않으면 삶은 불가능하다는 사실을 의미한 것이다. 하루를 시작하는 것, 일을 시작하고 완성하는 것, 삶의 초대에 응하고 삶을 성실히 꾸려 가는 것 등등, 이런 것들이 의미가 있다고 신뢰하는 것이 삶의 올바른 태도이기 때문이다. 이렇게 삶에 대한 무의식적인, 혹은 계산하지 않는 신뢰를 우리는 '신앙'이라 일컬을 수 있다.[3)]

(2) 다른 하나는 '상호 인격적(interpersonal) 신앙'이다. 다른 사람들을 신뢰해야 살 수 있다고 한다면, 인간의 삶은 신앙 없이는 불가능하다. 우리는 태어난 순간부터 서로 '신의'를 지키고 서로 결속되어 있다. 많은 경우에, 혹은 대부분의 경우에 미처 다른 사람들의 신뢰를 검증하거나 증명하지 않았는데도 말이다. 상호 인격적 신앙은 예컨대 배움의 영역에도 해당된다. 아리스토텔레스가 말하기를, 배우기를 바라는 사람은 믿어야 한다고 했다. 그러니까 자신의 스승들, 역사와 전통의 증인들을 믿어야 한다고

---

3) 벨테가 '삶을 구성하는 신앙'이라고 일컬은 것을 다른 저자들은 달리 표현한다. 가령 에릭 에릭슨은 현실 세계에 대한 '근원적 신뢰'에 관해 이야기하는데, 이 '근원적 신뢰' 없이는 삶이 성공할 수 없다고 한다. 이와 관련해서는 그의 책(*Kindheit und Gesellschaft*, 독일어 번역본: Stuttgart, 1969)을 보라. 철학자 헬무트 쿤(Helmut Kuhn, *Begegnung mit dem Sein*, München, 1954) 역시 다른 관점에서 보는데, 이렇게 주어진 것은 '존재론적 긍정'이라고 말한다. 이것이 의미하는 바는 다음과 같다. 즉, 인간 존재가 실현되는 것 이면에는 의미에 대한 긍정, 현실 세계를 긍정하기 위한 근원적이고 기본적인 "예"가 숨어 있다.

했다. 그러나 상호 인격적 신앙의 가장 중요한 요소는, 우리가 자기 자신에게서 나와 신뢰를 품고 다른 사람에게 다가가고 그를 믿으면서, 다시 말해 가장 지고한 형태인 사랑 안에서 그에게 자신을 넘겨주어야만 자신의 정체성을 찾을 수 있다는 사실이다.

인간의 행복한 삶에 속하는 신앙의 이 두 가지 형태는 적어도 그 궁극적 토대에 대해서 묻는다. "나는 어떻게 삶을 신뢰할 수 있고 현실을 전적으로 긍정하며 살 수 있는가?" "나는 왜 나 자신에게서 나와야 하고, 때로는 실망했음에도 불구하고 늘 신뢰를 품고서 다른 사람들에게 마음을 열어야 하는가?" 이런 질문들의 측면에서 바라본다면, 종교적 관점들이 영향을 미칠 수 있다. 그 이유는 이렇다. 무신론자에게서도 가치가 있는 근본적인 신뢰는, 그것이 합리적이라면, 현실을 포용하고 긍정적 의미를 보증하는 힘을 필요로 하지 않을까? 따라서 그것은 결국 하느님의 인정을 필요로 하지 않을까?[4] 마찬가지로 외르크 슈플레트(Jörg Splett)가 옳게 말하듯이, "조건부로 인정된, 인간에 대한 무조건적인 '예'는 (…) 그에 대한 무조건적인 '예'를 불러내야만 책임질 수 있다. 이 '예'는 무언가 필요하거나 변덕스러운 자아 또는 그러한 무리가 아닌, 절대적 자유를 누리는 사람만이 응답한 것이다."[5]

따라서 종교적 영역에서 '신앙'이라 불리는 것은 하늘에서 뚝 떨어진 것이 아니라, 인간의 다양한 경험에 뿌리내린 것이다.

---

4) 이 논증 과정이 다음 책에서 차별화해서 다루고 있다: Hans Küng, *Existiert Gott?*, p.664 이하.

5) J. Splett, "Gottesbeweis Mitmenschlichkeit. Zur rationalen Begründung von Religion", in: A.J. Buch / H. Fries(Hrsg.), *Die Frage nach Gott als Frage nach dem Menschen*, Düsseldorf, 1981, pp.51~62, 여기서는 pp.58~59.

특별히 성경이 이해한 신앙으로 시선을 돌리면 '신앙'에 해당하는 히브리어 '아만'(אמן)을 마주하게 된다. 이 단어의 어근 '만'(מן)은 '굳센' '신뢰하는' '분명한' 등 여러 의미를 지니고 있다.[6] 마찬가지로 '신앙'이라는 용어의 성경적 본래 의미는 '하느님 안에서 자신을 굳세게 함'이다.

그것이 구체적으로 무엇을 의미하는지 이사야서 7장에 나오는 한 장면에서 명료해진다. 경험이 부족한 젊은 유다 임금 아하즈는 정치적으로 전망이 전혀 없는 상황에 직면했다. 이스라엘 임금과 시리아의 임금이 예루살렘을 치러 왔기 때문이다. 이 소식이 전해지자, "숲의 나무들이 바람에 떨듯 임금의 마음과 백성의 마음이 떨렸다"(이사 7,2). 이런 위급한 상황에서 이사야가 임금 앞으로 나아가 하느님의 이름으로 그에게 말했다. "진정하고 안심하여라, 두려워하지 마라. (…) (예루살렘으로 쳐들어온 두 임금으로 인해) 네 마음이 약해지는 일이 없도록 하여라. (…) 그런 일은 이루어지지 않으리라. 그렇게 되지 않으리라. (…) 너희가 믿지 않으면 정녕 서 있지 못하리라"(7,4~9).[7] 마지막 문장은 이런 뜻이다. '하느님을 너희가 살기 위한 굳건한 토대로 받아들이지 않으면, 너희는 실제로 멸망할 것이다.'

그러므로 정치적 영역에서조차 신앙은, 즉 하느님 안에서 자신

---

6) 이로부터 우리가 동의한다는 뜻으로 말하는 '아멘'이 유래했을 뿐만 아니라, 히브리어의 파생어 '에메트 / 에무나'(emet / emuna, 성실, 신뢰성, 진리)도 거기서 비롯되었다.

7) 코흐(K. Koch, *Geleitwort zu I.U. Dalferth* / S. Peng-Keller, *Gottvertrauen*, QD 250, Freiburg i. Br., 2012, pp.11~17. 여기서는 p.15)는 이 성경 구절을 다음과 같이 해석하며 강조한다. "너희가 믿지 못하고 야훼 하느님 옆에서 굳게 서 있지 못하면 지지대를 찾지 못할 것이다."

을 굳세게 하는 것은 마지막 보루이다. 하느님은 두려움을 몰아내실 수 있고, 따라서 사람들이 흥분하지 않고서 평정한 가운데 이성적으로 행동하게 하실 수 있기 때문이다.

신앙 안에서 인간은 하느님께 마음을 연다. 하느님께서는 인간에게 가장 먼저 향하시고, 인간을 그의 삶과 현실 전체의 근원으로서 인정하신다. 인간은 신앙 안에서 자신이 철저히 의탁할 수 있고 또한 자신을 맡겨 드리는 '너'(Du), 하느님께 응답한다. 간략히 말하면 이렇다. "계시하시는 하느님께 '신앙의 순종'을 드러내야 한다. 이로써 인간은 (…) 자기를 온전히 그분께 자유로이 맡기는 것이다"(「계시 헌장」 5항). 그렇기 때문에 성경적 의미에서 신앙은 일차적으로 실상(實狀)과 가르침을 굳건히 유지하는 것이 아니다. 칼 라너의 표현에 따르면 신앙은 "실재이신 하느님께 조건 없이 자신을 개방하는 것이다. 이를 통해서 그 힘은 우리를 초월해 작용하고, 우리를 규정하며, 현실 세계의 고유한 일부가 된다."[8] 따라서 신앙이 완성되는 '근원적 자리'는 기도이다. "저의 하느님, 저는 당신을 믿습니다. 저는 당신을 의지합니다. 저를 당신께 내맡깁니다!" 나는 하느님을 믿으면서 그분께 나를 넘겨드린다. 그러므로 사랑은 신앙 행위와 긴밀히 결부되어 있다. 그렇다, 신앙은 사랑의 한 형태이다.[9] '나 중심에서 벗어나는 것' 자아를 '다른 것 / 다른 사람들'을 향해 '이동'시키는 것은 신앙의 본

8) Rahner, *Assumptio*, p.331.

9) 이와 관련해서는 다음 책을 보라. 이 책은 유감스럽게도 끝맺지 못하고 저자 사후에 출간되었지만, 지금까지 이보다 신학에 관해 상세히 알려 주는 책은 거의 없을 정도로 매우 중요하다: H.-K. Rechmann, *Die Liebe als Form des Glaubens. Studium zum Glaubensbegriff des Thomas v. Aquin*, Hrsg. v. A. Winter / G. Stitz, Neuried, 2001.

질에 속하기 때문이다. 이렇듯 하느님께로 움직이는 것은 종교적 신앙에 주안점을 둔다. 자아는 하느님을 향해 나아가고, 그분 안에서 자기 삶의 본래적 근원과 올바른 확신을 찾아낸다. 이로써 신앙은 잘못된 확신, 그러니까 인간이 자기 자신 안에서 얻으려는 저 확신의 위험성을 의미한다는 것도 드러났다. 신앙인은 자기 자신을 내려놓고 하느님께 철저히 의탁하며, 그분 안에서 '굳세어져야' 한다는 확신을 가져야 발 아래 디딜 땅을 찾을 수 있음을 안다. 따라서 신앙에는 회개, 즉 자신을 버리고 하느님께로 향하는 것도 포함되어 있다.

하느님을 향한 신앙은 사랑의 차원뿐만 아니라 희망의 차원과도 결부되어 있다. 희망의 차원은 두 가지 관점에서 볼 수 있다. 첫째, 신앙이 향하는 하느님은 지금은 물론, 앞으로도 절대적으로 확실하시고 인간을 든든히 받쳐 주시며 활력을 불어넣어 주시는 분으로 입증된다는 희망이다. 둘째, 하느님께서 인간에게 하신 약속이 실현되리라는 희망이다. 이 두 가지 관점을 하인리히 슐리어는 아브라함과 연관 지어 다음과 같이 설명한다. "아브라함이 지닌 신앙의 특성은 이렇다. 그에게는 희망을 위한 발판이 없었고, 따라서 희망이 없었지만, 하느님께서 주신 희망의 말씀으로 희망을 얻었다. 그의 신앙은 희망이고, 희망에 기인한 것이다. 하느님의 말씀은 그가 처한, 아무런 희망이 없는 상황에서 희망을 일깨웠다."[10]

그러나 희망으로서의 신앙이 향하는 하느님의 약속은 성경적 확신에 따르면 신앙인이 희망을 향해 출발하고, 희망을 실현하기

---

10) H. Schlier, *Der Römerbrief = HthKNT,* Freiburg i. Br., 1977, p.133.

위해 함께 책임지며, 희망을 얻기 위해 협력하는 것을 전제로 한다. 그리하여 우리 신앙의 조상인 아브라함(로마 4,12.17; 갈라 3,7~8.29; 히브 11,8 이하)에게서 이미 하느님의 약속이 실현되었다. 그는 믿고 희망하면서 아무런 희망이 없었음에도 불구하고(로마 4,18) 출발해야 했다. 자신이 어디로 가는지도 모르고 떠난 것이다(히브 11,8). 아브라함은 하느님의 새로운 부르심을 실현하기 위해 자신의 삶을 바쳐야 했다. 이렇게 그는 모든 사람에게 복이 되도록 하기 위해서(창세 12,2) 자신의 일부를 희생해야 했다. 그리고 아브라함은 백성이, 즉 하느님의 백성이 탄생하도록 부름 받았기에 하느님께서 자신에게 요구하시는 것은 당신의 백성을 위해 요구하시는 것이고, 하느님께서 자신을 필요로 하시는 것은 당신의 백성을 위해 필요로 하시는 것임을 알고 수용해야 했다. 그리하여 하느님에 대한 신앙으로부터 친교, 즉 하느님과의 친교가 이루어질 수 있다. 그러나 신앙인들도 서로 친교를 나눌 수 있다.

그렇다면 이제 신앙은, 즉 본질적으로 신뢰에 기반한 신앙 내지 자기 삶의 근원이신 하느님을 향하는 신앙은 적어도 그리스도교 전승에 따르면 사람들이 '당연히' 믿어야 하는 많은 신앙의 진리와 무슨 관계가 있을까? 마르틴 부버의 경우를 본다면, 여기서는 직접적인 긴장을 일으키며 서로 반대되는 '신앙의 두 가지 방식'이 드러나게 된다.[11] 그렇지만 이렇게 특징짓는 것은 분명히 과장된 것이다. 분명한 점은 교회 전승 역시 신앙의 두 가지 방식, 그러니까 '하느님을 신뢰하는 것'(credere Deo)과 '하느님을 / 하느

---

11) 따라서 그의 책 제목도 "신앙의 두 가지 방식"(1950, *WW* I, pp.651~782)이다. 이것이 지닌 문제와 관련해서는 다음 책을 보라: J. Werbick, Fides-Fiducia-Emuna, in: Dalferth / Feng-Reller(Hrsg.), *Gottvertrauen*, pp.295~312.

님 안에서 믿는 것'〔credere (in) Deum〕을 구분한다는 것이다. 전자는 '신뢰에 기반한 신앙'〔Vertrauensglaube, "나는 너를 믿는다"('신앙의 행위'(fides qua)〕을 의미하고, 후자는 신앙의 실제적 내용〔"나는 ~을 믿는다"('신앙의 내용'(fides quae)〕을 의미한다. 그러나 이 둘은 단순히 반대되지 않는다. 왜냐하면 (칸트의 말을 바꾸어 표현하면) 내용이 없는 신앙은 공허하고, 신뢰와 사랑이 깃들지 않은 신앙의 내용은 가치가 없기 때문이다. 이 두 가지 유형의 신앙 사이에 다리를 놓는 것은 다음과 같이 숙고해 본다면 가능할 수 있다. 즉, 신앙은 다른 모든 것 앞에서 자신을 인격적으로 하느님과 그분의 뜻에 내맡기는 것일지라도, 이렇게 규정된 상황에서 여전히 열려 있는 물음이 있다. 우리가 신앙 안에서 자신의 삶을 온전히 맡겨 드리게 되는 이 하느님은 도대체 누구시냐는 것이다. 하느님은 '존재를 구성하는 피라미드의 정점' '최초의 동인(動因)' 세상의 근원으로서 그리고 / 또는 도덕성의 보증으로서 요청되는 '가장 지고한 존재'이신가? 하느님은 우리를 넘어 저 높은 곳에 계시는 '최고의 우주 통치자'이시거나 우리 안에 계시는 절대적인 분 또는 모든 것을 꿰뚫고 안으로 스며드는 '세계영혼'(Weltseele)이신가? 그렇지 않으면 온갖 악에서 벗어날 미래 세계를 가리키는 '유토피아적 수수께끼'이신가? 그렇다면 사람들은 온갖 허구적 방식으로만 하느님에 대한 상상을 펼칠 수도 있을 것이다. 이처럼 다양한 측면에서 생각해 본다면, 신앙이란 어떤 '하느님' 즉 지극히 애매한 X이거나 완전히 불확실한 Y로 머무르는 어떤 분께 단순히 자신을 내어 드리는 것을 통해서는 생겨날 수 없다. 그렇게 된다면 신앙은 불확실하고 알맹이 없는 것 속으로 들어갈지도 모른다. 오히려 다음 네 가지 물음에 관한 어떤 정보를 줄 수 있는 특정한 내용이 신앙에 속한다고 할 수 있다.

— 사람들이 신앙 안에서 자신을 내맡기는 이 하느님은 누구이신가?
— 하느님은 어느 곳에서 발견될 수 있을까?
— 하느님은 인간에게 어떤 기대를 거시고 어떤 지침을 주시며, 또 어떤 요구를 하시는가?
— 하느님은 인간에게 어떤 약속을 준비해 놓으셨을까?

이는 신앙이 품고 있는 다양한 영역을 네 개의 '범주들'(Kategorien)로 설명한 것인데, 이 네 가지 물음에 대한 답변은 오직 하느님 자신이 스스로 인간에게로 향하실 때, 그리고 '계시'라 불리는 것 안에서 주실 수 있다. 성경을 통해 얻게 된 확신에 따르면, 하느님은 '계시'를 통해 창조 과정, 또는 당신의 구세사적 행위에서 당신을 드러내시고 인간에게 다가가신다. 이러한 배경에서 '행위로서의 신앙'(fides qua)와 '내용으로서의 신앙'(fides quae)이 추가된 것은 매우 분명한 사실임이 증명된다. 신앙의 구조는 다음과 같은 형태로 드러난다.

> 나는 a, b, c …(행위, 특성, 지침, 약속 등)를 통해 규정되신 하느님을 믿는다(신뢰를 품고서 그분께 자신을 바친다는 의미에서). 하느님은 그러한 분으로서, 인간에게 세상과 역사 속에서 당신 자신을 알리셨기 때문이다.

이에 따라 나는 형식적 의미에서 a, b, c …를 믿는 게 아니라, a, b, c …를 통해 당신 자신을 더 구체적으로 규정하시고 또 그렇게 규정되신 하느님을 믿는다. 이렇게 관계문으로 표현되고 규정된 것은, "나는 … 하느님을 믿는다"라는 문장과 분리되어서는 안 되고 실상(實狀)으로서 보아야 하며, 신앙의 내적 구조를 훼손해서도 안 된다.

그런데 인간을 신앙으로 초대하신 이 하느님은 어떻게 세상과 역사 속에서, 구약성경과 신약성경에 따라서, 당신 자신을 더 구체적으로 규정하시고 증명하셨을까? 간략히 말하면, (이로 인해 오해를 불러일으키고 다른 표현으로 바뀔 수도 있지만) 하느님은 당신 자신을 드러내셨고, 피조물을 지어 내신 분이라고 당신 자신을 드러내신다. 하느님께서 피조물을 지어 내신 것은 이 피조물을 삼위일체이신 당신의 거룩한 생명 속으로 받아들이시기 위해서다. 그리스도교 전통이 말하듯이, 피조물을 '거룩하게' 하기 위해서다. 자유로운 인간은 자신이 협력해야 하는 이 목표를 거부하고 막다른 골목에서 헤매기 때문에, 하느님께서는 늘 인간에서 새로운 '시작'을 선사하신다. 이 새로운 '시작'은 하느님의 아드님이신 예수 그리스도께서 자신의 본분을 받아들이려 하지 않는 세상과 완전히 하나가 되신 데에서('육화' '강생') 절정에 달한다. 그리스도의 부활과 성령 강림을 통하여 하느님과 인간이 이룬 일치는 도로 물릴 수 없는 것이고, 하느님이 세우신 본래 계획에 있어서 무조건 중요한 것으로 간주된다. 그렇게 '사랑'이신 하느님께서는(1요한 4,16) 인간에게 완전히 향하시고 당신 자신을 알려 주신다. 하느님의 이러한 자기규정은 근본적으로 '사도신경'에('니케아-콘스탄티노폴리스 신경'에도) 요약되어 있고, 이는 그리스도교 신앙과 동일시되며, 이 신앙의 '내용'을 이룬다. 이렇게 규정되신 하느님, 당신의 피조물을 끝없이 사랑하시고 피조물에 더할 나위 없이 밝은 미래를 열어 주시는 하느님을 인간은 신앙 안에서 신뢰하고, 그분께 합당한 행동을 하고자 애쓴다.

그러나 신앙 내용이 의미하는 바는 이렇다. 그리스도교 영역에서 전승된 개별적 신앙의 내용이 많은 것을 고려할 때 이 신앙 내용들은 그리스도교의 실제적인 중요성과 연관 지어져야 한다는 것이다. 따라서 나는 예컨대 사후의 상태 또는 장소인 '연옥'이 있음을 믿지 않고, 온갖 과오, 온갖 실패와 미숙함에도 불구하고 인간을 사후에 '정화'시키시면서, 영원한 생명을 준비해 놓으신 하느님을 믿는다. 나는 '악마'가 있음을 믿지 않고, ('악마'의 존재를 믿었다면 타락했을 것이다!) 당신의 아드님 안에서 악의 세력(사람들이 '악마'라고 부르는 것)을 물리치시어 아무것도 더 이상 우리를 당신의 사랑과 떼어 놓을 수 없게 하시는 하느님을 믿는다. 나는 어느 '교황'이나 '교황이 반포한 회칙'을 믿지 않고, 교회 안에 있는 신앙인들과 교회의 직무를 수행하는 이들에게 다가가시고 경우에 따라서는 그들에게 당신의 지침을 주시는 하느님을 믿는다.

따라서 나는 그렇게 이해되는 하느님이나 혹은 이와 유사하게 이해되는 다른 것들을 믿지 않는다. 대신 나는 우리에게 자신을 드러내신 분, 다른 것이 아니라 바로 그렇게 우리에게 당신 자신을 드러내신 하느님을 믿는다. 이로부터 이른바 '진리의 위계'(hierarchia veritatum)라는 사고도 근거를 찾을 수 있는데, 이에 관해서는 뒤에서 언급할 것이다. 이런 관점에서 한스-요아힘 횐(Hans-Joachim Höhn)이 신앙인에 관해 다음과 같이 기술한 것은 매우 적절하다. "여기서 중요한 것은 (…) 교의나 규범들의 공포 또는 신적 의지의 표명이 아니다. 오히려 하느님의 현존하심이 핵심이다. 하느님은 무조건 인간에게 향하시고 인간과 관계를 맺으시면서 당신 자신을 드러내신다."[12] 간략히 말하면 이렇다. 하느님의 계시는 우리에게 향하신 하느님의 자기 전달이다. 하느님께서는 당신의 피조물에 한결같이 성실하시고 조건 없이 사랑하시며 당신 자신을 알려 주신다.

여기서 '우리'라는 말은 매우 중요하다. 역사 속에서 하느님의 자기 해명과 자기규정은 성경적 이해에 따르면 개개인에게서 이루어지는 게 아니라, 어느 공동체를 통하여 온 세상을 위해 이루어지기 때문이다. 하느님의 모든 활동의 목표는 (이에 관해서는 뒤에서 다룰 것이다.) 오직 '친교' 때문만이 아니라 하느님께서 인간에게 '수직적으로' 향하시는 것이 '수평적'으로 진행되기 때문이기도 하다. 하느님께서 이렇게 인간에게 향하시는 것은 세상 안에서, 세상을 통해서 그리고 역사적 방식으로 이루어진다. 그러므로 다시 사람들의 관계에서도 조건 없이 서로 인정하고 서로에게 향하는 것이 필요하다. 신앙은 본질적으로 친교를 이루는 것이다.

신앙의 두 가지 방식이 이루는 관계로 돌아가자. 아무튼 분명히 밝혀야 할 점은, 신앙 내용은 포기할 수 없는 중요성을 지니지만 (내용에 대한 그 어떤 형식이 없으면 실제적 신앙은 없다.) 하느님 안에서 먼저 굳세어지는 것에 비해 둘째 자리를 차지한다는 것이다. 이것이 어떤 결과를 가져올지는 뒤에서 다룰 것이다.

12) H.-J. Höhn, *Gott - Offenbarung - Heilswege*, Würzburg, 2011, pp.179~180.

이 단락에서 신앙 행위의 차원들이 밝혀졌으니, 이제는 신앙의 내적 구조로 시선을 돌리자. 여기서 결정적인 점은 신앙을 은총으로 표현하는 것이다.

1.2. 은총으로서의 신앙과 자유로운 응답

/참/고/문/헌/

• E. Ulrich, *Gabe und Vergebung. Ein Beitrag zur biblischen Theologie* = Schriften V. Hrsg. v. St. Oster, Freiburg, 2006; R. Esterbauer, "Zu einer Phänomenologie des Gebens", in: *SJbPhil* 37(1992), pp.89~112; J.-L. Marion, "La raison du don", in: *Philosophie* 78(2003), pp.3~32; K. Busch, *Geschicktes Geben. Aporien der Gabe bei Jacques Derrida*, München, 2004; St. Oster, *Mit-Mensch-Sein. Phänomenologie und Ontologie der Gabe bei Ferdinand Ulrich*, Freiburg-München, 2004; ders., *Person und Transsubstantiation. Mensch-Sein, Kirche-Sein und Eucharistie - eine ontologische Zusammenschau*, Freiburg i. Br., 2010, pp.110~130; M. Gabel / H. Joas(Hrsg.), *Von der Ursprünglichkeit der Gabe. J.-L. Marions Phänomenologie in der Diskussion*, Freiburg i. Br., 2006; 그 안에 특히 다음 글이 수록되어 있음: I. U. Dalferth, *Alles umsonst. Zur Kunst des Schenkens und den Grenzen der Gabe*, pp.159~191; M.M. Lintner, *Eine Ethik des Schenkens. Von einer anthropologischen zu einer theologisch-ethischen Deutung der Gabe und ihrer Aporien*, Wien-Berlin, 2006; K. Wolf, *Philosophie der Gabe. Meditation über die Liebe in der französischen Gegenwartsphilosophie*, Stuttgart, 2006; M. Rosenberger u.a.(Hrsg.), *Geschenkt - umsonst gegeben? Gabe und Tausch in Ethik, Gesellschaft und Religion*, Frankfurt u.a., 2006; Alferi, *Worüber*, Büchner, *Wie kann Gott*; V. Hoffmann(Hrsg.), *Die Gabe. Ein "Urwort" der Theologie?*, Frankfurt, 2009; dies, *Skizzen zu einer Theologie der Gabe*, Freiburg i. Br., 2013.

'은총'(Gabe) 개념과 함께 우리는 하나의 '실재'(實在)를 마주하는데, 이 '실재'에 대한 사고는 현대 신학 및 철학, 특히 현상학에서 매우 중요한 역할을 한다.[13] 은총이라는 지극히 복잡한 현상

13) 이와 관련해 마우스(M. Mauss, 1872~1950)가 집필한 것으로, 문화사적으로 '중요한

의 중요한 특징들은 뒤에서 규명될 텐데, 이는 그것으로부터 마리아론과 관련해 곧바로 결과를 끌어내기 위함이 아니다. 반대로 마리아로부터 은총이라는 사건을 더 잘 이해하기 위함도 아니다. 오히려 마리아와 은총의 본질(자유로운 은총, 사명)로 번갈아 시선을 자주 돌리면서 더 명확한 관점을 얻고 둘 다 규명하기 위해서다.

1.2.1. 은총의 현상학

인간은 은총으로 산다. 부모에게서 받은 생명의 은총부터 시작해서 삶에 필요한 것들, 어린 시절과 청소년기에 받는 양육과 교육이라는 은총들, 그리고 만남과 관계, 사랑과 공동체 같은 다양한 은총에 이르기까지 말이다. 이를 넘어 서로 주는 것과 받는 것은 사적 및 사회적 관계를 맺는 데 하나의 역할을 한다. 그런데 여기서 우리가 반드시 생각해 볼 점들이 있다.

책'이라고 간주되는 다음 책에 대해서는 토론이 필요하다: *Die Gabe. Form und Funktion des Austausches in archaischen Gesellschaften*(1924), 독일어 번역본: Frankfurt, 1990. 프랑스에서는 '은총'이라는 주제를 놓고 오래전부터 토론이 활발히 벌어지고 있는 반면, 독일어권 신학자들은 21세기에 들어와서야 이 주제를 다뤘다. 그동안 시간이 흐르면서 이 주제에 관한 책들이 무수히 나왔다. 위에 언급된 책은 우리가 이 주제를 다루는 데 큰 도움이 될 것이다. 다음 책도 참조하라: Hoffmann, *Skizzen*, pp.15, 26. 은총의 본질을 주제로 다룬 거의 모든 책에서는 자크 데리다가 말한 은총의 '하강'과 장뤼크 마리옹(Jean-Luc Marion)이 현상학적으로 연구한 점들이 대립하는 것도 발견할 수 있다. 마리옹에게는 '주는 것/은총'(donation) 개념이 신학적으로나 철학적으로 결정적 역할을 한다. 따라서 그에게 중요한 것은 현실 세계가 주는 것에 자신을 온전히 내맡기는 것이다. 이와 관련해서는 다음 책을 보라: Alferi, *Worüber*.

(1) 은총(Gabe, 여기서는 '주는 것' '선물'의 의미로 쓰였음_ 옮긴이 주)이라 일컬어지는 것이 모두 다 실제로도 은총인 것은 아니다. 문화사적 내지 민속학적 관점에서 보면, 주는 것(선물)은 원래 받는 자에게 의무를 지우는 역할을 했을 것이다. 답례품을 주든지, 곤경에 처한 사람과 특별한 관계를 맺거나 그를 정서적으로 지지하든지 간에 말이다. 이처럼 뭔가를 준다는 것은 사회적 결속을 만들어 내고 또 구축하는 역할을 하고, 특히 가족 및 씨족의 사회적 관계를 다지는 데 기여했다. 따라서 원래 무언가 모든 행위는 어떤 면에서는 '받기 위해 준다'(do ut des)는 법칙, 혹은 "경제 논리"〔엘피 미클라우츠(Elfie Miklautz)〕 등의 사실을 전제한다. 자크 데리다(Jacques Derrida)가 상세하게 분석했듯이, 무언가 주는 행위는 '교환'이 등장하면서 자취를 감췄다. 단지 주는 것 내지 받는 것은 그 자체로 불균형을 이룬다는 사고가 서서히 인류의 역사 속에서 싹텄다. 그 과정에서 성경의 영향도 받았을 것으로 추측된다.[14] 그렇지만 모든 시대에는, 그리고 경제 논리의 지배를 받는 사회에서는 오늘날 무언가 줄 때는 '받기 위해 준다'는 태도가 더 우세하게 여겨진다. 이러한 태도는 이따금 선물이라는 베일 아래 은밀히 숨어 있기도 하다.

이런 경우, 선물은 그것을 받는 사람을 구속한다. 선물이라는 것은 받는 사람을 그것을 준 사람에게 '꽉' 묶어 놓는다. 선물은 적어도 자율성을 해친다는 의혹을 불러일으키기도 한다. 따라서 받는 사람을 부자유스럽게 하거나 구속한다. 그런 경우에 선물을 주는 사람은 자신의 이익과 영향력, 자신의 명예와 권력을 스스

---

14) 호프만(*Skizzen*, p.137)이 기술한 바에 따르면, 아무튼 존 밀뱅크(John Milbank)는 이와 같이 생각한다.

로 추구한다. 그는 선물을 전달하면서 스스로 자신을 '주목하게 끔' 만들어 간다. 그러나 선물 주는 사람은 그런 의도로 주지만, 원래는 그렇게 주면 안 된다. 그가 주는 '선물'은 글자 그대로 '독'(Gift라는 단어가 영어로는 '선물'이지만, 독일어로는 '독' '독약'이라는 뜻이고, 저자는 여기서 중의적으로 사용하고 있다_ 옮긴이 주)이다. 주는 사람이 자신이 주는 것을 완전히 내려놓아야 한다. 그는 선물로부터 자신을 분리시켜야 하며, 자기와 관련된 모든 것, 그러니까 자기 자신을 완전히 내려놓아야 한다. 그는 주는 자의 역할에서 완전히 '사라지고',[15] 받는 사람의 '주인'으로 군림하는 대신 상대를 주목하며 그에게 '봉사'할 때 비로소 주는 것이 진정 제대로 된 선물이 될 수 있다. 우리는 이렇게도 말할 수 있다. "주는 것이 끝없는 사랑에서 비롯되고 이는 또한 신뢰할 만하므로, 받는 사람이 이 사랑에 기댈 수 있어야 비로소 주는 것이 실제로 주는 것이고 '독'이 아니다." 그래야만 주는 것이 받는 사람의 마음을 움직이는 힘을 지닐 수 있다. 그렇게 받는 것은 부자유스럽게 만들지 않고 자유롭게 만든다. "선물이 마치 받는 사람의 소유물인 것처럼"(쇠렌 키르케고르) 말이다.

(2) 주는 사람이 자기 자신을 바라보지 않고 받는 사람과 그의 이익에만 주목할 때, 주는 사람이 조건 없이, 완전히 '거저' 상대방을 위해 줄 때, 선물하는 것에서 주는 사람과 주는 것과 받는 사람의 본래적 관계를 맺을 수 있다. 언어사적으로 보면 『그림

15) 이런 의미에서 마리옹(*raison*, p.14)은 다음과 같이 강조한다. "준 사람이 드러나지 않으면, 선물이 온전하게 전달된 것이다." 이는 키르케고르(*Der Liebe Tun*, Bd. II, TB Gütersloh, 1983, p.302)가 다음과 같이 말한 것과 크게 다르지 않다. 사랑은 "그러한 모습을 지니므로, 선물은 받는 사람의 소유물인 것처럼 보인다."

(Grimm) 사전』에 나와 있듯이, '주는 것과 받는 것'은 "사실상 행동이나 사건의 서로 다른 두 가지 측면에 불과"하다.[16] 주는 사람이 실제로 주는 것에서 떨어져 있을 때 그는 주는 것을 통해, 다른 중요성과 함께, 자기 자신을 선사한다.[17] 자신의 사랑과 주목, 자신의 공감과 화해를 선사한다. 또한 상대방을 위해 무언가를 포기하고 자기 것에서 분리되려고 준비된 마음을 선사한다. 간략히 말하면 이렇다. 그는 자신의 삶을, 또는 적어도 그 '일부'를 선사한다. 그의 삶이 그가 주는 것에 '구체화'되어 있는 것이다. 더 정확히 말하면 '상징화'되어 있는 것이다. "주는 것이 마음에서, 혹은 선물할 때 생겨나는 내면성에서 더 깊이 그리고 더 자연스럽게 우러나올수록, 선물하는 사람의 모습이 주는 것에서 더 순수하게 드러날수록, 그가 주는 것의 동기가 더 현실적일수록 그 사람과 선물의 '본래적인 일치'가 더 긴밀해진다."[18] 따라서 실제로 주는 행위 안에서 주는 사람이 현존한다. 다시 말해 그는 실제적으로 존재하며, 현실에 영향을 준다. 주는 것은 글자 그대로 나누어 주는 것, 함께 나누는 것이다. 이때 주는 사람은 자기 자신을 내주고, 받는 사람과 자신의 삶을 나눈다. 그리고 그렇게 받는 사람은 새로운 삶의 가능성들을 받아들이고, 그런 가운데 주는 이의 삶에 동참할 수 있다.

이로써 분명해지는 점이 있다. 받는 사람이 선물을 받아들이고, 그 선물이 '마음에 들고' 그것에 마음을 열어야 비로소, 그것

---

16) *DWb* IV, p.1668.

17) 오스터(*Mit-Mensch-Sein*, p.112)가 다음과 같이 해석하는 것은 옳다. "주는 사람과 선물을 단호히 분리하는 것은 동시에 주는 사람이 선물 안에 구체적으로 현존한다는 뜻을 내포한다. 강조점을 달리 두면, 주는 사람이 선물 안에 있음은 그 사람과 선물은 (분리되기 때문에) 상이함을 말하는 것이다."

18) M. Bieler, "Einleitung zu: F. Ulrich", in: *Homo abyssus*, Einsiedeln, ^{2}1998, XLVIII.

은 실제적으로 주는 것이 된다. 이를 근거로 슈테판 오스터가 다음과 같이 이끌어 낸 주장은 경청할 만하다. "받는 것은 (…) 결코 그저 수동적으로 수용하는 것, 주는 사람에게 단순히 자신을 내맡기는 것이 아니다. 오히려 선물과 선물 주는 사람을 적극적으로 긍정하는 이유는 선물을 받는 사람은 선물을 통해 주는 사람에 대해 인지하기 때문이다. (…) 사람들은 이렇게 말할 수 있다. '받는 사람은 그렇게 받으면서 주는 사람에게 그가 주는 것을 돌려준다. 그러면서 본인 자신과 주는 사람 자신도 돌려준다.'"[19] 그러나 그가 선물을 받아들여야만 그렇게 된다. 선물은 받아들여질 수 있으며 현실성도 지닌다. 받는 사람이 선물이 미치는 영향에 자유로이 저항하거나 거부하지 않는 한 말이다.

주는 사람은 선물하면서 받는 사람에게 자신을 내주고, 받는 사람은 그에게 자기 자신을 돌려주기에, 진실하게 선물하는 경우에는 이를테면 남녀의 '혼인' 같은 그 무엇이 이루어진다. 두 사람의 근원적 양극성(한 사람은 주고 다른 사람은 받는다)은 둘이 하나가 되면서 녹아 버리고, 정반대 현상이 일어난다. 따라서 받는 사람은 (선물하는 사람의 마음과 자신이 받아들인 것이 미치는

19) Oster, *Mit-Mensch-Sein*, pp.120~121(이와 관련해 페르디난트 울리히가 철학적으로 반성한 점을 풀이해 놓은 내용이 담겨 있다). 달페르트(*Alles umsonst*, p.173)도 (받는 것의 수동성을 크게 강조하면서) 이와 매우 유사하게 생각한다. "선물은 (…) 누군가가 (…) 받은 것이다. 따라서 그에게는 자신이 스스로 가지지 못했거나 그가 잡아야 하는 삶의 가능성들이 주어진다. (…) 주체는 자기 것이 되도록 행동하지 못한다. 오히려 사람들이 주체가 되어야 한다. 상대방이 다른 사람의 태도를 취하므로, 사람들은 그렇게 할 수 없다. (…) 누가 주느냐, 무엇을 주느냐, 누구에게 주느냐는 결정적인 게 아니다. 오히려 누군가에게 어디선가 일어난 일을 통해 받는 방식, 삶이 중단되지 않는 방식은 사람들이 주는 것이 아닌 받는 것을 통해 결정된다." 이렇게 주는 것에 상응하여 받는 것, 받아들이는 것은 선물하는 것이 이루어지기 위해 필수적이다. 그 이유는 이렇다. "거부하지 않고 받는 것은 오늘날에도 그것을 받은 사람을 깎아내리지 않는다"(Mauss, *Gabe*, p.157).

영향에 비추어) 돌려주는 사람이 된다. 이때 두 사람은 하나의 어려움에 직면하게 된다. 주는 사람은 받는 사람이 휘두르는 힘에 굴복하고, 받는 사람은 그렇게 받으면서 실제로 (부자유스럽게 만드는 '독'이 아닌) 주는 것으로 향해야 한다는 부담을 떠안게 되는 것이다.

(3) 받는 사람은 선물에 자유로이 마음을 열고 그것을 받아들인다. 이때 그는 주는 사람을 주는 사람으로, 그리고 자기 자신을 받는 사람과 되돌려 주는 사람으로 분리시켜야 선물을 선물이게끔 할 수 있다. 선물이 자유로이 받아들여지지 않으면 주는 사람은 자기 삶을 나눌 수 없다. 또한 받는 사람은 선물하는 사람의 삶에 동참할 수 없다. 선물을 자유로이 받아들이는 것은 받는 사람의 마음에 달렸다. 하지만 선물하는 사람의 대체할 수 없는, 자유로운 행위로 말미암아 비로소 선물을 받아들이거나 거부할 자유가 '실제적인' 것일 수 있다. 이로부터 다음과 같은 결과가 나온다. 즉, 주는 것과 함께 그리고 주는 것에서 받는 사람이 자유로이 주는 것이 이루어진다. 이는 선물을 받아들이기 위해 자유로이 주는 것, 선물하는 사람과 삶 혹은 삶의 일부를 나누기 위해 자유로이 주는 것, 그리고 이로써 (선물하는 사람의 삶은 이로써 선물이 되기 때문에) 그의 삶 자체에 동참함으로써 선물이 되게 할 준비를 위해 자유로이 주는 것 등 다양한 관점에서 볼 수 있다. 간략히 말하면, 주는 것(은총, Gabe)으로부터 자유로이 주는 것(자유로운 은총, Frei-Gabe)과 사명(Auf-Gabe)이라는 결과가 나온다.

1.2.2. 은총으로서의 종교적 신앙

1.2.2.1. '혼인'으로서의 신앙

주는 것(은총)의 본질과 그 안에 포함된 선물하는 사람과 받는 사람의 자유에 관해 위에서 숙고한 점들은 특별히 종교적 신앙에 관해 생각하는 데에도 적용된다. 종교적 신앙은 (먼저 인간의 행위를 바라보더라도) 다른 모든 것에 앞서 은총, 즉 하느님의 선물이다. 신앙과 은총을 이렇게 동일시하는 것은 신앙과 관련해 신약성경의 가장 중요한 장인 로마서 4장에 나와 있다. "약속은 신앙에 따라 이루어지고 은총으로 주어집니다"(16절).[20] 신앙은 바로 은총의 원형이다. 잉골프 달페르트(Ingolf U. Dalferth)에 따르면, 신앙은 "예상치 못한 삶의 가능성들이 갑작스레 열리고 놀랍게 주어지는 것, 넘치는 은총 속으로 받아들여지는 것"[21]이기 때문이다. 인간이 신뢰를 품고서 자신에게서 나올 수 있고 (위에서 밝혀진 의미에서) '나 중심에서 벗어날' 수 있는 것, 이때 자신의 미래 전체를 하느님과 그분의 약속에 둘 수 있고, 따라서 삶의

---

20) 이에 해당하는 그리스어 문장은 다음과 같다. "Διὰ τοῦτο ἐκ πίστεως ἵνα κατὰ χάριν." 에페소서 2장 8절에도 이와 유사한 내용이 나온다. "여러분은 신앙을 통하여 은총으로 구원을 받았습니다. 이는 여러분에게서 나온 것이 아니라 하느님의 선물입니다." 신앙은 인간의 작품이 아니라 은총이라는 뜻이다. 은총은 신앙을 선사하고, 신앙을 통하여 구원이 이루어진다.

21) Dalferth, *Alles umsonst*, p.185.
더 정확히 말하면, 근원적 은총은 본래 신앙이 아니라 (가톨릭 전통에 따르면) 성령이다. 성령은 "모든 무상적 선물이 주어지는 첫 번째 선물"(primum donum, per quod omnia dona gratuia donatur: Thomas v. Aquin, S*th* I, 38,2 c). 그러나 성령이라는 이러한 인격적이고 근원적인 은총은 그것을 받는 피조물 편에서 신앙의 은총 안에서 최초의 것으로서 자리를 잡는다.

의미, 신뢰, 희망을 지니는 것은 인간이 할 수 있는 '영역'이 아니다(루터가 말하는 의미에서). 그러니까 그것은 인간의 자율적이고 독자적인 행위가 아니다. 그것은 선행하는 은총에 기인한 것이다. 이 선행하는 은총 안에서 하느님은, 인간이 당신께 자신을 바치기 전에 인간에게 당신 자신을 주시고 당신을 다음과 같은 분으로 알려 주신다.

— 인간은 하느님의 무한한 위대하심과 지고하심을 당연히 신뢰해야 한다.
— 하느님의 위력은 그분께 둔 신뢰를 되찾는 능력을 지니고 있다.
— 하느님의 철회할 수 없는 사랑과 성실하심은 당신을 신뢰하는 신앙인을 결코 실망시키지 않는다.

이 세 가지 요소는 '내용적인 것' 그러니까 내용적으로 규정된 신앙의 최소한의 것일 수 있다. 앞에서(제2권 1.1.) 언급된 그리스도교 신앙의 '짧은 형식'이라는 구조 역시 이 '내용적인 것'을 이루고 신뢰로서의 신앙(신앙 행위, fides qua)의 구조가 전제되어야 한다. 이는 동시에 다음과 같은 뜻이기도 하다. 즉, 다른 모든 '내용적인 것'(=신앙에 대한 교의적 규정)은 이 세 가지 요소가 구체화된 것으로 이해할 수 있고, 또 해석할 수 있다. 이와 반대로, 이 세 가지 기본 요소에서 멀리 떨어져 있는, 신앙의 다른 모든 규범적 규정(신앙 내용, fides quae)은 스스로 적어도 상대화된다.

아무튼 신앙은, 비록 인간의 행위일지라도, 그 궁극적 근원에서 볼 때 하느님의 선물이다. 그러나 이 선물은 하느님과 관련해 결과를 가지고 있다. 더 정확히 말하자면, 모든 주는 사람과 모든 주는 것에서 볼 수 있듯이 유사한 결과를 가지고 있다. 하느님께서는 인간에게 신앙이라는 은총을 선사하신다. 그러나 이 은총은 받는 사람을 신적 주권을 쟁취하기 위한 놀이용 공으로 격하시키는 '독'(Gift)이 아니다. 하느님께서는 그렇게 인간에게 은총을 주시면서 당신의 전능하심과 위대하심과 함께 당신 자신을 낮추신다. 당신의 피조물과 사랑 안에서 그리고 이로써 '같은 눈높이에서' 만나시고 피조물에 당신을 알려 주시기 위해서다.

여기서 쇠렌 키르케고르가 중요하게 해석한 것들을 음미해 보자. "오직 전능함만이 자기 자신을 낮출 수 있다. 자신을 내주면서 말이다. 이러한 관계는 받는 사람과는 무관한 것이다. 그러므로 하느님의 전능하심은 그분의 선하심이다. 선하다는 것은 자신을 내주는 것이기 때문이다. 따라서 주는 사람은 서서히 자신을 낮춤으로써 받는 사람으로 하여금 의존하지 않게 한다. 인간의 모든 유한한 힘은 의존하게 한다. 전능함만이 의존하지 않게 할 수 있고, 아무것도 만들어 내지 않게 할 수 있다. 전능함이 끊임없이 자기 자신을 낮춰야 불변하는 것이 지속된다. (…) 전능함은 모든 것으로부터 가장 위엄 있는 것, 곧 세상에서 볼 수 있는 전체성을 만들어 낼 수 있는 것이 아니라, 모든 것으로부터 가장 연약한 것, 곧 전능함에 의존하지 않는 존재를 만들어 낼 수 있다는 것은 우리가 이해하기 어려운 것이다. (…) 전능함만이 실제로 그렇게 할 수 있다."[22] 그러므로 원래, 그리고 궁극적으로 전능하신 하느님만이, 당신의 위력을 잃지 않으신 채 당신 자신을

22) S. Kierkegaard, *Die Tagebücher*, München, 1949, pp.216~217.

철저히 낮추실 수 있는 하느님만이 가장 순수한 의미에서 '주는 자'일 수 있다. 그리고 그분의 은총은 은총의 본질을 제약 없이 실현한다.

그렇게 하느님께서 당신 자신을 자유로이 낮추시는 것, 당신을 제한하시는 것[23] 또는 프뢰퍼의 말을 빌리면, 당신이 피조물에 의해 규정되게 하시고,[24] 또 그렇게 원하시는 하느님의 그러한 자기규정은 인간의 자유와 자유롭게 행동하는 피조물이 존재하기 위해 꼭 필요한 전제 조건이다. 그렇지 않으면 창조주와 피조물의 관계는 다음과 같은 헤겔의 판결을 받아들여야 하기 때문이다. 피조물이 '타자'로 '마주 보는' 하느님은 더 이상 참으로 절대적이고 무한하시며 모든 것을 포괄하시는 분이 아니시고, 오히려 "스스로 유한함을 두신, 무한한 분"이 되신다는 것이다.[25] 피조물과 혼인하기 위해 피조물을 당신 곁에 두고자 하시는 자유로우신 하느님만이 진정 하느님을 하느님이게 하시고 피조물을 피조물이게 하신다.

이렇게 사랑으로 하느님께서 '당신 자신을 내어 주시는 것' 받는 사람이 돌려받게 하고, 현상학적으로 볼 때 '혼인'의 구조를 증명하는 것(제2권 1.2.1.을 보라)에 주목할 때 성경의 언어는 실제로 피조물과 '하느님의 혼인'에 관해서 생생하게 이야기한다.

이에 관해서는 뒤에서 많은 점을 언급할 수 있고 더 상세히 다

---

23) 이와 관련해서는 다음 책을 보라: Greshake, *Gott*, pp.278~283.

24) Cf. Th. Pröpper, *Evangelium und freie Vernunft. Konturen einer theologischen Hermeneutik*, Freiburg i. Br., 2001, p.19. 하느님은 "(…) 인간의 자유에 의해 당신이 규정되도록 스스로 정하셨다." 프뢰퍼는 자신의 책에서 이 표현을 자주 되풀이한다.

25) Cf. G.W.F. Hegel, *Wissenschaft der Logik*, *WW* III(WBG Darmstadt = Meiner), p.149 등등. 이 책 제2권 4.2.1.4.도 보라.

룰 것이다. 하느님과 당신 백성의 계약 관계에 깃들어 있는 '혼인의 특성'(Hochzeitlichkeit)은 하느님과 피조물의 혼인 관계에서 시작되는데, 그 안에 가장 심오한 이유가 들어 있다. 이런 맥락에서 이사야서 54장 5절("너를 만드신 분이 너의 남편 ~이시다")을 참조하라. 이와 관련해 창세기 1장 26~27절도 사람은 하느님의 '모습'(모상)으로 창조되었다고 말한다. 그런데 여기서 의문이 들 수 있다. 이 진술은 유일한 '아담'과 연관되느냐(그러면 인간은 정신적 능력을 지닌 존재로 이해된다), 아니면 남자와 여자로 구별되는 인간과 연관되느냐는 것이다. 이렇게 구별되는 남자와 여자는 함께(서로 다르지만, 그럼에도 서로 닮아 가고 하나가 되며 가장 긴밀히 결속되어) 참된 인간임을 실현하는 것이다.

아마도 후자가 맞을 것이다.[26] 인간은 남자와 여자라는 것, 따라서 남녀가 맺는 관계에 있어서 창세기 1장 26~27절은 클라이맥스에 이르는 구절이기 때문이다. 이렇게 남자와 여자의 특별한 관계는 이제 〔조르지오 마찬티(Giorgio Mazzanti)에 따르면〕 "모든 진정한 인간관계의 본보기"가 된다. 이로부터 이 이탈리아 신학자가 다음과 같이 추론하는 것은 옳다. "어떤 의미에서 보면, 인간학은 인간 혼인의 특성에 부합한다. 혼인의 특성은 인간학의 본모습이다."[27] 안젤로 스콜라(Angelo Scola)도 이와 유사한 관점에서 생각한다. 남자와 여자가 서로 다르다는 것은 본질적으로 진정한 관계에 속하고 그런 것으로 인정되어야 하며, "두 성(性)

---

[26] 이와 관련해서는 다음 책도 보라: A. Scola, *Das hochzeitliche Geheimnis*, 독일어 번역본: Freiburg, 2006, p.44 이하. 나아가 다음 문헌도 보라: *Kongregation für die Glaubenslehre, Schreiben an die Bischöfe der Kath. Kirche über die Zusammenarbeit von Mann und Frau in der Kirche und in der Welt*, Nr. 5 = *VApS* 166.

[27] G. Mazzanti, *Persone nuziali. Communio nuptialis. Saggio teologico di antropologia*, Bologna, 2005, p.27.

은 서로 다른 상태로 살아야 한다. 그럼에도 다름에 대한 기본적 체험은 성이 다름에서 출발한다는 것을 놓고 논쟁을 벌일 수는 없다. 그것을 이해하기 위해 굳이 심층심리학에 몰두할 필요는 없다."[28] 이 말이 의미하는 바는 다음과 같다. 즉, '혼인 관계를 맺는 존재'인 인간은 하느님을 닮았다. 더 정확히 말하면, 그분은 삼위일체이시고, 따라서 '풍성한 관계를 맺으시는' 분이라고 신약성경이 신앙을 고백하는 하느님이시다. 또한 서로 다른 사람들과 친교를 이루시는 분으로서 피조물이 나누는 사랑의 원형이신 하느님이시다. 하느님은 친교를 이루시는 분으로, 이 친교는 상호적 관계라는 특성을 지닌다. 상호적 관계는 남자와 여자의 관계에서 유사하게 표현된다. 창조 사업 전체는 '하느님의 모상'인 남자와 여자의 관계를 결과로 가져온다. 여기서 암시되는 것은 하느님께서는 사람들에게 당신 자신을 전달하시기 위해 가장 적절한 '언어'로 피조물의 '혼인의 특성'을 택하셨다는 것이다.[29]

이것이 맞다면, (다른 측면에서 보면) 혼인을 통한 남자와 여자의 만남(과 자녀 출산)은 하느님의 본질과 관련된 그 무엇을 드러내 보인다.[30] 나아가, 친교의 하느님은 피조물을 창조하시면서 삼위일체적 관계를 신적인 것 밖으로 확대하신다. 하느님은 '신

---

28) A. Scola, *Geheimnis*, p.130.

29) Cf. G. Mazzanti, *I sacramenti. Simbolo e teologia*, Bologna, 2010, p.20. 사람들이 참된 우정을 혼인적 특성이 확대되거나 변경된 것으로도 이해한다면, 이러한 사고는 토마스 아퀴나스의 '체계적 사고'에서 멀리 떨어져 있지 않다. 토마스에 따르면, "창조론, 인간학, 은총론, 그리스도론, 성령론, 교회론, 종말론은 (…) 하느님과의 우정이라는 사고로 수렴된다"(M. Bieler, *Freiheit als Gabe. Ein schöpfungstheologischer Entwurf*, Freiburg i. Br., 1991, p.369). 이와 관련해서는 다음 책들도 보라: H. Dörnermann, *Freundschaft als Paradigma der Erlösung*, Würzburg 1997; ders., *Freundschaft. Die Erlösungslehre des Thomas v. Aquin*, Würzburg, 2012.

30) 왜냐하면 가족은 "분명히 서로 완전히 다름에도 불구하고 피조물은 삼위일체 하느님의 모상임을 가장 잘 말해 주기"(Balthasar, *TL* II, p.56) 때문이다.

부(新婦)를 향한' 내지는 '혼인으로 이어지는' 사랑으로 당신 자신과 다른 존재를 창조하신다. 이 사랑은 하나가 되기 위해 구별되고, 구별되면서 하나가 된다. 그때마다 상대방을 위해 그를 받아들이기 때문이다.[31]

하느님께서는 '당신의 모습에 따라 지으신 피조물' 안에서 피조물인 당신의 신부 앞에 신랑으로서 당신을 드러내신다. 이는 인간이 왜 먼저 로고스(말씀)에 의해 규정되지 않고 자신이 주체임을 반성하는 것으로부터 이해해야 하는지에 대한 가장 심오한 이유다. 모든 자기 성찰과 자기규정에 앞서 오히려 이런 질문이 제기된다. 나는 누구에게서 사랑을 받느냐 또는 나는 최초의 사람으로서 누구를 사랑할 수 있느냐 / 사랑해도 되느냐 / 사랑해야 하느냐는 것이다.[32] "존재한다는 것은 (…) 다른 어떤 곳〔='나 자신으로부터'와 반대인 곳〕에 도착하는 것에 부합하게 나를 위해 있음, 내가 아닌 것(늘 그럴지라도)에 맞서 있고 또 그것을 위해 있음을 의미한다." 장뤼크 마리옹은 자신의 철학적-현상학적 책에서 그렇게 기술하면서 다음과 같이 덧붙인다. "내가 이것을 인식했다면 이제 나의 자율성, 내가 〔이렇게 통찰하기 전에는〕 질문을 던져 본 적이 없는 이 고정된 사고를 버려야 한다."[33]

쇠렌 키르케고르도 혼인의 표상에 대해 주목하면서 이렇게 말

---

31) Cf. Mazzanti, *Persone*, p.303. "하느님은 그녀를 사랑함으로써 그녀를 자신과 구별하셨습니다. (…) 사랑의 그러한 방식에는 단 하나의 이름만 있습니다. 결혼식, 즉, 사랑을 통해 자신을 바치고, 사랑하는 사람에게 자신과 구별될 수 있는 능력을 부여하고, 참된 결합의 관점에서 이러한 구별을 유지하게 됩니다. 부부의 사랑은 결합되는 순간 구별됩니다."

32) 이것을 바로 마리옹(*Das Erotische. Ein Phänomen*, 독일어 번역본: Freiburg-München, 2011)이 하나하나 매우 정확히 보여 준다.

33) *Ibid.*, p.43, 46.

한다. 하느님께서는 선사하심으로써 "인간에게 많은 것을 내어 주실 수 있다. 당신 자신과 관련하여 그분은 거의 자유로운 사람(!)처럼 '너는 나를 가지고 싶으냐 아니면 가지고 싶지 않느냐?'(여기에는 '자유롭게 하다' '자유롭다'와 같은 언어유희가 깃들어 있다) 하고 물으실 수 있고, 잠시 대답을 기다리실 수 있다."[34] 하느님께서는 몸소 '자유로운 사람' 신랑이 되시고, 인간을 당신의 신부로 삼으신다. 하느님께서 존재하심은 선물을 통해 글자 그대로 인간을 위해 존재하심이 된다. 그분의 생명이 선물을 받는 이에게 열린다. 당신을 나누어 주시면서 그렇게 되는 것이다. 하느님은 신앙이라는 선물을 통해 당신 자신을 내주신다. 하느님은 신앙 안에서 모든 이에게 야훼로서, 즉 우리/나를 위해 계시는 분으로서 말씀하신다. 이로부터 라파엘 슐테는 다음과 같이 추론한다. "우리는 지당하게 야훼 하느님을 '당신'으로 인식하고 하느님을 소유격으로 부르면서 우리 존재의 참되고 유일한 근원을 표현한다."[35] 달리 말하자면, 그러한 신앙은 완전한 의미에서 인격으로 만든다.

1.2.2.2. 자유로운 은총으로서의 신앙

선물을 받는 사람은 신앙의 은총에 (하느님으로부터 은총이 그에게 주어지듯이) 자유로이 마음을 열어야 (모든 참된 선물에

---

34) *Ibid.*, p.405.

35) Schulte, *Herkunft*, p.36. 이와 관련해서는 같은 책, 38~44쪽도 보라.

그렇듯이) 은총은 은총이 되고, 주시는 분은 주시는 분이 되며, 인간은 오롯이 받는 자가 된다. 인간이 자유로이 믿지 않으면, 하느님은 당신 자신을 알리실 수도 없고 인간과 '혼인'하실 수도 없으며 받는 사람의 삶에 동참하실 수도 없다. 이로부터 분명해지는 점이 있다. 하느님께서 피조물의 삶에 다가가시고 그의 삶에 동참하기를 바라신다면, 그분께는 신앙에서 나오는 인간의 응답이 필요하시다. 신앙은 말하자면 하느님께서 세상에 오시기 위한 관문과도 같은 것이다. 인간이 신앙이라는 은총을 받아들이고 자기 것으로 할 때, 그는 인격적인 방식으로 활동하시는 하느님께서 (그분은 창조주이시자 모든 존재를 유지시켜 주시는 분으로서 물론 늘 세상에 계신다.) 세상에 오시게 할 수 있다. 이런 맥락에서 하느님께서는 '어머니를 통한 잉태' 내지 '어머니를 통한 출산'과 같은 그 무엇이 인간의 신앙을 통해 이루어진다. 따라서 하느님의 은총으로 비롯된 선물을 통해 변모된 새로운 피조물, 즉 온전한 의미에서 한 인간이 태어나듯이, 하느님께서도 신앙인의 삶에서 새로운 형상을 찾아내신다. 하느님은 신앙인 안에서, 그리고 그를 통하여 새롭게 태어나신다. 하느님은 그를 통하여 새로운 방식으로 세상에 오신다. 따라서 인간 편에서 보면 신앙이라는 근원적 은총(die Ur-Gabe)과 함께 자유로운 은총(die Frei-Gabe)이 주어진다. 인간은 그 선물에 마음을 열고, 자유로이 신앙행위를 하면서 신앙에 합당한 존재가 된다. 그러나 동시에 인간은 이를 거부할 수도 있다.

주는 것과 받는 것이 작용하게 되면서, 이렇게 자유가 '자리 잡는 것'을 통해서 인간 자유의 가장 심오한 본질도 규정된다. 자유는 본질적으로 주고받는 관계로부터 나오고, 관계 안에 머물며,

관계를 향한 것임이 드러난다. 만일 관계의 가장 지고한 형태라 할 수 있는 혼인에 대해 살펴본다면, (앞에서 보았듯이, 진정 받는다는 것은 항상 하나의 또는 다른 형태의 '암시'를 주는데) "오직 혼인을 통해 다른 많은 인간과 관계를 맺게 된다는 것이 인간 존재의 본질임을 직시한다면",[36] 자유 역시 '혼인의 특성'을 지닌 것으로 볼 수 있다고 조르지오 마찬티는 상세히 규명하였다.

따라서 인간의 자유는 주는 것과 받는 것의 상호 관계에서 실현되는데, 여기서 두 가지 요소가 등장한다. 의존성의 상황, 즉 하느님에 의존하게 되는 상황과 '인간 자율성'(Autonomie)의 상황이 그것이다. 의존성은 오직 하느님의 은총이 있어야 비로소 인간이 자유로워진다는 사실을 경험하게 되는 것이다. 그리고 '인간 자율적인' 혹은 인간 스스로 해방된 자유는 각자가 대답해야만 하고, 또 대답할 수 있는 것을 의미한다. "모든 것은 당신(하느님)에게서 오기에, 저희가 당신 손에서 받아 당신께 바쳤을 따름입니다"(1역대 29,14). 인간적 자유의 모든 역동성은 하느님께서 앞서 주시는 은총의 역동성을 의미한다. 그러나 이는 인간의 자유가 단순히 '인간 자율적인' 것이 아님을 의미한다. 달리 말하자면, 동시에 자유가 지닌 '인간 자율성'은 하느님으로부터 주어진(긍정하든 부정하든지 간에) '타율성'으로부터, 혹은 다른 것으로부터 발생하는 것이고, 이는 대답을 할 때도 이 절대성에 의존하게 된다는 것을 의미한다.[37]

---

36) Mazzanti, *Persone*, p.135.

37) 여기서 나는 프뢰퍼(*Anthropologie* I, pp.488~584)와는 다른 것에 강조점을 둔다. 자유를 위한 부름을 듣고 이에 대답하기 위한 전제 조건으로서 자기 연관성과 그리고 이로써 어떤 의미에서는 '자율성'이 속한다는 것에서는 프뢰퍼와 다른 신학자들의 견해에 동의한다. 그렇지만 내 생각으로는 부름이 이루어져야 비로소 자기 연관성의 차원이 열린다. 그때까지는 자아를 앞서 성찰하는 것에 숨어 있었던 것이다.

때문에 현상학적으로 본다면, 자유는 오히려 하느님의 선물을 외면하지 않는 것, "아니오"라고 말하지 않는 것에서 생겨나는 것이라고 보일 수 있다.[38] 그렇지만 바로 이렇게 부정적으로 인식될 수 있다는 점이 긍정적으로 작용하기도 한다. 긍정적인 것은 은총에 의해 결정될 수 있고, 자기 자신의 활동(Selbstbewegung)에 의해 그렇게 자동적으로 이루어질 수 있다.[39] 이렇게 은총이 함께하는 가운데 인간적인 (궁극적으로 수용되고 신적이지 않은) 자유가 생겨난다. 따라서 그러한 자유가 이르는 영역 또한 매우 협소하고 제한되더라도, 은총을 받는 행위에서 동시에 고유한 자유의 본질과 이로써 고유한 개인의 가장 심오한 본질이 결정된다.

이런 관점에서 보면, 현재 긴박하게 벌어지고 있는 신학적 토론들은 약간 부적절하게 보이거나, 어떤 긴장을 유발하는 것으로 비칠 수도 있다. 중요한 것은, 자유에 대한 이러한 이해에서 인간과 하느님의 관계가 어떻게 이해될 수 있는가 하는 문제이다. 즉 이 관계가 완전히 다른 자유 행위들의 관계를 통해 이해되어야 하느냐, 또는 이 관계가 신적 자유와 피조물에 주어진 자유의 더 긴밀한 일치, 이른바 모든 일치의 본보기(이에 관해서는 제2권 4.3.1.1.을 보라)를 통해 공고하게 된 것이냐는 물음이다.

이러한 노선을 주장하는 대표적인 신학자들이 항상 증인으로

---

38) 그것은 자신을 내주는 것과 그리고 이로써 자신이 하느님에 의해서 규정되게 한다는 "능동적 수동성"이기 때문이다. "이 능동적 수동성 안에서 인간은 신앙이 생겨나고 유지되고 성장하는 것에 참여한다. 이때 그는 (엄밀히 말하면) 아무것도 하지 않는다. 오히려 이것이 이루어지게 한다. 인간은 개인적으로, 책임감을 가지고 신앙이라는 사건에 참여한다"(W. Härle, *Dogmatik*, Berlin, ^{3}2007, p.516).

39) 발타사르(cf. *TL* I, p.80)도 이런 노선에서 생각한다. "인간이 열망하는 것, 인간이 내면 깊은 곳에 요구로서 새겨놓은 것은, 그가 이미 시작한 운동을 자유로이 일종의 자기 운동으로 형성하는 것에 불과하다."

끌어들이는 디터 헨리히(Dieter Henrich)에 따르면, (하느님/신적인 것이) 모든 것과 일치한다는 사고에 있어서 "차이와 관계의 궁극성은 사라진다. (…) 그러나 이 사고 안에는 ('모든 것'에 관해 언급되는 한) 불확실한 많은 것도 내포되어 있다." 많은 것이란 모든 것 중에서 일부라고 전제되기에, 다음과 같이 적용된다. "개별적인 것들이 모든 것의 통일성을 지니고 드러나는 한, 그것들은 자신 안에 존재하며, 동시에 바로 이러한 독립성 안에서 존재하는 것이 아니라, 근본적으로 다른 대상에 의해서 가능해진다."[40] 피조물의 자유와 적용시켜 보면, 그것은 이런 뜻이다. 즉, 인간은 바로 자신의 자유 안에서 모든 것을 일치시키시는 하느님에 의하여 존재할 뿐만 아니라, 그분의 (자유로운) 은총을 받으면서 의존하는 존재이다. 여기에 실제로 적용되는 성경 말씀이 있다. "모든 사람 안에서 모든 활동을 일으키시는 분은 같은 하느님이십니다"(1코린 12,6). 하느님은 그렇게 활동하시므로, 인간은 하느님 은총에 "아니오"라고도 응답할 수 있다. 따라서 하느님의 활동을 거부할 수 있고, '모든 것이 합당한' 상황에서도 빠져나올 수 있다.

이는 모순이 아니다. 후기 플라톤 철학은 이미 이렇게 확신했다. 부정적인 어떤 것은 존재에 기초한 것이 아니라, 지극히 사유적인 허무에 기인한다는 것이다. 따라서 인간의 자유가 '아니오'라고 말하더라도, '모든 것'(Alles)인 '전일자'(All-einen)의 모든 것이 결코 감소되지 않을 것이며, 따라서 그 전일자의 '모든 것의 통일성'(All-Einheit)이 훼손되지 않는다는 믿음을 가지고 있다. 그렇기

---

40) D. Henrich, *Die philosophie im Prozeß der Kultur*, Frankfurt, 2006, pp.101~102.

에 인간은 수천 가지 상황에서 "아니오"라고 말할 수 있고, 실제로 "아니오"라고 말한다. 이 "아니오"의 '자기 연관성' 또는 자유라는 패러다임 안에서 인간의 자유가 지닌 '형식적 무조건성의 순간'(das Moment der formellen Unbedingtheit)을 단호히 주장하는 대표자들, 예컨대 프뢰퍼(Th. Pröpper), 슈트리트(M. Striet) 등은 '인간적 자유'에 대해 주시한다. 그러나 동시에 다른 한편으로, 하느님께서 모든 것을 일치시키시는 것은 약화되지 않는다. 하느님은 모든 사람 안에서 모든 활동을 일으키시는(1코린 12,6) 힘의 근원이시고, "모든 것 안에서 모든 것이 되실 것"(1코린 15,28)이다.

신앙과 자유의 은총을 받게 되면 이루어지는 것이 있는데, 이에 관해서는 다른 맥락에서 이미 언급했다(제1권 4.3.1.1.을 보라). 인간이 '독'이 아닌 참된 은총을 받으면서 자신의 자유를 누릴 때, 그 자유는 은총을 나누어 받는 것에 기인한 것이고, 이런 까닭에 다른 사람들에게 은총을 전달해 줄 수 있는 '관계의 실재(實在)'(Beziehungs-Wirklichkeit)로서 꼴을 갖추게 된다. 따라서 자유는 '대화의 자유'라고 이해된다. 이 '대화의 자유'에 대해 헤겔은 다음과 같이 말한다. 그것은 다른 사람 안에서 "낯선 것, 한계와 제한을 발견하지 않고, 그것들 안에서 자기 자신을 발견한다."[41] 반면에 자유가 은총을 철저히 외면하고 자기 자신 안에 갇혀 있을 때, 이 자유는 '독립적 개체의 자유' 그러니까 최종적으로 하느님의 자유를 포함해 다른 모든 자유에 맞서 싸우고 경쟁을 벌이면서 자기를 주장하는 자유로 꼴을 갖추게 된다. 이로부터 다

41) G.W.F. Hegel, *Ästhetik*, Bd. I(Glockner), Stuttgart, 1927, p.142.

음과 같은 결과가 나온다. 즉, 자유는 선택의 자유 그 이상이고, 또한 선과 악을 결정하는 자유 그 이상이다. 자유의 이러한 형태들은 차라리 표징이다. 또한 인간은 자신의 가장 심오한 본질에 따라 결정되는 것이 아니라, 자유로이 은총을 받을 수 있는 존재로서의 척도가 된다. 또한 이렇게 은총을 받아야 비로소 자유는 의미를 지니고 스스로 선택하는 것이라는 목표를 이룰 수 있다. 사람들은 참된 은총의 측면에서 관계를 이루며 서로 대화하고 소통하며 살지, 또는 독자적이고 '개별적인' 삶의 관점을 지니며 살지를 스스로 선택한다.

그리스도교 영성사도 자유를 그렇게 이해한다. 로욜라의 이냐시오(Ignatius v. Loyola)에게서 특별히 다음과 같은 점이 명료해진다. 그는 자유에 관해 쓴 가장 중요한 텍스트에서 자유가 지닌 고유한 특성에 대해서 하느님과의 관계와 연관 지어 강조한다. "받으소서, 저의 모든 자유를 받아 주소서"(Sume ac suscipe universam meam liberatem). 그는 이렇게 기도하고 나서, 『영신 수련』(*Exercitia Spiritualia*, 234번)에서 피정자들에게 그렇게 기도하라고 가르친다. 이때 '봉헌의 기도'(suscipe), 인간이 하느님께 자신을 내드리고 자신을 받아 주시도록 청하는 것만 중요한 것이 아니다. '받으소서'(sume), 하느님께서 자신의 자유를 받으시도록 청하는 것이 더 중요하다. 이냐시오는 경우에 따라서는 '받으소서'(sume) 대신에 심지어 '가져가소서'(tolle)라는 표현도 사용한다. 하느님께서 당신의 뜻에 따라 자신의 자유를 쓰시게 하려는 것이다. 하느님께서 자신의 자유를 가져가시도록 이렇게 자유로이 청하는 것 안에는 자신의 자유조차 내놓을 수 있는 인간의 매우 적극적인 '자율성'이 숨어 있다. 그렇지만 자유가 하느님에 의하여 '다스려'지도록 〔그다음 문장에는 "당신 뜻대로 처리하소서"(ad gubernandum)라고 나와 있다.〕 준비된 마음에서 인간의 수동적 의존성이 드러난다. 그러나 자신의 자유를 내맡길 수 있는 '자율성'(Autonomie)도 그대로 있는 것이 아니라, 인간은 ('봉헌의 기도'가 그렇게 전개되듯이) "제게는 당신의 사랑과 은총을 주소서. 이것으로 저는 족하옵니다"(quidquid habeo vel possideo mihi largitus es)라는 것을 알고 또 수용한다는 것을 전제한다. 그가 가진 모든 것, 심지어 그의 자유도 은총이다. 받는 사람은 주시는 분인 하느님께 자신을 바치면서 은총을 돌려드린다(id tibi totum restituo).

1.2.2.3. 사명으로서의 신앙

신앙 안에서 인간은 자유로운 은총을 받을 뿐만 아니라, 사명과 함께 재능도 부여받는다. 인간은 자유로이 이 세상에 존재한 자로 응답하면서 신앙이라는 은총의 역동성에 자신을 내맡기고, 은총 안에 함께 주어진 두 가지 사명, 곧 자신이 받은 것을 수용하는 것과 (그런 가운데 자기 자신 안에서 풍요로워지는 것) 그것을 다른 사람들에게도 계속 전달하는 것을 실천한다. 이에 상응하여 사명이란 다시 되돌려 주는 것이라 할 수 있는데, 이는 하느님께서 먼저 주셨기 때문에 나중에 다시 돌려주어야 하는 업무와 같은 것이 아니다. 이와 관련해 칼-하인츠 멘케는 다음과 같이 탁월하게 기술한다. "그리스도 구원 행위의 수취인들은 자신이 받는 만큼 자신이 받는 것을 주는 자이기도 하다. 더 정확히 표현하면, 그리스도인들의 구원 행위는 그리스도의 구원 행위를 받아들이는 것과 같다."[42] 자유롭게 이 세상에 존재하는 자가 주어진 사명을 수용하고, 자신이 받은 것을 계속 전해 주면서 하느님의 은총을 받아들이게 된다. 이때 은총에서 비롯된 사명은 마음을 짓누르는 '의무'가 아니다. 오히려 인간에 의해 자발적으로, 거저 수행되기를 바란다. 은총이 '거저' 선사되었듯이 말이다. 자유로운 이의 참된 순종은 은총을 자유로이 받는 것에서 생겨난다. 그는 이 은총으로 인해 자유로운 것이다.

신앙인은 정확히 어떤 사명을 받았을까? 신앙을 계속 전해 주고 다른 사람들에게 영향을 주도록 '우리 신앙의 조상'인 아브라함이 받은 '복'은 정확히 어디서 생겨나는 것일까? '구원'은 무엇인가? 하느님께서는 인류를 구원하시려고 아브라함의 신앙을 일깨우지 않으셨는가? 이에 관해서는 더 자세히 이야기할 필요가 있다.[43]

성경에 나와 있듯이, 하느님과 인간의 역사가 지닌 '논리'를 추적하다 보면 끊임없이 표류하는 것, 늘 새롭게 강조되곤 하는 것을 마주하게 된다. 더 정확히 말하면, 하느님과 인간의 일치 그리고 사람들 사이의 일치를 마주하게 된다. 이와 관련해 구약성경에는 일관되게 '암호'와도 같은 '계약'이라는 용어가 나온다. 하느님께서는 인간과 계약을 맺으신다. "나, 야훼는 너희의 하느님

42) Menke, *Sakramentalität*, p.163.

43) 이어지는 내용은 앞에서 언급된 삼위일체 신학에만 그 최종적 근거를 두고 있다. 이에 관해서는 예컨대 다음 책에 나와 있다: Greshake, *Gott*, 특히 pp.283~339. 인간이 세상에서 어떻게 살아야 하는지 위에서 간략히 언급한 내용은 다음 책에서 더 상세히 알 수 있다: G. Greshake, *Grundfragen christlicher Spritualität*, Würzburg, 2009, pp.37~44.

이 될 것이다." 너희를 구제하고 도와주면서, 너희와 함께 좋은 목표를 향해 나아가면서 말이다. "그리고 너희는 내 백성이 되어야 한다!" 이 계약 아래에서 하느님은 당신의 피조물과 가장 긴밀한 관계를 이루신다. 따라서 성경은 이를 위해 하느님과 인간의 혼인 계약과 혼인에 대한 표상을 사용한다. 그렇지만 계약의 이 '수직적' 방향(하느님과 인간이 맺는 계약)이 실제적이 되려면, 이 계약이 '수평적'으로도, 사람들이 친교를 이루는 가운데에서도 이루어져야 한다.

이는 성경에서 다양한 방식으로 묘사된다. 하느님은 처음부터 개개인이 아닌 '많은 사람'을 부르시어 관계를 맺으신다. 그들은 서로 조화를 이루며 일치해야 한다. 다양성을 지닌 피조물들은 '친교'를 이루고 서로 화합해야 한다. 그런 가운데 그 범위가 확대된다. 씨족 공동체에서 하느님의 백성이 되는 것이다. 이때 개개인이 하느님의 부르심을 받으면, 모든 사람이 친교를 이루도록 봉사하라는 사명이 따르기 마련이다. 부르심을 받은 이들은 하느님께서 모든 백성으로부터 '불러내신' 선택된 민족 전체를 위해 사명을 지닌다. 그렇지만 이렇게 '하느님께서 불러내신 민족'은 그 자체로 아직 최종 목표가 아니고, 아직 관계가 완성된 것도 아니다. 오히려 하느님의 백성은 "이 세상 한가운데에서 복이 되어야"(이사 19,24) 한다. 하느님의 백성은 (이사야서 2장 1~2절에 따라서) 예루살렘으로 밀려드는 모든 민족들에게 영향을 미쳐야 한다. 이스라엘과 하느님의 계약에, 그리고 그분과 맺은 관계에 그들을 참여시키기 위해서다. 모두를 포용하는 관계, 하느님 백성의 범위에 아무것도 배제하지 않음, 달리 표현하자면 보편적인 교회는 하느님께서 피조물에 마련해 두신 근원적인 계획이다.

하느님의 이 계획에 인간이 "아니오"라고 말하더라도, 하느님의 구원 사업은 사람들이 늘 당신과 계약을 맺고 계약의 관계를 이루는 곳을 향해 있다. 구약성경에서 증언하고, 다른 종교들도 지향하고 있는 새로운 '시작'과 함께 하느님은 인간에게 새로운 친교를 선사하시고, 또 인간이 새로운 친교를 이루도록 애쓰신다.

이러한 하느님의 주도권(Initiativ)은 하느님의 아드님이신 예수 그리스도의 강생에서 절정이자 목표점에 이른다. 하느님 활동의 핵심은 '하느님의 나라'가 오는 것이다. 이는 하느님과 인간 사이의, 그리고 사람들 사이의 친교에 대한 비유적 표현이다. 아드님은 아버지에 의하여 세상에 보내지셨고 돌아가셨다. "흩어져 있는 하느님의 자녀들을 하나로 모으시려고"(요한 11,52) 돌아가신 것이다. 그러나 그분의 죽음이 아니라 그분의 삶 전체가 친교를 이루기 위한 징후 아래 있다. "내용적으로 (…) 친교는 예수의 활동 목표였던 것을 모두 다 포괄할 수 있다. 예수가 선포하고 실현한 구원은 일치라는 표징 아래 있음이 분명하기 때문이다."[44] 알렉산드레 가노치가 이렇게 기술한 것은 맞다. 그러나 하느님의 말씀을 들은 대다수의 사람, 인류 전체의 다수로 대변되는 이들은 여전히 계속 "아니오"에 머물고 있다. 그럼에도 하느님께서는 당신 사랑의 극치를 보여 주신다. 그래서 하느님의 아드님이 수난당하시다가 십자가에서 삶을 마치신 것이다. 인간이 당신과 관계를 맺도록 무언가 하시기 위해서다.

요한 복음에 나오는 이른바 '고별 담화'에는 하느님이 당신의 피조물에 품고 계신 '근원적 사고'에 대한 궁극적 이유, 그리고 친

---

44) A. Ganoczy, "Communio - ein Grundzug des göttlichen Heilswillens", in: *Unsere Seelsorge* (Münster) 22(1972), p.2.

교를 향해 나아가는 역사의 내적 구심점이 과연 무엇인지 명료하게 표현되어 있다. 바로 삼위일체 하느님이시다. 그분의 본질은 피조물 안으로 들어가시어 친교(세 위격이라는 다양성 안에 있는 단일성, 단일성 안에 있는 다양성)를 이루시는 것이다. 당신을 닮은 피조물이 영원히 당신의 삼위일체적이고 친교를 이루는 삶에 동참하게 하시려는 것이다. 이런 노선에서 요한 복음 17장에서는 아버지와 아들이 (여기서는 원래 언급되지 않은 성령 안에서) 하나라는 사실이 예수의 제자들에게 영향을 미치고, 그들이 그 사실을 온 세상에 전한다는 것을 강조한다. 바로 거기에 예수의 '유언의 말씀'이, 다시 말해 그분의 마지막이자 모든 것을 포괄하는 뜻, 그리고 그분의 모든 말씀과 행위와 고난의 포인트가 담겨 있다. "그들이 모두 하나가 되게 해 주십시오. 아버지, 아버지께서 제 안에 계시고 제가 아버지 안에 있듯이, 그들도 우리 안에 있게 해 주십시오"(요한 17,21). "세상 창조 이전부터"(요한 17,24) 아버지의 사랑을 받고 아버지와 하나인 가운데 예수의 '영광'이 새롭게 시작된다. 예수는 이 '영광'을, 그러니까 이 일치를 제자들에게도 전해 준다. "아버지께서 저에게 주신 영광을 저도 그들에게 주었습니다. 우리가 하나인 것처럼 그들도 하나가 되게 하려는 것입니다. 저는 그들 안에 있고 아버지께서는 제 안에 계십니다. 이는 그들이 완전히 하나가 되게 하려는 것입니다"(요한 17,22~23). 따라서 사람들이 하나가 되는 것은 삼위일체 하느님이 하나이심에서 나온 것이고, '하나임이 완성된' 것으로서 다시 그 안에 깃들어 있어야 한다. 이는 삼위일체 하느님이 이루시는 친교가 예수의 제자들에게서 표현되어야 한다는 뜻이다. 제자들은 그런 사람들로서 온 세상을 그 분열된 상황으로부터 끌어내어 하느님과 관계를 맺도록,

그리고 사람들이 서로 관계를 맺도록 파견된다. 그렇게 되면 하느님의 구원 계획이, "때가 차면 하늘과 땅에 있는 만물을 그리스도 안에서 그분을 머리로 하여 한데 모으는 계획"(에페 1,10; 콜로 1,20도 참조하라)이 목표에 도달할 것이다.

따라서 피조물의 궁극적 목표는 하느님과 하나 됨, 그리고 서로서로 '하나가 됨' 내지 '혼인함'이다. 이는 모든 피조물의 '삼위일체화'라고 말할 수도 있을 것이다. 하느님은 삼위일체 하느님이시니 우리도 삼위일체를 이루어야 한다. 그러니까 '친교' 곧 다양성으로부터 단일성을, 단일성 안에서 다양성을 지녀야 한다. 성경적 비유를 들어 말하면, '그리스도의 몸'이 되는 것이 중요하다. 한 몸을 이루는 여러 지체와 기관들처럼 그렇게 긴밀히 연결되어야 하고, 서로 삶을 나누고 정의와 평화와 사랑을 실천하고 도움을 주면서 결속해야 한다. 그래야 '머리'이신 그리스도와 '영'이신 성령과 함께 '아버지이신 하느님의 영광을 위하여' 그리스도의 몸을 이룰 수 있다. 그러나 이 모든 것은 알맹이 없는 '신심'에서는 발견할 수 없고, 매우 구체적인 자신의 삶과 세상에서 발견할 수 있다. 세상 모든 것, 정치와 경제, 사회와 국제적 관계, 그러나 물론 '소규모의' 가족 세계와 직업 세계, 여가나 레저의 세계도 그리스도의 사랑 안에서 하나 됨을 발견해야 한다.

이 모든 것과 함께 교회의 가장 심오한 본질도 그 윤곽이 그려졌다. 제2차 바티칸 공의회 문헌 「전례 헌장」 26항은 그것을 '일치의 성사'(Sacramentum unitatis)라고 규정한다. 교회는 일치의 도구인데, 존재하는 모든 것의 '삼위일체화' '친교화'라는 목표에 협력하기 위해 존재한다. 모든 것이 삼위일체 하느님의 영원하고 복된 생명 속으로 들어갈 때까지 말이다. 그때까지 신앙이 제시하는 사명은 끝이 없다. 신앙에서 나오는 삶은 정체되어 있지 않고, 인간은 유한한 존재이므로 끝이 없는 길을 제시한다. 이는 성경이 아브라함에게서 명확히 보여 주고 있는 것과 같다. 유한한 피조물과 무한하신 하느님의 관계는 결코 '진공 상태'에 빠질 수 없다. 신앙 안에서 선물을 받은 사람은 하느님의 영원한 생명을 나누어 받기 때문이다. 인간이 무한한 존재자가 되지 않고서도 가능하다. 이로써 하느님을 향해 끝없이 역동적으로 움직이는 것이 가능해졌다. 이러한 역동적 움직임은 영원히, 그리고 완성된 하늘에서조차 인간의 갈망을 불러일으킬 것이다. 하늘 역시 영원히 새롭게 상승하고, 힘차게 움직이며 생명을 유지한다.[45] 간략히 말하자면, 하느님께서 인간에게 주시는 은총과 이 은총과 함께 주어지는 사명은 결코 끝이 없다.

1.2.3. 신앙의 모범인 마리아

1.2.3.1. 하느님의 은총과 마리아의 자유로운 응답

마리아에 관해서는 이미 많은 지면에 걸쳐 언급되었어도, 그녀에 대한 정의는 아직 명확하지 않았다. 그렇지만 마리아는 앞에 진술된 모든 내용을 은밀히 연결한 인물이었다. 마리아에게서

---

[45] 니사의 그레고리우스[*In Cant.* 12(*FC* 16/3, p.660)]가 이미 그렇게 말했다. 이에 관해서는 다음 책들을 보라: J. Daniélou, *Platonisme et théologie mystique. La doctrine spirituelle de S. Grégoire de Nysse*, Paris, ²1953; H.U. v. Balthasar, *Présence et Pensée. Essai sur la philosophie religieuse de Grégoire de Nysse*, Paris, 1942.

'신앙과 자유의 은총'으로 표현된 핵심 내용이 정점에 이르기 때문이다. 마리아는 아브라함을 능가하는 신앙의 원형(Prototyp)이기 때문이다. 물론 마리아가 지닌 그 원형으로서의 신앙은 하늘에서 뚝 떨어진 것이 아니다. 마리아는 자기 민족이 지켜온 신앙의 역사 한가운데 있고, '이스라엘의 거룩한 남은 자'로서 이 신앙의 역사를 이끌어 갈 뿐만 아니라, 그 신앙의 역사가 정점에 이르게 한다. 그러나 이는 다른 모든 사람을 제압하거나 낮게 평가한다는 뜻이 아니다. 오히려 정점에 이르게 되었다는 것은 그 과정 자체를 전제한 것이다. 마리아를 통해 이런 길이 가능해졌고, 다른 많은 길을 통해서도 가능하다는 사실이 전제된다. 마리아의 신앙은 하느님의 은총으로 살고, 이 은총에 의해 자유로운 은총과 사명을 지닌 모든 신앙인과 연결되어 있다. 그 안에서 마리아는 정점에 있는 것이다. 성경에서 마리아는 신앙으로 인해 복되다고 칭송을 받는다. 마리아의 행동은 신앙의 실현이라고 묘사되어 있다. "저는 주님의 종입니다. 말씀하신 대로 저에게 이루어지기를 바랍니다"(루카 1,38). 하인츠 쉬르만에 따르면, 이 말은 "하느님 앞에서 취하는 모든 종교적 태도의 극치다. (…) 이 말은 가장 지고한 방식으로 한 사람 안에서 수동적 개방성과 능동적 자세를 입증하고 있기 때문이다. 이 말은 철저한 비움과 지고한 충만함을 동시에 입증한다."[46]

그러므로 앞 단락에서 전개된 내용은 실제로는 모든 이에게 받아들여지지 않더라도, 전반적으로 수긍할 만한 인간학적 현상학의 틀에 있는 것에 그치지 않고, 마리아의 형상에서 확인할 수

---

46) Schürmann, *Lukasevangelium*, p.58.

있다. 당연히 그렇다! 마리아에게서 보편적으로 통용되는 인간학적 구조가 구체화되고 명료해지며 지고한 형태로 실현된다.

그렇게 마리아의 신앙은 혹은 신앙도 하느님의 주도권과 함께 시작된다. 마리아는 주님의 천사에게서 "기뻐하여라!"라는 말을 듣는다. 그러나 이는 현대 성경주석학자들이 그렇게 말하듯이, 그저 이미 일어난 '언어적 사건'에 머물러 있지 않다. 이 말은 오히려 이미 은총을 받았음을 전하는 의미, 즉 "은총이 가득한 이여!"라는 말로 되돌아간다. 너는 이미 선물을 받았다! 무엇을 선물받았는가? 이는 너 자신과 함께, 너에게서 이미 이루어진 모든 것과 함께 이루어질 것이다. 무엇보다 성경에서 네가 복되다고 기려지는 것이 신앙과 함께 이루어질 것이다. 간략히 말하면 이렇다. 너는 선물을 받았다. 너는 하느님의 은총을 받도록 정해진 피조물이다. 하느님께서 다정하게 너에게로 향하신다. 그분이 '몸소' 향하시는 것이다! 다시 말해 하느님은 주시는 분으로서 받는 이에게 은총을 베푸신다. 그분은 은총을 받는 마리아 안에 계신다.

바로 마리아에게서 앞에서(제2권 1.2.2.2.) '혼인적 특성'과 은총을 받았음을 가리키는 자유의 본질에 관해 언급한 것, 그리고 현재 진행 중인 신학적 토론(자유의 본보기 또는 모든 것의 일치에 대한 본보기)에 관해 언급된 것이 입증된다. 마리아의 자유로운 동의는 자신이 받는 은총에 의해 촉발되었고, 유지되었다. 마리아의 자유로운 "예"(Fiat)는 은총이 작용하는 것이고, 그녀의 마음이 움직임으로써 실현되었다. 따라서 마리아의 "예"는, 다시 한번 하인츠 쉬르만의 말을 빌리자면, "가장 지고한 방식으로 한 사람 안에서 수동적 개방성과 능동적 자세를 입증한다. 이 말은 철저한 비움과 지고한 충만함을 동시에 입증한다." 마리아의 자유로운 응답은 은총의 본질이라고 여겨지는 '대화'에 있어서 필수적 요소다. 그러한 대화는 하느님의 강생에 선행되어야 한다. 하느님의 강생은 사람들 사이에서 일어나는 '자연적' 사건이 아니라 실제로 '은총'이다. 더할 나위 없이 지고한 은총이다. '은총'은 받아들여져야 한다. 그래야 은총인 것이다. 은총은 인격적인 '목적지'를 필요로 한다. 은총은 받는 사람의 자유로운 "예" 속으로 들어가야 한다.

그러한 상황에서 반드시 요구되는 '대화'는 '강생하신 말씀'(Verbum incarnandum)과 그 인간적 '본성' 사이에서 발생할 수는 없다. 이는 후자가 인간적이고 인격적인 주체를 지니고 있지 않기 때문이다. "로고스가 지신의 신성 안에서 자기 고유의 인성과 의지를 통해서 이 신성이 자기 자신에 의해 받아들여질 수 있는 것인지 묻는다면, 이는 그 자체로 불합리한 생각일 것이다." 이와 관련해 슈테판 오스터는 이처럼 올바르게 지적했고, 이런 이유로 그는 칼 라너의 견해에 맞선다.[47]

이러한 문제점에 따라 질문들이 제기된다. 그러나 이 질문들은 지금까지도 신학에서 불명료한 채로 남아 있다. "하느님께서 인간과 혼인하시기 위한 '짝'은 정확히 누구인가? 그것은 예수의 개인적 인성인가? 그리고 이 인성을 통해 우리도 모두 중개되는가?" 그렇게 아우구스티누스(제1권 2.2.3.3.)와 대다수 교부를 비롯해 정교회 신학자들(제1권 7.2.)이 물음을 던졌다. "그것은 모든 사

[47] Oster, *Person*, p.459.

람에게 공통된 본성인가? 따라서 그것은 인류 전체인가?" 이는 토마스 아퀴나스가 던진 물음이다. 그는 "아드님과 인간 본성의 영적 혼인"(quoddam spirituale matrimonium inter Filium Dei et humanam naturam)이 이루어진다고 본다. 그렇기 때문에 "인간 본성의 완전한 장소"(loco totius humanae naturae)인 마리아는 관습에 따라 혼인에 필요한 동의를 표명한다(『신학 명제론집』 III, 30,1).[48] 쉐벤은 다른 입장을 취하면서 다시 한번 혼인의 세 가지 방식을 제시한다.[49] (1) 영원하신 하느님의 아드님과 그분 인성과의 혼인, (2) 하느님의 아드님과 마리아의 혼인, (3) 인류 전체와의 혼인. 위의 질문들에 대해서는 뒤에서(제2권 4.2.2.1.) 다룰 것이다.

강생 사건에 선행되는 신앙의 대화, 그러니까 주는 자와 받는 자의 대화는 인격들 사이에서만 이루어진다. 달리 말하자면, 위격적 합일, 즉 예수 그리스도 안에서 신성과 인성의 결합은 은총 사건에서 이루어지는 하느님과 인간의, 구체적으로 하느님과 마리아의 '상호 인격적 일치'를 전제로 한다. 더 정확히 말하면, 그것은 무조건적이므로 신앙에서 나오는 이러한 동의 없이는 하느님

---

48) 그러나 자신이 쓴 『신학 명제론집』(*Sentenzenkommentar* III 3, 3, 11)에서 토마스는 그것을 다르게 이해했다. 이 저서에는 다음과 같이 나와 있다. "그리스도의 잉태에서 신성과 인성의 불가분한 결합을 통해 일종의 혼인이 이루어졌다." 여기서 인간적 본성(natura humana)을 분명 예수의 개인적 인성을 의미한 것이다. 결과적으로 마리아의 '대속적 동의'(stellvertretende Konsens)에 관해서는 언급이 없고, 오직 그녀의 개인적 동의에 관해서만 언급되어 있다. "이를 통해 하느님의 아들은 인격의 일치 안에서 인간 본성을 취하셨다"(www.documentacatholicaomnia.eu/04z/z_1225_1274_Thomas_Aquinas_In_libros_Sententiarum_Petri_Lombardi_LT.pdf.html, 862). 이와 관련해서는 다음 글을 보라: M.D. Koster, "Die Stellvertretung Mariens bei Thomas von Aquin", in: C. Feckes(Hrsg.), *Die heilsgeschichtliche Stellvertretung der Menschheit durch Maria*, Paderborn, 1954, pp.181~185.

49) Scheeben, *Handbuch*, Nr. 759 이하, 793, 806~807(=83쪽 이하, 92, 312~313쪽)

과 인간의 '혼인'으로서 참으로 상호적 사건인 강생은 이루어질 수 없다. 슈테판 오스터에 따르면, 은총 사건에서 인격적으로 이루어진 이러한 일치는 심지어 "(먼저 존재론적으로 볼 때) 예수가 인간으로서 역사에 구체적으로 등장한 방식을 받쳐 주고 보완하며, 동시에 부각시킨다. (…) 인성이 역사적으로 받아들여지는 것은 두 인격체 사이 사랑의 결합에 의해 에워싸여 있다."[50]

이로써 물론 오스터는 어느 한 측면만 부각시켰고, 이는 보완되어야 한다. 이와 반대로 하느님과 인간의 지고한 상호 인격적 일치는 강생을, 곧 하느님과 마리아의 위격적 합일을 전제하고 있기 때문이다. 두 가지 이유에서 그렇다. (1) 상호 인격적 일치, 적어도 절대로 풀릴 수 없고 깨질 수 없는 것과 관계된 것은 '위격적 합일' 그러니까 예수 그리스도가 지닌 신성과 인성의 존재론적 일치라 불리는 것을 통해서만 능가된다. 이 존재론적 일치가 어떤 것으로도 대체될 수 없는 한, 그것은 그 토대 자체를, 그리고 어떤 면에서는 상호 인격적 일치의 '기준'을 제시한다. (2) 하느님의 아드님이 강생하심으로써 받아들여지고 그분을 통하여 '구체화된' 인성은 특정한 인물, 곧 예수 그리스도의 형태만 지니는 것으로 그치지 않는다. 오히려 그 인성은 교부들에게서 이미 '제한된' 것이 아니라 '확장된' 것이라고 이해되었다. 다시 말해 예수 그리스도에게만 제한되지 않고, 모든 사람이 그분 안에 포함되며 그분과 연결되도록 열려 있다. 그리하여 모든 사람이 신앙 안에서 그리스도와 관계를 맺으며, 바로 그분처럼 하느님과 긴밀히 일치를 이룰 수 있다. 성경에 이렇게 나와 있듯이 말이다.

---

50) Oster, *Person*, p.460.

"하느님께서는 미리 뽑으신 이들을 당신의 아드님과 같은 모상이 되도록 미리 정하셨습니다. 그리하여 그 아드님께서 많은 형제 가운데 맏이가 되게 하셨습니다"(로마 8,29). 하느님과 인간, 구체적으로는 하느님의 아드님과 마리아가 이루는 일치의 이러한 보편화는 예수의 인성이 영원하신 하느님 아드님의 권능으로부터 인격화되었음을 전제한다. 제2차 바티칸 공의회 문헌인 「사목 헌장」 22항에 "하느님의 아드님은 (…) 말하자면 당신의 강생으로 모든 사람과 결합하신다"라고 나와 있듯이, 그렇게 결합하실 수 있다. 다시 말해 예수 그리스도를 우리 모두의 '형제'가 되게 한(히브 2,11 참조) 이 위격적인 일치는 하느님 아드님과 모든 사람의 '인격적인' 결합을 위한 조건이다.

두 가지, 곧 위격적 합일(신성과 인성의 일치)과 하느님과 인간의 상호 인격적 일치는 긴밀히 결부되어 있다. 이 둘은 서로 조건을 고려하지 않는다. 위격적인 합일은 하느님과 마리아의 인격적 관계에서 자신이 그 관계에 머물러 있는 토대를 지녔음을 전제한다. 상호 인격적 일치는 육화하신, 즉 신성과 인성 사이에서 존재론적 일치를 이루시는 하느님 아드님의 무한히 소통할 수 있는 힘에 기인해야만 보편적으로 존재할 수 있다. 그래야만 그리스도론적이고 구원 경륜적인 결론도 일관성을 얻게 된다. 이 주제에 관해 다룬 오스터는 그 결과를 다음과 같이 기술한다.

> "이러한 관점으로부터도, 어떻게 해야 구원이 필요한 개별 인간이 그리스도의 위격적 합일에 참여할 수 있는지 충분히 생각할 수 있다고 여겨진다. 위격적 합일을 먼저 예수의 '인성'과 분리시켜 바라보지 않고 주님의 어머니 안에 있는 교회의 인격적 형

상으로부터 이해한다면, 이로써 동시에 개개인이 어머니의 중개를 통해 인성을 지니신 주님과의 이 합일 속으로 인격적으로 들어가 받아들여질 수 있다는 것이 이해될 것이다."[51]

그렇게 마리아의 신앙이 증명되고, 인간적 자유의 핵심을 넘어 실행된 것은 점점 정점에 이르게 된다. 즉, 자유는 본질적으로 하느님이 주시는 자유로운 은총이자, 역동성을 지닌 은총에 "예"라고 응답하라는 (물론 거부할 수도 있다) 초대이다. 따라서 자유는 무언가 '이루어지게 하는 것'이다. 이때 '하는 것'(Lassen) 안에 결정적으로 능동적 요소가 숨어 있으며, (하느님으로부터!) 이루어지기를 바란다는 원의에서 피조물의 수동성이 강조된다. 그러므로 이러한 능동적이고 수동적인 일치를 통해 마리아의 신앙이 자유의 사건으로 완성된다. 마리아는 하느님으로부터 부르심을 받고 선물을 받았으며, 그분께 의탁한다. 마리아는 하느님을 '이스라엘의 하느님'으로 알고, '마니피캇'(마리아의 노래)에서 그분의 위대하심과 위력, 성실하심을 찬미한다. 하느님께서는 가장 자유로이, 조건 없이 마리아에게로 다가가시고 그녀를 부르신다. 이 부르심에 마리아는 자유로이 응답할 수 있다. 여기서 마리아는 가련한 피조물, '비천한 종' '의존하는 딸'임이 드러난다. 마리아는 신앙인으로서 은총을 선사받은 사람이다. 마리아는 '순결한 동정녀'(Virgo immaculata)로서 하느님의 은총을 순수하게 받았음을 가장 순수한 모습으로 표현한다. 이로써 마리아는 말하자면, 페르디난트 울리히에 따르면, "인격 안에서 하느님과 관계를 맺

51) Oster, *Person*, p.481.

은 인물" "창조된 '자립적 관계'(relatio subsistens)" "사랑으로서 창조된 존재" "하느님과 피조물의 순수한 관계"[52]임을 보여 준다. 마리아에게서 또한 가장 분명해지는 점이 있다. 쇠렌 키르케고르가 그것을 분석하여 보여 주듯이, "사랑은 사랑받은 사람에게 영향을 준다는 것을 전제로 한다"[53]는 것이다. 사랑이신 하느님은 마리아 안에서 늘 이미 사랑받은 자유로운 피조물을 지어 내신다. 그 피조물로부터 사랑의 응답을 받으시기 위해서다. 기대하시는 것이다. 하느님께서 예수 그리스도 안에서 (코린토 2서 1장 18절에 따라서) 인간에게 무조건 "예" 하시면, (성공회와 로마 가톨릭교회가 마리아에 관해 나눈 대화에 나와 있듯이) "마리아의 '예'는 어느 신앙인이 하느님의 '예'에 '아멘'이라고 응답하기 위한 가장 적절한 본보기라고 이해될 수 있다.[54] 하느님께서 "예" 하신다. 이 "예"가 "'예' 안에서 그리고 창조되지 않은 '예'를 위해" 자유로이, 즉 사랑으로 응답할 수 있게 하시기 위해서다.[55] 그리고 마리아는 "예" 하고 응답하고 있기에 '창조된 사랑'(die geschaffene Liebe)이고, 가난한 이에서 부유한 이가 된다. 그렇지만 마리아는, 다시 한번 페르디난트 울리히에 따르면, "자기 자신을 통해서 가난한 것이 아니라, 하느님을 통하여 가난하다. 마리아는 하느님을 위한 '자리를 비워' 두었다. 하느님께서는 마리아를 '은총이 가득한 사람'(gratia plena)으로서, 참되고 '오직 은총뿐'(sola gratia)인 존재로서 피조물 가운데서 들어 올리시고,

52) Ulrich, *Gabe*, p.774.

53) Kierkegaard, *Liebe*, p.240. 전체와 관련해서는 같은 책, 240~249쪽도 보라.

54) "Anglikanisch / Römisch-katholischer Dialog: Maria: Gnade und Hoffnung in Christus", in: *DwÜ* IV, pp.294~331, 여기서는 p.298.

55) Cf. Ulrich, *Gabe*, p.83.

가난의 은총을 선사하신다. (…) 하느님께서는 아드님을 통하여 마리아에게 사랑의 충만한 은총을 주시고, 그녀 안에 깃드시며, 그녀를 풍요롭게 하신다. (…)."[56]

이로써 구약성경에서 이미 전형적이라고 여겨졌던 것, 곧 하느님께서 가난한 이들을 특별히 사랑하시며 그들에게 다가가시는 것, 이집트에서 종살이했던 이스라엘 백성부터 시작해서 고통받는 '하느님의 종'에 이르기까지 사랑을 보여 주신 것이 마리아에게서 계속된다. 성경은 하느님께서 보잘것없는 이들, 약하고 가난한 이들, 자신들은 스스로 아무것도 할 수 없음을 아는 이들 속으로 들어가셨다고 계속 전한다. 마리아도 이 노선에 서 있다.

요약해 보자. 하느님의 자유로운 은총과 인간의 자유로운 응답은 마리아에게서 일치한다. 이 둘은 하느님과 인류의 숭고한 '혼인'을 위한 전제 조건일 뿐만 아니라 그것이 선취된 것이기도 하다.

1.2.3.2. 마리아의 사명

모든 참된 은총에 적용되는 것은 마리아에게도 적용된다. 참된 은총은 자유로운 은총뿐만 아니라 사명도 의미한다. 참된 은총에 대한 자유로운 응답은 하느님의 백성이 친교를 이루도록 협력하는 것에서, 그리고 이로써 하느님께서 당신의 피조물에 두신 숭

56) Ulrich, *Gabe*, p.771.

고한 계획의 실현에 협력하는 것에서 볼 수 있다. 그것은 "하늘과 땅에 있는 만물을 그리스도 안에서 그분을 머리로 하여 한데 모으는"(에페 1,10) 것이다. 비유적으로 말하자면, 어린양과 그분의 신부와의 혼인식을 거행하는 것(묵시 21,9 이하)이다.

하느님의 이 계획에 마리아는 탁월하게 참여한다. 하느님 아드님의 어머니가 되라는 사명에 마리아가 응답한 "예"는 하느님께서 이 세상에 오시고 그녀와 '혼인'하시기 위한 전제 조건이기 때문이다. 후자는 사람들이 서로 친교를 이루게 하기 위함이다. 그렇게 마리아는 "예"(와 그 결과)를 통해 '친교'라는 하느님의 근원적 계획이 실현되는 데 협력한다. 이로써 마리아는, 클라우스 헴멜레에 따르면, "형상이 된, 실재가 된 친교이자 동시에 친교가 모습을 갖춘 것, 친교가 탄생한 것"[57]이다.

이 모든 것에 있어서 (주는 자와 받는 자의 대화와 결부된) 마리아의 신앙과 그녀의 인간적 모성은 두 개의 상이한 '현상'이 아니다. 신앙은 더 포괄적인 것이고, 마리아가 하느님의 어머니임은 상상할 수 없을 정도로 지고한 수준에서 실현되었다. 엘리사벳이 마리아에게 외친 '복되십니다'는 그녀가 어머니이기 전에 그녀의 신앙에 적용된다. 그렇기 때문에 아우구스티누스를 비롯해 그 이전의 무수한 다른 신학자들은 마리아에게서 "성령 안에 있었던 것은 모태에 품은 것 이상"[58]이었다는 사실을 부각시켰다. 마리아의 신앙은 하느님께서 이 세상에 오시기 위한 관문이기 때문이다.

---

57) Hemmerle, *Communio*, p.306.

58) 완전한 문장은 이렇다. "마리아는 성령 안에서 모태에 품은 것보다 하느님의 말씀을 더 많이 지켰다. (…) 성령 안에 있는 것은 모태에 품은 것 이상이다"〔Augustinus, *sermo Denis* 25,7(Morin, p.163)〕.

신앙의 우위성을 강조하는 것은 다음과 같은 이유에서 중요하다. 적잖은 수의 교부들은, 특히 아우구스티누스도 다음과 같은 생각을 전개했다. 즉 예수 그리스도와 교회인 그분의 '몸'은 상상할 수 없을 정도로 일치를 이루고 있는데, 마리아는 예수를 낳으셨다. 마리아는 그리스도의 개인적 몸을 낳으면서, 이로써 이 몸의 '지체들'도, 곧 교회의 지체인 우리도 낳는다. 따라서 마리아는, 아우구스티누스의 말을 빌리면, 교회와 '유사하다'(제1권 2.2.3.3.을 보라). 교회 역시 신앙 안에서, 그리고 이로써 그리스도의 몸 안에서 우리를 낳기 때문이다. 마리아와 교회는 동일한 '모성'을 실현한다. 둘은 서로 함께 나아가고, 동일한 것을 목표로 삼는다. 둘은 신앙이 생겨나고 살게 되고 영향을 미칠 수 있는 '영역'('모태')을 형성한다. 둘은 하느님께서 세상에 오시게 한다. 또한 세상 만물이 그리스도 안에서 일치를 이루고 '그리스도의 몸'이 되게 하는 하느님의 구원 계획을 실현하는 데 결정적으로 참여한다.

이 생각은 내용적으로 보면 지극히 옳지만, 사실 그 논증은 빈약하다. 이 생각은 마리아의 모성을 이해하는 데 그리스도의 인격적 몸이 '육적으로' 태어났음에서 출발하고, 이로부터 '그리스도의 몸'의 지체들이 '영적으로' 태어났음을 결과로 이끌어 내기 때문이다. 그렇지만 오직 '성령에 의해' 태어남으로부터 그리스도의 탄생과 '그리스도 전체' 사이에 다리를 놓을 수 있다. 신앙 안에서 그리스도를 낳는 사람만이 신앙과 교회 안에서 다른 사람들도 '낳을' 수 있다. 그러므로 마리아는 신앙의 원형으로서, 그리고 자신의 육적 모성에서가 아니라 교회가 지닌 모성의 인격적 형상이다.

마리아의 이러한 특별한 위치는 모범적 신앙인이자 육신의 어머니로서 그녀를 삼위일체 하느님과 특별한 관계에 둔다.

— 마리아는 인성을 지니신 하느님 아드님의 어머니로서 신성을 지니신 영원하신 아드님의 신비를 대표한다. 따라서 마리아는 "부성을 지니신 하느님의 모성을 지닌 이콘"[59]이다. "아버지의 애정과 자비는 마리아 안에서 얼굴, 구체적 형상을 얻는다."[60]

— 마리아는 아드님을 바라보면서 자신의 신앙 안에서 피조물다운 방식으로 영원하신 아드님의 '잉태'를 드러내 보인다. 이 '잉태'와 함께 아드님은 아버지에게서 나와서 사랑 속으로 들어가신다.

— 이 모든 것은 성령 안에서 이루어진다. 성령께서는 성부와 성자뿐만 아니라, 창조주와 피조물도 전례 없는 방식으로 서로 연결하신다.

1.2.3.3. 신앙의 모범인 마리아

성령께서는 마리아 안에서 이루어지는 것을 신앙의 은총을 받고 이 은총에 합당한 모든 사람에게로 확대하기도 하신다. 이와 관련해 오래전부터 전해 내려온 전승이 있는데, 적어도 오리게네

---

59) Forte, *Maria*, p.195〔여기서 그는 에브도키모브(P. Evdokimov)가 쓴 책을 참조한다〕. 이어지는 내용과 관련해서도 이 책을 보라.

60) L. Pinkus, *Il mito di Maria. Un approccio simbolico*, Rom, 1986, pp.116~117(인용: Forte, *Maria*, p.197).

스가 이에 주목했으며 마이스터 에크하르트는 자신의 방식으로 다음과 같이 기술했다. 아버지는 당신의 아드님을 모든 신앙인으로부터 낳으신다는 것이다.

> "아버지는 당신의 아드님을 영원 속에서 낳으시고 다른 방식으로는 하지 않으시듯이 모든 사람의 영혼 안에서 그렇게 당신의 아드님을 낳으신다. (…) 아버지는 당신의 아드님을 끊임없이 낳으신다. 그리고 나는 이렇게 말한다. '아버지는 나를 당신의 아드님으로, 바로 그 아드님으로 낳으신다. (…) 나는 가장 깊은 근원에서 성령으로부터 나온다.'"[61]

바로 이 점이 마리아에게서 구체화될 수 있고, 또 구체화되어야 한다. 하느님께서는 당신의 피조물과 그렇게 하나가 되셨으므로 마리아로부터, 그리고 마리아 안에서 당신의 아드님을 몸소(!) 낳으신다. 이는 역사적으로 '일회적이고 결코 반복되지 않는 것'에 그치지 않고, (마리아 안에서 일어난 강생 사건의 절대적이고 유일무이한 중요성을 인식하면서) 창조가 성령 안에서 '마리아'가 있는 곳이라면 언제나, 그리고 곳곳에서 이루어진다. 따라서 강생은 모든 신앙인 안에서 새로운 역사적인 '오늘' 안에서 이루어진다. 강생은 피조물 전체와 역사, 그리고 그 의미와 목표를 하느님과 인간의 친밀한 관계로 드높인다. 이 친밀한 관계 안에서 하느님께서는 피조물과 '혼인'하시고, 피조물은 하느님 아드님의 모습을 갖추고 또 갖추어야 하며, 이러한 방식으로 하느님을

61) Meister Eckhart, "Pr. 6: Justi vivent in aeternum", in: *WW* I, Hrsg. v. N. Largier, Frankfurt, 1993, p.83.

'새롭게 낳는다.' 이런 맥락에서 이미, 시간이 흐르면서 다시 초세기에 쓰인 것으로 추정되는 『디오게네스에게 보낸 편지』에 다음과 같이 기술되어 있다. "하느님의 말씀은 언제나 새롭게 성인들의 마음속에서 태어납니다."[62] 그러나 하느님의 말씀은 숨겨진 내면에서 태어나는 것이 아니라, 구체적인 세상이 지닌 '세속성' 안에서 태어나는 것이다. 이 세속성은 현상학적으로 '현세적인 것'으로 제공된다는 점에서 두 가지 가능성이 제약받고 있다. 첫째, 인간은 하느님과 그분의 부르심에 자유로이 응답할 수 있고, 또 자유로이 처음으로 결정적 징후를 내보일 수 있다는 것이다. 둘째, 인간은 인간적인, 즉 구체적인 방식으로 하느님의 활동에 부합한다는 것이다.

따라서 우리가 사는 이 세상에서, 그리고 세속적인 방식으로 (이 책 제2권의 모토처럼 앞에서 언급된) 안겔루스 질레지우스가 확신을 가졌던 다음과 같은 내용을 실현하는 것은 그리스도교 신앙에 속한다.

> "내가 마리아가 되어야
> 하느님께서 나에게서 태어나실 수 있고,
> 나에게 영원히
> 복됨을 보증해 주실 것이다."

그렇기 때문에 그리스도교 영성사에서 마리아의 신앙은 모든 영성 생활의, 특히 그리스도교가 '신비주의'라고 말하는 것의 방

---

62) *Ad Diogn.* XI, 4(Bihlmeyer, p.148).

향이자 본보기이다. 마리아가 그리스도를 자신 안에 받아들이고 마음에 품었듯이, 각자 자신의 삶으로 그리스도의 형상이 되고 그리스도를 '낳는 것'이 중요하다. 이런 방식으로 다른 사람들을 위해 '신앙의 어머니'가 되기 위해서다. 루터도 이러한 견해를 밝혔다. "우리는 동정녀 마리아의 모범을 우리 마음에 새기고 그분을 뒤따라야 한다. 다른 방법은 없다. 그러므로 그분에게서 이루어진 것을 우리는 마음으로 따라가야 한다. (…) 우리도 성령으로 말미암아 잉태하여 그리스도를 영적으로 받아들인다."[63] 포콜라레 운동의 창시자인 키아라 루빅(Chiara Lubich)이 최근에 이러한 생각을 특히 강조했다.

> 어떤 사람이 신앙 안에서 하느님께 "예"라고 말할 때 "그 사람 안에서 마리아에게서 일어난 것과 유사한 것이 이루어진다. (…) 그 사람의 마음 안에서 실제로 그리스도로 성장하고 발전하는 것이 신비스럽게 시작된다. (…) 우리가 하느님의 말씀을 마음에 새길 때마다 우리는 다른 사람들처럼 바람에 흔들리지 않는 말씀을 받아들인다. 이 말씀은 그리스도의 현존을, 밀알 한 알을 의미한다. 주님께서는 이 밀알을 통해 우리 안으로 들어오신다. 이것이 지속되면, 그리스도께서 우리 안에서 성장하시고 결국엔 우리를 충만하게 채워 주신다. 따라서 우리는 그분을 닮게 된다. 다른 그리스도가 되는 것이다. 이런 의미에서 우리는 자신 안에서 그리스도의 어머니다."[64]

---

63) M. Luther, *Sermo vom 25.12.1520* = *WA* 7, pp.187~193, 여기서는 p.189.

64) Ch. Lubich, *Maria - die erste Christin. Orientierung an einem Vorbild*, 독일어 번역본: München, ^{2}1979, pp.8, 37.

우리는 자신의 특별한 소명에 따라 '본래의 그리스도'가 됨으로써 마리아처럼 '친교'라는 창조 계획이 실현되는 데 협력한다. 그리스도께서 우리 안에서 새로운 모습을 갖추셔야 모두가 그리스도의 충만한 경지에 다다를(에페 4,13~14) 수 있고, 그렇게 서로 그리스도의 몸을 이룰 수 있기 때문이다.

따라서 '하느님을 낳음'이라는 사명은 모든 신앙인에게도 중요하다. 그렇지만 마리아의 신앙은 '동정녀'로서 하느님께 순결하게, 마음이 나뉘지 않고 오롯이 자신을 바친 점에서 다른 모든 사람이 강생하시는 하느님을 '어머니로서' 받아들이고 낳는 것 그 이상이다. '강생하신 말씀'의 '인간적' 은총은 하느님의 어머니가 되고, 하느님을 낳는 데 이 은총이 다른 신앙인들에게 주어질 수 있는 것보다 '더 육신적인' 방식을 찾는다. 강생으로 이루어진 것, 하느님께서 궁극적으로 세상에 오신 것은 마리아의 모성 안에서 더할 나위 없이 잘 표현된다. 마리아는 일반적 의미에서 '하느님께서 세상에 오시게 하는 것'에 그치지 않고, 하느님 아드님의 참으로 육신의 어머니로서 하느님, 하느님의 아드님이 세상(혹은 세상의 일부)이 되시기 위한 조건이 된다. 이로써 죄로 인해 일그러진 피조물은 다시 창조주 하느님과 하나가 되고, 그리하여 모든 이가 그리스도 안에서 일치를 이루고 삼위일체 하느님의 생명 속으로 들어간다는 창조 계획의 목표를 실행하게 된다. '아카티스토스 찬가'(Hymnos Akathistos)에서 마리아는 "불가해한 하느님을 이해한 존재"(θεοῦ ἀχωρήτου χώρα)로, "실체가 없는 하느님을 품에 안고 세상에 오시게 할 수 있는 장소"[65]로 묘사되어

---

65) *Hymnos Akathistos*, Hrsg. v. G.G. Meersseman, Fribourg, 1958, p.60.

있다. 이에 따라 마리아는 피조물에 대한 하느님의 계획이 실현되기 위한, 다시 말해 강생하시어 구원 활동을 하시는 하느님의 아드님 안에서 모두가 하나 되기 위한 결정적 요소다.

그렇기 때문에 모든 신앙인에게 중요한 것, 곧 신앙인을 통해 하느님께서 세상에 오시고 그 사람 안에서 예수 그리스도께서 모습을 갖추시는 것(갈라 4,19)은 마리아에게 더욱더 중요하다. 이는 마리아가 '육적으로' 하느님의 아드님을 낳았기 때문만이 아니라, 특히 오리게네스, 암브로시우스, 아우구스티누스가 강조했듯이 자신의 원형적 신앙을 토대로 다른 모든 이를 훨씬 더 능가하는 '영적 어머니'이기도 하기 때문이다. 마리아는 하느님의 말씀을 마음속에 간직하고 곰곰이 되새겼다(루카 2,19). 다시 말해 말씀과 함께 살면서 자신 안에서 그리고 다른 모든 사람 안에서 생명을 일깨웠다.

이로써 다른 모든 신앙인이 그러하듯 하느님의 구원 사업에 대한 마리아의 협력을(이 협력에 관해서는 3장에서 더 상세히 언급할 것이다) 이해하기 위한 핵심도 드러났다. 여기서 협력은 두 가지 관점에서 볼 수 있다. (1) 사람들은 하느님의 선물에 마음을 열고 그분이 시작하시는 활동에 "예"라고 응답할 준비를 할 수 있고 또 그래야 한다. 바로 거기에 성경적 신앙의 본질이 있다. 아브라함부터 시작해서 마리아를 지나 모든 시대의 무수한 신앙인이 신앙을 실현했듯이 말이다. (2) 신앙인들은 하느님의 은총에 의해 "세상 만물을 그리스도 안으로 모아들이시려는" 하느님의 계획을 실현하는 무리에 포함되었다. 그들은 하느님께서 다스리시는 세상에서 온갖 악과 세속적인 것과 어둠에 맞서 평화와 정의, 일치와 사랑으로 빛을 비출 수 있고, 또 그래야 한다. 신앙인들은 복음을 전파할 사명을 지녔으며, 다른 사람들을 위해 기도하도록, 그리고 먼저 모범을 보이면서 모든 이를 감싸안으시는 하느님과의 친교라는 목표를 온 세상에 앞서 보여 주도록 부름 받았다.

어느 경우이든 개개인은 부르심을 받았지만, 동시에 앞장서고, 도움을 주고, 신앙을 증언하고, 대신 기도해 주면서 다른 사람들을 위해 중개하라는 사명을 지니고 있다. 개개인은 서로 의지하고 배려하면서 긴밀한 관계를 맺고 있다. 신앙의 은총에서 비롯된 이렇게 모든 이에게 중요한 사명 아래 마리아는 자신의 원형적 신앙을 토대로 원형적 사명도 인지한다. 마리아는 홀로 있지 않고 고립되어 있지 않으며, 다른 사람들과 떨어져 있지 않고 대비되지도 않는다. 오히려 마리아는 온 교회, 그리고 모든 사람과 결속되어 있다.

성경에 따라서 이처럼 마리아가 온전히 신앙에 의해서 규정되었다면, 이로부터 어떤 결과가 나올지에 대한 질문이 자연스럽게 제기된다.

1.3. 결과

1.3.1. 인간학적 기본 요소

1.3.1.1. 은총의 우위성

"나는 누구인가? 나는 어떤 사람이 되기를 바라는가? 나는 어떤 사람이 될 수 있을까? 나는 어떤 사람이 되어야 하는가?" 이런 질문들은 결국 어느 누구도 그냥 지나칠 수 없다. 우리는 늘 크고 작은 결정을 내리고 있기 때문이다. 그리고 결정을 내릴 때마다 종종 전혀 의식하지 못하는 질문도 자연스럽게 고개를 쳐든다. "나는 무엇을 위해 이것 또는 저것을 결정하는가? 이로써 나는 무엇을 달성하려 하는가? 그것은 무엇을 겨냥한 것일까?" 그 밖의 다른 결정들을 내릴 때에도 사안 자체와 관련된 문제가 전면에 등장하면서 자연스레 관건이 된다. 중요한 것이 걸려 있다면, 늘 자신의 정체성에 대한 문제도 제기된다. "내가 이 직업 또는 저 직업을 결정한다면, 내가 이 사람 또는 저 사람과 사귀기로 결정한다면, 내가 이 생활 방식 또는 저 생활 방식을 결정한다면, 이때 '나 자신'으로 머물 수 있을까? 나 자신에게 성실할 수 있을까? 그것은 내 삶의 내용과 목표로 삼은 것에 부합할까? 간략히 말하자면, 그 덕분에 내 삶이 성공했다면, 이런 방식으로 나의 행복을 발견할 수 있을까?" 이런 것들은 인간이 던지는 기본 물음이다. 이 물음에 신학적 인간학이 신앙의 관점에서 대답할 수 있다.

어느 경우이든 성경과 영적이고 신학적인 전통에 근거해서 제기되는 신앙에 대한 이러한 대답들은 합당한 방식으로 매우 다른 출발점으로부터 나올 수 있다. 이 책의 범위에서는 마리아의 형상이 출발점이 된다. 여기서 첫 행보 때 가장 중요한 것은 반성과 성찰(물론 이것들도 중요할 수 있고, 또 중요하다!)이 아니라, 구세사 전체에서 마리아 자신과 그녀의 역할을 진지하게 인지하는 것이다. 마리아를 주목하면서 인간은 자신이 하느님의 선택을 받았음을, 그리고 이로써 창조주 하느님의 불가해한 사랑의 대상('신부' '아들/딸' '친구' …)임을 알게 된다. 이 사랑으로 하느님께서는 인간과 혼인하시고, 인간의 삶 속으로 들어오시고, 인간이 당신의 삶에 동참하게 하신다. 마리아는 하느님으로부터 모든 것을 받아들인다. 마리아는 하느님의 아드님을 받아들이고, 아드님 안에서 모든 은총을 받는다. 그러나 먼저 자신만을 위해 받지 않고, 다른 사람들에게 전해 주기 위해 받는다. 하느님께서 모든 사람의 삶 속에서 새로운 모습을 얻으실 수 있게, 말하자면 새롭게 '탄생'하실 수 있게 하려는 것이다.

신비주의 전통에서 그렇게 말하듯이, 이 '하느님의 탄생' 더 정확히 말하면 그리스도께서 신앙인 안에 모습을 갖추시는 것(갈라 4,19)은 다양한 사람들인 우리도 그리스도 안에서 서로 일치에 이르도록 이끈다. 우리는 신앙의 일치 안에서, 서로 그리스도의 충만한 경지에 다다를(에페 4,13~14) 것이기 때문이다. 이 과정에서 중요한 것은, 사람들의 속임수나 간교한 계략에서 나온 것들에 흔들리지 않는 것, 사랑으로 진리를 말하고 모든 면에서 자라나 그분께 이르고 그리스도의 몸이 되는 것(에페 4,15~16 참조)이다. 자신의 몸에서 '하느님의 아드님이 탄생'하심으로써, 동시에 사람들 사이에 긴밀한 관계가 생겨난다. 사람들이 이루는 친교는 삼위일체 하느님의 신비를 반사하고, 그것은 사람들이 결국엔 '친교하시는' 하느님의 삶에 동참하기 위한 전제 조건이다. 이를 그리스 신학에서는 '하느님을 닮아 가기'라고 표현한다.

인류 전체와 개개인이 하느님께서 원하신 참된 '일치'에 이르러야 하는 이 과정에서 마리아는 본래 주어진 '일치의 형상'을 구현한다. 지극히 모범적이고 육신적인 의미에서 하느님의 아드님을 낳은 점에서 그러하다. 그러나 마리아는 두 번째 관점에서도 기본 방향을 제시한다. 완전한 신앙인인 마리아 안에서 성경적 인간상의 기본 구조가 명료하게 드러난다. 즉, 인간은 하느님의 말씀 내지 부르심의 대상이다.[66)]

성경 첫 부분에, 이른바 첫 번째 창조 기사(창세기 1장)에 따르면, 하느님께서는 당신의 말씀으로 모든 것이 존재하도록 부르셨다. 따라서 창조된 만물은 자신이 존재하는 것에 대해 하느님께 감사를 표한다. 하느님께서는 무(無)로부터 피조물이 존재하게 만드셨다. 하느님의 이러한 기본적 제스처는 성경에 등장하는 '부르심 이야기들'에도 반영되어 있다. 이 이야기들에 따르면, 하느님께서 먼저 인간을 부르신다. 더 정확히 말하면, 당사자들은 자신의 힘으로 할 수 없는 것을 하도록 부르심을 받는다. 그들은

66) 이어지는 내용과 관련해서는 다음 책을 보라: Greshake, … *wie man*, p.57 이하.

이 부르심을 거역할 수도 없고, 자기 힘으로는 따를 수도 없다. 하느님의 말씀을 듣고서야 그들은 움직인다. 이제 그들은 새로운 것을 하도록 촉구받는다. 따라서 모든 것은 부르시는 하느님의 말씀 덕분이다. 피조물 전체가 그렇다! 그러나 인간만이 하느님의 말씀에 자유로이 응답할 수 있다.

그러므로 이른바 '낙원 설화'에서는 다음과 같이 이를 생동감 있게 묘사한다. 하느님께서 아담을 부르시며 물으신다. "너 어디 있느냐?"(창세 3,9). 이로써 아담은 하느님을 직접 마주한다. 하느님의 말씀을 듣고 따르기 위해서다. 그러므로 인간은 본질적으로 하느님과 대화를 나누면서 응답을 드려야 한다. 이는 성경적이고 그리스도교적인 인간상의 핵심이다. 인간은 완성된 상태로 있지 않고, 관계를 맺는 존재이다. 관계는 인간이 하느님의 말씀을 듣고 응답함으로써 이루어지는 '사건'이다. 나라는 존재는 '너'이신 하느님의 부르심을 받음으로써 구성되었다. "너는 나의 피조물이다!" 그리고 인간의 기본 행위는 '내'가 '너'에게로 향하는 것이다. "당신은 저의 하느님이십니다!" 바로 이것이 신앙이고, 마리아의 기본 행위다.

인간에 관한, 이 심오한 진리를 마르틴 루터는 자신이 깊이 이해한 성경적 의미에서 "노스 엑스트라 노스 에세"(Nos extra nos esse)라고 표현한다. 의역하면 이렇다. "우리의 존재는 우리 자신에게서 벗어난 것으로 이루어졌다." 달리 말하자면, 우리 인간의 심오하고 참된 본질은 중심에서 벗어나는 것이다. 우리는 참된 삶, 정체성, 행복을 '나 중심'에서 찾지 않고, 나에게서 나와 관계 속으로 들어간다. 그렇다, 우리는 관계를 이루면서, 하느님께서 우리에게 특정하게 건네시는 말씀에 응답하면서 산다.

바로 이것이 마리아에 대한 하느님의 부르심과 신앙에서 나온 그녀의 응답에서 매우 분명해진다. 마리아 안에서 모든 부르심이 실현된다. 선행하는 구약의 역사는 이 부르심으로 가득 차 있다. 하느님의 말씀은 '가장 순수한 은총'으로서 마리아에게로 향하고, 그녀에게서 '가장 순수한 응답'을 듣는다. 따라서 마리아에게서 인간 본질의 근원적 진실에 대한 그 무엇이 드러난다. 인간은 유일무이하고 자기 목적적인 존재이고, 자유와 독자성을 지니고 있다. 그러나 인간은 충만하게 그리고 행복을 추구하면서 자신의 존재를 완성한다. 자신을 관계를 이룬 존재로 이해하면서, 다시 말해 사람들과 관계를 맺으며 자신의 삶을 살면서 완성한다.

이때 관계를 맺는 대상은 가장 가까운 사람이나 사이가 가장 먼 사람 또는 자신이 몸담은 공동체를 비롯해 자신이 수행하는 사명일 수도 있다. 마리아도 종으로서 하느님을 섬겼고, 엘리사벳도 찾아갔듯이 말이다. 하느님으로부터, 그리고 하느님을 향해 부르심을 받는다는 것은 언제나 다른 사람들을 위해서도, 즉 다른 사람들의 행복을 위해 부르심을 받는다는 뜻이다. 인간이 하느님의 부르심에 드리는 응답은 그가 이웃에게 주는 응답과 분리될 수 없다. 달리 말하자면, 인간은 자신이 스스로 자족적이지 않고 '너'를 향해 정향되어 있음을 깨달은 곳에서, '너'는 분리할 수 없는 이중적인 화음을 지니게 된다. '너'라는 관계 맺음을 통해 인간은 하느님께 응답을 드릴 뿐만 아니라 이웃에게도 응답한다.[67]

---

[67] Cf. Kl. Hemmerle, "Berufungspastoral um die Jahrtausendwende", in: *Berufung. Zur Pastoral der geistlichen Berufe*, 24(1986). 이어지는 내용과 관련해서도 이 글

이때 관계를 맺는 다양한 방법은 가장 심오한 근원, 하느님을 가리켜 보인다. 그 이유는 이렇다. 모든 진실한 인간적 사랑은 관계를 실현하는 데 어느 정도 연관성이 있을 수는 있지만, 누구도, 그리고 어떤 사명도 그 관계의 최종적인 지점이 될 수는 없기 때문이다. 어떠한 피조물도 하느님께 생명, 자신의 존재, 자유와 희망과 갈망, 자신이 바라는 모든 것을 남김없이 내드리고, 그분으로부터 받는 그것에는 자신이 관여할 수 없고, 그저 받아들여야 한다. 인간은 하느님과의 관계 안에서만 완전한 결속을 이룰 수 있다. 인간은 하느님에 의하여, 그리고 하느님을 향하여 규정될 수 있다. 자유와 독자성은 피조물이 자유로이 하느님의 부르심을 듣고 그분께 자신을 내드리며 그분과 연결되는 정도에서만 주어진다. 다시 한번 말하자면, 그것은 개개인과 하느님의 친밀하고 직접적인 둘만의 관계를 의미하는 것이 아니다. 하느님은 추상적이고 지고한 어떤 존재가 아니라, '임마누엘' 즉 '인간과 함께 계시는 하느님'이시기 때문이다. 따라서 하느님과 친교를 이루고 그분께 자신을 내드리고 그분과 연결된다는 것은 필요하고, 또한 매우 중요하다. 인간은 이웃과 관계를 맺고, 그들을 위해 존재하며, 그들에게 봉사해야 한다. 요약해 보자. 하느님의 부르심에 대한 응답은 다른 사람들이 안고 있는 문제와 어려움에 귀 기울임으로써, 그리고 자기 자신에게서 나와 이웃에게 향함으로써 "저마다 받은 은사에 따라, 하느님의 다양한 은총의 훌륭한 관리자로서 서로를 위하여 봉사"(1베드 4,10)함으로써 드릴 수 있다.

을 보라.

우리가 마리아처럼 신앙으로 그리스도를 마음 안에 받아들이고, 그분을 우리 마음 안에 "사시게"(갈라 2,20; 에페 3,17; 요한 14,23) 할 때, 자신의 삶 속에서 그분이 "모습을 갖추시게"(갈라 4,19) 하고 하느님 백성에 관해 그렇게 진술되어 있듯이, 해산의 진통을 겪으며 그분을 "낳을"(묵시 12,2~5) 때 하느님 은총의 관리자가 될 수 있다. 그러므로 우리는 각자 하느님 아드님의 '어머니'가 될 수 있고, 또 그래야 한다. 교부들이 자주 그렇게 표현했듯이 말이다. 이 대목에서 그 중요한 성경 구절을 다시 한번 떠올리자. "우리가 모두 하느님의 아드님에 대한 신앙과 지식에서 일치를 이루고 (…) 그리스도의 충만한 경지에 다다르게 됩니다"(에페 4,13~14).

이러한 배경에서 우리가 이미 보았듯이, 인간 자유의 본질도 규명된다. 인간의 자유는 하느님의 부르심과 우정과 자유를 받아들이고 신앙으로 응답하기 위해 주어졌으며, 그 안에 의미와 목표가 담겨 있다. 인간은 자유라는 은총 아래 자유로이 "예"라고 응답하기 위해, 즉 하느님께서 행하시고 또 자신과 행하시기로 의도하신 일에 자발적으로 동의하기 위해 자신에게서 벗어났다. 따라서 자유는 그 본질에 따라 자신에게서 나와 규정하려는 자율적인 자유에 머무는 것이 아니라, '자유로우신' 하느님께 합당한 '혼인을 위한 자유'이다. 자유로이 정해진 내적 자세에 맞서 가능한 응답인 "아니오"는 "예"를 향하기 때문에, 여기서 드러나는 점이 있다. 인간은 "예"와 "아니오" 은총과 죄라는 균형을 이루고 동일한 가치를 지닌 '변증법' 속에 숨어 있지 않고, "예"를 위해 창조되었으며, 이 "예"를 향해 늘 마지막까지 머물러 있다는 것이다. 인간은 근본적으로 하느님과 '계약'을 맺고 따라서 하느님의 말씀을 듣고 받아들이며 응답하고 전해 주는 것을 목표로 삼았으며, 다른 사람들의 말을 듣고 받아들이며 응답하고 전해 주기 위해서도 창조되었다.

신앙의 원형인 마리아에게로 향한다는 것은, 은총의 우위성을, 그리고 이로써 업적을 통해 자신을 규정하기 이전에, '선물받음'이라는 우위성을 강조한다는 뜻이다. 마리아는 (특히 '마니피캇'에서) 바오로 사도가 "하느님의 은총으로 지금의 내가 되었습니다"(1코린 15,10)라고 자신에 관해 말하고 "그대가 가진 것 가운데에서 받지 않은 것이 어디 있습니까? 모두 받은 것이라면 왜 받지 않은 것인 양 자랑합니까?"(1코린 4,7)라고 외치는 내용 위에서 자신을 이해한다. 마리아는 하느님의 뜻과 행동이 자기에게서 그리고 자기를 통해서 이루어지게 하는 '비천한 종'이고, 그것 외에는 다른 존재가 되기를 바라지 않는다. 그리하여 '창조의 의미'를 실현한다. 이 '창조의 의미'가 에페소서 2장 10절에 다음과 같이 표현되어 있다. "우리는 하느님의 작품입니다. 우리는 선행을 하도록 그리스도 예수님 안에서 창조되었습니다. 하느님께서는 우리가 선행을 하며 살아가도록 그 선행을 미리 준비하셨습니다." 이 모든 것은 "하느님의 영광을 찬양하기"(에페 1,12.14) 위함이다.

1.3.1.2. '받아들여지는 존재'인 인간

은총, 선물의 우위성을 강조하는 것은 (이 우위성이 마리아의 형상에서 명료해지듯이) 교회 안에서도 참으로 자명하다. 이를 강조하는 것은 개별 신앙인은 물론 교회 공동체 전체도 근대 이래로 주목되어 온 '통제하려는 경향' 때문이다. 그러니까 자기 자신을 그때그때마다 우주의 중심으로 여기고 업적과 노력을 통해 현실을 자신의 구상, 자신의 목표 설정에 굴복시키는 '분위기'에 의해 끊임없이 영향을 받는 경향 때문이다. 그러나 인간은 자신을 '도구적 인간'(homo faber)으로 이해하면서 자신이 원하든지 원하지 않든지 간에 '완전히 긴장하며 사는 존재'로 축소된다. 그리고 모든 것을 하고자 하고, 또 할 수 있기 위해 노력하는 가운데 "단 한 가지만을, 즉 자기 자신을 해방시키는 자유, 감사, 선물받았음을 인식하지 못하는 황량한 '저편'으로"[68] 달아나는 것을 목표로 하는 해결책을 추구한다.

오래전부터 그리스도인이라 불리는 대다수 사람도 자신의 생활 방식과 생활 질서에 따라 살면서 성과와 보답, '받기 위해 주기'(do ut des), '열심히 일하고 열심히 즐김'(여가나 휴가 때)이라는 놀이를 했다. 때로는 이것을 피할 수 없을 것이다. 사람들은 자신이 원하든지 원하지 않든지 간에 무언가 필요로 하지 않은 채 오늘날 성과 및 체험을 강요하는 사회에서 바삐 돌아가게 하는 '바퀴' 역할을 하기 때문이다. 그러나 신앙이 인간을 향하고 있는 전혀 다른 관점, 곧 '받아들여지는 존재'인 인간이 그리스도인들의 사회생활을 위해 전혀 결과를 내지 않거나, 기껏해야 부수적 결과를 낸다면 어찌해야 할까? 왜 소수의 사람만이 이런 대안적 삶을 살고 그것을 주변 세계에 전해 주는 것일까? 그러기 위해서

68) Kl. Hemmrtle, "Der Begriff des Heils", in: *IkaZ* 3(1972), pp.210~230, 여기서는 p.212.

는 믿고 순전히 받아들이는 마리아와 같은 더 굳센 반대 형상들이 필요할까?

교회와 교회 생활이 유혹에 맞서지 못하고 신앙의 기본 행위인 받아들임을 간과하는 것 역시 심각하다. 이에 관해서는 뒤에서 상세히 다루겠다(제2권 3.3.). 아무튼 마리아라는 거울을 통해 교회는 스스로를 바라본다. 이 거울을 바라보면서 교회는 자신의 본질을 발견할 수 있고, 또 언제나 새롭게 발견해야 한다. 마리아가 '받아들여지는 존재'이듯이, 은총을 받은 교회는 은총으로부터 행동해야 한다.[69]

신학적 인간학에서는 '마리아' '신앙인'이라는 핵심어를 가지고, 이렇게 미흡하게 전개되고 기본적으로 규정되었으며, 이에 따라 마리아를 바라보지 않고서도 가능한, 기존의 인간학적 해석에 내용적으로 아무것도 추가하려 하지 않는다. 우리는 초월적 능력을 지닌 피조물과 '보편적'이며 인간적이고, 따라서 추상적인 자유 개념에 관해서는 더 이상 언급하지 않고, 구체적 인물에 대해서, 그리고 하느님과 마리아의 관계에 대해서 언급해야 한다. 이 관계는 우리에게도 개방되어 있고, 우리도 그러한 관계를 맺도록 초대한다. 삼위일체 하느님께서 이루시는 친교는 보편적으로 '성인들의 통공'에 반영되어 있다.

마리아가 성경에서 한편으로는 전적으로 한 신앙인으로 소개되어 있고 다른 한편으로는 교회의 원형(이에 관해서는 다음 장에서

---

[69] 이런 관점에서 칸탈라메사(Cantalamessa)의 책 『마리아』(1948) 제1장은 '마리아는 하느님의 은총을 새롭게 발견하기 위해 교회를 이끈다'라는 제목을 달고 있는데, 이는 유익한 자극을 불러일으킨다.

더 상세히 다룰 것이다)으로 소개되고 있다면, 마리아의 신앙은 그 내적 구조에서도 교회 신앙의 원형이기도 해야 한다. 정말 그럴까? 여기서 일련의 비판적 물음들이 제기된다.

1.3.2. 마리아의 신앙과 이와 상반된 신앙

1.3.2.1. '신앙의 객관적 내용'과 '신앙의 주관적 헌신'의 관계

'신앙 행위'(fides qua)와 '신앙 내용'(fides quae), 즉 신뢰를 품고 하느님께 헌신하는 행위와 참되게 유지하기 위해 이미 규정된 내용의 관계를 규명하는 과정에서(제2권 1.1.), 이 둘은 서로 긴밀히 결부되어 있고, 또 그래야 한다는 것이 분명히 드러났다. 신앙이라는 것은 불확실한 어느 신을 신뢰하는 것도 아니고, 단지 계시를 통해 드러난 진리와 지침들을 단순히 성실히 지키는 것도 아니다. '신앙 행위'와 '신앙 내용'은 서로 불가분의 관계에 있다. '신앙 내용'은 신앙인이 의탁하는 이 하느님은 어떤 분인가, 그분은 인간에게 무엇을 기대하시고 인간을 어디로 인도하시는가를 표현한다. 그렇기 때문에 참된 신앙에 있어서 하느님을 신뢰하면서 그분 안에서 굳세어지는 것, 하느님의 뜻을 따르고 그분을 섬기는 것은 구체적 내용 없이는 불가능하다. 그렇지만 하느님과 인간의 관계에 있어서 개개인의 중요성은 서로 상이한 방식으로 균형이 잡힐 수 있을 뿐만 아니라, 둘이 상호 관계를 이룬 것도 상이한 강도를 내보일 수 있다.

그러므로 그리스도교 신앙에서는 처음부터 구체적이고 세분화된 내용이, 예컨대 유다교(이에 관해서는 뒤에서 다룰 것이다. 제2권 1.3.2.3.을 보라)에서보다 더 큰 역할을 했다. 그리고 여기에는 충분한 이유가 있다. 하느님은 예수 그리스도 안에서 탁월한 방식으로 당신을 '규정'하셨기에, 그러니까 당신 자신을 인간에게 특정하고 궁극적으로 드러내셨기 때문이다. 하느님에 관해 이러한 새롭고 궁극적인 자기규정으로 향하게 하고, 이를 받아들이며 증명하는 신앙은 결과적으로 그것에 부합한다. 그런 신앙은 다음과 같이 표현된다. 즉, 그리스도교에서 신앙 행위는 모든 이를 향한 급진적이고 탁월한 사랑으로서 예수 그리스도 안에서, 그리고 당신의 영 안에서 당신 자신을 알리신 하느님께로 오롯이 향해 있다.

이러한 전례 없이 새로운 '내용'은, 예컨대 바오로 서간처럼 가장 오래된 그리스도교 문헌이 보여 주듯이, 새로운 신앙 고백을 만들어 내도록 이끈다. 다시 말해 하느님께서 예수 그리스도 안에서 위대한 일을 하셨다는 새로운 신앙 내용이 결정적 역할을 하게끔 신앙으로 이끌었다. 이 신앙은 특정한 표현에서도 구속력이 있음을 알게 된다. 짧은 신앙 고백부터 시작해서, 포괄적인 신앙 고백을 지나, 개별적인 교의에 이르기까지 말이다.[70]

이처럼 합당한 출발점에서부터 역사가 전개되면서, 주관적인 개인의 신앙 행위에 맞서 신앙 내용을 강조하는 것이 점점 더 증대되었다. 여기에는 여러 이유가 있다.

---

70) 예컨대 다음 문헌들을 참조하라: H. Schlier, "Die Anfänge des christologischen Credos", in: B. Welte(Hrsg.), *Zur Frühgeschichte der Christologie* = *QD* 51, Freiburg i. Br., 1970, pp.13~58; N.D. Kelly, *Early Christian Creeds*, London, ²1960; L. Karrer, *Der Glaube in Kurzformeln*, Mainz, 1978, pp.46~69.

(1) 신앙은 하느님을 찬미하면서 그분의 위대한 행위를 말하고 증명하고 기리도록 촉구했다. 이를 넘어 내용적으로 강조된 신앙 고백은 개별 신앙인과 교회 공동체로 하여금 어떤 하느님을 신뢰할지, 어떤 수단으로 신앙 행위를 실현할 수 있는지, 무슨 희망을 품고 살아야 하는지를 확신하도록 기여했다. 이러한 '확신'은 세상을 향한 책무이기도 하다. 신앙은 "의미를 해석해 주는 다른 것들과 어떻게 구별되는지, 그리고 이렇게 구별된 것이 지닌 긍정적인 점은 어디에 있는지"에 관해 정보를 주어야 했다는 것이다.[71]

(2) 핵심적인 신앙 내용의 올바른 해석을 놓고 벌어진 지적 논쟁 역시 신앙의 내용적 측면에 모든 주의를 기울였다.

이러한 논쟁은 특히 그리스도교 초세기에 매우 중대한 사안이었다. 논쟁이 벌어진 가운데 그리스도 안에서 이루어진, 무조건적인 사랑이신 하느님의 자기규정이 미치는 영향력과 그 중요성이 결정되었기 때문이다. 예수 그리스도가 실제로, 우리 인간의 비천함을 함께 짊어지기 위해 사람이 되신 하느님의 영원한 아드님이어야만, 그분 안에서 하느님의 저 사랑이, 곧 "그보다 더 큰 것은 인식할 수 없는"(quae maior cogitari nequit) 사랑이 드러난다. 그래야만 하느님이 우리를 신적 생명으로 인도하실 수 있는 것 아닌가? 이는 동시에 그리스도에 관해 다룬 공의회들에서 제기된 질문이기도 하다. 세상은 실제로 하느님께서 좋게 지어 내

---

71) Karrer, *Glaube*, p.17.

셨기에, 이 세상은 구원받을 수 있는가? 이는 '육신은 구원받을 수 없다'(σὰρξ μὴ δεκτικὴ σωτηρίας)는 영지주의 원칙에 맞서는 질문이다. 교회는 구원을 중개하는가? 하느님은 우리 인간과 관계를 맺으시기 위해 가련한 인간적 수단도 이용하시는가? 이는 도나투스주의에 맞서는 질문이다. 이러한 논쟁을 비롯해 다른 많은 논쟁에 있어서 결국 중요한 것은 '그 안에 담긴' 진실이 아니다. 중요한 것은 우리가 그것에 의지할 수 있고, 또 그것을 통해서 살 수 있는 무조건적인 사랑이신 하느님께서 그리스도와 성령 안에서 실제로 당신 자신을 알리셨다는 것을 신앙인이 얼마나 많이 신뢰할 수 있느냐와 관련된 질문이었다.[72)]

그러나 신앙으로 인한 갈등과 관련해 이러한 '실존적인' 근원은 나중에 대체로 잊혔거나, 아니면 더 이상 일차적인 주목을 끌지 못하였다. 시간이 지나면서 신앙 논쟁에 대한 본래의 문제 제기뿐만 아니라, 당시 문제들이 지닌 표현 방법에 관해 다루는 것조차도 자주 불필요한 것으로 간주되었기 때문이다. 그리하여 예전에는 생동감 있는 것이었고, '신앙 행위'와 긴밀히 결부된 '신앙 내용'은 추상적인 것으로, 때로는 심지어 이해할 수 없는 진리처럼 되어 버렸다. 이러한 진리가 오늘날 젊은 세대에게는 경우에 따라서 '아무 쓸데 없는 교리'라고 표현된다면,[73)] 이는 마냥 부인하기만 할 수 없는 현실이 되어 버렸다. 진리를 놓고 벌어지는 갈등은 언제나 시간적 흐름의 영향을 받기 때문이다. 비록 다른 조건들 아래서 발견된 것이지만, 초세기의 해결책들은 후대에

---

72) 이와 관련해서는 다음 글도 보라: G. Greshake, "Dogmatik und Spiritualität", in: E. Schockenhoff / P. Walter(Hrsg.), *Dogma und Glaube*, FS W. Kasper, Mainz, 1993, pp.235~252.

73) R. Bleistein, *Kurzformel des Glaubens*, Würzburg, 1971, p.15.

도 높은 가치를 지닌다. 그렇지만 이 높은 가치는 신앙의 '작은 참고서'처럼, 그러니까 그리스도교 신앙의 핵심으로 돌아가고, 그것으로부터 해석되어야만 발견될 수 있고, 오늘을 사는 이들에게 풍요로워질 수 있다. 만일 그런 노력이 중단된다면, 물론 오늘날엔 대체로 중단된 것처럼 보일 때도 있지만, 전달된 진리들은 실제로 종종 불필요한 짐처럼 보이기도 한다.

여기에 추가할 점이 있다. 중세기부터 '교의로 규정'되었고, '영원히 불변하는' 것이라고 제시된 '진리들' 가운데 적지 않은 수가 신학적 성찰과 교회 생활의 요소들과 전례 규정(은총과 성사의 작용, 교회 직무 구조의 결정, 성사 숫자 규정에 관한 분석적 진술 등등) 등을 앞서가지 못한다. 때로 그러한 내용들이 오늘날까지 일부는 구속력 있는 신앙 내용으로 제시될지라도, "소통 이론적 관점에서 볼 때 (…) 텍스트들은 결코 명료하지 않고, (…) 늘 문맥에 의존하는 해석 행위에서 이해된다"는 점을 철저히 염두에 두어야 한다. "그렇기 때문에 교회에 관한 진술의 이해와 비중은 그 사회문화적 맥락에 따라서 때로 불가피하게 달라진다."[74] 미래에는 전수된 많은 '구속력 있는' 신앙 내용을 규정하지 않는 것에 동의(신앙에서 나오는 동의)할 수 없는 것은 무엇 때문일까?

(3) 또한 현실 세계 전체를 파악하고 이해하기 위해 교육의 세계로 신앙을 끌어들이는 과정에서, '신앙 내용'이라는 요소가 신

---

74) 카우프만(F.-X. Kaufmann, *Kirche in der ambivalenten Moderne*, Freiburg i. Br., 2012, p.178)은 라너(*Dogmen- und Theologiegeschichte*, p.43)도 증인으로 끌어대어 현대 해석학의 공통된 견해를 이렇게 요약한다. 사람들은 "교회의 신앙 및 교의의 역사도 오늘날 우리가 상상하기 힘든 변화를 가져오리라는 것을 의심할 수 없을 것이다."

앙의 통합적인 부분에서 떨어져 나갔다. 사람들이 진리로서의 신앙 내용을 이성에 의해 통찰한 것과 동일한 영역으로 인정하면서, 다만 이성에 의한 것과 계시에 의한 것이 다를 뿐이고, 진리의 기원과 근거가 다를 뿐이라고 강조한다. 그래서 신앙 행위와 신앙 내용 사이를 연결하는 끈이 약해졌을 뿐만 아니라, 신앙 내용 자체도 어두운 시각으로 바라보게 되었다. 신앙 내용이 '중립적인 것'이 되고, '객관적인 것'이 되었으며, 신앙 내용이 '그 자체로' 진리들로 인식하게 되었다. 점점 더 진리에 대해 이처럼 확고한 태도를 갖게 되었기에, 결국 신앙의 말씀을 '실천'의 영역보다 '이론'의 영역에 더 가깝게 위치시키는 결과를 가져오게 되었다. 사람들은 성경에 근거해서 말씀을 실행에 옮기고, 진리를 실천하는 것에 우위를 두어야 한다는 점(요한 3,21; 야고 1,22 참조)을 간과했다.

(4) 개개인의 주관적 신앙 태도는 기껏해야 하나의 출발점 정도로 평가될 수 있는 반면, 신앙 내용은 공적인 논쟁의 대상이 되기도 하고, 교회가 감독해야 하는 대상도 될 수 있었다. 교회의 감독은 교회의 사회적 위치에 근거하여 중세기부터 점점 더 많이, 그리고 점점 더 철저히 시행되었다. 게다가 힘이 강해진 대중 중심의 교회 구조 속에서 신앙을 그 객관적인 내용에 따라 어느 정도 축소하는 것은 신앙을 교회와 사회를 연결하는 끈으로 작용하게 하는 유일한 방법이었다.

이 네 가지 이유가 원칙적으로는 어느 정도 정당성을 제시하더라도, 그 안에 숨어 있는, 오류로 쉽사리 이끌 수도 있는 역동성이 존재한다는 사실을 간과해서는 안 된다. 그리고 사실상 시간이 흐르면서 신앙을 통합적으로 이끌 수 있는 상황은 이미 궤도에서 벗어났다. 우선적으로 신앙을 당신의 현존하심과 이끄심과 약속을 준비해 놓으신 하느님의 은총에 대한 응답이라고 여긴다면, 신앙은 하느님의 본질과 그분의 구원 질서에 해당하고 인간에게 '가르침'을 주어야 하는 것, 그리고 이미 앞서 주어진 계시된 내용을 계속 참되게 유지하는 것이라고 점점 이해하게 된다. 이로써 경험적인 요소는 점점 더 뒤로 물러난다. 신앙은 어느 정도 적법한 것으로 인정되었다. 신앙은 마치 법령집처럼 자신이 규정한 것들을 사람들이 지키고 있는지 물을 수 있고, 그들의 대답에 따라 벌을 주거나 칭찬을 할 수도 있다. 신앙 행위에서는, 심지어 경우에 따라서는 특히 순종이 강조되었다. 여기서 말하는 순종은 살아 계시는 하느님의 부르심을 따르는 것이라기보다는 차라리 객관적 진리를 공손하게 받아들이는 것이다. 순종은 '하느님의 이름으로' 받아들일 것을 요구하는 저 심급(審級) 기관인 교회와 달리 "교리를 충실히 배우도록 돌보는 수뇌부"(알렉스 슈톡)와 같다. 요약해 보자. 신앙 내용을 참되게 지키는 것은 신뢰에 차서 하느님께 헌신한다는 중요한 요소를 더욱 증대시켰다. 이렇게 하느님께 헌신하면, 개인적으로 부르심을 듣고 신앙과 결부된 봉사와 사명을 수행하게 된다.[75] 그리고 마지막으로, 질문 가능한 신앙의 내용에 집중함으로써, 신앙의 본질적인 신비로운 특성이 가려지게 된다. 이를 칼 라너의 말로 표현하

---

75) 잘못된 방향으로 나아간 누군가는 복음에 반대되는 추악한 행위(천인공노할 착취, 불의, 전쟁 선동 등)로 인해 제명되었다. 그러나 한편 제정된 신앙 내용에서 때로는 크게 벗어났기 때문에 제명되었을 것이다.

면 다음과 같다.

> "대학 강단에서, 강론대에서, 그리고 교도권에서 이야기하는 것들은 어떻게 들리는가? 사람들은 그러한 이야기들이 자신들을 덜덜 떨게 한다는 것을 알아채지 못한다. 사람들은 자신이 하느님에 관해서만 말할 수 있음을 알고 있다. 그리고 말하는 모든 것은 저 복된 침묵 앞에 머무는 마지막 순간임도 알고 있다. 이 복된 침묵이 하느님을 선명하게 마주 보는 하늘도 충만하게 하는 것이다."[76]

1.3.2.2. 공의회의 개혁과 공의회 이후의 반응

신앙이 이렇게 잘못 전개되어 가고 있음이 제2차 바티칸 공의회 때 철저히 감지되었다. 적잖은 수의 주교들과 신학자들은 교회가 구속력 있는 교의와 윤리적 규범을 구실로 삼고 있고, 신앙을 세상에 더 이상 매혹적이고 통합된 모습으로 전하지 못하고 있다는 위험성을 간파했다. 이러한 배경에서 공의회는 적어도 세 가지 측면에서 새로운 관점들을 제시했다.

(1) 하느님의 계시에 관한 문헌인 「계시 헌장」은 이른바 "계시

---

76) K. Rahner, "Erfahrungen eines katholischen Theologen", in: K. Lehmann(Hrsg.), *Vor dem Geheimnis Gottes den Menschen verstehen*, K. Rahner zum 80. Geburtstag, Freiburg i. Br., 1984, pp.105~119, 여기서는 p.107.

에 대한 교훈적이고 이론적인 이해"[77]와 결별했다. 다시 말해 하느님의 계시는 이것, 그리고 다른 수많은 것들에 관해 우리에게 '가르치는' 것에서 드러나는 것이 아니라, 「계시 헌장」 2항에 나와 있듯이 "당신의 넘치는 사랑으로 마치 친구를 대하시듯이 인간에게 말씀하시고, 인간과 사귀시며, 당신과 친교를 이루도록 인간을 부르시고 받아들이시는" 것에서 드러난다. 달리 말하자면, 계시는 본질적으로 하느님의 자기 전달, 하느님의 사랑이 전달되는 것이다. 이로써 참으로 중요한 것뿐만 아니라, 지극히 '단순한' 것도 표현되었다. 하느님은 인간에게 당신 자신을 무조건적인 사랑으로 드러내신다는 것이다. 계시의 이러한 소박하지만 매혹적이고 결정적인 핵심에 비추어 다른 모든 것이 제대로 측정될 수 있고, 경우에 따라서는 상대화될 수도 있다.[78] 계시는 사람들이 교의라는 나무들 앞에서 신앙이라는 숲을 더 이상 보지 않는 것이 되어서는 안 된다(발터 카스퍼). 오히려 계시는 하나의 중심을 가지고 있다. 이 중심을 토대로 신앙의 전체 내용은 집중력을 유지한다. 주관적 신앙 행위도 이 신앙 내용에 부합할 수 있다. 하느님께서는 '넘치는 사랑'으로 우리와 교류하시므로,

---

77) 이에 관한 기본적 문헌인 다음 글을 참조하라: M. Seckler, "Der Begriff der Offenbarung", in: *HFTh* II, pp.60~83(Lit.).

78) 이에 관해서 그리고 이어서 규명되는 '진리의 위계'에 관해서도 다음 문헌들을 보라: H. Mühlen, "Die Lehre des Vaticanum II über die 'Hierarchia veritatum' und ihre Bedeutung für den ökumenischen Dialog", in: *ThGl* 56(1966), pp.303~335; U. Valeske, *Hierarchia veritatem*, München, 1968; K. Lehmann, "Zum Problem einer Konzentration der Glaubensaussagen", in: *LebZeug*, Heft 3/4, 1970, pp.19~20; K. Rahner, "Der Glaube des Christen und die Lehre der Kirche", in: *Schr.* XII, pp.262~285, 특히 p.276 이하; ders., *Erfahrungen*, pp.109~110; A. Kreiner, "Hierarchia veritatum", in: *Cath.* 46(1992), pp.1~30.
'진리의 위계'라는 사고와 시간이 지나면서 거의 잊힌 '신앙의 짧은 형식'이라는 표현이 결부되었다는 것은 간략하게만 다뤄졌을 것이다. 이와 관련해서는 앞에서 언급된 다음 책들을 보라: Bleistein, *Kurzformel*; Karrer, *Glaube*.

인간은 사랑이신 이 하느님께 신뢰에 차서 헌신하고 그분의 뜻을 따르도록 초대받은 것이다.

(2) '신앙 내용'이 이렇게 중심을 향해 '집중'하는 것은 교회 일치를 위한 교령에서 비록 다른 방식이었지만, 다시 한번 주목하게 되었다. 더 정확히 말하면, '진리의 위계'(Hierarchie der Wahrheiten)라는 사고에 대해 다룬 것이다. 이로써 공의회는 교회 일치를 위한 대화에 참여하는 이들에게 "가톨릭 교리의 여러 진리가 그리스도교 신앙의 기초와 이루는 관계는 서로 다르므로, 교리를 비교할 때에는 진리의 서열 또는 '위계'가 있다는 사실"(「일치운동에 관한 교령」 11항)을 상기시키려 했다. 이 '토대'는 의심할 여지 없이 하느님께서 인간에게 친히, 사랑으로 자기 전달을 하셨다는 사실에 대한 신앙이다. 그 외에 신앙 안에서 언급되거나 행해야 하는 다른 모든 것은 이러한 기본적 진실과 긴밀히, 또는 매우 느슨하게 연관되어 있다. 아무튼 그것은 이런 맥락에서 이해해야 한다. 그렇기 때문에 "이것은 하나의 교의이고, 저것도 하나의 교의이다. 이 둘은 신앙으로 순종하면서 받아들여야 한다"라고 말하는 것으로는 충분하지 않다. 오히려 이렇게 물어야 한다. "이 신앙 내용 또는 저 신앙 내용은 신앙의 핵심 내지 토대에 비추어 무엇을 의미하는 것일까? '중심'은 '주변'에 어떤 빛을 비추게 될까?" 그러나 반대로 이렇게도 물어야 한다. "신앙의 개별 내용들이 중심과 연관된다면, 이 중심에서 '부각되는 것'은 어떤 세분된 특징들을 받아들일까?" 사람들이 이 '진리의 위계'라는 사고에 주목하면, '신앙 내용'은 신앙 안에서 사랑으로 부르시는 하느님께 자신을 내어 맡기는 주관적 '신앙 행위'처럼 매우 단순

한 그 무엇이 될 것이다.

특히 칼 라너는 위에 언급된 공의회의 진술들과 다양한 방식으로 연결되어 있다. "오늘날 신앙의 특징 중 하나는 완전히 단순하다는 것이다"[79]라는 명제에서 출발하면서 그는 이렇게 강조한다. "어느 그리스도인이 가톨릭 교리의 특정한 부분에 관해서는 별반 알지 못하지만, 궁극적이고 결정적인 질문들, 그러니까 하느님, 예수 그리스도, 그분의 은총, 죄, 사랑에 대한 질문, 그리고 하느님 사랑과 이웃 사랑의 일치가 실제로 어떤 참되고 근원적인 방식으로 실현되는지 등과 같은 질문을 던지는 것이 때로는 더 나을 수도 있다는 것이다."[80] 여기에 필요한 것이 있다. 신앙은 당신 자신을 드러내시는 하느님의 형식적 권위로 인해 받아들여져야 하는 "교의의 엄청난, 거의 헤아릴 수 없는 총합"으로 제공되지는 않는다는 것이다. "그리스도교 신앙은 자유로우시고 역사적인 하느님의 참되고 초자연적 계시라는 특성이 축소되지 않고서 인간이 던지는 모든 질문에 대해 하느님의 참으로 단순하고 완전한 대답으로서 등장해야 한다. 그래야만 그리스도교 신앙이 오늘날 진정성 있고 편견 없이, 그리고 참된 질문들과 합당하게 앞서 결정된 것들에 의해 강제로 배제되지 않고서 받아들여질 수 있을 것이다. 인간이 그렇게 질문을 던지면, 계시 내용과 계시 과정의 단계들은 역사 속에서 참되고 진정성 있게 그리고 아주 단순하게 일치를 이룰 것이다. 이런 측면에서 신학은 지대한 사명을 수행해야 한다."[81]

---

79) K. Rahner, *Im Heute glauben*, Einsiedeln, 1965, p.32.
80) K. Rahner, *Grundkurs*, p.371.

(3) 공의회는 계시와 신앙과 관련해서 새로운, 완전히 새로운 관점을 제시한다. 그것은 '시대의 징표'라는 주목할 만한 사고이다. 이에 관해 「사목 헌장」 4항에 다음과 같이 명시되어 있다. 교회는 "시대의 징표를 탐구하고 이를 복음의 빛으로 해석하여야 할" 의무가 있다. 이때 중요한 것은 시대의 '사건들'에서 "하느님의 현존과 그 계획의 진정한 징표"가 무엇인지 그리고 "인간의 소명 전체"(「사목 헌장」 11항)와 관련해 그 안에서 무엇이 비추어지는지 알아내는 일이다. 즉 하느님의 자기 전달에 대한 신앙 역시 단순히 시간을 초월하는 것이 아니라, 우리가 깨닫고 실현해야 하는 '영원한 진리'이다. 오히려 하느님께서는 다정하게 사람들에게로 향하신다는 것을 '시대의 징표'에서, 그러니까 어느 시기에 일어나는 사건들, 상황들, 사회적 움직임 등에서 새롭고 구체적으로 알아차리고 경험하게 해 주신다. 이와 유사한 것이 개인적 삶의 영역에도 적용된다. 하느님께서는 개인적 삶에서도 상황과 결부된 '징표'를 보여 주신다. 그렇기 때문에 불변하는 거룩한 이콘을 바라볼 때, 단순히 그것을 전해 주는 것이 아닌, 그때그때 시대의 징표에 부합하는 것이 무엇인지를 바라보는 것이 신앙의 본질에 속한다. 신앙은 언제나 시간과 연관되어 있다. 신앙은 현재성을 지니고, 따라서 매우 구체적인 것이기도 하다. 이 구체적인 것은 신앙의 진리를 '시간을 초월하는 것'으로 이해해서는 도달될 수 없고, 신앙 안에서 시간이 부르는 소리를 들어야만 인지할 수 있다.

---

81) K. Rahner, *Heute*, p.34〔*Grundkurs des Glaubens*, 이하 *GG*로 약함)에서 강조되었음〕.

'계시와 신앙'이라는 주제를 바라보는 이러한 새로운 관점들로부터 공의회 이후에 이루어진 게 있을까? 유감스럽게도 이 질문에 간명하게 "아니오!"라고 대답할 수밖에 없다. 정반대로, 공의회 이후에 차라리 더 엄격하게 '원칙의 엄격화'가 이루어졌고, 앞에서 언급했듯이 이를 통해 신앙이 다시 편협하게 전개되었음이 관찰되었다. 이를 보여 준 징후가 있다. 이른바 『세계 교리서』(*Weltkatechismus*)가 출간된 것이었다. 이 교리서는 앞에 언급된 공의회의 새로운 관점을 제시하지만, 그에 따라 구성되지는 않았다. 그 대신에 비록 체계화되긴 했지만, 실제로는 신앙의 진리들, 신앙에 대한 주석들, 신앙생활에 관한 내용들을 2665개 항목으로 그저 나열해 놓았다. 그것들을 공의회에서 강조된 중심과 연관시키지도 않았고, 여기서 진리의 위계에 관한 것이 명료해지지도 않았으며, 그것들이 시간과 어떻게 연관되었는지 규명하지도 않은 채 말이다. 왜 그랬을까?

교회 지도자들 쪽에서는 "교회를 통한 구원과 신앙 선포라는 전통적 형태들이 강화된 형태로, 현재 갈피를 잡지 못하는 상황에서 빠져나올 길"을 모색했을 것이다.[82] 포스트모던 시대에 와서는 모든 진리 역시 크게 상대화되었다. 이러한 상대화는 삶이 매우 다양해지고 오늘날의 사회가 개별화 추세로 흐르는 당연한 결과다. 개별화 추세는 '영원한' 신앙 내용과 그에 대한 '완벽한' 해석을 새롭게 강조하도록 이끌었다.[83] 그러나 교회 역시 매우

---

82) Kaufmann, *Kirche*, p.174.

83) 원래는 베네딕토 16세가 쓴 것으로, 프란치스코 교황이 반포한 회칙 「신앙의 빛」(2013.06.29. = *VApS* 193)에서 신앙은 '이성의 진리'와 관련해 '빛'으로서 등장하는데, 이는 라칭거의 신학적 구상에 완전히 부합하는 것이었다. 신앙은 "구간 전체를 비추는 빛에서 〔현실 세계를〕 본다"(1항). 이는 당연히 옳지만, 여기서 다음과 같은 질문이 제기된다. "성경과 초기 신앙 고백에서 표현하듯이, '단순한 신앙'이 그것에

복잡하게 표현된 신앙에 관해 지금까지 지속된 지배적인 해석을 포기하지 않았고, 계속 "원칙에 대한 권력욕"(알렉스 슈톡)을 충족시키려 했을 것이다. 왜냐하면 「계시 헌장」의 결과물이자 공의회의 '진리의 위계'라는 사고 뒤에 숨어 있는 신앙의 단순화는 교도권의 가르치는 능력을 어디에서건 제한하거나 적어도 상대화할 것이기 때문이다.

실제로 공의회 이후 퇴보한 것들에 대한 적당한 이유가 있을지라도, 만일 마리아가 신앙의 원형이라면, 그것이 교회의 신앙에 무엇을 의미하느냐는 물음은 단호히 제기되어야 한다.

1.3.2.3. 마리아 신앙의 '예형'

사람들이 이 나자렛 여인이 지닌 신앙의 '대상'에 대해 묻는다면, 루카 복음서의 관점에서 볼 때 먼저 천사의 구체적인 말에 주목할 수 있다. 마리아가 그 말을 받아들이고 하느님 아드님의 어머니로서 하느님의 뜻을 따르라는 것이다. 이에 마리아는 공허하고 초월적인 어떤 존재, 주체적으로 투영하고 애타게 바라던 존재에게 순종하는 것이 아니라, 객관적으로 규정되시고 당신 스스로 규정하시는 하느님께 순종한다. 마리아가 믿고 그 뜻에 동의

족하지 않는가?" 이런 점에서 이 회칙이 모순된 진술을 하는 것은 그럴 만한 이유가 있다. 신앙의 빛은 "인간 존재 전체를 비출 수 있다"라고 1항에서 이미 언급된 내용이 4항에서 다시 언급된 것과 달리, 57항(이는 프란치스코 교황이 쓴 것으로 보인다)에서는 매우 소박하게 기술되어 있다. "신앙은 우리의 온갖 어둠을 몰아내는 빛이 아니라〔!〕, 밤에 우리의 발걸음을 인도하는 빛이다. 그리고 이는 길을 가기 위해 충분하다〔!〕."

하는 하느님은 '조상들의 하느님'이시기 때문이다. 당신 백성에게 하신 하느님의 활동은 성경에 나와 있고, 이스라엘 민족이 따르는 가르침과 그들의 삶과 관습에서 전해졌으며, 그들에 의해 찬미받고 기려졌다. 마리아는 아브라함의 하느님, 곧 "죽은 이들을 다시 살리시고 존재하지 않는 것을 존재하도록 불러내시는 하느님"(로마 4,17)을 믿는다. 그렇지만 이스라엘의 이러한 신앙, 그리고 몇몇 신앙 고백, 예컨대 '이스라엘아, 들어라'(Sch'ma Israel), '작은 형태의 역사적 신앙 고백' 등등에서도 표현된 이 신앙 고백 형식으로 표현될 수 있었지만,[84] 그것으로부터 이후에 그리스도교적 의미의 '교의신학'(Dogmatik) 같은 것은 결코 발전하지 않았다. 종교적인 영역 전체를 세부적으로 포괄하고, 이로써 신앙에 대한 성찰과 규정의 종합을 형성하면서, 이를 세세하게 규정하고 받아들이는 교리 체계는 없었다. 당시와 마찬가지로 오늘날도 유다교에서는 신앙의 실천과 '신앙 행위'가 절대적인 우선순위를 차지한다. 물론 이것은 이미 우리가 살펴보았듯이 결코 내용이 없는 것은 아니었지만, 구약의 맥락에서 하느님께 집중되어 있었다. 이 하느님은 전해진 이야기들과 지침들 안에서 당신의 얼굴을 드러내시고 이스라엘 백성을 부르셨으며, 역사를 통해 그들을 이끄시고 당신의 약속을 남겨 주셨던 것이다.

그리스도교 영역에서 신앙의 내용적 ('그리스도론적') 규정이 유다교에서 요구하는 것보다 더 강하고 더 포괄적으로 부각되고 있는 충분한 이유에 대해서 우리는 이미 잘 알고 있다. 그처럼 신앙의 내용적 측면을 강조하기 때문에 신앙의 객관적 내용과 신앙

[84] 이에 관해 간략히 요약하고 개관해 놓은 다음 책을 보라: Karrer, *Glaube*, pp.39~46.

의 주관적 실현, 그리고 그 둘의 불가분한 관계가 변형되지 않고 제자리를 찾을 수 있게 된 것이다. 이것은 우리가 이미 살펴보았듯이 아주 길고 긴 발전 과정을 통해 발생한 것인데, 한스-요아힘 횐의 말을 다시 한번 인용하자면, 이 과정에서 신앙은 때로는 "교의나 규범들의 공포 또는 신적 의지의 표명" 정도로 전락하게 되었다.

반면에 마리아의 신앙은 대부분 이야기체로, 그리고 단순한 방식으로 성경에서 증명되었다. 이 신앙은 세대에서 세대로 계속 전해졌고, 아버지이시자 어머니이신 하느님에 대한 순수한 헌신이다. 그 이유는 이렇다. 루카 복음서에서 마리아는 이스라엘의 '거룩한 남은 자들' 관점에 있으므로 "나 야훼는 너희의 하느님이고, 너희는 내 백성이다!"라는 구약의 핵심적 신앙 고백에 진심으로 "예"라고 말하고, 신뢰에 차서 자신의 삶을 하느님께 내맡긴다. 그렇게 마리아는 신앙 안에서 다른 사람들을 위해 대리하면서 하느님과 인간의 계약 관계에 있고, 이로써 아브라함 때부터 시작된 하느님과 인간의 '공동 프로젝트' 그러니까 사람들이 서로, 그리고 하느님과 하나가 되는 과정에 결정적으로 참여한다.

마리아는 이스라엘의 '거룩한 남은 자들'을 구체화하므로, 그녀의 신앙은 이스라엘과 전 인류의 불신앙에 대한 긍정적인 반대 형상이다. 이 불신앙은 예언자들에 따르면 하느님의 지침과 규정들을 끊임없이 어기고, 다른 신들에게로 향하는 것에서 표현된다. 이 다른 신들은 권력과 부(富)와 섹스 같은 인간적 욕구의 화신일 뿐이다. 이 세 가지 기본 욕구와 세상의 우상화에 맞서 신앙인인 마리아 안에서 비천함, 가난, 순결함이 명료해진다.

그러나 마리아의 신앙은 이스라엘의 신앙을 물려받는 것에 그치지 않고, 무엇보다 천사를 통해 받은, 하느님의 계획에 유일무이한 방식으로 따를 것을 요청하시는 하느님의 일회적 말씀에 대한 응답이다. 이 대목에서 가브리엘 천사가 마리아에게 전하는 말에 어떤 경험적 내용이 담겨 있는지 단지 '계몽적인' 차원에서 물을 필요는 없더라도, 그를 '힘과 권한'을 지닌 존재, '해석해 주는 천사'(angeli interpretes)로, 다시 말해 하느님의 말씀을 전달하고 해석하고 증언하기로 정해진 피조물로 보아야 한다는 생각이 든다. 이 '창조된 중개자들'을 통해 피조물 내지 하느님의 말씀을 전하는 천사들의 고유한 '등급'이 어떤 상태인지 그 자체로 알 수는 없다. 그럼에도 '시대의 징표'에 관한 제2차 바티칸 공의회의 가르침에 근거하여 어떤 관계 개념을 도출해 낼 수 있다. 이에 따르면, 하느님께서는 어느 특정한 시대적이고 개인적인 상황과 사건들에서 당신이 행하고자 의도하시고, 인간의 협력을 기대하시는 것에 대한 징표를 주신다. 그러한 징표를 생각하고 찾고 식별하고 따르는 것이 신앙에 속한다. 하느님의 말씀은 어찌하여 마리아에게 다른 방식으로 전달되었을까?

이렇게 마리아의 신앙을 여러 차원에서 조명해 보았다. 여기서 마리아의 신앙과 교회의 연관성에 대한 질문이 제기될 수 있다.

만일 마리아의 신앙이 교회 신앙의 원형과 형태를 지니고 있다면,[85] 오늘날의 교회는 신앙을 선포하고 실행하는 것에 있어

85) 이 '마리아의 신앙'은 예수가 신앙을 이해한 것에 완전히 부합한다는 것은 부수적으로만 인지될 것이다. "나는 이스라엘의 그 누구에게서도 이런 신앙을 본 일이 없다"(마태 8,10). 예수는 이방인 출신의 어느 백인대장에 대해 이렇게 말한다. 그의 신앙 내용 전체는 자신의 종을 고치는 힘에만 집중되어 있지, 다수의 '내용'에는 집중되어 있지 않다. 이와 유사한 것이 신약성경의 치유 사화에 많이 나와 있다.

서 철저한 쇄신이 필요하다. 위에서 비유를 들어 언급했듯이, 많은 '교의라는 나무들'을 정성 들여 보살피는 것이 교도권의 첫째 사안이 되어서는 안 된다. 그렇게 되면 '신앙이라는 숲'을 더 이상 인지할 수 없게 된다. 정확히 표현하자면, 신앙의 지침이 되어야 하는 원칙은 전문가가 아닌 사람들이 종종 나란히 혹은 한두 개씩 언급하는 '다수의' 신앙 고백이 아니다. 마리아의 경우처럼 사랑이신 하느님께 자신의 삶을 내어 드리고, 그분께 봉사할 준비가 된 '다수'가 진정한 신앙으로 이끌 수 있다. 따라서 신앙이 모호하거나 알맹이가 없어서는 안 된다는 것은 지당하고, 이는 언급할 필요도 없는 사항이다. 신앙은 당연히 명확함을 지니고 있기 때문이다. 이 명확성은 구약성경에 비추어 알 수 있을 뿐만 아니라, 신약성경에 깃들어 있고 '특히' 초세기에 규범적으로 해석된 것으로, 성령 안에서 예수 그리스도를 통해 드러난 하느님의 계시에 의해서도 알 수 있다. 그러나 그리스도교의 이러한 새로운 명확성은 두 가지 방식으로 표현되어야 한다.

(1) 먼저 중요한 것은 '가르침'이 아닌 '삶'임이 명료해져야 한다. 위대한 신학자 요한 아담 묄러(Johann Adam Möhler)가 이미 다음과 같이 힘주어 표현했듯이 말이다.

> "그리스도교는 표현과 형식, 어법에서 탄생하는 것이 아니다. 그리스도교는 내적 삶, 거룩한 힘이다. 모든 가르침과 교의는 존재하는 것이라고 전제되는 어떤 내적인 것을 표현해야 그 가치를 지닌다. 그렇다, 늘 개념은 제한된 것이기에 삶을 말로 다 표현하거나 포괄할 수도 없고, 다 담아낼 수도 없다. 개념은 늘 불

충분하다."[86]

(2) 그리스도교의 새로운 명확성은 제2차 바티칸 공의회에서 시작된 새로운 관점들에 따라서 단순하고 소박한 것으로 인식되고 유지되어야 한다. 그러나 이는 아직 충분하지 않을 것이다. 많은 진지한 젊은이가 이슬람의 가르침과 신앙생활이 단순하고, 그리스도교처럼 복잡하지 않고, 이해하기도 어렵지 않다는 이유를 들면서 때로(!) 이 종교로 향한다는 말이 들린다면, 그리스도교에서는 심각하게 경종이 울렸어야 했을 것이다. 많은 점에서 좋은 평가를 받았고, 또 잘 만들어진 책으로 평가받는 『유캣』(*youcat*) 같은 책들도 더 이상 도움이 될 수 없다. 이 책에서 신앙에 관해 진술한 내용은 대체로 조금 단순하게 구성했고, 우리가 인식해야만 하는 핵심 내용에 주안점을 두지는 않았다.[87]

신앙이 전달하는 것은 '단순'해야 한다. 동시에 교회의 가르침이 선포될 때에도 단지 한 묶음의 신앙에 대한 가르침으로 보여

---

86) J.A. Möhler, *Die Einheit der Kirche oder das Prinzip des Katholizismus. Dargestellt im Geiste der Kirchenväter der drei ersten Jahrhunderte*, Hrsg. v. J.R. Geiselmann, Darmstadt, 1957, pp.42~43. 과르디니(*Das Wesen des Christentums*, Mainz-Paderborn, 1991)도 이와 유사하게 생각한다. "그리스도교는 결국 진리에 대한 가르침이나 삶의 해석이 아니다. 그리스도교의 본질은 그 안에서 생기지 않는다. 나자렛 예수가, 그의 구체적인 삶, 활동, 운명이 그 본질을 이룬다. 따라서 그분은 역사적 인물이다." 첫째 문장은 옳지만, 그다음 두 문장은 의심스럽다. 내 생각에, 여기서 '관계'라는 용어가 빠져 있다. 이미 '예수'가 중심이라면, 그분과의 관계가 더 정확히 표현되어야 한다.

87) 다음 문헌을 보라: Österreichische Bischofskonferenz(Hrsg.), *youcat. Jugendkatechismus der katholischen Kirche*, München, 2010. 여기서도 묻고 대답하는 방식이 의심스럽다. 질문으로 표현된 것은 실제적 질문에 부합하지 않고, 순전히 수사학적으로 여겨지기 때문이다. 그런데 신앙이 수사학적 표현으로 전수될 수 있을까? 라칭거가 자신의 책(*Kompendium des Kathechismus der Katholischen Kirche*, 독일어 번역본: München, 2005)에서 이 '묻고 대답하는 방식'을 사용한 것은 더 심각하다. 그것은 이루 말할 수 없이 더 비생산적이고 더 추상적이기 때문이다.

서도 안 된다. 잔인하고 생명을 경시했던 종교재판의 시대는 분명히 지나갔다. 수많은 철학자와 신학자가 자신들이 쓴 책에 대해 검열('금서목록')과 견책을 받았고, 신앙의 스승이라는 자격을 박탈당했으며, 이로써 자기 삶의 계획이 무너져 버린 시대가 지나간 지는 오래되지 않았다. 요즘엔 아시아에서 그 지역 사상가들과 대화하기 위해 애쓰는 신학자들을 비롯해, 유럽과 북아메리카에서 현대 사상가들과 대화를 시도하는 신학자들에게 비슷한 조처가 내려지고 있다. 교도권의 때로 이러한 놀랍도록 제한된 행동 방식을 결코 과대평가해서는 안 되고, 이에 맞서 앞으로 나아가야 한다. 오히려 다음과 같은 통찰이 더 중요하다. 교도권이 신앙을 '관리하는' 잘못되고 문제 있는 행위는 일부 교회 지도자들의 잘못된 개인적 태도에서 기인한 것이 아니라, 오히려 기본구조에서, '근본적인 태도'에서 비롯되었다는 것이다. 이러한 것들이 그런 잘못된 태도를 취하게 할 뿐만 아니라 촉발하게 하는 것이다. 바로 이것이 마리아의 신앙과는 전혀 반대되거나 무관심한 구조이다. 이러한 신앙은 특히 그 내용적 정확성과 완전성에 초점을 맞추고, 하느님께 개인적으로 헌신하도록 이끌고 있다. 이는 복음서에 제시된 삶을 실현하라는 매혹적인 초대나 신앙 안에서 하느님과 결합하는 것, 그리고 그리스도의 '모습'을 자기 자신 안에 받아들이는 것과는 먼 신앙이다.[88]

---

88) 이 '마리아의 신앙'에 대해서 다음과 같은 비난이 제기되었다. "복음이 가난한 이들과 억눌린 이들, 권리가 없는 이들을 선택하라고 요청한다면, 교회인 어머니와 그 아들들은 대체로 힘 있는 자들을 두려워하고 약탈을 일삼는 자들 앞에서 침묵하게 될 것이다. 복음이 용서할 준비를 하고 따뜻한 마음을 지니라고 촉구한다면, 교회는 종종 죄인들에게 무자비하고 달리 생각하는 이들을 참지 못할 것이다. 교회가 자신의 이름과 요구에 따라서 존재해야 하는 것과의 차이는 더 크지 않을 수 있다. 원래 교회 안에서 인간에 대한 하느님의 사랑은 그때그때마다 새로운 모습을 지녀야 한다. 원래 교회는 하느님의 이 사랑이 사람들을 끌어당기도록 만들어야 한다. 그 대신에 교회는

제2차 바티칸 공의회에서 신앙이 '시대의 징표'로 방향이 정해진 것 역시 대체로 간과되고 있다. 이 방향은 오늘날에도 여전히 하나의 중요한 기준이 된다. 영성의 차원에서 한 개인이 자신의 소명을 찾을 때, 그 사람의 삶 속에서 '하느님의 징표'를 찾도록 이끌고 있기 때문이다. 그러나 이 기준점은 지극히 제한적인 중요성만을 갖는다. 왜냐하면 '징표'에 대한 언급은 거의 항상 개인이 하느님의 뜻을 추구하는 과정에만 연관되어 해석되고 있고, 단지 개인적인 삶의 역사 속에서 나타나는 '징표'에만 초점을 맞추기 때문이다. 여기서 간과되고 있는 것은 모든 이와 교회 전체의 신앙, 즉 마리아처럼 하느님의 개인적인 부르심에 귀를 기울이고 자신의 소명에 합당하게 응답하는 것이 신앙의 본질에 속한다는 것이다. 오늘날 새로운 세계적인 관점에서 볼 때, 개인의 삶의 역사 속에서 나타나는 징표뿐만 아니라 세계의 사건과 상황을 주시하여 하느님의 현존과 뜻을 탐구해야 한다. '모든 것 속에서 하느님을 발견'하고 오늘날 그분의 부르심을 듣는 것이 중요하다. 오직 이렇게 할 때만 '마리아적인 신앙'에 대해 말할 수 있다.

종종 실망, 분노, 당혹함을 불러일으킨다. (…) 더 심각한 것은 이중 도덕과 엄숙주의, 준법 원칙과 세심함, 독단론과 무자비, 신뢰 남용과 위선이다"(Höhn, *Gott*, pp.288, 292). 마지막 문장은 다음 두 책을 참조하여 기술되었다: Balthasar, *Meretrix*; Rahner, *Kirche*.

MARIA
ECCLESIA

II

제2장

"마리아는 거룩한 교회다"
(알렉산드리아의 치릴로)

제 2 장 • "마리아는 거룩한 교회다" (알렉산드리아의 치릴로)

2.1. 마리아와 교회 - 이해를 위한 접근

2.1.1. 제기되는 질문들

신약성경에서 시작해 신앙 및 신학의 역사에 이르기까지 마리아는 단지 '개인'[1] 그 이상임을, 예수를 낳은 나자렛 마리아 그 이상인을 우리는 앞에서 알았다. 마리아는 '동정녀' '시온의 딸' '시온의 거룩한 남은 자' '믿는 이들의 어머니' '제자단의 상징'으로, 간략히 말하면 '교회'로 묘사된다. 마리아는 때로 교회와 동일시된다.

이때 '교회' 개념은, 교회 건축물로서의 중요성을 완전히 배제한 채 생각한다면, 다양하고 크게 구분되는 차원과 함축적인 의미를 지닌다.[2] "일곱 살 된 아이도 다행히 교회가 무엇인지, 즉

1) 지금까지 여러 번 표현된 이 용어는 여러 측면에서 볼 때 어색하다. 그렇다, 그것은 잘못된 것이다. (그렇게 보면, '집단적 인격' 개념도 마찬가지다.) 두 가지 이유에서 그렇다. 첫째, 일회적임과 유일무이함이라는 말은 인격에 적용되고, 이런 의미에서 필수적으로 개별성도 지닌다. 둘째, 한 인격은 언제나 고유한 개별성을 뛰어넘는다. 인격임은 본질적으로 관계성을, 그러니까 다른 사람들과의 관계를 포함하기 때문이다. 그럼에도 우리는 두 가지 표현, 곧 개인적 인격과 집단적 인격이라는 용어를 사용한다. 말하자면 '하나의 기호로 표현된 말'과 '느낌표'로서 사용한다. 여기서 느낌표는 인격(과 이와 함께 마리아)에 대해 일방적 시각을 지니지 않도록 주의를 환기시키는 것이다.

교회는 거룩한 신앙인들과 목자의 음성을 듣는 양들임을 알고 있다."[3] 마르틴 루터는 이렇게 표현했지만, 교회는 더 이상(?) 그렇지 않다. 오히려 교회는 신적인 면과 인간적인 면이라는 특성이 있고, 또한 대단히 복잡하고도 다양한 비유와 은유로 표현될 수 있는 실재(實在)이다.

신약성경을 통해 교회를 이해한다는 것은 예수님의 하느님 나라 선포와 그리고 그분의 삶과 죽음, 부활과 성령 강림 등의 사실과 긴밀히 연관되어 있다. 이런 맥락에서 교회는 그리스도 사건에서 드러난 하느님 사랑을 신앙으로 받아들이는 실재로, 여기서 주어진 약속을 부분적으로 실현하는 실재로, 이미 주어진 구원을 계속 증명하거나 선포하고, 성사적으로 재현하는 실재로 이해된다. 그러나 온전히 구약성경의 관점에 따라 해석한다면, 교회는 무엇보다도 하느님의 백성이라는 주제로 다뤄진다. 하느님께서는 사람들이 하나가 되도록, 즉 당신의 '백성'으로, '계약'을 맺도록, 그리고 '그리스도의 몸'이 되도록, 또한 당신의 제자들과 길을 함께 가도록, 구원을 중개하는 '도구'로, 삼위일체 하느님의 모상에 따라 하나가 된 사람들과 '친교'를 이루도록 부르신다. 이런 까닭에 이른바 『세계 교리서』도 교회를 "하느님께서 온 세상에서 불러 모으시는 백성"[4]이라고 규정한다. 이때 경우에 따라서는 공동체 그 이상의 무언가가 혹은 단순히 이끄심 그 이상의 무언가가 부각될 수 있다. 또는 선포 그 이상의 어떤 것이 부각

---

2) 이와 관련해서는 예컨대 체계적으로 구성된 다음 두 책을 보라: M. Kehl, *Die Kirche. Eine katholische Ekklesiologie*, Würzburg, 1992, pp.23~38; G.M. Hoff, *Ekklesiologie = Gegenwärtig Glauben denken*, Bd. 6, Paderborn u.a., 2011. 특히 둘째 작품은 교회 개념을 완전하고 다양하게 전개한다.

3) M. Luther, *Schmalkaldische Artikel* III, 12(*WA* 50, p.250).

4) *Katechismus der Katholischen Kirche*, München u.a., 1993, p.227(Nr. 752).

되거나, 혹은 함께 거행하는 전례 그 이상이 부각될 수도 있다. 그러나 어느 경우이든 교회는 이런 맥락에서 가시적 형상을 통해 비가시적인 것을, 즉 하느님과 그분의 활동을 가리켜 보이는 실재적 표징이다. 이때 가시적인 것과 비가시적인 것의 일치에 대해서는 물론 완전히 다른 것으로 이해될 수도 있다.

그 밖에도 교회를 규정할 때는 아주 다른 점이 강조되기도 한다. 즉 하느님의 영원하심에 기인하는 '내적 신비'가, 다시 말해 에페소서 3장 9절에서 '신비'라는 개념으로 표현되고 있는 것, 즉 모든 피조물을 당신의 생명 속으로 이끄시는 하느님의 비가시적인 구원 의지가 부각된다.[5] 그리고 무엇보다 이렇게 규정된 것들은 전달되고 있다. 그리하여 예컨대 에릭 페터슨은 그리스도교의 교회(ἐκκλησία)는 처음부터 제식(祭式)과 긴밀히 결부되었을 뿐만 아니라(가령 히브리서 12장 22절을 참조하라), 무엇보다 하느님의 영역인 '천상 도성'이라는 사고와 관련이 있다는 점을 부각시킨다. 묵시록 21장에 따르면, '천상 도성'은 세상 끝 날에 하느님과 그 성인들의 거처로, "신랑을 위하여 단장한 신부처럼 차리고 하늘로부터 내려온다."[6] 바로 '신부'라는 비유에서 교회에 대한 이해의 두 가지 서로 다른 뉘앙스('이 세상에서'와 '하늘에서 그리고 하늘로부터')가 생긴다. '신부'가 천상의 하느님 도성을 보증할 뿐만 아니라, 하느님 백성도, 그러니까 하느님께서 이미 여기 지상에서

---

5) 다음 책에서도 이러한 관점에서 교회를 (정교회식으로) 정의한다: D. Staniloae, *Orthodoxe Dogmatik*, Bd. II, Zürich u.a., 1990, p.162. "교회는 존재하는 모든 것이 결합한 것이다. 교회는 존재하는 모든 것, 하느님과 피조물을 자신 안에 묶어 놓도록 규정되었다, 교회는 하느님의 영원한 계획이 실현된 것, 하나로 일치한 것이다. 영원한 것과 일시적인 것이 교회 안에 있다. 일시적인 것은 영원한 것에 의해 완전히 감싸여지도록 규정되었다."

6) 이와 관련해서는 다음 책을 보라: E. Peterson, *Ekklesia. Studien zum altchristlichen Kirchenbegriff*(1926), Würzburg, 2010, pp.11~52.

'신랑 신부의 사랑'으로 향하도록 불러 모으시는 이들의 연대를 표현하는 한에서 그렇다.

교회에 대한 두 가지 시각을 연결하는 지점에 마리아가 서 있다. 이스라엘과 신약성경의 교회가 하느님의 '신부'로 표현되듯이 (이에 관해서는 뒤에서 상세히 다룰 것이다), 마리아는 이 세상에 있는 하느님의 '신부'이자 동시에 '위로부터' 곧 하느님으로부터 '마련된 인물'이다. 이 두 가지 관점에서 마리아는 교회의 '집단적 인격'(corporate personality)으로 이해될 수 있다.

이때 물론 마리아가 첫 번째이자 교회의 유일한 '집단적 인격'은 아니라는 점에 유의해야 한다. 모든 시대마다 교회를 '인격화'한 사람들이 있었다. 그리하여 교부들은 '아담으로부터의 교회' '아벨로부터의 교회' 등에 관해 이야기했다. 히브리서 11장은 아벨부터 시작해서 에녹, 노아, 아브라함과 다른 많은 신앙인을 잇달아 열거한다. 이 모든 신앙인에게서 교회가 무엇인지 명료해진다. 그들은 선사받은 신앙 안에서 교회를 실현한다. 그들은 하느님과 그리고 이웃과 관계를 맺으며 살아간다. 그들은 하느님의 계획에 따라 사람들과 일치하도록, 간략히 말하자면, 하느님의 백성에게 봉사하도록 부르심을 받았다.[7] 따라서 그들은 하느님께서 세상에 오시기 위한 일종의 '관문'이다. 이 모든 것이 마리아에게 특별히 해당되더라도, 이런 이유로 그녀에 앞서 등장한 인물들, 교회를 대표하는 인물들이 과소평가되지는 않는다. 그들 역시 각자 자신의 방식으로 교회이자 '마리아'이다. 그렇지만 먼저 예수의 어머니인 마리아에게 집중해 보자.

---

7) 이에 관해서는 다음 책을 보라: J. Daniélou, *Die heiligen Heiden des Alten Testaments*, 독일어 번역본: Stuttgart, 1956.

이렇게 간략히 설명한 것에 대해서는 의문이 제기될 수 있다. 예컨대 요셉 라칭거가 "마리아는 '예'라고 응답한 순간에 인격 안에 있는 이스라엘, 인격 안에 있는 교회, 인격으로서 교회"[8]라고 진술한 것은 정확히 무슨 의미이며, 또 어떻게 해야 정확히 이해할 수 있을까? 개인인 '마리아'가 공동체인 '교회'와 어떻게 동일시될 수 있을까? 그러한 인격화의 '실제 내용'은 무엇인가? 여기서는 상징적이거나 비유적인 표현 방법만이 중요한가? 애매한 유사성이 중요한 건가? 아니면 그 이상의 것이 중요할까?

앞에서(제1권 2.2.3.1.) 이미 언급된, 이브 콩가르가 제시한 '해결책'에 주목하면 문제가 간단해질 수도 있을 것이다. 그 해결책에 따르면, 마리아는 '천상 교회'(=하느님의 계획에 들어 있는 교회)를 가리키는 '상징'에 불과하다. 마리아는 "교회의 영적 모성을 알리는 표징, 원형, 예고"[9]이다. 따라서 마리아는 천상 교회가 때가 되면 드러난다는 것을 묘사할 뿐이고, 이런 까닭에 로고스가 인류와 하나가 되는 저 '숭고한' 구원 경륜의 한 부분, 물론 매우 중요하고 결정적인 한 부분에 불과하다. "마리아는 교회 안에서 이루어지는 것의 시작을 (…) 대표한다."[10] 그렇지만 콩가르가 제시한 이 '해결책'은 나에게는 성경에서 드러나는 인격화의 본질을 간과한 것처럼 보인다. 물론 여기서 '예형'은 단지 '첫 번째 실현' 그 이상이다. 또한 마리아와 교회의 동일성을 힘주어 강조했던 다른 여러 진술도 과소평가한 것처럼 보인다. 따라서 다른 해결

8) Ratzinger, *Erwägungen*, p.24.
라칭거의 『마리아론』에 나오는 이 기본적인 문장에 관해서는 다음 책도 보라: Birkhofer, *Natus*, p.20 이하.

9) Congar, *Marie*, p.14.

10) *Ibid.*, p.36.

책을 찾아보자.

이어서 기술하는 내용은 마리아가 유일무이한 인물이고 동시에 교회를 대변한다는 것을 보여 주고자 한다. 그렇다, 마리아는 교회다. 더 정확히 말하면, 구약성경 및 신약성경의 교회다. 이는 모순을 의미하지 않고, 가라앉히기 힘든 거부감을 일으키지도 않는다. 역설적 표현도 아니다. 비록 '매끄럽지'는 않지만 분명 서로 구별되는 마리아와 교회를 동일시하는 것은 사변적인 유사성이나 시적인 상징 또는 마치 깊은 신앙을 표현하는 그 '무엇'으로 제한되거나 상대화되어서는 안 된다. 두 대상의 동일시는 오히려 다음 두 가지에 의해서 밝혀진다. 문화사적으로 빈번히 등장하고 성경에서도 알 수 있는 '집단적 인격' 개념에 의해서, 그리고 특별히 신학적인, 즉 '삼위일체적' 인격에 대한 이해에 주목하는 가운데 밝혀진다. 후자에 따르면, 개인으로 존재함과 공동체 안에 있음(또는 공동체를 위해 있음)은 대립적 관계가 아닌 균형 잡힌 관계임을 표현한다.

2.1.2. '집단적 인격'(corporate personality) 개념

우리가 구약성경을 토대로 알고 있고, 신약성경에서 이미 마리아에게 이루어졌으며, 앞에서도 설명했듯이(제1권 1.2.2.1.을 보라), 인격화의 배후에는 '집단적 인격'이라는 고대 근동에서 형성된 사고가 깔려 있다. 이에 따르면, 민족과 가족, 도시와 집단 전체는 '인격화된다.' 다시 말해 유일무이한 인격의 형상 안에서 통합될 수 있다. 그리고 이는 단지 은유적이고 시적인 의미에서가 아니라, 매우 실제적인, 만일 사람들이 그렇게 표현하기를 원한다면, '존재론적' 의미에서 그러하다. 이에 대한 근거는 고대 그리고 오늘날까지 예컨대 일부 아프리카에서 볼 수 있는 전반적인 체험들일 것이다. 그러나 이 체험들은 계몽주의 시대와 개인주의가 싹튼 근대 이후 서구 사회에서는 다소 낯설어졌다. 개개인은 '일부'에서 더 크게 조직화된 전체, 즉 가족, 씨족, 민족, 문화권 등 속으로 완전히 들어갔고, 이로부터 내적으로나 외적으로 표현되었다.[11] 따라서 이 '더 큰 전체'는 개개인에 비해 훨씬 더 많은 중요성을 지닐 뿐만 아니라, 그 돋보이는 특별함과 행동 권한에 있어서도 유일한 인물처럼 표현되거나 그때그때 '더 큰 전체'로 규정되는 실제 인물 또는 다른 실제적 존재[12]와도 동일시된다. 이제 이 인물은 전체를 대표한다. 그리고 전체를 위해 대리하며 서 있다. 이 인물은 전체를 위해 행동할 권한을 부여받았다.

이는 근대에 부각된 사회 질서의 노선에서는 이해할 수 없다. 이에 따르면, 어느 특정한 사회는 법적 행위(가령 선거)를 통해 어느 특정 개인들에게 전권을 위임했는데, 현대 사회에서는 국회의원들에게서 이 같은 예를 볼 수 있다. 한 개인은 다른 사람들의

---

11) 이런 맥락에서 아이히로트[W. Eichrodt, "Heilserfahrung und Zeitverständnis im Alten Testament", in: *ThZ* 12(1956), pp.103~125, 여기서는 pp.118~119]는 모빈켈(S. Mowinckel)에 이어 "개개인을 민족이라는 더 큰 전체로 들어가게 하는 '큰 자아'(Groß-ich)"에 관해 이야기한다.

12) 따라서 예컨대 이스라엘 백성은 '동정녀'로 인격화될 뿐만 아니라, '예루살렘' '시온' 등으로도 묘사될 수 있다. 여기서 프랭(L. de Fraine)의 견해에 동의한 뮐렌(*Una mystica*, p.85)을 통해서 다음과 같이 인지할 수 있다. 즉 '집단적 인격'에 대한 토대는, 유일한 광원(光源)으로부터 빛줄기가 나오듯이 특정한 공동체는 이 개개인으로부터 나오는 것에서만 생겨나지 않는다. 어느 경우이든 그런 것도 아니다. 이는 그럴 수 있다. 하지만 그래서는 안 된다. 이어지는 내용에 관해서는 다음 책을 보라: Greshake, *Gott*, p.289 이하.

동의를 받아 사회의 (교체 가능한) 대표적 '상징'이 된다. 오늘날 일부 국가에서는 예컨대 대통령이 그런 인물이다. 이 두 가지 경우에 사회는 한 사람을 통해 대표되지만, 개개인은 자유로운 행위(선거)를 통해 그에게 전권을 위임한다. 따라서 사회가 이 한 사람에게서 대표되는 것은 그를 뽑은 개개인의 자유와 자발성에 비해 부차적인 것에 불과하다. 반면에 '집단적 인격'이라는 오래된 사고는 특정한 단체가 한 사람에게서 완전히 대표되었음을 의미한다. 따라서 그 공동체를 형성하는 것이 모두 이 사람에게서 구체화되고 행동으로 옮겨질 수 있다. 이 사람은 모두를 서로 연결하는 끈으로 인격화된 것이다. 그러나 이는 그 사람이 공동체와 유기적으로 연결되어 공통된 원의와 행동과 고통의 결정체이거나 그런 인물로 체험되어야 가능하다.

우리는 오늘날의 체험 세계와 사회 질서에서 '집단적 인격'이라는 고대적 사고에 비교할 만한 무언가를 거의 가지고 있지 않다. 이미 언급했듯이 '대표' 혹은 '대리'(Repräsentation)라는 용어는 근대 초기부터 자유로운 주체가 전권을 위임한다는 법률적 의미에서만 이해되기 때문이다. 그럼에도 '집단적 인격'이라는 사고는 오늘날의 체험 세계에서도 두 가지 측면에서 전혀 낯설지 않다. 첫째, 덜 제도화된 작은 공동체(가정, 교우 관계 등)에서 여전히 (종종 무의식적으로 그리고 깊이 생각하지 않은 채) '집단적 인격'이 모습을 드러낸다. 어느 아버지 또는 어머니가 가족을 대표한다고 여겨질 때, 또는 '상징적 인물'로서 결속을 대변하는 어느 구성원을 중심으로 친구들이나 운동가들이 모일 때가 그러하다. 둘째, 우리는 일상생활에서 예컨대 어떤 사람을 두고 "전형적인 독일 사람이다" 또는 "전형적인 교수다" 등과 같이 말한다. 이로써 이 사람에게서 어느 집단('독일 사람들' '교수단')의 특징을 간파하고 바라볼 수 있다고 생각한다. 우리가 '전형적으로' 어느 집단을 대표한다고 말하는 당사자는 이때 단지 비유가 아닌 실제로 탁월한 방식으로 이 집단의 특성을 내보인다. 말하자면 그는 이로써 자신이 속한 집단을 '대표'하고, 경우에 따라서는 원래 개인적으로 자신에게가 아닌 집단 전체에 합당한 반응도 내보여야 한다. 그런 맥락에서 어느 공동체 및 어느 단체는 익명의 대중이나 이름 없는 집단 또는 추상적 실재(實在) 그 이상이라는 것, 오히려 어느 구체적인 인물이 자신이 속한 집단에 구체적인 모습을 부여하고 이 구체적인 모습에서 그 사람 자신을 바라보고 알 수 있다는 것이 명료해진다. 따라서 '집단적 인격'은 전체를 상징한다. 다시 말해 '집단적 인격'은 공동체를 실제로 드러내 보이고, 공동체의 완전한 표징이다. 공동체의 모습과 운명, 목표가 그 사람에게서 글자 그대로 '구체화'(concrescere)되기 때문이다.

어느 사회적 집단이 한 개인에게서 그렇게 구체적으로 모습을 드러내는 것은 다양한 방식으로 이루어질 수 있다. 이 개인이 공동의 운명에 적극적으로 동참함으로써, 공통된 전통을 깨어 있는 자세로 지키고 공동 목표를 특별히 창의적으로 수행함으로써, 공동체의 관심사와 의도에 특별히 섬세하게 반응함으로써, 공통된 원의를 표현하고 실현하며 가시화하는 특별한 능력을 통해서 그러하다. 그러한 유기적 관계를 토대로 '집단적 인격'과 해당 공동체는 교체 가능한 실재(實在)로 교체될 수 있다. 이때 많은 역사적 문헌이 보여 주는 점이 있다. 대체로 알아채지 못했거나 적어도 반성되지 않은 채 '개인에서 공동체로, 그리고 그 반대로' 넘어간다는 것이다. 따라서 "이 둘 사이의 경계는 뚜렷하지 않은 것처럼 보인다. (…) 그러므로 '위대한 자아'(Groß-Ich)라는 실재는 개개인과 공동체 사이를 끊임없이 오가는 가운데서만 파악될 수 있다. (…) '위대한 자아'는 많은 사람 위에 있는 실재가 아니라, 자신들 사이에서 역동적 관계로 이해될 수 있는 사람들 사이에 있는 실재이다"[13]라고 헤리베르트 뮐렌은 기술한다. 이런 까닭에 '집단적 인격'은 자기가 대표하는 역할을 위해서도 자신의 고유한 개성을 포기하지 않는다. 오히려 그 반대다! 칼-하인츠 멘케에 따르면, 여기서 다음과 같은 역설이 지배한다. "한 개인이 특정한 공동체를 더 완전히 대표할수록, 두 가지가 동시에 일어난다. 즉, 개인은 자신이 대표하는 공동체와 더욱 동일시되고 또 그 공동체와 더욱 구별될수록 (…) 그의 개성 내지 다른 점이 더욱 뚜렷이 드러난다."[14]

이러한 단지 피상적인 '역설'은 존재론적으로 완전히 심화되어 삼위일체론에서 이해하는 위격으로부터만 파악될 수 있다. 다음 단락에서 이것을 간략하게나마 다루겠다.

2.1.3. 삼위일체론에서 이해하는 위격

삼위일체와 관련해서 그리스도교 신앙은, 한 분이신 하느님은 성삼위를 이루신다고 말한다. 하나이자 유일한 신적 본질 안에서 세 위격이신 성부·성자·성령께서는 서로 신적 생명을 중개하신

13) Mühlen, *Una mystica*, pp.76, 86.

14) Menke, *Stellvertretung*, p.31.

다. 바로 여기서 하느님의 단일성이 이루어진다. 따라서 하느님 안에 계시는 위격은 관계를 의미하고, 상호 관계와 동일시된다. 반대로 이렇게도 말할 수 있다. 어느 한 신적 본질은 자기 자신 안에서 독자성을 지니지도 못하고, 세 위격 위에나 옆에도 있지 못한다. 오히려 신적 본질은 세 위격 사이에서 이루어진 것이고, 성부와 성자와 성령께서 서로 교환하셔야만, 한 위격이 다른 위격들에게 자신을 나누셔야만 존재한다. 삼위일체에 대한 '존재 논리'(Seinslogik)의 기본 원칙은 이렇게 표현될 수 있다. 삼위일체 하느님 안에서 각 위격은 다른 두 위격 옆에, 자기 자신 옆에 계신다. 또는 간략히 이렇게 말할 수 있다. 하느님 안에 계시는 위격은 "다른 위격들 안에서 자기 자신 옆에 계신다."

이런 맥락에서 신학은 성삼위의 '상호 내재성'(Perichoresis, 풀어서 표현하면, 서로 감싸안고 서로에게 스며듦)이라는 전문 용어를 사용한다. 이 용어는 원래 춤('~의 주위를 돌며 춤추다')의 세계에서 유래했다. 한 사람은 다른 사람 주위를 돌며 춤추고, 다른 사람은 그 사람 주위를 돌며 춤춘다. 그리하여 두 가지 춤에서 하나의 공통된 춤이 된다. 이를 삼위일체에 적용해 보면 은유적으로 다음과 같이 표현할 수 있다. 즉, 성삼위는 그러한 관계를 이루시므로 유일한 공통된 춤을 '함께 추는 분들'로서만 그려질 수 있다. 성자는 완전히 성부 안에 그리고 성부와 함께 계신다. 성부는 완전히 성자 안에 그리고 성자와 함께 계신다. 그리고 두 위격은 자신들을 연결하시는 성령과 함께 단일성을 이루신다. 그리하여 세 위격은 신적 생명이라는 하나의 공통된 춤을 추신다. 한 위격에게 속하는 것은 다른 위격에게도 속한다. 한 위격이 소유하시는 것은 다른 위격도 소유하신다. 한 위격이 무언가를 실행하시는 것은 다른 위격들과 함께, 그리고 그 위격들 안에서 실행하시는 것이다. "성부와 성자와 성령은 각자 다른 위격들 속으로 들어가시면서 상호 내재적인 관계를 이루신다. 한 위격은 다른 위격들 안에서 하나이자 동일하고 나뉠 수 없는 신적 본질을 이루시고, 다른 위격들도 한 위격 안에서 그러하시다."[15] 요하네스 다마스체누스(Johannes Damaszenus)가 이미 말했듯이, 성삼위는 "온전히 일치하시지만, 서로 혼동되실 수 없다. 한 위격은 그때그때 상황에 따라서 다른 위격들 안에 계신다. 그렇지만 이 상호적 관계는 녹지 않고 뒤섞이지 않고서 이루어진다."[16] 각 위격은 다른 위격들 안에서 자신의 정체성과 충만함을 찾아내신다.[17]

이는 요한 복음 '머리말'에서 아버지와 아드님의 시간을 초월하는, 긴밀한 사랑의 관계에 대해 진술하는 내용에 부합한다. 아드님은 하느님이신 아버지와 가장 가까운 분이시다(요한 1,18). 그리고 사랑은 스며들기에, 요한 복음에 등장하시는 그리스도는 이렇게 말씀하신다. "그분(아버지)께서 하시는 것을 아들도 그대로 할 따름이다"(5,19). 그리고 제자들은 "아버지께서 내 안에 계시고 내가 아버지 안에 있다는 것"(10,38)을 깨달아 알아야 한다. 이에 상응하여 아드님은 아버지께 이렇게 말씀하신다. "저의 것은 다 아버지의 것이고 아버지의 것은 제 것입니다"(17,10). 그러므로 아드님과 아버지는 '상호 내재성'을 이루며 완전히 하나이시지만, 또한 완전히 구별되신다.

---

15) Kl. Hemmerle, *Gemeinschaft als Bild Gottes*, *WW* 5, Freiburg i. Br., 1996, p.91.

16) Johannes Damaszenus, *De fide orth.* I, 8(Kotter II, p.42).

17) Cf. E. Cambón, *Trinità modello sociale*, Roma, 2009, p.31.

성령도 이와 유사하시고 고유한 활동을 하신다. 성령은 다른 두 위격과 구별되지만, 분리되지는 않으신다. 성령은 성부로부터 발출하신다(요한 15,26). 성령께서는 "나에게서 받아 너희에게 알려 주실 것"(요한 16,14)이라고 그리스도께서 말씀하신다. 이때 성령은 그리스도의 본질을 받아들이시는 게 아니라, "다른 보호자"(요한 14,16)이시다. 간략히 말하면 이렇다. 세 위격 중 어느 한 위격만 활동하시는 경우는 결코 없다. 더 정확히 말하자면, 세 위격은 서로 다르신 가운데서도 서로 교류하시며, 사랑의 관계를 이루며 완전히 하나가 되신다. 세 위격은 서로에게 완전히 스며드신다.

이 모든 것은 신앙에 관한 진술이지만, 우리가 인간관계에서 하는 경험들에 주목하면 수긍할 수 있고, 이런 의미에서 검증될 수 있다. 그리하여 토마스 아퀴나스는 인간적 사랑을 현상학적으로 바라보면서 이렇게 규명한다. "사랑은 사랑하는 사람을 연인 관계 안에서 '변화'시키기에, 그를 연인의 내면 깊은 곳으로 들어가게 한다. 따라서 연인 관계 안에서 사랑하는 사람과 결합하기 위해 아무것도 배제되지 않는다."[18] 그러므로 사랑은 서로 사랑하는 두 사람을 (둘이 서로 다르더라도) 일치로 결속시키며, 결코 떼어 놓을 수 없다. 따라서 우리는 여기서도 "다른 위격들 안에서 자기 자신 옆에 계신다"라는 삼위일체에 대한 '존재 논리'의 기본 원칙을 마주한다. 한 위격은 다른 위격들 안에서 자기 자신

18) Thomas von Aquin, *In III sent* 27, 1, 1 ad 4. 다음 문헌에는 더 간략히 "두 사람은 사랑 안에서 하나가 된다"(duo homines sunt unum in caritate)라고 표현되어 있다: *Sth III*, 48, 2 ad 1.

옆에 계시는 것이다.

그렇지만 우리 인간에게 있어서는 사랑으로 일치하는 행위와 사랑하는 이들의 독자성 간에 차이가 있다. 그 이유는 이렇다. 사랑하는 남녀가 사랑의 행위를 통해 '한 몸', 즉 완전히 하나가 될지라도, 이 사랑의 행위가 끝나면 그들은 마주 보고 분리된 두 주체가 된다.[19] 바로 이런 점이 하느님 안에서는 다를 수밖에 없다. 그분 안에서는 행위와 존재 사이에 차이가 없기 때문이다. 세 위격 사이에 감도는 사랑 안에서, 그리고 그 사랑을 통하여 위격들은 완전히 구별되실 (사랑은 사랑하는 이들의 다름을 요구하므로) 뿐만 아니라, 동시에 완전히 일치하신다(서로에게 스며듦). 요약해 보자. 완전한 일치와 완전히 다름은 하느님 안에서 모순이 아니다. 성삼위는 서로 구별되면서도, 일치하면서도, 관계를 이루시는 것이 특징이기 때문이다. 각 위격에게 특별히 어울리는 것, 각 위격의 특성, 그러니까 성부나 성자 또는 성령으로서 표현되는 것은 신적 생명이라는 공통된 관계로부터 나오는 것이다. 각 위격의 특별함은 '배타적인 것' 분리된다는 의미에서 다른 위격들과 구별되는 그 무엇이 아니다. 오히려 그 특별함은 고유한 것이다. 따라서 한 위격은 자신의 특별함을 통해 다른 위격들에게도 이르시고, 그 위격들의 특별함과 함께 신적 생명 안에서 일치를 이루신다.

---

19) 행위와 존재는 다르다는 것, 그리고 몸은 (완전히) 인격적이지 않고 불가피한 것에 무방비 상태라는 것은 인간 존재의 유한함과 인간은 하느님과 다른 존재임을 보여준다. 따라서 판넨베르크가 다음과 같이 기술하는 것은 옳다. "인간 존재는 한 사람 또는 두 사람과의 관계를 통해 배타적으로 구성되어 있지 않다. 하느님의 삼위일체적 삶과는 다른 것이다. 인간의 자아는 개인으로서 특정한 다른 〔인간〕 존재와의 관계와도 늘 구분된다"(*Systematische Theologie*, Bd. I, Göttingen, 1988, p.465).

이러한 실상(實狀)은 예컨대 인간의 몸 같은 신체 기관의 예(例)로 명료해진다. 각 기관, 각 지체는 특정한, 자신의 고유한 역할을 수행한다. 폐를 예로 들어 보자. 폐는 몸 안에서 산소를 공급하는 역할을 한다. 그러나 폐가 지닌 이러한 '특별함'은 폐가 몸 전체를 위해 있기 때문이다. 생명을 유지하는 데 중요한 산소와 함께 모든 것이 폐를 통해 공급받는다. 신체 기관에 있어서 '특별한 것'은 결국 '일반적인 것'이 된다. 반대로 바라보자. 폐의 '특별함'이 몸의 '일반적인 것'에 기인하지 않고, 또 그것에 의해 유지되지 않는다면, 폐의 '고유성'도 없을 것이다.

몸을 이루는 신체 기관은 상호 인격적인 삶과 활동을 설명하기에는 빈약한 표상이다. 어떤 사람이 특별함을 지녔다면, 그는 다른 사람들을 위해 그것을 지닌 것이다. 그는 그 특별함을 (아무튼 일부는) 그들에게서 (부모, 교육, 주변 세계, 사회 등에서) 받았다. 인간은 '사회적 존재'라고 규정하는 많은 경험적 자료를 토대로, 우리의 모든 자아는 다른 사람들의 존재와 활동에 의해 전적으로 함께 규정되었고, 함께 형성되었으며, 함께 표현된다는 것을 알 수 있다. 간략히 말하면 이렇다. 한 사람의 자유로운 행위는 다른 사람들의 운명이 되고, 많은 사람의 자유로운 행위는 개개인의 운명이 된다. 이와 유사하게 우리는 하느님에 의하여 창조되었다. 하느님께서는 우리가 홀로 서 있는 외로운 섬이 되지 말고, 좋을 때나 나쁠 때나 항상 사람들과 깊이 연대하기를 바라신다.

우리가 먼저 창조물이 지닌 피조적인 특성으로부터 끌어낼 수 있는 것이 무엇인지는 신앙의 눈으로 삼위일체 하느님을 바라보면 명료해진다. '존재' '인격' '실재'가 심오한 차원에서 무엇인지, 삼위일체 하느님 안에서 가장 긴밀한 관계, 관계를 이룸, 상호적 자기 전달로서 드러난다. 일치와 다름은 하느님 안에서 반대되는 것이 아니라, 사랑 자체이신 하느님이신 만들어 내는 '리듬'의 구성 요소들이다.

만일 삼위일체론에 관해 숙고한 내용에 대한 이러한 중간 결론들이 있다고 한다면, 어떻게 해야 '집단적 인격' 개념을 더 깊이 이해할 수 있느냐는 질문에 대한 답을 찾을 수 있을 것이다.

우리는 칼-하인츠 멘케의 의견에 기대어, 역설적인 것으로 보이는 원칙으로부터 출발했다. "한 개인이 특정한 공동체를 더 완전히 대표할수록 두 가지가 동시에 일어난다. 즉, 개인은 자신이 대표하는 공동체와 더욱 동일시되고, 또 그 공동체와 더욱 구별될수록 (…) 그의 개성 내지 다른 점이 더욱 뚜렷이 드러난다." 삼위일체 하느님을 바라보면서 바로 이 '역설'을 이해하게 된다. 삼위일체론에서 이해하는 위격에 근거한다면, 동일성과 상이함, 개성과 사회성은 반대되는 정도에 따라서가 아니라, 균형 잡힌 정도에 따라서 자라난다. 사랑은 일치할 뿐만 아니라 구별도 하기 때문이다. 피에르 테야르 드 샤르댕은 이것을 (진화에 대해 자신이 해석하는 바에 따라서) 다음과 같이 표현했다. "일치는 차별화한다. 일치는 인격화한다."[20] 위에 언급된 '역설적 원칙'이 내적 모순을 표현하지 않는다면, 단순히 '개인적 독자성'(독립성)을 의미하지 않는 인격 개념이 전제되어야 한다. 개인적 독자성

---

20) 인용: H. de Lubac, "Kommentar zu P. Teilhard de Chardin", *Hymne an das Ewig-Weibliche*, 독일어 번역본: Einsiedeln, 1968, pp.17~160, 여기서는 p.24.

이 점점 더 커질수록 공동체와의 연관성은 점점 더 감소하기 때문이다. 관계 안에서 자신을 더 많이 '털어놓을'수록 독립적 인격은 더 축소되기 때문이다. 오히려 다음과 같은 인격에 대한 이해가 전제되어야 한다. 즉, 삼위일체 하느님 안에 계시는 위격을 바라보면서[21] 인격은 본질적으로 다른 사람으로부터 이루게 된 관계이고, 다른 사람을 향한 관계임을 알게 된다. 따라서 인격은 관계 안에 있고, 동시에 관계로부터 나온 독자적인 어떤 것이다. 또는 '다른 사람 안에서 자기 자신 옆에 있음'이라고 표현될 수도 있는 것이다. 따라서 누군가는 다른 사람들과 더 진실하고 더 긴밀한 관계를 이루고, 이 관계를 더 폭넓고 더 굳게 유지하며, 이를 위해 힘쓰는 것보다 더욱더 독립적인 인격이 된다. 그리고 이로써 자신의 인격 안에서 삼위일체 하느님을 닮게 된다. 간략히 말하자면, 독자적인 어떤 것이 관계를 이루는 것은 동일한 정도에서 자라나지, 반대된 정도에서는 자라나지 않는다.[22] 이런 까닭에 어떤 사람이 다른 사람들과 돈독한 관계를 맺으며 살 때, 그는 자신이 속한 공동체와 동일시될 수 있고, 공동체도 그와 동일시될 수 있다.

인격이 무엇인지 규정하는 문제를 놓고 지금까지 제시된 논증

21) 인격을 이렇게 이해하는 것은 실제로 삼위일체 하느님에 대한 신앙에서 생겨났음을 다음 책에서 상세히 보여 준다: Greshake, *Gott*, pp.172~216. 이미 구약성경에서, 그러니까 삼위일체 하느님의 계시에 '앞서' 관계를 이룬 인격에 대한 이해가 등장했다는 것은 그것과 모순되지 않는다. 왜냐하면 구약성경에서도 그리고 이른바 '공적인' 계시 사건 밖에서도 '관계를 충만히 맺으시는' 하느님을, 다시 말해 신약성경에서 그리고 이로부터 생겨난 신앙의 역사에서 계속 전개된 것의 흔적을 가리켜 보이기 때문이다.

22) 이에 관해서는 다음 두 책도 보라: H. Wipfler, *Grundfragen der Trinitätsspekulation*, Regensburg, 1977, pp.151~154; Greshake, *Gott*, pp.198~199.

은 신학적으로, 다시 말해 삼위일체 하느님이라는 신앙의 진리에 대한 신학적 해석으로부터 출발하여 나아갔다.

그 밖에도 이처럼 관계를 이루는 인격에 대한 이해에 대해서 철학적으로 접근하여 논증하는 추세들이 있었다. 예컨대 20세기에 태동한 이른바 '인격주의 철학'에서, 그리고 어느 철학적 논증에서, 특히 헤리베르트 뮐렌이 '우리 안에 있음'(Im-Wir-Sein)이라는 핵심어 아래 전개한 것에서 활발하게 논의되었다.[23] 헤리베르트 뮐렌이 다음과 같이 기술한 것은 옳다. "'우리' 개념은 '존재'나 '자아'와 달리 철학의 주도적이고 기본적인 개념에 속하지 않는다. 플라톤부터 시작해서 데카르트에 이르기까지 이 개념은 등장하지 않았다. 피히테에게서 '우리' 개념은 그의 이상주의적 체계 내에서 '비아'(非我, Nicht-ich) 개념과 같은 관련된 부수적 역할을 했다. 20세기에 와서야 이 개념은 데카르트가 도입한 '자아-철학' 내지 '주체 철학'이 계속 전개되었거나 혹은 배제된 가운데 지속적으로 관심을 끄는 주제가 되었다."[24]

근대 서양에서는 존재하는 것 내지 주체 자체가 일차적 핵심이었다. 이 상황에서 지금까지 제기된 존재에 대한 질문에 맞서 뮐렌은 실재에 대한 모든 반성의 피할 수 없는 주요 요소가 '우리'(Wir)임을 상세히 다루면서 강조한다. 이는 다음과 같은 경험적 사실만을 의미하지는 않는다. 즉 인간은 두 사람으로 구성된

---

23) 이와 관련해서는 특히 다음 두 책을 보라: H. Mühlen, *Im-Wir-Sein. Grundlegung der Wir-Wissenschaft*. Aus dem Nachlass Hrsg. v. W. Mass, Paderborn u.a., 2008; ders., *Una mystica*.

24) Mühlen, *Im-Wir-Sein*, p.49. 뮐렌은 여기서 다음 글을 참조한다: H. Hühn, "Wir", in: *HWP* 12, pp.812~820.
20세기에 이해된, 인격이 관계를 이룬다는 것이 다음 책에도 간략히 나와 있다: Greshake, *Gott*, pp.150~168.

'우리'에 기원을 두고 있으며, 자신은 '사회적 모태'로부터 태어난 존재임을 받아들이므로, 나라는 존재는 "내가 원하든지 원하지 않든지, 내가 이것을 인정하든지 거부하든지 간에 자기 자신 안에 머물고 있고 당연히 나의 근원인 '우리'에게로 되돌아간다. 나의 존재는 자기 자신 안에서 '우리' 안에 있는 것이다."[25] 이것이 더 근본적으로 의미하는 바는 다음과 같다. "개개인이 우리 안에 있는 것, 그리고 개별적인 우리가 전체적인 우리 안에 있는 것은 (…) 인간임의 기본 요소이자 기본적 규정이다."[26]

이는 언어 행위의 '대화성'[27]에 대한 존재론적 성찰을 비롯해 특히 자유에 대한 존재론적 성찰을 통해서도 입증된다. 자유는 그 심오한 본질에 따라서 '자기 자신을 규정하는 것'이지만, 이 자기규정은 "'우리 안에 있음'이라는 사실성을 제거하고 단지 자기 자신과 일치하려는 것"에서는 이루어질 수 없다. 인간은 누구나 먼저 고유한 자기규정을 하기 위해 '우리' 안에 포함되어 있고, 또 그렇게 머무르기 (내가 자유로이 특정한 우리를 통해 표현되는 것에서 빠져나오더라도, 나는 당연히 다른 차원의 '우리' 안으로 들어간다.) 때문이다. 그러므로 자유는 "자신의 고유한 '우리 안에 있음'과 더 일치하고, 이것을 인정하고 수용하며, 이것으로부터 자기실현을 하도록 결정할수록 더욱더 참되다." 그래서 자유는 본질적으로 '우리를 규정한 자기규정'이다. 이것이 의

---

25) *Ibid.*, p.59. 같은 책, 71쪽도 보라. "'우리 안에 있음'은 이로부터 모든 인간 삶을 가능하게 하는, 매우 앞선 인간적 기본 상태이다. 그 어떤 기본 상대도 이 기본 상태를 앞서지 않는다."

26) *Ibid.*, p.75.

27) 이에 관해서는 같은 책, 108~109쪽을 보라.
이어지는 내용은 경우에 따라서는 다음 책에서 인용했다: Mühlen, *Im-Wir-Sein*, pp.152~179.

미하는 바는 다음과 같다. 즉 자기 긍정으로서의 자유의 자기규정과 그때그때마다 '우리'라는 한계 속으로 자신을 포함시키기 위한 자기규정은 (…) 분리될 수 없고, "서로 규제하고 변화를 제약하며 번갈아 우위를 점하는 가운데 증대된다." 그렇기 때문에 근대에 자유가 '자율적인 것' 그러니까 자기 자신에게 부여하지 않은 다른 법칙에 굴복하지 않는 것으로 이해된 것은 대폭 수정되거나 변경되어야 한다고 주장한다.

이렇게 뮐렌은 철학적 노선에서 관계를 이루는 인격을 이해한다. 우리가 삼위일체 하느님을 바라보면서 알게 되었듯이, 이 인격은 다른 사람으로부터 관계를 이루고 또 다른 사람을 향해 ('나'에게서 '우리'로) 관계를 이룬다. 뮐렌에 따르더라도 누군가는 의식적으로 '우리'라는 더 크고 더 긴밀한 관계를 맺는 것보다 점점 더 독립적인 인격이다. 위에 인용된 다음 문장을 보라. 자유는 "자신의 고유한 '우리 안에 있음'과 더 일치하고 이것을 인정하고 수용하며 이것으로부터 자기실현을 하도록 결정할수록 더욱더 참되다." 뮐렌에게 있어서도 독자성과 관계를 이루는 것은 동일한 정도에서 자라나지, 반대된 정도에서는 자라나지 않는다.

물론 헤리베르트 뮐렌에 따르면, '우리'는 행동하는 주체가 아니고, 말하는 주체도 아니다. 그러니까 '위대한 자아'가 아니다. 오히려 '우리'는 모든 주체가 초월적 존재가 되기 위한 전제 조건이다. '우리'는 단지 자기 진술로 드러나고, "이 말에서 자신이 내적으로 '우리'라는 한계에 있음을 표현하는"[28] 사람의 자기 진술에서 드러난다. 이런 방식으로 '우리'는 모든 사람이 이야기하고,

---

28) *Ibid.*, p.101.

행동하기 위해 선행되는 전제 조건임을 표현하고, 그렇게 엄격히 관계를 이룬 존재로 증명된다.

그러나 뮐렌이 강조하듯이, 이렇게 '우리'를 주체 및 인격에 대한 초월적 조건으로 제한하여 규정하는 것은 문제가 될 수 있다. 그 이유는 이렇다. 초월적인 '우리'가 인격을 그렇게 규정하여, 인격이 다른 사람들의 '우리'로부터 완전히 각인되고 이 '우리'에게로 스며든다면, 이는 무엇을 의미하는 것일까? 만일 자아의 자기결정이 자유로움(!) 속에서 자신의 자기결정을 포기하는 것, 즉 스스로를 결정함으로써 완전히 타자에 의해 결정되도록 하는 것, 다시 말해 완전히 '이타적으로'(Für), '이타 실존'(Proexistenz)가 되는 것이라면 어떨까? 그렇다면 우리(Wir)는 목소리를 얻고, 행동능력을 갖추지 않을까? 이런 노선에서 그리스도와 마리아 안에서 실현되는 '집단적 인격'에 관해 언급할 수 있고, 또 그래야 한다.

이렇게 삼위일체론 및 인격주의 철학에서 이해하는 위격을 살펴본 것은 우리가 여기서 다룰 마리아와 교회 내지 마리아와 교회의 동일시를 이해하는 길을 열어 줄 수 있다. 인격 안에서 독자적인 어떤 것과 관계를 이루는 것이 반대되는 차원이 아닌 동일한 차원에서 자라난다면, 누군가가 다른 사람들과 돈독한 관계를 맺을 때, 그는 자신이 속한 공동체와 (뮐렌의 용어를 따르면 '우리'와) 동일시될 수 있고, 공동체도 그와 동일시될 수 있다. 따라서 성경이 마리아를 하느님의 백성과, '이스라엘의 거룩한 남은 자들'과 적어도 암시적으로 동일시하고, 성경 시대 이후의 초기 신앙 전승이 마리아를 교회와, 심지어 피조물과 동일시함으로써 마리아는 저 결정적 인물로 특징지어질 수 있다. 즉, 마리아의 본질은 하느님의 백성, 교회, 피조물 그리고 물론 하느님과 맺는 관계이고, 따라서 그녀의 존재는 관계로 규정될 수 있다. 마리아는 그렇게 완전히 '관계를 맺는 인격'으로서 동시에 교회를 대변한다.

그렇지만 마리아와 교회는 차이가 나면서도, 어느 정도까지 동일시되는지에 대해서 더 상세히 바라보기 전에, 우리는 한 구간 건너뛰어야 한다. 먼저 예수 그리스도를 바라보는 것이 중요하다. 그분은 '집단적 인격'이 의미하는 것도 (엄밀한 의미에서) 실현하시고, 삼위일체론에서 이해하는 위격을 토대로 진술된 것에도 물론 완전히 부합하신다. 교회는 왜 한편으로는 그리스도와 동일시되고〔교회는 '그리스도의 몸'이고, 심지어 '그리스도'이다(1코린 1,13)〕, 다른 한편으로는 마리아와 동일시되는 것일까〔"마리아는 거룩한 교회다"(quae est sancta ecclesia)〕?

2.1.4. '그리스도의 몸'인 교회

/참/고/문/헌/

• 제1권 서문 1.에 소개된 교회론 책들을 참조하고, 이어서 다음 문헌들도 참조하라: E. Schweizer, "σῶμα", in: *ThWNT* VII, pp.1024~1091: F. Malmberg, *Ein Leib - ein Geist*, Freiburg i. Br., 1960; E. Käsemann, "Das theologische Problem des Motivs vom Leibe Christi", in: ders., *Paulinische Perspektiven*, Tübingen, 1969, pp.178~210; H. Mühlen, *Una mystica*, 특히 pp.115~136; J.-M.-R. Tilhard, *Chair de l'Église, chair du Christ*, Paris, 1992; H. Merklein, "Entstehung und Gestalt des paulinischen Leib-Christi-Gedankens", in: A. Böhnke / H. Heinz(Hrsg.), *Im Gespräch mit dem dreieinen Gott*, FS W. Breuning, Düsseldorf, 1985, pp.115~140; J. Hainz,

"Vom 'Volk Gottes' zum 'Leib Christi'", in: *JBTh* 7(1992), pp.145~165; Th. Söding, "Leib Christi I", in: *LThK* 6, pp.769~771(Lit.).
• 조직신학적 관점에서 다룬 책들: H. Verweyen, *Gottes letztes Wort. Grundriss der Fundamentaltheologie*, Düsseldorf, 1991, pp.515~531; J. Meyer zu Schlochtern, *Sakrament Kirche*, Freiburg i. Br., 1992(Lit.).

2.1.4.1. 그리스도와 그분의 몸

그리스도는 '몸'[29]이시고, 이 몸을 이루는 지체들은 신앙인들이다. 따라서 교회는 참으로 그분의 몸으로 불릴 수 있다. "그리스도의 몸은 신앙인들의 몸이다. 신앙인들의 몸은 그리스도의 몸이다."[30]라고 하인리히 슐리어는 간명하게 기술한다. 이 무조건적이고, 교환이 가능한 단일성, 즉 몸들(σώματα)의 정체성(Identität)을 가능하게 하는 근거는 무엇일까? 그러나 먼저 제기되는 질문이 있다. "이런 맥락에서 몸은 정확히 무슨 뜻일까?"

'몸' 개념은 '인격' 개념과 유사하게 차라리 외적이고 기능적인

29) 몸'에 대한 바오로의 표상 배후에는 스토아 사상 내지 기구로서의 사회적 형상에 대한 스토아적 표상이 자리 잡고 있을 것이다. 메네니우스 아그리파(Menenius Agrippa)의 저명한 우화를 보라. 이 사고들은 신비주의적 사상으로까지 거슬러 올라간다. 그렇지만 이렇게 관련된 모든 것은 우리가 이해하기에 충분하지 않다. 성경적 표상 이면에는 '집단적 인격'에 관한 사고와 신약성경에 기술된 아담과 그리스도의 유사성, 그리고 특히 신앙인들이 '그리스도 안에 있다'는 바오로의 사상, 포도나무와 가지에 관한 요한의 비유(요한 15장), 제자들의 머무름(μένειν)이 그리스도 안에 있다는 진술이 자리 잡고 있다. 특히 최후의 만찬에 관한 전승도 중요한 역할을 한다(위에 기술된 내용을 보라). 다른 모든 '요소'에 관해서는 다음 책을 참조하라: Tillard, *Chair*, p.26 이하.

30) H. Schlier, *Besinnung auf das Neue Testament*, Freiburg i. Br., 1964, p.303. 다음 책도 보라: Schweizer, *σῶμα*, p.1070. "엄밀히 말하자면, (…) 십자가에서 처형되신 〔그리고 마리아에게서 태어나신 (나는 이렇게 추가한다)〕 그리스도의 몸, 들어 높여지신 분의 몸, 공동체를 이루는 그리스도의 몸은 결코 분리될 수 없다."

중요성과 차라리 내적이고 '존재론적'인 중요성 사이에서 움직인다. 이때 그때그때마다 이것 또는 저것이 부각될 수 있다. 기능적 관점에서 보면, '몸'은 다양한 개별 요소들의 관계와 연관성에서 생겨난 모든 사회적 형상을 가리킬 수 있다. 이런 의미에서 예를 들어, 어느 대학의 교수들이나 특정 노동조합의 구성원들 또는 어느 지방 자치 단체의 위원들은 '몸' '단체'를 구성한다. 그렇다, 서로 관련 있는 책들이나 법률조차 '몸'으로 간주될 수 있다. '몸'은 이렇게 은유적으로 외적 결속과 연관성을 대변하는, 기능적이고 대체로 법률적 색채가 짙은 측면 외에 다른 존재론적 중요성도 지닌다. 이에 따르면, 예컨대 성경에서 몸은 인간의 인격을 대변하는 동의어로 사용되고, 따라서 영혼의 반대 개념으로는 다뤄지지 않는다. 인격이 그 몸의 힘으로 세상, 특히 사람들과 수많은 관계를 맺는다는 것을 표현한다. 인격 자체가 자신이 세상에 있음에 의해서 표현되든지, 인격이 자신이 세상에 있음을 표현하든지 간에 말이다. 이로써 몸은 말하자면 존재에 따른 관계들의 총합이다. 따라서 나의 '자아'는 다른 사람의 '자아'와 결속되므로, 나는 다른 사람 안에서, 그리고 다른 사람으로부터 나의 정체성을 얻는다. 이러한 '존재론적' 방향에서 교회가 '그리스도의 몸'으로 진술된 것도 이해할 수 있을 것이다. 이 표현은 교회 공동체가 그리스도에 의해서 유지되고, 그분에 의해서 표현되며, 그분에 의해서 대리된다는 것을 의미한다. 교회는 그리스도와 불가분의 관계에 있다는 뜻이다. 반대로, 그리스도는 당신의 교회 없이는 당신을 규정하려 하지 않으시고, 당신의 교회 없이는 존재하기를 바라지 않으신다. 따라서 '교회가 그리스도의 몸'이라는 표현은 우리가 그리스도를 바라보는 시야를 열어 준다. 이 표현은 먼저 '집단적 인격'으로부터 (위에서 밝혀진 의미에서) 멀리 떨어져 있지 않다. 그리스도는 당신께 속한 이들을 대변하신다. 그리스도는 당신의 백성을 대변하신다. 그리스도는 당신의 백성을 규정하시고, 또 당신의 백성에 의해서 당신이 규정되게 하신다.

그렇지만 그리스도는 '몸'으로서 세상과 역사에서 유명해질 수 있는 많은 '집단적 인격' 가운데 하나 그 이상이다. 그 이유는 이렇다. 앞에서 다뤘듯이 어느 '집단적 인격'의 존재론적이고 신학적인 토대가 관계성이라면, 더 정확히 말해서 자신을 대리하는 이들과의 관계성이자, 반대로 그들 안에서 자신의 정체성을 발견하는 이들과의 관계성이라면, 하느님의 아드님이신 예수 그리스도의 인격은 완전히 무한한 관계성을 통해 규정되기 때문이다. 하느님의 아드님이신 그분은 '자립적 관계'(relatio subsistens)이다. 그분의 전 존재는 '관계'이다. 이것은 먼저 성부와 성자와 성령의 삼위일체적 관계에 해당할지라도, 이 관계는 그분의 관계성이다. 관계는 인격과 관련되고 삼위일체적 차원으로 제한되지 않기 때문이다. 관계는 예수의 인성에 고유한 관계성을 무한 속으로 들어가게 한다.[31] 그러므로 예수는 참으로 탁월하고 유일무이한 방식으로 당신께 속한 이들과 하나가 되실 수 있다.

이는 특히 최후의 만찬에 관한 전승에서 구체적으로 알 수 있다. 여기서 예수님은 당신의 몸(=당신의 구체적인 생명)을 무조건적

31) 그래야만 (바오로와 예수 그리스도는 같은 시간과 공간에서 만난 적이 없더라도) "나를 사랑하시고 나를 위하여 당신 자신을 바치신"(갈라 2,20) 분이라고 바오로가 그분에 대해서 말할 수 있다는 것을 생각해 볼 수 있다.

인 사랑으로 완전히, 우리에게, 우리 각자에게 내어 주신다. 그분은 당신이 가지고 계신 모든 것을 말하자면 "너희를 위하여" 포기하신다. 다른 표상을 들어 말하면, 예수님의 '내면'은 당신의 몸 안에서 사람들을 위해 제한 없이 열리므로, 모두가 그 안으로 받아들여진다. 그리스도가 존재하심은 글자 그대로 제약이 없는, 완전한 '이타 실존'(Proexistenz)이 된다. 이에 대한 표징으로 제자들은 '그분의 몸'인 빵을 받아서 먹는다. 자신들이 그분의 몸에 동참하고 그리스도의 몸이 되며 주님과 하나가 되고 또 서로 하나가 되기 위해서다(1코린 10,16~17 참조). 바로 최후의 만찬에 관한 이러한 전승의 맥락에서 바오로에게서 교회를 가리키는 '그리스도의 몸'이라는 개념이 처음 등장한다. 이로써 이 개념은 그리스도의 사랑과 우리와의, '많은 이들'과의 관계를 맺는 능력과 관련된, 불가해하고 완전하며 남김 없는 일치를 표현한다.

다음 성경 대목도 동일한 의미를 지닌다. "여러분은 모두 그리스도 예수님 안에서 하나입니다"(갈라 3,28). 이에 비추어 바오로는 그리스도를 "어떤 식으로든지 모든 그리스도인을 포용하시고 그들과 완전히 하나가 되시는"[32] 분으로 소개한다. 헤리베르트 뮐렌은 이런 맥락에서 코린토 1서 12장 27절("여러분은 그리스도의 몸이고 한 사람 한 사람이 그 지체입니다")에 주목하고 이를 다음과 같이 풀이한다. "한 분(그리스도)은 많은 사람 안에서 실현되고, 많은 사람은 한 분 안에서 통합된다."[33] 로마서 12장 5절과도 연관 지

---

[32] de Fraine, *Adam*, pp.210~211.

[33] Mühlen, *Una mystica*, pp.122~123.
'그리스도의 몸'에 대한 구상을 놓고 정경인 바오로 서간들과 제2 바오로 서간들인 콜로새서와 에페소서 사이에 큰 차이가 있다는 것은 짧게 언급되었을 뿐이다. 후자에 따르면, 그리스도는 '몸(=교회)의 머리'이시다. 이 머리로부터 교회는 영적 성장과 생명을 충만함을 받아들인다.

어 이렇게 해석한 것이다.

그렇게 예수 그리스도는, 그리고 오직 그분만이 아리스토텔레스가 '우정의 이상'(理想 Freundschaftsideal)으로서 기술하고 갈망한 것을 완전한 방식으로 실현하신다. 즉, 그분은 우리의 '다른 자아' '우리 영혼의 절반'이시고, 우리가 "친구이신 그분을 통하여 행하는 것은 우리 자신을 통해서 이루어진다."[34] 그분은 바오로가 이렇게 말하는 분이기 때문이다. "이제는 내가 사는 것이 아니라 그리스도께서 내 안에 사시는 것입니다"(갈라 2,20). 그분은 모든 가지가 붙어 있고 많은 열매를 맺게 하는 포도나무이시다(요한 15장). 아버지와 아드님이 하나이시듯(요한 17장 참조), 그분은 제자들과 하나가 되시고 하나가 되셔야 하며 또 그러실 수 있는 분이다. 그분은 우리의 심오한 본질을 규정하시는 분이다. 그분은 교회의 본래적 '주체'이시다. 따라서 당신의 은총을 받고 성사에 참례하는 사람이 당신의 말씀을 마음에 깊이 새기게 하신다. "교회는 그리스도의 몸으로서, 모든 면에서 만물을 충만케 하시는 그리스도로 충만해졌습니다"(에페 1,23). 그러므로 한스 우르스 폰 발타사르의 말을 빌리자면, 그리스도의 한 몸인 교회는 바로 "그리스도의 인격을 확장시키고 사람들에게 전해 주며 또 나누어 준다."[35]

그리스도의 몸의 범위가 확대되고 집중되면서 제약 없이 이룬 이러한 관계는 매우 긴밀하고, 하느님의 아드님은 그러한 특성을

34) Aristoteles, *Nikomachische Ethik* IX, 4, Hrsg. v. F. Dirlmeier, Frankfurt-Hamburg, 1957, p.178 이하. 이에 관해서는 다음 책을 참조하라: E. Feroli, *Essere persona. Le origini di un'ideale tra grecità e cristianesimo*, Brescia, 2006.

35) H.U. v. Balthasar, "Wer ist die Kirche?", in: ders., *Sponsa Christi*, Einsiedeln, ³1971, p.151.

지니시므로, 그분은 영원히 당신의 이 몸에서 더 이상 분리되실 수 없다. 아우구스티누스식으로 표현하자면, '오직 그리스도만'(Christus solus)은 더 이상 없고, '그리스도 전체'(Christus totus)만이 있다. 그분은 영원히 당신의 몸이시므로, 오리게네스는 하느님께 들어 올려지신 그리스도에 관해 이렇게 말한다. "당신 몸의 지체들이 없었다면"[36] 그분은 궁극적인 완성에 이르지 못했을 것이다.

이런 관점에서 아우구스티누스 역시 그리스도를 비롯해 하나이자 동일한 인격(una eademque persona / una quaedam persona)[37]인 교회에 관해 끊임없이 이야기했다. 이 두 인격이 함께 '그리스도 전체'를 형성하는 것이다. 때때로 그는 사도행전 9장 4절에 근거하여 머리와 지체의 단일성을 강조한다. 이 성경 대목에서 부활하신 주님이 바오로에게 물으신다. "왜 나를 박해하느냐?" 이 '나'에게는 그분의 몸을 이룬 박해받은 지체들도 함께 포함된다. 아우구스티누스는 경우에 따라서는 코린토 1서 1장 13절을 토대로 우리는 그리스도라고, 더 정확히 표현하면 '바로 그 그리스도'라고까지 말한다.[38]

이를 토대로 그리스도 '외에' 마리아도 왜 교회를 가리키는 '집단적 인격'으로서 언급해야 하는지, 교회는 왜 그리스도뿐만 아니라 마리아와도 동일시될 수 있는지 처음에 제기된 질문으로 돌아가기 전에 우리가 던져야 할 질문이 있다. "그리스도와 그분

---

36) Origenes, *Hom. in Lev. 7,2*(*SC* 286, pp.308~309). 제1권 5.2.2.1.을 보라.

37) 예컨대 다음 문헌들을 참조하라: Augustinus, *De doctr. Chr.* III, 31(*BA* II/2, p. 296); ders., *In Ps. 142,2*(*PL* 37, p.1847) 등등.

38) 예컨대 다음 문헌을 참조하라: Augustinus, *In Ps. 26, II,2*(*PL* 36, p.200). 토마스 아퀴나스는 이런 표현 방식에 관심을 기울이면서 '하나의 신비적 인격'(una persona mystica) 같은 표현을 선호한다.

몸의 단일성은 어떻게 이루어지는 것인가?" 하느님의 아드님인 그리스도의 사랑 및 관계를 맺는 무한한 능력에 관해서는 앞에서 언급한 바 있다. 이 능력은 삼위일체 하느님의 생명에 기인한 것이다. 그러나 여기에는 성부와 성자(의 관계)뿐만 아니라 성령도 계신다. 성령께서는 두 위격의 관계를 가능하게 하시고 또 유지시키신다. 그렇기 때문에 구세사에서도 성령께서는 가장 먼저 그리스도 몸의 단일성을 이루시고, 또 힘차게 유지시키신다. 아무튼 코린토 1서 1장 13절이 그것을 강조한다. "우리는 (…) 모두 한 성령 안에서 세례를 받아 한 몸이 되었습니다. 또 모두 한 성령을 받아 마셨습니다."

2.1.4.2. '그리스도의 몸' - 성령 - 마리아

우리가 삼위일체 하느님의 삶에서 성령의 '특성'에 주목하면, 성령을 '그리스도 몸의 원칙'으로 진술한 것이 의미하는 바가 무엇인지 알 수 있다.

하느님의 삼위일체적 삶에서, 구체적으로 말하면 성부와 성자께서는 서로 완전한 사랑을 하시며 마주 서 계신다. 그러나 이는 사랑의 지고한 형상이 될 수 없다. 성 빅토르의 리처드(Richard v. St. Viktor)가 상세히 말했듯이, 사랑은 그 완성된 형상에서 볼 때 '양극'일 수 없으며 '제삼자'를 전제로 한다. 이 '제삼자'는 사랑하는 두 사람이 참으로 하나가 되도록 영향을 주고, 그렇게 하나가 되는 것을 보증한다. 그리고 둘의 관계가 한 사람이 다른 사람에게 자신을 내주면서 자신을 재현하는 것으로 끝나지 않게 한다. 오래된 신학적 전승에 따르면, 이 '제삼자'는 성령이시다. 아우구스티누스에게서는 성령이 '사랑의 유대'(vinculum caritatis)로 줄곧 표현되고, 토마스 아퀴나스에게서는 '아버지와 아드님의 유대'(nexus Patris et Filii)[39]로 묘사된다. 그리고 최근에는 펠릭스 말름베르크(Felix Malmberg)와 헤리베르트 뮐렌에 의해 "성부와 성자가 위격 안에서 이루신 우리"[40]로 표현된다. 어느 경우이든 사랑의 일치를 위해 위격들을 결속시키는 것은 성령의 특성에 속한다. 성부와 성자 사이에 차이가 나면 아무튼 신적 생명, 완전한 사랑의 '리듬'은 완성될 수 없다. 사랑은 언제나 "한 사람과 다른 사람 그리고 그들의 일치를 전제로"[41] 한다.

그러나 성령은 성부와 성자를 일치시키는 끈일 뿐만 아니라, 두 위격의 다름도 보증하신다.[42] '제삼자'이신 성령은 나와 네가

---

39) Thomas v. Aquin, *STh* I, 37 1 ad 3.

40) 이와 관련해서는 다음 책들을 보라: Malmberg, *Leib*, p.142 이하; Mühlen, *Una mystica*, 특히 p.196 이하; ders., *Der Heilige Geist als Person. In der Trinität, bei der Inkarnation und im Gnadenbund. Ich - Du - Wir*, Münster, [5]1966.

41) H.U. v. Balthasar, "Versuch eines Durchblicks durch mein Denken", in: *IKaZ* 18(1989), pp.289~293, 여기서는 pp.292~293. 이와 관련해 아드리엔 폰 슈파이어(Adrienne v. Speyer)가 다음과 같이 매우 아름답게 표현한다. "둘임(Zwei sein)은 지속적으로 죽음을 의미한다. 두 사람의 사랑이 생생하게 유지되기 위해서는 늘 제삼자가, 서로 사랑하는 두 사람을 넘어서는 다른 존재가 필요하다"(인용: H.U. v. Balthasar, *"Kommt und seht"*, Freiburg i. Br., 1983, p.36).
전체적인 것은 다음 책에 더 상세히 기술되어 있다: Greshake, *Gott*, pp.210~214.

42) Cf. C.E. Gunton, *The One, The Three, and the Many*, Cambridge, 1993, p.190. "우리는 (아우구스티누스와 함께) 성령께서는 성부와 성자를 하나로 연결하시는 분이라고 말하는 것으로 그쳐서는 안 된다. 성자는 성부와 성자의 특성, 두 위격의 유일한 특성의 중심이심을 추가하는 것이 더욱더 필요하다." 최근에는 특히 레비나스(E. Levinas, *Jenseits des Seins oder anders als Sein geschieht*, 독일어 번역본: Freiburg-München, [2]1993, 특히 p.342 이하)가 한 사람과 다른 사람의 관계에 대해 '제삼자'의 중요성을 강조했다. 다음 글도 보라: G. Berthoud, "Das Universum der

사랑 안에서 함께 녹아 버리는 것이 아닌, 서로 다른 존재인 우리가 함께 '제삼자'이신 당신과 관계를 맺고, 그리하여 당신 안에서 우리의 구별된 단일성을 찾아내는 것을 보증하신다.

단일성과 상이성을 보증하시고, 또 이에 작용하시는 성령께서는 이 두 가지 특성을 지니시고, 삼위일체적 삶에서뿐만 아니라 구세사에서도 이를 실현하신다.

성령의 한 특성인 상이성이란 이런 것이다. 성령께서는 성부를 통하여 성자 예수를 (그분의 세례 때) 세상에 보내신 분이며, 또한 제자들에게 서로 다른 능력을 주어 그들을 세상에 파견하신 분이기도 하다.

성령의 다른 특성인 단일성은 이렇다. 성령께서는 성자 예수를 성부와 결속시키시고, 사람들이 일치하고 화해하도록 그리고 하느님과 긴밀히 친교를 이루도록 예수를 몰아대신다. 성령께서는 예수가 우리의 형제가 되기를 부끄러워하지 않으시도록(히브 2,11 참조) 작용하신다. 또한 제자들이 일치하고 평화를 이루고 화해하게 하신다.

단일성과 상이성이라는 이렇게 서로 구분되는 '기능'을 수행하시는[43] 성령께서는 그리스도의 몸에도 영향을 미치신다. 먼저

Gabe", in: Rosenberger u.a.(Hrsg.), *Geschenkt*, pp.25~50, 여기서는 pp.35~36.

43) 성령의 이 두 가지 기능은 성령 강림에 관한 성경 대목(사도행전 2장)에서 구체적으로 묘사되어 있다. 언어들의 다름은 (이해를 위한) 일치로 이끌지만, 이 다름은 제거되지 않는다. 제자들은 파견을 받고 세상으로, 말하자면 서로 다르고 흩어져 있는 사람들 속으로 들어간다. 그러나 이때 그들은 자신들의 단일성(예루살렘 등)을 잃지 않는다. 이에 관한 더 상세한 내용은 다음 글을 참조하라: M. Welker, "Kirche zwischen pluralistischer Kultur und Pluralismus des Geistes", in: J. Mehlhausen (Hrsg.), *Pluralismus und Identität*, Gütersloh, 1995, p.481.

우리가 상상할 수 없을 정도로 매우 긴밀한 단일성을 만들어 내신다. 성령을 통하여 그리스도 사건이 '그때에'(in illo tempore) 새롭게 일어났을 뿐만 아니라, 이로써 과거와 현재가 단일성을 이루기 때문이다. 그리고 성령을 통하여 예수님이 우리를 위해 하느님으로부터 파견을 받으셨기 때문이다. 즉 주님으로서, 그리고 목자이자 신랑으로 우리에게 오시는 성자께 성부께서 주신 전권과 권위는 더 큰 단일성을 이루는 그분의 몸으로 들어가 '사라진다.' 그렇기 때문에 그리스도는 늘 선재하시고 세상에 계신다. 그리스도의 말씀과 행적은 성령을 통하여 우리 내면 깊은 곳에 들어와 있다. 그러므로 그리스도의 말씀과 신앙인의 응답, 그리스도의 거룩하신 활동과 거룩해진 것의 수용, 그리스도의 지시와 수취인의 즉각적이고 자발적인 순종, 그리스도께서 '다른 이 안에 계심'과 '당신 안에 계심'은 그리스도 몸 전체의 완전한 단일성을 위해, 그러나 모든 신앙인이 그리스도와 인격적으로 하나가 되기 위해서도 연결된 것이다. 따라서 교회의 많은 지체가 그리스도 몸의 단일성을 위해 연결되는 것, 그러나 개별 신앙인이 그리스도와 가장 긴밀히 결속되고 바오로가 "이제는 내가 사는 것이 아니라 그리스도께서 내 안에 사시는 것입니다"(갈라 2,20)라고 말할 수 있는 것도 성령께서 활동하신 덕분이다.

그럼에도 교회는 단순히 그리스도와 동일하지 않고, 그분의 인성이 신성과 결합되듯이 그분과 본질적으로 하나가 되지 않는다. 개별 신앙인 역시 그리스도와 결속되어 있더라도, 그분과 동일시되지는 않는다. 마찬가지로 차이 내지 다름에 주목해야 한다. 바로 이 차이도 성령을 통하여 보증된다. 성령께서는 하나가 되게 하시고 차이도 두신다. 성령께서는 하나가 되게 하시기 위해 차이를 두시고, 차이를 두시기 위해 하나가 되게 하신다. 성령께서는 하나가 되게 하시는 활력으로서 교회 안으로 들어오시면서 교회가 그리스도의 몸이 되게 하신다. 교회는 성령의 활동 아래 (그리스도와 구별되는) 그리스도의 신부가 된다. 그리고 교회가 한 몸을 이룬 가운데서도 일치의 영은 동시에 교회의 다양한 지체들에게 서로 다른 능력과 부르심을 주는 원칙이 되신다. 성령께서는 교회의 유일성과 교회가 인격적으로 하느님과 직접적으로 연결되었음을 보증하신다.[44]

따라서 교회의 본질을 이해하기 위해서는 교회를 그때그때의 상황에 따라 삼위일체론에 부합하는 관점들에서 바라보아야 한다. 교회는 세 가지 요소로 기술될 수 있다. 교회는 모든 실재의 근원이자 근원적 목표이신 '하느님의 백성'(첫째)이다. 따라서 교회는 전체로서, 그리고 모든 지체 안에서 그리스도의 '객관적 형상'(둘째)뿐만 아니라 성령의 '내적 생명'(셋째)에 의해서도 표현될 수 있다.[45] 이것이 의미하는 바는 다음과 같다. 즉, 교회는 그리

---

44) 바로 이 점에서 로스키(Vl. Lossky)는 활동하시는 성령의 특성을 간파한다. 그는 이렇게 묻는다. 사람들이 교회를 그리스도의 몸으로 옳게 여긴다면, "개인적 자유를 잃고 (…) 일종의 성사적 결정론으로 빠질 위험이 생기지 않을까? 이 성사적 결정론에 있어서는 교회 집단에서 이루어지는 유기적인 구원 과정이 개인과 하느님의 만남을 억누르는 경향이 있지 않은가? 우리는 어떤 의미에서 그리스도 안에서 유일한 몸인가? 어떤 다른 의미에서 우리는 중단하지 않고서 각자 자신 안에서 하느님과의 친교를 이루도록 부르심을 받은 사람으로서 (…) 살지 못하고 또 그럴 수 없다는 것인가?" 이어서 다음과 같이 대답한다. 즉, 인격이 그리스도의 몸인 '집단'에 종속되지 않고 통제되어 그리스도의 '복제물'(Kopie)로 영락한다면, 인격을 구별하시고 이로써 다양성을 보장하시고 또 완성하시는 성령의 활동이 필요하다〔Vl. Lossky, *À l'image et à la ressemblance de Dieu*, Paris, 1967, p.103(독일어 번역본 인용: J. Freitag, *Geist-Vergessen - Geist-Erinnern, Vl. Losskys Pneumatologie als Herausforderung westlicher Theologie*, Würzburg, 1995, p.89)〕. 이에 관해 상세히 기술된 다음 책을 보라: Freitag, *ibid.*, pp.97~98, 400.

45) 뮐러가 교회를 이해하는 것의 한 가지 특성은 여러 관점을 긴밀히 연관시키는 것이

스도론적으로, 다시 말해 그리스도와 그분의 사명으로부터 바라보아야 한다. 그러나 그분으로부터 사랑을 받고, 또 그렇게 표현되는 '그리스도의 신부'인 교회는 영적으로, 그러니까 일치를 이루게 하시는 성령의 활동을 바라보아야 한다. '그리스도의 몸'인 교회는 내면으로부터 그분의 영광을 비추고 그분의 완전한 모습을 드러낸다(참조: 에페 4,13; 2코린 3,18). 현존하시는 성령께서는 그리스도의 지극히 객관적인 모습을 함께 나누시고, 또 유지하신다. 또한 교회에 그리스도의 모습을 충만하면서도 변화된 형태로 새겨 주려 하시므로, 교회는 그리스도와 참으로 하나가 된다. 형태는 생명이 되기를 바라고, 생명은 형태를 발견하고자 한다. 이 둘은 그리스도와 성령께서 서로 함께, 그렇지만 구별되어 활동하심으로써 이루어진다.

이를 강조하는 것은 중요하다. 왜냐하면 이른바 일련의 '그리스' 교부들이 특히 플라톤식으로 이해된, 구체화된 (로고스의 강생으로 말미암아 새롭게 된) 몸에 근거하여 그리스도 몸의 단일성을 이해했기 때문이다. 그렇지만 실제로는 교회인 그리스도 몸의 단일성은 인간 예수의 무한한 소통 능력과 성령의 구체적이고 보편적인 활동을 통해 이루어진 것이다. 그러나 동시에 교회는 그리스도와의 긴밀한 일치에도 불구하고 피조물로서의 의존과 가련함, 그리고 큰 차이로 인해 그분과 대비된다. 이 차이는 창조주와 피조물의 차이로, 이보다 더 큰 차이는 상상할 수 없으

다. 다음 책을 참조하라: A. Möhler, *Einheit*, 특히 p.170 이하, p.189. 묄러에게서는 그리스도론적 관점과 성령론적 관점이 일치하는 것의 표현으로 인간 안에서 몸과 영혼의 유사성도 발견된다(pp.170~171).

며, 차이를 만들어 내시는 성령을 통하여 다시 한번 입증된다.

이렇게 해석하면서 우리는 아직 남아 있는 질문, 즉 두 '집단적 인격'인 그리스도와 마리아의 관계에 대한 질문에 대답하기 위해 전제 조건을 내세웠다. 간략히 표현하면 이렇다. 그리스도는 당신의 '몸'인 교회 안에 계신다는, 그리스도는 교회이시라고 보는 특정한 관점 외에 다른 더 중요한 관점이 있음이 간과되어서는 안 된다. 즉 그리스도는 당신 교회의 '주님'이시고, 또 언제나 그런 분으로 계신다. 다시 말해 그리스도는 교회의 대상이자 '타자'이시고, 바로 그런 분으로서 교회의 벗이자 신랑이시다. 따라서 '그리스도의 몸'에 대한 표상이 그리스도와 그분 교회의 긴밀한 일치를 드러내듯이, 목자와 양 떼, 신랑과 신부의 표상은 그 차이를 나타낸다. 이 두 가지 진술(과 그에 상응하는 표상들)은 무조건 긴밀히 결부되어 있다.[46] '집단적 인격'이라는 고대 근동 지역에서 생겨난 사고에서도 개인과 공동체의 경계가 뚜렷하지 않고, 개인에게서 공동체로, 또 공동체에서 개인에게로 끊임없는 '변증법적 변화'가 일어나므로, 때로는 개인이 그 독자성과 공동체와의 구별로 인해 (공동체도 개인과 구별됨으로써) 중요시되고, 때로는 둘이 거의 일치를 이루고 있다.

이로써 교회와 동일시되는 그리스도 '옆'에 왜 마리아도 교회의 '집단적 인격'으로서 있고, 이 둘은 서로 어떤 관계인지에 관해 던진 질문에 대한 대답이 나왔다. '그리스도의 몸'이라는 표현

---

46) 아우구스티누스 역시 그리스도와 교회는 '하나이자 동일한 인격'(una quaedam persona)임에 관한 진술에 계속 무게 중심을 두고 종종 이를 토대로, (말하자면 같은 호흡으로) 신부와 신랑의 표상도 강조했다. 예를 들면 그의 시편 주석서〔*In: Ps. 74,4*(*PL* 36, p.949)〕에서 그것을 볼 수 있다.

은 그리스도와 그분 교회의 긴밀한 일치, 성령의 작용으로 이룬 일치를 나타내는 것이다. 반면에 마리아는 피조물로서, 그러나 동시에 영의 작용으로 '신부'로서, 그리스도이신 '신랑'과 구별되면서 교회를 대리한다. 마리아가 하느님에 의하여 선택되고 받아들여졌으며 인도되고 받쳐지고 무엇보다 사랑받는 한, 따라서 마리아가 하느님의 은총으로 살고, 이로써 피조물로서 창조주 하느님께 전적으로 의탁하고 그분과 완전히 구별되는 한, 마리아는 교회다.

그러나 이 말은 '보편적이고 구체적인'(universale concretum) 교회인 마리아뿐만 아니라 특별한, 완전히 유일무이한 '개인'인 마리아에게도 적용된다. 성령께서는 마리아를 완전히 충만하게 하시고, 하느님은 물론 다른 피조물들과 크게 대비되게 하시지만, 하느님은 물론 다른 사람들과 일치하게 하신다. '마치 동일시'되는 수준에 이르기까지 그렇다. 하느님의 영이 한 인간에게서 무엇을 하실 수 있는지 마리아에게서 명료해진다. 마리아는 완전한 피조물, 비천한 종, 완전히 가난한 인물이다. 루이 마리 그리뇽 드 몽포르의 말로 표현하면, "마리아는 티끌에 지나지 않고, 무(無)일 따름이다." 이 말에 비추어 마리아는 창조주 하느님과 극명히 구별된다. 그러나 동시에 마리아는 '존재하는' 가장 지고한 것, 곧 하느님의 아드님과 그분의 신적 생명을 선사받았다. 이 신적 생명이 마리아를 완전히 충만하게 하고, 하느님의 영역으로 받아들이게 한다.

마리아는 이렇게 영으로 충만해 있고, 영의 작용으로 하느님과 일치하므로, 그녀 안에서 '영의 강생' 내지 영의 '인격화'가 이루어졌다고 말하는 신학자들조차 있다. 그렇다면 원래 교회와 영의 은총을 받은 다른 피조물에 관해서도 이와 유사한 점이 언급되어야 했을 것이다. 그 가운데 가장 널리 알려진 신학자는 레오나르도 보프(Leonardo Boff)이다.[47] 그렇지만 그러한 표현 방식과 그렇게 생각하는 것은 완전히 과장되었고, 우리를 헷갈리게 하는 것이리라. '강생'에 관한 눈에 띄지 않는 표현이 있다. 가령 마태오 복음 11장 14절과 17장 12절에 세례자 요한 '안에서' 엘리야가 다시 왔다는 표현이 나온다. 그렇지만 형식적으로 그리스도교적 의미에서 강생은 '위격적 일치' 같은 것을 의미한다. 다시 말해 하느님 자신이, 경우에 따라서는 영원하신 하느님의 아드님이, 피조물의 본질을 지니시므로, 그분은 바로 이 존재, 나자렛 예수이시다. 따라서 여기서 성령과 마리아의 관계에 대해 이야기할 수 없다. 마리아는 피조물이고, 또 피조물로 머물러 있다. 교회 역시 피조물의 차원에 속하듯이 말이다. 그렇지만 마리아는 교회처럼 성령께서 함께하시므로, 성령으로 충만해지고 성령의 힘을 받아서 성령께서 위임하신 일을 할 수 있다. 그렇기 때문에 마리아와 교회도 실제로 성령의 역할을 수행할 수 있고, 하느님의 구원 사업에 협력할 수 있다. 이때 물론 하느님과의 차이가 간과되거나 무시되어서는 안 된다.

다른 한편으로, 이 차이는 물론 '자신 안에서' 관찰되어서는 안 된다. 이 차이는 동시에 더 큰 일치를 위해 '변증법적 역동성' 안에서 이미 늘 생겨나기 때문이다. 마리아와 교회가 '어린양의 신부'이고 이 둘의 혼인은 둘의 일치 내지 '한 몸'(una caro)을 목표

[47] Cf. L. Boff, *Ave Maria*, 독일어 번역본: Düsseldorf, 1981; ders., *Maria - das mütterliche Antlitz Gottes*, 독일어 번역본: Düsseldorf, 1985.

로 삼는, 한 말이다.[48] 이런 까닭에 한스 우르스 폰 발타사르는 다음과 같이 역설적으로 표현한다. "교회는 신부(그러니까 '마리아') 이다. 따라서 교회는 (그리스도의) 몸이다."[49] 달리 표현하면, 마리아는 그렇게 하느님과 마주하고 있고, 동시에 그분과 가장 긴밀히 하나가 된다. 이 진술은 더 정확히 규명되어야 할 것이다.

48) 일치를 강조한 에페소서 5장 28절("자기 아내를 사랑하는 사람은 자기 자신을 사랑하는 것입니다")도 참조하라. 두 가지 규정(신부임과 한 몸임)은 정반대되는 것이 아님을 (남편은 아내의 머리이고, 그리스도는 교회의 머리라는) 두 가지 표상을 연관지어 설명하는 에페소서 5장 22절 이하도 보여 준다.

49) v. Balthasar, *Sponsa*, p.191. 같은 책, 194쪽도 보라. 교회는 "그분을 마주하면서 이루는 (신랑인 그리스도와의) 일치"이다.

2.2. 마리아와 교회: 일치와 차이

2.2.1. 다양한 관점에서 보는 교회

2.2.1.1. '신부'인 마리아와 교회

야훼 하느님과 그분 백성의 관계를 표현하기 위해 이스라엘을 그분의 '신부' 또는 '아내'로 비유적으로 묘사한 것은 특별한 역할을 하지만, 그 중요성이 거의 충분히 평가되지 않았음을 우리는 앞에서(제1권 1.2.1.5.; 제2권 1.2.2.1.) 살펴보았다. 이사야서 62장 4~5절을 떠올려 보자. "주님께서 너를 마음에 들어 하시고 네 땅을 아내로 맞아들이실 것이다. 정녕 총각이 처녀와 혼인하듯 너를 지으신 분께서 너와 혼인하시리라." 이사야서 54장 5절에는 "너를 만드신 분이 너의 남편"(호세아서 2장 18절 이하도 참조하라)이라고 더 명확히 나와 있다. 하느님과 그분 백성의 관계에 대한 이런 표현과 이와 유사한 수많은 표현은 먼저 마리아에게도 적용된다. 마리아가 "이스라엘의 거룩한 남은 자"로서, 그리고 "시나고그(회당)와 하느님의 신부인 교회의 일치를 가리키는 실제 상징"으로서 묘사되는 한에서 그렇다.[50] 따라서 둘은, 곧 마리아와 구약성경 및 신약성경의 교회는 하느님의 '신부'이다. 그렇기 때문에 하느님과 그분 백성의 혼인에 관해 이야기하는 구약성경의 문헌들은 신약성경의 교회뿐만 아니라 마리아와 연관 지어서도 해석되었다. 이에 더해서, 하느님과 계약의 백성 사이의 관계가 지닌 '혼인의 특성'은 하느님과 피조물의 관계가 지닌 '혼인의 특성'에 그 심오한 근원을 두고 있다는 것도 우리는 앞에서 알았다.

하느님과 인간의 관계에 대해서 '신부' '혼인' 같은 근원적 표상에 주목해 보면, 교회는 예수의 첫 제자들의 부르심과 부활 때에 구원의 신비와 함께 비로소 시작된 것이 아니라는 점이다. 또한 구약의 구세사와 함께 비로소 시작된 것이 아니라는 신학적 진술도 수긍하게 된다. 교회는 오히려 피조물을 지어 내려 하신 하느님의 근원적 결정에 기인한 것이다. 피조물은 '신부'로서 삼위일체 하느님과 긴밀한 친교를 이루도록 부름 받은 것이다. 이렇게 창조와 연관해서 '선행하는 것'에 대한 개념은 이스라엘이 하느님과 계약을 맺기 위해 선택된 것에서 이미 구체적으로 드러났고, 결국엔 단 한 번에 이루어진 그리스도 사건에서 결정적으로 절정에 달했다. 따라서 신약성경에서도 공동체 내지 교회를 '그리스도의 신부'로 확신하는 내용이 자주 등장하고 강조된다. 바오로는 코린토 2서 11장 2절에서 공동체를 '혼인식장으로 신부를 데리고 들어가는 남자'(Brautführer), 그러니까 신부를 신랑이신 그리스도께로 데려가는 자로 '당연히' 소개하는데, 이는 마르틴 헹엘에 따르면 "그러한 표현은 바오로 공동체에서 널리 알려져 있었고,"[51] 따라서 제2 바오로 서간들(에페 5,25 이하 참조)에서

50) Lohfink / Weimer, *Maria*, p.403.

51) M. Hengel, "Die 'auserwählte Herrin' die 'Braut' die 'Mutter' und die 'Gottesstadt'", in: M. Hengel u.a.(Hrsg.), *La cité de Dieu*, Tübingen, 2000, pp.245~285, 여기서는 p.263. 특히 이에 상응하는 생각들이 이미 당시의 유다교에 뿌리를 두었을

도 계속 등장했음을 보여 준다. 요한계 문헌들에서도 드러나는데, 가령 요한 복음 3장 29~30절에서 이러한 견해가 감지되고, 공동체가 '주님'으로서도 언급되어 있다(2요한 1 참조). 마르틴 헹엘은 그것이 구약성경의 아가와 긴밀한 유사성이 있음을 강조한다. 그리고 테오도르 찬(Theodor Zahn)의 견해에 동의하여 공동체를 주님의 '신부'이자 '아내'로 이해한다. 복음서에서는 이러한 비유적 사고가 예수 그리스도를 '신부'로 묘사한 데에서 드러난다(예컨대 마태 9,15; 요한 3,29). 바로 이는 '혼인 잔치의 비유'와 '카나의 혼인 잔치' 이야기의 배경이 되기도 할 것이다(제1권 1.3.2.를 보라). 반대로 표상의 측면에서 동일한 기준으로 본다면, 구약성경은 물론 신약성경에서도 하느님께 불순종하는 것을 '간통'으로 표현하고 있다.[52] 결국 이 모든 신약성경의 노선은 "어린양의 혼인날"(묵시 19,7~8)이라는, "신랑을 위하여 단장한 신부처럼"(묵시 21,2) 이미 마련되어 있는 하느님의 도성으로 인간이 마침내 들어간다는 표현, 교회인 신부가 신랑을 간절히 기다린다는(묵시 22,17) 종말론적 표현에서 정점을 찍는다. 이에 상응하여 구약성경의 아가서는 그리스도교 초기에 (성경 시대 이후의 유다교 문헌에 근거하여) 오리게네스와 히폴리투스에 의해서 가장 먼저 해석된 때부터 그리스도와 그분 교회의 혼인식 때 부르는 노래로 해석되었다. 따라서 그리스도교 초기에 마리아처럼 교회도 '어머니'만이 아니라 '신부'(그리고 동정녀)로도 표현된 것은 놀라운 일이

것이기 때문이다! 이와 관련해서는 다음 글을 보라: R. Zimmermann, "'Bräutigam' als frühjüdisches Messias-Prädikat?", in: *Biblische Notizen* 103(2000), pp.85~100. 다음 글도 보라: Th. Söding, "Die Größe der Hoffnung", in: U. Swarat / Th. Söding(Hrsg.), *Gemeinsame Hoffnung - über den Tod hinaus* = *QD* 257, Freiburg i. Br., 2013, pp.252~292, 여기서는 pp.275~276.

52) 이와 관련해서는 다음 책을 보라: Schmid, *Brautschaft*, p.546.

아니다.

그렇기 때문에 교회(와 마리아)를 사랑받는 '하느님의 신부'로 언급하는 것은 (이것이 비유적으로 표현된 것임을 고려할 때) 매우 중요하다. 그래서 조르지오 마찬티는 다음과 같이 기술한다.

> "혼인의 상징이 은유(隱喩)로 축소되어서는 안 된다. 신비를 표현하고자 하는 많은 유익한 표징 가운데 하나로 축소되어서도 안 된다. 신비만을 표현하는 표징 또한 없다. (…) 혼인의 상징은 상징 중의 상징으로서, 그리고 신비의 핵심으로서, 다시 말해 하느님과 인간의 혼인으로 이어지는 사랑의 표현으로 이해된다."[53)]

신부인 마리아와 교회에 대한 표상의 중요성에 있어서 물론 다른 유사한 표상들도 중요한 역할을 할 수 있다. 마리아와 교회는 신학적 전승에서 예컨대 아버지의 딸, 성령의 신부, 아드님의 어머니이자 동반자로서도 표현될 수 있다. 이는 세 가지 요소로, 특히 루카 복음 1장의 '예수님의 탄생 예고' 장면에서 알 수 있다. 그러나 이 표상 역시 바뀔 수 있다. 따라서 마리아는 아드님의 신부이자 어머니, 아버지의 신부, 성령의 성전이다. 그렇다, 마리아는 심지어 "동정녀이자 어머니, 네 아들의 딸(!)"로서 부르심을 받을 수 있다.[54)] 표상들이 지닌 이러한 가변성(可變性)은 구약성경에서도 이미 볼 수 있다. 구약성경에서 이스라엘은 "시온

---

53) Mazzanti, *sacramenti*, pp.14, 20. 다음 책도 보라: L. Bouyer, *Frau und Kirche*, 독일어 번역본: Einsiedeln, 1977, p.33. 혼인식은 "가능한 표상들 가운데 하나로 그치지 않고, (…) 완전한 일치를 표현하기에 충분한 유일한 표상으로" 보인다.

54) A. Dante, La *divina Commedia*, paradiso 33, 1, ed. L. Pietrobondo, Turin, 1956, p.737.

의 딸"뿐만 아니라 "어머니 시온"으로도 묘사되어 있다(시편 87,5 참조). 표상들의 이러한 표면적 '모순'은 결코 그러한 것으로 여겨지지 않은 것이 틀림없다. 사람들은 표상의 관점에서 생각했고, 모든 표상을 자신과 결부시켰기 때문이다. 따라서 중세기 신학자들은 마리아의 '모태' 즉 모성의 원형을 같은 노선에서 '신방'(新房)이라고 묘사할 수 있었다.[55]

가족과 친척의 범위에서 비롯된 표상들 대신에 우정이라는 표상도 등장한다. 「계시 헌장」 2항에도 이 우정이 강조되었는데, 하느님과 인간의 인격적 사랑의 관계를 표현하기 위해서였다. 이 표상 역시 오랜 성경적이고 철학적인 전승을 가지고 있다. 이 전승은 체계적인 신론뿐만 아니라, 영성사에서도 하느님과 인간관계의 핵심을 말과 표상으로 파악했다.[56] 이때 혼인과 우정의 은유는 결코 다른 범주에 속하지 않는다. 혼인은 바로 우정의 지고하고도 가장 근본적인 형태로 이해될 수 있기 때문이다.[57]

표상들의 이러한 가변성에도 불구하고, 또는 바로 이 가변성 때문에, 여기서 중요한 것은 표상이지, 명확한 개념이 아님을 알게 된다. 표상은 하느님과 피조물의 차이('마주 봄')뿐만 아니라, 가장 가까움과 사랑의 관계도 표현하고, 피조물이 삼위일체 하느님의 신비에 특히 다가갈 수 있음도 보여 준다.

---

55) Cf. Schreiner, *Maria*, pp.71~72.

56) 이와 관련해서는 다음 책들을 보라: A. Schmidt, *Jesus der Freund*, Würzburg, 2011; E. Moltmann-Wendel, *Wach auf meine Freundin. Die Wiederkehr der Gottesfreundschaft*, Stuttgart, 2000; H. Dörnemann, *Freundschaft. Die Erlösungslehre des Thomas v. Aquin*, Würzburg, 2012.

57) Cf. H. Dörnermann, "Eine Art Freundschaft. Die Ehe im Kontext der Pluralität heutiger Partnerschaftsformen", in: *HK* 66(2012), pp.574~579.

'상징 중의 상징' 곧 신부와 혼인의 상징이라는 주제로 돌아가자. '신랑인 그리스도' 맞은편에 있는 '신부인 교회'는 무엇인가? 대답은 이렇다. 교회는 개별적인 '인격'이어야 한다. 그래야만 인격적 사랑을 받아들이고 선사할 수 있으며, 인격이신 하느님의 아드님과 가장 긴밀히 결합할 수 있기 때문이다.[58] 이런 까닭에 교회를 추상적 실재로 '인격화'하거나 "개개인에게서 분리되어 나온 총체적 인격"으로 바라보는 것도 충분하지 않다.[59] 많은 사람(실제로 교회를 구성하는 사람들)이 신부로서 집단적으로 "예"라고 응답하는 것 또한 충분하지 않다.[60] 그 이유는 이렇다. 신랑이신 그리스도와 신부인 교회의 혼인이 피조물의 목표이자 정점이라면, 피조물은 적어도 언젠가 매우 힘차고 단호히 "예"라고 응답해야 하기 때문이다. "예"는 동시에 모든 이를 대변하는 사람의 단호한 인격적 행위로서 응답하는 것이어야 한다. 바로 이 사람이 마리아이다. 이로써 마리아와 교회의 동일성과 차이점이 더 명확히 드러난다.

마리아와 교회의 동일성은 이렇다. 마리아는 한 인격(한 '주체')으로서, 그리고 교회의 '집단적 인격'으로서 그리스도와 혼인한 이들을 대변한다. 어느 교회를 구성하는 많은 사람은 성령을 통

58) 이런 까닭에 본래의 '혼인'은 강생, 하느님의 아드님과 인성의 결합이라고 말한 몇몇 교부들을 비롯한 고대 신학자들의 견해(제1권 2.2.3.3.과 제2권 1.2.3.1.을 보라)는 충분하지 않다. 두 본성이 하나로 결합하면, 인격적 사랑은 일어나지 않고 자유의 역사도 전개되지 않기 때문이다.

59) v. Balthasar, *Sponsa*, p.196. 이어지는 인용문들과 전체적인 사고 과정도 이 책을 참조했음.

60) 이는 부이에(L. Bouyer, *Die Kirche*, Bd. II., 독일어 번역본: Einsiedeln, 1977, p.348)의 견해다. 그는 이렇게 강조한다. "성경에서 교회에 종종 적용되는 말인 인격은 우리 인간이 완성되어 이룬 인격 안에서만 존재한다. 하느님의 위격이 성삼위 안에만 존재하는 것과는 조금 다른 것이다."

하여 자신 안에서, 그리고 이로써 자신의 신앙 안에서 (제2권 1. 2.3.1.에서 밝혀진 의미에서) 서로 연결되고 통합되기에 마리아 안에서 "교회의 본래적 본질이 규명되고" 또 실현된다.[61] 교회가 '그리스도의 몸'임을 포기하지 않을 때, 교회는 '그리스도의 신부'인 마리아 안에 있다. 그러한 존재로서 마리아는 교회의 원형이자 실제 상징이다. 이는 물론 교회는 단지 '예증'(例證, Exemplifikation) 그 이상임을 의미한다. 경우에 따라서는 교부신학에서 나온 '예형'에 관한 사고가 그것을 암시하듯이 말이다. 요셉 라칭거에 따르면 오히려 마리아 안에서 교회를 "인격적 형상으로 인식할 수 있다. (…) 신학에서 인격은 사건에 기인될 수 없다. 오히려 사건이 인격에 기인된 것일 수 있다."[62] 이런 의미에서 마리아는 인격 안에 있는 교회다.

마리아와 교회의 차이는 이렇다. 신랑이신 그리스도께 신부로서 "예"라고 응답하는 개개인은 모두 교회의 구성원이지만, 다른 사람들은 끝없이 노력해야만 "예"라고 응답할 수 있다. 인간은 죄를 지었기에 은총을 베푸시며 다가오시는 하느님을 너무나 빈번히 거부하기 때문이다. 반면에 마리아는 하느님께 특별히 선택되었고 은총을 받았기에 교회이므로, 우리와 달리 그녀에게서는 피조물이자 신부로서 부르심을 받은 것과 신앙으로 "예"라고 응

---

61) H. Rahner, *Maria*, p.8. 발타사르(*Marianische Prägung*, p.126)도 이와 유사하게 마리아를 "교회가 실현된 사고"라고 말한다.

62) Ratzinger, *Erwägungen*, p.25. 다음 글도 참조하라: Ratzinger, "'Du bist voll der Gnade'. Elemente biblischer Marienfrömmigkeit", in: J. Ratzinger / P. Henrici (Hrsg.), *Credo. Ein theologisches Lesebuch*, Köln, 1992, pp.103~116, 여기서는 p.106. "하느님께서는 추상적으로 행동하지 않으신다. 그분은 위격이시고, 교회는 인격이다. 우리가, 개개인이 하느님을 위하여 산다는 의미에서 더욱더 인격이, 시온의 딸이 될수록, 우리는 더욱더 하나가 된다. 그리고 더욱더 교회가 된다. (…)."

답한 것이 꼭 들어맞는다. 마리아는 자신을 부르시는 하느님께 '합당한 응답'을 드린다.

결국, 교회는 시간과 공간의 제약을 받으면서 그리고 '제도적 모습'을 갖추면서, 다시 말해 인간이 세운 공동체로서 실현된다는 점도 마리아와 교회의 차이에 속한다. 이에 관해서는 뒤에서 상세히 다룰 것이다.

이 모든 것에 비추어 마리아와 교회의 이러한 '차이점과 동일성'에 의해 전제되는 두 가지 불가피한 상황에 대해서 고찰해 보자.

첫째 상황은 이렇다. 마리아와 교회의 일치는 이 둘의 결합으로 저절로 이루어진 '당연한' 결과가 아니다. 문화사적으로 볼 때, '집단적 인격'의 일치가 그때그때의 상황에 따라 공동체로부터 '저절로' 형성되는 것과는 다른 것이다. 마리아와 교회의 일치는 오직 하느님의 특별한 활동에서만 기인될 수 있다. 하느님께서는 모든 사람이 통합하도록 마리아를 택하시고 부르셨다. 구약성경에 이미 하느님께서 위대한 인물들을 택하시고 부르셨다고 명시되어 있다. 아브라함, 모세, 주님의 종 … 등은 하느님으로부터 선택되었기에 전(全) 이스라엘을 대변한다. 하느님께서 그들에게 주신 신앙은 그들을 자기중심적 태도에서 벗어나게 한다. 다시 말해 그들을 모든 잘못된 자기중심적 태도에서 해방시킨다. 그리하여 그들이 하느님의 '신부' '벗' '연인'이 되게 할 뿐만 아니라, 이웃에게도 봉사하게 한다. 그러니까 그들은 하느님을 위해 존재하고, 자신들을 따르는 사람들을 위해 살고 행동한다. 하느님께서 계획하신 것, 즉 인류의 보편적 일치에 협력하는 목표를 품고서 말이다. 마리아도 이렇게 이어져 내려온 선택 및 부르심의 역사 내에 있다. 그렇지만 마리아는 특별히 처음부터 선택을 받고 앞서 구원받았다는 ('마리아의 원죄 없는 잉태' 교의에 표현되어 있는) 확신은 마리아가 죄를 짓게 하는 모든 자기중심적 태도에서 벗어나 있고 온전히 '동정녀'라는 것, 그리고 (그리스도교 전승의 의미에서) 완전히 자유롭기에 긴밀한 '관계'를 이루면서 (='삼위일체적 인격임'을 최고 수준에서 실현하면서) 하느님과 이웃을 위해 존재한다는 것을 표현한다. 마리아의 이러한 관계성을 특히 루이 마리 그리뇽이 올바르게 부각시킨다. 그는 다음과 같이 기술한다.

> "마리아는 완전히 하느님과 연결되었다. 나는 마리아를 '하느님과의 관계'라고 일컫는다. 마리아는 오직 하느님과 관계를 이루기 때문이다. 또는 마리아는 '하느님의 메아리'다. 마리아는 유일하게 하느님에 관해서만 말하고, 또 그것을 되풀이하며, 하느님 외에는 다른 것에 관해서 말하지 않기 때문이다. 그대가 '마리아'라고 말하면, 마리아는 '하느님'이라고 말한다. 엘리사벳은 마리아를 칭송하고, 마리아가 하느님의 말씀을 믿었기에 그녀를 행복하다고 말한다. 그러나 마리아는 하느님의 충실한 메아리로서 이렇게 응답한다. '내 영혼이 주님을 찬송합니다.'"[63]

마리아는 그리스도처럼 '자신을 비운다.' 마리아는 자신의 자아를 온전히 하느님과 사람들 속으로 들여보내면서 자신을 포기

63) Grignion, *Buch*, p.261(의역되었음).

한다.[64] 마리아의 신앙은 그녀가 특별한 은총을 받았기에 그녀를 완전히 사로잡는 것으로 드러난다. 마리아의 신앙은 그녀의 영혼과 정신뿐만 아니라, 그녀의 몸과도 관계되기 때문이다. 마리아는 하느님께서 이 세상에 오시도록 자신의 몸을 그분의 뜻에 내맡겨 드린다. 따라서 마리아만이 사람들에게 다가오시고 사람들을 사랑하시며 그들이 일치하도록 이끄시는 하느님의 사랑에 완전히 부합할 수 있다.

그렇지만 마리아의 이러한 특별한 위치로 인해 그녀와 '세상의 남은 자들' 사이의 해소하기 힘든 긴장은 표현되지 않았다. 마리아의 특별한 신앙에 대해서는 이미 앞에서 여러 번 강조했듯이, 하늘에서 뚝 떨어진 것도 아니고, 신앙만이 앞서 받은 은총이라는 '번개'에 의해 유지되는 것도 아니기 때문이다. 오히려 신앙은 세상이 생겨난 처음부터 '은총의 역사' 속에 있고, 따라서 인류 신앙의 역사 전체의 열매도 이 은총의 역사 앞에 있다.[65] 그렇지만 이렇게 영이 끊임없이 작용하시는 가운데 오직 마리아에게서만 교회적인 개념이 "완전히 실현된다"(발타사르). 마리아 안에서 '하나이자 동일한 인격'(una quaedam persona)인 교회는 자신의 모든 지체를 포용한다. 마리아 안에서 교회는 자신의 "지고한, 규범적 주체성" "자신의 인격적 중심과 교회에 대해 자신이 품은 사고의 실현"을 인지한다. 중세기에 보호 망토를 입은 마리아를 그린 성화가 이를 드러내는 구체적인 상징의 예일 수 있다.[66] 모

64) 이런 까닭에 디스(L. Dies, *Maria., Tochter Sion*, Mainz, 1961, p.45)가 다음과 같이 기술한 것은 옳다. "종의 모습을 취하시고(필리 2,7) 당신 자신을 낮추신(필리 2,8) 그리스도를 기리는 찬가와 동정녀가 주님의 종으로서 자신의 비천함을 노래하는(루카 1,48) '마니피캇'은 놀라운 방법으로 서로 일치한다."

65) 이에 관해서는 다음 책을 보라: Lohfink / Weimar, *Maria*, p.385.

66) 물론 이 성화를 사회문화사적 관점에서 보면 다른 면이 있다. 몸을 감싸는 망토는

든 사람은 자신을 감싸 주는 망토 속에 모여 있고 또 그 안에서 안전하므로, 마리아와 관계를 맺고 그녀에게 협력할 뿐만 아니라, 그녀 안에서 그리스도와도 관계를 맺고 그분께 협력한다. 마리아를 통하여 그리스도는 우리의 형제가 되시고(히브 2,11~12 참조) 이로써 우리도 모두 서로 형제요 자매가 되기 때문이다. 마리아와 우리가 이루는 이러한 일치와 전체성은 오직 하느님께서 실현하시는 것이라고 생각할 수 있다.

둘째 상황은 이렇다. 마리아 안에서, 그리고 마리아를 통하여 대리되는 사람들은 마리아 안에서만, 그리고 마리아와 함께할 때만 '인격'이 될 수 있다. 그들이 마리아가 했던 '방식'에 참여하는 몫을 나누어 받는다면, 다시 말해 그들이 자유로이 마리아의 신앙에 의해서, 하느님을 위한 그녀의 삶과 다른 사람들을 위해 존재함에 의해서 표현된다면 말이다. 그것이 이루어지면, 개개인은 자신이 받은 특별한 은총과 능력과 더불어 자신이 '마리아'가 될 뿐만 아니라, 성령께서도 마리아와 교회를 위해 많은 개인을 연결시켜 주신다. 이미 언급한 바와 같이 이때 성령께서 일치와 차이에 영향을 주시는 한, 성령께서는 공동체를 이루는 우리 안에서 많은 사람의 일치를 위해 애쓰신다고 헤리베르트 뮐렌이 성령론에 관한 자신의 책에서 기술한다.

원래 마리아가 그리스도인들의 보호자임을 보증한다. 중세기에는 적자(嫡子)가 아닌 자녀들은 아버지가 사람들 앞에서 자신의 망토를 그들에게 둘러 줌으로써 인정받았기 때문이다. 이로써 그들은 '망토로 감싸인 아들'(filii mantellati)이었고, 그때부터 아버지의 보호를 받았다. 이와 마찬가지로 그리스도인들도 '마리아의 망토로 감싸인 아들들'(filii mantellati Mariae)로 이해되었다. 이와 관련해서는 다음 글도 보라: M.-E. Lüdde, "Unter dem Mantel ihrer Barmherzigkeit. Maria aus volkskundlicher Sicht", in: Th. A. Seidel / U. Schacht(Hrsg.), *Maria. Evangelisch*, Leipzig-Paderborn, 2011, pp.147~160.

"교회의 많은 구성원이 실현한 '우리-행위'(Wir-Akt)는 (…) 마리아 안에서 유일하고도 능가할 수 없는 방식으로 가시화된다. 마리아가 이 행위를 실현한 최초의 유한한 사람이기도 하다면, 마리아는 신부로서 응답하는 교회의 규범적 주체로 보일 수 있다. 마리아 이후에 교회의 신앙과 희망과 사랑의 행위를 실현한 사람들은 마리아 안에서 능가할 수 없는 원형과 모범을 지니고 있으므로, 이 행위들은 마리아의 기본 행위를 불완전하게 실현한 것에 지나지 않는다."[67]

2.2.1.2. '어머니'인 마리아와 교회

성령께서는 많은 사람이 살아가는 '우리-행위'를 통해서, 그들과 마리아의 일치뿐만 아니라 신앙의 근본 행위에 속하는, 서로 제각기 다른 '풍요함'을 위해서도 작용하신다. 마리아의 '모습'을, 그러니까 마리아의 신앙을 마음에 새길 수 있는 이들은 자신 안에서 그리스도를 새롭게 낳고(새롭게 '그리스도의 어머니'가 되고), 자신 안에 그분의 모습을 새롭게 받아들이며, 그분을 이웃에게 지속적으로 선사한다. 이것 역시 교회인 우리 안에서 이루어지는 한, 교회는 (교회의 옛 칭호인) 풍요로운 '어머니'라고 표현될 수 있다. 교회는 '마리아의 모습' 안에서, 그리고 '마리아의 모습'을 통해서 새로운 자녀를 낳는다. 교부 시대에 교회와 마리아의 '동

67) Mühlen, *una mystica*, p.460.

일성'의 발견은 특히 어머니와 동정녀의 '두 가지 기능'이 동일하다는 점에서 기인한 것이다. 이때 모성이 훨씬 더 중요시되었다. 이런 까닭에 안톤의 호노리우스의 말에 주목한 앙리 드 뤼박에 따르면,[68] "교회에 관해 기술된 모든 것은 마리아와 연관 지어 읽을" 수 있고, 이에 따라 우리는 다음과 같이 추가할 수 있다. "마리아에 관해 기술된 모든 것은 본질적으로 교회와도 연관 지어 읽을 수 있다." 따라서 마리아와 교회는 "서로에게 스며들고, 이렇게 스며듦은 일종의 '속성 간의 교류'(Idiomenkommunikation)라는 점을 증명한다." 성모 호칭 기도 역시 당연히 우리가 교회를 바라보면서 바칠 수 있다(제1권 2.2.3.2.를 보라).

그렇지만 이 지점에서도 마리아와 교회는 모든 점에서 동일하지만 뚜렷한 차이가 있다. 이 차이를 발타사르는 다음과 같이 표현한다. "그리스도께 근거하여 마리아에게 붙여진 '하느님을 낳으신 분'이라는 칭호는 그녀에게만 적용되지, 교회에는 결코 적용되지 않는다. 그렇지만 교회도 그리스도의 몸을 이루는 많은 신비적 지체를 낳기 바란다."[69] 오직 마리아만이 강생하신 하느님 아드님의 '육신적' 어머니이고, 이로써 전 인류에게 매우 중요한 저 '열매'를 가져올 수 있었다. 오직 마리아 안에서만 하늘에 계신 아버지의 '외아드님'(Unigenitus)이신 그리스도는 성령을 통하여 많은 형제 가운데 '맏이'(Primogenitus)가 되셨다(로마 8,29 참조).[70] 그러나 이미 언급했듯이, 마리아는 육적 모성이라는 이 '특

---

[68] Lubac, *Méditation*, p.280. 위에 인용된 문장은 같은 책, 285쪽에도 나와 있다.

[69] *TD* II/2, p.278.

[70] Cf. Ulrich, *Gabe*, p.215. 울리히는 이런 맥락에서 아우구스티누스〔*Exp. ep. ad Gal.*(*PL* 35, p.2127)〕의 견해를 가리켜 보이는데, 이 히포의 주교는 "많은 형제 가운데 맏이"(primogenitus in multis fratribus)를 갈라티아서 4장 4절과 곧바로 연관 지어 설명한다.

권'을 자신의 '합당한 신앙'에 근거하여 얻은 것이다. 그리고 그 반대로는 성립되지 않는다.

2.2.1.3. 결론

교회와 마리아는 그 심오한 본질에 따라서 하나이다. 이 둘은 하느님의 절대적인 뜻에 기인한다. 피조물을 선택하시고 부르시고 당신의 영광스러운 신적 삶에 동참시키시는 것은 하느님의 은총이다. '선택'이라는 첫째 은총은 신앙으로 부르심을 받는 것이다. 따라서 부르심을 받은 이는 자유로이 응답할 수 있다. 마리아와 교회는 "예"라고 응답하면서 자신들이 그 존재와 자유로운 결정에 따라서 '순결한 동정녀' '비천한 종' 하느님께 '순종하는 딸'임을 알린다. 하느님의 선택은 '주는 것'이고, 이는 주는 자와 받는 자가 일종의 혼인을 하는 것으로 이루어지므로, 성경은 마리아와 교회에 하느님과 혼인하는 신부의 표상을 사용한다. 따라서 마리아와 교회가 본질적으로 하느님의 은총으로 산다면, 이 둘이 하느님의 은총을 받아들이는 가운데 이 둘 옆에서도 주시는 분인 하느님께서 받는 이의 삶 속으로 들어오신다. 그분은 그렇게 받아들여지실 수 있고 또 받아들여지기를 원하시므로, 신앙 행위를 통해 하느님은 세상에서 '영역'을 지니신다. 그렇다, 하느님은 말하자면 세상 속으로 들어오시고, 세상 속에서 '태어나신다.' 마리아와 교회에 관해서도 완전히(!) 같은 방식으로 그렇게 말할 수 있다.

마리아는 하느님의 아드님이 육신을 갖추시게 했고, 그분이 인간으로서 세상에 오시게 했다. 마리아는 모든 어머니가 그렇게 하듯이, 아드님이 메시아로서 앞으로 자신의 사명을 수행하시도록, 곧 "다윗의 왕좌"(루카 1,32)와 결부된 약속을 세상을 위해 실현하시도록 협력했다. 마리아는 신앙의 '영도자이자 완성자'이신 그리스도를 낳았기에 중개자이자 그분을 따르는 이들에게 신앙의 어머니도 된다.

신앙인들의 공동체인 교회에서도 동일한 것이 이루어진다. 하느님께서는 교회를 통해서도 세상 속으로 들어오신다. 더 정확히 말하면, 세 가지 방식으로 그러하다. 첫째, 신비주의가 자신의 마음 안에서 '하느님을 낳음'이라고 일컫는 것을 통해서다. 하느님께서는 모든 신앙인 안에서 새롭게 세상에 오시고, 모든 신앙인의 삶 속에서 새로운 모습을 갖추신다(갈라 4,19 참조). 둘째, 신앙인은 동시에 다른 이들에게 '신앙의 어머니'가 되고, 그들을 위해 '산고'를 겪는다(갈라 4,19). 셋째, 신앙인은 다른 사람들도 신앙으로 이끌고, 그들 편에서 보면 하느님께서 세상에 오시게 한다.

개인 또는 공동체가 신앙으로 살고, 이로써 하느님께서 세상에 오신다면, 이는 사람들도 서로 일치를 이루고 그리스도의 충만한 경지에 다다르며(에페 4,13~14) 그리스도의 몸으로 성장하도록 이끈다. 따라서 피조물들이 그리스도 안에서 하나가 되고, 정의와 평화를 이룬 당신의 나라를 세우시려는 하느님의 계획이 실현된다. 교회와 마리아도 이런 방식으로 하느님의 이 계획을 실현하는 데 적극적으로 동참했다.

마이스터 에크하르트는 이렇게 마리아와 교회가 신앙을 실현하는 것을 다음과 같이 기술한다. "인간이 하느님을 자신 안에 품는 것은 좋다. 이렇게 품으면서 그는 종이 된다. 그러나 하느님께서 인간 안에서 풍요로워지시는 것은 더 좋다. 은총이 풍성해지는 것, 바로 이것만이 은총에 대해 감사하게 하기 때문이다. 그리고 이때 인간의 영은 다시 태어나는 감사함 속에서 여성이 된다. (…)."[71]

따라서 교회와 마리아를 "근원에 이르기까지 충분히 일치시키는 것"이 존재한다. 그렇지만 여기서 마리아는 '두 가지 차이'를 보여 준다.[72]

첫째, 전체인 교회나 개인도 마리아의 특별한 신앙을 실현할 수 없으며, 하느님을 낳으신 분이 되라는 그녀의 일회적인 구세사적 사명도 수행할 수 없다.

둘째, 영적 의미에서 '마리아'가 되는 것은 단지 교회의 사명에만 속하지 않는다. 교회는 '유일한 성사'(sacramentum unitatis)로서 시간과 공간의 제약을 받으면서 모든 것을 일치로 이끄는 사명을 지니고 있다. 다시 말해 교회는 '마리아'와 대조되지만 결코(!) 마리아와 분리되지 않은 '외적'인 일치, 곧 제도적이고 성사적인 모습에서도 일치를 이뤄야 한다. 교회의 이러한 제도적인 모습은, 교회가 한시적으로 시간과 공간의 제약을 받으며 존재하기에 마리아와 교회와 완전히 동일시되지는 않지만, 교회를 위해 절대적으로 필요하다.

이렇게 교회가 제도라는 사실을 신학적으로는 두 가지 방식으로 이해할 수 있다. (1) 교회는 강생하신 하느님의 아드님이 가

71) Meister Eckhart, Pr. 2, in: *WW* I, pp.26~27.

72) Laurentin, *Maria*, p.324. 이어지는 내용과 관련해서도 이 책을 보라.

져오신 결과물이다. 그분은 시간과 공간의 제약을 받으시고 "율법 아래"(갈라 4,4) 놓이셨다. 제도는 말하자면 그리스도의 '몸'이 연장된 것이다. 그리스도는 당신 자신의 '몸'을 교회의 '몸'인 제도 속으로 넣으셨다.[73] (2) 교회 안에서 제도는 성령론에 의해서도 이해될 수 있는데, 특히 한스 우르스 폰 발타사르가 이에 관해 언급했다. 다시 말해 이 바젤 출신의 신학자에게 성령은 성부와 성자의 사랑의 열매이자, 사랑으로 남아 있는 열매이기도 하므로, 구세사적으로 '결과'로만 아니라, '객관적으로' 존재하는 영으로서도 작용하신다. 이 '객관적인' 영이 교회의 제도 속으로 들어가시고, 그 안에서 명료해지는 것이다.[74] 그렇기 때문에 성령의 활동과 제도들 사이에도 크게 대비되는 것은 있을 수 없으며, 또 있어서도 안 된다(이에 관해서는 제2권 2.3.1.1.을 보라). 교회가 제도임은 영의 열매로서, 그리고 하느님께 봉사하기 위해 제정된 것으로 이해되더라도, 그렇게 크게 대비되는 것은 없다. 「교회 헌장」 8항에도 이렇게 명시되어 있다. "하느님의 말씀께서 받아들이신 본성도 구원의 생명체로서 말씀과 떨어질 수 없도록 결합되어 말씀에 봉사하듯이, 다르지 않은 모양으로 교회의 사회적 조직도 생명을 중시하는 그리스도의 성령께 봉사하여 그 몸을 자라게 한다."[75]

---

73) 이와 관련해서는 다음 책을 보라: Kehl, *Kirche*, 특히 p.239 이하.

74) H.U. v. Balthasar, *Pneuma und Institution*, Einsiedeln, 1974; *TL* III, pp.226~227. 라칭거("Kirche", in: *LThK*[2] 6, p.177)도 이와 유사하게 생각한다. "교회 제도의 토대는 성령이시라는 것, 그리고 오로지 강생으로부터 제도가 직접 유래한 것은 성경적이지 않다는 것은 이제 이 제도에 대해 중요한 결과를 지닌다. 교회는 본질상 영과 자유의 요소를 포함할 수밖에 없으므로, 직무 외에 카리스마가, '제도' 외에 '사건'이 존재해도 될 뿐만 아니라 늘 존재해야 한다."

75) 뵌케(M. Böhnke, *Kirche in der Glaubenskirise. Eine neumatologische Ekklesiologie*, Freiburg i. Br., 2013)에 따르면, 이렇게 성령께서 제도 안으로 스며드시는 것

교회와 마리아의 차이는 중세 신학에서 때때로 주요 주제로 다뤄졌으며, 보편적 교회와 특별한 부분적 교회로 구분되었다. 마리아와 보편적 교회가 동일시되었던 교부 시대와 달리, 중세 시대에는 중요한 의미 변화가 관찰되었다. 이제 마리아는 교회의 '특별한 경우' 그러니까 더 이상 '전체적인 것'이 아닌 특별한 것이다. 이 '새로운' 차이에 대한 예를 스텔라의 이삭(Isaak von Stella, †1167)이 다음과 같이 기술한다.

"마리아와 교회는 한 어머니이자 많은 어머니, 한 동정녀이자 많은 동정녀이다. 이 둘은 어머니이자 동정녀이다. 둘은 욕정 없이 성령으로 말미암아 잉태한다. 둘은 죄 없이 하느님 아버지에게서 후손을 얻는다. 마리아는 죄 없이 몸을 위해 머리를 낳았다. 교회는 모든 죄를 용서받고 머리를 위해 몸을 가져왔다. 이 둘은 그리스도의 어머니이지만, 다른 이들의 도움 없이는 전체적인 것을 낳을 수 없다. 그렇기 때문에 성경에서 동정녀이자 어머니인 교회에 관해 일반적으로 언급된 것은 특별히 동정녀이자 어머니인 마리아에게 적용된다. 그리고 특별히 동정녀이자 어머니인 마리아에 관해 언급된 것은 일반적으로 동정녀이자 어머니인 교회에도 적용된다. (…) 결국 모든 신앙인의 영혼이자 하느님 말씀의 신부는 그리스도의 어머니, 딸, 자매로 (자신의 방식으로 동정녀이자 열매로) 여겨진다. 따라서 하느님의 지혜,

---

은, 교회가 자신의 구조와 활동에 근거하여 '성령 강림의 열매'로, 그러니까 교회의 모든 지체가 성령께서 오시도록 끊임없이 바친 기도의 열매로 이해되어야 인지될 수 있다. 정교회와 로마 가톨릭교회가 나눈 대화에 관한 문헌〔*Das Geheimnis der Kirche und der Eucharistie im Licht des Geheimnisses der Heiligen Dreifaltigkeit* (1982), in: *DwÜ* II, pp.531~541, 여기서는 p.533〕에도 "교회는 언제나 성령께서 내려오시도록 기도하는 상태에 있다"라고 나와 있듯이 말이다.

아버지의 말씀은 사람들이 특별히 마리아에 관해 언급하고 개별적으로 모든 신앙인에 관해서도 언급하는 것을 교회에 전반적으로 적용시킨다."[76]

2.2.2. 보충 – '어머니인 교회'와 '교회 안의 여성'

마리아와 교회가 '신부'라는 것은 전승의 가르침에 따라서 앞에서 여러 번 언급되었지만, 이 둘은 '어머니'로 더 빈번히 묘사된다.[77] 그러나 '어머니인 교회'라는 표현은 오늘날 우리에게 낯설어졌다. 경우에 따라서는 은근히 경멸하는 어조로 사용되고 있다. 이는 두 가지 요인과 관련이 있을 것이다.

첫째, 오늘날에는 교회가 중개하는 신앙을 토대로 '새로 태어남'과 교회 공동체에서 '새로운 삶'을 영위하는 체험이 부족하다. '새로운 탄생' 체험은 우리가 잘 아는 것이다. 누군가가 무더운 여름날에 찬물로 샤워를 한 뒤에 '나는 새로 태어난 것 같다!'라고 외치듯이, '새로운 탄생' 체험은 지극히 평범한 체험에 이르기까지 다양하다. 그렇지만 우리가 사는 지역에서 신앙 안에서 함께 자라나는 '당연함'과 '피상적임'의 측면에서 보면, 신앙에 이르는 것은 몸과 마음이 개운해지는 샤워 같은 체험의 의미를 더 이

76) Isaak von Stella, *Sterm.* 51, 7~8(*FC* 52/3, pp.806~807).

77) 교회를 이렇게 표현하는 것과 관련해서는 다음 문헌들을 참조하라: Schmid, *Brautschaft*, pp.554~556(Lit); Lubac, *Méditation*, pp.205~240(Lit); Y. Congar, "Mutter Kirche", in; V. Schnurr / B. Häring(Hrsg.), *Kirche heute*, Bergen- Enkheim, 1965, pp.30~38; H. Schnackers, *Kirche als Sakrament und Mutter. Zur Ekklesiologie von H. de Lubac*, Frankfurt, 1979; Ackermann, *Kirche.*

상 지니지 못한다. 따라서 신앙 안에서 우리를 낳는 '어머니인 교회'라는 표현에서는 모든 실존적 체험에 대한 토대를 볼 수 없게 되었다. 대신에 교회는 그 실재만으로도 사람들이 그 안에서 '편안함'을 느끼는 구체적인 공동체로 인지되거나 그렇지 않으면 '직무와 관계된 교회'로 인지된다.[78]

둘째, 어머니를 가지고 있다는 사실은 대략 11~12세기부터 어머니에게서 태어나 생명을 유지한다는 (객관적) 의식과는 더 이상 일차적으로 관련이 없었고, 어머니에게서 보살핌을 받고 양육되며 사랑받는다는 (주관적) 의식과 특히 관련이 있었다. 다시 말해 어머니와 함께 있음 또는 어머니를 가지고 있음과 결부된 경험들은 이 시기에 정서적 측면에서 시작되었다. 거의 모든 다른 영역에서도, 그리고 예수와 마리아에 대한 공경의 영역에서도 볼 수 있듯이 말이다. 어머니와 아기의 이러한 정서적 유대는 오늘날까지 유효하다. 오늘날에는 더욱 상승하였다. '어머니의 돌봄을 받는다는 것'은 누군가가 돌봄과 보살핌을 받지만, 스스로 자신의 삶을 꾸려간다는 체험에 기인한 것이다. 이런 맥락에서 '어머니인 교회'라는 표현은 곳곳에서 나를 동반하기를 바라지만, 나를 규제하고 나의 사생활 속으로 들어오는 교회와 거의 불가피하게 연관되어 있다. 이러한 연관성은 그리스도교 초기에, 엄밀히 말하면 근대 초기에 이르기까지도 완전히 불합리한 것이었으리라. 오늘날 어떤 사람이 그러한 '어머니인 교회' 안에서 살기를 바라겠는가! 다시 말해 어느 누가 끊임없이 의존하면서 살기를 바라겠는가! 교회는 사랑하는 어머니 대신에 오히려 이 단어

---

78) 이에 관해서는 다음 책을 보라: M. Kehl, *Mit der Kirche fühlen*, Würzburg, 2010, pp.10~11.

의 뜻과 상징에서 다소 어긋난 표현인 '가부장적인' 아버지의 모습으로 점점 더 등장하고 있다.

따라서 교회는 '어머니'라는 표현이 오늘날 우리에게 오히려 낯설다면, 그리고 이에 맞서 '어머니인 마리아'라는 표현이 일부 사람들에게 정서적으로 지나치게 느껴진다면, 교회와 마리아를 서로 결부시키는 다른 요인이 우리에게 더 친숙할 것이다. 그것은 구세사에서 탁월한 역할을 하는 '여성'이라는 원칙이다.

우리가 여기서 긍정적 의미만이 아니라 부정적 의미도 지닌 "살아 있는 모든 것의 어머니"인 하와, 그리고 그 반대 유형으로 '새 하와'인 마리아를 배제하고, 이 대목에서 나중에 상세히 다루게 될 '지혜인 여인(여성)'도 배제한다면, 앞에서 이미 지적한 바와 같이 하느님의 백성인 이스라엘은 결정적인 대목에서 하느님과 혼인한 여인의 표상으로 표현된다. '여인'은 성경 전체에 등장하므로, 구세사의 단일성이 그녀와 결부되어 특정한 주제로 다뤄진다. 이는 특히 성경의 마지막 책인 묵시록 2장에 나오는 '여인'에게서 분명해진다. 무수한 연상과 비유와 함께(제1권 1.4.를 보라) 하느님 백성의 역사가 '여인'의 표상이라는 주제로 다뤄진다. 그러나 이미 오래전에도 여인은 "이스라엘 전 역사의 한결같은 주체, (…) 개개인으로 이루어진 전체 민족, 모든 세대를 포용하는 단일성"이라고 알트프리트 카싱(Altfrid Th. Kassing)이 말한다. 이스라엘의 복잡한 역사의 모든 단계에서 "상징인 여성의 전체적 의미가 드러난다. 여기서 여성(여인)은 그 전(全) 역사의 하나이자 남아 있는 주체로서 전체 민족을 의미한다. 그리고 전체적 의미 안에는 그때그때마다 부분적 의미가 내포되어 있는데, 이 부분적 의미는 민족의 저 지체들, 곧 그때그때마다 언급된 행위들과 전 역사의 단계들을 일부 실현하는 지체들을 가리킨다."[79]

그런데 왜 여인(여성)일까?

이 질문을 던지면서 우리는 오늘날 쟁점이 된 문제, 곧 이른바 '젠더 이슈'와 대면한다. '젠더 이슈'에서 중요한 것은 남자와 여자의 차이를 적절히 표현하는 것이다. 이 책에서는 이 문제를 간략히 다루면서 몇 가지 기본 노선을 제시하겠다. 이 기본 노선이 모두에게서는 아니겠지만 일부 사람들에게서 공감을 얻으리라는 확신이 든다.[80]

지난 세기 중엽에 미하엘 슈마우스가 이렇게 기술했다. "남자와 여자는 (…) 서로 다르지만, 서로 보완한다. 각자 자신만을 위해 인간적인 면을 편파적으로 표현한다. 이때 남자는 여자 없이는 인간적 가치가 결여된다. 여자 역시 남자 없이는 인간적 가치가 결여된다."[81] 많은 사람이 이 견해에 동의하더라도, 남녀의 다른 특징들을 더 상세히 규정하고 구체화하고자 시도할 때면 커다란 모순에 봉착하기 마련이다. 두 가지 이유에서 그렇다. 첫째, 남녀의 모든 다른 특징은 사회문화적으로 제약되고, 따라서 매우 가변적이다.[82] 둘째, 서로 다른 성(性)의 특징을 표면적으로

---

79) Kassing, *Ort*, pp.47~48.

80) 오늘날 제기되는 '젠더 이슈'를 신학에서 간략히 개관하려면 다음 글을 참조하라: M.-Th. Wacker, "Eine Frage der Gerechtigkeit. Gott suchen - feministisch, gendersensibel, geschlechterbewusst", in: *HK*, spezial 2(2011), pp.47~51(Lit).

81) M. Schmaus, *Katholische Dogmatik*, Bd. II/1, München, 1962, p.362.

82) 여성 해방 운동의 선구자인 시몬 드 보부아(Simone de Beauvoir, *Das andere Geschlecht. Sitte und Sexus der Frau*, 독일어 번역본: Reinbek, 1951, p.265)가 다음과 같이 한 말은 많이 인용되고 있다. "인간은 여자로 세상에 태어나는 게 아니다. 생물학적·정신적·경제적 운명은 여성이 사회의 품에서 받아들이는 존재를 규정할 수 없다. 전체 문명이 남자와 유약한 사람(여자) 사이의 이 중간 존재를 형성하는 것이다."

만 중립적이고 객관적으로 기술하는 것은 어느 한쪽이나 다른 쪽에 따라서 늘 주관적 평가를 내리게 한다. 이 말은 특히 '남자의 특징'과 관계된다. '남자의 특징'을 기술하고 규정하는 것은 거의 언제나 더 높은 '평가'를 받았고, 이는 수백 년 동안 실제로 여자를 과소평가하는 결과를 가져왔다.

실제로 현대 사회에서도 남자의 고유성이 여자의 고유성보다 더 높이 평가되고 있다. 이로 인해 여성은 때로는 여성 해방이라는, 그러니까 여자도 남자와 동일한 존재이기를 바란다는 인상을 심어 준다. 그러나 이러한 입장을 취함으로써 여성은 현재의 '남성 중심 사회'에 자신이 줄 수 있는 가장 값진 것, 곧 여성은 특별한 존재임을 잃고 만다. 성의 다름은 대체로 '작은 생물학적 차이'로 축소되고 있다.

이런 측면에서 보면, 최근 들어 다시 남자와 여자의 고유한 특성을 강조하는 목소리들이 증가하고 있다.[83] 고유한 특성은 매우 많은 점에서 사회와 관련된 역할에 기인하지만, 모든 관점에서 그런 것은 아니다! 고유한 특성들은 (증명될 수 있음!) 생물학적인 면(서로 다른 체격, 신진대사), 서로 다른 병에 대한 전염, 서로 다른 기대 수명부터 시작해서 정서적인 면(환상과 갈망, 희망과 염원이 서로 다름)에 이르기까지, 결국엔 (더 이상 명확히 증명될 수 없음!) 정신적-영적 측면에 이르기까지 눈에 띈다. 이 영적 특성을 칼 레만은 수많은 저자의 견해를 토대로 다음과 같이 기술한다. "여성은 사회적으로 더 강하게 표현된 본질을 지녔으며, 사건이

---

83) 경험적 학문 영역에서도 목소리들이 나왔다. 가령 흥미를 일으키는 다음 책을 보라: D. Bischof-Köhler, *Von Natur aus anders. Die Psychologie der Geschlechtsunterschiede*, Stuttgart, 2002.

나 일보다는 사람에게 더 관심을 기울인다. 여성은 더 나은 적응력, 더 적은 공격성, 더 긴밀한 결속력을 지니고 있다."[84] 그리고 게르투르트 폰 르 포르(Gertrud v. le Fort)의 견해에 동의하면서 이렇게 말을 잇고자 한다. "여성은 받아들이는 존재이다. 여성에게서 희생의 신비를 볼 수 있다. 그렇지만 고대 철학에서 말하듯이, 수동성은 순전히 부정적인 것이 아니라, 그리스도인이 받는 은총에 비추어 가장 긍정적인 것이다. 기도, 자비, 희생정신, 봉사할 능력은 여성이 지닌 요소들이다. 따라서 여성의 표상은 마리아의 신비 안에서 완성되는 '영원한 여성'의 상징이다."[85] 특히 마지막 문장은 많은 사람에게 적어도(!) 불쾌감을 일으킬 것이다. 그렇지만 우리가 유념할 점이 있다. 이 모든 것에 있어서 중요한 것은 어느 한 성에게 다른 성이 가지지 못한 무언가를 약속하는 것이 아니라, (차이 안에는 결코 독점적인 것이 없다!) '통상적으로' ('규범'은 언제나 예외도 허용한다!) 체험들의 통합과 삶의 방식 및 행동 방식이 남자와 여자에게서 모두 다른 형태로 '일치'되는 것이다. 이때 실제로 여성이 체험하는 것들을 바라보는 '외적 시야'는 삶에 특별히 동참하고 생명을 전해 주고 지키는 것(단지 생물학적 의미에서가 아니라)에 의해 결정될 수 있을 것이다.

알트프리트 카싱의 말을 빌리자면, 하느님 백성의 '전체적 의미'가 바로 여성의 표상에서 표현된다면, 이는 선택된 하느님의

---

84) K. Lehmann, "Mann und Frau als Problem der theologischen Anthropologie. Systematische Erwägungen", in: Th. Schmeider(Hrsg.), *Mann und Frau - Grundproblem theologischer Anthropologie* = *QD* 121, Freiburg i. Br., 1989, pp.53~72, 여기서는 p.64.

85) *Ibid.*, p.70. 그리고 레만은 이어서 이렇게 기술한다. "이와 유사한 방향에서 부이에, 한스 우르스 폰 발타사르, 테야르 드 샤르댕, 앙리 드 뤼박 같은 신학자들이 생각과 구상을 제시한다."

백성과 그 구성원들은 '받는 존재'로서, 신앙과 헌신에 준비된 존재로서, 하느님으로부터 받은 생명을 전해 주고 "인내로써 열매를 맺는"(루카 8,15) 능력을 지닌 존재로서 이해될 수 있고, 또 그렇게 이해되어야 한다.

'여인'인 이스라엘과 이에 따라서 '여인'(여성)이자 '어머니'인 교회뿐만 아니라, '여인'(여성)이자 '어머니'인 마리아도 이러한 특성들을 보증한다. '여인'은 전체로서 남성들과 여성들과 교회를 위해 '하느님 앞에 선 인간'의 본보기임을 보여 주기도 한다. 이는 '도구적 인간'(homo faber)이 아닌, 자신의 부유함은 하느님으로부터 받은 것임을 아는 '비천한 종'에 의해 결정된 것이다(제2권 1.3.1.1.을 참조하라).

2.3. 결론

이번 장에서 밝혀졌듯이 마리아가 교회의 중심이자 인격적 형상이라면, 이는 교회의 구체적인 모습과 구체적인 생활에 엄청난, 어떻게 보면 '획기적인' 아무튼 강도 높은 비판적 결과를 가져온다. 이를 먼저 부정적으로 간략히 표현하면 다음과 같은 뜻이다. 즉, 마리아가 교회의 모든 차원과 관련해서 일종의 '첫 번째 유비'(analogum princeps)라면, 교회의 외적이고 제도적인 모습 자체가 본질적인 것으로서 처신하거나 과도하게 전면에 나올 수 없고, 교회성의 결정적 기준으로 이해될 수 없으며, 또 그래서도 안 된다. 이에 관해서는 아래에서 더 상세히 다룰 것이다.

2.3.1. 제도들의 과도한 우위

2.3.1.1. 제도들이 지닌 신학적 의미

교회의 제도와 외적 구조(말씀과 전승, 직무와 법, 성사와 전례 및 그 결과, 관리, 재정 등)는 앞에서 이미 언급되었던 것처럼, 신학적으로 볼 때 이미 교회의 구조 속으로 '들어간' '객관적인 영'과 관련된 것만이 아니라, 시간과 공간의 제약을 받고 "율법 아래"(갈라 4,4) 놓이신 하느님 아드님의 강생의 결과로도 이해될 수 있다. 이렇게 시간과 공간의 제약을 받고 특정한 '법' 아래 놓이신 성자의 '강생' 사건은 이와 결부된 교회의 제도적 형태인 '법'을 통해 지금도 유지되고 또 새롭게 일어나고 있다. 따라서 하느님의 자기 겸허와 그것에 기인한 구원은 객관적으로 앞서 주어진 것이고, 역사적 일회성을 지니고 되풀이될 수 없다는 것은 교회의 신앙과 이 신앙의 전수가 불가분의 관계에 있다는 것을 통해서 보증된다.

교회 안에서 제도들의 원형이라고 여겨질 수 있는 교회의 직무를 예로 들어 보자. 교회 직무와 관련해서 특히 분명해지는 점이 있다. 그리스도께서 당신의 구원 사업을 제도적으로 '중개'하시는 것은 특정 인물들의 주체적 능력과 결부된 것이 아니라, 지속적이고 명확히 규정된, '제도적인' 차원, 다시 말해 개인을 넘어서는 실재(實在)와 결부되었다는 것이다. 이 실재는 자기 자신을 넘어 직무의 근원이자 내적 토대이신 예수 그리스도를 가리켜 보인다. 예수 그리스도는 당신을 속이는 '대리자들'(부정적 의미에서)에게 사람들을 내맡기지 않으신다. 그분은 당신의 구원 사업을 계속하시는 것을 우연과 자의에 맡기거나, 구원을 중개하는 능력을 지닌 이들의 애매함과 위험성에 내맡기지 않으시고, 당신 자신이 부르심과 축성과 파견을 통해 현존하심을 '주체를 넘어서는' 방식으로 보여 주시면서 당신을 내어 주시고 구원 사업을 계속하신다. 그렇게 보면, 신앙인들의 공동체에 구원을 중개하는 일이 지닌 '직무적 특성'은 심오하게 무언가를 해방시키는 것을 의미한다. 개인과 하느님의 직접성은 왜곡되거나 억압되지 않는다. 어떤 사람이 종교적으로 숭고한 것과 연결되는 것과 그의 종교적 열정을 통해서도, 그의 한계와 가련함을 통해서도 그러하다. 신앙인은 그리스도와 만나기 위해 직무를 수행하는 사제의 '인성'이 아닌, 그가 수행하는 직무를 바라본다. 이 직무는 교회가 보증한 특정한 기능들을 통해 수행되며, 이 기능들 안에서 그리스도는 당신의 현존하심을 드러내신다. 따라서 직무가 지닌 제도적이고 개인적 차원을 넘어서는 것은, 개인과 하느님의 직접성을 가시적이고 상징적으로 중개하는 것일 뿐, 그것을 파괴하는 것이 아니다. 아우구스티누스가 다음과 같이 기술하면서 이것을 이미 강조했다.

> "주님이신 예수 그리스도는 당신이 원하셨다면 어느 종에게 당신 대신에 세례를 주는 권한을 위임하셨을 것이다. 그분은 세례를 베푸시는 권한을 포기하시고, 그 어떤 종에게 그것을 위임하셨다. 주님께서는 당신이 베푸신 세례로부터 나오는 힘을 종에게 주셨고, 그 종은 권한을 위임받아 사람들에게 세례를 주었다. 그렇기 때문에 세례를 받은 이들이 당신께서 자신들에게 세례를 주셨다는 것을 알기를 원하지 않으셨다. 그들이 당신께 희망을 두게 하시기 위해서였다. 따라서 주님께서는 종이 자신에게 희망을 두기를 원하지 않으셨다."[86]

교회의 다른 제도적 형태들(복음 선포, 성사 등)도 그러하듯이,

---

86) Augustinus, *In Joh.ev V,* 7(=*CC* 36, p.44).

'종'의 직무를 수행하는 사제는 주님께서 성령 안에서 행하시는 것을 대리하는 표징에 불과하다. 그렇기 때문에 그리스도를 대리하는 것으로 이해되는 직무는 '지배 이데올로기'가 아니라, 그리스도만이 교회의 주님이시라는 교회가 확신하는 신앙을 표현하는 것이다.[87] 사제직에 있어서도 중요한 것은 원래 카리스마에 근거한 권위의 '객관화'가 아니라, 막스 베버(Max Weber)가 주장하듯이,[88] 이 권위는 (이미 '객관화'라는 말이 언급되었다면) 주님을 가리키는, 인격을 넘어서는 (이런 의미에서 '객관적') 표징이라는 신학적 가치를 지닌다는 것이다.

따라서 교회 안에서 수행되는 '직무'는 '그리스도의 성사'이다. '직무'에 적용되는 것은 모든 성사에도 적용된다. 감각적으로 알 수 있는 실재(빵, 포도주, 안수, 혼인성사 때 신랑 신부의 "예" 응답 또는 공동 식사나 직업 활동, 결혼 생활 같은 삶에서 나타나는 동일한 표징들도)는 그리스도와 그분 영의 활동으로 말미암아 더 지고한 것을 위해서 명료해진다. 세속적인 것, 따라서 간과하기 쉬운 것, 평범한 것, 낮은 것은 '성사'의 가장 지고하고, 가장 중요한 것의 표징이 된다. 이 표징 안에서 그리스도는 당신을 내놓으시고 당신의 은총을 베푸신다.

교회 안에 있는 제도들은 과거의 구원 사건들에서 드러나고, 또 알 수 있었던 성사적 중요성을 넘어 두 가지 중요성을 더 지

---

87) H.J. Pottmeyer, "Der Papst Zeuge Jesu Christi in der Nachfolge Petri", in: K. Lehmann(Hrsg.), *In der Nachfolge Jesu Christi*, Freiburg i. Br., 1980, pp.58~91, 여기서는 p.60.

88) M. Weber, *Wirtschaft und Gesellschaft*, Hrsg. v. J. Winckelmann, Köln-Berlin, 1964, Bd. I, p.184; Bd. II, p.832 이하도 보라.

닌다.

(1) 외적 일치 형태 및 공동체 형태에서 창조 세계 전체의 향후 목표인 '친교'(Communio)가 단편적으로, 그리고 앞서 구상된다. 하느님의 구원은 개인의 주체적 내면성에만 관계되지 않고, 모든 구체적 실재를 의미한다. 그렇다면, 이미 언급했듯이, 제2차 바티칸 공의회는 교회를 완전히 고대 교회 전승의 가르침 안에서 "일치의 성사"(sacramentum unitatis)로, "일치의 표징이자 도구"라고 규정한다. 이는 하느님과 인간의 일치 및 사람들 간의 일치를 의미한다. 온 세상은 하느님으로부터 일치를 향해 있으며, 이는 구체적이고 가시적인, 세상의 모든 구조를, 그리고 외적 차원들도 감싸안은 일치다. 이런 까닭에 가시적인 교회는 세상 속으로 구원의 힘을 가져가도록, "더 큰 정의, 더 넓은 형제애, 사회관계에서 더 인간적인 질서를 확립하도록"(「사목 헌장」 35항), "인간의 세계를 변혁하도록"(「사목 헌장」 2항), "하느님의 가족으로 변화되어야 할 인류 사회의 누룩이 되도록"(「사목 헌장」 40항) 부름을 받기도 했다. 이로부터 가시적 교회, 그 '외적인' 활동, 그 구조와 제도는, 그리고 이로써 가시성뿐만 아니라 구체적 일치와 탁월한 일치 가능성을 보여 주는 결정체인 직무 역시, 이루 헤아릴 수 없을 정도로 높은 중요성을 지닌다.[89]

---

89) 전체와 관련해서는 다음 글을 보라: P. Hünermann, "Die theologische Grundlegung der christlichen Sozialethik in Gaudium et spes", in: M. Vogt(Hrsg.), *Theologie der Sozialethik* = *QD* 255, Freiburg i. Br., 2013, pp.23~62.
이 점에서 개신교가 교회를 이해하는 것과 관련해 중요한 차이가 있다. 교회는 오직

(2) 가시적 형태와 구조는 시간과 공간의 제약을 받는 교회의 신원을 보증한다. 이 둘은 비록 개별적으로는 가변성을 지녔더라도, 가시적 교회의 통시적(通時的, diachronisch) 일치뿐만 아니라 공시적(公示的, synchronisch) 일치도 보여 준다.

그러므로 교회 안에 있는 제도들을, 특히 직무와 법, 위계 구조를 축소하거나 변형하는 것, 교회, 교회의 '심장' 마리아, 그녀 안에서 활동하시는 성령만을 '그리스도의 몸'으로 바라보는 것은 중요한 것이 아니다. 두 가지, 곧 내적인 것과 외적인 것, 제도와 성령의 활동은 불가분의 관계에 있다. 제2차 바티칸 공의회 역시 이 둘을 서로 나란히 있거나 겹쳐 있는 실재로도, 서로 분리된 실재로도 여기지 않고, 그 대신에 "하나의 고유한 복합체적 실재"(eine einzige komplexe Wirklichkeit)[90]로 기술한다. 그러나 이 복합체적 실재는 조정되어야 한다! 그리고 이런 점에서 이제 다양한 역사적 변화들이 관찰되어야 한다.

의화론에 의해서만, 그러니까 개인의 (비가시적) 신앙에 의해서만 구상된다는 것이다. 가령 슈뵈벨(Chr. Schwöbel, *Gott in Beziehung. Studien zur Dogmatik*, Tübingen, 2002, p.386) 같은 개신교 신학자들마저 부정적 결과를 제시한다. 그는 이렇게 기술한다. "신학적 이해에 따라서 교회의 사회적 형상을 만드는 것은 종교개혁에 뿌리를 둔 개신교 신학의 불완전함을 보여 준다. 교회의 사회적 형상을 신학적으로 규정하는 것은 개신교 신학이 아직 해결하지 못한 과제로 보인다. 교회는 자신에 대한 신학적 본질 규정에 부합하고, 자신의 경험적 실재를 형성하고 이끄는 기능을 수행할 수 있다." 이런 까닭에 (슈뵈벨에 따르면) 비판해야 할 점이 있다. 의화론에 근거한 교회 개념은 "원칙적으로 교회의 사회생활을 이해하기 위해 규정되어서는 안 된다. 그렇게 규정되면, 교회를 개신교 신앙의 사회적 주체로서 이해할 수 있다."

90) 「교회 헌장」 8항에 다음과 같이 명시되어 있다. "교계 조직으로 이루어진 단체인 동시에 그리스도의 신비체, 가시적 집단인 동시에 영적인 공동체, 지상의 교회인 동시에 천상의 보화로 가득 찬 이 교회는 두 개가 아니라 인간적 요소와 신적 요소로 합성된 하나의 복합체를 이룬다고 보아야 한다." 이와 관련해서는 다음 글을 보라: W. Kasper, "Der Geheimnischarakter der Kirche hebt den Sozialcharakter nicht auf", in: *HK* 41(1987), pp.232~236.

2.3.1.2. 변화들

1천 년대는 교회를 무엇보다 '영적인 실재'로, 그리고 '신비'로 체험하였고, 교회의 가시적이고 제도적인 것에서 비가시적 실재에 대한 '성사적' 특성, 그러니까 '가리키는' 특성 및 봉사하는 특성을 알아차렸다. 반면, 12~13세기부터 직무가 점점 더 부각되고 이로써 외적인 교회 구조가 법제화된 것은 이브 콩가르가 비판하고 있는 것처럼, "가톨릭교회가 겪은 가장 큰 변화를 보여 준다."[91] 교회는 점점 더 가시적인 단체 이상으로 이해되었고, 신학 영역에서도 성찰되었다. 교회의 '외적인 면'과 '내적인 면'이 이룬 조화는 18~19세기부터 깨지고 말았다. 교회는 점점 더 사회적 제도와 유사한 것으로, 특히 국가와 유사한 것으로 이해되었다. "단일 민족 국가가 국가와 법의 단일성을 비롯해 교육 제도와 군대로 말미암아 공통된 민족의식을 싹트게 하고 견고하게 할 수 있었듯이, 가톨릭교회도 자신을 국가와 유사하게 이해하면서 내적 자유를 조직적으로 그리고 확신에 따라 구축할 것을 신자들에게 요구해야 한다고 보았다."[92] 이는 제도적 질서를 불변하는 신법을 통해 제정된(jure divino) 것이라고 선언하는 방식으로 진행되었다. 주님을 따름, 복음적 삶, 신앙인들의 친교, 함께 하느님을 찬

---

91) Y. Congar, "Die Lehre von der Kirche", in: *HDG* III/3e, Freiburg i. Br., 1971, p.62; ders., *Ecclesia*, p.92 이하. 카우프만(*Kirche*, p.34)도 이와 유사하게 생각한다. 교회의 신학적 개념은 "(…) 트리엔트 공의회 이후 시기에야 비로소 조직적이라는 사고와 결부되었다. 이전에는 오로지 상징적 표현만 사용되었다." 이 신학자는, 오늘날 우리가 교회라고 일컫는 것의 가시적인 사회적 연관성은 중세기에 '그리스도교'(christianitas)로 묘사되었다고 덧붙인다. 같은 책, 13~39쪽을 보라.

92) Kaufmann, *Kirche*, p.204.

미함은 더 이상 중요하지 않았다. 오히려 그 자체로 거룩한 교회 단체(완전한 사회조직, societas perfecta)가 더 중요해졌다.

그리하여 교회의 전 조직은 균형을 잃고 말았다. 제도적 차원은 카리스마적이고 인격적-친교적 차원('신앙인들의 공동체 체험')을 잠식했을 뿐만 아니라, 복합적 실재인 교회 안에는 이 두 가지 차원의 우위성, 의미, 중요성의 측면에서 큰 '차이'가 있다는 점도 간과되었다. 결국, 예수는 교회를 세운 것이 아니라, '운동'을 일으킨 것이 되었다. 예수는 하느님 백성의 외적 구조(예수 시대에는 이렇게 표현되지 않았음)를 바꾸거나 개혁하거나 새롭게 정비하지 않았다. 오히려 하느님 나라가 왔다는 메시지를 선포하면서 사람들에게 새로운 삶의 관점과 활력을 선사했다. 다시 말해 성령 안에서 하느님의 백성이자 예수의 제자로서 '복음에 따라' 살도록 초대한 것이다. '하느님 나라'가 마침내 오기를 기다리면서 말이다. 따라서 제도와 직무는 예수 그리스도가 세운 교회의 진수(眞髓)를 배제한 것이 아니다. 한스 우르스 폰 발타사르에 따르면, 결국 마리아와 교회는 "남자들이 직무를 수행하기 전에 이미 있었다."[93] 신앙인이자 하느님을 낳은 마리아는 교회의 원형, 모든 것을 포용하는 인물이다. 반면에 제도 같은 다른 모든 것은 인도하고 봉사하는 역할이나 설명하는 역할만 수행한다. 그렇기 때문에 가령 교황직(그리스도를 대리하는 교회 직무의 '최고봉')도 교회 내에서 실현될 수 있다. "그 이유는 이렇다. 베드로는 그리스도의 복음을 선

---

93) v. Balthasar, *Klarstellungen*, p.72.
발터 카스퍼(*Katholische Kirche. Wesen - Wirklichkeit - Sendung*, Freiburg i. Br., 2011, p.220)도 발타사르에 이어서 다음과 같이 기술한다. "교계제도를 더 명확히 상대화하는 것은 가톨릭교회의 마리아론을 통해 상대화되는 것처럼 생각할 수 없다. 남자들인 사도들이 직무에 부름을 받고 그 직무를 수행하기 전에 이미 교회는 마리아 안에 있었다."

포하면서 다른 사람들처럼 여성의, 마리아의 '예'를 응답해야 했다. 그의 직무는 신부(Braut)가 역할을 수행하는 것이다"[94]라고 이 바젤 출신의 신학자는 강조한다. 직무는 성사일 뿐이다. 성사는 외적 표지 아래 '실제로' '참으로' '궁극적으로' 중요한 것, 곧 하느님과 인간의 '혼인'을 전수하고 가시적 요소들 아래 그것을 앞당겨 실현한다. 그리고 그것을 위해 '투명'해야 한다. 이 혼인은 "위격이신 하느님과 인격인 인간 사이에서 이루어진다. 그러나 이 만남을 교회의 만남으로 만드는 모든 것이 그 혼인을 가능하게 한다." 하느님과 신부인 피조물의 이 만남을 위해 "이제 구조라는 뼈대가 설치되고, 나중에 다시 철거될 것이다. (…) 그러므로 이 만남은 교회의 본래적 핵심이어야 한다."[95] 인간의 측면에서 보면, 하느님과 인간의 이 '신비적' 만남은 신앙과 희망과 사랑을 위한 구체적 행위에서, 그리고 피조물의 숭고한 목표인 일치와 평화와 화해를 위해 '적극적으로' 투신하는 데에서 실현된다. 이 '혼인'과 그것에 부합하는 태도를 '마리아'가 보증한다. '제도'는 마리아와 연결되면 글자 그대로 '구조'의 기능을 수행한다. 인간의 뼈대가 고유한 삶의 과정을 위한 '부차적 구조'(Substruktur)이듯이 말이다. 이 구조가 없으면 고유한 삶의 과정은 물론 진행될 수 없다! 그러나 단순한 구조 내지 뼈대는 생명이 없다. 구조만 세우는 것, 그리고 먼저 구조를 위해 애쓰는 것은 "헛되이, 목적 없이 열중하는 것"(passion inutilie, 장 폴 사르트르)이다. 이 모든 것은 의미와 중요성 없이 남아 있다. 그렇기 때문에 교회의 제도들에, 특히 교회의 직무적이고 위계적인 요소에 대해서 "마리아적 관점에서 바

94) v. Balthasar, *Spiritus*, p.217.

95) v. Balthasar, *Sponsa*, pp.164~165.

라보는 교회론으로부터 의미 있는 '상대화'가 이루어져야 한다."[96] 이는 이론적이고 신학적인 관점에서만 중요한 것은 아니다! 무엇보다 교회의 사목 활동에도 중요하다. 여기서 요아힘 반케(Joachim Wanke) 주교의 말을 들어 보자. "교회는 아무것에도 '집착하면' 안 되고, 지배해서도 안 된다. 하물며 등급을 나눠야 하겠는가! 교회는 연대하고 공감하면서 사람들이 가는 길에 동반하고, 그들에게 부활을 향한 삶의 지평을 넓혀 주는 복음을 전해야 하며, 하느님을 향해 길을 찾는 여정에서 굳세어지게 해야 한다."[97] 간략히 말하면 이렇다. 교회는 '복음적 운동'으로 다시 인식되어야 한다. 교회는 마리아의 모습을 지녀야 한다.

다시 한번 강조하겠다. 실제 존재하는 교회에 대한 비판적 기준점으로 마리아를 대척점에 세워야 한다. 하지만 이는 신앙을 부적절하게 영성화하거나 개인화하는 것, 그리고 결과를 고려하지 않고 단지 한 개인의 마음을 사로잡는 '신심'과도 전혀 관련이 없다. 하느님과 인간의 '신비적 만남'은 구체적인 시간과 상황 안에서만, 그리고 살면서 종종 직면하는 힘든 도전에 응해야만 이루어진다. 그런 경우에만 교회는 자신의 사명을 실현할 수 있고, 제도적인 면만이 강조되는 자신만의 특별한 세계에 갇혀 있지 않게 된다.

---

96) v. Balthasar, *Klarstellungen*, p.70.

97) J. Wanke, "Auskunftsfähig für das Evangelium", in: *Zur Debatte* 5/2013, p.6.

2.3.1.3. 왜곡된 것

이미 언급한 바와 같이, 이 부분을 강조하는 것은 지난 세기들에 교회가 지닌 제도적이고 직무적인 면이 부각되었고,[98] 신앙이 교회의 제도적 차원으로 더욱 집중되었기 때문이다. 베네딕토 16세 교황조차 2011년 9월 24일에 프라이부르크에서 이렇게 말했다. "우리에게 영적인 것들이 구조들에 의해 가려져 있다는 것을 우리는 진지하게 말해야 합니다." 이를 다시 근본적으로 상대화하는 것은 특히 지난 수십 년 동안 성직자 중심의 직무, 특히 교황청이 교회의 모든 사건에 대해 거의 배타적 우위를 요구해 왔기 때문에 훨씬 더 중요하게 여겨진다. 교회가 그 외적 구조에 있어서 지금처럼 그렇게 중앙집권적이고 중앙 조직을 중심으로 조직화된 적은 없었을 것이다.[99] 교회의 완전한 중앙집권화에 관한 '이론적' 토대가 제1차 바티칸 공의회 이후에 마련되었지만, 이 '이론'은 결코 실제에 완전히 적용될 수 없었다. 시간이 많이 소요되는 소통 및 전달 경로 때문이었다. 이는 오늘날 근본적으로 바뀌었다. 빠른 통신 수단과 지역에 상주하는 중개자들 덕분에 로마 교황청 소속 일부 '책임자들'은 세계교회를 일관성 있게 관리하거나, 적어도 관리하고자 시도할 수 있었다. 지역교회의 요청을 빈번히

98) 오늘날 많은 그리스도인의 머리와 마음은 이에 맞서 (이는 전적으로 옳다!) 교회의 '탈제도화'로 향해 있다. 이와 관련해서는 다음 책을 보라: M.N. Ebertz, *Erosion der Gnadenanstalt? Zum Wandel der Sozialgestalt von Kirche*, Frankfurt, 1998.

99) 철학자 찰스 테일러(Ch. Taylor, "Formen religiösen Lebens", in: *Zur Debatte* 3, 2012, pp.17~18, 여기서는 p.18)도 그렇게 생각한다. "지금 로마 교황청은 역사에서 유례를 찾아볼 수 없을 정도로 중앙집권화가 되어 있다. 그 수준은 중세기의 상황을 넘어선다. 중세기에는 늘 권위에 의존했으며, 지도부와 개인이 균형을 이루기도 했다. 오늘날 우리는 중세기의 상황과 달리, 오히려 계몽된 전제주의 아래 놓여 있다."

간과하는 일부 주교들을 통해서, 지역교회의 원의와 사안을 무시하는 보편적 전례 규정을 통해서, 복음의 중요한 요소들을 덮어버리는 신앙의 윤리화를 통해서, 마치 '근본주의'와도 유사하게 신앙을 그저 규정된 내용 내지 '확고 불변한' 교의의 체계로 보고, 신앙에 대한 미시적 통제를 가하면서 말이다. 특히 신학 교수들과 그들이 쓴 책들이 검열에 통과하려면, 곤혹스럽고 불안한 가운데 교황청 신앙교리부의 감독을 받게 된다. 그러한 중앙집권화에 맞서 제2차 바티칸 공의회 때 구상된 주교들의 '유대'는 공의회 이후에 새로운 교회 생활로 이어지지 않았다. 예나 지금이나 주교들은 "위로부터 받은 명령을 묻지 않고 곧장 수행하기를 기대하는 (…) 다국적 기업의 지점장처럼"[100] 처신한다고 예수회원이며 정치학자이자 조직 분석가인 토마스 레제(Thomas J. Reese)가 날카롭게 지적한다. 로마의 주교 시노드는 구실을 늘어놓기만 하는, 사실은 별로 중요하지 않은 모임과 같다. 따라서 교회는 '마리아처럼 다양한 면모'를 지녔다고 말할 수 없으며(시편 44편 14절에 '임금님 딸'이 한껏 화사하게 꾸몄다고 나와 있다), 마리아처럼 내적 태도도 전혀 지니지 못하고 있다. 그 대신에 교회 생활의 중앙집권화와 신앙의 제도화는 표상을 비롯해 교회 내의 이데올로기적 자기표현과 권력유지를 위한 투쟁, 도덕주의와 독단주의를 규정한다. 그리하여 1981년부터 '교황청 설교자'였던, 라니에로 칸탈라메사(Raniero Cantalamessa) 같은 인물은 다음과 같이 기술한다.

"교회 내에서 벌어지는 토론들은 무엇을 향해 있는가? 예를 들

[100] Th. J. Reese, *Im Innern des Vatikan. Politik und Organisation der katholischen Kirche*, 독일어 번역본: Frankfurt, ^{5}2005, p.9.

어 하느님의 은총을 향해 있을까? 아니다. 그 토론들은 외부로부터의 지원, 관계 유지, 계약 체결만을 빈번히 목표로 삼는다. 인간은 누구나 사건들을 기준에 따라 바라보려고 애쓴다. 사건들이 자신에게 그 어떤 방식으로 무언가를 가져다주는지, 자기 자신과 고유한 이데올로기를 위해 도움을 주는지 여부를 따지는 것이다. 따라서 하느님의 은총은 과오를 막아 주는 것이 되고, 교회는 너무나 쉽게 말하는 모든 비판가의 표적이 된다."[101]

그러나 지역교회와 지역 공동체에서도 상황은 더 나아 보이지 않는다. 교회는 늘 많은 사람에게 그저 하나의 '기관'으로 여겨질 뿐만 아니라, 교회 자신도 그렇게 처신하고, 또 그에 부합하게 조직되어 있다. "사목 활동은 특정한 성과를 위해 보장된 독점권을 지닌 집행부와 같다. 이 경우에 성과는 '확신과 방향 설정'의 영역에서 나온다."[102] '성과를 내는 기업인 교회'의 독점권은 통신사(Telecom)의 독점권처럼 되었고, 교회는 "갑자기 종교적 상품들이 진열된 시장에" 있게 된 시기에 오늘날 곳곳에서 큰 위기가 발생하는 것은 놀라운 일이 아니다. 게다가 일부 성직자들은 교회를 다른 세속적 기관들과 유사하게 이해한다. 적잖은 수의 교

---

101) Caltalamessa, *Maria*, p.37.

102) M. Herbst, "Kirche wie eine Behörde verwalten oder wie ein Unternehmen führen? Zur Theologie des Spirituellen Gemeindemanagements", in: H.-J. Abromeits u.a.(Hrsg.), *Spirituelles Gemeindemanagement*, Göttingen, 2001, pp.82~110, 여기서는 pp.82~83.
파울 베를레(Paul Wehrle) 부주교도 이런 맥락에서 다음과 같이 기술한다. "오늘날 본당 사무실은 차라리 정해진 성당 개방 시간이 언제인지, 어떤 일들을 하고 어떤 부서들이 있는지 안내하는 곳이라는 인상이 들게 한다"(City-Pastoral. Seelsorge an den Wegen der Menschen, in: ders. / T. Licht, *City=Pastoral in der Erzdiözese Freiburg* = Freiburger Texte 47, Freiburg, 2002, p.10).

우들도 사제를 향하고, 사제의 말에 동조한다. 사제는 모든 주도권을 쥐어야 한다고 그들은 말한다. 그래야만 실제로 교회가 존재한다는 것이다. 이렇게 성직자와 위계 구조가 '부각'된 것을 보면서 칼 라너가 말년에 '교회를 위하여'(Für die Kirche)라는 기도문을 작성했는데, 이는 우리에게 깊은 생각을 하게 한다.

> "교회 조직의 명성만 생각하는 것은 얼마나 무료하고, 또 시대에 뒤떨어진 것인지요! 때로는 교회의 '직무 수행자들'이 근시안적이고 권력 지향적이라는 생각이 듭니다. 부정적 의미에서 그들은 보수적이고 성직자 중심적입니다. 그들이 자신의 자리를 유지하기 위해 지나치게 엄숙하다면, 그들이 자신의 좋은 뜻과 헌신을 남들에게 보여 주기 위해 명민하게 유지한다면, 이는 더욱더 비열합니다. 그들은 공적으로도 그리고 분명히 자신의 과오와 오류를 고백한다는 것, 오늘날 사람들이 그들에게 오류가 없음을 믿고 그들이 지난날에 저지른 큰 과오와 실수를 잊기 바란다는 것을 저는 거의 듣지 못하기 때문입니다. (…) 그들은 매우 도덕적이지만, 당신께서 은총을 베푸시어 당신 자신을 내어 주신 기쁜 소식에 대해 기쁨에 도취되어 정신과 마음이 터질 듯한 것은 거의 느끼지 못합니다. (…)."[103]

한편으로는 제도와 중앙집권화, 성직자 중심의 교회 기구와 도덕주의 사이에, 그리고 다른 한편으로는 은총을 누리는 기쁨의 삶 사이에 팽팽하게 감도는 이러한 긴장은 교회가 다시 마리아

103) K. Rahner, *Gebete des Lebens*, Freiburg i. Br., ^{4}1984, pp.142~143.

의 모습을 지녀야만 해소될 수 있다. 마리아 안에서 교회의 외적 구조와 질서, 신앙 규범은 교회의 '심장'을 향해 있다.

이 모든 것은 물론 성직자 중심의 교회 기구의 문제만이 아니고, 평신도들에게도 해당된다. 한스 우르스 폰 발타사르는 평신도들에 대해서 다음과 같이 비판적으로 말한다.

> "공의회 이후의 교회는 그 신비적 특성을 계속 잃었다. 공의회 이후의 교회는 영속적인 대화, 조직, 자문단, 회의, 시노드, 위원회, 학술원, 단체들, 압력을 행사하는 그룹들, 기능, 구조, 변경, 사회적 시험, 통계 등의 요소들로 구성된 교회다. 그 교회는 남성들로 구성된 교회 그 이상이다. 여성이 영역을 점점 더 넓혀가는, 성별을 따지지 않는 조직이 아니더라도 말이다. (…) 사람들은 심지어 '정치 신학'이나 '비판적 가톨리시즘'에 관해 말한다. 이것들은 일부 신학 교수들과 적개심을 품은 학생들이 토론할 주제다. 단순히 부드러운 젊은 남성들이 아닌 아이, 여성, 노인, 환자들로 구성된 공동체라면, 그 주제를 다루기 힘들 것이다. (…) 이러한 전형적으로 남성적이고 추상적인 '발명품'이 교회의 가장 내적인 여성성, 마리아성이 포기되었다는 이유로 주도권을 쥐어서야 되겠는가? (…) 마리아론 없이 그리스도교는 비인간적이 될 위험에 직면해 있다. 교회는 기능주의적으로 되고, 영혼이 없으며, 쉬지 않고 분주히 돌아가고, 계획된 것만 실행하는 가운데 낯설어진다. 이렇게 남성중심적 세계에서는 늘 새로운 이데올로기들이 생겨나므로, 모든 것은 논쟁적이고 비판적이며 씁쓸하고 유머가 없게 되며 결국엔 무료해진다. 그리고 사람

들은 대체로 그러한 교회에서 살게 된다."[104]

2.3.2. 마리아와 교회로 향함

사람들이 이 책에서 몇 가지 현상을 해석한 것과 논쟁적 관점에서 표현한 것들, 그리고 이와 관련해 일부 신학자들, 예를 들어, 라너, 발타사르 등이 주장한 견해에 동의하지 않더라도, 이를 분석하는 것은 피할 수 없는 듯 보인다. 제2차 바티칸 공의회 이후의 교회는 그 '신비적 특성'을, 더 정확히 말하면 신앙(우위에 있는 '신앙 행위'로서)과 희망과 사랑이라는 영적 실현에 우위를 두는 것을 잃어버렸다. 교회는 마리아에게서 계속 멀어짐으로써 남성 중심적 구조를 지니고, 남성들이 집행하는 제도로 전락했다고도 사람들은 말할 수 있다. 이는 특히 수년 전부터 교회 내에서 (매우 의심스러운 논증에 기반을 둔) 외적 구조 형태를 놓고 토론이 벌어지고 있는 점에서도 드러난다. 이로써 일의 본말(本末)이 뒤바뀐 것은 아닐까?

다시 한번 말하겠다. 구조와 영이 대립하는 것은 이러한 수사학적 질문으로는 결코 명확히 드러나지 않는다. 이미 밝혀진 바와 같이 교회는 '내적인 것'과 '외적인 것'으로 '복합적인 일치'를 이루기에, '영적인 것'은 '외적인 것'에서, 그리고 이로써 구조와 제도와 명확한 행동에서 표현되어야 한다. 반대로, 조화를 이루

---

104) v. Balthasar, *Klarstellungen*, pp.70, 72.

는 이 요소들은 영적 삶에 긍정적 영향을 미칠 수 있다. 그렇지 않으면 부정적 결과를 가져올 수도 있다. 부적절하고 잘못 이루어진 구조, 왜곡되고 시대에 뒤떨어진 제도, 바람직하지 않은 방향으로 전개되는 행동은 영을 마비시키고 가로막을 수 있다. 그렇지만 이러한 상호작용을 인정하면, 마리아 안에서 나타나는 교회의 모습은 우위를 지닌다. 참된 쇄신은 내면에서 나와야 한다. 교회 역시 내면으로부터 오류 없이 외적 영역에 영향을 미칠 수 있다.

이와 관련해서는 초기 그리스도교에서 일례를 들 수 있다. 바오로는 도망친 종 오네시모스를 그의 주인 필레몬에게 이야기하면서 "그를 더 이상 종이 아니라, 종 이상으로, 곧 사랑하는 형제로"(필레몬에게 보낸 서간 16) 돌려받게 되었다고 편지에 썼다. 이러한 새로운 내적 태도와 함께 '형제'는 전혀 새로운 것으로 승화되었고, 이 새로운 것은 "초기 그리스도교 영역에서 비교할 만한 것"이 전혀 없었다. "신약성경에 등장하는 '형제'라는 사고는 원시 그리스도교에서 본질적인 것이었고, 공동체에서 모든 사회적이고 인종적인 제한에 대해 전혀 개의치 않는 것을 목표로 삼았다."[105] 바오로를 비롯해 초기 그리스도교와 고대 세계에서 '노예' 제도는 실제 사회 질서에 '자명하게' 주어진 것, 전혀 문제가 되지 않은 것이었다.[106] 그렇지만 마음의 중심에 있는 신앙으로

[105] F. Laub, *Die Begegnung des frühen Christentums mit der antiken Sklaverei*, Stuttgart, 1982, pp.92~93, 118.

[106] 더 정확히 이해하기 위해서는 다음과 같은 사실도 고려해야 한다. 즉, 고대 시대에 노예 신분은 우리가 오늘날 (식민지 시대 이후) 그것과 대체로 결부시키는 비인간성을 연상시키지 않았다. 고대 사회사와 경제사를 연구하다 보면 늘 주목하게 되는 점이 있다. "고대 사회에서 재산으로 여겨진 노예는 가령 인격체로 간주되는 자유 임금

부터 우리는 한 아버지와 한 어머니에게서 나왔기에 서로 형제이자 자매이며, 종에서 사랑하는 형제가 되었기에, 고대의 노예 제도는 내부로부터 무너지고 느슨해졌다. 따라서 이 노예 제도가 사회문화적 제약이 달라졌기에 다른 사회적 형태로도 바뀐 것은 단지 시대의 문제일 수 있었다. 그러므로 구조 변경은 내부로부터 이루어진다!

그러한 구조 변경이 내부로부터 이루어지지 않으면, 교회는 (요즘 몇몇 지역에서는 이런 현상이 두드러지게 나타나고 있다.) 공적이고 가시적이며 제도적인 모습이 부각되어 자기 지역을 관할하고, 싫든 좋든 '세상'의 형태와 기준에 맞춘다. 요셉 라칭거가 수년 전에 다음과 같이 기술한 문장에서 그것을 알 수 있다. "교회가 다시 비인격적이고 순전히 제도적인 모습으로 보인 것은 마리아론과 교회론에 손상을 입혔다."[107] 따라서 교회에 가장 필요한 것은 교회가 마리아의 모습을 다시 발견하고 현실화하는 일이다. 클라우스 헴멀레의 말을 빌려 간명하게 표현하면, 교회는 "베드로와 교황직보다 마리아와 마리아의 직무에 의해 더 표현되어야 한다."[108] 제2차 바티칸 공의회에서는 마리아가 교회에 통합되었듯이, 오늘날에는 교회가 마리아에 통합되어야 한다. 그래야 신앙의 신비에 집중하게 되고, 교회의 제도화가 건전하게 '상대화'될 수 있다.

노동자보다 원칙적으로 더 높은 위치에 있었다"(라우프, 같은 책, 40~41쪽).

107) J. Ratzinger, "'Welchen Begriff hatte das Zweite Vatikanische Konzil von der Gesamtkirche?' Vortrag vpm 27.2.2000 im Vatikan", in; *Die Tagespost*, Beilage März, 2000, p.8.
발타사르(*Klarstellungen*, p.72)도 이와 유사하게 생각한다.

108) Hemmerle, *Trinität*, p.173.

이는 최근 수십 년에 걸쳐 '종교'의 성격이 전반적으로 달라진 것보다 훨씬 더 중요하다. 종교는 "세상이 기원(起源)을 설명하는 주체, 정치적 권력을 행사하는 것이 합법적임을 마련해 주는 주체, 사회의 결속을 굳혀 주는 주체라는 역할을 마쳤다."[109] 이것으로 종교의 중요성은 결코 끝나지 않았다. 이와 정반대다! 토마스 루크만이나 울리히 벡은 근대에는 모든 삶의 형태가 개인주의화하는 특성을 띤다고 주장하였다. 그리고 종교는 자신의 체험과 자신의 문제에 초점을 맞추고 있다. 이에 근거하여 현재 더 강력해지고 있는, 그리고 때로는 간과되고 있는, 종교성을 라이너 부허(Rainer Bucher)의 말을 빌려 다음과 같이 표현할 수 있다. "종교는 교회적 형태에 있어서 점차 덜 사회화되고 있다. 종교는 배타적 멤버십, 무조건적 순종, 포괄적 힘의 구상에 따라서 체계화된다. (…) 확고한 지위를 가진 교회 안팎에서 완전히 새로운, 더 이상 구성원들과 공동체와 순종에 초점을 맞추지 않는 행동들이 형성되고 있다."[110] 세상이 점차 도시화되는 것도 이렇게 전개되는데 기여한다. 대도시는 말하자면 "그리스도교 신앙이 새롭게 형성되기 위해 필요한 실험실"[111]이다. 익명성, 전망할 수 없음, 잘못 정해진 기준점으로 특징지어진 이러한 거대한 도시에 사는 사람들은 교회를 전혀 새로운 방식으로 실현하기를 지향한다. 제도

---

109) H.-J. Höhn, "Soziologie in der Theologie - oder: Der Blick von außen auf den Blick nach außen", in: A. Kreutzer / Fr. Gruber(Hrsg.), *Im Dialog. Systematische Theologie und Religionssoziologie* = *QD* 258, Freiburg i. Br., 2013, pp.56~72, 여기서는 p.59.

110) R. Bucher, "Stabikität in einer 'Fluid Church'", in: *Zur Debatte* 8(2012), pp.28~30, 여기서는 p.28.

111) M. Eckholt, "Christian an den Crossroads der Städte", in: M. Siewernich / K. Wenzel(Hrsg.), *Aufbruch in die Urbanität. Theologische Reflexion kirchlichen Handelns in die Stadt* = *QD* 252, Freiburg i. Br., 2013, pp.27~65, 여기서는 p.47.

화된 본당 공동체의 방식이 아닌, 복음을 중심으로 모인 다양화된 단체로서 말이다. 마르기트 에크홀트(Margit Eckholt)가 주장한 바처럼, 남아메리카의 대도시들에서 성령 강림을 기리는 공동체들이 호황을 누리고, 신앙인의 정체성을 더 이상 기존의 큰 공동체가 아닌, 그러한 '휴식처'와 '숙박소'에서 찾는 것은 놀라운 일이 아니다. 그러나 이는 결코 신앙과 교회 생활을 고립되고 축소되는 모습으로 이끌지 않는다. 그레이스 데비(Grace Davie)와 빈프리트 겝하르트(Winfried Gebhardt)가 "친밀함 없는 신앙"(Believing without Belongung)과 "헌신 없는 친밀함"(Belongung without commitment)이라고 말한 것처럼 말이다. 그렇지만 그러한 새롭고 '더 자유로운' 공동체,[112] 제도화된 구조로부터 늘 그렇게 작은 형태를 전제하는 공동체는 구체적인 문제를 안고서도 새롭고 자유롭고 단호하게 세상을 향해 나아갈 수 있다.

세상의 모든 것이 그러하듯 물론 반대되는 감정이 양립하고, 때로 애매한 이러한 전개 과정은 '마리아'로부터 일종의 합당함과 신학적 심화 과정도 체험할 수 있지 않을까? 마리아로부터 바라본다면, 교회는 국가와 유사한 단체가 아니고, 먼저 "구성원들과 공동체와 순종에 초점을 맞춘 일종의 '종교적 기업'이 변형된 것도 아니다." 교회는 오히려 하나의 '운동', 하느님의 순례하는 백성이 이 세상을 거쳐 가면서 하는 '운동'이다.

이 '운동'에서 중요한 것이 세 가지 있다.

---

112) 이러한 새로운 공동체 형태에 관해 겝하르트[W. Gebhardt, "Believing without Belongung? Religiöse Individualisierung und neue Formen religiöser Vergemeinschaftung", in: Kreutzer / Gruber(Hrsg.), *Dialog*, pp.297~317, 여기서는 p.304]는 다음과 같이 말한다. "개인주의화는 (그렇게 빈번히 언급되듯이) 구조 없음으로 이끌지 않고, 사회적 삶의 새로운 (때로는 기본적인) 구조 변경으로 이끈다."

(1) 많은 형제와 자매에 의해 지탱하는 개인은 완전히 인격적인 방식으로 '마리아'가 된다. 다시 말해 신앙으로 살고 신앙을 증언하며, 신앙 안에서 그리스도를 자신 안에 받아들이는 사람이 된다. 그러므로 많은 개개인으로부터 '그리스도 전체'의 다양한 형상을 지닌 '그리스도의 몸'이 태어난다.

(2) 모든 개인과 하느님 백성을 이루는 모든 형식적이고 비형식적인 지체들(단체, 본당, 교구, 세계교회)은 복음과 성사가, 특히 일치를 드러내는, 일치와 화해와 평화의 표징인 성체성사가 효력을 갖게 한다. 그리고 사람들이 있는 곳에서 분열된 세상을 일치시키는 누룩으로, 일치의 표징으로 영향을 미친다. 일치는 모든 피조물의 목표, 곧 존재하는 모든 것이 하느님과 그리고 서로 '혼인'하는 것, 세상의 '삼위일체화' 그러니까 삼위일체 하느님과 친교를 이루며 서로에게 맞추는 것이다.

(3) '운동'인 교회는(제2권 1.3.2.3.에 명시된 결과를 보라) 마리아의 신앙이 그렇듯이 '단순한' 신앙에 기인한다. 그러므로 교회와 신앙이 마리아에게서 '초벌'이 된 것은 '시대의 징표'에 부합하고, 현재의 사회적 변화의 요구에 전적으로 부합한다.

MARIA
ECCLESIA

II

제3장

‘하느님의 협력자’(2코린 6,1)인 마리아와 교회

제 3 장 • '하느님의 협력자'(2코린 6,1)인 마리아와 교회

마리아론이 안고 있는 '고전적' 문제 중 하나는 마리아가 구원 과정에서 어떻게, 그리고 어느 정도로 협력했느냐는 것이다. 마리아가 구원 과정에서 협력했다는 것은 하느님 아드님의 강생이 마리아의 "예" 응답 없이는 불가능했고, 이런 까닭에 마리아는 영원히 '우리 구원을 위하여'(propter nostram salutem) 아드님을 품었다는 점에 비추어 절대로 부인될 수 없다. 그런데 이는 구원의 출발점에 불과한 것일까? 우리는 앞에서 다음과 같은 점을 알게 되었다. 즉, 초기 신학자들, 예를 들어 이레네우스와 오리게네스 등은 마리아의 협력을 훨씬 더 근본적인 것으로, 훨씬 더 광범위한 것으로 보았으며, 교회가 구원을 중개하는 것과 나란히 놓았다. 그렇다, 그것과 동일시했다. 중세기부터 비로소 신학은 마리아의 중개 역할을 점점 더 조명하기 시작했다. 이러한 구원을 중개하는 마리아의 역할을 우리는 어떻게 이해하고 또 이에 주목할 수 있을까?

3.1. 마리아와 교회 - 구원 과정에 협력

3.1.1. 피조물의 협력?

앞에서 신앙은 '은총 사건'임을 밝히는 대목에서(제2권 1.2.1.) 우리는 피조물의 협력에 대해 다뤘다. 은총을 받은 이가 자유로이 협력하지 않으면 하느님과 피조물은 바람직하게 만날 수 없다. 그리고 은총이 이어지지 않으면, 이 은총은 열매를 맺지 못하고 의미도 없다. 우리는 앞에서 다음과 같은 점도 알았다. 즉, 은총을 받는 것과 이 은총을 전해 주는 것은 원래 두 개의 상이한 '행위'가 아니다. 오히려 받은 구원을 전달해 주는 것은 "그리스도의 구원 행위를 받아들이는 것"(칼-하인츠 멘케)이다. 사명을 받아들이고, 받은 은총을 전해 주면서 자유로이 응답하는 것은 신적 은총을 받아들이는 것에 속한다. 칼 라너도 이와 동일한 방향에서 바라본다. "구원은 인간에게서 영향을 받지 않는다. 그러나 인간 자신과 인류 공동체를 위하여 인간에 의해 받아들여진다. (…) 우리는 누구나 자신의 방식으로 형제자매들의 구원에 협력하도록 부름 받았다. (…) 우리는 모두에게 중개자이다. 우리 모두 다 그렇다."[1] 따라서 다른 사람들의 구원을 위해 중개자가 되는 것은 신앙을 받아들이는 것에 속한다. 다시 한번 단호히 말하자면, 그렇게 '받은 은총을 전해 주는' 능력은 전적으로 은총 자체에서 나온 것이다.

이 모든 것은 개개인은 물론 전체인 교회에도 해당된다. 그러나 먼저 '구원의 출발점'인 마리아와 인격적 중심인 교회에 해당된다. 여기에 심지어 마리아와 교회가 동일시되는 본질적 요인이 들어 있는 것처럼 보인다. 교회가 구원에 협력함과 '중개자'인 마리아의 역할이 '하나 됨'은 처음부터 참으로 중요한 의미를 지녔다. 그리하여 이 둘에게 '구원의 중개자', 경우에 따라서는 '공동 구원자'라는 칭호까지 붙여졌다.

마리아와 교회에 그러한 칭호가 붙여지면 먼저 격렬한 이의가 제기된다는 것, 그런 이의는 개신교회에서만 제기되지 않는다는 것은 충분히 이해할 만한 일이다. 당연히 규범적인 의미에서 구원은 오직 하느님으로부터만 올 수 있다.[2] 오직 하느님만이 인간을 용서하시고 인간에게 새로운 시작을 선사하실 수 있다. 오직 하느님만이 성경에서 비유적으로 하느님과 인간의 '혼인'을 가리킨 것으로, (덜 비유적으로 말하면) 피조물에 신적 생명을 불어넣는 것으로 인도하실 수 있다. 이 모든 것에 있어서 인간(마

---

1) 마투쉐크(D. Matuschek, *Konkrete Dogmatik. Die Mariologie Karl Rahners*, Innsbruck-Wien, 2012, p.204)는 이렇게 라너의 입장을 간략히 기술한다.

2) 여기서 개념을 규명해 보겠다. 신학에서는 통상적으로 '객관적 구원'과 '주관적 개념'이 구분된다. '객관적 구원'은 오직 하느님께만 해당되는 행위를 의미한다. 하느님께서는 인간을 죄, 죄에 연루됨, 죽음에서 해방시키신다. 여기서 인간의 모든 행위는 배제된다. 이는 '주관적 구원'과 다르다. '주관적 구원'은, 하느님의 구원 행위는 개개인에게 (하느님의 은총은 자유로운 것에 근거하여, 그리고 인간의 자유는 다른 특성을 지닌 것에 근거해서도) 다르게 '도착함'을 의미하고, 가톨릭 견해에 따르면 여기서는 협력이 가능하다. 이제 구원의 두 가지 '형태'는 어느 정도 구분될 수 있다. 그러나 '주관적 구원'도 '구원'이라 일컬을 수 있는지, 그리고 마리아와 교회를 (주체적인 것으로 만드는 이 과정에서 마리아가 협력한 것에 근거하여) '공동 구원자'라 일컬을 수 있는지에 대해서는 의혹이 들 수도 있을 것이다. 최근에 벌어진 토론과 관련해서는 다음 책을 보라: Villafiorita, *Mitwirkung*.

리아와 교회)의 협력은 배제된 것처럼 보일 수 있다.

하느님과 인간 사이의 중개자, 엄밀한 의미에서 창조주와 피조물 사이에 '다리를 놓는 것'은 오직 하느님께만, 하느님의 아드님께만 해당된다.[3] 여기서도 피조물은 협력하지 않는다. "(…) 하느님과 사람 사이의 중개자도 한 분이시다"(1티모 2,5). 이런 까닭에 제2차 바티칸 공의회 문헌인 「교회 헌장」 60항은 "우리의 중개자는 한 분뿐이시다"라고 성경을 인용하면서 다음과 같이 단호히 기술한다. "사람들에 대한 마리아의 어머니 임무는 그리스도의 이 유일한 중개를 절대로 흐리게 하거나 감소시키지 않는다." 이는 「교회 헌장」 62항에서 다시 한번 강조된다. 마리아는 "변호자, 원조자, 협조자, 중개자라는 칭호로 불리신다. 그러나 이것은 유일한 중개자이신 그리스도의 존엄과 능력에서 아무것도 빼지 않고 아무것도 보태지 않는다고 이해되어야 한다. 실제로 어떠한 피조물도 강생하신 말씀 곧 구세주와 결코 똑같이 헤아려질 수 없다." 여기서 '헤아려질 수 없음'은 사람들이 마리아를 '헤아릴 수 없지'만, "정당한 판단 과정"(칼 라너)을 아래로부터 위로, 마리아로부터 (그리스도께로) 하느님께로 (그리고 그 반대로) 규정하는 것으로 인해 방해받지 않는다.

오직 하느님께만 해당되는 구원 사업이 마리아와 교회와는 관련이 없다면, 이 둘이 구원에 협력함은 어떻게 이해해야 할까?

여기서 매우 일반적으로 가장 먼저 언급할 점이 있다. 마리아와 교회는 그리스도와 긴밀히 결속되어 있고, 그분의 영으로 충

---

3) 그리스도의 중개에 관해서는 다음 책들을 보라: K. Rahner, *Mittler*, p.219; Dittrich, *Mater*, p.934 이하.

만해 있다. 따라서 마리아와 교회는 그 때문에, 오직 그 이유로 하느님의 도구가 될 수 있다. 비슷하게, 단지 비슷하게, 자신 안에서 하느님이신 예수께서 '강생'하셨기 때문에, 본래 오직 하느님 내지 하느님의 영원한 아드님께만 해당하는 행동을 하셨던 것처럼, 성령의 활동도 피조물 안에서, 그리고 피조물을 통하여 이루어진다. 왜냐하면 성령께서는 피조물 안에 현존하시고 피조물 안에서 영향을 미치시기 때문이다. 이런 까닭에 마리아와 교회가 협력함은 일부 개신교 신학자들의 책에서 읽을 수 있듯이 교회를 통해 하느님께서 '받아들여지심'과도 전혀 아무런 관련이 없다. 오히려 그것은 피조물이 수동적으로 있지 않게 하시고 적극적으로 활동하게 하시는 하느님의 위대하심에 대한 고백이다. 이는 신앙의 은총을 (적극적으로) 받아들이는 것에서 이미 이루어진다. 신앙 없이 은총은 은총이 아니고, 하느님도 은총을 주시는 분일 수 없다. 이런 의미에서 칼 라너는 마리아에 관해 다음과 같이 기술한다. 마리아는 "세상의 구원에 협력한다. 마리아는 단지 자기 자신의 구원을 위해서가 아니라, 온 세상의 구원을 위해 그것을, 곧 누군가가 은총의 힘으로, 그리고 은총을 받았으니 할 수 있고, 또 해야 하는 것을 행한다."[4)]

그렇지만 은총을 받고 협력하는 것뿐만 아니라 자신이 받은 것을 전해 주는 것도 중요하다. 이미 언급했듯이, 받은 은총을 사명을 이루기 위해 사용하는 것, 자신이 받은 것을 전해 주고 실현하는 것은 구원의 은총에 속하기 때문이다. 이는 개신교 신학도 받아들인다. 바로 이러한 의미에서 하느님께서는 피조물의

---

4) K. Rahner, *Zum Sinn des Assumpta-Dogmas, SW* 9, pp.502~511, 여기서는 p.504.

외적인 '가면'(말씀과 성사)을 통해서도 활동하시며, 그렇게 피조물을 '사용'하신다는 차원을 넘어서 적용될 뿐만 아니라, 피조물은 실제로 스스로 (하느님의 말씀과 그분 영의 힘으로) 구원을 중개하는 도구라는 의미이다.[5)]

반면에 개신교 신학에서는 '오직 하느님만'(Solus Deus)이라는 개념만 중심에 있고, 이로써 하느님만 신적 행동의 절대적 주권을 지니신다(제1권 7.1.1). 이는 피조물의 하찮음과 비천함에서 드러난다. 구체적으로 표현하면, 피조물이 더 하찮고 더 비천할수록 하느님의 탁월한 은총은 더욱 밝게 빛난다. 피조물은 '작아져야' 한다. 또는 루터가 말하듯이, 죄는 '커져야' 한다(magnificare peccatum). 그래야 하느님의 은총이 더 커질 수 있다. 하느님의 위대하심과 전능하심은 피조물의 비천함과 무력함에서 드러난다.[6)] 형식적으로 말하자면, 하느님의 주권은 변증법적으로 해석된다. 즉, 하느님의 주권은 그 완전한 본질에 있어서 반대로, 피조물의 하찮음 안에서 드러난다.

바로 이 점에서 가톨릭 신학의 '경향'은 분명 다르다. 이는 많은 점에서 마르틴 루터와 비교되는 로욜라의 이냐시오에게서 명확히 볼 수 있다. 이를 칼-하인츠 멘케가 다음과 같이 기술한다.

---

5) 경우에 따라서는 개신교 신학이 이 문제 영역에서 '교회와 관련해 네스토리우스주의' 같은 것을 주장한다는 인상이 들 수 있다. 다시 말해 신적 행위는 (네스토리우스가 그리스도를 그렇게 바라보듯이) 피조물의 영역에 (인간 예수에게, 교회의 활동에) 관련되지만, 이것과는 본질적으로 구분된다. 물론 개신교가 '반대 순서로 계산하는 것은' 어느 정도 정당하기도 하다. 가톨릭 신학은 '교회와 관련해 단성론'을 주장한다는 것이다. 이는 가시적이고 '제도적인' 교회가 행하는 모든 것은 하느님의 행위와 동일하고 따라서 구원에 중요하다는 뜻이다.

6) 개신교의 루터 연구가인 베른하르트 로제(Bernhard Lohse, *Martin Luther*, München, 1981, p.179)도 다음과 같이 해석한다. "하느님과 무가치한 인간은 〔루터에게〕 거의 일치한 것처럼 보인다. (…) 인간이 하찮은 존재임은 하느님과 (…) 동일시된다."

"루터와 이냐시오를 비교해 보면 눈에 띄는 점이 있다. 루터는 선행으로 하느님에게서 의로움을 인정받는 일에 대한 과도한 두려움에서 벗어난 것을 오로지 하느님의 선물로 체험한다. (…) 그는 이렇게 기도한다. '주님, 당신은 모든 것이십니다. 저 자신은 아무것도 아닙니다.' 이냐시오도 카르도넬 강가에서의 환시 체험〔=그의 회개〕을 통해 자신이 해방되었다고 여긴다. 그 역시 급진적 회개를 한다. 그러나 이냐시오는 의로움의 선물(무조건 사랑받았다는 체험)을 하느님의 벗이 된 것으로, 자신이 받은 파견과 사명으로 체험한다. 의로움을 받아들이는 것은 그에게 먼저 단순히 받아들이는 것, 그다음에는 주는 것으로 이어지는 것이 아니다. 오히려 의로움을 받아들이는 것은 (…) 구세주의 자기 초월에 포함되어야 비로소 진정한, 실제적 신앙이 된다. 삼위일체 하느님의 사랑은 (…) 하느님께서 죄인을 일방적으로 선물을 받는 자로 규정하지 않으시고 당신께서 주시는 선물을 받는 자로 부르신 것에서 절정에 달한다. (…) 은총을 받는 것은 강생, 육화가 함께 실현되어야 가능한 것이고, 선교 활동이 지속적으로 함께 수행되어야 이루어질 수 있다."[7]

이렇게 이냐시오에게서 볼 수 있는 가톨릭 신앙에 대한 해석에 따르면, 하느님의 주권은 손상되지 않는다. 하느님의 주권은 더 작아지는 것이 아니라, 오히려 더 커진다! 하느님께서는 고유한 활동을 하는 피조물에 품위를 부여하실 뿐만 아니라, 피조물이 죄를 짓더라도 이 품위가 유지되고 새로워지게 하신다. 하느

7) K.-H. Menke, *Das Kriterium des Christseins. Grundriss der Gnadenlehre*, Regensburg, 2003, p.188.

님께서는 피조물이 고유하게 활동하기를 바라신다. 그렇다, 피조물이 당신의 구원 계획에 협력하게 하신다. 피조물이 작아진다는 것은 하느님의 위대하심이 감소한다는 뜻이리라. 하느님께서 피조물이 고유한 활동을 하고 협력하게 하시는 데에서 그분의 위대하심이 가장 명료하게 입증되기 때문이다.

하느님께서 피조물을 피조물로 있게 하시고 또 피조물로 행동하게 하시는 데에서, 하느님께서 피조물을 자유로이 두시는 데에서 그분의 영광이 드러난다. 요한 밥티스트 메츠(Johann Baptist Metz)의 말에 따르면, 하느님께서는 "인간의 자유 옆에서 경쟁하는 원천으로서가 아니라, 인간의 자유가 구체적으로 가능하게 하고, 인간을 존재하게 하며 인간을 해방시키는 자유로서"[8] 나타나신다. 따라서 인간의 자유는 "지극히 독자성"을 지닌다. 하느님의 위대하심과 인간의 자유와 힘은 동일한 정도에서 자라나지, 반대되는 정도에서는 자라나지 않는다. 달리 말해 보겠다. 가톨릭교회가 신앙을 이해한 바에 따르면, 하느님과 인간의 관계는 변증법적으로 풀이되지 않고, (형식적으로 말하자면) 유사한 방식으로 풀이된다. 그러니까 하느님과 인간은 똑같은 존재는 아니지만, 그럼에도 닮은 존재라고 풀이된다. 창조주와 피조물의 근본적 차이는 극복할 수 없다. 그럼에도 하느님께서 인간을 위대하게 만드시고 인간을 위대해지게 하실수록, 하느님은 더 위대하시다.

인간이 누리는 자유의 독자적인 특성과 크기에 대한 궁극적 근거가 무엇이냐고 묻는다면, (자유로운 대답 없이는 사람들의 관

---

8) J.B. Metz, "Freiheit", in: *HThG* II, p.30; ders., *Zur Theologie der Welt*, Mainz-München, 1968, p.30.

계는 전혀 불가능하다는 것을 도외시하면) 다음과 같은 대답이 해결책에 근접할 수 있다. 즉 그런 까닭에 하느님께서는 인간이 지상에서 한시적으로 살도록, 인간이 당신의 신적 삶에 동참하도록, 곧 당신과 친교를 나누도록 자유에, 그리고 자유의 실현에 시간을 선사하신다. 하느님께서는 근원적이고 충만한 본질에서 나와 수동적으로 영향을 미치신다. 다시 말해 당신의 신적 행위를 단순히 받아들이게 하시고, 또 그것이 이루어지게 하신다. 마찬가지로 하느님께서는 당신의 근원적 본질에서 나와 능동적으로 영향을 미치신다. 다시 말해 위격적 자유의 힘으로 활동을 완성하신다. 하느님의 계획이 실현되고, 우리가 마지막 때에 영원히 삼위일체 하느님의 삶 속에서 '협연'할 수 있으려면, 무대 뒤에서 조종당하며 움직이는 것 외에는 아무것도 할 수 없는 꼭두각시처럼 행동해서는 안 된다. 모든 것이 거저 수중에 들어오는 거지처럼 행해서도 안 된다. 오히려 자유로이, 다시 말해 자신의 근원에서 나와 하느님의 삶에 동참하고, 이로써 다시 한번 하느님을 닮아야 한다. 하느님께서는 당신의 고유한 본질에서 나와 우리와 친교를 이루신다.

따라서 하느님께서는 자비를 베푸시어 무조건 우리에게 영원한 생명을 선사하실 수 없는 것이 아니다. 구체적으로 말하면 이렇다. 하느님께서는 한시적이고 지상적인 삶이라는 '우회로'를 지나야만 인간을 즉시 하늘로, 당신의 신적 생명 속으로 받아들이실 수 있는 것이 아니다! 하느님의 의도는 분명히 다르시다. 하느님께서는 우리와의 '친교'가 완전히 수동적으로, 다시 말해 당신께서 전적인 주권을 행사하심으로써 이루어지기를 바라지 않으신다. 오히려 우리가 자유로이 자신의 본질로부터 나와 당신과 친교를 이루기를 바라신다. 피조물이 하느님의 은총을 받기 위해 한시적으로 자유를 누리고, 이렇게 받은 은총으로 협력하기 위해 권한을 행사함으로써 하느님께서는 더 큰 영광을 받으신다. 그렇기 때문에 하느님은 단지 주시는 분이 아니라, (언어유희 차원에서 표현하자면) "무언가 하시기 위해서 주신다." 피조물에게서 자유로운 사랑의 응답을 받으시려는 것이다.

이렇게 개신교 신학과 비교하여 하느님과 인간의 근본적 관계를 다른 관점에서 보는 것은 즉시 마리아와 교회를 이해하는 데 지대한 영향을 미쳤다. 하느님의 사랑받는 피조물인 마리아는 하느님의 구원 은총을 그저 수동적으로 받은 인물인가? 아니면 마리아도 이 은총을 전해 주는 데 협력할 수 있는가? 마리아는 하느님의 실제적 도구이니 하느님의 은총을 중개하면서 계속 전해 줄 수 있고, 또 그래야 하는가? 이와 관련해서는 종파적 다름이 결정적 요소가 될 것이다.

3.1.2. 성령 안에서 이루어지는 성사적 행위

물론 피조물이 자력으로 하는 행위와 자신에게 부여된 힘으로 하는 행위는 본질적으로 다르다. 이러한 다름 내지 차이를 가톨릭 신학에서는 보통 '성사성'(Sakramentalität)이라는 핵심 개념으로 표현한다.[9] 마리아와 교회의 구원 활동은 본질적으로 성사적이

9) 이와 관련해서는 다음 두 책을 보라: K.-H. Menke, *Sakramentalität. Wesen und Wunde des Katholizismus*, Regensburg, 2012; S. Pemsel-Maier, *Rechtfertigung*

다. 다시 말해 표징이자 도구이다. 마리아와 교회의 구원 활동이 표징인 것은 다음과 같은 이유에서다. 밤하늘에 떠 있는 달처럼, 표징은 피조물을 넘어서 신적 근원을 가리켜 보인다. 달은 실제로 빛을 내지만, 태양을 가리켜 보인다. 그러나 마리아와 교회의 구원 활동은 도구이기도 하다. 하느님의 구원은 실제로 피조물을 통해 전해지고 중개된다. 더 정확히 말하면, 구체적이고 가시적인, 역사적으로 알 수 있는 방식으로 그러하다. 이런 노선에서 제2차 바티칸 공의회 문헌은 다음과 같이 기술한다. "하느님의 말씀께서 받아들이신 본성도 구원의 생명체로서 말씀과 떨어질 수 없도록 결합되어 말씀에 봉사하듯이, 다르지 않은 모양으로 교회의 사회적 조직도 교회에 생명을 주시는 그리스도의 성령께 봉사하여 그 몸을 자라게 한다"(「교회 헌장」 8항).

공의회가 이렇게 진술한 것에 비추어 핵심적으로 표현된 닮음 내지 일치에 대해서 아래와 같이 논증할 수 있다.

영원하신 하느님의 아드님 : 인성 ~

그리스도의 영 : 사회적 조직을 지닌 교회

이 문구는 이런 뜻이다. 즉, 영원하신 하느님의 아드님이 인성과 긴밀히 결합되어 계시고, 이런 방식으로 하느님과 인간 사이의 중개자이시듯이, 그리스도의 영도 교회와 긴밀히 결합되어 계신다. 따라서 교회는 하느님의 아드님 안에서 단호히 이루어진

durch Kirche? Das Verhältnis von Kirche und Rechtfertigung in den Entwürfen der neueren katholischen und evangelischen Theologie, Würzburg, 1991, 특히 p.39 이하.

중개를 그때그때마다 시간과 공간, 개인과 공동체 속으로 들어가 전해 준다. 이로써 성령(과 성령을 통하여 영으로 충만하신, 들어 높여지신 주님)께서는 모든 구원을 중개하는 본래의 주체이시다. 성령께서는 그리스도의 모든 활동을 그분의 말씀과 모범, 그분의 해방 행위와 구원 행위를 새롭게 현재로 가져오시고('중개'하시고) 완성으로 이끄신다. 그러니까 "그 몸을 자라게 하신다." 더 정확히 말하면, 교회의 존재와 활동을 통해 그렇게 하신다. 그러므로 교회는 예수 그리스도께서 교회를 통하여 당신의 구원 사업을 계속하시는 한 예수 그리스도의 성사일 뿐만 아니라, 다른 방식으로 성령의 성사이기도 하다. 성령께서는 그리스도의 행위를 새롭게 현재로 가져오시면서 유일한 중개자이신 그리스도를 '중개'하시기 때문이다. 따라서 교회를 성사로 이해한다는 것은, "역사를 초월하시는 그리스도의 영이 역사 속에서 나타나셨음"[10]을 고백한다는 것, 그리고 교회와 마리아의 협력을 "아드님의 구원 사업에 성령께서 협력하심"[11]으로 여긴다는 것과 같은 뜻이다.

그렇기 때문에 마리아(와 교회)에 관한 무수한 표현, 가령 중개자, 변호자, 인자하신 영도자, 공동 구원자[12]는 원래, 그러니까

---

10) Mühlen, *Una mystica*, p.420. 해당 장의 제목으로 달린 이 문구는 아래에서 설명될 것이다.

11) *Ibid.*, p.481.
이와 관련해 바라우나〔G. Baraúna. "De heiligste Jungfrau im Dienste des Heilsplanes", in: ders.(Hrsg.), *De Ecclesia Beiträge zur Konstitution "Über die Kirche" des Zweiten Vatikanischen Konzils*, Bd. II, Freiburg i. Br.-Frankfurt, 1966, pp.459~476, 여기서는 p.474〕는 다음과 같이 기술한다. "마리아의 모성은 〔물론 교회의 모성도〕 그렇게 '그리스도와 함께'(cum Christo) 하는 모성이 아니라, '그리스도 안에'(in Christo) 있는 모성이다."

12) 마리아에게 붙은 이러한 칭호를 놓고 의견이 분분한 문제와 관련해서 비중 있게 다룬 문헌들이 있다: Rahner, *Mittler*, p.219; Fr. Courth, "Mittlerschaft Miterlöserschaft Marias", in: *LThK* 7, pp.346~347; Villafiorita, *Mitwirkung. Zur diesbezüglichen Einstellung des II. Vaticanum*(184쪽 이하 참조).

성경이나 초기 그리스도교 전승에서 성령의 활동에 관한 표현이라는 것은 놀랄 만한 일도 아니다.[13] 특히 개신교 신학자들이 마리아가 부당하게도 성령과 경쟁 관계에 있지 않느냐고 묻는 것에 대해서도 별로 놀랄 필요가 없다.[14] 르네 로랑탱은 마리아에 관한 일련의 목록을 작성하면서 이 질문을 다룬다.

"'마리아를 통하여 그리스도께로!' 그러나 우리는 무엇보다도, 그리고 근본적으로 성령의 활동을 통하여 예수께로 가지 않는가(요한 14,26; 15,13~14 등등)? '거룩하신 동정녀는 우리 안에서 그리스도께서 모습을 갖추게 하신다.' 그러나 이는 먼저 그리고 근

13) Cf. Laurentin, "Esprit-Saint et théologie mariale", in: *NRTh* 99(1967), pp.26~42. 로랑탱은 "마리아를 통하여 예수께로" 또는 "그리스도와 우리 사이의 중개자인 마리아"같이 마리아에 관한 표현을 성령의 역할에 관한 본래적 표현으로 여긴다. 다음 책도 보라: Mühlen, *Neuorientierung*.

14) 예를 들어 다음 문헌들을 참조하라: H. Gorski, "Im Widerstreit zum Heiligen Geist? Pneumatologische Anmerkungen zur katholischen Marienlehre aus evangelisch-lutherischer Sicht", in: A. Ziegenaus(Hrsg.), *Maria und der Heilige Geist. Beiträge zur pneumatologischen Prägung der Mariologie*, Regensburg, 1991, pp.9~23; Karl Barth(제1권 7.1.2.를 보라); G. Ebeling, "Zur Frage nach dem Sinn des mariologschen Dogmas", in: ders., *Wort Gottes und Tradition*, Göttingen, 1964, pp.175~182. 에벨링은 다음과 같이 간명하게 기술한다. 마리아는 가톨릭 신학에서 "성령의 자리로 들어갔다." 일부 가톨릭 신학자들도 이에 동의하면서 비판적 목소리를 내고 있다. 예컨대 뮐렌(*Una mystica*, p.595)은 비판적 목소리를 내는 또 다른 신학자들의 이름을 대고 마르샨트(L. Marchand)의 견해에 동의하면서 성령의 활동이 교회의 위계 구조에 일방적으로 결부됨으로써 수백 년에 걸쳐 성령께 드려야 할 공경이 마리아에게로 향한 것은 아닌지 깊이 생각하도록 촉구한다. 이렇게 마리아에게서 성령께로 '층이 바뀐 것'에 비추어, 바오로 6세가 회칙 「마리아 공경」(*Marialis cultus*, 26~28항)에서 마리아와 성령의 관계를 더 깊이 연구하도록 요구하는 이유를 이해할 수 있다. 이러한 자극에 관해서는 다음 책에서 개관할 수 있다: Eggemann, *Wende*, p.2064. 그 밖에 마리아에 관한 전집도 나와 있다: S.M. Neo (Hrsg.), *Maria e lo Spirito Santo. Atti del 4⁰ Simposio Mariologico Internaz* (Rom, Oktober 1982), Rom-Bologna, 1984. 마리아와 성령을 주제로 다룬 중요한 참고 문헌들이 다음 두 문헌에 명시되어 있다: A.M. Rothgasser, "Maria und der Heilige Geist. Anregungen für eine christliche Spiritualität", in: Ziegenaus(Hrsg.), *Maria*, pp.51~74; Cantalamessa, *Maria*, pp.239~263.

본적으로 성령의 역할이 아닌가? 거룩하신 동정녀는 '착한 의견의 어머니'로서 우리에게 '영감을 불어 주신다.' 그러나 이는 우선적으로 성령의 역할이 아닌가? 거룩하신 동정녀는 '우리와 그리스도 사이의 중개자'이다. 그러나 이것 역시 성령의 본질적 역할이 아닌가?"[15]

이 모든 질문에 대해서는 "예"라고 단호히 대답해야 한다. 그러나 즉시 추가할 점이 있다. 성령께서는 피조물 안에 현존하시고 피조물이 활동할 때 함께 활동하신다. 마리아와 교회에도 그렇게 하신다.

물론 동시에 강조할 점이 있다. 피조물의 행위와 하느님의 행위 사이에는 모두 일치함 혹은 '유사함'에도 불구하고 언제나 극복할 수 없는 차이를 두시는 성령의 활동(제2권 2.1.4.2를 참조하라)을 통해 다시 한번 결정적 차이가 있다. 창조주와 피조물은 전혀 다르다.

이 모든 것에 있어서 피조물의 협력은 결코 마리아와 신약성경의 교회로 국한되지 않았다. 게르하르트 폰 라트에 따르면, 이미 아브라함은 하느님으로부터 "'세상의 모든 민족'에게 복을 전해 주라는 사명을 받았다."[16] 하느님의 부르심은 '가장 인격적인 것'과도 관계되기 때문이다. 따라서 성경적 신앙에는 어떤 전형적인 것들이 있다. 아브라함에게서 알 수 있듯이, 하느님의 부르

[15] Laurentin, *Esprit*, p.27.
[16] G. v. Rad, *Das erste Buch Mose. Genesis* = *ATD* 2/4, Göttingen, 1964, p.133.

심은 단지 하느님과의 내밀한 관계를 목표로 삼지 않고 그 안에 머물지 않으며, 본질적으로 이 관계와 분리될 수 없는 지평을 연다는 것이다. "너는 복이 될 것이다"(창세 12,2)라는 말씀은 아브라함이 부르심을 받았다는 뜻이다. 신앙을 받아들이는 것은 언제나 다른 사람들을 위한 것이기도 하다. 다시 말해 다른 사람들에게 복이 되어 살라는 뜻이다. 이런 확신은 구약성경의 구세사에 깊이 깔려 있다.[17] 이는 하느님과 그분 백성이 맺는 계약의 사고에 함께 속하기 때문이다. 그렇게 계약을 맺은 가운데 개인은 특정한 장소에서 하느님의 부르심을 받는다. 그가 올바른 행위를 하면 복이 되고, 악한 행위를 하면 불행이 된다. 더 정확히 말하면, 그는 자기 자신을 위해 부르심을 수행하는 것으로 그치지 않고, 자신과 연대한 모든 이를 위해 그렇게 하는 것이다. 다시 말해 하느님께서는 특정한 사람들에게 기대어 그들과 함께 구원 활동을 펼치신다. 따라서 각자 자신의 방식으로 다른 사람들을 위해, 하느님 백성 전체를 위해, 모든 피조물을 위해 책임을 지니고 있다. 그러므로 신앙이라는 선물은 자신의 이익, 개인적 이득, 이기적 만족을 주는 것이 아니다. 오히려 책임은 봉사하도록 부른다. 진심으로 자신을 내어 주는 사람은 그렇게 하면서 자신이 주인임을 포기하고 종이 되는 것처럼 말이다.

아브라함에게서 본보기로 제시되어 명료해진 것은 성경에서 계속된다. 이스라엘은 적어도 구약 시대가 끝날 무렵에 아브라함을 중개자로 내세우면서 하느님께 청한다. "당신의 벗 아브라함

---

17) 이와 관련해서는 예컨대 다음 책을 참조하라: K.-H. Menke, *Die Einzigkeit Jesu Christi im Horizont der Sinnfrage*, Einsiedeln-Freiburg, 1995, p.129 이하. 이어지는 내용과 관련해서도 이 책을 보라.

(…) 을 보시어 저희에게서 당신의 자비를 거두지 마소서"(다니 3, 35). 이는 예레미야(마카베오 2서 15장 14절을 보라)와 변호자로서 하느님께 간청했던 유다 출신의 순교자들에게서도 나타난다. 그렇다, 하느님께서는 당신 옆에서 다른 사람들을 위해 간청하면서 무너진 성벽을 보수하는(에제 22,30) 이들을 눈여겨보신다. 따라서 구원에 협력한다는 사고가 구세사에 깊이 깔려 있었다. 그리고 신약성경의 교회가 사회적 기구이자 믿는 이들의 공동체로서, 자신의 인격적 구심점인 마리아도 그렇듯이, 스스로 구원의 은총을 선사하고 자신은 구원을 중개하는 사명을 위임받았다고 알고 있는 것, 그리하여 바오로가 자신과 자신의 협력자들을 "하느님과 함께 일하는 사람"(2코린 6,1)으로 표현한 것은 결코 '새로운 것'이 아니다. 교회의 모든 구성원과 교회 생활의 모든 '차원'은 바로 협력이라는 사명에 참여한다. 여기서 협력은 옛 계약을 넘어 그리스도의 구원 은총을 드러내시는 성령께서 현존하시며 중개하시는 활동으로 이해된다.

교회가 성사적으로 협력하는 것은 매우 다양한 방식으로 실현되고 구체화된다. 말씀과 성사, 신앙에서 나오는 모범적 생활, 봉사 활동, 일치와 화해와 평화를 위한 적극적 투신, 그리고 무엇보다도 청원 기도와 희생을 통해 그러하다. 자신을 희생하여 각자 모든 이를 하느님 앞으로 데려가고, 또 그들과 동행할 수 있다. 그리스도의 구원 사업을 중개하는 이 모든 형태는 성령의 중개에 근거해서만 중요성과 의미와 가치가 있다. 예수 그리스도께서는 성령의 중개로 성사 안에서, 그리고 성사를 통하여 활동하신다.

이에 비추어 교회 전승에서 '중개자'인 마리아의 위치가 왜 그토록 힘주어 강조되었는지도 이해할 수 있다. 마리아도 성령의 활동에 동참한다. 이와 관련해 헤리베르트 뮐렌은 다음과 같이 옳게 기술한다.

> 마리아의 신앙과 마리아가 우리를 위해 바치는 기도는 "그리스도의 몸을 이루는 모든 지체 안에서 성령께서 중개하시는 역할에 근거해서만 가능하다. 그러므로 성령께서는 우리가 마리아에게로 향하기 전에 이미 우리 안에 계심에 틀림없다. 따라서 (…) 마리아가 우리에게 성령을 중개하는 것이 아니라, 성령께서 (…) 우리에게 마리아와 그리스도의 몸을 이루는 다른 지체들을 중개하시는 것이다. (…) 우리가 마리아에게, 그리고 다른 성인들에게도 드리는 청원뿐만 아니라 마리아 자신이 드리는 청원도 모든 것을 중개하는 것에 대한 시야를 넓혀야 이해될 수 있다. 위격이신 그리스도의 영께서 모든 것을 중개하시는 것이다."[18]

성령을 통하여 그리스도의 몸에 긴밀히 연결됨으로써 전 교회와 모든 개개인은 다른 사람들을 위해 (상술한 의미에서) 구원을 중개하도록 능력을 부여받고 부르심도 받았다. '성인들의 통공' 안에서 각자 모든 이와 결속되어 있고, 각자 누군가와 동행할 수 있으며, 또 그를 위해 하느님 앞으로 나아갈 수 있다.[19] 예수님의 어머니, 중개자이자 변호자인 마리아에 관해 교회 안에서 규

---

18) Mühlen, *Neuorientierung*, p.47.

19) 이에 관해서는 다음 책을 참조하라: G.L. Müller, *Gemeinschaft und Verehrung der Heiligen. Geschichtlich-systematische Grundlegung der Hagiologie*, Freiburg i. Br., 1986, 특히 236쪽부터.

정되고, 실제에 적용되는 것은 마리아 자신(개인)을 넘어서는 것이다. 그리고 그것은 구원을 서로 중개한 것으로서 '성인들의 통공'이라는 망(網) 전체에 관계된다. 그러므로 각자는 누군가에게 '교회'이다. 각자는 누군가에게 '마리아'이다.

마리아와 교회가 구원에 이렇게 영으로 충만하여 협력하는 것은 우리에게 '친숙한' 교회의 기본 행동에서 실현될 뿐만 아니라, 절대 잊히지 않은 차원, 그러나 오늘날 그리고 특히 장차 더 큰 중요성을 얻게 될 많은 그리스도인에게 종종 '주변부에 있는' 차원에서도 실현된다. 따라서 교회의 협력과 관련해 이렇게 '불충분하게 드러난' 요소들로 시선을 돌려 보자.

3.2. '현존'을 통한 교회의 협력

3.2.1. 그리스도 현존의 현재화

오늘날 점점 더 신앙이 사라져 가는 사회에서 세상의 구원자이신 예수 그리스도께서 어떻게 사람들에게 다가가시느냐는 물음에 대한 뷰명하고도 결정적인 답이 있다. 바로 믿는 이들을 통해서이다. 그리스도는 이 믿는 이들 안에 현존하신다. 이와 관련해서 바오로는 다음과 같이 말한다. "이제는 내가 사는 것이 아니라 그리스도께서 내 안에 사시는 것입니다"(갈라 2,20). 이뿐만이 아니다. 믿는 이들 안에서 그리스도는 새롭게 태어나셨고 새로운 모습을 지니셨다. 믿지 않는 이들 가운데서 신앙으로 사는 사람은 당연히 그리스도를 그들에게로 인도한다. 그리고 그리스도는 그들을 거룩하게 하신다. 부부 가운데 신자인 배우자가 신자 아닌 배우자를 거룩하게 하듯이 말이다. 바오로도 이렇게 단호히 기술한다. "신자 아닌 남편은 아내로 말미암아 거룩해졌고 신자 아닌 아내는 그 남편으로 말미암아 거룩해졌습니다"(1코린 7,14). 오늘날 신앙을 거부하는 추세가 확산됨에 따라 복음화와 선교 활동은 비생산적으로 비치기에, 그리스도와 그분의 구원을 사람들에게 전하기 위해 그러한 활동을 '따로 할' 필요가 없는 것으로 보인다.

신앙을 토대로 성실히 사는 것이 바로 '복음을 전하는 것'이다.

이러한 신념은 20세기 초부터 특히 샤를 드 푸코(Charles de Foucauld)와 칼 수사(Bruder Karl)와 그의 '제자들' 특히 알베르 페리궤르(Albert Peyriguere)와 그 뒤를 이은 푸코가 창립한 '예수의 작은 형제회'와 '예수의 작은 자매들의 우애회'에서 여실히 드러났다. 예컨대 칼 수사는 '평신도들'에게로 시선을 돌리면서 다음과 같이 기술한다.

> "그들(평신도들)은 모범과 호의, 친절함을 보이면서 믿지 않는 이들에게 그리스도교 신앙을 전해야 합니다. 그리고 모범을 보이면서 살아 있는 설교를 해야 합니다. 그들의 생활과 비그리스도인의 차이가 주목을 끌어야 합니다. (…) 그들은 살아 있는 복음이 되어야 합니다. 예수님을 멀리하는 사람들, 특히 믿지 않는 이들은 책을 읽지 않거나 말씀을 듣지 않더라도 그들의 생활을 주시함으로써 복음을 배워야 합니다."[20]

이런 방식으로 사람들의 구원에 협력하면서 칼 수사는 마리아를 여러 번 증인으로 불러낸다. 마리아는 아기 예수를 잉태한 몸으로 장차 태어날 세례자 요한의 집을 은밀히 찾아가 그 집을 거룩하게 한 것이다.[21] '마리아가 가시덤불을 지나가셨네'라는 묵

---

20) Ch. de Foucauld, "Brief an Abbé Caron von 11.3.1909", in: *Ch. de Foucauld, XXV lettres inédites du Fère de Foucauld. Correspondance acec le chanoine Caron*, Paris, 1946(*GG*에서 강조되었음); ders., "Directoire, art 28", in: *Ch. de Foucauld, Règlements et Directoire*, Montrouge, 1995, p.647.

21) 예를 들어 다음 글들을 참조하라: Ch. de Foucauld, "Tagebucheintragung vom 22.7.1905", in: ders., *Correspondances Sahariennes*, Paris, 1998, p.369. 페리궤르의 '영적 유산'에 관해서는 다음 책을 보라: ders., *Le temps de Nazareth*, Paris, 1964, pp.176~202, 여기서는 pp.189~190. 7장에는 다음과 같은 제목이 붙었다. "방

상을 위한 이 노래는 이러한 사고를 확대한다. 마리아가 예수를 '세상이라는 가시덤불' 속으로 데려오면서 가시는 장미를 품기 시작한다. 다시 말해 길을 잃은 세상의 구원이 시작된다.

교회가 세상의 구원에 협력하는 다른 방법은 방금 설명한 것과 긴밀히 연관된 개념인 '대속'(代贖, Stellvertretung)이다.

3.2.2. 대속적 협력

3.2.2.1. '대속' 개념의 근본 의미

'대속'이라는 사고는 다시 말해서 누군가가 다른 사람을 위해 하느님 앞에 설 수 있고, 하느님께서는 이렇게 대신하는 것을 고려하시고 타당하게 여기시며 수용하신다는 확신은 이미 구약성경의 구세사와 긴밀히 결부되어 있다. 그 이유는 이렇다. 앞에서 언급한 바와 같이, 개개인이 자신의 특별한 재능과 능력에 따라 다른 사람들을 위한 구원(또는 불행)의 '출발점'이 될 수 있다는 것은 계약의 사고에 속하기 때문이다. 하느님께서는 당신만이 선사하실 수 있는 구원을 우리 인간에게 의존하시어 함께 완성하신다. 따라서 각자 자신의 방식으로 다른 사람들을 위해, 곧 하느님 백성을 위해 책임을 지니고 있다. 누군가는 "은총의 관리자"(1베드 4,10)로서 다른 사람에게 봉사할 수 있고 또 그래야 한다.

문의 신비 속에 있는 처녀처럼; 교회의 보이지 않는 구원 활동을 실행하는 자."

한 사람이 다른 사람을 또는 심지어 전체를 하느님 앞에서 대리하라는 부르심을 받고, 또 그렇게 할 수 있기까지 말이다.

여기서 물론 근본적 물음이 제기된다. "사람들이 하느님 앞에서 서로가 대리할 수 있다는 것이 어떻게 가능한 일인가? 하느님과의 관계는 지극히 사적이고 내밀한 것이지 않은가? 유일무이하고 개인적 자유를 지닌 누군가가 다른 사람들에 의해 하느님 앞에서 대리될 수 있다는 것, 이와 반대로 누군가가 다른 사람들을 하느님 앞으로 데려가고 그분과 친교를 이루게 할 수 있다는 것이 어떻게 가능하다는 것일까?"

이 질문에 대답하기 위해 먼저 알아야 할 점이 있다. 근대주의가 범한 한 가지 근본적인 오류는 자아(自我)를 최고의 것이자 가장 위대한 것으로, 그리고 다른 모든 것과의 궁극적인 연결점으로 여긴 것이다. 이에 따라 최상의 법칙은 이렇다. 나는 나이고, 다른 모든 것은 나를 향해 있다! 그리고 널리 알려진 최상의 모토는 이렇다. 자신은 남자(또는 여자)다! 여기서 하느님 앞에서 대속한다는 사고는 처음부터 난센스다. 여기서 대속이라는 개념은 존재할 수 없다. 그러나 최상의 것은 고립된 존재, 자기만을 위해 존재하는 자아가 아니라, 이미 언급했듯이 '우리'(Wir)이다. 나는 '우리' 안에서, 그리고 '우리'를 통해 자아도 발견하고, 이어서 자아를 펼칠 수 있는 것이다. 이러한 인간상을 이해하게 된 배경에는 '집단적 인격'에 대한 이해와 유사하게 삼위일체 하느님과 그분께 해당하는, 앞에서 이미 다룬 인간 존재에 대한 이해가 근저에 깔려 있다(제2권 2.1.3.을 보라).[22)]

---

22) 그럼에도 이러한 인간상은 성경적-그리스도교적 신앙의 배타적 확신에 기인하지 않는다. 이미 기원전의 이교도적 철학에서 중요한 통찰을 발견할 수 있다. 예컨대 아리

하느님 앞에서 대속한다는 것은 바로 이러한 인간의 모습을 전제로 한다. 하느님께서는 우리를 고립된 개인으로, 혹은 자기 자신으로 충분한 '독불장군'이나, 외로운 섬으로 창조하지 않으셨다. 따라서 우리는 서로 긴밀히 결속되어 있고, 이러한 긴밀한 결속을 토대로 서로를 위해 대리할 수 있으며, 또 그래야 한다. 인간은 혼자서는 자립할 수 없고 다양한 관계를 이루며 살아간다. 그렇기 때문에 자신과 관계를 맺고 있는 다른 사람들도 하느님 앞에서 대리할 수 있고, 그들도 하느님 앞에서 그를 대리할 수 있다. 라너는 그리스도께서 대속하시며 구원을 중개하시는 것을 인간 구원의 조건으로 여긴다. 모든 사람이 이렇게 서로 소통하는 것이 "그들의 존재 깊숙이 이르기까지" 그들의 구원 속으로 들어가기까지, 그리고 구체적인 '관계'가 형성되고, 이렇게 긴밀한 상호 소통하기까지 반드시 필요한 전제 조건이라고 여기는 것이다. 마리아와 교회와 그 모든 지체가 그러하듯, 구원을 중개한다는 것은 따라서 "기이하거나 특별한 역할"[23)]이 아니라, 하느님께서 원하시고 부르심을 받은 주체가 신앙을 위해 수행하는 것이다. 하느님께서는 우리에게 그렇게 원하시고 우리를 부르셨기에, 개개인이 다른 사람들을 위해 행하는 것도 받아들이시고, 그것을 타당하게 하신다. 그렇다, 하느님께서는 구세사에서, 예수 그리스도에게서 절정을 이루면서, 늘 특정한 사람들에게 대속하는 존재가 되도록 단호히 명령하시면서, 인류가 서로 대속을 위한 관계를 이루었음을 증명하신다. 서로를 위해 대속하는 행위

스토텔레스(*Nikomatische Ethik* IX 4, p.178 이하)에게 있어서 친구는 말하자면 "다른 나"이다. 우리가 "친구를 통해서 행하는 것이 우리 자신을 통해서 이루어질 때 그러하다."

23) Rahner, *Mittler*, p.223.

는 하느님 앞에서 누군가가 스스로 영향을 미치고 자기 자신을 위해 행하거나 고통을 받는 것과 똑같이 중요하다.

이 말이 특히 적용되는 사람들이 있다. 가령 예언자들처럼 특별한 사명을 받은 이들이다. 백성이 야훼 하느님을 저버렸다면, 예언자들은 "하느님과 이스라엘 사이의 갈라진 틈을 메우기 위해 목숨을 바칠" 준비를 해야 했다. 둘의 관계가 다시 이루어질 수 있게 하기 위해서다. 하느님께서는 벌과 해악을 막으려고 나서는 사람이 아무도 없음을 아시고 한탄하셨다(이사 59,16; 에제 22,30 참조). 그렇기 때문에 사람들은 서로를 위해 간청하는 사람이, "서로를 위해 고통받는 사람"(한스 우르스 폰 발타사르)이 되어야 한다. 이런 맥락에서 예컨대 모세는 하느님 앞에서 대속적으로 이스라엘을 대변한다. "모세는 온 백성의 짐을 짊어졌기에 기력이 쇠해지고, 자신의 처지가 비참함에 대해 하느님을 원망한다. '제가 이 온 백성을 배기라고 하였습니까? 제가 그들을 낳기라도 하였습니까? 그런데 어째서 당신께서는 (…) 이 백성을 저 혼자 지라고 하십니까?'(민수 11,11~17 참조)."[24] 그럼에도 그는 백성을 향한 하느님의 진노를 받아들이고, 약속의 땅에 들어서기 전에 그들을 위해 대속적인 죽음을 맞이한다. 이런 노선에서 이사야서에 나오는 고통 받는 '주님의 종'에 관해 언급할 수 있다. '주님의 종'은 "많은 이들의 죄를 메고 갔으며 무법자들을 위하여 빌었던"(이사 53,12) 것이다. 동일한 사고를 후대에 이르러 의인들의 순교가 미치는 영향력에 대한 확신에서 발견할 수 있다. 의인들은

---

24) G. v. Rad, *Theologie des AltenTestaments*, Bd I, München, [4]1962; Bd. II, München, [4]1965, pp.286~287.

대속하면서 죄지은 백성을 위해 간청하고 하느님과 화해하게 한다(2마카 7,37~38). 그렇다, 이스라엘은 '주님의 종'의 표상에 따라 '민족들'을 대리하기 위해 자신이 대속적인 부름을 받았다고 여긴다. 그들을 하느님과의, 그리고 서로서로의 친교 안으로 받아들이기 위해서다. 예수 그리스도 안에서 모든 대속이 이루어질 때까지 말이다. 이 모든 예에 비추어 대속은 사실 '대리하는 것'과는 확연히 다르다.[25)]

여기서 도로테 죌레의 노선에서 대속자와 대리자를 구별할 필요가 있다. 예를 들어 보겠다. 금속 가공 공장에 다니는 근로자가 병이 나서 결근했다. 그러나 이 공장에는 부품 조립을 담당한 그가 꼭 필요하다. 어찌해야 할까? 다른 누군가가 와야 한다! 그는 이제 대속자일까? 아니다, 그렇지 않다. 그는 대리자다. 대리자로서 그는 그렇지 않으면 다른 사람이 하는 일을 하는 것이다. 누가 그 일을 하느냐는 사실 전혀 중요하지 않다. 핵심은 일이 행해지는 것, 일이 멈추지 않고 진행되는 것, 부품 조립이 계속 이루어지는 것이다. 그러한 대리자에게 있어서 그가 누구를 위해 대리하느냐, 무엇 때문에 대리해야 하느냐는 전혀 중요하지 않다. 그가 실제로 성과를 내는 것만이 중요하다.

대속자에게 있어서는 그것은 전혀 다르다. 대속자는 어떤 사람을, 또는 다른 많은 사람을 완전히 인격적으로 대신한다. 그는 그들을 위해 대신하기 바란다. 그는 그들이 자신의 행위 안에 있고, 자신의 행위를 통해 그들이 좋고 유익한 것을 얻기를 바란다.

---

25) 이에 관해서는 다음 책을 참조하라: Werk von D. Sölle, *Stellvertretung*, Stuttgart-Berlin, 1965. 나아가 다음 책도 참조하라: Menke, *Stellvertretung*, pp.17~90.

대속자에게 중요한 것은 인격이고, 이 사람(들)이다. 이때 대속자는 자신의 행위를 글자 그대로 일시적인 것, 한시적인 것이라고 여긴다. 그는 자신이 대신하는 사람이 인격적으로, 그리고 자유로이 자신에게 주어진 자리를 맡는 것보다 더 큰 소망이 없다. 따라서 대속자는 자신이 앞서간 자리를 상대방이 따르리라는 희망을 품고서 출발한다. 그러므로 그는 대리자와 달리 앞서가는 자, 말하자면 '한시적으로' 다른 사람(들)을 위해 대신하고 그들의 '자리'를 받아들인다. 그렇기 때문에 '자리'를 대신하는 사람이다. 이 사람(들)이 스스로 자신의 자리를 받아들이고 자신의 사명을 수행할 수 있을 때까지.

이에 비추어 우리는 다음과 같은 점을 알게 된다. 자신이 실제로 하는 일, 예컨대 자신의 '직업'에서 대체되는 사람은 탈락한다. 그는 제외된다. 사람들은 더 이상 그를 포함시키지 않는다. 그는 '죽었다.' 반면에 대신하는 사람은 포함된다. 그는 대속자의 행위에 먼저 '수동적으로' 동참하거나 자신이 '한시적으로' 대신할 '자리'에 이르려고 애쓸 수 있다. 어느 경우이든 대속은 사람들의 관계에서 근본적으로 중요하다.

3.2.2.2. 대속의 핵심인 교회와 마리아

마리아는 '이스라엘의 거룩한 남은 자'로서 자신의 역할을 수행하면서 이미 하느님 백성 전체를 위해 대속한다. 나아가 전 인류를 위해 대속한다. 전 인류를 위해 마리아는 하느님의 아드님이 강생하시도록 자유로운 가운데 준비한다. 그리하여 하느님의 아드님은 그녀 안에서 강생하신다. 우리 형제로서 "마지막 자리"〔아브 앙리 위벨린(Abbé Henri Huvelin), 샤를 드 푸코〕에 서시고 이로써 세상에 사는 모든 사람을 감싸안으시고, 당신의 일을 추진하시며, 그들을 아버지께로 인도하시기 위해서다.

여기서 라너와 쾨스터가 벌인 논쟁(제1권 2.4.1.2.를 보라)을 다시 한번 살펴볼 수 있을 것이다. 그리스도는 "하느님과 사람 사이의 중개자"(1티모 2,5)이시고, 영원하신 하느님의 아드님으로서 우리를 위해 하느님께 "예"가 되시며(2코린 1,20), 우리 형제로서 아버지께 "예" 하고 응답하셨다고 라너가 지적한 사항은 물론 옳다. 그러나 다음과 같이 지적한 점에서는 쾨스터가 옳다. 그리스도는 이 세상에 스스로 오시기 위해 "예" 하고 말씀하실 수 없다. 이에 따라 그분께는 열려 있는 '빈 공간'(Hohlraum)이 필요하시다. '계약에 따라서' 다시 말해 인간의 자유가 허용되는 가운데 받아들여지기 위해서다. 그분께는 '여성인 마리아'가 필요하시다. 성경적 비유를 들어 말하면, 그리스도 자신은 '신부'가 아니시다. 누군가와 하나가 된 '신부'나 '신랑'도 아니시다. 오히려 그분은 혼인할 준비가 되어 있는 '신부' '젊은 여인' '시온의 딸'이 필요한 '신랑'이시다.

마리아가 예수의 강생을 위해 대속적으로 응답한 "예"는 그 이후에도, 십자가 사건과 성령 강림 때까지(사도 1,14) 유지되었다. 마리아는 이 응답과 함께 동시에 그리스도의 구원 활동과 사람들을 성화시키는 행위에 암시적으로 "예"라고 했다. 마리아 자신은 구원받은 거룩한 이가 아니다. 오히려 그리스도 안에서 이루어진 구원과 거룩함에 마음을 연 첫 번째 사람이다. 마리아는 그 일이 "자신에게서 이루어지게" 하고, 또 영향을 미치게 했다. 마리아는 구원의 중개자도 아니다. 이에 대해서는 제한된 설명이 많이 제시되었고 지금도 그렇더라도 말이다. 오히려 마리아는 '객관적인' 구원 사건과 관련해서 예수 그리스도 안에서 구원을 유일하게 중개하기 위해 "예"라고 응답했고, 이로써 구원이 세상에 오게 했으며, 이런 의미에서 세상에 구원을 중개했다. 또한 마리아는 '주관적인' 구원 사건과 관련해서 '성인들의 통공'의 통합이자 인격적 형상이고, 이로써 교회가 '친교'를 이루며 구원을 중개하는 것의 통합이자 인격적 형상이다. 따라서 마리아는, 위에 언급된 의미에서, 우리 모두를 위해, 전 인류를 위해 대속한다. 마리아는 하느님의 은총을 앞서 받은 자로 선택되었고, 앞서 가는 자로서 하느님으로부터 부르심을 받았다. 모든 사람이 스스로 자신의 자리를 받아들이고 구원의 은총과 사명에 마음을 열 때까지 마리아는 그들 편에 서고 그들을 대리한다.

마찬가지로 교회도 마리아와 유사하게 인류를 위해 대속의 사명을 수행한다. 교회도 세상을 위해 하느님의 은총을 앞서 받았다. 그리하여 신앙과 구원의 열매가 전해지고, 개개인이 그것들에 주목하며 자신의 것으로 만들게 한다. 그때까지 교회는 대속자로서, 신앙과 희망과 사랑 안에서, 그리고 무엇보다 하느님을 찬미하면서 모두를 위해, 전 인류를 위해 대리한다. 이런 관점에서 초기 그리스도인들은 높은 '자의식'을 지니고 자신을 '세상을 위해 존재하는' 사람으로 여겼다. 예컨대 아리스티데스(Aristides)

를 비롯한 대다수 호교론자는 그리스도인들이 소수에 불과했던 시기에 이렇게 기술할 수 있었다. “나는 그리스도인들이 꾸준히 기도를 바쳐야만 세상이 존속할 수 있다는 것에 의혹을 품지 않는다.”[26] 오늘날에는 다시 200년경에 쓰인 것으로 추정되는 『디오게네스에게 보낸 편지』에도 이와 유사한 견해가 표명되어 있다. “영혼이 몸 안에 있듯이, 그리스도인들은 세상 속에 있습니다. (…) 영혼은 몸에 갇혀 있는 듯하지만, 사실은 몸을 지탱합니다. 그리스도인들도 마치 감옥에 있는 것처럼 세상에서 억류된 듯하지만, 사실은 세상을 결속시킵니다(συν-έχουσιν).”[27] 대속을 위한 교회의 사명이 절대적 소수가 온 세상을 위해 대속한다는 것보다 더 명확히 표현된 것은 거의 없을 것이다.

이때 교회가 추상적 실재가 아님은 마리아만 보증하는 것은 아니다. 이 대속의 사명을 수행했고, 지금도 수행하는 믿는 이들도 그것을 보증한다. 그러나 그들은 개개인으로서 그렇게 하는 것으로 그치지 않고, 저 ‘공동체’ 안에서, 그러니까 이미 하느님께 불려 간 이들을 포함해 살아 있는 모든 구성원 그 이상인 ‘공동체’ 안에서 그렇게 하는 것이다. 교회는 ‘그리스도의 몸’이다. 그 안에서 모든 이는 서로 연결되어 있을 뿐만 아니라, 그리스도와도 가장 긴밀히 결속되어 있다.

그러나 모든 개별 신앙인도 대속자가 되어야 하고, 또 그럴 수 있다. 그들은 특히 성체성사에서 그 능력을 부여받는다. 성체성사의 중심(“이는 너희를 위하여 내어 줄 내 몸이다” - “이는 너희와 모든 이

---

26) Aristides, *Apol.* 16,6(*SC* 470, p.247).

27) *Schrift am Diogenet 6,1~2*(Wengst, pp.320~321). *GG*에서 강조되었음.

를 위하여 흘릴 피다")에 이르러 그리스도의 숭고한 대속 사건이 현재화된다. 그리하여 각자는 예수의 이 생활 방식 속으로, '이웃을 위한' 태도 속으로 들어갈 수 있으며, 대속자이신 예수 그리스도 안에서, 그리고 그분을 통하여 다른 이들을 위해 대속자가 된다. 하느님 아버지께서는 예수의 대속 행위를 받아들이셨듯이 형제 자매들을 위한 신앙인들의 대속 행위도 허가하시고 받아들이며 효과 있게 하시리라고 확신하게 된다.

이러한 대속적인 태도는 이제 교회가 점점 더 감소하는 전혀 다른 세상에서 가장 절박한 것으로 받아들인다. 그 이유는 이렇다. 지금처럼 그리스도인들이 소수가 되고 있다면, 예수의 제자들에게 비유적으로 적용된 보편적 파견, 즉 "너희는 가서 모든 민족들을 제자로 삼아, (…)"(마태 28,19)라는 말씀이 특히 세상 모든 사람을 위한 대속으로 실현되어야 하기 때문이다. 여기서 소수라는 것은 고립되어 편안하고 자족하는 상태로 돌아가는 것을 의미하지 않는다. 체념하거나 내적으로 저항하는 것을 의미하지도 않는다. 초기 그리스도인들은 아무튼 자신들이 소수임을 두려워하지 않았다. 자신들이 하느님과 그리스도께 맞서는 '세상'과 다르고, 또 다르게 산다는 것도 두려워하지 않았다. 그들은 자신들이 보편적 사명과 과제를 지녔음을 처음부터 깊이 확신했다. 그리고 이 사명을 대속함으로써 수행했다.

그 밖에 대속하는 사람은 언제나, 그리고 특별한 상황에서도 될 수 있다. 누군가는 모두를 위해, 소수는 다수를 위해 대속자가 된다. 그리스도인들은 그 수가 적더라도 자신들의 생활 방식과 기도를 통해 다른 모든 이를 하느님 앞으로 데려가고, 그분 앞에 세우고, 그분 앞에서 그들을 함께 떠받쳐야 한다. 교회는 대속자로서 자신의 사명을 받아들이고, 하느님은 여전히 '한시적으로' 다른 이들을 통하여 대리되는 모든 사람을 결국 인격적으로 인도하시는 길이요 수단이시라고 확신하게 된다.

그것이 구체적으로 어떻게 이루어질 수 있는지 알베르 페리궤르가 명확히 보여 주었다. 그는 모로코의 중부 아틀라스 산악 지역에서 이슬람교도들인 베르베르 사람들과 30년간 살았다. 그가 꾸준히 영적으로 노력한 것은 그리스도를 온전히 받아들이는 것, 그리고 온전히 '베르베르인'이 되는 것이었다. 이런 방식으로 그리스도와 아직 그분을 믿지 않는 이가 만나게 하기 위함이었다. 그 이유는 이렇다. 믿는 이 안에 그리스도가 계시고 베르베르인이 믿는 이가 되었다면, "그리스도는 그 안에서 베르베르인이 되신다. 이렇게 베르베르인이 되신 그리스도의 목소리는 (…) 아버지께로 올라가고, 그분은 아버지께 매 순간 당신 형제들의 구원을 청하신다."[28] 그렇다면 중요한 것이 있다. "우리는 그리스도와 베르베르인들의 가장 좋은 것을 우리 안에 지니고 있다. 따라서 그리스도와 베르베르인들은 이미 만난 것이다."[29] 그러므로 "우리가 베르베르인이 된 뒤에, 그리스도는 우리 안에서 그리고 우리를 통하여 베르베르인이 되실 수 있다. 그리고 아버지는 아드님께 다가가시고, 그분 안에서 베르베르인들을 보시고 그들을 구원하신다."[30]

페리궤르는 자신이 자주 언급한 이러한 기본적 사고를 유럽

28) A. Peyriguère, *Herr, weise mir den Weg*, Luzern, 1966, p.138.
29) *Ibid.*, p.165.
30) A. Peyriguère, *Une vie qui crie l'Evangile*, Paris, 1967, p.217.

국가들에서 나타나는 불신앙으로 확대했다. 이는 다음과 같은 뜻이다. 어느 그리스도인이 주변의 믿지 않는 이들을 그들의 곤경과 기쁨, 위대함과 시련을 함께 수용하고, 그들과 완전히 하나가 된다면, 그 사람 안에서 그리스도와 아직 신앙이 없는 이가 만난다면, 그는 그리스도께서 신앙이 없는 사람에게로 향하시게 하고, 이 사람 안에 '현존'하시게 하는 것이다. 그리고 그리스도 옆에서 그를 위해 대리하는 것이다. 내 생각으로는 그러한 사고가 오늘날의 대속 신학과 그 실제를 이해하는 열쇠가 될 수 있다고 본다.

따라서 전 교회뿐만 아니라 개별 구성원도 대속자이고, 이로써 모든 이의 구원에 협력하는 것이 실현될 수 있다. 그러나 교회는 믿는 이, 공동체, 교구들로 구성된 '경험적' 사회 그 이상이다. 교회는 우리에 앞서 살았던 이들도 포함한다. 교회는 '성인들의 통공'으로 하느님에 의하여 거룩해진 이들의 공동체이다. 마리아는 인격적 형상으로서 전 인류의 '대속자'라는 자신의 역할을 수행하면서도 늘 그들 편에 서 있다.

3.3. 결론: '성사성'

하느님의 구원 활동에 피조물이 협력하는 것은 단지 성사적인 행위에 불과할 수 있다. 다시 말해 피조물에 권한이 부여된 것은 오로지 하느님의 아드님과 성령에 기인한 것이고, 그것을 늘 가리켜 보이는 것이며, 따라서 항상 그것을 가리켜 보여야 한다. 이러한 근본적 구조는 단지 감춰져 있을 수 없고, 또 그래서도 안 된다. 그것은 가시화되고, 체험될 수 있어야 한다. 더 정확히 말하면, 협력하는 모든 것이 그 출발점이신 하느님을 명확히 가리키는 표징이라고 묘사됨으로써 그러하다. 이런 까닭에 피조물이 구원을 중개하는 행위에 있어서 그 기본적 태도는 '요한의 태도'이다. "당신은 누구요?"라는 질문을 받고 세례자 요한은 먼저 부정적으로 대답한다. "나는 그리스도가 아니다"(요한 1,19~20). 그런 다음 (이젠하임 제단에 그렇게 묘사되어 있듯이, 긴 집게손가락으로) "그분이신" 그리스도를 가리켜 보인다.

그러한 표징은 마리아에게서 선명히 볼 수 있다. 마리아는 자신을 주님의 비천한 종이라고 고백한다. 이 젊은 여인은 자신의 힘으로는 그 무엇도 하기를 바라지 않으며, 또 그럴 수도 없다. 마리아는 단지 자신에게서 그 일이 이루어지기를 바라고, 이로써 큰일을 하신 전능하신 분을 가리켜 보인다. 교회의 모든 활동도 이 표징을 향해 있어야 한다.

구조적으로 볼 때, 이는 교회가 근본적으로 실행하는 일들에 있어서 성사적으로 권한이 부여된 교회 직무는 결코 포기할 수 없는 역할을 함으로써 이루어진다. 이미 언급된 바와 같이, 성사에 기인하고 그렇게 각인된 직무는 다른 신앙인을 명확히 주시한다. 오직 한 분만이 교회의 주님이시고, 오직 한 분만이 구원을 중개하신다. 곧 예수 그리스도께서, 그리고 그분이 보내신 성령께서 그렇게 하신다. 따라서 직무가 지닌 성사적 특성은 하나의 의미와 목표를 지니고 있다. 그리스도로부터 오는 구원을 가리키는 표징이 되는 것이다. 성품 받은 사제가 올바르게 행동해야 교우들도 그것을 보면서 자신의 정체성을 찾고 삶을 쇄신할 수 있다. 또한 교우들은, 예수 그리스도는 자신들의 목자이고 스승이시며 사제이심을 구체적으로 체험해야 한다. 사람들은 그토록 크고 수많은 성령의 은총으로 무장했다 하더라도, 교회를 만들지 못하고 공동체를 세우지 못한다. 공동체를 이끌 수도 없으며 하느님의 구원을 중개할 수도 없다. 오직 그리스도만이 이 모든 것을 행하실 수 있다. 성사적 직무는 그리스도를 가리켜 보이고, 그분을 대리하며, 그분이 현존하게 하신다. 그러나 이는 특별한 사명을 받고 전권을 위임받아야만 가능하다. 그 이유는 이렇다. 어느 사제가 매우 훌륭하거나 특별한 능력을 지녀서가 아니라, 성품과 성사적 사명을 통해 '권한을 부여'받았기에 교회 생활에 맞게 성실히 행동한다면, 이 성품은 당사자를 넘어 그에게 성품성사를 주시고 그를 파견하신 분, 곧 그리스도를 가리켜 보인다. 따라서 교회 직무에 있어서 인간적 권위가 그리스도의 자리로 들어서는 것이 아니라, 그분 자신이 성사적으로, 다시 말해 영향을 미치는 표징 아래 유효하게 하시는 것이다. 이 표징이 그분을 가리켜 보이고, 이 표징 아래 그분이 친히 당신 자신의 행동을 굳게 약속하신다.

따라서 구조적으로 볼 때, 구원을 중개하는 교회 활동의 상징성은 성사적 직무를 통해 확인된다. 그러나 이때 상징성이 확신을 주거나 믿을 만하거나 실제로 구체적으로 볼 수 있음을 아직 의미하지는 않는다. 파울-요셉 코르데스(Paul-Josef Cordes) 추기경은 수십 년 전에 자신의 박사학위 논문에 이렇게 썼다. "'파스카' 혹은 이와 유사하게 자기 목적성이 강하고 절대적인 방식은 직무의 특성을 훼손할 수 있다."[31] 그리고 이로써 교회 활동의 상징성이 무가치해지고 훼손되었음을 의미한다. 어떻게 된 것일까? 구원을 중개하는 교회 활동이 직무성과 결부되지 않았다면, 이는 어떻게 비칠까? 오늘날에도 '자신을 버리고 하느님의 지시를 따른' 마리아와 같은 태도를 취하고, 다른 이들의 구원에 힘쓰며, 이를 위해 투신하는 적은 수의 그리스도인들이 있다는 것은 확실하다.

전체인 교회와 관련해서는, 서구의 산업 국가들에서 교회 활동을 놓고 성과와 효율성을 우선적으로 더 중요하게 여겨서는 안 된다는 말이 이따금 나오고 있다. 그러나 그러한 활동은 지극히 자기 목적성을 지니고 요구된 상징성에 방향을 두지 않는다. 결과, 즉 자신의 모습을 드러낸 결과에 맞춰져 있기 때문이다. 이러한 행위는 '생산 행위'로 표현될 만하다. 다시 말해 사람들은 이러한 행동 방식으로 무언가를 행하고 변경하고 생산한다. 행위는 객체나 제도, 또는 과정의 효율적 형상과 생산에 맞춰져 있다.

---

31) I.P.J. Cordes, *Sendung zum Dienst*, Frankfurt, 1972, p.174.

그러한 행위에서 인간은 작용의 원인(causa efficiens)으로서 현존하는 것을 차지하고, 또 그것을 자신의 생각과 목표에 '복종'시킨다. 근대 시대에 모든 활동은 거의 배타적으로 그러한 '생산 행위'의 징후 아래 있었다. 그러나 이는 인간이 하느님의 활동에 협력하는 방식이 될 수 없고, 또 그래서도 안 된다. 인간은 자기 힘만으로 사람들이 하느님과의 관계, 그리고 이웃과의 관계를 맺도록 도와줄 수 없다. 하느님의 백성을 연결할 수도 없고, 결속시킬 수도 없다. 또한 하느님 나라라는 약속된 미래에 영향을 줄 수도 없다.

그럼에도 불구하고 오늘날 교회 생활과 사목 현장의 일부는 그러한 '생산해 내는 행위'(herstellendes Handeln)에 의해 규정되어 있다. 사람들은 묵상 및 영적 동반 과정을 '만들어 낸다.' 그리고 영적 영역에서 스스로 '능력'을 갖출 수 있다고 믿는다. 사람들은 사목적 계획과 구상과 전략('효율적 행위' 영역에서 나온 개념들)을 펼친다. 사목을 성공적으로 이끌기 위해서다. 책임이 따르는 직무 수행자들은 행정 업무와 성사 집전으로 인해, 지난 관습과 교회의 관례를 계속 따름으로써 때때로 심신이 소진된다. 간략히 말하면 이렇다. 그들은 공동체 안에서 '무언가가 일어나고' 복음이 세상에 '울려 퍼지'도록 온 힘을 다한다. 예전에 사목신학 교수를 지낸 고트프리트 비터(Gottfried Bitter)는 그러한 행동 방식의 측면에서 '사목적 이신론(理神論)'에 관해서 단호하게 기술했다. 이는 그러한 교회의 사목 활동을 '효율성'이라는 징표 아래 표현한 것이다. "우리는 하느님을 부인하지 않는다. 그러나 우리 역사 속에 그분이 계심은 진지하게 생각하지 않는다. (…) 우리는 자명하게 사목 계획에 관해 이야기한다. (…) 그러나 현존하시는 그리스도의 활동, 창조주 하느님의 활동, 교회는 그리스도의 성사라는 것에 대해서는 진지하게 생각하지 않는다."[32]

이에 맞서 다음과 같은 점이 힘주어 강조되어야 한다. 즉 교회 활동, 신앙생활은 '만들어 내는 행위'의 차원에서 영위될 수 없고, 또 그래서도 안 된다. 그것은 최근에 '표현하는 행위'(darstellendes Handeln)라 불리는 다른 방식을 요구한다. 여기서는 행위를 통해서 전혀 다른 것이 이해된다. 여기서 중요한 것은 우리 앞에 제시되었거나 지금 제시되는 무언가를 '실행'하는 것이다. 이와 관련해 마르틴 하이데거(Martin Heidegger)는 다음과 같이 설명한다. "행위의 본질은 실행하는 것이다. 실행한다는 것은 그 본질이 충만한 무언가를 전개하는 것, 완성으로 이끄는 것, 이루어 내는 것을 의미한다. 이미 존재하는 것만이 완성될 수 있다."[33] 다시 말해 행동에 옮기는 것이 중요하다. 그런 가운데 이미 주어진 무언가가 '육화'되고 '표현'되고 '상징화'되고, 이로써 "그 본질의 충만함"을 펼칠 수 있다. 그러한 행위에 대한 단순한 예로 서로 사랑하는 두 사람이 상대방에게 장미를 선물하는 것을 들 수 있다. 이때에는 당연히 행위가 중요하다. 무언가를 만들어 내는 것, 무언가를 세우는 것, 무언가를 변형하는 것은 관건이 아니다. 여기서는 오히려 서로를 향한 사랑, 이미 존재한 사랑이 표현된다. 이로써 그 사랑은 그 본질의 충만함을 펼칠 수 있다. '표현하는 행위'와 '만들어 내는 행위'는 전자가 후자보다 덜 '실행'된다는 것에서 구분되지 않고, 다음과 같은 점에서 차이가 있다. '만들어 내는 행

[32] G. Bitter, "Evangelisation und Inkulturation", in: Presse- und Informationsstelle des Erzbistums Freiburg i. Br.(Hrsg.), *Information - Bericjte - Kommentare - Anregungen*, Jan.-März, 1987, Nr. 1~3, 5~31.

[33] Cf. M. Heidegger, *Über den Humanismus*, Frankfurt, 1949, p.5.

위'에서는 성과와 객관적 결과, 가시적이고 측정할 수 있는 성공, 결과에 주안점을 두는 반면, '표현하는 행위'는 이미 살고 있는 삶 자체를 표현하는 것이다. 그것은 수단에 따라 다른 그 무엇에 방향이 맞춰져 있지 않다. "그것은 있는 그대로 존재한다"(에리히 프리트). 그것은 자신에게 이미 주어진 것을 표현하고, 이렇게 이미 주어진 것을 가리켜 보인다. 존재, 그리고 존재의 상징적 표현이 다른 가운데 "그 본질의 충만함" 속에서 삶 자체가 실현된다.

개인이나 교회가 하느님과 협력하는 모든 것은 '표현하는 행위'에 의해서만 가능하다. 하느님께서 인간에게, 인간과 함께 그리고 인간을 통해 하시는 것이 그 '표현하는 행위'에서 묘사되고 '육화'된다. 모든 인간적 활동, 교회의 모든 사목 활동은 스스로 '구원'에 아무 영향을 미칠 수 없기 때문이다. 교의신학이 옳게 말하고 있듯이, 여기서 작용하는 모든 것은 순수한 것이고, 우리가 마음대로 할 수 없는 은총이다. 그러므로 인간적 활동, 사목 활동은 '효율성'이라는 핵심어 아래 구성될 수 없고, 또 그래서도 안 된다. 신앙 행위는 하느님의 활동을 '육화'하고 상징적으로 보여 주어야 한다. 성과나 성공에 대한 압박을 받지 않고서 아주 단순하게, 그리고 흥분하지 않고서 말이다. 그래야 신앙 행위가 진정성 있게 된다. 그렇게 행동하면 우리는 바오로와 함께 이렇게 말할 수 있다. "나는 그들 가운데 누구보다도 애를 많이 썼습니다. 그러나 그것은 내가 아니라 나와 함께 있는 하느님의 은총이 한 것입니다"(1코린 15,10). 또한 이렇게도 말할 수 있다. "모든 사람 안에서 모든 활동을 일으키시는 분은 같은 하느님이십니다"(1코린 12,6; 히브 13,21도 참조하라). 그러한 '표현하는 행위'(이에 대한 기준은 큰 '효율성'을 포기하는 것과 가난한 이들과 보잘것없는 이들에게로 그리고 '아무것도 줄 수 없는' 이들에게로 다정하게 향하는 것이다)에서 하느님의 활동은 "그 본질의 충만함"에 이르게 된다. 이로써 그분의 끝없는 사랑이, 모든 이를 그리스도 안에서 일치시키고 당신의 생명 속으로 이끌고자 하시는 그분의 계획이 세상에서 가시화되고 파악될 수 있으며 인간의 협력 속에서 빛나기 때문이다.

마리아는 바로 이러한 '행위' 방식을 보증한다. 자기 자신으로부터는 아무것도 이루지 않는다. 마리아는 하느님과 그분의 활동에 마음이 활짝 열려 있다. 마리아는 자신에게 선사된 것을 '육화'한다. 위의 비유를 들자면, 마리아는 인격 안에 있는 '꽃다발'이다. 이 '꽃다발'을 통해 앞서 주어진 하느님의 은총이 계속 전해지고, 동시에 그 원천과 발기인이 밝혀진다. 자신을 통해 이루어진 위대한 일은 마리아에게 하느님을 찬미하고('마니피캇') 그분을 가리켜 보이는 계기이자 모티브가 된다. 따라서 마리아는 교회가 범한 잘못을 지적한다. 그런 가운데 교회는 자신의 고유한 본질을 발견할 수 있고, 늘 새롭게 발견해야 한다. 교회는 은총을 받았고, 이 은총의 힘으로 함께 행동해야 하는 것이다. 따라서 마리아는 (앞에서 언급된 것을 다시 한번 주목하면) '은총을 받은 인물'이고, 하느님 친히 베푸시는 '구원'의 위대한 표징이다.

제2권의 세 개의 장에 걸쳐 우리는 제1권에서 마리아와 교회에 관해 진술된 내용(이는 성경과 신앙에 관한 교회 전승을 토대로 우리가 알게 된 것이다) 가운데 일부를 더 크고 체계적인 맥락에서 더 상세히 반성하고자 시도했다.

다음 장에서는 제1권 제6장("지혜인 마리아와 교회")의 내용을 다시 한번 주목하고자 한다. 거기서 우리는 어느 주제에 대한 주석학적이고 신학사적인 결과를 전개했는데, 이 주제에 대해서 교회의 구속력 있는 가르침은 제시되지 않았고, 그 해석에 대해서도 신학에서 견해가 일치되지는 않았다. 앞으로 다루게 될 주제와 모순된 대답들이 이렇게 빈번히 '구속력 없음'에도 불구하고, "주님께서는 당신의 첫 작품으로 나를 지으셨다"라는 제목으로 다룰 이 주제와 함께 비로소 우리는 일종의 '홍예석'(虹霓石, Schluss-Stein)이라 할 수 있는, 이 연구의 결과에 도달할 수 있을 것이다. 홍예석을 어느 건축물의 둥근 천장과 그 뼈대, 천장을 받치는 기둥, 버팀벽에 없어서는 안 되는 가장 중요한 요소로 여겨야 이 홍예석의 기능을 이해할 수 있듯이, (어느 주교좌성당이 파괴된 모습으로 눈앞에 있다면, 여기서 홍예석은 다른 많은 돌 가운데 하나에 지나지 않는다.) 이제 다루게 될 주제도 그와 유사할 것이다. 그렇게 보면, 이 주제는 덜 중요할지도 모른다. 그러나 전체적으로 보면, 이 주제는 모든 것을 연결시킨다.

MARIA
ECCLESIA

II

제4장

“주님께서는 당신의
첫 작품으로 나를 지으셨다”
(잠언 8,32)

제 4 장 • "주님께서는 당신의 첫 작품으로 나를 지으셨다" (잠언 8,22)

제1권 제6장에서 우리는 그리스도에 대한 '예정'을 토대로 마리아에 대한 '예정'을 질문하게 되었음을 알았다. 이 질문은 초세기부터 성경의 지혜 전승과 관련되어 제기되었다. 이로써 (비록 절대적이지는 않더라도, 지속적으로 영향을 주는) 전례적이고 예술적인, 신학적이고 철학적인 전승이 이어졌다. 이에 따르면, 마리아와 교회는 시간 이전의 실재 혹은 시간을 초월한 실재이고,[1] 하느님에 의하여 '창조된 지혜'(sapientia creata)와 '태초의 교회'(ecclesia primigenia)로서 창조되었다. 그러나 이 결과에 대해서는 시급한 설명이 필요하다. 우리는 이제 이 주제를 다룰 것이다. 먼저 이러한 견해를 표명한 최근 대표자들의 견해를 알아보고, 그들의 입장을 분석한 다음에, 그 밖의 질문들과 고유한 사고들을 제기하고자 한다.

---

1) 개념에 대해 설명하겠다. 이런 맥락에서 어느 정도는 동의어로 사용된 개념들, 가령 '시간 이전의'(vorzeitlich), '시간을 초월하는'(überzeitlich), '선재하는'(präexistent), '태고의'(urzeitlich), '역사 이전의'(urgeschichtlich), '최초의'(primordial), '한처음에'(ἐν ἀρχῇ) 등등은 문제가 있다. '시간 이전의'라는 말은 의미가 없다. 시간 '이전'에는 시간이 없고, 따라서 '이전'은 존재할 수 없기 때문이다. '시간을 초월하는'과 '선재하는'과 같은 말은 곧바로 하느님의 영원하심을 연상시킨다. '태고의' '역사 이전의'라는 말을 포함해 '최초의' '한처음에'라는 말도 '태고의 신비'를 생각하게 한다. 나는 상이한 개념들이 구분되지 않고 명확히 규정되지 않은 채 사용됨으로써 생기는 문제에 대해 다양한 관점에서 방향을 정하는 것 외에 다른 방법은 없다고 본다.

4.1. 현대 신학자들이 바라보는 '역사 이전의' 마리아와 교회

우리는 제1권에서 러시아 신학자들에게 세상의 내적 일치에 대한 물음이 지대한 역할을 했다는 것을 알았다. 여기서 세상의 내적 일치는 어느 정도는 기계적으로 이해된 진화 과정의 일치 그 이상임을 의미하는 것이다. 그 물음에 그들은 이렇게 대답한다. "지혜가 세상에서 모습을 드러내는 한, 이 지혜 안에서 하늘이 지상으로 내려온 것이다. 세상은 단지 자신 안에 있는 세상이 아니라, 하느님 안에 있는 세상이다. 그리고 하느님께서는 하늘에 계실 뿐만 아니라, 지상에도, 세상에도, 인간 안에도 계신다."[2] 모든 것은 지혜라는 끈으로 연결되어 있다. 바로 이 문제와 관련해서 피에르 테야르 드 샤르댕도 자신이 특별히 구상한 것을 토대로 세상의 '가장 내적인 것'을 성경적 사고인 '창조된 지혜'와 교회와 마리아와 연관 지어 바라본다.

---

2) Bulgakow, *Frage*, p.98.

4.1.1. 피에르 테야르 드 샤르댕 SJ(1881~1955)

테야르는 자신이 지은 『영원히 여성적인 것에 대한 찬가』(*Hymne an das Ewig Weibliche*) 첫 단락에 "주님께서는 당신의 첫 작품으로 나를 지으셨다"(잠언 8,22)라는 제목을 달고 이렇게 묘사한다.

> "나는 세상이 생기기 전부터 존재했다. 나는 영원으로부터 하느님의 손으로 빚어졌다. 시간이 흐르면서 아름다움을 갖추게 된 나는 하느님의 일에 협력하게 되었다. (…)
> 하느님께서는 나를, 증대되어 사물들이 자신의 중심에 이르도록 도와주는 힘으로서 본래의 많은 것 속으로 들어가게 하셨다. (…)
> 나는 본질적으로 여성적인 것이다."[3]

이 "본질적으로 여성적인 것"은 이어서 통합시키고 끌어당기는 우주적 힘으로, 다시 말해 창조 세계 전체 안에서 영향을 미치는 사랑으로 묘사된다. 이 사랑은 단자(單子)나 원자의 인력부터 시작해서 인간 세상에 이르기까지, 영원히 여성적인 것에 이르기까지 실제 세계의 모든 단계를 지나간다. 앙리 드 뤼박에 따르면, 이 사랑은 "늘 세대가 교체되는 다양함 가운데 (…) 끌어당

3) P. Teilhard de Chardin, *Hymne an das Ewig Weibliche*. Mit dem Kommentar von Henri de Lubac(발타사르가 번역했음), 독일어 번역본: Einsieden, 1968, p.5. 테야르의 작품과 사상을 간략하지만 깊이 있게 소개한 다음 책을 참조하라: Th. Broch, *Denken der Krise. Vermittler von Hoffnung. Pierre Teilhard de Chardin*, Kevelaer, 2000.

기고 통합시키는 원리로서"[4] 마리아와 교회 안에서 지고한 모습을 갖추고 실현된다. 테야르는 다음과 같이 계속 묘사한다.

> "들판이 사람들의 마음을 끌듯이, 하느님과 세상 사이에 서서 나는 이 둘을 연결시킨다. 열정적으로.
> … 내 안에서 만남이 이루어지고, 그런 가운데 사람들과 그리스도의 충만함이 이루어지기까지. 영원히.
> 나는 교회, 그리스도의 신부이다.
> 나는 동정녀 어머니, 모든 이의 어머니다."[5]

이에 따라 테야르에게 '지혜'는 본래의 우주적 힘이다. 이 힘은 통합시키는(차이가 나게 하는) 힘이자, 동시에 차이가 나게 하는(통합시키는) 힘으로서 세상을 발생시키고 엄청난 변화를 일으키기에, 교회와 마리아 안에서 그 베일이 벗겨진다. 이와 관련해 앙리 드 뤼박은 다음과 같이 설명한다. "보편화된 원칙이 (…) 마리아 안에서 인격화되는 게 아니다. 오히려 유일무이하게 존재하는 마리아가 이 원칙 안에서 보편화된다."[6] 이 말은 하느님 자신이 "보편적 인격체"라는 테야르의 확신을 배경으로 해야 이해할 수 있다. 달리 표현하면, "인격적이고 보편적인 것(Das Personal-Universale)이 지극히 인격적인 것이다."[7] 이 말은 하느님이시자 사람이신 그리스도께도 적용된다. 그리스도는 보편적이시고 동시에 인격적인

---

4) H. de Lubac, *Kommentar zu P. Teilhard de Chardin, Hymne an das Ewig Weibliche*, 독일어 번역본: Einsieden, 1968, pp.17~160, 여기서는 p.33.

5) *Ibid.*, p.13. 이 인용문의 세 곳에 나와 있는 부호는 줄임표(말없음표)가 아니고, 테야르 자신이 표기한 것이다.

6) Lubac, *Kommentar*, p.149.

7) 인용: Lubac, *Kommentar*, p.151.

분이시다. 그리고 마리아는 자신의 아들과, 그리고 그분의 보편적 사업(실제 세계의 '그리스도화')과 긴밀히 결부되어 있기에, 유일무이한 그녀 역시 인격적 인물일 뿐만 아니라 '보편적' 인물로도 이해되어야 한다. 창조 세계 전체는 마리아를 향해 나아가고, 그녀를 목표로 삼고 있다. 마리아 안에서 영원히 여성적인 것, 우주를 발생시키는 사랑의 힘이 드러난다. 마리아는 실제 세계를 '통합시키는 얼굴'이다. 마리아는 우리에게 그리스도를 선사하고, 우리를 그리스도께로 인도한다. 그리고 '오메가'이신 그분과 함께 실제 세계를 충만하게 한다.

4.1.2. 빌헬름 클라인 SJ(1889~1996)

예수회원인 이 신학자(1889~1996)는 매우 제한된 범위에서만 알려져 있을 것이다. 본인은 책을 한 권도 내지 않았기 때문이다.[8] "여러분이 나의 책들이다!" 그는 로마에 있는 독일 및 헝가리 신

[8] 다음 글이 그에 관한 일차적 정보를 제공해 줄 수 있다: G. Greshake, Klein, "Wilhelm", in: *LThK*[3] 6, p.122. 나아가 다음 글들도 보라: Chr. Schmitt, "Klein, Wilhelm", in: *BBKL* 33, pp.746~749; W. Lentzen-Deis, "Im Himmel fängt das Leben erst richtig an. Zum Gedanken an. P.W. Klein", in: *AnzSS* 109(2000), pp.517~518; H. Feld, "Der bedeutendste katholischen Theologie des 20. Jahrhunderts?", in: *RoJKG* 19(2000), pp.263~273.
신학자 클라인에 관해 종합해 놓은 책(G. Trentin, *In principio*, Padua, 2005)이 독일어판으로 개정되어 나왔다: G. Trentin, *Im Anfang. Das "Mariengeheimnis" in den Handschriften von Wilhelm Klein*, Würzburg, 2006 mit einem Vorwort von G. Greshake, *ibid.*, pp.7~10. 다음 글에는 클라인의 신학을 비판하는 내용이 담겨 있다: B. Hallensleben, "Pater Wilhelm Klein und die Theologie des 20. Jahrhunderts", in: *KCGU* 115(2006), pp.5~17. 다음 문헌에도 클라인의 신학에 관한 내용이 들어 있다: in: *KCGU* 116(2007).

학교에서 영성 담당자로서 자신에게 맡겨진 신학생들에게 이렇게 말하곤 했다. 그는 때때로 다음과 같이 덧붙였다. "결국 엘리야 예언자도 책을 남기지 않았다. 예수님조차 단 한 번 손가락으로 무언가를 쓰셨을 뿐이다. 그것도 땅에!" 그렇지만 클라인은 20~21세기의 적잖은 저명한 신학자들과 철학자들에게 지대한 영향을 주었다. 프라이부르크 대학에서는 에드문트 후설(Edmund Husserl)의 제자였고, 마르틴 하이데거의 동창이기도 했다.[9] 클라인은 20세기의 가장 중요한 철학자일 거라고, 칼 라너는 여러 번 자기 생각을 표명했다. 라칭거 추기경은 클라인에 관해 이렇게 말했다고 한다. "그는 오늘날의 소크라테스다!"[10] 막스 뮐러(Max Müller)는 그를 "헤겔에 관해 가장 정통한 인물"로 여겼다.[11] 그렇다 하더라도, 클라인에 의해 유지된 것은 그가 지속적으로 영향을 준 이들의 기억뿐만 아니라 그의 영성 강의 원고에서도 알 수 있다. 이 영성 강의는 성경 해석에 관한 내용이 주류를 이룬 것으로, 클라인은 로마에 있는 독일 및 헝가리 신학교에서 그 강의를 했다. 강의 원고는 당시의 위험한 상황에서도 폐기되지 않고 보존되었다. 이 강의 원고(훗날 알베르트 라우흐에 의해 책으로 출간되었음)를 비롯해 몇몇 편지와 기록으로 남긴 대화[12]를 토대로 그

---

9) 펠트(*Theologie*, p.269)는 클라인과 관계를 맺은 널리 알려진 이들의 이름을 상세히 나열한다. 그렇지만 그들은 당시에 독일 및 헝가리 신학교를 다니다가 도중에 떠난 이들이다. 그 밖에 클라인은 가령 하인리히 슐리어(그의 영향을 받아 개종했음), 철학자 페르디난트 울리히, 윤리신학자 프란츠 뵈클레와 주세페 트렌틴(Giuseppe Trentin), 개신교 신학자 프리츠 부리〔Fritz Buri, 그는 클라인을 자신의 "유일한 친구"라고 말했다〕를 비롯해 다른 많은 이와 긴밀히 교류했다.

10) 다음 책을 보라: G. Trentin, *Im Anfang*, p.19.

11) 라너가 이렇게 말한 내용과 관련해서는 다음 책을 보라: Greshake, *Vorwort*, p.8. 라칭거가 그렇게 말한 것과 관련해서는 다음 책을 보라: Trentin, *Im Anfang*, p.19. 막스 뮐러에 관해서는 다음 책을 참조하라: ders., *Auseinandersetzung und Versöhnung*, Berlin, 1994, pp.154~155.

의 입장을 간략히 기술할 수 있을 것이다.

먼저 성경 해석에 관해 클라인이 특별히 한 말을 살펴보자. 그는 성경을 해석하면서 놀라운 진술들과 연관성을 제시한다. 그러면서 그것들이 역사 비평적 주석가들에 의해 제대로 분리되지 않았음을 간파했을 것이다. 그리하여 빌헬름 클라인은 로마서에 관한 자신의 주석 앞부분에서 단호히 말한다. "성 바오로가 모든 위대한 신앙 진리를, 교회가 당시에 그리고 세월이 흐르면서 오늘날까지 이 서간에서 읽었고, 세상 끝 날까지 읽게 될 신앙 진리를 그 서간을 쓰면서 분명히 알았다고 아우구스티누스 성인은 생각했다. 그렇게 생각하는 것은 가능하지만, 우리는 그것을 그대로 받아들일 필요가 없다. 아우구스티누스 성인에 따르면, 교회는 여러 상황을 고려하면서 성경의 한 문장을 당대에 그것을 쓴 저자보다, 또한 모세나 바오로보다 더 포괄적으로 이해할 수 있다. 교회는 이 저자들이 자기 자신을 이해한 것보다 성령 안에서 그들을 더 명확히 이해할 수 있다." 이어서 클라인은 『고백록』 제12권, 30쪽에 나오는 문장을 인용한다. "누군가가 그대가 가지고 있는 성경을 읽으면서 '내가 지금 말하는 것은 모세 또는 바오로가

12) G. Trentin, "Der einzige Geist, der alles in allem wirkt". Zur Neuevangelisierung, in: *W. Kleins "Gesprächen"* in: www.oki-regensburg.de P. Wilhelm Klein. 공개 토론(Forum, 2013.05.16.에 게재되었음)은 '원고'(=*GW.Job; GW.KiKa; GW.Röm*; Vortrag)를 쓴 (젊은 시절의) 클라인과 '대화'(CD로 읽을 수 있음. Hrsg. v. A. Rauch u.a.: *P. Wilhelm Klein SJ 1989~1996. Lehrer von Sophia Maria Kirche*, Produktion: pagina, Tübingen, 2001)를 나눈 클라인 사이에는 어떤 차이가 있음을 보여 준다. 전자에게는 '마리아 안에 계시는 하느님'이 핵심인 반면, 후자에게는 성령, '우리 안에 계시는 하느님'이 핵심이기 때문이다. 이는 옳게 관찰한 게 틀림없다. 그럼에도 나는 여러 가지 이유에서 대화를 오히려 '원고'의 '부록'으로 해석하는 쪽으로 기울어져 있다.

생각한 것이고, 그 밖에는 아무것도 없다'고 말하고 다른 누군가는 '아니다, 그것은 내가 말하는 것이고, 그 밖에는 아무것도 없다'고 이야기하려 했다면, 이는 나에게 저자에 대한 끝없는 공경에 더욱 부합하게 다음과 같이 말해야 할 듯하다. '두 가지가 진실하다면, 어찌하여 이 둘을 말하지 않겠는가!'"[13)]

클라인은, 초기 교회 및 중세기에 성경이 해석된 노선에서 구세사적으로 볼 때, 후대(後代)가 성경 해석과 관련해 성령 안에서 신앙이 증대되었다고 이해한 것을 전대(前代)에 나온 텍스트들에 적용한 것은 두말할 필요도 없이 적법하다고 본다. 성경이 이렇게 말하기 때문이다. "모세는 나자렛 예수라는 이름을 한 번도 언급하지 않았다. 그럼에도 그가 쓴 모든 문장은 예수에 관한 것이다. 저 사람은 나에 관해 기술했다(de me enim ille scripsit, 요한 5,46 참조). 후대에 이르러 교회 안에 계시는 성령께서는 '예수, 마리아 안에 계시는 하느님'이라고 쓰셨다."[14)] 그리하여 클라인은 '로마서에 나오는 마리아'라는 주제로 폭넓은 강의를 할 수 있었다.[15)] 로마서에 마리아의 이름은 한 번도 나오지 않더라도 말이다. 그 이유는 이렇다. 클라인에게 성실(πίστις)과 은사(χάρις) 같은 바오로의 핵심 개념들은 물론 죄(ἁμαρτία) 등과 같은 반대 개념들도 추상적으로 여겨져서 마리아, 순수한 피조물… 경우에 따라서는 마귀, 악마(διάβολος) 등을 구체적으로 인격적으로 부를 수 없기 때문이다. 다시 한번 말하자면, 클라인은 다음과 같은 점을 분명히 알고 있었을 것이다. "주석가들과 문법 및 다른 학문들의 대가들, 권위

---

13) *GW. Röm.*, pp.12~13.
14) *GW. KiJa.*, pp.138.
15) *GW. Röm.*, pp.504~512.

있는 저명한 대가들은 자신들이 문법을 통해 알아낸 것보다 성경에서 마리아 안에 계시는 그리스도에 관해 더 많이 언급되어 있다는 말을 듣는다면, 그리고 은사(χάρις), 영(πνεῦμα), 사랑(ἀγάπη), 정의(δικαιοσύνη)가 죄(ἁμαρτία), 육(σάρξ)처럼 창조된 인격적 존재를 가리킬 수 있다는 말을 듣는다면 깜짝 놀랄 것이다. 여기서 비난을 가하는 것은 부질없는 짓이다."[16]

다음 대목은 빌헬름 클라인의 사고를 어느 정도 간략히 알게 해 준다. 그리고 당시에 그의 강의를 들은 이들이 때로는 비판적 반응을 보였다는 것도 알게 해 준다.

> "하느님의 순수하고 결코 추락하지 않은, 훼손되지 않고 흠 없는 영광이 존재합니다. 하느님께서는 사랑으로 지어 내신 인격적 피조물 안에서 당신의 영광을 드러내셨습니다. 제가 다시 그것을 말하면, 여러분은 대체로 깜짝 놀라 이를 주목하다가 부인하겠지요. (…) 그리고 하느님의 이 창조된 영광은 아버지의 유일한 아드님이신 예수 그리스도의 영광이라고 제가 말하면, 여러분은 이에 동의할지도 모르겠습니다. 그러나 제가 이어서, 인성을 지니신 예수 그리스도의 이 영광은, 영원하신 창조주 하느님 안에서 드러나는 이 영광은 창조된 인격체인 마리아 안에서 창조된 것이라고 말한다면, 여러분은 헷갈릴 겁니다. (…) 처음에, 말씀이 존재했던 한처음에(in principio)에, 처음부터 그리고 세기 이전부터(ab initio et ante saecula), 어느 피조물 안에서, 어머

16) *GW. Röm.*, pp.283.

> 니의 마음 안에서, 신부가 신랑에게 자신을 내주는 것 안에서 (…) 빛나기 시작하는 하느님의 창조된 영광에 관해 우리가 말한다면, (우리는 다소 헷갈릴 수 있을 것입니다.) 이 피조물은 어린아이처럼 순수하고 감사하는 사랑 안에서 삼위일체 하느님의 영광을 흠 없이, 그리고 완전히 비춥니다. 하느님의 영광은 창조주께서 만들어 내신 것, 마리아 안에 계시는 하느님, 사람의 아들입니다."[17)]

이 짤막한 글에서 클라인의 핵심적 사고가 드러난다. 그에게 예수 그리스도는 "마리아 안에 계시는 하느님"이시다. 이와 관련해 그는 대(大) 레오 1세 교황의 말을 인용한다. "아버지께서 신성에 따라 동일 실체(同一實體)이심은 어머니가 인성에 따라 동일 실체임과 같다"(Der consubstantialis Patri secundum divinitatem ist consubstantialis Matri secundum humanitatem).[18)] 요한 복음 1장 1절에 나오는 "한처음"은 클라인에 따르면 연대기적으로 규정된 말이 아니다. 오히려 '창조된 처음' 하느님의 끝없는 사랑이 낳은 첫 피조물을 의미한 것이다.[19)] 이 "한처음"에 하느님의 영원한 말씀

17) *GW. Röm.*, pp.388~389.

18) 가령 다음 문헌을 참조하라: *GW. KiJa*, p.169 등. 물론 여기서 레오는 '마리아'라고 말하지 않고, '우리'(nobis)라고 말한다.

19) 예컨대 다음 문헌들을 참조하라: *GW. Job.* 21; *GW. KiJa.*, pp.50~51.
물론 클라인(*GW. Job.*, p.31)은 다음과 같이 알고 있다. "단순히 원문에 따르면, '한처음에('ἐν ἀρχῆ)라는 말은 아무튼 '창조되지 않은 처음'으로 이해될 수 있다. 물론, 이 문장이 말하는 바를 내가 정확히 파악하지 못했다고 생각한다. 그러나 이 첫 문장을 구약성경의 지혜에 관한 책들에 비추어 읽으면 내가 모든 것을 잘 이해할 수 있다고 말하고 싶다. 복음사가는 창조된 순수한 '한처음'에서 자신의 본질을 취한 것의 신비를 바로 이 '한처음'에서 선취한다." 이와 유사한 사고는 솔로브예프(제1권 6.3.4.1.을 보라)에게서만 아니라 현대 주석가들(제2권 4.2.1.4.를 보라)에게서도 찾을 수 있다. 오리게네스도 요한 복음 1장 1절에 대한 주석으로 이렇게 기술한다. "지혜 안에 로고스가 계셨다." 〔다음 책에서 이에 대한 증거를 찾을 수 있다: Bruns, *Trinität*,

이 태초부터(!) "그 천막을 쳤다. 오늘날, 육(肉)을 따르는 사람들이 사는 어두운 세상에서, 우리 안에서" 그 천막을 쳤듯이 말이다.[20] 우리는 "창조 세계가 시작되었을 때 온전히 우리 주님께 속했고 지금도 그분께 속하고, 영원히 그분께 속할 이 영광스러운 탁월한 인물을 마리아라 부른다. 그녀는 구약성경과 신약성경에서 이미 마리아라 불렸다. 그녀의 영원한 아드님은 인간의 유한함을 지니고서 당시의 역사 속으로 들어가셨다."[21]

클라인이 이렇게 진술한 것은 피조물을 바라보는 특정한 시각이 배경을 이룬다.

> "본래의 피조물은 (…) 자신이 사랑하는 창조주와의 혼인 계약을 위해 지어졌다. (…) 아버지께서는 아드님이 성령을 통하여 피조물 안에서 태어나게 하시고, 아드님에게 몸을 주신다. 로고스(말씀)와 그 신부는 피조물 안에서 한 몸을 이룬다. 한 몸 안에 둘이, 총각과 처녀, 그리스도와 마리아가 있다. 순수한 피조물의 '예'라는 응답은 동시에 최초의, 그리고 원래의 신랑 신부, 영원한 로고스(말씀)를 영원하지 않은, 티 없는 피조물과 결합시킨다. 로고스(말씀)는 이 창조된 피조물 안에서 본성을 취하시므

---

pp.70~71).] 그렇지만 오리게네스는 여기서 지혜를 창조된 것으로 이해하지 않고, 신적 로고스와 동일하고 그것과 논리적으로 구별되는 실재로 이해한다. 이 실재는 로고스를 모든 실재를 '하나로 통일하는 것'으로서, 말하자면 '창조 세계를 세우는 계획'으로서 다룬다. 다른 편에서 보면, 로고스는 물론 '창조된 영혼'인 한, 지혜이다 ["이른바 혼이 불어넣어진(ἔμψυχον) 지혜를 창조하신 하느님께서는 (…) 존재자와 물질에 형상을 주라고 지혜에게 분부하셨다": Origenes, *In Joh. comm.* 1,19(SC 120, 122). 로고스는 창조된 영혼을 지녔고 따라서 지혜임을 알게 되면서 우리는 창조된 영혼인 로고스의 '장소'인 마리아와의 관계에서 그리고 이로써 창조된 지혜인 마리아에게서 멀리 떨어져 있지 않다!

20) *GW. KiJa.*, p.52.

21) *Ibid.*, p.376.

로, 동정녀로서 아버지의 딸이자 어머니는 그분을 찬미하면서 그분의 신부가 된다. 가장 순수한 행위와 함께 가장 순수하게 행동하는 분은 가장 순수한 피조물이다. 마리아는 '예'라고 응답〔이는 하느님께서 "빛이 생겨라" 하고 말씀하시자 빛이 생겨났음(창세기 1장)을 의미한 것이다〕했기에 사랑이신 하느님 아버지께 받아들여진 것이다."[22)]

여기서 앞에 언급된, 클라인이 성경을 이해한 부분을 다시 한 번 마주하게 된다. 구약성경 저자들은 "진리와 실재(實在)에 관해 썼다. 이 둘은 그들 안에 있었고, 그들에 의해 표현되었다. 그렇지만 그들 안에서 결코 충만해지지 않았고, 사람들 안에서 충만해진 것처럼 보였다." 그들 모두가 그리스도에 관해 '마리아 안에 계시는 하느님' 다시 말해 피조물과 혼인하신 하느님으로 기술할지라도(요한 5,46 참조), 그들은 아직 명확히 표현할 수 없다. 성경의 의미는 신약성경에서야 비로소 밝혀졌고, "교회 안에서 계속" 규명되고 있다.[23)]

클라인에 따르면, "창세기 첫 문장부터 묵시록 마지막 문장까지" 성경 전체가 줄곧 이 '마리아에 관한 비밀'을 언급한다. 더 정확히 말하면, "역사적이고 상징적인 현상 안에서 수많은 말과 인물과 사건과 비유를 들어"[24)] 표현한다. 클라인이 그렇게 말하듯이, 이 '마리아 비밀'과 관련해 신앙의 가장 근본적인 핵심이

---

22) *GW. Röm.*, p.234. 다음 문헌도 이와 유사한 내용을 담고 있다: *GW. KiJa*, pp. 50~51.

23) *GW. Röm.*, pp.235~236.

24) Trentin, *Im Anfang*, p.45.

표현된다. 피조물(마리아, 인류, 교회)은 처음부터 사랑이신 창조주 하느님 안에서 산다는 것이다. 그 반대로도 말할 수 있다. 즉, 사랑이신 창조주 하느님은 당신을 사랑하는 피조물 안에 머무신다. 한처음에 하느님께서 순수한 피조물에서 태어나셨으므로, 그 피조물은 "마리아 안에 계시는 하느님"이 되신다. 우리도 그렇게 태어났고, 우리 안에 계시는 어머니인 마리아를 통하여[25] 그분의 형제와 자매가 된다. 마리아와 가장 긴밀히 결속되어 있고, 결코 그녀에게서 떨어져 나가지 않고서 "우리는 모든 이를 감싸 안는 순수한 마리아 안에서 언제나, 어디서나 우리와 그녀의 유일한 창조주이시고 중개자이시며 구세주이신 그리스도께로 나아가는 길을 갈 수 있다."[26]

최초의 '순수한 피조물'은 "죄에서 벗어났고 처음부터 사랑이신 창조주 하느님께 의탁했기에 한순간도 그분에게서 멀어지지 않았으며"[27] 따라서 클라인이 아우구스티누스의 견해에 동의하여 말하듯이(제1권 6.3.2.를 참조하라), 항상 그분께로 향하고 있을지라도, 이 '순수한 피조물'에게도 하느님께서 "빛이 생겨라" 하고 말씀하시자 빛이 생겨났음(창세기 1장)을 거슬러 배반할 가능성이 있었다. 그런 가능성이 없었다면, "피조물은 창조주가 될 것이다. 그분 안에서 '아니오'는 존재할 수 없다."[28] 그러나 이 말은 다음과 같은 뜻이다. "피조물은 마리아 또는 악마가 될 두 가지 가능성을 필연적으로 지니고 있다."[29] 이 가능성은 사실이 되었다.

---

25) *GW. Job.*, p.477.
26) *GW. KiJa.*, p.198.
27) *GW. Röm.*, p.96.
28) *Vortrag*, p.207. 같은 책, 276쪽도 보라.
29) *GW. Röm.*, p.266.

그래서 성경이 '육'이라 부르거나 '악마'(Diabolos)라고도 부르는 것이 생겨났다. 이 '악마'는 원래 하나로 일치했던 모든 것을 갈라놓는다. 클라인은 아우구스티누스에게 기대어 이렇게 기술한다. "우리가 지금 (…) 사는 시대는 죄와 관련이 있다. 우리가 타락한 사람들처럼 그 안에 있는 시간과 공간은 우리의 몰락과 관련이 있다."[30] '인류의 타락'(Sündenfall) 때부터 비로소 사물과 인간, 전대(前代)와 후대(後代)가 나란히 그리고 연속해서 존재하게 되었다. 이제야 비로소 사물과 인간이 '마주 보게' 되었다. 이렇게 '마주 보는 것'은 자신에게 열중해 있고 모든 것을 분석하는 이성의 영향 아래 서로 객관화해서, 그리고 이로써 왜곡된 형태로 대하도록 이끈다. 또한 객관화해서, 늘 애매하게 이야기하도록 이끈다. 이제야 비로소 우주가 "지상과 천체, 시간과 공간"으로 갈라지기 시작한다. 이제야 비로소 '분열의 원리'가 등장하여, 모든 것을 "가르고 부순다. 또한 '로고스' 즉 말과 사고, 단어, 그리고 당연히 행위의 칼로 '신앙'(pistis), 즉 믿음이 향하고 있는 것, 또는 정확히 말하자면 신앙이 상징(symbolos), 즉 마리아와 일

---

30) *GW. KiJa.*, p.319. 같은 문헌, 280쪽도 보라. "성경이 '육'이라고 부르는 것을 우리는 역사적 형상이라고 부른다." 다른 대목에서 그는 '역사'(historia), '표면적 역사'(superficies historica), 또는 '역사적 사실성'에 관해 이야기한다. 이 '역사적 사실성'은 예수와 마리아 그리고 우리 자신의 삶의 어느 한 면에만 관계된다. 이에 관해서는 가령 다음 두 문헌을 참조하라: *GW. KiJa.*, p.341; *GW. Job.*, p.79. 다음 대목에는 더 명확히 나와 있다: *GW. Job.*, p.319. "존재는 역사적 존재 안에서 힘이 다한다고 사람들은 생각한다. (…) 극소수의 사람들은, 그리고 그리스도인들도 모든 역사적 존재, 역사 등에 대해 다음과 같이 생각한다. 그것들은 성경이 '육'(σάρξ, caro)이라 말하는 것이고, '인류의 타락'과 함께 원죄, 개인적 죄와 관계가 있다고 여긴다." 그가 1961년 5월 31일에 '복되신 동정 마리아의 방문 축일'에 했던 묵상[in: A. Rauch u.a.(Hrsg.), CD]과 관련해서는 다음과 같이 언급되어 있다. "피상적인 사람은 피조물에 매여 있는 자신이 순수한 피조물(마리아)에 의해 어떻게 받쳐지고 있는지 알아채지 못한다. 그는 변함없이 피조물에 속해 있을 것이다. 그러나 순수한 피조물은 변함없이 죄를 범하지 않는다."

치하면서 깊이 바라보는 모든 것을 가르고, 분리하며, 쪼개어 버린다."[31] 여기서, 그리고 이제야 비로소 공간과 시간이 함몰되면서 아들 예수도 어머니 마리아 옆에 있다. 이제 이른바 '구세사'의 시작과 끝이 이어지고, 그리하여 마리아가 역사 속에 등장한다. "우리 주님의 어머니가 당시에 이미 그분과 함께 역사 속에 있었고, 역사 이전에, 그리고 역사가 시작된 때부터 있었으며, 또한 처음부터 그리고 창조된 시대 이전에 있었더라도 말이다."[32]

이렇게 몰락한 피조물 안으로 하느님의 아드님이 들어오신다. 그분은 "끝없는 사랑과 자비를 베푸시면서 죄가 번져 가는 끝없는 길을 함께 가신다. 이로써 은총이 더 풍성해지고 상징을 통해 온갖 악마적 행위를 근절하고 처음에 있던 마리아를 통하여 마귀를 물리치기 위해서다."[33] 그리하여 만물이 마리아 안에서 다시 통합하게 된다. 이는 모든 분열을 없애시는 '성령'과 함께할 때만 이루어질 수 있다. 이는 "헤겔이 말한 그 영이 아니라, 하느님의 영과 함께 이루어질 수 있다. 성경에서는 이 하느님의 영을 '사랑'(agape, caritas)이라고 표현한다. 성경에서 '신앙'(fides)은 언제나 '사랑'(agape, caritas)임을, '신앙은 사랑을 통해 이루어짐'(fides, quae per caritatem operatur)을 우리는 잊지 말아야 한다."[34]

빌헬름 클라인은 이렇게 자문한다. "그것은 마니교가 주장하는

---

31) "Gespräch mit Klein", in: Trentin, *Im Anfang*, p.14. 같은 책, 80쪽도 참조하라.

32) *GW. Joh.*, p.480.

33) *GW. KiJa.*, p.163.

34) Gespräch mit Klein, in: Trentin, *Im Anfang*, p.30.
이 '영'은 분열시키는 로고스와 동일시되지 않는다. 물론 이 로고스도 "일치의, 통합의 원칙으로, 그러나 이어서 자신의 방식으로 다시 갈라지는 (…) 일치와 통합의 원칙"(Klein, "Gespräche", in: Trentin, *Im Anfang*, p.33)으로 여겨진다. 이 로고스는 '신앙의 제 전제(諸前提)'(praeambula fidei)가 되어야, 사랑의 길을 앞서가고 그 길로 나아가야 비로소 자유로워진다.

이원론인가?"[35] 이어서 단호히 "아니오"라고 대답한다. 원래 좋은, 참으로 선한 하느님의 창조 세계만이 존재하지만, 지금은 이 창조 세계를 통해 신비가 어긋난 방향으로 나아가고 있기 때문이다. 창조 세계의 '몰락'과 이로써 창조 세계에서 바람직하지 않은 쪽으로 달라진 구조와 차원들이 클라인에 의해 극명히 부각되었다. 그렇지만 그는 티 없고 온전한 피조물, 아들과 결코 분리되지 않고서, 아들 안에서 그리고 아들을 통하여 온갖 부정적인 것을 물리친 마리아를 더 명확히 부각시키지는 않는다.

클라인의 이러한 완고한 사고를 이해하기 위해서는 '중개'(Vermittlung)라는 핵심 개념 아래 전체를 보는 것이 도움이 될 수 있다. 클라인은 헤겔의 영향을 크게 받았고, 따라서 그가 제기한 무한성과 유한성을 중개하는 것에 관한 문제에도 지대한 관심을 가졌다. 클라인은 이렇게 묻는다. "현실 세계에 존재하는 가장 큰 차이, 곧 창조주와 피조물의 차이는 어떻게 극복될 수 있을까? 하느님과 세상, 하느님과 인간은 어떻게 해야 하나가 될 수 있을까?" 그리고 다음과 같이 대답한다. "중개는 순수한 피조물인 마리아 안에서, 그리고 마리아를 통하여 이루어진다." 마리아는 온전히 하느님에 의하여 받아들여지고, 자신의 힘으로는 아무것도 이루어지기를 바라지 않는다. 마리아는 '순수한 중개자'이다. 하느님께서는 마리아와 '혼인하신다.' 하느님께서는 마리아에게서 본성을 취하신다. 따라서 그분은 오롯이 피조물 안에 계시고, 피조물은 온전히 그분 안에 머문다.[36] 이런 의미에서 성경

35) *GW. Job.*, p.472.

36) 그렇기 때문에 그리스도교 전승이 '강생'이라 부르는 것은 선행하는 창조에 속한다.

저자들은 마리아에 관해 이야기한다. 그들이 마리아라는 이름을 부르지 않더라도 말이다. 그 이유는 이렇다.

> "무한한 것과 유한한 것의 차이가 피조물에 의해서, 그리고 이런 까닭에 마리아에 의해서 극복될 수 없다면, 우리는 무엇에 대해 이야기해야 하는가? 하느님께서는 피조물의 기본 형상이자 원형인 마리아 안에서 본성을 취하셨고, 지금도 취하시고, 앞으로도 영원히 취하실 것이다. 마리아가 없었다면 그분은 강생하시어 사람이 되실 수 있었을까? 성경은 언제나 유일한 기본적 진리만을 표현한다. 성경은 이 기본적 진리를 역사적이고 상징적인 형상 안에서 무수한 말과 인물과 사건과 비유를 들어 묘사한다."[37]

클라인은 이런 관점에서 헤겔의 책을 읽는다. 이미 백 살에 이른 그는 어느 편지에 이렇게 적고 있다. "그렇게 나는 (…) 독일어권에서 가장 어려운 철학책을 읽고 있습니다. 헤겔의 『정신현상학』(*Phänomenologie des Geistes*)으로, 마리아론과 지혜론에 관한 훌륭한 책입니다. 헤겔, 당신은 이로써 무엇을 말하는 겁니까?"[38]

따라서 클라인은 트렌틴에 의해 전해진 어느 대화에서 이렇게 언급한다. "말씀이 사람이 되셨을까? 어디서? 피조물인 마리아의 품에서! 하느님께서는 마리아에게서 인성을 취하셨다. 다시 말해 어느 개인의 얼굴이 아니라, 모든 인간 존재 가운데 하나를 취하셨다"〔G. Trentin, "Wie soll man heute Wilhelm Klein lesen?", in: *KCGH* (Katalog) 116(2007), pp.77~84, 여기서는 p.81〕.

37) "Gespräch mit Klein", in: Trentin, *Im Anfang*, p.45.

38) *Vortrag*, p.411.
그루버〔G. Gruber, "Zur Spiritualität von P. Wilhelm Klein. Erinnerngen", in: *KCGH*(Katalog) 116(2007), pp.53~65, 여기서는 p.63〕도 클라인은 "이 책은 유일한 마라아론에 관한 책이다"라고 말하면서 헤겔의 『정신현상학』을 읽으라고 권했다고 전한다.

같은 노선에서 그는 하이데거가 말한 '존재 망각'(Seinsvergessenheit)이라는 개념도 이해한다. 1921년에 클라인은 프라이부르크 대학에서 하이데거의 강의 '아우구스티누스와 신플라톤주의'를 들었으며, 그가 아우구스티누스를 해석한 것에 공감했다.[39] 1959년에 그는 칼 바르트에게 다음과 같은 내용의 편지를 썼다. "하이데거가 (그러나 그만이 아니라) 비판한 '존재 망각'이 (…) 단순한 공상이 아니라면, 그 안에서 우리는 그리스도교 신앙이 이해한 바에 따라 '마리아를 잊음'이라는 주제에 대한 철학적으로 앞선 길을 보게 될 것입니다. 마리아를 잊었기에 모든 것을 포용하는, 그리고 결정적인 그리스도의 진리를 표현하는 것이 방해를 받는 것입니다."[40] 이것을 그는 어느 강의에서 다음과 같이 설명한다. "창조된 존재(Sein)는 창조된 존재자들(Seiende)과 구별되듯이, 중개자, 예수의 어머니, 아기 예수를 품은 마리아는 다른 모든 피조물과 구별됩니다. 이는 대담하면서도 매우 애매하게 표현된 것입니다. 우리 인간의 시야는 객관적으로(!) 이 창조된 존재자들에게

---

39) Cf. B. Casper, "Wilhelm Klein in Freiburg(1919~1921)", in: *Vortrag*, pp.454~457, 여기서는 p.455.

40) *GW. KiJa.*, p.450.
이렇게 존재를 잊음과 마리아를 잊음이 유사하다는 것을 클라인은 이 바젤 신학자에게 어느 그리스도론 강의에서 다음과 같이 말한다. "〔그리스도의〕 창조된 본성이 꾸며낸 환상이 아니라 실재라면, 우리는 성경에 따라서 그것을 만들어 낸 존재가 있음을 받아들여야 합니다. 우리 구세주를 이렇게 만들어 낸 존재는 하느님이 아닙니다. 그리스도도 아닙니다. 그분은 창조주이시지 피조물이 아니기 때문입니다. (…) 그러므로 우리는 저 창조된 중개자를 바라봅니다. 이 중개자는 구약성경과 신약성경에 역사적으로 언급되었고, 신화 등에서도 명확히 말할 수 없는 애매한 표현에 미루어 추측되었습니다. 그러나 지식을 추구하는 철학 영역에서도 그랬습니다. 철학이 '존재를 잊음' 수많은 존재자를 잃었음에 맞서 하느님이 아닌 (창조된) 존재자를 중개하는 (창조된) 존재를 가리켜 보여야 한다고 강조하는 경우에 그렇습니다." 마지막 문장은 언어적 차원에서 명확하지 않다. 추측하건대 어떤 말이 빠졌을 것이다. 그렇다면 다음과 같은 뜻일 것이다. "철학이 '존재를 잊음'에 맞서 (…) 중개하는 (창조된) 존재의 중요성을 (…) 가리켜 보여야 한다고 강조하는 경우에 그렇습니다."

로 향해 있기 마련입니다. 그렇습니다, 창조된 존재는 창조된 존재자들과 구별됩니다. 창조된 존재자들은 창조된 존재에게 협력한다고 여겨지고, 따라서 창조주의 영원함에도 참여한다고 여겨집니다."[41]

이 모든 것에 비추어 다음과 같은 점이 선명히 드러난다. 빌헬름 클라인에 따르면, '마리아'는, 그리고 그리스도도 마찬가지인데, 단지 한 '인간 개인'(menschliche Individuen)으로 여겨져서는 안 된다는 것이다. 이렇게 본다면 이는 그의 표현에 따르면 '네스토리우스주의'일 것이다! 마찬가지로 마리아의 '선재성' 즉 순수한 피조물과 진정한 교회(κυριακή)의 선재성은 시간적 의미로 생각되이서는 안 된다는 의미이다. 이는 그가 보기에 '타락'의 결과일 뿐이다.[42] 오히려 클라인이 생각한 '마리아'가, 그가 피조물의 원형(Typos), 비유적인 형상, 창조의 근본 형상이라고도 부르는 것으로, 물론 지극히 실재적인 것이라고 여기겠지만, 초월적 선험성(transzendentalen Aprioris)의 범주에 더 가깝다. 그 이유는 이렇다. 마리아는 그리스도 안에서, 그리스도를 통하여, 그리스도와 함께, 그리스도를 위하여 피조물에 선행한 존재이기에, '인류의 타락' 이후에 (시간과 공간에 대한 그 결과와 함께) 구세사와 같은 그 무엇이 시작될 수 있다. 이 구세사 속에서 타락한 피조물은 다시 원래의 순수한 상태로 돌아갈 수 있는 것이다. 이에 비추어 클라인은 칼 라너가 제시한 특별한 은총론에서 크게 멀어

41) *GW. KiJa.*, pp.549~550.

42) 클라인(*Röm.*, p.401)은 '순수한 피조물'에 관해 이렇게 말한다. 우리는 이 피조물을 "우리의 제한된 사고에 따라서(!) 시간의 처음에 세운다."

져 있지 않다. 칼 라너는 선행하는 은총(Apriori der Gnade)에 대해 말한다. 물론 두 가지 다른 점이 있는데, 두 번째가 결정적으로 다른 점이다.

(1) 라너에게 선행하는 은총은 하느님께서 피조물에 베푸신 '초월적인' 것이고, 따라서 추상적으로 규정된 것이라면, 초자연적 존재의 의미에서든지, 신적 생명과 함께 늘 이미 실제로 받은 은총의 의미에서든지 빌헬름 클라인에게 이 선행하는 것은 인격, '마리아' '순수한 피조물'이다. 더 정확히 말하자면, 선행하는 것은 인격적 관계, 다시 말해 삼위일체 하느님과 '창조된 지혜'의 '혼인'이다. 처음부터 이루어졌고, 이후에도 지속적으로 실현되는 혼인인 것이다.

(2) 구체적 역사가 '은총'이라는 그 선행하는 징후에도 불구하고, 또는 그것 때문에 라너에게 본질적 중요성을 지녔다면, (이 선행하는 은총은 역사 속에서 구체적으로 실현되지, 그렇지 않으면 그 어디서도 실현되지 않는 한 말이다.) 클라인에게 있어서 경험할 수 있는 역사는 '몰락'과 '악마적 행위' 곧 모든 일치가 깨진 것의 결과이다. 이 악마가 판치는 역사 속으로 구세주께서 들어오신다. 그 역사를 순수한 피조물들이 원래, 그리고 언제나 일치한 상태로 되돌려 놓으시기 위해서다. 마찬가지로 신앙인은 이 악마가 판치는 역사 속에서 사랑을 실현하라는 사명을 지니고 있다. 이런 점에서 구체적인 역사는 클라인에게도 파기할 수 없는, 긍정적 의미를 지닌다! 그렇지만 그것에서 드러난 결과와 차원들은 죄의 결과이기에, '본래의' 구원은 강생을

포함해서 경험할 수 있는 모든 것의 저편에서, 최초의 초역사적인 것에서 이루어진다.[43] 이로써 역사의, 그리고 역사 속에서 경험할 수 있는 모든 것의 어마어마한 '상대화'가 존재했다.

이른바 '구원 사건'도, 성경도 역사의 이 '상대화'로부터 제외되지 않았다. 인간이 하는 모든 말에 적용되는 것은 성경에도 적용된다. 즉 성경도 "타락하고 부서진 언어의 파편들로"[44] 말하고 있다. "우리 조상들은 그리스어 '레게인'(λέγειν, 이야기하다)을 독일어화하면서 '레게인'(λέγειν)은 '거짓말하다'라고, '로고스'(λόγος)는 '거짓말'이라고 말했다. 이야기하는 사람은 거짓말한다."[45] 우리를 구원하시는 영이 없다면 성경도 '죽은 글자'이다. 뒤집어 말하면, 성령께서 계시고 활동하시는 곳에서 모든 말씀은 가장 심오한 신비로 이끄실 수 있다.

이에 대한 보기로 클라인은 자신에게 가장 중요하고 핵심적이며, 가장 선호하는 성경 말씀을 든다. "우리는 그분 안에서 살고 움직이며 존재합니다"(사도 17,28). 이 말씀은 이교 세계의 어느 시에서 유래한 것이다. 궁극적으로 빌헬름 클라인이 특히 생애 마

---

43) 이런 까닭에 클라인은 1959년 12월 8일, '원죄 없이 잉태되신 복되신 동정 마리아 대축일'에 했던 묵상〔Nachschrift R. Kaczyniski, in: Rauch u.a.(Hrsg.), CD〕과 관련해 다음과 같이 말할 수 있었다. "영원하신 말씀은 이제 구원을 베푸시면서 우리 인간 안에 당신의 천막을 치셨다. 처음에는 티 없는 피조물 안에 그리고 지금은 육의 세계(κόσμος τῆς σαρκός)에서 사는 우리 안에. (…) 처음에는 티 없는 모태 안에 계셨던 그분께서 우리가 사는 세상 속으로 오신다. 말씀께서 (한시적으로) 강생하시어 '우리 곁에 계심' 내지 '우리에게 오심'은 (시간을 초월하여) '마리아 안에 계심'을 의미하는 것이다."

44) *GW. KiJa.*, p.33.

45) *GW. Röm.*, p.391.

지막 몇 년간의 대화에서 강조했듯이, 그리스도교 신앙이 구원 사건(십자가와 부활을 정점이라고 여기는 것)이라 일컫는 것과 성경의 모든 대목, 나아가 다른 모든 종교와 신화의 텍스트들도 단지 하나의 핵심적이고 영원히 유효한 진리에 대한 표현(!)이며, 따라서 그 진리를 위한 '언어적 교훈'에 불과하다. 그 진리는 이렇다. 하느님께서는 마리아(=피조물) 안에서 사랑하시고, 피조물(=마리아)은 하느님 안에서 사랑한다.[46] 이 진리는 알아야 하는 것이 아니라 행해야 하는 것이다. 따라서 백 세에 이른 클라인은 어느 편지에 다음과 같이 쓰고 있다. "원죄 없이 잉태된 피조물, 모든 여인 가운데 순수하게 창조된 여인은 모든 피조물의 마음 깊이 새겨졌습니다. 우리는 신앙과 희망의 눈으로 모든 이를 바라보게 될 것입니다. 지금도 이미 그렇고요. 세계 종교 안에, 모든 이 안에, 사람들이 쓴 작품 속에, 창조된 우주 안에 계시는 하느님의 어머니에 관한 책은 언제쯤 나올까요?"[47]

모든 역사적인 것이 이렇게 상대화된다면, 이는 무한한 내적 자유를 안겨 줄 수 있다. 그러나 이때 적어도 세상과 구원을 영지주의적으로 이해할 위험이 적지 않다.[48] "이 모든 것은 그렇게

46) 마이어〔J. Mayer, *Gespräch mit P. Dr. Wilhelm Klein SJ vom 27.3.1995*(2012. 10.27.에 게재되었음: www.oki-regensburg.de Forum Pater Klein)〕는 다음과 같이 명확히 말한다. "피조물에 대한 가장 좋은 표현은 이렇다. 피조물은 존재하며, 다른 모든 피조물 안에서 그리고 다른 모든 피조물과 함께 창조되었다. 우리가 경건한 종교적 용어로 말하면, 이 피조물은 하느님의 어머니, 마리아다. 무한하신 영이 한 어머니를 가지고 있다는 생각은 난센스다! 그렇다, 그러나 그 영은 영원히 사람이 되셨다. 동정 마리아로부터, 한 동정녀로부터(…)."

47) 인용: Feld, *Theologe*, p.272.

48) 클라인에 대한 이 비판과 관련해서는 다음 책을 참조하라: Hallensleben, *Pater* 5~17. 클라인(*GW. Job.*, p.371)은 자신이 역사를 어느 정도 무가치하게 만든다는 비판에 맞선다(이에 관해서는 다음 책을 보라: Trentin, *Im Anfang*, p.84 이하). 그럼

만들지 않는다!” 이는 클라인이 자주 사용한 말 가운데 하나다. ‘만드는 것’은 사랑만이 할 수 있다. 하느님은 사랑이시고, 피조물은 사랑으로 응답한다. 이 둘은 순수한 피조물인 마리아 안에서 혼인한다.

4.1.3. 페르디난트 울리히와 그의 동료들

페르디난트 울리히(†1931.02.23.)는 널리 알려진 탁월한 철학자[49]로 빌헬름 클라인의 영향을 받지 않았다. 그는 자신의 종교철학 저서에서 다음과 같이 기술한다.

> 마리아는 “창조된 시작점이다. 하느님께서는 이 처음에 하늘과 땅을 창조하셨다. 마리아는 순수한, 하느님께서 사랑하시는 유한한 피조물, (…) 영 안에 머무는 참된 가난한 이다. 마리아는 무(無)에서 창조된, 자신의 창조주의 어머니, 살아 계신 하느님의 어머니다. 마리아는 하느님 안에서, 하느님을 통하여, 그리고 하느님을 위하여 모든 사람, 모든 민족, 전 인류의 어머니만이 아니라, ‘유일하신’ 삼위일체 하느님께서 지어 내신 모든 피조물의

에도 그 비난을 없애기는 어려웠을 것이다.

49) 이는 다음과 같은 이유에서 의식적으로 강조되었을 것이다. ‘마리아 사안’에 관한 연구들은 오늘날 모든 이에게서 크게 수용되지 않는 다루기 힘든 분야로 나아가고 있기에 진지하지 않고 그저 ‘경건’하거나 심지어 ‘신앙이 깊은 체하다’는 혐의를 종종 받기 때문이라는 것이다.
페르디난트 울리히에 관한 주요 문헌 및 부차적 문헌은 다음 글에서 구체적으로 볼 수 있다: de.Wikipidia.org/wiki/Ferdinand_Ulrich(2012.09.27.에 게재되었음).

어머니다. 따라서 하느님의 어머니는 우주의 어머니이자 인류의 어머니다(kosmo-tokos und anthropo-tokos). (…)
마리아는 무(無)이고, 창조주 하느님께서는 이 무로부터 당신의 피조물을 존재하도록 불러내신다. 그러나 마리아는 '창조된 사랑'으로서 '오직 하느님께만 영광'을 드리는, 사랑에서 나온 '무'이다. 하느님께서는 '아무것도 아닌'(pro nihilo) 이 '무'에게 모든 것을 주신다."[50]

완전히 같은 맥락에서 개신교 (물론 '주변부에 서 있는') 신학자 울리히 비케르트(Ulrich Wickert) 역시 (내 생각에, 그는 울리히의 주변 사람들과는 아무런 관련이 없다.) 마리아를 (그가 단호히 말하듯이, 선재한 것이 아니라) '세상 창조 이전의'(vorweltlich) '하느님의 어머니'(Theotokos), '교회의 어머니'(Ekklesiotokos), '우주의 어머니'(Kosmotokos)로 표현한다.[51] 이 '우주의 어머니'와 관련해서는 다음과 같이 설명한다. 즉 마리아는 세상 창조 이전에 지어진 '존재들의 원천'(pégé tôn ontôn)으로 창조된 것이라고 보아야

---

50) Ulrich, *Gabe*, p.772.
같은 책, 774쪽에서 저자는 마리아를 공경하는 이로서 이렇게 덧붙인다. 마리아는 "인격 안에서 하느님과 결속되어 있는 존재, 창조된 '유지되는 관계' 사랑으로 창조된 존재"이다. 나아가 같은 책, 784쪽에서는 다음과 같이 기술한다. "마리아는 창조된 '처음'이다. 창조주 하느님께서는 그때 하늘과 땅을 창조하셨다." 이 모든 표현에 비추어 그는 클라인에게 가까이 있음에 틀림없다. 울리히 작품을 편찬한 오스터는 여기서 클라인과 관련해 다음과 같이 인용한다. "저자(울리히를 가리킴)는 빌헬름 클라인(1889~1996)을 통해 그것에 관한 가장 심오한 것을 받아들였다"(같은 책, 215쪽). 울리히는 클라인 외에 발타사르의 영향도 받았다. 두 신학자가 그에게 번갈아 미친 영향에 관해서는 다음 글에서 알 수 있다: E. Tourpe, "La posotovité de l'être comme chez Ferdinand Ulrich à l'arrière plan de Theologik III. Sur un mot de H.U. v. Balthasar", in: *Greg.* 89(2008), pp.86~117.

51) Cf. U. Wickert, *Die dreifaltige Mutterschaft Mariens*, Vallendar, 2007, 특히 p.149 이하.
주목하라: 비케르트도 오랫동안 빌헬름 클라인과 긴밀히 교류했다.

한다고 단호히 말한다. 그리고 이에 관해 각주에서는 다음과 같이 설명한다. "위대한 본보기들을 떠올리면서 우리는 이렇게 말해도 좋을 것이다. 마리아는 (존재와 시간을 품고 있는) 형상이고, 하느님께서는 그 안에서 세상을 창조하셨다."[52]

그러한 진술은 무엇에 근거한 것일까? 먼저 페르디난트 울리히를 더 정확히 주시해 보자. 논증과 관련해서는 말하자면, 전체적으로, 그러니까 그의 모든 저서로 시선을 돌려 보자. 위에 인용된 문장처럼 개별 진술들의 논증력과 '타당성'은 무엇보다 다음과 같은 점에 근거를 두고 있다. 그 진술들은 존재에 대한 사유와 세상에 대한 해석이라는 전체적 맥락에 비추어 '조화를 이루고' 있다. 이 전체적 맥락은 다시 '조화를 이루는' 방식으로 경험들을 언어화하고, '조화를 이루는' 행위를 하도록 일깨운다는 것이다. 여기서 우리는 이것을 상세히 다룰 수 없다. 그렇지만 울리히의 제자이자, 그를 전적으로 지지한 슈테판 오스터는 그가 제시한 핵심 명제에 대해서 다음과 같은 논거를 제시한다.

> "만일 아드님 안에서 만물이 창조되었다면, 그분 역시 이미 온전한 피조물 안에 항상 계셨다. 그리고 온전한 피조물도 그분 안에 머물러 있고 그분과 결속되어 있다. (…) 하느님은 시작도 없고, 마침도 없는 영원한 분이시다. 그러나 하느님의 말씀이 처음에 계셨다면, 그 말씀은 필연적으로 창조된 처음에 계셔야 했

---

52) U. Wickert, "Die Weltlichkeit des Glaubens, die historische Theologie und Maria Assumpta", in: H. Feld / J. Nolte(Hrsg.), *Wort Gottes in der Zeit*, FS K.H. Schelke, Würzburg, 1973, pp.378~409, 여기서는 p.400.

다. 빌헬름 클라인은 마리아론과 관련해 이 처음을 온전하고 인격적인 피조물로 해석한다."[53]

따라서 오스터는 완전히 빌헬름 클라인의 노선에서 다음과 같이 말하려는 듯하다. 즉, 로고스(말씀)가 성경에서 크게 강조된 창조주와의 관계와 관련해 자신에게 맞는 '처음'을 두어야 한다면, 이 '처음'은 '불완전'하지도 않고, '인격체 아래' 있지도 않으며, '순수한 인격적 처음'으로, 즉 마리아로 여겨져야 한다. 로고스(말씀)는 마리아 안에서 언제나 이미 '사람'이다. 다시 말해 피조물을 받아들인 것이다. 따라서 영원한 말씀의 육화는 "영원하신 하느님의 영원한 진리"(ewige Wahrheit des ewigen Gottes)이고, 이 영원한 진리는 물론 "육화된 역사 속에서만 인지할 수" 있다.[54] 이를 토대로 울리히와 오스터는, 자신들의 든든한 '보증인'인 클라인의 노선에서, 예수 그리스도에 대해 다음과 같이 짧게 규정한다. 그분은 "마리아 안에 계시는 하느님이시다."[55] 그리스도 안에, 그

---

53) Oster, *Person*, p.442.

54) Ulrich, *Gabe*, p.639.

55) *Ibid*., p.55 등등.
오스터와 마찬가지로 울리히도 클라인의 흔적을 따라서 한 걸음 더 나아간다. 두 신학자는 마리아를 예수 그리스도 안에서 인간적으로 '인격화된' 예수의 본성을 담는 창조된 '인격적 담지자'라고 이해한다. 예수 그리스도 자신의 본성은 인간적인 인격에 의해 인격화된 것이 아니기 때문이다. 마리아는 "창조되지 않은 위격(아버지의 외아드님의 말씀)이 창조된 인성을 지닌 피조물이다"(cf. Ulrich, *Gabe*, p.55). 오스터(*Person*, pp.439~440)도 이렇게 기술한다. "그리스도의 인성은 마리아 안에서 유지된다. 마리아는 자신을 바친 그분께 이 인성을 선사했다." 예수의 인성이 마리아 안에서 그리고 마리아를 통하여 인격화된다는 이러한 사고는 새로운 것이 아니다. 예를 들어 도이츠의 루페르트에게서 이미 이러한 사고를 발견할 수 있다. 제1권 2.3.1.을 보라. 그럼에도 나는 이러한 사고를 수용할 수 없다고 본다. 그 이유는 이렇다. 이에 맞서 '위격적 일치'를 고전적으로 이해한 것이 그것은 예수의 인성을 인격화하는 로고스의 신성임을 의미한다면, 이는 매우 중요한 그리고 내 생각에는 포기할 수 없는 구원론적 결과를 가져오기 때문이다. 인격 안에 계시는 하느님은 우리의 "가련한 살과 피"(마르틴 루터)를 취하셨고, 인격 안에서 우리와 동일시되시며, 우리를 당

리스도를 통하여, 그리고 그리스도를 향해 있는 피조물은 이미 저 태초(Ur-Anfang, ἀρχή)에 지어졌다. 이 태초는 '마리아'라 불릴 수 있지만, '지혜'나 '교회'로도 불릴 수 있다(이 단어들에 작은따옴표가 붙어 있음에 유의하라!).[56] 다시 말해 이 최초의 피조물은 그러한 존재로서 자신이 은총으로 존재하고 목표를 이뤄야 하는 것에 순수하게 "예"라고 응답한다.

이 대목에서 짧게 언급한 새로운 신학적 입장들은 제1권 제6장에 기술된, 성경적 지혜를 엄밀히 인격적으로 이해하고 마리아와 교회를 동일시한, 저 '겉으로 드러나지 않는'(subkutan) 역사의 결과를 따르고 있다. 여기서 이러한 (여전히 증가하는) 입장들은 전체적으로 볼 때 예외가 있다는 것을 간과해서는 안 된다. 우리는 여기서 어느 정도 신심과 신학의 숨겨진 내지 '알려지지 않은' 역사(혹은 '반대되는 이야기') 앞에 서 있다. 이와는 별개로 "주류"로 흘러간 입장은 성경의 지혜 인물이 (알레고리적인) 의인화이며, 기껏해야 은유적으로 마리아에게 적용되거나 경건한 묵상의 대상이 될 수는 있지만, 이성적으로 작동하는 마리아론에서는 아무런 도움이 되지 않는다는 것이다.

그렇지만 여기서 던져야 할 질문이 있다. "성경과 신학적 전승이 '주님께서 당신의 첫 작품으로 지으신' '지혜'를 가리키고 있다는 것은 어떻게 해석할 수 있을까?" 제기할 질문이 더 있다. "지혜를 마리아와 교회와 동일시하는 신학적 입장에 대해 어떻게 평가해야 할까?"

신의 생명 속으로 이끄신다.

56) 작은따옴표가 붙은 것은 여기서 의미하는 대상은 단순히 그리고 완전히 이에 상응하는 '역사적' 대상과 동일하지 않음을 암시한 것이다. 이에 관해서는 뒤에서 다룰 것이다.

이때 이 문제들을 안고 있는 넓은 맥락에 대해서 단계가 간과되어서는 안 된다. 제1권 제6장에서 이미 전개된 마리아의 '예정'(Prädestination)에 대한 질문이며, 이는 그리스도 강생의 '예정'에 대한 문제와 관련해 다시 제기된다. 예정과 함께 제기된, 서로 긴밀히 연관된 '실재'들인 교회와 마리아와 지혜의 (또한 그리스도가 창조 이전에 활동하신 것의) 관계, 그리고 이들과 피조물의 정확한 관계의 '시간 이전에 존재함' 내지는 '시간을 초월함'(초시간성)에 대한 질문에는 어떻게 대답해야 할까? 이 '실재'들은 한편으로는 역사 이전의 존재 내지 초역사적 존재로 묘사되지만, 다른 한편으로는 엄밀히 역사적인 실재로 규정되었다는 것이 어떻게 서로 일치될 수 있을까? 이 실재들은 역사가 진행되어 가면서 (아브라함에서 이스라엘로, 마리아로, 교회로 … 그 강도가 높아지면서) 실현되는 영원한 하느님 계획의 요소들로 이해해야 할까? 또는 이 실재들은 (라너의 신학적 구상의 관점에서 묻는다면) 초월적이고 선행하는 것인가? 이 초월적이고 선행하는 것은 피조물의 본질을 처음부터 실제로, 그리고 심오하게 표현하지만, 역사가 진행되면서 비로소 실현되지 않는가? 또는 마리아와 교회는 이미 '창조 첫날 아침에' 이미 존재했고, 그다음에는 하느님과 혼인하는 인격적 대상인가? 여기서 실제로 '시간을 초월하여' 창조된 지혜, '최초의 교회' '마리아'에 관해 언급할 수 있을까? 또는 이 모든 것은 시간에 대한 왜곡된 견해로부터 비롯된 가짜 문제라고 생각할 수 있을까? (이미 언급된 클라인의 말, 즉 우리는 순수한 창조를 "우리의 제한된 사고에 따라서 시간의 시작에 위치시킨다.") 이는 성찰한 바를 속이는 것일 수도 있다. 그러나 이어지는 질문들과 관련해서 빌헬름 클라인이 제기한 질문, 즉 유한한 존재와 무한한 존재를 연결하는 문제와 러시아 신학자들의 주요 관심사, 즉 신적인 것이 두루 영향을 미친 피조물에 대한 문제는 열린 채로 남아 있다.

이러한 많은 질문 속에서 우리는 먼저 일련의 해석 가능성들을 규명하고, 이미 열려 있는 문제들을 파고들어야 한다. 일차적으로 이런 질문이 고개를 쳐든다. "지혜, 교회, 마리아의 … '시간 이전에 존재함' 내지 '시간을 초월함'(초시간성)은 무엇을 의미하는가?"

4.2. 마리아와 교회 - '최초의 피조물'?

4.2.1. 해석의 가능성

4.2.1.1. '하느님의 영원한 계획'

최근의 해석은 전승에서 전해 받은 '시간 이전에 존재함'(지혜, 교회, 마리아 …)을 주제로 다루며 진행되고 있고, 첫눈에도 특별한 어려움은 없는 것처럼 보인다. 여기서 언급된 이 대상들의 '시간 이전에 존재함' 또는 '시간을 초월함'(초시간성)에 대해 말한다면, 이러한 표현 방법은 오직 하느님의 영원한 계획('예정')과 관련이 있다. 그 대상들은 이 영원한 계획 안에 '자리'를 잡고, 이런 이유에서만 '시간을 초월'한다고 언급할 수 있다.

이렇게 이해하는 탁월한 본보기로 앙리 드 뤼박을 꼽을 수 있다. 이 위대한 프랑스 신학자는 '시간 이전의 교회'에 관해 언급하는 많은 문헌을 인용한 뒤에 『레옹 전례서』〔*Oration des Sacramentarium Leonianum*. 오늘날에는 통상적으로 『베로나 전례서』(*Sacramentarium Veronense*)로 불린다〕에 기대어 우리는 교회를 '세상 창조 이전의 것'으로 보아야 한다고 강조한다. "교회는 그 시작을 가지고 있고, 성부와 성자와 성령의 뜻에 따라 그리스도와 함께 성장하기 시작한다. 우리는 교회를 신비스런 지혜와 동일시해야 한다. 이 신비스런 지혜는 창조주 하느님과 함께 피조물의 일을 이끈다."[57] 이어서 그는 『헤르마스의 목자』(*Hirten des Hermas*)와 오리게네스의 작품들에서 최초의 교회와 관련해 해당 대목들을 제시한다(제1권 2.2.2.1.~2.를 참조하라). 그렇지만 이 모든 것은 결국, 교회는 궁극적 실재의 본질적 대상으로서 "하느님의 계획에 들어 있는 첫째"[58]이고 그 초역사적 특성으로 인해 "최종적 대상"으로 표현된다.

하느님의 계획에 들어 있다는 것은 하느님의 영원하심 안에 있다는 뜻이다. 그 안에서는 모든 것이 동시에 존재한다. 하느님께서 계획하신 구세사는 그것이 역사적으로 '실현'되어야 비로소 다른 시간과 공간 속으로 들어오고, 이로써 우리 유한한 인간에게 동시성(同時性)을 지니지 않게 된다. 그렇게 보면, 이렇게 이해하는 방향은 '시간 이전의 교회' 내지 마리아가 안고 있는 문제를 '무력하게 만든다.' 그 '시간 이전에 존재함' 내지 '시간을 초월함'이 이미 실제로 실현된 무언가와 연관되지 않고, 오직 하느님의 초시간적 계획에 들어 있는 그 구조와 보존되는 것과 연관됨으로써 말이다. 이렇게 이해하는 것은 유다교의 선재(先在) 사고에도 부합할 것이다. 이 선재 사고는 시간 이전에 존재한 것으로 또는 시간을 초월한 것으로 표현되는 구원이 틀림없이 실현된다는 것, 따라서 하느님의 구원 계획은 무조건 관철된다는 것을 표

57) Lubac, *Méditiation*, p.51.

58) *Ibid.*, p.52. "하느님의 계획 안에서 첫 번째인 것이 바로 궁극적인 실체를 구성한다." 이 노선에서 그는 테야르 드 샤르댕(제2권 4.1.1.을 보라)에 관해서도 다음과 같이 설명한다. 그는 '영원히 여성적인 것'의 위격적 특성을 부인하면서 그것을 하느님의 계획에 들어 있는 우주적 힘으로 그리고 마리아의 (나중에 이루어진) 보편화로 해석한다.

현하고자 한다.

이러한 해석 역시 분명히 설득력 있게 보이기는 하지만, 그것은 전제 조건을 지니고 있으며, 그 전제 조건들은 단순히 당연한 것은 아니다. 이러한 해석은 하느님의 영원하심이 시간에 매이지 않음을 의미한다는 것, 다시 말해 영원하신 하느님은 당신의 영원한 계획과 함께 (역사적 생성과 바뀌는 것과 무관하게) 역사 '위에' 계심을 의미한다는 것에서 출발한다. 하느님께는 모든 것이 '동시에 일어난다.' 무언가 바뀐다는 것은 피조물인 역사적 존재에게만 해당된다.

이렇게 기존의 신학적 전승에서 만장일치로 받아들여졌던 전제 조건은 대략 한 세대 전부터 적잖은 신학자들로부터 의문시되기 시작하였다.[59] 하느님은 그 본질에 따라 영원하시다. 그러나 자유로이 시간의 제약을 받는 피조물을 지어 내시고, 이 피조물과 가장 긴밀히 인격적으로 소통하시면서, 당신 스스로 (자유로이) 시간의 제약을 받으신다. 다시 말해 시간에 매이지 않으심에서 나와 시간의 법칙에 묶이시고, 이로써 스스로 '변화'되신다. 이런 까닭에 물리적 시간(Chronos)이 지닌 '무가치하게 만드는 힘'에 굴복하지 않으신 채 말이다. 하느님은 시간 안에서도 '시간의 주인'으로 계신다.

기존의 신학적 전승은 '제1 원인이자 부동자'(primus motor immobilis)이신 하느님에 대한 철학적인 사고에 의해 결정적으로 특

---

59) 이에 대한 이유와 반대 이유를 상세히 언급하고 밝히기 위해 더 많이 다룰 수도 있을 것이다. 더 자세한 것은 다음 책을 보라: Greshake, *Gott*, pp.301~310(Lit). 이어지는 몇 대목은 이 책에서 인용한 것이다.

징지어졌다. 성경은 이에 맞서 훨씬 더 역동적인 하느님 상을 보여 준다. 구약성경에서 이미 하느님은 인간과 함께 공동으로 역사를 만들어 가시는 '길(道)의 하느님'으로 드러나신다. 그분은 인간을 이끄시고 동행하신다. 그러나 그때그때마다 인간의 자유로운 결정을 존중하시는 매우 유동적인 계획과 함께 그렇게 하신다. 인간의 반응에 따라서 하느님은 당신이 계획하신 것을 '후회' 하실 수 있고, 다른 계획을 구상하실 수 있으며, 자유로운 인간 앞에 새로운 계획을 내놓으실 수 있다. 당신이 주신 은총과 사명을 인간이 받아들이겠다고, 또는 거부하겠다고 결정하는 것은 하느님께 분명히 중요하다. 하느님은 인간을 앞지르시지만, 인간에게 강요하지 않으신다. 그분은 인간의 마음을 얻으려고 애쓰시고, 인간에게 청하신다. 당신의 말씀이 거부될 때에는 다른 사람들, 다른 세대, 새로운 사람들을 부르신다.

이 모든 것을 '신인동형론'(神人同形論, Anthromorphismus)으로 속단하는 것은, 바로 이 '역사적 행위'가 하느님의 가장 심오한 본질에서, 그리고 아드님의 강생으로 절정을 이룬 것에서 분명해진다는 사실을 간과하는 것이다. 이때 하느님은 역사의 진행 과정에 자신을 내어 맡기시는데, 이 과정에서 역사는 처음에는 어두운 조짐을 보였지만, 이어서 다음에는 표징을 통해 예표되며, 실제로 선취된 후에는 특정한 시점과 지점에서 그 절정에 이른다. 하느님께서 사람이 되심으로써 확연히 드러나는 점이 있다. 즉 하느님은 단지 시간을 초월해 존재하는 분이 아니라, '되어감'(werden)을 가능하게 하시는 분이라는 점이 극명하게 드러난다는 것이다.[60] 사람이 되시면서 하느님은 탁월한 방식으로 시간의 제약을 받는 피조물과 결속하신다. 여기서 하느님은 당신께서 모든 피조물 안에서 영향을 미치지 않으시는 무언가가 생겨나는 것을 '밖을 향해' 두지 않으신다는 것, 오히려 이렇게 시작하는 것은 하느님의 위격적 영역에서 발견된다는 것이 지고한 방식으로 드러난다. 강생 사건은 하느님과 인간의 관계가 절정에 이른 것이고, 따라서 절대적으로 유일무이한 것이다. 그렇지만 "더 사소한 것은 늘 더 위대한 것의 가능성에 기인한다."[61] 그리고 그것 역시 더 사소한 것으로서 더 위대한 것을 실현하는 데 참여하므로 다음과 같은 결과가 나올 수 있다. 즉, 모든 피조물 맞은편에서 하느님은 시간과 역사에 연결된 분으로, '되어 가시는' 분으로 서 계신다. 그분의 영원하심은 시간의 제약을 받거나 시간을 초월하는 것이 아니라, '시간을 다스리는 것'이다. 그런 관점에서만이 역사는 '자기 자신과의 사랑놀이'가 아니고, "하느님 영광의 무대"(theatrum gloriae Dei, 칼뱅)가 된다. 그래야만 역사는 새로운

---

60) Cf. K. Rahner, "Probleme der Christologie von heute", in: *Schr.* I, pp.169~222, 여기서는 p.202. 나아가 다음 책들을 보라: E. Jüngel, *Gottes Sein ist im Werden*, Tübingen, 1965; H. Mühlen, *Die Veränderlichkeit Gottes als Horizont einer künftigen Christologie*, Münster, 1969; H. Küng, *Menschwerdung Gottes. Eine Einführung in Hegels theologisches Denken als Prolegomena zu einer künftigen Christologie*, Freiburg i. Br., 1970, pp.637~646; W. Maas, *Unveränderlichkeit Gottes*, München, 1974; F. Meessen, *Unveränderlichkeit und Menschwerdung Gottes*, München, 1974; R. Faber, *Der Selbsteinsatz Gottes*, Würzburg, 1995.
이에 맞서 파일〔H. Pfeil, "Die Frage nach der Veränderlichkeit und Geschichtlichkeit Gottes", in: *MThZ* 31(1980), pp.1~23〕은 하느님의 불변성에 관한 '교의'를 포기하는 것은 신앙을 포기하는 것이라 주장하고, 하느님은 시간의 제약을 받지 않으심과 피조물과는 실제로 관계가 없으심을 태양의 비유를 들어 설명한다. 태양은 우리가 자신(태양)에 의해 따뜻해지든지, 더워서 그늘 속으로 들어가든지 상관없이 바뀌거나 이동하지 않는다는 것이다. 참으로 '불충분한' 비유가 아닐 수 없다! 이와 관련해 외잉-한호프〔L. Oeing-Hanhoff, *Metaphysik und Freiheit*, München, 1988, p.164〕는 다음과 같이 언급한다. "사랑이신 하느님께서 당신의 피조물로 실제로 향하지 않으시는 듯하다!"

61) K. Rahner, "Zur Theologie der Menschenwerdung", in: *Schr.* IV, pp.137~155, 여기서는 p.149.

그 무엇을 가져올 수 있다. 사람들을 위해서 "어떠한 눈도 본 적이 없고 어떠한 귀도 들은 적이 없으며 사람의 마음에도 떠오른 적이 없는"(1코린 2,9) 새로운 것을, 그러나 하느님을 위해서도 새로운 것을 말이다. 그리스도가 차지하셨고, 사람들에게 봉사하시면서 계속 차지하시는 나라를 하느님께 넘겨드린다면, 이 나라는 이미 존재하지 않는다. 그러나 하느님께서는 역사 속에서 이 나라를 확장해 가신다. 따라서 그분은 이 나라를 소유하시고, 주님으로서 모든 것 안에서 모든 것이 되실 것이다(1코린 15,28). 아드님이 아버지의 오른쪽에 앉으셨다고 해서 (헤겔에 따르면) 언제나 이미 있었던 것, 곧 "신성과 인성이 동일한 것이 되고, 인성의 영광이 영적인 눈으로 볼 때 최고조에 달하는 것"[62]은 아니다. 오히려 역사적으로 이루어진 무언가가 하느님 안에 숨어 있고, 이로써 하느님은 영원히 역사 속에서, 그리고 역사와 함께 (다시 말해 자유로운 피조물과 함께 상호작용을 하면서) 되어 가시는 분이고, 또 이미 되신 분임이 그 안에서 드러난다.[63]

따라서 하느님께서 자유로이 시간의 제약을 받으시고 시간과 역사에 묶여 계신다면, (이때 물론 그분은 시간과 역사의 '주인'으로 계신다.) 그분의 '영원한' 계획은 '역사적 실행'에서 더 이상 당장 배제될 수 없다. 그러면 '영원한 계획'은 오히려 하느님께서 피조물과 함께 이끄시는 위대한 역사의 '첫 단계'로 드러난다. 이

62) G.W.F. Hegel, *Vorlesungen über die Philosophie der Religion*, Bd. II/2, Hamburg, 1966, p.163.

63) Cf. L. Oeing-Hanhoff, "Hegels Tritätslehre", in: *ThPh* 52(1977), pp.378~407, 여기서는 p.304. 하느님께서 역사 속으로 들어오심으로써 "역사화가, 따라서 최종화도 이루어진다. 그리고 역사적 반려자들에게 마음을 열면서 그에게도 미래가 열린다."

로부터 두 가지 문제가 제기되는데, 내 생각에 이러한 해석의 방향에서는 크게 만족할 만한 해결책이 보이지 않는다.

첫째 문제는 다음과 같다.

— 코린토 1서 8장 6절에 "모든 것이 그분으로 말미암아 있다"라고 나와 있고, 여기서 의미한 분이 예수 그리스도를 가리킨다면,
— 코린토 1서 10장 4절에 나와 있는, 이스라엘 백성이 광야에서 물이 솟아나는 바위가 그리스도와 동일시된다면,
— 에페소서 1장 4절 이하에 따라서 세상 창조 이전에 우리가 그리스도 안에서 선택되었다면,
— 코린토 1서 1장 15절 이하에 따라서 '아드님'이 창조 이전에 존재한 분으로만이 아니라 모든 피조물(!)의 맏이로도 규정되셨다면,

이런 물음들이 제기될 것이다. "여기서 왜 사람이 되신 예수 그리스도에 관해 언급되고, 그분은 왜 '피조물의 맏이'로 묘사되는가? 그러니까 여기서는 왜 '영원하신 하느님의 아드님' '로고스' 경우에 따라서는 '강생하신 말씀'(verbum incarnandum)으로 '바꿔' 말하지 않는가? 신약성경의 표현 방식은, (그 말씀을 받아들인다면) 영원하신 하느님의 아드님은 창조 처음에 이미, 그리고 이로써 강생하시어 역사 속으로 들어오시기 전에 피조물과 하나가 되셨음을 전제하지 않는가?[64] 또는 위에 언급된 성경 대목들을

64) 라칭거(Jesus. *Jesus. Prolog*, p.80)마저 이러한 방향에서 해석하는 것처럼 보인다. "'장자'(Erstgeburt) 개념은 우주적 차원을 지닌다. 그리스도, 사람이 되신(강생하신)

'본질이 아닌 것을 언급한 것'으로, 또는 어느 하느님의 아드님에 관해 언급한 것으로 보아야 하는가? 그분은 후대의 역사적 체험에 비추어 예수 그리스도이시고, 따라서 그분의 이름은 '최초'로 거슬러 올라가는 것인가? 또는 '피조물의 맏이'라는 표현과 관련해서는 이 말을 시간과의 연관성 없이 단순히 유다교적 의미에서 아드님의 '품위에 맞는 칭호'로 이해해야 하는가?" 이 모든 것은 결코 배제될 수 없다.

요한 복음 1장 9~10절도 살펴보자. "모든 사람을 비추는 참빛(말씀)이 세상에 왔다. 그분께서 세상에 계셨고 세상이 그분을 통하여 생겨났지만(…)." 말씀이 강생하시어 세상에 오시기 전에 이미 계셨다는 확신[65]은 세상이 그분을 이렇게 앞서서 자유로이(!) 받아들였음(또는 거부했음)을 전제하지 않는가? 그렇지 않으면 하느님의 아드님이 세상에 오시는 데에는 전혀 다른 두 가지 방식이 있어야 하는가? 하나는 창조 처음부터 피조물의 동의 없이 현존하시는 것이고, 다른 하나는 그분이 강생하시어 역사 속으로 들어오심에 따라 자유로이 마리아를 통하여 받아들여져 현존하시는 것인가? 이로써 우리는 이미 둘째 문제 앞에 서 있다.

둘째 문제는 다음과 같다.

피조물이 하느님에 의하여 사랑으로 지어졌다고, 그러니까 피

아드님은 이른바 하느님에 대한 최초의 사고이고, 모든 피조물에 앞서신다"(*GG*에서 강조되었음). 라칭거는 실제로 글자 그대로 '사람이 되신 분'(!)은 모든 피조물에 앞서신다고 생각하는 건가? 아니면 하느님의 계획에 따라 앞서신다고 여기는 것일까?

65) 이때 배제되지 않아야 할 점이 있다. 즉, 강생 이전에 로고스가 '세상에 계심'에 대한 표현 방식은 (그리스도 이전의) 로고스에 대한 노래가 수용된 것에 근거한 것이고, 이 노래는 로고스의 육화에 관해서는 아무것도 알지 못했다. 그렇지만 이 노래가 전례서에 그대로 받아들여지고 이로써 새로운 연관성을 지니게 되면서 다른 것이 표현되어야 했다. 바로 이 (새로운) 진술에 비추어 위에 언급된 문제가 생겨났다.

조물이 하느님의 사랑과 우정을 먼저 받는다는 것이 전제된다면, 언제, 어디서, 그리고 어떻게 이 사랑이 받아들여졌고, 피조물이 응답했는지 물을 수 있다. 하느님은 (보다 실감 나게 말하자면) 진화가 이루어지기까지 150억 년을 '기다려야' 하셨을까? 영적 피조물로 응답할 수 있는 인간이 대략 20만 년 전에 지구에 등장하기까지 그렇게 긴 세월을? 또는 하느님과 "인간 이전의 생명체와 힘들"이 "대화를 나누며" 상호작용을 했을까?[66] 또는 여기서 "예"라는 응답은 '천사들의 세계'에서 인간을 대신하여 나올 수도 있었을까? 또는 인간이 "예"라고 응답하기까지 하느님과 피조물의 관계는 불완전하고 깨지기 쉬웠을까? "누군가가 자유로운 가운데 상대방의 완전한 모습을 볼 수 있어야 (…) 인격적 관계를 맺을"[67] 수 있지 않은가? 이것 역시 배제될 수 없다. 그렇지만 다른 가설도 제시될 수 있지 않을까? 다시 말해, 근본적인 창조 시작 때 이미 말씀과 응답, 은총과 그 반대되는 것이 상호작용을 하는 가운데 결과로 나온 것, 그러니까 하느님의 첫 창조 행위는 '흠 없는 인격체'(persona immaculata)를 만들어 낸 것이 아닐까? 그리고 이 인격체는 존재함이라는 선물을 하느님의 은총으로, 자신이 존재함을 하느님께서 규정하신 것으로 자유로이 받아들이지 않았을까? 바로 이 노선에서 교부들의 몇몇 문헌은 '처음부터 생겨난 교회'(Ecclesia ab initio)에 관해 언급한다.

먼저 '시간을 초월함'(초시간성, Überzeitlichkeit)에 관한 다른 해석 가능성들을 규명한 뒤에 이 주제로 돌아오자.

---

66) H. Kessler, *Evolution und Schöpfung in neuer Sicht*, Kevelaer, 2010, pp.134, 162.

67) Oster, *Mit-Mensch-Sein*, p.308.

4.2.1.2. 다른 공간과 시간성?

두 번째 해석의 가능성은 마리아와 교회, 그리고 이와 유사한 개념의 시간 이전에 존재함 또는 초시간성에 대한 우리의 질문을 가짜 문제(Pseudoproblem)라고 설명하는 것이다. 왜냐하면 오늘날 우리가 경험하는 시간 및 공간의 차이는 '비본질적인 것'이기 때문이다. 그 차이는 오직 '표면적인 역사'(superficies historica)와 관련된 것인데, 이 '표면적 역사'의 배후 내지 아래에는 '본질적인'(='초시간적인') 실재가 숨겨져 있다. 이는 체험할 수 있는 공간과 시간이 처음부터 하느님에 의하여 '하위 실재'로서 창조되었든지, 아니며 죄로 인해 비로소 역사에 등장한 형상(육체성, 물질성, 역사성)으로 구성되었든지 간에,[68] 이러한 형상은 바로 사람들이 지상에 살면서 다양한 시간에, 다양한 장소에 위치할 수 있게 해 주는 근본 원인이라는 것이다. 이에 맞서 (이 주장에 따르면) 부활하신 예수 그리스도에게서 알아챌 수 있는 또 다른 형상이 역사에 등장한다. 그리스도께서는 육체성과 물질성, 그리고 역사성을 "변형시키고 당신의 신성 안에 받아들이셨기 때문에, 그리하여 그것들은 더 이상 역사적 분리의 표현이 아니고, 오히려 인격적 일치를 가능하게 하는 토대가 된다."[69] 공간과 시간에 대한 그렇게 전혀 다른 방식은 '순수한 피조물'에도 전제가 될 수 있으

---

68) 내 생각에, 후자의 시각은 하느님과 인간의 협력과 관련해 하느님은 역사를 주도하시고 역사는 그분의 '산물'이라고 성경에서 지속적으로 부각시킨 점과 일치할 수 없거나 일치하기가 힘들다. 이런 까닭에 빌헬름 클라인이 구상한 것은 적어도 여기서는 힘주어 반박되어야 할 것이다.

69) Oster, *Person*, p.456(여기서는 조금 다른 맥락에서 언급되었음).

므로, 마리아, 교회, 강생하신 하느님 아드님의 역사 이전에 존재함 내지 초역사성에 관한 언급은 (…) '순수한 피조물'의 관점에서 볼 때 시대에 뒤떨어진 것이리라. 그러한 언급은 우리 '가련한 하와의 후손'에게만 실제로 적용될 것이다. 즉, 우리에게는 마리아가 있다. '그때에'(in illo tempore), 다른 시간에, 특정한 시점에….

이러한 해석 방식을 토대로 다음과 같은 점을 알아챌 수 있다.

(1) '표면적인 역사'(superficies historica, 오리게네스가 이미 사용한 용어임) 개념으로 시선을 돌리면서 우리는 "이미 축적된 일들"(Geschichteten, W. 클라인)인 역사에 관해 이야기할 수 있다. 외적 사건의 표면 아래에서 가령 영혼이나 내면의 상태와 과정같이 더욱 심오한 것이 전개되는 한 말이다. 이러한 것들도 더 깊은 층으로 들어갈 수 있다. 예컨대 묵시록에 구체적으로 묘사되어 있듯이, 결국엔 하느님과 악이 크게 대결하기에 이르기까지 말이다. 그러나 이 '축적'(Schichtung)된 것 때문에 외적인 사건은 사소한 것이거나 경시하는 것 또는 부정적인 것이 아니다. 오히려 정반대다. '표면적인 역사'나 외부적인 '표면적인 사건들'은 그 절대적인 우연성, 모든 질서가 무너져 빚어진 혼돈 상태, 그리고 결코 통제할 수 없는 뜻밖의 일(행복 또는 불행을 의미할 수 있음)과 관련해 가장 강력한 표징 가운데 하나다. 이 표징들은 그 끝을 알 수 없는 인간의 유한함과 하느님으로부터 주어지는 것에 대한 절대적인 의존성을 명확히 보여 주는 가장 강력한 신호 가운데 하나이다. 이러한 사건들은

하느님께서 그의 피조물에 불가능한 것과 절대적으로 은혜 가득한 것, 말 그대로 행운으로 주어지는 것을 허락하기 위해 사용하신다. 더욱이 역사적 시공간 속에서 인간의 "삶과 죽음"에 관한 결정들이 이루어진다. 이 모든 것에서 "표면적인 역사"을 통해 엄청난 중요성이 도출되며, 따라서 이를 "비본질적인 것"이라고 축소해서는 안 된다.

(2) 그럼에도 불구하고, 죄가 침투해서 새로운 시간 및 공간의 경험을 가져왔을 가능성이 충분하다고 할 수 있다. 이러한 사고는 오늘날 우리의 사고에 근접해 있다. 왜냐하면 현대 자연과학도 비록 다른 측면에서이긴 하지만, 상대성에 관해서, 그러니까 주체가 시간 및 공간 경험에 의존하는 경향에 관해 이야기하기 때문이다. 이런 맥락에서 페터 렝스펠트(Peter Lengsfeld)는 이미 죄로 인해 새로운 시간 및 공간의 경험이 생겨났다고, 곧 "분열시키는 역사성"(dissoziierende Geschichtlichkeit)에 대한 경험이 있었음을 받아들였다.[70] 그렇지만 사람들은 이 "분열시키는 역사성"을 본래의 "결속시키는 역사성"(consoziierende Geschichtlichkeit)과 대비시킨다. 이 둘이 실제로 진정한 의미의 '역사성'이라면, 사람들은 어떤 형태로든지 시간(과 공간)의 차이가 있음을 피할 수 없다. 우리가 다루는 주제와 관련해서는 이런 점이 중요하다. 즉 죄 이전에 다른 형태의 시간성이 이미 주어졌더라도, 하느님의 구원 계획은 어떤 형태로든지 역사 속에서, 그리고 이로써 공간과 시간의 차이 속에서 이루어진다. 이

---

70) Lengsfeld, *Adam*, pp.242~249. 이와 관련해서는 제1권 4.3.1.2.를 보라.

로부터 다음과 같은 결과가 나온다. 즉 역사적 실재의 다른 방식에 대한 언급을 통해서, 마리아나 교회 등에 대한 '시간 이전' 또는 '시간을 초월한' 존재가 있는지, 그리고 어떻게 존재하는지, 그리고 그것을 어떻게 이해할 수 있는지 등의 질문은 피해 갈 수 없다. 이 질문은 다른 전제 조건들 아래서만 새롭게 제기될 뿐이다.

죄로 인해 깨어진 '다른' 공간과 시간에 대한 해석이 우리가 지금 다루는 문제에 많은 도움을 제공하지 않는 것처럼 보일 수 있다. 하지만 다음과 같은 해결책은 훨씬 더욱더 중요하다. 즉 성경과 전승에서 이따금 '초역사적'(übergeschichtlich) 실재로 표현되는 마리아, 교회, 하느님 아드님의 인성 등은 '초월적인 위대함'(transzendentale Größen)이라고 이해할 수 있다.

4.2.1.3. '초월적인 위대함'?

칸트 이후로 이미 주어진 것에 대한 인식 가능성의 선험적 조건이나 선험적이고 존재론적인 전제 조건에 대해 묻는 질문을 '초월적'(transzendental)이라고 표현한다. 헤르만 크링스(Hermann Krings)에 따르면, 여기서 중요한 것은 "이미 주어진 것이 주어지지 않은 것으로, 개념적이고 논리적으로 통제된 방식으로 환원하는 것, (…) 주어지지 않은 것 없이는 이미 주어진 것을 가능한 것으로 여겨질 수 없다"[71]는 점이다. 초월적인 위대함은 초월적으로 확립되어야 하는 것이 실제로 발생했거나 항상 이미 존재했거나 할 때, 그리고 이로써 이미 주어진 것이 처음으로 존재하게 되었을 때 비로소 사유 속에서 증명될 수 있다. 왜냐하면 초월적인 위대함은 오직 주어진 것의 사유 조건만을 밝혀내는 것이기 때문에, 엄밀한 의미에서 인식의 대상이 아니다. 초월적인 위대함과 관련해서는 "존재에 대한 진술도 할 수 없고, 항상 단지 사유된 조건의 상태에 대한 진술도 내릴 수 없다. (…) 인식의 근거는 사유될 수 있지만, 인식의 근거는 대상적으로 인식되거나 객관적으로 파악할 수 없으며, 따라서 증명될 수도 없다."[72] 그러므로 본래적 의미에서 초월적인 위대함은 자신으로부터 실제적인 것을 추론하거나, 고전적 형태의 존재론을 통해 구상할 수 있는 방법을 제시하지도 않는다. 초월적인 위대함은 이미 주어진 것의 내적 근거, 그 안에 내재된 선재적 조건(Prius)을 사유할 수 있는 가능성으로 남아 있다. 그럼에도 불구하고, 독일 관념론에서는 이미 초월철학적 성찰에서 존재론(또는 존재론적 현상학)으로의 전환이라는 현상이 나타났다. 이는 단지 이미 주어진 것의 사고 조건에 대해서 묻는 것을 넘어서, 그것의 존재 조건에 대해서 묻는다. 따라서 존재론은 사고의 논리뿐만 아니라 '사실'에 대한 인식을 추구하는 욕구까지도 만족시킨다.

칼 라너 역시 이런 방향에서 접근한다. 그는 자신이 제시한 초월적 신학을 "모든 교의적 대상에 있어서 신학적 주체가 인식하

---

71) H. Krings, "Gott 3", in: *HpbG* 3, pp.629~641.

72) 선험 철학의 방식에 관해서는 다음 책에 간략하지만 매우 정확히 언급되어 있다: M. Lerch, *All-Einheit und Freiheit. Subjektphilospphische Klärungsversuche in der Monismus-Debatte zwischen Kl. Müller und M. Striet*, Würzburg, 2009, pp.134~135.

기 위해 필요한 조건에 대해 함께 묻는"[73] 인간학이라고 규정한다. 이렇게 문제를 제기하는 것이 예컨대 그리스도 사건과 구원의 현실에 적용된다면, 다음과 같은 사실이 드러난다. 신인(神人)이신 예수 그리스도와 그분이 중개하신 구원이 이 세상에서 '낯설' 거나 갑작스럽거나 이해할 수 없는 위대함으로 등장하지 않으려면, 피조물 전체는, 특히 인간은 먼저 이 사건을 향해 선험적으로 지향되어야 하며, 존재론적 심오함과 의식적이고 잠재적인 경험의 가능성이 구조적으로 영향을 받아야 한다. 오직 그래야만 예수 그리스도는 피조물의 심장이자 목표가 될 수 있고, 마리아와 교회는 피조물의 완전한 형상으로 증명될 수 있다.

그러나 라너는 단지 구원이 인간에게 '도래'하기 위한 실제적이고 존재론적인(real-ontologischen), 그리고 이런 의미에서 초월적 조건에 대해 물을 뿐만 아니라, 또한 인간 존재의 실제적 구조와 관련된 초월적 조건에 대해서도 묻는다(다시금 실제적이고 존재론적인 의미에서). 인간 존재는 무한한 것, 끝없는 사랑, 영원한 생명, 화해와 평화를 갈구하고, 모든 궁극적인 (명시적인 또는 암시적이고 '숨겨진') 것 안에서 하느님에 대해, 그리고 그분이 세상을 향하신 것에 대해 묻고 답을 구한다. 그러한 관점에서 세상의 선행하는 구원과 그에 따른 교회, 마리아, 강생 … 등은 실제적이고 존재론적인, 그리고 이런 의미에서 초월적인 위대함으로 여겨질 수 있다. 이 초월적인 위대함은 처음부터 세상의 모습과 세상의 역사적 진행을 구조적으로 드러낸다. 초월적인 위대함은 하느님께서 먼저 구원 의지를 역사적이고 구체적으로 실현하셔야 비로

[73] K. Rahner, "Theologie und Anthropologie", in: *Schr.* VIII, pp.43~65, 여기서는 p.44.

소 인식될 수 있다. 왜냐하면 오직 사실(factum)에 근거하여 그 선험적 조건의 가능성이 추론될 수 있기 때문이다. 예컨대 하느님의 강생은 세상에 내재하는 초월성 실현의 극치를 의미하므로, 이는 세상의 내재적 현상학에 의해서는 규명될 수 없다. 오히려 반대로 강생이라는 사실이 가장 먼저 이 광대한 초월성을 인식할 수 있게 해 준다. 강생과 관련해서는 피조물의 실제적(존재론적) 특성과 목표가 중요하기에, 피조물 안에는 처음부터 암시, 표징, 경험의 시작점들이 존재한다. 이것들은 갈망과 꿈, 사고, 이론, 학문 체계에서 표현되고, 모든 종교의 토대를 형성한다. 이런 의미에서 마리아와 교회도 전체 역사 속에 현존하고 '발견될 수 있다.'

그런데 무엇이 중요할까? 존재론적이지만 단지 초월적인 '구조'만이 중요할까? 그것은 실제적이고 구체적인 '시간 이전에 존재함과 시간을 초월함'을 의미하는 것이 아닌가? 피조물이 지닌 "마리아를 닮은 특성"(한스 우르스 폰 발타사르)과 피조물이 지닌 '그리스도를 닮은 특성'은 과연 존재하는가? 그러나 이로써 '선재하는' 마리아(실제로 존재하는 '최초의 지혜'의 의미에서), 또는 어느 선재하는 신인(神人) 같은 존재가 필연적으로 존재했거나 존재했어야 한다는 사실은 배제되는가? 따라서 또다시 다음과 같은 질문이 열려 있다. 초월적이고 선험적인 것(이는 구약성경에 따라서 '하느님과 세상의 혼인'이라 말할 수 있고, 신약성경에 따라서는 예수 그리스도, '마리아 안에 계시는 하느님'이라 말할 수 있다)은 그것이 역사적으로 실현될 때까지 단지 초월적 구조인가?(물론 그렇다!) 또는 늘 이미 실현된 실재, 역사의 흐름에서 다양한 방식으로 실현되지만, 실제로 존재의 위대함으로 이 실현에 앞서는 (그리고 지속되는 전체 역사가 그것에 의해 도달되어야 하는 한, 뒤따르는) 실재인 것인가? 따라서 '하느님의 영원한 계획'에 이어 이미 제기된 질문, 즉 창조는 말씀과 응답, 은총과 은총 아닌 것이 상호작용을 하는 가운데 이미 시작되었는지, 따라서 하느님의 첫 창조 행위는 자신의 존재가 규정된 것을 자유로이 받아들인 '흠 없는 인격체'를 지어 내신 것인가 하는 질문이 남아 있다.

'언어화'(Versprachlichung) 문제와 관련해서 우리가 중간에 알아야 할 중요한 점이 있다. 우리는 이어서 (그렇게 하는 게 필요하다면) 마리아와 '마리아'를 구별 지을 것이다. 마리아는 역사적 인물인 나자렛의 마리아, 즉 예수의 어머니를 의미한 것이다. 반면에 '마리아'는 최초에 창조된 형태로서, 이에 관해서는 뒤에서 언급할 것이다. 이 원초적 피조물은 오직 그 이유로 '마리아'라는 이름을 가지는데, '마리아'는 역사적 인물인 마리아의 (초월적) 전제 조건이고, 오직 그녀를 통해서만 완전히 인식될 수 있기 때문이다.

4.2.1.4. 최초에 창조된 원형(아르케, ἀρχή)?

처음 두 가지 해석의 방향에서 열려 있는 질문 내지 선행하는 것(aporia)은 이 세 번째 방향을 진지하게 검토할 필요성을 촉구한다. 이에 따르면, 피조물 가운데 마리아가 선행하는 것은 피조물의 구조적 '속성'(발타사르가 '마리아의 원칙'[74]이라고 말한 것의 의미에서)

만이 아니다. 또한 피조물을 처음부터 구성하고 마음 깊이 새겨 놓는 추상적이고 초월적이며 선행하는 은총(칼 라너)만도 아니다. 오히려 실제적이고 인격적이며 '독자적인'(sui generis) 위대함, 즉 '마리아'이다. 이는 모든 피조물의 '원형'(ἀρχή), "그분(하느님) 곁에서 사랑받는 아이"(잠언 8,30), '창조된 지혜'와 그러한 '하느님의 근원적 계획'과 창조의 의미, 자유로이 하느님께 오롯이 자신을 바친 저 피조물, 최초부터 하느님의 아드님(ἐν ἀρχῇ ἦν ὁ λόγος)을 순수하게 잉태하고 낳음, 창조된 처음이다. 이어지는 세상과 역사는 이 창조된 처음에서 비롯되었고, 그 안에서 원형은 "불가해한 하느님을 이해하는 것"〔θεοῦ ἀχωρήτου χώρα, '아카티스토스 찬가'(Hymnos Akathistos)〕으로서, 공간과 시간 안에서 차이가 나면서도 일치하는 원칙으로서 드러난다.[75)]

빌헬름 클라인이 앞에서(제2권 4.1.2.) 한 말을 다시 인용하겠다. "본래의 피조물은 (…) 자신이 사랑하는 창조주와의 혼인 계약을 위해 지어졌다. (…) 아버지께서는 아드님이 성령을 통하여 피조물 안에서 태어나게 하시고, 아드님에게 몸을 주신다. 로고스(말

74) 여기서 발타사르(*Prüft alles - das Gute behaltet*, Ostfildern, 1986, p.54)는 '마리아의 원칙'에 관한 언급에 붙어 있는 문제를 간파한다. 여기서 "인격적인 것, 예컨대 성령 또는 마리아, 추상적인 것으로부터 개념적인 것을 만들어 낼" 위험이 생겨난다. 그는 마리아를 "이러한 우주적 원칙을 지극히, 인격적이고 자유로이 구체화한 인물로 바라봄"으로써 해결책을 모색한다.

75) 이렇게 마리아가 혼인과 관련된 것에는 성령도 속한다. 성령은 근원적 은총으로서 피조물의 자유가 지속되도록 작용하시고, 이런 까닭에 성령 없이는 창조주와 피조물의 상호 인격적 관계는 결코 생각할 수 없다. 이와 관련해서는 다음 글을 보라: B. Nitsche, "Geist und Freiheit. Zu Status und Funktion der Pneumatologie in einer transzendentalen Theologie", in: Kl. Müller / M. Striet(Hrsg.), *Dogma und Denkform, Strittiges in der Grundlage von Offenbarungsbegriff und Gottesge- danke*, Regensburg, 2005, pp.151~162,

씀)와 그 신부는 피조물 안에서 한 몸을 이룬다. 한 몸 안에 둘이, 총각과 처녀, 그리스도와 마리아가 있다. 순수한 피조물의 '예'라는 응답은 동시에 최초의, 그리고 원래의 신랑 신부, 영원한 로고스(말씀)를 영원하지 않은, 티 없는 피조물과 결합시킨다. 로고스(말씀)는 이 창조된 피조물 안에서 본성을 취하신다. 가장 순수한 행위와 함께 가장 순수하게 행동하는 분은 가장 순수한 피조물이다. 마리아는 '예'라고 응답했기에 사랑이신 하느님 아버지께 받아들여진 것이다. 이는 하느님께서 '빛이 생겨라' 하고 말씀하시자 빛이 생겨났음(창세기 1장)을 의미한 것이다."

사람들이 마리아의 더 정확한 '본질'에 대해 묻는다면, '시간을 초월한 마리아'라고 규정하는 것은 이제 매우 애매하고 부정확하다. 더 정확한 대답은 거의 찾지 못할 것이다. 특히 이와 관련해 '최초에 창조된 지혜'(Weisheit am Anbeginn) 내지 '최초의 교회'(ecclesia primigenia)와 경험적 세상과 역사의 관계에 관한 성경 및 신학사의 진술은 끝까지 침묵을 지키기 때문이다. 어느 집단적 인격의 존재론적 상태가 불확실하거나 하느님과 천사들의 특성을 인식할 때, 그러한 특성의 본질이 우리에게 감춰져 있듯이 말이다. 우리는 창조된 원형(ἀρχή)의 측면에서 가령 형태, 원칙, 창조된 근원, 역동성(δύναμις), '세계의 심장', 지탱하고 숨어 있는 '공간'과 같은 우회적 표현으로 만족해야 할 듯하다.

중요한 것은 최초의 '처음'이 자유의 사건으로서, 다시 말해 자유로운 동의로서 이루어진다는 것, 창조된 존재가 받은 은총을 은총으로써 놀라워하고 감사하게 받아들이는 것, 하느님의 사랑을 받는 것이다. 순수한 원형은 빌헬름 클라인이 앞에서(제2권 4.1.2.를 보라) 말했듯이, "처음부터 사랑이신 창조주 하느님께 의탁하기에 한순간도 그분에게서 멀어지지 않았다." 그렇지만 이 순수한 원형에게도 하느님께서 "빛이 생겨라" 하고 말씀하시자 빛이 생겨났음(창세기 1장)을 거슬러 배반할 가능성이 있었다. 그리고 이 가능성은 그 원형을 해석하고, 또 그 원형에 참여하는 한시적인 피조물인 우리 인간에게 마침내 현실이 되었다. 따라서 우리의 여전히 불확실한 자유와 달리 원형의 자유롭고 '티 없이 순수한 예'는 다른 성격을 지닌다. 순수한 원형은 자신의 근원에 따라 "예"라고 응답한 뒤에, 하늘에 있는 복된 이들의 자유와 동일한 수준의 자유를 지니고 있다. 그들 역시 자유로이 있지만, 그들의 자유는 하느님께 "아니오"라고 응답한다고 해서 손상되지 않았다. 그들은 영원히 자유롭기 때문이다. 그들은 하느님께 "예"라고 응답하면서 오롯이 자기 자신 옆에 있기 때문이다. 반면에 우리는 자기 자신을 하느님께로 향하면서 시간과 역사의 과정에서 찾고, 또 찾아내야 한다. 그러나 우리가 여전히 불확실한 자유의 상태에서 '선험적인 의문'(apriorische Klammer)을 제기하는 것 역시 희망과 신앙에 대한 확신에 속한다. 이 '의문'은 하느님의 무조건적인 "예"이자, 원형의 메아리인 "예"로, 우리의 아직 불안정하고 자유로운 결정들을 포함한다.

그러한 생각으로부터 어떤 논증들을 끌어낼 수 있을까?

첫째 논증은 이미 빌헬름 클라인이 던진, 창조주와 피조물의 어마어마한 차이를 중개하는 것에 대한 질문과 결부된다. 사람들은 창조를 어떻게 생각할 수 있고, 또 어떻게 생각해야 할까? 이때 사람들은 절망에 빠지고 당혹스러워하지 않을까? 이러한 당혹함은 가령 다음과 같이 묘사된다.

창조가 신적 존재의 일부, 요소, 측면, 필연적 결과… 등으로서 하느님의 정체성에 속한다면, 창조는 독자성을 지니지 않는다. 또는 창조에 있어서 여전히 복잡한 '그 무엇'이 신적 존재의 무한한 충만함과 모든 것을 규정하는 신적 전능하심에 맞서 있지만, 이어서 하느님의 절대적 충만함과 무한한 전능하심을 제한한다면, 하느님은 더 이상 하느님이 아니시다. 헤겔에 따르면, 무한한 것은 유한한 것의 반대로 여겨지지 않아야 참으로 무한하기 때문이다. 그러면 무한한 것은 다른 어떤 것에 맞서는 그 무엇이고 이로써 유한해질 것이다.[76)]

예전에 출간했던 책들에서 나는 삼위일체 하느님을 제대로 이해하는 것만이 이러한 당혹함을 해소할 수 있음을 보여 주려 애썼다.[77)] 삼위일체 하느님은 당신 안에 있거나 당신 안에 갇혀 있는 절대적 존재가 아니시다. 그분의 삼위일체적 삶은 사랑이 교환되면서 실현되고, 이 사랑 안에서 한 위격은 자신의 신성을 다른 두 위격에게서 받으시고, 또 두 위격에게 주신다. 따라서 성삼위는 그 가장 내적인 특성에 비추어 자신 '옆'에 공간을 허용하는 방식으로 존재한다. 완전한 사랑으로서, 이 사랑의 본질은 다른 이들에게 공간을 내주는 것이다. 성삼위의 어느 위격도 '자신을 위해' 모든 존재를 독점하지 않으시고, 모든 이를 받아들이거나 혹은 내주지 않으신다. 또한 다른 이들을 위한 공간을 만드신다. 이처럼 삼위일체 하느님의 본질에 속하는 그러한 '열려 있는

---

76) 다음 책을 보라: G. W. F. Hegel, *Wissenschaft der Logik, WW* III(WBG Darmstadt =Meiner), p.131 등등. 동일한 것이 하느님의 전능하심에도 적용된다. 하느님의 전능하심은 다른 힘에 맞서거나 이 힘을 능가하는 힘을 의미하지 않는다. 그렇지 않다면 하느님의 전능하심은 개별적인 것에 불과하리라. 다음 책을 참조하라: Pannenberg, *Systematische Theologie* I, p.456.

77) 예컨대 다음 책을 보라: Greshake, *Gott*, pp.219~243.

공간'은 유한한 존재가 살기 위한 전제 조건이다. 이 유한한 존재는 변증법적으로 규정될 수 있다. 즉, 유한한 존재는 한편으로는 하느님과 완전히 다르지만, 다른 한편으로는 동시에 그분과 긴밀히 결속되어 있다. 그렇다, 유한한 존재는 하느님 안에서 완전히 내재함(In-Sein)으로 규정된다. 하느님 아버지와 아드님이 (사랑의 영 안에서 하나 되어) 하느님에 의하여 '다름' 속으로 받아들여지셨듯이, 피조물과 창조주의 다름 역시 삼위일체 하느님 안으로 받아들여졌다.[78)]

어느 위격이 다른 두 위격을 위하여 스스로 뒤로 물러나는 것이 삼위일체적 사랑에 속하고, 이에 근거해 에버하르트 융엘은 다음과 같이 주장한다.

> "하느님께서는 창조 행위에서 유사한 방식으로 당신 자신 안에서 영원으로부터 행해지는 것을 되풀이하신다. 하느님의 신성이 (…) 삼위일체적 사랑의 친교를 통해 규정된다면, 이는 하느님의 신성에 전혀 모순되지 않고, 오히려 하느님께 부합한다. 하느님께서 창조 행위를 하시면서 당신 자신을 제한하시고 (…) 스스로 뒤로 물러나실 때 그러하다. 여기서 우리가 유념할 점이 있다. 하느님은 하느님으로서 뒤로 물러나시는 게 아니라, 당신 옆에서, 당신의 신적 본질 옆에서 다른 위격에게 본질을 제공하시고

78) 라너(*Grundkurs*, p.71)는 이러한 변증법적 현상을 다음과 같이 기술한다. "하느님과 인간의 차이는 하나가 다른 하나의 다름을 다시 한번 자기 자신에게 받아들이고 이로써 차이가 나는 중에도 가장 큰 일치를 이루게 하는 것과 유사하다. 그 이유는 이렇다. 그 차이가 다시 한번 하느님에게서 온 것이라면 〔(여기서 나는 이렇게 추가하고 싶다.) 가능성의 조건으로서 삼위일체적 다름에 근거한 것이라면〕, 하느님과 세상의 차이는 범주에 포함된 다양한 존재하는 것들의 차이와는 전혀 다르게 이해되어야 하기 때문이다."

공간을 내주시고 시간을 내주신다는 의미에서 뒤로 물러나시는 것이다."[79]

그렇게 보면, 피조물은 순수한 사랑과 유한한 방식으로 아버지와 아드님의 '맞은편'에 서고, 또 유한한 방식으로 아드님과의 관계를 '연장'하고 '확대'하고 '전개'하면서 자신의 존재를 받아들이고 소유한다. 피조물은 (라너가 자주 밝힌 생각에 따르면) 하느님께서 '타자'에게 당신 자신을 완전히 내주고자 하실 때, 비로소 되어 가는 존재이다. 이로써 하느님의 강생은 처음부터 "우주의 내적인 동인(動因)"(innere Moment des Kosmos)임도 드러난다.[80] 그리고 이로써 마리아 역시 강생을 위한 조건들 가운데 하나로서 더 규명되어야 할 형태로 이 "우주의 내적 동인"에 참여한다.

이러한 삼위일체 신학의 전제 조건은 (이는 또한 매우 중요하다.) 아직 문제에 대한 해결책을 완전히 제시하지 못한다. 그 이유는 이렇다. 피조물이 성삼위의 한 위격인 성자와의 관계를 '유한하게 확대한 존재'로 여겨지고, 또 그렇게 여겨질 수 있다면, 피조물 측에서 어떤 조건들이 실현되어야 하느냐는 질문이 이어서 제기될 수밖에 없기 때문이다. 사람들이 위에 언급된 당혹함에 빠지지 않으려면, 유한한 피조물은 어떤 상태에 있어야 할까?

다음과 같은 대답을 유일하게 가능한 것으로 내놓을 수 있을 듯하다. 즉 창조된 원형(ἀρχή), 피조물의 본래 형상이 전제되어야 한다. 이 원형은 완성되거나 '압축된'(kompakt) 형태가 아니고, 비

---

79) E. Jüngel, *Wertlose Wahrheit*, München, 1990, p.154.

80) E.-M. Faber, *Maria - Mensch im Brennpunkt der Erlösung. Die Mariologie Karl Rahners im Gesamtgefüge seiner Theologie*, Dipl.-Arbeit, Freiburg i. Br., 1988, p.32.

록 창조된 것이지만 스스로 독립적으로 존재하는 크기로서 무한하신 창조주 하느님을 유한하게 만들고자 하는 것이 아니라, 이 원형은 하느님과 관계를 맺는 존재이다. 이 관계는 자기 자신뿐만 아니라, 자신에게서 이루어지는 모든 것도 사랑이신 하느님의 순수한 선물로 받아들이고, 그것들을 선물로 항상 자기 곁에 두게 한다. 그러므로 원형은 (그것이 피조물에 가능한 한) 삼위일체 하느님에게서 알아챌 수 있는 인격적 존재, 곧 완전히 관계를 이루는 존재임을 실현한다.[81] 이런 까닭에 원형은 자기 자신을 '무'(無)로 이해해야 하며, 모든 것을 관대하신 창조주 하느님께로부터 채워지는 '빈 공간'(Hohlraum)으로서, 창조주 하느님의 실재와 활동을 위해 순수하고 투명한 존재이다. 다시 한번 되풀이하자면, 원형은 '포용할 수 없는 하느님을 포용하는 공간'(θεοῦ ἀχωρήτου χώρα)으로, 단순히 '불가해한 하느님을 받아들이는 틀'로 이해해야 한다.

이에 따라 예컨대 철저한 수동성은 드러나지 않았다. 두 가지 이유에서 그렇다. 첫째, 창조주와 피조물의 관계는 인격적이고, 따라서 피조물의 자유로이 응답하는 "예"(또는 거부하는 "아니오") 없이는 그 관계가 불가능하기 때문이다. 둘째, 피조물이 창조 사업에 협력하고 이를 받아들이는 능력과 이에 응하는 것은 창조주의 선물이기 때문이다. 그렇지만 이렇게 피조물이 협력하는 것과 관련해서도 중요한 것이 있다. 피조물은 선행을 실천하며 살

81) 앞에(제2권 2.2.1.1.) 인용된 그리뇽 드 몽포르의 말을 참조하라. 마리아는 "완전히 하느님께 연결되었다. 마리아는 오직 하느님과 관계를 이루기 때문이다." 위에서 이어지는 내용과 관련해서는 그리뇽(*Buch*, p.156)이 다음과 같이 한 말도 참조하라. "무한하시고 존엄하신 하느님에 비해 마리아는 티끌에 지나지 않고 무(無)일 따름이다. 오직 하느님만이 '그분'이시기 때문이다." 그렇지만 마리아는 다른 한편으로 "하느님께서 빚어내신 대작"(같은 책, 175쪽)이다.

아가도록 창조되었지만, 이 선행은 우리 힘으로 할 수 있는 것이 아니다. 오히려 하느님께서 그 선행을 실천하도록 미리 준비해 놓으신 것이다(에페 2,10).

피조물의 본래 형상인 원형의 이러한 특성들,[82] 곧 '받아들여지는 존재' '자기 자신으로부터는 아무것도 아닌 존재' '완전히 관계를 이루는 존재' '순수하고 투명한 존재' 단순히 '이해하는' 존재 등, 이 모든 것은 전승의 큰 줄기에서 '창조된 지혜'(sapientia creata)나 '최초의 교회'(ecclesia primigenia, 창조 처음부터 존재했던 교회) 또는 바로 '마리아와 교회'를 의미한 것에 부합한다. 여기서 이름은 별반 중요하지 않다. 오히려 여기서 중요한 것은 창조주와 피조물 사이의 필연적 중개, 그리고 이로써 동시에 피조물의 원형이다. 하느님께서 피조물을 원하셨고, 존재하게 하셨듯이 말이다. 그렇게 기술된 형태로만 피조물은 삼위일체 하느님의 한 위격인 성자 아드님의 유한한 형상으로서 하느님 '안에' 영역을 둘 수 있고, 하느님께서는 피조물 '안에' 영역을 두실 수 있다. 그런 형태로만 피조물은 유한한 존재로서 무한하신 창조주 하느님 '곁'에 존재할 수 있다. 그런 형태로만 하느님의 아드님은 피조물과 매우 긴밀히 결속하실 수 있고(인격적 일치), 동시에 피조물과 하나가 되시지만, 피조물과 확연히 구별되신다. 그런 형태로만 피조물은 은총이 될 수 있고, 주시는 분과 받는 이의 '혼인'이 이루어질 수 있으며, 이로써 주시는 분은 당신의 은총을 받는 이

82) 여기서 주목할 만한 점이 있다. 구약성경 저자도 창세기 1장에 나오는 '한처음'을 시간적 처음으로 이해하지 않고, 창세기 1장은 "세상이 지닌 처음에 관해 다룬 게 아니라, 단 한 번에 이루어진 세상의 창조 때인 처음에 관해 다룬 것"(O.H. Steck, *Der Schöpfungsbericht der Priesterschrift*, Göttingen, ^{2}1981, 227930)임을 강조한다는 것이다.

안에서 '새롭게 태어나시고 모습을 취하실' 수 있다. 그런 형태로만 중개가 이루어질 수 있다.

그런데 그러한 중개는 어찌하여 '처음에' 내지는 '태초에' 이루어져야 했을까? 시간과 공간 내에서는 우리 역사의 시작이 왜 이루어지지 않았을까? 대답은 이렇다. 그렇지 않으면, 위에 언급된 당혹함이 나타날 것이기 때문이다. 하느님과 피조물이 인격적 관계가 아니라면, 어떻게 피조물이 하느님께서 머무시는 '장소'일 수 있고, 또 하느님께서 피조물이 머무는 '장소'일 수 있겠는가? 하느님께서 유한한 존재가 되지 않으셨다면, 인간이 세상에 등장할 때까지 물질 내지 동물 세계가 어떻게 존립했겠는가? 따라서 '마리아와 관련된' 해결책이 거부된다면 어떤 대안을 찾을 수 있을까?

둘째 논증은 '계시' 개념으로부터 출발한다. 하느님께서 인간에게 당신 자신을 드러내신다면 정확히 무슨 일이 일어날까? 적어도 제2차 바티칸 공의회 때 계시 개념에서 교훈적이고 이론적인 면을 떼어 낸 것은 다음과 같은 결과를 가져왔다. 계시를 하느님의 본질과 그분의 뜻에 관한 '정보들'을 담고 있는 개별 진리들을 선포하는 것으로 보지 않고, 한스-요아힘 횐에 따르면 그것들을 "하느님께서 당신 자신 편에 서시고 당신 자신을 형성하시는, 무조건적인 사랑의 관계를 이루신 분으로서 '몸소' 현존하시는 것"[83]이라고 이해하게 된 것이다. 그러나 계시의 가장 내적인 본질이 관계를 알리는 것, 피조물을 향한 하느님의 사랑을 알리는

[83] H.-J. Höhn, *Gott - Offenbarung - Heilswege*, Würzburg, 2011, pp.179~180.

것이라면, 이는 그렇게 이해된 '계시'에 속한다. 그렇지만 계시는 다시 하느님의 미래 계획과 의도에 관한 '신적 가르침'(instructio divina)으로 되돌아가서는 안 된다. 계시는 늘 이미 이루어졌고, 앞으로도 계속 이루어질 이 관계가 실현되었음을 알리고 전해 주는 것이다. 그리고 이렇게 실현된 것은 (이는 참으로 인격적이므로) 「계시 헌장」 2항이 말하고 있듯이, '우정'(친교)의 관계를, 또한 인격적 대상을 요구한다. 따라서 한스-요아힘 횐이 다음과 같이 말하는 것만으로는 충분하지 않다. "세상은 처음부터 하느님의 무조건적인 구원 활동의 장소였다. 세상은 처음부터 피조물로서 하느님의 대상이었다. 그분은 '무조건'(조건 없이) 이 대상에게로 향하셨다."[84] 여기서 '세상'은 하느님 구원 활동의 장소로만 언급하고 있기 때문에, 주체를 명시하지 않은 것은 단지 빈자리만 표시할 뿐, 아무런 중요성을 갖지 않는다. 처음부터 비인격적으로 이해된 피조물은 인격적으로 다가가는 하느님의 대상이 될 수 없다. 물론, 이러한 관계는 사랑할 능력을 지닌 존재인 인간이 세상에 등장해야 비로소 실현된다고 이의를 제기할 수 있다. 그런데 '처음부터' 그리고 심지어 '단호하게'(조건 없이)라는 말은 무엇을 의미하는 걸까? 지혜 문학이 "주님께서는 당신의 첫 작품으로 나를 지으셨다"(잠언 8,22)고 언급하고, 지혜의 우주적 중요성과 본래 하느님께 사랑받음을 알고 있는 구약성경의 지혜 관련 문헌의 진술 방향이 더 논리정연한 것이 아닌가? 그리고 이는 '최초의 교회'라는 아주 오래된 사고의 가장 심오한 의미이기도 하지 않은가? '최초의 교회'에 관해 아드몬트의 고트프리트(Gottfried von Admont)

84) *Ibid.*, p.182.

는 이렇게 말한다. "세상이 창조된 이래 하느님께서 그의 교회에 속한 사람을 갖지 못한 때는 없었다"(Nullum enim a constitutione mundi tempus erat in quo aliquem Deus non haberet qui ad Ecclesiam eius pertineret).[85)]

앞에서(제2권 4.1.1.) 언급된, 피에르 테야르 드 샤르댕이 깊이 숙고한 점들도 '태초에' 창조된 지혜에 대해 다른 논증을 제시할 수 있다.

현존하는 세상은 진화의 과정을 통해 이루어진다는 것이 전제된다.[86)] 진화란 간단히 표현하자면, 우주의 생성 과정에서는 아무것도 나올 수 없지만, 이 과정을 거치면서 더 적은 것으로부터 더 많은 것으로 발전하는 일이다. 더 정확히 말하면, 이전의 더 단순한 요소들과 요인들이 합쳐짐으로써 새로운 더 많은 것이 되는 것이다. 이렇게 새로 생겨난 단일성은 단지 단일성뿐만 아니라 차이를 통해서도 특징이 드러난다. 다시 말해 단일성은 더 분명하고, 다른 대상들과 더 대비되며, 뚜렷한 모습을 지닌다. 이렇게 진화 과정에서 생겨나는 새롭고 더 복잡한 단일성과 함께 동

85) Gottfried v. Admont, *hom.festiv.* 87(PL 174, 1014). 달리 적용하면, 이는 토마스 아퀴나스의 말로 다음과 같은 뜻이다. "(교회의) 머리가 된 이의 은총은 세상 창조 이래 작용해 왔으니, 그때부터 사람들이 그의 지체가 되기 시작하였기 때문이다" (Gratia capitis operata est a constitutione mundi, ex quo homines membra eius coeperunt)(*In sent.* III, 13, 3, 2.2, 2).

86) 이어지는 내용은 다음 책에 더 상세히 기술되어 있다: Greshake, *Gott*, pp.267~276. 그렇지만 다음 문헌들에서는 전개된 내용이 약간 변경되었음을 알게 된다. '진화'를 주제로 다룬 수많은 문헌 가운데 신학자에게 특별히 관심을 끄는 다음 책들을 꼽을 수 있다: S.N. Bosshard, *Erschafft die Welt sich selbst? Die Selbstorganisation von Natur und Mensch aus naturwissenschaftlicher, philosophischer und theologischer Sicht* = *QD* 103, Freiburg i. Br., 1985; A. Ganoczy, *Chaos - Zufall - Schöpfungglaube*, Mainz, 1995; K. Schmitz-Moormann(Hrsg.), *Schöpfung und Evolution*, Düsseldorf, 1992, pp.115~130.

시에 새로운 가능성의 활동 영역이 다시 새로운 것을 위해 열린다. 이 활동 영역으로부터 다시 새로운 단일성이 자라날 수 있고, 이 단일성은 차별화에 따라서, 그리고 개별 형상에게서 증대되지만, 동시에 소통 및 적응 능력에 따라서도 증대된다. 간략히 말하면 이렇다. 진화는 전체적인, 그리고 그 모든 단계에서 상반된 두 가지 요인으로 규정된다. (1) 더 단순하게, 더 보편적인 형태로부터 점점 더 복잡하고 '더 개별적인' 그러니까 더 차별화된 형상이 생겨난다. (2) 단일성, 다시 말해 관계와 소통에 있어서 더 높은 수준은 형태의 더 높은 다른 수준에 부합한다. 따라서 실제 세계는 그 안에서 모든 것이 모든 것과 연관되어 있고 그 생성 목표는 (테야르가 언급하듯이) 증대하는 상이한 형태들의 성장하는 '단일화'(unification)로 묘사되는 그 무엇으로서 규정된다. '크레 세 우니르'(Créer C'est unir)는 그가 자주 언급한 원칙을 말한다. 진화 과정 전체는 실제 세계에서 증대하는 '소통화'(Communialisierung)라는 결과를 가져온다. 이는 조화를 깰 수 없는 사건이다.

생성 과정은 '자기 조직화'(Selbstorganisierung) 내지 살아 있는 것의 영역에서 '자기 생산화' 형태로 이루어진다. 따라서 자기 진화는 '시행착오'(trial and error)를 거치면서 이루어지는 것이다. 무질서 혹은 혼란 내지 더 단순한 질서의 단일성으로부터 새로운 단일성이 등장하거나 곤경에 처하면서 다시 사라진다. 진화 사건은 앞서 제시되고 규정된 계획에 따라서는 진행되지 않는다. 오히려 현재 상태에서 더 높은 단계로 나아가기 위해 시도하는 것이라고 보아야 한다.[87] 그러나 이렇게 '시도'하는 가운데 전체 과정은 그

---

[87] Cf. Schmitz-Moormann, *Schöpfung und Evolution*, p.137.

럼에도 불구하고 차별화된 대상들에게로, 그리고 더 복잡하고 더 높은 단일성으로 나아간다.

그렇게 자기 자신을 조직화하는 과정을 인식하더라도, 이 과정은 그 자체로 자신 안에 내재된 역동성의 사실과 방법을 스스로 설명하지는 못한다. 자기에게 내재된 시행착오를 거침으로써, 그리고 수많은 곤경에 처하고 오류를 저질렀음에도 불구하고 살아있는 것이 되기까지 더 높은 형태에, 그리고 결국엔 인간에 도달하려는 성향도 설명하지 못한다. 여기서 자연과학자들은 '창발'(Emergenz)에 관해 이야기한다. 이는 다소 마법 같은 단어인데, 이것 역시 근본적으로 아무것도 설명하지 못한다. 분명히 사람들은 생명의 탄생과 인간의 탄생을 통계상의 우연으로서, 복권 '당첨'과 같은 것으로 설명하려 한다.[88] 그러나 이러한 해석이 실재(實在)에, 전체적으로 보면 온갖 반격과 곤경에도 불구하고, 항상 자기 자신을 뛰어넘음으로써 자기 자리를 지킨 실재에 옳게 적용되고 있는지는 확실하지 않을 것이다. 그러한 질문은 경험적 관찰에 의해서는, 예컨대 진화는 자기 자신을 넘어 초월적 원칙을 가리킨다는 객관적 증명에 의해서는 답을 얻을 수 없다. 그렇지만 사람들이 경험적 영역을 지나 존재론적 영역으로 들어서자마자, 나아가 창조주 하느님에 대한 신앙에 근거하여 물으면, 진화적으로 자기 초월이 실제로 내재적이고 피조물적인 원인에 의해서만 충분히 설명될 수 있느냐는 질문은 거부할 수 없다. 그 이유는 이렇다. 어떻게 존재가 증가할 수 있으며, 동시에 존재가 증가하는 충분한 원인이 없다면 어떻게 증가할 수 있을지 설명

88) Cf. J. Monod, *Zufall und Notwendigkeit*, 독일어 번역본: München, 1971, p.171.

할 수 있겠는가? 그리고 이를 통해 세상의 존재 증가를 어떻게 설명할 수 있을까?[89] 여기서 "어느 누구도 자신이 가지지 않은 것을 줄 수 없다"(Nemo dat, quod non habet)라는 스콜라 철학의 오래된 원칙이 영향을 미치게 되지 않을까? 자기 초월이 끊임없이 이루어질 때 더 사소한 것은 더 높은 것에 대한 원인이 될 수 없다는 인과성의 법칙이 훼손되지 않는다면, 존재론적 질문에 있어서 실제적인 자기 초월은 (칼 라너에 따르면) "존재자 자신이 스스로의 내적 요소가 되지 않고, 순수한 행위로서 존재하는 모든 것을 자신 안에 품은 무한한 원인이 유한한 원인의 '구성 요소'에 속해"[90]야만 상상할 수 있다.

나는 그동안 펴낸 삼위일체론에 관한 책들에서 이 "(···) 스스로가 내적 요소가 되지 않고, 그러한 (···) 것으로서 유한한 원인의 '구성 요소'에 속하는 (···) 무한한 원인"을 성령과 동일시했다. 성령은 내재적 삼위일체의 일치와 '초월'의 원리로서, 피조물이 '자신을 초월하여' 새롭고 복잡한 모습과 형상을 지니는 것을 보증하시고, 피조물이 더 많이 일치하고 소통하도록 촉구하시기 때문이다. 그렇지만 실상(實狀)은 더 다르게 보일 것이다. 라너는 신적 원인이라는 개념을 두 가지로 구분하는데, 하나는 유한한 원인의 실제적 구성 요소에 영향을 미치는 것, 다른 하나는 존재자의 내적 동인(動因)으로서 그것이 영향을 미치는 것이다. 그리고 진화의 과정에 해당하는 것은 오직 첫 번째 구분이라고 올바르게 강조한다. 왜냐하면 진화하는 것은 하느님이 아니라, 피조물 또는

89) Cf. B. Weissmahr, *Ontologie*, Stuttgart u.a., 1985, p.144.

90) K. Rahner, "Die Hominisation als theologische Frage", in: P. Overhage / K. Rahner, *Das Problem der Hominisation* = *QD* 12/13, Freiburg i. Br., 1961, p.69.

이 세상의 요인들이기 때문이다. 이 세상의 요인들은 스스로 전개하므로, 신적 작용으로 인해 힘을 빼앗기는 것이 아니라 스스로 작용하도록 권한을 부여받는 것이다. 따라서 성령께서는 진화과정에서 직접적으로는 활동하지 않으신다. 오히려 그분은 '익명의' 방식으로, 즉 기폭제, 자극, 에너지 등으로 활동하신다. 이것들은 피조물의 영역에서만, 그리고 피조물을 매개로 해서만 작용할 수 있다. 하느님은 사랑이시고, 또 사랑으로서, 그리고 사랑으로 일하시기에 피조물의 독자성과 고유한 활동을 억압하지 않으시고, 피조물이 스스로 활동하게 하실 수 있다. 이와 관련해서 칼 슈미츠-모르만(Karl Schmitz-Moormann)이 매우 감명 깊게 표현한다.

> "창조의 원칙인 사랑은 (…) 자신이 존재하는 사물로 향하도록 (…) 기다리게 한다. 하느님은 아무것도, 아무도 직접 당신에게로 부르지 않으시고, 가까운 요소들을 통해서만 부르신다. 하느님은 원자에게는 원자로서 현존하시고, 분자에게는 분자로서 현존하시며, 세포에는 세포로서 현존하신다. 생물체에는 생물체로서, 인간에게는 인간으로서 현존하신다. 이런 시각에서 하느님은 다음과 같이 말할 수 있는 분으로 보인다. 즉 하느님은 모든 것 안에서 모든 것인 분이시고, 이때 어느 정도는 위대한 독자성을 지닌 개별적인 것을 억압하지 않으신다. 생성의 과정은 하느님께로 가는 길 위에 있는 세상으로서 묘사되는데, 세부적으로가 아니라 전체적으로 묘사되는 것이다."[91]

---

91) Schmita-Moormann, *Welt*, p.138.
이는 결코 '비교(秘敎)적' 명제가 아니다. 다른, 그러나 크게 비교할 만한 전제 조건

하느님의 영이 생성에 직접적인 영향을 미치신다면, 자기 초월, 과정의 차별화와 단일화를 보증하는 피조물의 (영에 의하여늘 가능한) 인과성에 대한 질문이 제기된다.

바로 이 대목에서 테야르(제2권 4.1.1.을 보라)는 '창조된 지혜'('영원히 여성적인 것' 마리아, 교회, …)를 끌어들인다. 이 '창조된 지혜'는 자기 자신에 대해 이렇게 말한다. "하느님께서는 나를 원초적인 다수성 안으로 이끌어 주셨는데, 이것은 응축시키고 사물들이 자신의 중심에 이르도록 도와주는 힘이다." 이어서 지혜는 통합시키고 끌어당기는 우주적 힘으로, 다시 말해 창조 세계 전체 안에서 영향을 미치는 사랑으로 묘사된다. 이 사랑은 단자나 원자의 인력부터 시작해서 인간 세상에 이르기까지, 실제 세계의 모든 단계를 지나간다. 사랑은 "끌어당기고 통합시키는 원리"로서, 마리아와 교회 안에서 지고한 모습을 갖추고 실현된다. "들판이 사람들의 마음을 끌듯이, 하느님과 세상 사이에 서서 나는 이 둘을 연결시킨다, 열정적으로."

사람들이 이러한 해결책에 동의하지 않더라도, 피조물의 인과성에 대한 존재론적이고도 신학적인 질문이 남아 있다. 창조 처음부터 있었던 움직임과 역동성, 그리고 세상의 일치와 관계 역

들로부터 일련의 저명한 현대 자연과학자들은 유사한 결과를 제시한다. 진화적 사건은 영에 의하여 생겨났다는 것이다. 다시 말해 하느님은 "진화의 내재적 원칙"(P. Davis, *Gott und die moderne Physik*, München, 1986, pp.272~272)이시다. 하느님은 "자신을 구성하는 역동성"(Ernst Jansch, *Die Selbstorganisation des Universums*, München, 1979, pp.47, 227~228)이시다. "물질 안에 영이 있다"(Jean E. Charon, *Der Geist der Materie*, Wien-Hamburg, 1979, p.86). 물질은 "정신적 실재가 객관화된 형상"(Carl-Friedrich v. Weizäcker, *Die Einheit der Natur*, München, 1971, p.290)이다. 한스-페터 뒤르(Hans-Peter Dürr, *Geist, Kosmos Physik. Gedanken über die Einheit des Lebens*, Amerang, 2010)도 이와 유사한 견해를 내놓는다.

시 규명되어야 한다. 이 질문에 대한 답으로서 마리아가 창조된 '지혜'(Sapientia)로 제시된다.

한스-요아힘 횐이 사용한, 하느님은 '무조건'(조건 없이) 세상으로 향하신다는 표현은 우리를 그다음 관점으로 이끈다. 이렇게 하느님은 '무조건'(조건 없이) 세상으로 향하신다는 표현은 그분을 믿지 않고 거부하는 사람들의 측면에서 어떻게 여겨질 수 있을까? 창조주 하느님은 처음부터 당신의 고유한 '참여'(Engagement)를 통해 자신을 파괴하고, 자기 탓으로 돌리며, 타락에 빠진 이들을 치유하시고 그들에게 무조건적인, 결코 소멸되지 않는 사랑을 베푸시기로 결심하셨기에, 자유로운 존재를 창조하시고 당신께 맞서겠다고 그에게 결정할 능력도 주셨다는 것은 앞에서 언급했다. 그런데 이러한 '하느님의 결심'은 어떻게, 그리고 어디서 드러날까? 그분의 '영원한 계획'에서만 드러나는 것일까? 하느님과 마리아(교회)의 최초 혼인에 대한 명제는 다른 해결책을 제시한다. 인간이 역사 속에서 응답하는 (가능하고 또한 실제적인) "아니오"는 말하자면 어느 정도 선험적으로 괄호로 둘러싸여 있거나, 또는 피조물의 '영원히 예정된 구원'(교의에 따르면, 이는 적어도 마리아를 가리킨다)이라는 표징 아래 있다. 이 '예정된 구원받은 존재'는 하느님의 아드님과 '순수한 피조물' 사이의 (태초의) '혼인'에 근거를 두고 있으며, 이 피조물의 '티 없고 순수한 예'는 하느님의 "예"에 대한 충실한 메아리로서 인간이 응답하는 모든 (가능하고 실제로 이루어진) "아니오"를 다시 한번 포괄한다. 달리 표현하자면, 인간이 응답하는 가능하고 실제적인 "아니오"는 처음부터 괄호 안에 있고, 이 괄호가 드러내는 것은 하느님의 "예"와 마리아와 교회가 응답하는 "예"이다.

이렇게 시간을 초월하여 존재한 피조물의 원형을 최초이자 인격적 실재로 이해하게 되면 일련의 중대한 문제들이 나오게 된다. 다음 단락에서 이 문제들을 제시하고 규명하겠다.

4.2.2. 초시간성의 문제

4.2.2.1. '그리스도의 역사적 사건'을 거스르는 '태초의 결합'?

가장 먼저 던져야 할 근본적 질문은 이렇다. 실제로 태초의 인격적인 형상('창조된 지혜' '마리아와 교회' …)을 통해, "순결한 사랑 안에서 참되고 진실하신 하느님께 의탁하는, 비록 그분처럼 영원하지는 않더라도, 한시적이고 변화하는 다양함 속에서 그분에게서 떨어져 나가지 않고, 가장 진실하신 하느님을 바라보며 그분 안에서 쉬는"(아우구스티누스, 제1권 6.3.1.을 보라) 바로 그 형상을 통해 예수 그리스도에게서 일어난 극적이고 역사적인 구원 사건에 비해서 다소 과장된, 따라서 도를 넘는 중요성을 얻게 되는 것은 아닐까? 그러한 본질과 형상과 하느님과 유지되는 '초역사적인' 관계가 성경에 나오는 예수 그리스도가 아닌 자신에게 모든 주의를 돌리고 있지는 않은가? 세상 만물은 예수 그리스도 그분 안에서, 그분을 통하여, 그리고 그분을 향하여 창조되지 않았는가? 그분은 역사적이고 '극적인' 과정에서 우리를 죄에서 풀어 주시고, 하느님께로 인도하지 않으시는가? 따라서 그분은 그리스도교 신앙의 중심에 서 계신 분이고, 바로 '그리스도'가 아니신가?

이러한 결정적 질문은 그리스도교 신앙의 중심에 비추어 성찰과 근본 선택을 하도록 요청한다. 창조된 원형이 지닌 초시간성에 대한 실제적이고 인격적인 생각 이면에는 다음과 같은 확신이 깔려 있다. 즉 그리스도도 '자신 안에서' 순수한 피조물도 '자신 안에서' 그리스도교 신앙의 중심과 종합을 만들어 내지 못하고, 자신에게 유익한 만남과 결속을 만들어 낸다. 비유적으로 표현하자면, 하느님(영원하신 하느님의 아드님)과 피조물의 가장 내적인 관계인 '혼인'을 만들어 낸다. 이 관계는 그리스도교 신앙의 중심을 이룬다. 이 관계 안에서 물론 하느님, 하느님의 아드님은 절대적 주도권과 무한한 우위를 지니신다. 세상 만물은 그분을 통하여 그리고 그분을 향해 창조되었기 때문이다. 하느님은 중심, "만물 안에 계시는 중심"(medium tenens in omnibus, 보나벤투라)이시다. 그러나 하느님은 당신 자신의 '타자'인 피조물과 혼인하시고, 피조물과 가장 긴밀하고 가장 내밀한 관계를 이루시기에 언제나 중심이시다.

여기서 성경적이지만, '혼인'의 비유적 성격이 다시 한번 명확히 규명되어야 할 것이다. '혼인'에 비유하여 표현된 것은 하느님과 피조물의 가장 긴밀한 인격적 관계이다. 이 관계는 물론 말씀을 비롯해 가령 우정, 공동체, 일치 등과 같은 비유로도 묘사될 수 있다.

그럼에도 불구하고 만일 누군가 '혼인'을 강조하는 것에 대해 이의를 제기한다면, 더 정확히 말해서 구약성경이 다산(多産)을 위한 제식과 성전에서의 매춘 등, 이 모든 것이 '거룩한 혼인 예식'이라는 개념과 제식의 세계와 긴밀히 결부되어 있음에도 강력히 거부하고 반대했다는 논거를 들며 반박할 수도 있다. 그러나 해석학적으로 볼 때, 이스라엘의 주변 문화적 환경에서 성(性)이나 연애가 때로는 신적인 것에 직접적으로 이르는 길이라고 이해되었고, 이것들이 황홀하고 도취적인 결합으로 여겨졌다는 점이 고려되어야 한다. 이러한 개념으로부터 하느님의 백성은 거리를 두어야만 했다. "하느님의 백성인 개개인에게는 하느님에 의하여 존엄성과 정체성이 주어졌고, 하느님께 이르는 길은 하느님 사랑과 이웃 사랑이라는 두 계명 위로 나 있다."[92]

그러나 더욱 놀라운 것은 구약성경이 바로 이러한 이유로 하느님과 인간의 혼인이라는 비유와 사고를 내려놓지 않았다는 점이다. 오히려 구약성경은 같은 노선에서 인간과 바알의 혼인을 비난하면서도, 동시에 야훼 하느님과의 혼인을 신뢰한다는 것은 더욱 놀랍다. 그리하여 하느님께서는 호세아서 2장에서 이렇게 말씀하신다. "그날에는 네가 더 이상 나를 '내 바알!'이라 부르지 않고 '내 남편!'이라 부르리라"(2,18). 이는 이러한 사상의 중요성을 보여 주는 증거이다.

그 밖에 그리스도교 신앙의 중심에는 하느님의 자기 전달이 존재한다는 라너의 생각 역시 '혼인'에 관한 사고와 원래 다르지 않다. 사람들이 하느님의 자기 전달은 누군가에게서 내지는 '많은 / 모든' 이에게서 이루어진다고 생각한다면 말이다. 누군가가 자기 자신을 완전히 전달하면, 그는 상대방과 가장 긴밀한 관계

92) U. Dickmann, "Der Geliebte bleibt der Andere. Meditation über den Eros", in: A. Brennikmeijer-Werhahn / Kl. Demmer(Hrsg.), *Das Herz spricht zum Herzen*, Freiburg i. Br., 2012, pp.88~97, 여기서는 p.89.

를 맺게 된다. 하느님의 자기 전달에 관한 이러한 사고는 라너에게 그리스도교 신앙의 가장 포괄적인 특성을 드러내는 것이자 핵심이다.

> "그러므로 내가 보기에 그리스도교와 그 메시지의 진정한, 그리고 유일한 중심은 하느님의 실제적인 자기 전달, 하느님께서 당신의 지극히 고유한 실재와 영광을 피조물에 직접 전하시는 것이다. 이는 가장 믿기 어려운 진리에 대한 고백이다. 그것은 하느님께서 당신의 무한한 실재와 영광, 거룩하심, 자유, 사랑과 함께 우리 인간의 피조성을 없애지 않으시고 실제로 받아들이신다는 것이다. 그리고 그리스도교가 제공하거나 우리에게서 요구하는 다른 모든 것은 그저 일시적인 것이거나 부차적 결과일 뿐이다."[93]

피조물을 향한 하느님의 이러한 자기 전달 또는 더 성경적으로 표현하면 하느님과 인간의 '혼인'은 모든 관점에 비추어 강생 사건, 하느님의 아드님 안에서 신성과 인성이 가장 긴밀히 결합

---

93) Rahner, *Erfahrungen*, pp.109~110.
라너에게는 '하느님의 자기 전달'이라는 실재의 중요성 때문에 죄와 용서(이 둘은 십자가 사건과 직접적으로 연관되었음)라는 주제가 뒤로 물러났다. (라너에 따르면) 이 주제는 "어떤 의미에서는 부차적인 것으로 여기는 것"이 금지되지 않았기 때문이다. "우리는 자신의 이기주의에 따라 늘 새롭게 그릇된 길에 빠져드는 죄인이 되어서는 안 되는 것처럼 말이다. 우리는 하느님의 용서하시는 은총을 필요로 하지 않는 것처럼 말이다. (…) 하느님의 자기 전달은 실제로 언제나 용서하시는 것임이 지당하지 않은 것처럼 말이다." 그렇지만 하느님과 이미 앞서 죄의 용서에 대한 약속이 "순수한 은총, 하느님의 예기치 않은 순수한 기적이라면, 사람들은 피조물을 향한 하느님의 자기 전달을 죄와 죄의 용서라는 더 핵심적인 주제로 여겨도 된다고 나는 생각한다. 하느님은 아무것도 낭비하지 않으시고 당신이 만드시는 역사에 대한 사랑의 모험을 하신다"(같은 책, 11~12쪽).

한 사건에서만 비로소 이루어지는 것은 아니다. 왜냐하면 그러한 일치는 더할 나위 없는 특별함('인격적 결합')을 지니고 있지만, 앞에서(제2권 1.2.3.1.) 언급한 바와 같이 이는 여전히 본질적으로는 인격들의 결합에 비해서, 그러니까 서로 사랑하면서 실현되는 하느님과 인간의 인격적 일치에 비해서 뒤떨어지기 때문이다. 결국, 하느님 아드님의 인격적 대상은 그분의 인성일 수 없기 때문이다. 물론 '본질적으로 본다면'이라는 점에 주목해야 한다. 앞에서 언급했듯이, 한 가지를 다른 것과 대립시켜서는 안 되며, 오히려 이는 동일한 실재의 상호 보완적인 측면들로, 이 측면들은 서로를 필요로 하고, 전제한다.

신성과 인성, 두 본성의 결합은 인성의 측면에서 적어도 한 인격, 즉 마리아로부터 '강생하시는' 하느님의 아드님을 받아들일 것을 동의하고 준비하는 것 같은 인격적 행위를 전제한다. 반대로, 아드님의 완전한, 그리고 모든 것 안에서 우리를 연대시키는 사랑은 이분이 마리아로 말미암아 중개된 '위격적 일치'(unio hypostatica)를 통해 우리 인간의 형제가 되셨다는 것, 이분은 모든 것에서 우리와 운명을 나누신다는 것을 전제로 한다. 비록 이런 상호 보완적인 두 관점이 역사적 강생 사건에서야 비로소 ('그때에') 완전히 명료해질지라도, 하느님과 마리아(교회)의 초시간적 혼인에 대한 구상은 창조 처음부터 '창조의 의미'가 충족되었다는 것을 강조한다. 하느님과 세상의 결합, 그리고 이로써 하느님이 '세상이 되시는 것'과 인간이 '하느님이 되는 것'이 부각된다. 이 둘은 역사적 강생 사건에서 절대적으로 뛰어나고, 근본적인 방식으로, 십자가에서의 희생과 마찬가지로, 능가할 수 없는 상태에서 이루어진다. 여기서 '창조의 의미' 즉 모든 피조물의 선험적 조건인 '마리아 안에 계시는 하느님'은 글자 그대로 육화되신다. 오직 그분으로부터 비로소, 그리고 그분 옆에서만 그 의미가 완전히 밝혀질 수 있다. 즉 십자가와 부활에서 절정에 달한 그리스도 사건은 '태초의 혼인'에 대한 구상과 대립되는 것이 아니라, 그 개념의 최고조에 이른 것이다. 그리스도 사건은 여기서 구체적 실재가 되고, 철회할 수 없는 증명이 된다.

따라서 그리스도 안에서 이루어진 하느님과 인간의 완전한 결합은 역사적 강생 사건 때 비로소 이루어진 것이 아니다. 오히려 이는 (교부신학이 '최초의 교회'라는 사고와 함께 한 걸음 더 나아갔듯이) 창조의 선험적인 조건이다. 하느님, 즉 하느님의 아드님은 창조의 시작부터 항상 존재해 왔다. 이분은 '태초에 계신 말씀'(λόγος-ἐν-ἀρχῇ), '마리아 안에 계시는 하느님'이다. 이 원초적 혼인은 세상과 역사 속으로 들어가, 결국엔 개개인의 삶 속으로 스며든다. 하느님은 단순히 '첫 피조물'을 지어 내신 것으로 그치지 않으시고, '첫 피조물'을 통해 계속하셨다. 그 일은 (이 '첫 피조물'을 통해 꼴을 갖추게 되었고) 세월이 흐르면서 끝없이 다양한 형태의 피조물로 진화되었다. 이렇듯 그 일에서 신적 다양성과 풍요함이 드러난다.

세상은 '마리아와 함께하는 공간'이고, 하느님께서는 신적 생명의 무한한 충만함이 그 속으로 흘러 들어가게 하신다. 그리고 역사는 마리아의 근원적 "예"가 혼인으로 이어지고, 하느님의 아드님이 끊임없이 새로운 '형상'을 찾아내는 (이런 의미에서 그분은 새롭게 태어나는) 과정이다. 따라서 세상과 역사는 근원적 혼인의 표현, 표징, 실제적 상징이고, 동시에 그것(근원적 혼인)이 충만히 '지속됨', 더 높은 수준에서 '되풀이됨' 그리고 그리스도의 역사적인 사건에서 절정에 이르는 지속적인 전달이다. 이러한 관점에서 보면, 계시 사건은 '지속적인 창조'(creatio continua)로서 창조와 아주 유사하게 참으로 '지속적인 계시'(revelatio continua)이다. 이는 셸링이 의미하는 바에 일치하는데, "역사 전체는 절대자가 점진적으로 드러나는 계시이다."[94] 더 정확히 말하면, (이렇게 추가할 수도 있겠다.) 이 절대자는 태초에 그분의 피조물과 자유로이 결합되어 있다. 이 과정에서 개개인과 모든 이는 마리아와 신부가 되고, 친구가 되고, 형제가 되어야 한다. 그렇다, 심지어 모두는 예수 그리스도의 어머니가 되어야 한다. 마리아 안에서, 그리고 그녀로부터 하느님의 아드님이 새롭게 세상에 오시고, 새롭게 인간이 되신다.

하느님과 다양하고 '화려한' 세상이 하나가 되는 이 과정에서 마리아는 원형, 원칙, 근원이다. 더 나아가 마리아는, 피에르 테야르 드 샤르댕의 사고에 따라 말하자면, "응축시키고 사물들이 자신의 중심에 이르도록 도와주는 힘"이고, "통합과 끌어당김의 우주적 힘"으로 이 과정에 주어졌으며, 수많은 상승적 변형을 통해 그녀의 베일을 벗고 "마리아와 교회 안에서 그 최고의 형태와 실현을 찾는다"(제2권 4.1.1.을 보라). 여기서 결국 주체는 물론 피조물이 아니다. 이 보편적 상호 소통 과정에서 영향을 미치는 '가장 순수한 존재'도 아니다. 주체는 창조주 하느님으로, 그분은 당신의 은총이 피조물에서 계속 이어지게 하시고 또 촉구하신다. 그렇지만 '마리아'는 그녀의 보편적 중요성 때문에, 장 자크 올리에

94) Schelling, *System*, p.301. 이에 관해서는 다음 글도 보라: R. Bernhardt, "Evolution der Offenbarung - Offenbarung der Evolution", in: U. Lüke / G. Souvignier (Hrsg.), *Evolution der Offenbarung - Offenbarung der Evolution* = *QD* 249, Freiburg i. Br., 2012, pp.17~26.

(Jean-Jaques Olier)가 기술하듯이, 마리아는 "모든 세상을 그녀의 품 안에 안고 있는 보편적 피조물"(la creature universerselle, qui porte dans son sein tout le monde)[95]이다. 그리고 그녀는 하나의 '형상'(forma)인데, 이 형상 안에서, 그리고 이 형상에 따라 모든 이는 자신의 존재와 자신이 교회임을 받아들이고, 또 그것을 실현해야 한다. 그들도 마리아처럼 그리스도를 받아들이고, 그분을 사랑하면서, 그분을 세상에 전달해야 한다.

그러나 이는 최초의 순수한 피조물인 '마리아'가 모든 사람 안에서, 특히 마리아 안에서 '육화'한다는 것을 의미하지 않는다. 오히려 이는 피조물이 그녀의 존재와 '모습'에 주목하고, 구약성경의 지혜 관련 문헌에 나와 있듯이 모든 이에게 "거처를 찾고" 또 "거처를 발견한다"(제1권 6.2.2.1.을 보라)는 것을 의미한다. 따라서 그녀는 모든 이와 가장 긴밀한 관계를 맺으며 존재하고, 개개인의 가장 내적인 것을 충만하게 한다는 것을 의미한다.

창조된 원형(ἀρχή)으로 시선을 돌려 보자. 이때 하느님의 "예"〔그리스도의 "예"(2코린 1,19)〕, 은총, 사랑의 절대적 우위가 더할 나위 없이 크게 강조된다. 그리스도는 강생하신 뒤에야 ('그때에') 활동하신 것은 아니다. 이에 대해서는 바오로가 이미 확신했고 ("그 바위는 그리스도이십니다", 1코린 10,4), 이전 신학자들도 그것을

95) 올리에(J.J. Olier, *Traité de Saints Ordres*, Hrsg. v. G. Chaillot u.a., Paris, 1984, p.223)는 보편적 피조물'인 마리아에 관한 사고를 발타사르(*TD* II/2, p.267)에게서도 발견한다. 발타사르는 이렇게 강조한다. 마리아는 "처음부터 인성의 상태를 관통해 갔다. 마리아는 '근원적 상태'(Urstand)에 참여해야만 했다, 그러나 인간이 타락한 상태에도 참여해야만 했는데, 마리아는 실제의 인류와 연대해야 하기 때문이다. 그리고 결국엔 '최종 상태'에 참여해야 했다. 이 '최종 상태'는 자신의 아들에 기인한 것이며 그분의 부활에서 궁극적으로 받아들여진 것이다." 물론 이 바젤 신학자는 여기서 '역사적' 마리아를 생각한다.

간파했다. 오히려 그분은 창조 처음부터 영원히 활동하고 계신다. 우리는 하느님과 혼인한 피조물 안에 있고, 이러한 결합은 하느님의 위대하신 구세사적 행위에서 강생에 이르기까지 구체화되기 때문에, 아무것도 더 이상 "우리 주 그리스도 예수님에게서 드러난 하느님의 사랑에서 우리를 떼어 놓을 수 없(습니)다"(로마 8,39). 따라서 칼 라너가 '초자연적 실존' 또는 '초월적 은총'이라 부르는 것은 최초의 '지혜' 내지 '마리아와 교회'에 대한 구상을 통해 개념적이고 추상적인 것에서 나와 최초의 사건으로 전환된다.[96] 이 최초의 사건은 라너에게서 '초자연적 실존'과 함께 이루어지듯이, 구원의 역사라는 범주에서 해석된다. 그리고 이 구원의 역사에 의해서만 완전히 인식되고 언급될 수 있다. 이때 사용된 '최초의 사건'이라는 표현은 많은 유보 사항과 함께 신학적으로 합당한 의미를 지닌다. 이는 시간 '이전에' 완결된 사건을 의미하는 것이 아니라, 늘 이미 앞서 주어진 것과 시간의 지속을 의미한다. 즉 모든 사건의 마지막 배후와 가장 심오한 의미는 당신의 피조물을 향한 하느님의 단호한 "예"와 마찬가지로 마리아의 단호한 "예"에 의해서 유지된다. 마리아의 메아리와도 같은

---

96) 이때 라너에게서 마리아 안에서 은총의 그러한 '인격화'를 보려는 징후가 이미 나타났다. 다음 글을 참조하라: K. Rahner, "Mut zur Marienverehrung", in: *Schr.* XVI, pp.321~335, 여기서는 pp.334~335. "교회는 지속되는 역사 속에서 온갖 위협을 받고 죄를 지었음에도 믿는 이들의 거룩한 공동체이다. 그들은 추상적 구원의 가능성을 믿는 게 아니라, 희망을 품으면서 하느님 은총의 힘이 이 구원 가능성을 자신들에게도 실현되리라고 확신한다. 따라서 위험 중에도 하느님의 힘이 승리한다고 인정하는 것은 교회의 자기 이해에 속한다. 그러나 교회는 누군가에게서 하느님의 은총이 승리하는 이 기적이 일어나게 하는 것보다 하느님의 은총을 기리는 이러한 자기 이해를 어떻게 더 분명하고 더 구체적으로 실현하겠는가. (…) 교회는 마리아를 기리고 공경하면서 하느님께서 자신에게 행하셨고 또 세상 끝 날까지 행하시는 것을 (…) 구체적으로 받아들인다." "신학은 필연적으로 인간학이 되고, 그런 가운데 마리아론이 된다"라고 라너가 탁월하게 한 말도 동일한 것을 가리켜 보인다. 그에게는 인간학과 은총론이 실제로 동일시된다는 것을 유념한다면 말이다.

이 "예"는 피조물에서 일어나는 모든 사건(죄는 제외됨)에서 대리되고 해석되며, '되풀이'되고 현재가 된다.

4.2.2.2. 신화?

이 내용과 관련된 반대 의견과 이런 질문이 제기된다. "역사적 피조물이 속하는 '태초의'('ur'-zeitlich) 순수한 피조물이라는 사고는 영지주의에 가깝거나 신화적 사고가 아닐까? 이런 맥락에서 살루스트(Sallust)는 이 상황을 간명하게 기술한다. "'결코 존재하지 않았고, 항상 존재하는 것'을 표현하는 것이 신화의 본질에 속하는 것이 아닐까?"

'영지주의적인' 또는 '신화적인'과 같은 단어가 어떤 의미와 영향을 전달하든지 간에, '근원적 시간성' 내지 '시간 이전에 존재함' 즉 선재성과 관련해서 교회의 공적인 가르침이 표명되고 있음은 사실이다. 적어도 마리아 안에서 피조물은 사실 '미리' 구원받았다. 하느님의 본래 계획(모든 피조물에 주어진 '선험성')은 모든 피조물이 삼위일체 하느님의 생명 안에서 완성되기 위한 것이다. 이러한 관점에서 볼 때, 모든 피조물이 '미리 구원받음'(Vor-Erlösung)에 관한 진술 역시 의미가 있다. 이것은 근본적으로 그 당시 혁신적인 사람이라는 혐의를 받지는 않았던 한스 우르스 폰 발타사르로부터 비롯된 사고이다.[97]

---

[97] 이와 관련해서는 다음 책을 보라: *Vorerlöst*, pp.379~392; Steinhauer, *Maria*, pp. 120~127. 라너(*Schr.* I, p.231)도 모든 피조물은 앞서 구원받았음이라는 사고에 근접

물론 이를 통해 한 가지 새로운 질문이 제기되는데, 이 질문은 앞에서(제1권 4.3.3.) 다른 맥락에서 이미 다룬 바 있다. 즉 피조물은 '영원히 앞서 구원받았음'(ewigen Vor-erlöstsein)이라는 배경에서 예수 그리스도를 통한 구원이 단순히 이 영원한 구원 상태를 알리는 것, 즉 '태초에'(ἐν ἀρχῇ) 이미 그 일은 이루신 하느님의 영원한 사랑을 선포하는 것 이상의 의미를 가질 수 있을까? 그렇다면 궁극적으로 구원은 결국, 다시 '영지주의적' 또는 '신화적'과 같은 상투어를 쓰지 않는다면, 그저 '인식론적인(gnoseologisch) 사건'에 불과한 것이 아닐까? 이렇게 되면 그리스도의 십자가 사건은 실제 육체적인 의미에서는 공허한 것이 되는 것은 아닐까?

내 생각에 이 문제와 관련해서는 토마스 프뢰퍼(Thomas Pröpper)에게서 확답을 얻을 수 있을 듯하다.

> "모든 사랑은 그것을 의미하는 사람에게 있어서 자유로이 이루어질 때에만 상대방에게 확신과 특정한 진실이 될 수 있다. 그리고 이는 동시에 (…) 사랑이 실제적인 방식으로 표현될 때를 의미하기도 한다. 따라서 우리 인간을 향한 하느님의 결정적 사랑도 우리의 실제 세계로 들어오셨을 때에만 우리에게 진실이 될 수 있었다."[98] 그러므로 우리의 구원을 위한 예수의 십자가상 죽음이라는 사건이 없었다면 "이 하느님 사랑의 진지함과 최

해 있는데, 이는 그가 마리아의 원죄 없는 잉태(Immaculata Conceptio)를 "마리아는 은총 상태"에 있음으로 해석하지 않고 "하느님께서 처음부터 품으신 은총 의지"로 보편적 관점에서 해석하는 데서 알 수 있다. 전체와 관련해서는 제1권 4.3.3.도 보라.

98) Pröpper, *Anthropologie* II, p.1311. 프뢰퍼가 이렇게 기술한 내용과 그다음에 기술한 내용은 우리가 여기서 다룬 주제와 맥락이 다르다.

종적 단호함은 드러나지 않았을 테고, 그분의 부활이 없었다면, 이 사랑의 진실함과 죽음을 물리친 힘, 그리고 이로써 하느님도 그 참된 근원으로서 드러나지 않았을 것이다."[99]

따라서 구원은 하느님의 선행하는 사랑을 전하고 알리는 것을 통해서만 생겨나는 것이 아니다. 사랑은 단지 말하고 알리는 것이 아니다. 실제로 생생하게 체험해야만 사랑이다.

칼 라너는 다른 무언가를 강조하면서 이와 동일한 질문에 답변한다. 그는 다음과 같이 인지한다. 우리가 이 책에서 '마리아' 안에서 인격화된 것으로 이해하는, 인간이 앞서 받은 '초월적인 은총'은 시간적으로는 나중에 일어난 그리스도 사건에 그 원인을 가지고 있다. "역사적 움직임은 역사가 진행되는 중에도 이미 그 마지막에 의해 유지되기" 때문이다. 따라서 역사의 역동성은 목표를 이루기를, 다시 말해 모든 피조물이 '그리스도를 머리로 하여 하나가 되는 것'(ἀνακεφαλαίωσις)을 바라므로, "인류를 향한 하느님의 자기 전달이라는 움직임 전체가 시간적으로 그 과정을 변경할 수 없는 이 사건에 앞서 구세주 안에서 일어날 때에도 구세주이신 예수 그리스도에 의하여 유지된 것으로 생각하는 것"이고, 그리고 이로써 그분을 구원의 원인이자 근원으로 고백하는 것은 "지극히 온당하다."[100]

---

[99] Th. Pröpper, "Freiheit als philosophisches Prinzip der Dogmatik", in; Schockenhoff / P. Walter(Hrsg.), *Dogma und Glaube*, FS W. Kasper, Mainz, 1993, pp. 165~192, 여기서는 p.180.

[100] Rahner, *Grundkurs*, p.195.
이런 맥락에서 앞에(제1권 4.3.3.) 인용된 라너의 말을 다시 한번 떠올려 보자. "그리스도의 은총이 그분 이전에 이미 세상에 있었고 작용했다면, 그리스도 이전의 그러

이는 발타사르가 다음과 같이 제시한 관점을 통해 다시 한번 증명된다. 즉 하느님은 티 없고 순수한 '마리아의 공간' 안에서 당신을 드러내시지만, 그로부터 끊임없이 타락하는 피조물 역시 인정하실 수밖에 없습니다. 당신 스스로를 위험 속으로 던져 넣으시기로 결심하셨기 때문이며, "길 없는 곳에 길을 여시기로"(발타사르, 제1권 4.3.3.을 보라) 결심하셨기에, 더 정확히 말하면 자기 아드님의 (악을 끝까지 견뎌 내시는) 수난을 통해 길을 여시기로 처음부터 결정하셨기 때문이다.

그렇기 때문에 십자가상 죽음에서 실제 실현된 하느님 아드님의 지고한 사랑에서, 그리고 셔올(Scheol, 저승)로 내려가심이라는 표상을 통해 표현된, 모든 이와의 절대적 유대만이 끝없는 불충과 냉담으로 점철된 인류사를 '떠받칠' 수 있었고(한스 우르스 폰 발타사르), 사람들은 하느님의 사랑을 신뢰할 수 있게 해 주셨다. 하느님의 아드님은 '자기 비움'(κένωσις)에 근거하여 절대적으로 사랑하시는 분이자 신뢰할 수 있고, 성실하신 분이라고 정의된다. 그분의 사랑은 글자 그대로 '처음부터'(ἀπ‘ ἀρχῆς) '마지막'(τέλος)에까지 이른다. 그러한 사랑만이 역사가 흐르면서 그 세력이 커지는 역동적인 악에 대응할 수 있고, 피조물 안에서, 그리고 피조물 전체를 위하여 악을 궁극적으로 물리칠 수 있다. 그래야만

한 은총에 의해 받쳐진 사건들은 자신의 내적 (감춰져 있더라도) 신학을 토대로 그리스도 사건 자체를 향하여 역사의 '내재적' 과정을 전개한다. 따라서 저 사건들이 있었기에 이 사건이 일어난 것이라고, 이 사건이 앞으로 일어나야 하기에 저 사건들이 있었다고 사람들이 말하는 것도 옳다." 자크 뒤퓌에게서도 이와 유사하게 생각한 점을 발견할 수 있다. 그와 라너에 관해서는 다음 글을 참조하라: J. Disse, "Jesus und die Religionen. Zur Religionstheologie von J. Dupuis", in: J. Arnold(Hrsg.), *Sind Religionen austauschbar?*, Münster, 2012, pp.151~195, 여기서는 pp.170~179.

점점 가속화되는 악순환을 끊어낼 수 있다.

다시금 다른 각도에서 접근해 보자. 죄가 많은, 그리고 죄를 짓고 타락한 인간의 구원은, 다시 말해 인간을 자기 자신에게서, 그리고 하느님께서 원하신 모습에서 멀어지게 하는 모든 것에서 벗어남과 동시에 하느님께서 그에게 심어 주신 잠재력을 실현하게 하는 모든 것으로 향함은 하느님께서 인간에게 당신 자신을 철저히 내주시는 것, 그리고 현대 신학이 자주 언급하듯이, 하느님께서 인간에게 당신 자신을 전달하시는 것을 전제로 한다. 이러한 하느님의 절대적 의지는, 즉 인간에 대한 하느님의 완전한 사랑은 그분의 선행하는 창조 의지와 구원 의지에 기인한 것이다. 그러나 이 의지는 (티 없는 원형인) 피조물의 (피조물이 지어진) 처음부터 시작해 인류사의 각 단계에 이르기까지 역사 속에서 다양하게 표현되는 가운데 실현되고, 그리스도 사건에서 그 역사적 절정에 달한다. 바로 역사적 실현이 중요하기에 신화에 관해서는 언급할 필요가 없다.

영지주의의 비판 역시 공허한 것으로 드러난다. 왜냐하면 시간 이전에 존재한 피조물 내지 시간을 초월한 피조물에 관한 사고는 역사를 부인하거나 상대화하지 않는다면, 오히려 그 본래의 중요성과 비중을 더욱 분명히 부각시키기 때문이다. 다음과 같은 이유에서 그렇다.

(1) 하느님과 피조물의 '혼인'은 늘 이미 존재했고, 궁극적인 특성을 지닌다는 것을 우리는 역사적 사건들에 미루어 알고 있다. 이 역사적 사건들은 세상과 역사 속에서 하느님에 의하여 야기되었고, 사람들에게서 응답을 받았다.[101] 그러한

역사적 사건들에 의해서만 그 초월적이고 가능한 조건들이 종결되고, 또 허용될 수 있다. 실제적이고 역사적인 사건만이 현재의 구원 체험과 그 초월적 조건에 대한 약속에 근거하여 "그분(하느님) 곁에서 사랑받는 아이"(잠언 8,30), '창조된 지혜' 마리아와 교회에 대한 추론을 가능하게 한다.

(2) 이런 맥락에서도 역사는 꼭 필요한 것으로, 그리고 이런 까닭에 반영지주의적 중요성을 지닌다. 우리 인간은 (나자렛 마리아도 우리 인간에 속한다.) 역사 속에서 '마리아'가 되어야 하기 때문이다. 다시 말해 우리는 무엇보다도 지극히 일회적이고 개인적인 방식으로 그렇게 되어야 하고, 또 자신을 실현해야 한다. 여기서 다시 중요한 것은, 실제 역사 속에서 그렇게 되어야 하지, 영지주의적 방식에 따라 역사에서 벗어나서 그렇게 되면 안 된다는 것이다.

4.2.2.3. 논증의 중요성

마지막 문제는 앞에 언급된 논증들의 중요성과 범위와 관계된 것이다. 최초의 인격적 피조물인 '마리아'에 관한 개념과 표현 방식은 결국 유일한 실제 역사를 초월적('상상 속의') 투영을 통해 상

[101] 여기서 이 사건들은 어느 말씀이 이루어지는 것뿐만 아니라 어느 사건과의 연관성에 근거할 수 있다. 예컨대 어느 예언자가 특정한 생각을 처음으로 전개하거나 다른 사람들에게 계속 전하는 것은 예수 그리스도의 등장과 활동처럼 역사적 사건이다. 개별적인 경우에는 특정한 구원 사건이 이제 예언자의 말이나 역사적 사건에 기인하느냐를 놓고는 심지어 결정하기가 어려울 수 있다.

상된 근원적인 시간성 내지는 초시간적 차원으로 복제함으로써 근거 없는 중복을 초래한 것은 아닐까 하는 점이다. 이와 관련해서는 다음과 같은 점이 언급되어야 할 것이다.

'태초에 존재하는 마리아와 교회'라는 구상에 대한 한 가지 근거는, 그 해석을 놓고는 물론 주석학적으로 의견이 분분한 성경의 지혜 관련 문헌을 완전히 배제한다면, 신양성경에서 특정한 형태의 근원적인 역사성 내지 초역사성이 주제로 다뤄진다는 점이다. 더 정확히 말하면 예수 그리스도와 함께 피조물 역시 선험적으로 존재한다는 점인데, 그러니까 시간을 초월하여 그리스도에 관해 규정된 것을 연관 지어 그렇게 설명하고 있다는 것이다(제1권 6. 6.1.을 보라). 이렇게 명확한 성경적 토대는 피조물이 마리아 내지 교회와 연관 지어져 규정됨으로써 구체화된다. 즉 "한처음에" 하느님의 아드님이 '마리아' 안에 계셨다는 것이다. 왜냐하면 세상 만물은 그분 안에서, 그분을 통하여, 그리고 그분을 향하여 창조되었고, 그분은 처음부터 이미 당신의 피조물과 가장 긴밀히 결속되어 계셨기 때문이다. 피조물은 그분 안에 있고, 그분은 피조물 안에 계신다. 이때 이와 같은 태초에 '마리아에 대한 구체화'는 "초월적인 세계를 바라보는 묵시록적 시선"에 근거한 것이 아니라, 다시 한번 강조하지만, '추론'(Extrapolation) 또는 구세사에서 실제로 이루어진 것에 대한 '초월화'(Transzendentalisierung)에 근거한 것이다. 앙리 드 뤼박은 이렇게 말한다. 사람들이 태초의 '마리아'를 생각한다면, 예컨대 "마리아 안에서 (…) 보편화된 원칙('마리아' '지혜' '교회')이 인격화되는 것이 아니라, 유일하게 존재하는 마리아가 이 원칙 안에서 보편화되는 것이다"(제2권 4.1.2.). 다시 간명하게 표현하자면, 이는 성경적 토대에 근거한 것이다.

그러나 그렇게 생각하는 것도 설득력을 지닐 수 있다. 한편으로, 무한한 것과 유한한 것을 연결하는 문제는 수긍할 만한 해결책을 찾았다(제2권 4.2.1.4.를 보라). 다른 한편으로, 하느님과 인간의 역사를 만들어 내는 은총과 수용, 말씀과 응답의 '상호작용'은 '선험적 틀'에, 그러니까 하느님과 '마리아'의 '근원적 결합'에 주목할 때 모범적인 방향을 제시할 뿐만 아니라, 그것이 이루어질 수 있다는 보증도 가능하게 한다. 하느님께서는 궁극적으로 인간과 '혼인'하셨고, 피조물도 하느님께 늘 이미 "예"라고 응답했다. 그리고 그것은 지금까지 피조물과 역사의 가장 심오한 본질을 온전히 형성하고 있다. 그리하여 궁극적인 희망을 품게 되었다.

물론 역사를 초월한 사건을 바라보는 시각에 있어서 이처럼 현상학적으로는 절대적으로 개방되어 있는 역사를 어느 정도 "입맛에 맞게" 해석한다고 반론할 수도 있다. 그러나 이는 실제로 '특정한 방식'에서만 그러하다. 역사는 세계 안의 내재적 사건과 관계되는 것뿐만 아니라, 개개인의 종말론적 미래와 관계되는 것에도 열려 있다. 결정적인 것은 오직 하느님과 함께 살기 위해, 그리고 하느님 안에서 살기 위해 선험적으로 선택되고 규정된 것이다. 이는 가장 중요한 것이다! 이는 계시와 신앙의 핵심이다. 이를 제2차 바티칸 공의회는 다음과 같이 표현한다. "눈에 보이지 않는 하느님께서는 이 계시로써 당신의 넘치는 사랑으로 마치 친구를 대하시듯이 인간에게 말씀하시고, 인간과 사귀시며, 당신과 친교를 이루도록 인간을 부르시고 받아들이신다"(「교회 헌장」 2항). 이 핵심에 근거하여 성경의 구세사에서 전승된 많은 '우연한 역사의 진실들'(이는 많은 현대인에게는 충격과 분노로 여겨지는 것들이다) 가운데 적지 않은 것들은 상대적으로 유익을 얻게 된다.

중요한 것은 모든 것이 아니라, 많은 "구원 사건들"을 통해 전해지고 믿음으로 이어지는 것들이 "그렇게 중요하지 않다"(빌헬름 클라인)는 것이다. 결정적인 것은 그리스도, 즉 '마리아 안에 계시는 하느님'을 향한 하느님의 공동체에 대한 인간의 결단이다.

그런데 이렇게 전통적이고 현대화된 논증들이 역사를 초월해 주장되는 '마리아와 교회'를 받아들이기 위한 합당한 신앙의 해석을 제공해 주기에 충분할까? 이와 관련된 진술들은 결국 그리스도교 신앙과 어떤 연관성을 지닐까? 여기서 다시 한번 강조할 사항이 있다. 사람들이 (완전히 열려 있는 것) 성경이 말하는 지혜를 우리가 해석하는 방향에서 해석하려 하지 않는다면, 모든 것에 있어서 중요한 것은 그리스도에 관한 신약성경의 진술들과 이 진술들의 인간학적이고 교회론적 결과를 마리아와 결부시켜 구체화하는 일이다. 가령 바오로가 끊임없이 이야기하는 것, 즉 "우리 마음에 부어진"(로마 5,5) 은사(Χάρις), 사랑(ἀγάπη), 영(πνεῦμα)은 물질적인 힘을 의미하지 않는다. 그리고 단지 성령의 힘만을 의미하지도 않는다. 오히려 최초의 순수한 피조물에서 실현되고 창조된 사랑, 창조된 영, 우리 각자 안에서 공간을 만들고자 하는 '실재들'을 가리킨다. 그리고 교회는 단지 신앙인들의 '모임'이나 '공동체'가 아니다. 교회는 무엇보다 '그리스도의 신부'로, 이 혼인의 끈을 모든 신앙인을 향해 '뻗어나가게' 하는 존재이다.

그렇지만 이러한 형태의 표상과 언어화를 받아들이는 것이 반드시 필요한 것은 아니다. 이와 관련해서 마이스터 에크하르트는 다음과 같이 말했을 것이다. 강론 중에 사람들이 가장 알아듣기 힘든 내용을 말한 뒤에 그는 이렇게 덧붙였다. "이것을 아는 것은 필요하지 않습니다"(Diz ze wizzene des enist niht nôt - Das zu wissen ist nicht vonnöten).[102] 그러나 아는 것은 도움이 될 수 있다! 왜냐하면 역사의 단일성이 주제로 다뤄지고, 이는 로마서 8장 28절 이하에 따라서 절대적으로 '앞서 구원받음'(Vor-Erlösung), '앞서 선택됨'(Vor-Erwählung), '앞서 영광스럽게 됨'(Vor-Verherrlichung)이라고 이해되기 때문이다. '마리아' 안에서, 그리고 그녀와 하느님의 결합에서 그러한 신앙 진술이 구체화되고, 이로써 인간의 이성뿐만 아니라 마음과 상상력에도 이르게 된다. 나아가, 이로써 해석학적 열쇠가 주어졌다. 그리하여 교회가 전하는 마리아에 관한 진술과 마리아(성모) 신심에 대한 많은 현상을 더 잘 이해할 수 있다. 마리아에 관한 진술들은 '평범함'('신앙 안에서의 자매' '백성 가운데 나온 여인')과 '탁월함'('하늘의 여왕' '유일한 피난처') 사이에서 일종의 변증법적 긴장 관계에 있다고 이미 '서문'(서문 2.를 보라)에서 언급하였다. 사람들이 지혜인 마리아의 원형에 관해 앞에서 전개된 내용을 받아들이면, 마리아에 관한 진술들, 곧 역사적 인물인 나자렛의 마리아와 별반 관련되지 않고, 그 탁월한 형상과도 관련되지 않으며, 오히려 완전히 충만한 '마리아' 다시 말해 최초로 창조된 하느님의 지혜와 관련된 진술들이 더 잘 배열될 수 있다. 이 창조된 지혜는 '마리아' 안에 머물고 그녀를 충만하게 하지만, '마리아'는 다른 모든 피조물도 이 창조된 지혜와 늘 부분적으로만 동일시될 수 있다. 이와 관련해서는 러시아에 있는 지혜가 묘사된 이콘에서 마리아와 '마리아'는 차이가 있음을 기술한 내용을 보라(제2권 5.1.2.1.).

---

102) Meister Eckhart, "Predigten 52", *WW* I, p.562.

이를 넘어 마리아를 원형으로 받아들이는 것과 관련해서는 이러한 입장이 지닌 신학적 문제, 특히 창조론이나 종교 간의 대화와 관련된 문제를 해결하는 데 있어서 '실행적 능력' 혹은 더 정확히 말하면, '통합적 능력'의 역할을 할 수 있다. 이에 관해서는 다음 단락에서 다룰 것이다. 물론 이 '마리아에 대한 진실'(Wilhelm Klein)과 관련해서도 디터 헨리히(Dieter Henrich)가 다음과 같이 기술한 점이 중요하다. "근거 있는 것으로 간주될 수 있는 모든 대답은 (…) 이 대답이 삶에 어떻게 영향을 미치는지, 이 대답이 삶 속에서 그리고 삶을 보증하는 것이 어떻게 알아챌 수 있는지에 대해서 이후 이어지는 질문의 빛 속에 서 있게 될 것이다."[103]

결론적으로, 나는 개인적으로 앞에서 전개된 사고들의 결과를 받아들인다. 물론 그 사고들은 나에게 완전히 확실하지 않고, 확실한 것이라고 주장될 수 없으며, 이 책의 이후 내용에 계속 전개하지 않을 것이다. 게다가 앞에서 다룬 최초의 실재들에 대한 '초월적 해석'(제2권 4.2.1.3.을 보라)은 실제적이고 존재론적인 해석과 그리 멀리 떨어져 있지 않다. 따라서 후자에 관심이 없는 사람은 초월적이고 신학적인 해석으로 시야를 돌리는 것을 권고한다. 다시 말해 실제로 이루어졌고 지금도 이루어지고 있는 구세사를 초월적이고 선행하는 것의 '실현'으로 이해하는 것이 좋겠다. 이 초월적이고 선험적인 것은 충분한 이유에서 '마리아'라 불릴 수 있고, 그녀에게 근거하여 더 정확히 해석될 수 있다.

---

103) D. Henrich, *Versuch über Kunst und Leben. Subjektivität-Weltverstehen-Kunst*, München, 2001, p.54.

다시 한번 분명히 말하겠다. 이번 장의 결과도, 다른 장들의 결과도, 이 책의 기본 구상도 여기서 단호하게(θετικῶς)라기보다는 오히려 시험적인(πειρατέον) 것과 같은 방향에서 제기된 것이다. 따라서 제시된 실제적이고 최초의 피조물이자 원형인 마리아에 대한 논제는 이 책의 전체적인 결론과 연결되지는 않는다. 그렇지만 이 내용을 통해서 나에게는 사고를 계속 전개하기 위해서는 물론, 마리아 영성의 실현을 위해서도 더 큰 시야가 열리는 듯하다. 마리아와 관련된 영성은 앞에 인용된, 안겔루스 질레지우스가 다음과 같이 한 말에서 명확히 드러난다. "내가 마리아가 되어야 하느님께서 나에게서 태어나실 수 있다."

4.2.3. 보충 – 존재론적 보완

앞서 살펴보았듯이, 하느님과 인간 사이의 '사랑 이야기'는 창조의 처음으로까지 거슬러 올라간다. 더 나아가 창조는 피조물이 하느님 아드님의 강생에서 절정에 달한, 인간이 하느님을 닮은 것으로 귀결되는데, 이 '사랑 이야기'와 관련해 피조물(인간)과 하느님의 가장 긴밀한 관계가 이루어지고(계약, 강생, 구원…), 그런 가운데 둘이 실제로 하나가 되기 위한 것이라면, 피조물은 이미 은총 위에 있음이 틀림없다. 창조가 이미 선물인 것처럼, 마리아가 선택받음과 그녀의 신앙도 그러하다. 그 이유는 이렇다. 시간 이전의 인격적인 '마리아와 교회'에 대해서 어떻게 생각하든지 간에, 사실상 피조물은 처음부터 하느님의 계획에 따라 규정되었기 때문이다. 세상 만물은 '마리아 안에 계시는 하느님' 그리스도 안에서 통합되어야 한다. 이로부터 피조물의 '존재' 자체도 이미 그 선행하는 은총에 의해 규정되었다는 결과가 나온다. 철학, 특히 존재론적 고찰에서 나타나듯이 말이다.

이는 토마스의 존재론을 새롭게 해석한 페르디난트 울리히(Ferdinand Ulrich)와 그의 제자들과 동료들이 특히 강조한 점이다. 그의 주장에 대해 잠시 살펴보고, 마리아론에서 그가 중요시하는 점도 다뤄보겠다.

페르디난트 울리히에게 "창조는 존재를 주는 것이다"(Creare autem est dare esse)[104]라는 토마스의 말은 결정적 역할을 한다. 창조가 지닌 이러한 근본적인 특성은 이미 논의된 은총의 모든 기본 특성을 더욱더 강조한다. 울리히는 무엇보다 저 창조의 본질적 특성을 가리켜 보이는데, 이에 따르면 주는 자가 은총에서 온전히 '분리'되어야만 그것이 받는 이에게 완전히 전달될 수 있음을 강조한 것이다. 이로부터 다음과 같은 결과가 나온다. 즉, 피조물의 존재는 하느님의 존재와 동일할 수 없다. 심지어 등급을 단호히 구분하더라도 마찬가지다. 그 이유는 이렇다. 그렇게 되면 주는 자가 은총에서 자신을 분리하지 않는 것이 되며, 결과적으로 하느님에 의하여 존재를 선사받은 피조물은 실제적인 독자성을 지니지 못하게 되기 때문이다.

그럼에도 창조된 존재 역시 하느님과 개별 피조물 사이에서

[104] Thomas v. Aquin, *In I sent.* 37,1,1c(In libros Sententiarum = www.documentacatho licaom nia.eu/04z/z_1225-1274,_Thomas_Aquins,_In_libros_Sentiarum _Petri_Lombardi,_LT.pdf.html)(2013.05.22.에 게재되었음).

구체화된, 어떤 특별한 '전권을 부여받은' 제삼자로 존재할 수도 없다. 만일 그렇다면, 이 피조물은 '존재'에게는 협력하겠지만, 하느님께는 온전히 협력하지 못할 것이다(이는 다시 은총 안에 현존하시는 주는 분과 모순될 것이다).[105] 이런 까닭에 울리히와 그를 이어 오스터와 빌러 등에게도 토마스가 "존재는 완전하고 단순한 어떤 것을 의미하지만, 독립적으로 존재하는 것은 아니다"(Esse significat aliquid completum et simplex, sed non subistens)[106]라고 한 말은 매우 중요하다. 이 문장이 의미하는 바는 이렇다. 즉, 창조된 존재 자체는 존재하지 않으며, "오직 존재를 받아들이고 수용하는 존재자들만"이 있다. 존재(Sein)는 오직 존재자들(Seiende) 안에만 있다. 그리고 존재는 하느님과 피조물 사이에 독립적으로 존립하지 않기에, 창조주와 피조물 '사이에는' 아무것도 없다. 따라서 창조된 존재가 스스로 존립하지 않는 것은 "피조물이 다양성을 온전하게 선물로 받았음"[107]을 증명한다. 피조물의 다양성은 바로 다양성으로서, 그리고 다양성 안에서만 하느님 자비하심에 대한 비유가 될 수 있다.[108]

그런데 만일 그것이 하느님의 존재도 아니고, 하느님과 피조물 사이에 있는 제삼자도 아니라면, 창조된 존재는 '그 자체로' 누구일까? 대답은 이렇다. 창조된 존재는 바로 사랑,[109] 하느님의 자

---

105) 울리히(*Homo*, p.57)는 이것을 다음과 같이 표현한다. 구체화된 존재는 "마찬가지로 자신을 지탱하는 존재에 영향을 미치는 근원으로서의 인색한 신(하느님)을 요구한다. 따라서 그 신은 자신에 의해 야기된 것에 묶여 있다." 그 신은 더 이상 '주는 자'일 수 없다.

106) Thomas v. Aquin, *De Pot.* 1, 1c.

107) Oster, *Mit-Mensch-Sein*, pp.146, 165; Ulrich, *Homo*, p.26; F. Ulrich, *Gabe und Vergebung. Ein Beitrag zur biblischen Ontologie*, Hrsg. v. St. Oster, Einsiedeln o. J., pp.37~38.

108) Cf. Ulrich, *Homo*, p.278.

기 포기이다. 더 정확히 말하면, 하느님께서는 부유함을 포기하시고 피조물의 비천함 속으로 들어가시는 '자기 비움'(Entäußerung)이다. 이로써 존재는 울리히가 말하듯이 "하느님 자비의 비유"이고, 하느님과 피조물 사이의 "순수한 매개"이며, "하느님의 무한한 사랑의 현존"이다.[110] 빌러는 울리히의 입장을 간략한 형태로 재현하는데, 그의 말을 빌리자면, 존재는 "순수한 매개로서, 그리고 발산하는 것으로서 피조물을 창조주와 하나 되게 하고, 동시에 창조주와 구별하게 하는"[111] 선물이다. 따라서 하느님의 흘러넘치는 사랑의 '형태'로 존재는 '순수한 은총'이다. 완전히 울리히의 주장을 따르는 오스터의 말로 표현하자면, "존재는 거저 받은 사랑이다. 창조된 존재는 가장 심오한 의미에서 자기 자신을 알리시는, 주시는 분의 은총이고, 이런 까닭에 가장 순수한 현실성이자 충만함(풍요함)이다. 그러나 이 충만함은 결코 자기 자신을 위해 존속하지 않고, 자기 자신을 내어 준(가련함) 타자에게서 늘 이미 실현되었다."[112]

여기까지는 다들 수긍하리라 믿는다.

그럼에도 이러한 구상이 바로 위에 언급된 철학자들과 신학자들이 힘주어 강조하는 '마리아와의 연관성' 안에서 어떻게 이해

---

109) E. Tourpe, "La positivité de l'être comme amour chez Ferdinand Ulrich à l'arrière plan de Theologik III. Sur um mot de H.U. v. Balthasar", in: *Greg.* 89 (2008), pp.86~117.

110) Ulrich, *Homo*, pp.20, 301, 127.

111) M. Bieler, Einleitung zu: F. Ulrich, *homo abyssus*, Einsiedeln, ²1998, XIII-LIV, 여기서는 XXVI. 이러한 연관성은 특히 울리히(*Homo* 80)에게로 이어진다. 발타사르(*Herrlichkeit,* Bd. III/1, Einsiedeln 1965, 961)도 이와 매우 유사하게 기술한다. 존재는 "유한한 존재인 받는 자들에게 주시는 분인 하느님의 흘러넘치는 충만함"이다.

112) Oster, *Mit-Mensch-Sein,* p.522.

될 수 있느냐는 질문이 남아 있다. 예를 들어 울리히의 말을 떠올려 보자. 마리아는 "하느님께서는 한처음에 하늘과 땅을 창조하셨던 창조의 시작이다. 마리아는 순수한 피조물, 하느님께서 사랑하시는 유한한 피조물이다. 마리아는 모든 사람, 모든 민족, 전 인류의 어머니만이 아니라, 유일하신 삼위일체 하느님께서 지으신 모든 피조물의 어머니다. 따라서 그녀는 '하느님의 어머니'(Theo-tokos)이고, 우주의 어머니(kosmo-tokos)이자 인류의 어머니(anthropo-tokos)이다. (…) 마리아는 무(無)이고, 창조주 하느님께서는 이 무로부터 당신의 피조물을 존재하도록 불러내신다. 그러나 마리아는 '창조된 사랑'으로서 '오직 하느님께만 영광'을 드리는 사랑에서 나온 '무'이다. 하느님께서는 '아무것도 아닌'(pro nihilo) 이 '무'에게 모든 것을 주신다."

울리히가 '우주의 어머니'라 부르는, 무(無)인 이 '마리아'는 다른 존재자들 가운데 그저 하나의 존재자인가? "창조주 하느님께서는 이 무로부터 당신의 피조물을 존재하도록 불러내지" 않으시는가? 이는 아마도 받아들이기 어려울 수도 있는 말이다. 울리히와 그의 동료들이 포괄적 관점에서 따르고 있는 빌헬름 클라인이 다음과 같이 한 말에 비추어 보더라도 그렇다. "창조된 존재는 창조된 존재자들과 구별되듯이, (…) 마리아는 다른 모든 피조물과 구별된다. (…) 창조된 존재자들은 창조된 존재에게 협력한다고 여겨지고, 따라서 창조주의 영원함에도 참여한다고 여겨진다." 그런데 울리히의 전제로부터 도출할 수 있는 유일한 결론은 마리아가 창조된 존재라는 것이다. 그런데 이 존재는 토마스가 제시한 명제인 "완전하고 단순하며 독립적으로 존재하는 어떤 것"(aliquid completum et simplex, atque subsistens)이라는 내용과는 완전히 반대되는 것이고, 독립적으로 존재한다는 의미가 아닐까?

물론 창조된 존재의 독립성에 대한 이 주장은 존재의 근본적인 무상적 은총 때문에, 창조된 존재가 하나님과 개별 존재자들 사이의 제3의 것으로 독립적으로 존재하지 않고, 오직 개별 존재자들 안에만 존재하며, 그 안에서 근본적으로 내어줌의 상태로 자신을 비워냈다는 주장과 대립된다. 그렇지만 이러한 모순은 사람들이 창조된 존재인 '마리아'를 순수한 매개로 이해하면 해소될 수 있다. 그녀는 단순히 하느님께서 모든 것을 창조하신 바로 그 "무"가 아니다. 그녀는 스스로부터 아무것도 되려 하지 않고, 오직 순수한 매개(medium purum)로서 하느님께로부터 받은 존재의 충만함을 존재자들에게 전달하며, 그 안에서 이 충만함의 모든 풍요와 엄청나게 다양한 가능성을 실현하고 현실화한다.

이러한 관점에서 볼 때 '마리아'는 존재론적 실재로 생각될 수도 있을 것인데, 하이데거는 사람들이 마리아의 이름을 부르지 않으면서 그녀를 잊고 있다며 한탄한다(제2권 4.1.2.를 보라). 그러나 마리아를 의식한다는 것은 자기 자신과 존재하는 세상 만물이 결속되었음을 깨닫는 것을 의미하다. 즉 피조물은 사랑으로 창조되었고, 온갖 부정적인 것과 혐오스러운 것에도 불구하고 사랑이 함께하며, 보편적 사랑으로 귀결된다는 점을 깨닫게 해 준다.

이렇게 부분적으로 깊이 숙고한 것은 창조신학과 종교신학에 중요한 결과를 가져올 것이다. 또는 적어도 중요한 결과를 가져올 수 있다. 이에 관해서는 다음에 규명하겠다.

4.3. 결론

4.3.1. 창조에 관한 새로운 관점

4.3.1.1. 창조신학의 상황

2004년경부터 클라우스 뮐러(Klaus Müller)의 주도로 '범신론에 대한 논쟁'(Pantheismustreits)[113]이 새롭게 벌어지면서 최근에 '창조' 개념이 새로운 문제로 떠올랐다. '범신론 논쟁'은 얀 아스만(Jan Assmann)이 성경적-그리스도교적 하느님에 대한 인식을 비판

[113] 이와 관련해서는 다음 문헌들을 참조하라: Kl. Müller, "Über die monistische Tiefendimension der christlichen Gottrede", in: ders. / M. Striet(Hrsg.), *Dogma und Denkform*, Regensburg, 2005, pp.47~85; ders., *Streit um Gott. Politik, Poetik und Philosophie im Ringen um das wahre Gottesbild*, Regensburg, 2006; ders. / F. Meier-Hamidi(Hrsg.), *Persönlich und alles zugleich*, Regensburg, 2010; Lerch, *All-Einheit*; R. Litz, "Abgrund Alleinheit. Anmerkungen zu einer dunklen Dimension der 'monistischen Denkform'", in: R. Langthaler / M. Hofer(Hrsg.), *Selbstbewusstsein und Gottesgedanke*, Wien, 2010, pp.251~274.
아스만의 의도에 관해 더 자세한 것은 다음 문헌들을 참조하라: J. Assmann, *Die Mosaische Unterscheidung oder der Preis des Monotheismus*, München-Wien, 2003; ders., "Monotheismus und die Sprache der Gewelt", in: P. Walter(Hrsg.). *Das Gewaltpotential des Monotheismus und der dreieine Gott* = *QD* 216, Freiburg. Br., 2005, pp.18~38.
아스만과 대결한 것과 관련해서는 예컨대 다음 문헌들을 보라: E. Zenger, "Was ist der Preis des Monotheismus", in: *HK* 55(2001), pp.186~191; J. Manemann (Hrsg.), *Monotheismus* = Jb.f.Polit. *Theologie* 4(2002), Münster u.a., 2003.

한 것과도 함께 진행되었다. 아스만은 유일신론이라는 차별화된 사고와 이에 따른 하느님 상을 비판하면서 이집트에서 성행했던 범신론을 힘주어 긍정적으로 강조했기 때문이다. 그가 주장하는 범신론에 따르면, 신 내지 신적인 것은 자신의 '몸' 혹은 자신에 의해 혼이 불어넣어진 세상에서 모습을 드러낸다. 성경의 유일신론은, 코란의 유일신과 마찬가지로, 세상에서 신의 모습을 드러내지 않는다. 유일신론은 "하늘과 땅, 우주와 사회를 연결하는 끈을 끊어 버린다. 그리고 신들을 세상에서 추방하고, 모든 시민적 질서를 파괴한다. 전쟁, 약탈, 사기, 폭행이 그 결과물이다."[114] '무(無)로부터의 창조' 개념은 신적인 것과의 이러한 차이를 다시 한 번 더 많이 강조하고, 이런 맥락에서 피조물은 신적인 특성이 없음을 드러낸다. 따라서 '스피노자'(Spinoza)의 주장 일부가 다시 서구 사상 속으로, 특히 신학 속으로 들어온 것은 아닐까 하고 생각된다. 그렇다면 질문은, 이미 클라우스 뮐러가 제기했던 명제와 관련이 있는 것이다. 즉 오늘날 우리는 모든 것을 관통하고, 모든 것과 하나가 되는 어느 신을 떠올려야 할까? 또한 무한한 것의 내적 순간으로서의 창조, 그리고 '하나이며 모든 것'(ἓν καὶ πᾶν)의 자유에 참여하는 것으로 이해되는 자유를 떠올려야 하는 것일까?

새롭게 제기되는 '범신론 논쟁'만이 그러한 질문들과 그와 유사한 질문들을 제기하는 것은 아니다. '세상'에 대한 근대의 기본 입장은 신학의 창조론 영역에서 당혹스런 상황으로 이어졌다.[115] 근대는 특히, 인간은 아무튼 가능한 한 온갖 낯선 조건들에서 해

---

114) Assmann, *Unterscheidung*, p.104.

115) 이 내용과 이어지는 내용과 관련해서는 다음 책을 보라: G. Greshake, *Gott in allen Dingen finden. Schöpfung und Gotteserfahrungen*, Freiburg i. Br., 1986. 몇몇 문장은 이 책에서 그대로 인용되었다.

방되고자 몸부림치는 존재로 특징지어졌다. 인간은 자신의 행위를 통해 자기 자신을 규정하려 하고, 자기 자신 안에서 토대와 확실함을 찾으려 한다. 이런 맥락에서 데카르트가 처음으로 깊이 숙고했듯이, 인간은 생각하는 존재로서, 영을 지닌 주체로서, 확장된 존재(res extensa)이고, 따라서 세상에, 단순한 객체에, 수학적 구조를 통해 표현된 객체에 맞선다. 인간이 "지배자이자 소유주"(maitres et possesseurs)로서 그 대상들을 차지하기 위해서다.[116] 이미 프랜시스 베이컨이 인용했고 이후 지속적으로 전수되어 온 성경적 표현에 따르면, 그 대상들에게 "종살이를 시키기" 위해서다.[117]

따라서 "'정신'은 '자연'을 자기 발아래 굴복시킨다. 자연의 영역을 넘어 자유의 영역에서 정신으로서 우위를 점하기 위해서다."[118] 이렇게 빌헬름 캄라(Wilhelm Kamlah)가 정확히 지적한다. 이러한 정신적 태도가 가져온 결과는, 그렇게 바라보는 세상이 더 이상 그 자체로 인식 가능한 정신적 형상을 갖추지 못한다는 것이다. 세상은 말하자면 일종의 채석장처럼, 인과적이고 기계적인 연관성으로 특징지어지는 잠재적인 것으로 변모한다. 이 잠재적인 것을 토대로 인간은 분석하고, 새로 구성함으로써 가장 먼저 자신의 세상을 만들어 낸다. 이렇게 창조된 세상은 결과적으로 '도구적 인간'(homo faber)으로 되돌아가는 것 외에 다른 것은 아무것도 소유할 수 없다. 따라서 인간의 주체화는 자연계의 사물화와 맞물려 있으며, 이 자연계의 통합적 형상은 분해되거나

---

116) R. Descartes, *Discours de la Méthode VI*(PhB 261), Hamburg, 1960, p.100.

117) 이에 관해서는 다음 책을 보라: W. Leiss, *The domination of Nature*, New York, 1972, p.55.

118) W. Kamlah, *Der Mensch in der Profanität*, Stuttgart, 1949, p.66.

흩어지거나 그 윤곽이 희미해져서, 인간이 분석하고 설계하는 이성의 힘을 통해 더욱 장악 가능한 형태의 구조물로 대체된다. 물론 역설적으로 이 구조물들은 다시 일종의 '제2의 자연'으로 전환되며, 이를 통해 주체는 새롭게 예속되고, 사물화된다. "계몽주의는 합리성과 주체성으로 말미암아 자연을 해체한다. 그러나 결국 다시금 단순한 자연으로 전환된다"[119]고 발터 슐츠가 지적한다.

비록 인간이 이 세상에 점령당한 것을 오로지 부정적으로 볼 수만은 없지만(세상이 없다면 우리가 누리는 생활 수준은 유지될 수 없고, 인류 전체가 바라는 생존 가능성도 지닐 수 없을 것이다), 인간이 이렇게 일차원적인 세계 접근 방식의 결과로 이해되고 파악된 현실은 더 이상 하느님을 만나고 하느님을 체험하기 위한 매개체가 될 수 없었다. 이에 상응하여 근대가 지나면서 신학의 창조론은 점점 더 중요하지 않은 것으로 여기게 되었다.[120] 지난 세기에 창조에 대한 신앙은 두 가지 방식으로 축소되었다. 첫째 존재하는 세상 만물은 신적 인과 관계 덕분이라는 '빈약한' 추상적 진술로 축소되었다. 둘째 철저한 의존이나 절대적 안전함 같은 감정 속으로, 유한한 세상에서 하게 되는 절대적인 것을 경험하는 감정으로 희석되어 버렸다. 이로 인해 '사도신경' 첫 문장은 객관적 내용과 주체적 실천의 최소화로 축소되었고, 그리스도교 신앙의 살아 있는 생명은 역사적으로 주어진 구원과 역사적으로 증명된 구원에 대한 응답으로 강렬하게, 아니면 배타적으로 실현되고자

---

119) W. Schulz, *Metaphysik des Schwebens. Untersuchungen zur Geschichte der Ästhetik*, Pfullingen, 1985, p.83.

120) 이와 관련해서는 다음 글을 보라: M.K. Müller, "Geschöpflichkeitsdefezite in Naturwissenschaft und Theologie", in: ders., u.a., *Schöpfungsglaube heute*, Neukirchen-Vluyn, 1985, pp.9~89, 여기서는 p.13 이하.

힘썼다. 창조 세계는 이제 단지 하느님과 인간 사이에 일어나는 구원 사건을 위한 외적인 '공간'으로만 여겨졌다. "창조 세계는 은총의 계약(Gnadenbund)을 통해 이루어지는 역사를 위해 마련된 공간이다."[121] 많이 인용되는 칼 바르트의 이 말은 그러한 배경에서 이해할 수 있다. 이에 따르면, 결정적인 것은 은총의 계약이다. 이를 위해 세상은 '단순히' 외적 공간에 불과하다.

이러한 일방적 시각으로 인해 성경의 결정적 진술들은 시야에서 멀어졌고, 그 중요성을 잃고 말았다. 그리하여 가령 구세사가 아니라, 피조물이 이미 말씀 및 사건과 연관성이 있고 그런 가운데 하느님께서 말씀하시고 인간에게 다가가신다는 확신이, 그리고 이런 까닭에 이스라엘에게 "세상 경험은 (…) 언제나 하느님 체험이고, 하느님 체험은 (…) 세상 경험"이었다는 확신이 사라졌다.[122] 이는 신약성경 시대에도 다르지 않았다. 바로 이러한 점은 근대를 지나가면서 점점 더 신학적 관심에서 벗어나게 되었다. 이로 인해 부정적 결과들이 나타나기 시작했다. 더 이상 '하느님께 영향받은' 것이라고 경험되지 않는 세상에, 따라서 단어의 가장 참된 의미에서 '하느님을 부인하는' 세상, 혹은 '세상을 잃은' 하느님이라는 개념이 부합한다. 그러한 하느님은 근대 역사가 진행되면서 점점 더 많이 드러나게 되었고, 오늘날에는 비현실적인, 공상 속의 하느님으로 증명되고 있다. 정신이 세상과 단절되고, 세상이 정신을 잃는다면, 150년 전에 이미 헤겔,[123] 셸링,[124] 바더 같은 철학자들이 그렇게 예언했던 것처럼, "이 두

121) *KD* III/1, p.36.

122) v. Rad, *Weisheit*,

123) 이에 관해서는 다음 책을 보라: Chr. Link, *Hegels Wort, "Gott selbst ist tot"*, Zürich, 1974.

경우에는 신이 없는 세계관이 등장한다는 견해"[125]가 논리적 결과일 것이다. 이런 배경에서 신학의 창조론과 사도신경 첫 문장인 "(…) 천지의 창조주를 저는 믿나이다"의 가르침에 비추어, 교회의 가르침이 새로운 방향으로 나아가는 것이 절실히 필요하다고 보인다.

4.3.1.2. 하느님 현존의 '장소'인 창조

이 주제를 다루기 위해 성경으로 시선을 돌려 보자. 여기서 먼저 확인해야 할 점이 있다. 얀 아스만이 강조한 것처럼, 하늘과 땅, 하느님과 인간을 연결하는 끈을 끊어 버리는 '유일신론적 차이'는 창조에 관한 성경적 진술의 결과라기보다는 차라리 계몽주의가 내세운 이신론의 결과가 아니냐는 것이다. 물론 성경과 이 성경을 따르는 신학은 하느님과 인간의 차이를 강조하지만, 같은 노선에서 세상 속에 계시는 하느님의 내재성에 관해서도 이야기한다. 창조된 세상은 고유성을 지녔지만, 늘 하느님의 자기 진술이자 하느님 현존의 장소이기도 하다. 창조는 말하자면 삼위일체

124) 예컨대 다음 책을 참조하라: F.W.J. Schelling, *Schriften zur Religionsphilosophie 1841~1854*(*WW* VI), München, 1959, pp.360~361. "동시에 그리고 본성이 점점 더 모든 신적인 것을 해방시키는 상태에서 단순한, 죽은 집합체로 추락하는 것, 살아 있는 유일신론도 점점 더 공허하고 불확실하며 내용 없는 유신론(Theismus)으로 달아나는 것이 명백하지 않은가?"

125) Fr. v. Baader. *Gesammelte Schriften zur Philosophischen Anthropologie*(*WW* VI), Aalen, 1963 = Leipzig, 1853, p.297. "특히 데카르트를 통해 널리 퍼진, 본성에는 정신이 없다는 견해는, 정신에는 본성이 없다는 견해와 이 둘에는 하느님이 들어설 자리가 없다는 견해를 결과로 가져올 수밖에 없었다."

하느님께서 '로고스' 안에서 자신에 대한 진술을 '지속'하시는 것이다. 이런 노선에서 신학의 역사에서 캔터베리의 안셀무스가 다음과 같이 한 말은 이후 무수히 변형된 형태로 되풀이되고 있다. "하느님께서는 동일한 말씀으로 당신 자신과 당신께서 만드신 것을 진술하신다"(Uno eodemque Verbo dicit seipsum et quaecumque fecit).[126] 그렇기 때문에 창조는 "말씀 중의 말씀"(verbum Verbi)[127] 이고, 따라서 피조물은 하느님의 말씀 안에 있는 말씀이다. 요약하면, 창조도 하느님의 자기 진술이다. 그러나 이로써 창조는 지극히 변증법적인 특성을 통해 묘사된다.

한편으로, 창조(피조물)는 '하느님의 타자'(the Other of God)이다. 그렇다, 피조물은 그 유한성으로 인해 심지어 완전한 타자이다. 성경은 하느님과 피조물의 이러한 차이를 무수히 명확히 표현하므로, 우리는 더 이상 이것에 다가갈 필요가 없다.

다른 한편으로, 창조(피조물)는 실제로 하느님의 표현이다. 하느님께서는 피조물 안에서 당신 자신을 드러내신다. 하느님 친히 피조물 안으로 들어가신다. 하느님은 당신 자신이시지, 당신과 구별되는 그 무엇이 아니시다. 성경에 따르면, 하늘과 땅, 낮과 밤은 하느님의 소리 없는 말씀을 품고 있다. 시편 19편에 따르면, 하느님의 이 소리 없는 말씀은 그분의 계명이 널리 알려진 것과 동일한 영역에 있다. 자연 사건들에서 하느님의 말씀을 들을 수 있고, 그분의 위력과 생명의 충만함, 그분의 가장 내적인 것이 드러난다. 특히 시편 29, 50, 97편을 보라. 이와 관련된 성경 대목들을 들어 보겠다. "주님의 영광이 온 땅을 가득 채우고 있다"(민수

---

126) Anselm v. Canterbury, Monologion 33, *WW* I(ed. Schmitt), p.53.

127) Thomas v. Aquin, *ScG* IV, 13.

14,21). 우리는 이 주님의 영광을 알아차릴 수 있다. "주님의 자애가 온 땅에 가득하네"(시편 33,5). 구약성경학자 롤프 크니림(Rolf Knierim)은 이 말씀을 "피조물의 특성을 드러내는 것"[128]이라고 이해한다고 기술한다. 피조물 안에서 실현된 지혜는 "하느님 권능의 숨결이고 전능하신 분의 영광의 순전한 발산이다. (…) 지혜는 영원한 빛의 광채이고 하느님께서 하시는 활동의 티 없는 거울이며 하느님 선하심의 모상이다"(지혜 7,25~26).

그러나 하느님의 자기 계시뿐만 아니라 자기 헌신도 중요하다. 성경의 증언에 따르면, 하느님께서는 모든 이에게 생명을 주시고, 먹을 것과 마실 것을 주시며, 의로운 이에게나 불의한 이에게나 비를 내려 주시고 해가 떠오르게 하신다. 당신의 사랑과 배려, 관심을 사람들에게 보여 주시려는 것이다. 따라서 하느님께서는 은총을 베푸시면서 당신 자신을 내어주신다. 어떤 사람이 애인에게 장미 꽃다발을 다정하게 건네면서 물질적 선물만이 아니라, 자신의 사랑과 자기 자신을 내주듯이 말이다.

그러므로 하느님은 생명을 창조하시는 영을 통하여 당신의 피조물 안에 현존하신다. 그분은 바로 이 영을 통하여 피조물이 지닌 '다른 것'을 당신 자신과 늘 일치시키신다. 이 '일치'와 관련해 오해의 소지가 많은 범신론에 주목하면서 우리는 피조물이 '하느님의 몸'이라는 진술에 대해서 깜짝 놀라 뒤로 물러날 필요가 전혀 없다. 그렇지만 많은 스콜라 신학자, 심지어 토마스 아퀴나스조차도, 그 부분을 신중하게 처리하면서 다음과 같이 말한다. 영

128) R. Knierim, "Cosmos and History in Israel's Theology", in: U. Mauser(Hrsg.), *Horizons in Biblical Theology*, Pittsburg u.a., 1961, p.96. 이와 관련된 신약성경의 진술들을 알고 싶으면 다음 책을 참조하라: Greshake, *Gott in allen*, pp.37~38.

혼이 몸에 깃들어 있듯이, 하느님께서는 세상에 거주하신다고, 더 정확히 말하면 당신의 "현존, 위력, 본질"(praesentia. potentia, substantia)을[129] 통해 세상에 거주하신다고 한다. 물론 이때 함께 생각할 점이 있다. 피조물은 무한하신 하느님을 유한하게 표현한 형상이자 그분의 모상이라는 것, 따라서 피조물은 하느님을 닮았을 뿐만 아니라, 하느님과 완전히 다른 존재라는 것이다. 그럼에도 피조물은 하느님에 의하여 야기된 존재이자 고유성을 지닌 존재일 뿐만 아니라, 다름 중에도 자신을 표현하고 현존하면서 자기 옆에 머무는 존재이기도 하다. 그러므로 한스 우르스 폰 발타사르는 다음과 같이 주장한다.

> "전체이자 개별적 존재이며 개별적 실재인 세상은 하느님께서 실제로 등장하시는 곳이다." 세상의 유한함은 "당신이 말씀하시려는 것을 말씀하시는 데 있어서 그분께 전혀 장애물이 되지 않는다. 내용과 표현 사이의 중간 영역은 존재하지 않는다. 표현은 전적으로 계시하는 분으로부터 비롯되고, 그분이 말씀하셔야 하는 내용에 의해 규정되기 때문이다. (…) 그러므로 피조물 안에서 하느님의 본질이 방해받지 않고서 명료해질 수 있다. 이로써 세상 사물을 관찰하는 이는 그 모습을 꿰뚫고 원형을 바라볼 수 있으며, 그런 가운데 자신은 그 모습을 직접적으로가 아니라 피조물이라는 거울에 비추어 바라본다는 것을 잊을 수 있다." 그렇기 때문에 창조된 것들에 적용되는 것이 있다. "하느님께서는 창조된 것들을 통해 말씀하신다. 하느님께서는 관찰하는 이를

---

129) Thomas v. Aquin, *STh* I, 8,2 ad 3.

창조된 것들을 통해 당신께로 끌어당기신다. 하느님께서는 마치 세상의 이 눈들에 기대시는 듯하다. 사물의 아름다움에 의해 환희에 찬 이를 직접 바라보시기 위해서다."[130]

이에 따라 하느님과 피조물 사이에 존재하는 완전히 다름에 관한 진술은 보충할 필요가 있다. 하느님은 피조물과 비교해 단순히 '다른'(aliud) 존재가 아니라, 쿠자누스가 옳게 말하듯이 '전혀 다른'(non aliud) 존재이시다.[131] 다시 말해 하느님께서 완전히 다른 분으로서 당신의 피조물과 떨어져 계시다면, 하느님은 더 이상 모든 것을 포용하시고 홀로 존재하는 하느님이 아니실 것이다. 하느님과 그분의 피조물 사이에 존재하는 완전히 다름에 관한 진술은 하느님께로만 집중한다면 한 가지 의미에 대해서만 언급할 수 있는데, 이를 마이스터 에크하르트가 이미 다음과 같이 말했다. 하느님은 당신과는 다른 창조 세계와는 달리 "그 무엇에 의해서도 구별되지 않으심"[132]으로써 피조물과 끝없이 구별되신다. 반면에 피조물 쪽에서 볼 때 하느님과의 한없는 차이에 관한 진술은 피조물이 "철저히 유한한 존재일 뿐임"을 가리키려는 의도를 지니고 있다.[133] 그러므로 피조물은 하느님과는 완

---

130) *TL* I, 266(여기서 발타사르는 다음 책을 참조했다: Thomas v. Aquin, *De ver.* 8, 3 ad 18.)

131) Cf. Nikolaus v. Kues, "De non-aliud", in: *Philosophisch-theologische Schriften*, Hrsg. v. L. Gabriel, Bd. II, Wien, 1966, pp.443~565. 이와 관련해서는 다음 글을 보라: J. Splett, "Gottes Freiheit und die Kontingenz der Schöpfung. Zur religionsphilosophischen Begründung menschlichen Weltverständnisses", in: Ph. Schmilz(Hrsg.), *Macht euch die Erde untertan? Schöpfungsglaube und Umweltkrise*, Würzburg, 1981, pp.39~64, 여기서는 pp.51, 63.

132) Meister Eckhart, Exp. in Joh nr.. 99(Lat. *WW* III, p.85).

133) L. Dümpelmann, *Kreation als ontisch-ontologisches Verhältnis. Zur Metaphysik der Schöpfungstheologie des Thomas von Aquin*, Freiburg-München, 1969, p.13.

전히 다르지만, 동시에 그분과 긴밀히 결속되어 있다. 그렇다, 피조물은 하느님과 완전히 하나가 된 존재로 규정되었다. 이는 앞에서(제2권 4.2.1.4.) 언급했듯이 결국 삼위일체 신학과 마리아를 배경으로 해야만 이해할 수 있다. 피조물은 '말씀 중의 말씀'이신 성부 하느님과 성자의 '다름' 속으로 사랑의 영 안에서 하나 되어 받아들여졌으므로, 피조물과 창조주의 다름도 다시 한번 하느님과의 하나 됨 안으로 받아들여졌다. 그리고 이 다름은 여기서 긴밀한 관계와 투명함으로 묘사되는 순수한 존재, 즉 구체적으로 '마리아' 안에서 유지된다.

우리는 이 대목에서 실제로 악에 물들어 있는, "지금까지 다 함께 탄식하며 진통을 겪고 있는"(로마 8,22) 피조물에 관해 다루지 않을 것이다.[134] 그러나 고통과 고뇌, 악의와 파멸 속에서 신음하는 세상, 많은 사람에게는 하느님께서 원하신 아름다움이 거의 보이지 않는 세상 역시 하느님에 의하여 감싸여졌고, 하느님에 의하여 '충만'해졌다. 예수 그리스도의 십자가와 '고통의 마리아'(mater dolorosa)가 이를 보증한다.

아무튼 창조 세계는 강생과 그 이후의 구원 사건에서 절정에 달한 하느님의 구세사적 사랑이 둘째 단계에서 일어나는 단순한 '중립 지대'가 아니다. 오히려 피조물은 처음부터 하느님의 자기 전달의 수취인이다. 이 수취인은 강도가 다른 은총을 받는다. 쿠자누스가 다음과 같이 멋있게 표현하듯이 말이다. 하느님의 "큰

134) 이와 관련해서는 다음 책을 보라: G. Greshake, *Warum lässt uns Gottes Liebe leiden?* Freiburg i. Br., 2007.

음성은 수백 년 동안 끊이지 않은 채 높아졌으며, 오랜 변경의 끝에 이르러서는 마침내 인간의 형상을 받아들였다."[135] 그러나 늘 동일한 이 '큰 음성'은 세상과 역사 속에 현존하고, 형상을 받아들인다. 그렇다, 이 형상은 역사 '이전에' 이미 최초의 원형, 다양한 피조물 안에 깃들어 있는 이 원형에 의해 받아들여졌다. 하느님 말씀을 이렇게 수용하는 것, 그분의 자기 전달을 수용하는 것은 이미 피조물의 내면 깊은 곳에 원형을 각인시킨다. 따라서 라너가 다음과 같이 한 말을 완전히 이해할 수 있게 된다.

> "하느님의 이러한 자기 전달은 피조물에 가장 내재적인 것이다. 하느님께서는 절대적으로 초월적인 존재로서 당신 자신을 드러내신다. 피조물의 본질을 피조물 자신에게 넘겨줌, 이런 의미에서 '본질의 내재성'(Wesensimmanenz)은 하느님의 초월성이 영적 피조물 안에서 더 철저히 내재하기 위한 전제 조건이자 결과이다. (…) '내적인 면은 물론 외적으로도' 다르다는 생각은 여기서 거부된다. 피조물과 완전히 다르신 하느님의 자기 전달을 가리켜 보이는 것은 가장 내적인 것이고, 바로 이것이 궁극적인 것의 내재성을 이루기 위한 방법이다."[136]

하느님께서 당신의 피조물 안에 계신다는 것, 이는 성경이 전하고 위대한 신학적 전승을 향해 있으며 마리아에 근거를 둔 창조론의 핵심이다. 이 창조론은 위대한 교부신학과 중세 신학에서

---

135) Nikolaus v. Kurs, *Excitationes* 3, Basel, 1565, pp.411~412, 인용: H. de Lubac, *Glauben aus der Liebe. "Catholicisme"* 독일어 번역본: Einsiedeln, 1970, p.405.
136) K. Rahner, "Vollendung", in: *Schr.* VII, p.601.

전개되었는데, 이때 유한한 존재가 무한한 존재에게 협력하는 존재론이 배경과 수단이 되었다. 반면에 근대에는 초월철학과 조화를 이룬 신학의 틀 안에서 재해석되었다. 그러나 더 정확히 말하면 동일한 내용이 우리가 앞에서 다룬 은총의 현상학과 존재론에 관한 대목(제2권 1.2.1.을 보라)에서도 제시될 수 있다. 그 대목은 이번 장에서 '마리아와 교회'에 관해 규명된 점과 직접적인 연관성이 있다. 피조물은 하느님과 대화하면서, 말씀과 응답이 상호작용 하면서 '마리아' 안에 앞서 있다. 이렇게 마리아에게 주안점을 둔 것은 창조에 대한 신앙과 창조론에 본래적인 심오함을 선사한다. 이는 더 상세히 규명되어야 한다.

4.3.1.3. '마리아'가 받은 창조라는 선물

"창조는 존재를 주는 것이다"(Creare autem est dare esse). 토마스 아퀴나스는 이미 이렇게 말했다(제2권 4.2.3.을 보라). '존재'는 하느님께서 당신의 피조물에 주신 선물이다. 그러므로 이 선물에는 선물의 본질을 이루는 모든 기본 특성이 적용되며, 또 이는 이미 상세히 논의된 바 있다. 유일하지만, 근본적인 차이점은 창조라는 선물과 관련해 받는 이가 먼저 전제되는 것이 아니라, 먼저 글자 그대로 대상이 '설정'되고, '주어져야' 한다는 것이다. 물론 이 과정에서 수령자는 자신의 존재라는 최초의 선물을 하느님의 은총으로 자유로이 받아들일 (또는 거부할) 수 있다. 선물을 받는 행위가 지닌 모든 특성은 창조라는 최초의 선물 행위에도 고스란히 적용된다.

하느님에 대해서— 선물의 본질이 주는 자가 선물과 '분리'되어 있고, 따라서 선물이 받은 자의 소유물로 넘어가는 것이라면, 하느님께서 존재하심(이는 예컨대 하느님께서 관심을 두신다는 것을 의미하지 않는다)도 피조물이 존재하는 것과 '분리'되어 있다. 따라서 피조물이 존재하는 것은 하느님께서 존재하심과 어떤 식으로든 동일시될 수 없으며, 완전히 구분될 것이다. 만일 그렇지 않다면, 주는 자는 선물로부터 자신을 분리하지 않은 것이 되며, 결과적으로 하느님께서 존재하심을 통해 축복받은 피조물은 진정한 독자성을 지니지 못하고, 인간의 경우라면 온전한 자유를 누릴 수 없을 것이다. 반면에 창조를 선물로 이해한다면, 하느님께서는 창조 세계에서 피조물을 실제로 자유롭게 하시므로, 이는 선물을 받는 이의 측면에서 볼 때 "그 선물은 받는 사람의 소유물과 같을 것이다"(쇠렌 키르케고르)라는 인상이 들 수 있음을 의미한다.

피조물에 대해서— 하느님께서 피조물에 당신을 내어 주실 때, 진실하게 주는 행위에서 주는 자와 선물과 받는 자, 이 셋의 상호 관계와 일치가 이루어진다.

첫째, 주는 자와 선물의 일치는 다음과 같은 점을 보여 준다. 즉, 주는 자는 선물을 통해 자기 자신을 내어 준다. 이때 피조물이 받은 선물과 관련해 더욱더 중요한 것이 있다. 이를 마르틴 빌러가 앞에서 인용하며 아름답게 표현한다. "주는 것이 마음에서, 선물함으로써 생겨나는 내면성에서 더 깊이, 그리고 더 자연스럽게 우러나올수록, 선물하는 사람의 모습이 주는 것에서 더 순수하게 드러날수록, 그가 주는 것의 동기가 더 현실적일수록 그 사람과 선물의 '원형적인 일치'가 더 긴밀해진다"(제2권 1.2.1.). 따라서 성경이 말하고 있는 것처럼, 창조주 하느님께서는 피조물 안에 실제로 현존하신다. 피조물은 본질적으로 선물을 나누어 받는 존재이다. 주는 자는 이렇게 자기 자신을 내어 주고, 자신의 생명을 선물을 받는 자와 함께 나눈다.

둘째, 주는 자와 받는 자의 일치는 다음과 같은 점을 보여 준다. 즉, 받는 자는 선물(선물 안에 주는 자가 현존한다)을 통해 주는 자의 삶에 동참한다. 받는 자는 주는 자를 통해 새로운 삶의 가능성을 유지한다. 이 가능성이 그를 주는 자와 가장 긴밀히 결속시킨다. 그는 원래 주는 자에게 속하기 때문이다. 그리고 창조를 선물하심으로써 창조주 하느님은 피조물에 당신을 내어 주시고, 받는 자는 그 선물을 받으면서 창조주와 결합하고 창조주에게로 되돌아가므로, 창조 행위에서 이미 창조주와 피조물의, 하느님과 창조된 자 사이에, 최초 원형의 참된 '근원적 혼인'이 이루어진다. 이 원형을 이제 우리는 '마리아' 또는 '최초의 교회' 또는 '당신의 첫 작품으로 지으신 지혜'라 불러도 좋을 것이다.

하느님과 '마리아'의 이 '근원적 혼인'은 다음 세 가지를 보증한다.

첫째, 하느님과 인간의 '혼인'은 언제나 이미 실현되었다. 세상과 역사는 이 '혼인'에서 나온 것이다. 하느님의 철회할 수 없는 "예"는 마리아에게, 그리고 이로써 우리 모두에게 선포되었다. 그리고 피조물이 하느님께 응답한 "예"는 마리아를 통하여 모든 시대를 향하고 있다. 따라서 온 세상이 '열렸고' 모든 역사는 하느님의 절대적 현존과 하느님 사랑의 '영역'으로 '해명'되었다. 남녀의 사랑 안에서, 그리고 이 사랑으로부터 (먼저 자녀를 위한, 이어서 또한 친구들, 이웃, 직장 동료들 …을 위한) '공간'이 열리고 이 '공간' 안에서 삶을 즐겁고 행복한 것으로 받아들이고, 또 그렇게 체험하게 되듯이, '하느님'과 '마리아'의 근원적 관계를 통해 창조된 실제 세계는 삶과 사랑의 영역을, 모든 것을 포괄하는 영역을 형성한다. 또한 실패한 것, 심각한 것, 고통스러운 것, 어두운 것도 포괄하는 영역을 형성한다. 아무것도 "하느님의 사랑에서 우리를 떼어 놓을 수 없(습니)다"(로마 8,39). 예수 그리스도, '마리아 안에 계시는 하느님'께서 이를 보증하신다. 그러나 '마리아' '하느님 안에 있는 피조물'도 이를 보증한다. '마리아'는 오롯이 하느님을 따르는 피조물로, 모두가 그녀의 몫을 나누어 받는다.

둘째, '근원적 혼인'을 통해 이미 러시아에서 지혜에 대해 연구하는 신학자들이 궁금해하던 질문에 대한 답을 얻게 되었다. 그들은 그 질문과 관련해 '지혜론'을 전개·발전시켰다. 그들은 먼저 세상의 내적 일치에 대해 질문했다. 여기서 세상의 일치는 어느 정도는 기계적으로 이해된 진화 과정의 일치 그 이상을 의미한다. 그들은 '지혜'에 관해 골똘히 생각하다가, 이런 결과에 이르렀다. "지혜가 세상에서 모습을 드러내는 한, 이 지혜 안에서 하늘이 지상으로 내려온 것이다. 세상은 단지 자신 안에 있는 세상이 아니라, 하느님 안에 있는 세상이다. 그리고 하느님께서는 하늘에 계실 뿐만 아니라, 땅 위에도, 이 세상에도, 인간 안에도 계신다." 세상 만물은 지혜의 끈으로 연결되어 있고, 이 지혜는 '하느님을 낳으신 분'(Theotokos)으로 모든 것을 완성한다고 세르게이 불가코프는 기술한다(제1권 6.3.4.3.). 같은 문제에 대해서 피에르 테야르 드 샤르댕도 세상의 내적 일치를 마리아와 교회 안에서, '창조된 지혜'라는 성경적 사고에서 표현된 것이라고 바라본다. 그러나 진화 과정에 대한 문제도 제기하는데, 이 문제를 풀기 위해서는 원형, 곧 '하느님의 첫 작품으로 창조된 지혜'에 관한 사고가 도움이 될 수 있다.

물론 피조물에 대한 이러한 시각은 경험적 관찰에 의해서는 규명될 수 없다. 예를 들어 진화는 자기 자신을 넘어 초월적 원칙을 가리켜 보인다는 증명을 통해서 규명될 수는 없다. 그렇게 전개된 시각은 오히려 특별한 체험 방식으로서 다른 경험들을, 예컨대 일상적이거나 학문적인 경험을 새로운 빛에서 보도록 이끄는 신앙의 열매다. 자주 인용된 말, 즉 "경험으로 경험을 한다"[137]라고 융엘(Jüngel)이 한 말의 의미와 일치한다. 원초적인 마리아와 교회에 관한 사고도 그러한 경험을 규명하도록 이끈다. 이 사고에 비추어 신앙인에게 피조물은 하느님과의 대화, 그리고 그분의 가장 내밀한 현존과의 대화를 위한 '공간'으로, 또한 천상 세계의 '대기실'로 새롭게 이해될 수 있다.

셋째, '근원적 결합'을 통해 하느님께서는 인간에게 자유를 주시고, 이는 또한 진정한 자유를 위해 부여하는 것을 의미하기 때문에, 피조물과 하느님 현존의 영역인 역사에 대해서 과장된 평가를 하거나 '신성하게 함'을 의미하지는 않는다. 이는 인간이 "아니오"라고 했기에 현존하는 세상이 늘 이미 악에 물들어 있고, 이런 까닭에 순전히 현상학적으로 '신성한 것'(sacrum)으로서 체험될 수 없기 때문에 더더욱 불가능하다. 또한 그렇게 되어서

[137] E. Jüngel, *Gott als Geheimnis der Welt. Zur Begründung der Theologie des Gekreuzigten im Streit zwischen Theismus und Atheilsmus,* Tübingen, 1977, p.40 등등.

도 안 되며, 결코 그럴 수 없는 상황이다. 왜냐하면 창조된 실재가 인간에게 '스스로를' 드러내 보이는 '자율적인' 공간으로, '자율적으로' 표현과 과제를 가지고 나타날 때에만, 비로소 하느님과 인간의 관계가 자유로워질 수 있기 때문이다. 그리고 피조물이 이렇게 하느님을 통해서 다스려지지만, 그럼에도 불구하고 인간에게 자유롭게 살도록 주어지고, 이런 의미에서 '세속화된'='세속적인 세상'(따라서 고통과 악의 세력 아래 신음하고 탄식하는)에서 하느님을 찾고 발견하도록 자극할 수 있기 때문이다.

그 모든 것에 있어서, 앞에서 이미 다른 맥락에서 언급했던 것처럼, 이러한 세계 이해와 관련해 마리아에게 크게 초점을 맞춘 것은 내용적으로 기존의 진술들에 아무것도 더 추가할 수 없다. 그러나 이는 기존의 진술들에 보다 구체적인 모습을 부여한다. 이것이 '참여-형이상학'(Partizipationsmetaphysik)의 개념을 밝혀낼 수 있거나, 피조물은 '은총을 앞서 받은 존재'이거나 '초자연적 부르심'을 받은 존재임에 관한 진술을 규명할 수 있을 것이다. 마리아에 관한 표현 방식은 인격적이고 구체적인 방식으로 결정되었다.

4.3.2. 종교신학의 결론

이번 장을 규명하는 것으로부터 창조신학적 결과 외에 중요한 종교신학적 결과도 끌어낼 수 있다. 여러 가지 이유에서 그렇다.

한편으로, 마리아는 자신이 듣고 응답한 것, 즉 신앙에 근거하여, 다시 말해 자신의 심오한 본질을 규정하는 '대화'에 근거하여 최근에 진행된 종교 간 대화에서 빈번히 '대화의 아이콘'으로 묘사되고 있다.[138] 다른 한편으로, 마리아는, 미하엘 푸스에 따르면, "모든 종교를 인간적으로 연결함, 신앙을 위한 결정"을 보증한다. 마리아는 "구원을 가져오시는 하느님께 신앙인의 토대가 되는 잉태와 출산이라는 포기할 수 없는 기본 태도를 취한다."[139] 그러나 이번 장에서 다룬 내용 중 무엇보다 하느님과 피조물과의 최초의 혼인이라는 사고는 세계 종교에 대해 이해하는 데 영향을 미친다. 이 마지막 결과를 설명하기 위해 먼저 그리스도교 종교신학의 현재 상황을 간략히 살펴보겠다.[140]

---

138) 예컨대 다음 글들을 참조하라: M. Fuß, "Maria - vincolo dell'unità nell'ecumenismo tra le religioni e di fronte ai nuovi movimenti", in: *SetRel* 3(1993), Heft 9, pp. 114~132, 여기서는 p.115 등등; ders., Buddha und Maria: Dynamische Leere als Ikone des Dialogs, in: *StMiss* 43(1994), pp.211~244.

139) Fuß, *Buddha*, pp.215~216.
이와 관련해서는 다음 글도 보라: B. Uhde, "'Fiat mihi secundum verbum tuum'. Die Zurücknahme des menschlichen Willens als ein Prinzip der Weltreligionen", in: *Jb. f. Religionsphilosophie* I, Frankfurt, 2002, pp.87~98.

140) 이어지는 단락의 주요 내용은 다음 책에 이미 나와 있다: Greshake, *Gott*, p.499 이하. 다음 글들에도 이와 유사한 내용이 나온다: ders., "Das Verhhältnis von Christentum und Weltreligionen in der neueren katholischen Theologie", in: Pastoralamt der Erzdiözese Wien(Hrsg.), *Wie von Christus reden im Angesicht der pluralen religiösen Wirklichkeit?* Wien, 1997, pp.4~23; ders., "Jesus Christus und der Dialog der Weltreligionen", in: *StMiss* 51(2002), pp.210~213.

4.3.2.1. 종교신학의 현주소

/참/고/문/헌/

• K. Rahner, "Das Christentum und die nichtchristlichen Religionen", in: *Schr.* V, pp.136~158; W. Kern, *Außerhalb der Kirche kein Heil?*, Freiburg i. Br., 1979; P. Rossano, "Lo Spirito Santo nelle religioni e nelle culture non cristiane", in: *Credo in Spiritum Sanctum - Atti del Congr. teol. internaz. di Pneumatologia(22.~26.3. 1982)*, Bd. II, Rom, 1983, pp.1193~1403; ders., "Christliche Theologie und Religionen. Ein Problem unserer Zeit", in: R. Latourelle / G. O'Collins(Hrsg.), *Problem und Aspekte der Fundamentaltheologie*, 독일어 번역본: Innsbruck-Wien, 1985; R. Bernhardt, *Der Absolutheitsanspruch des Christentums. Von der Auf- klärung bis zur Pluralistischen Religionstheologie*, Gütersloh, 1990; P. Schmidt- Leukel, "Zur Klassifikation religionstheologischer Modelle", in: *Cath* 47(1993), pp.163~183; B. Stubenrauch, *Dialogisches Dogma. Der christliche Auftag zur interreligiösen Begegnung = QD* 158, Freiburg i. Br., 1995(Lit.); B. Sesboüé, *Hors de l'Eglise pas du salut*, Paris, 2004; J. Dupuis, *Unterwegs zu einer christlichen Theologie des religiösen Pluralismus*, 독일어 번역본: Innsbruck-Wien, 2010; J. Arnold(Hrsg.), *Sind Religionen austauschbar? Philosophisch-theologische Position- en aus christlicher Sicht*, Münster, 2012.

• 다원주의적 종교론에 관한 문헌: G. D'Costa, "Das Pluralismus-Paradigma in der christlichen Sicht der Religionen", 독일어 번역본: in: *ThGw* 30(1987), pp.221~231; P.F. Knitter, *Ein Gott - viele Religionen. Gegen den Absolutheitsanspruch des Christentums*, 독일어판: München, 1988; ders., "Nochmals die Absolutheitfrage", in: *EvTh* 49(1989), pp.505~516; R. Panikkar, *Der neue religiöse Weg*, München, 1990; P. Schmidt-Leukel, "Das Pluralistische Modell in der Theologie der Religionen. Ein Literaturbericht", in: *ThRv* 89(1993), pp.353~370; R. Schwager, "Kontraproduktive Folgen? Gefahren beim Streben nach einem schnellen Konsens", in: *ThPQ* 142(1994), pp.23~31; G. Greshake, "Christentum und Welt- religionen. Anmerkungen zum 'Pluralismus-Paradigma'", in: F.X. D'Sa / R. Mesquita(Hrsg.), *Hermeneutics of Encounter*, FS G. Oberhammer, Wien, 1994, pp.109~122; M. v. Brück / J. Werbick(Hrsg.), *Der einzige Weg zum Heil? Die Herausforderung des christlichen Absolutheitsanspruchs durch pluralistische Religionstheologien = QD* 143, Freiburg i. Br., 1993; R. Schwager(Hrsg.), *Christus allein? Der Streit um die pluralistische Religionstheologie = QD* 160, Freiburg i. Br., 1996; M. Hüttenhoff, *Der religiöse Pluralismus als Orientierungsproblem*, Leipzig, 2001; G.L. Müller / M. Serretti(Hrsg.), *Einzigkeit und Universalität Jesu Christi*, 독일어판: Einsiedeln-Freiburg, 2001.

그리스도교 신앙과 다른 종교들과의 관계는 이미 원시교회 시대부터 매우 복잡했으며, 의견이 일치되지는 않았다. "길이요 진리요 생명"(요한 14,6)이신 그리스도는 하느님의 더할 나위 없는 최종적인 말씀이시고, 인간을 향한 하느님의 궁극적이고 무조건적인 자기 전달이시라는 점에서는 처음부터 의견이 일치했다. 그렇지만 사람들은 이러한 공통된 토대에 비추어, 다른 종교들을 사탄의 세력이자 사악함이 판치는 영역이라며 싸잡아 비난할 수도 있었다. 또는 당시에 신적 활동에 합당하고도 일시적인 활동의 장소로 평가하며, 그리스도교 신앙으로 나아가는 길이라고 긍정적으로 평가하는 견해도 있었다.[141)]

따라서 예컨대 초기 교회의 많은 신학자는 하느님과 인간의 역사가 성경적 구원 경륜의 한계를 훨씬 넘어섰다고 확신했다. 이를 설명하기 위해 그들은 당시에 널리 퍼져 있던 스토아 철학의 '로고스'에 대한 사고를 받아들였다. 스토아 철학의 중심에는 신(하느님)은 자신의 로고스와 함께 세상과 역사 속에서 활동하고, 이런 방식으로 자신과 자신의 힘을 알린다는 철학적인 확신이 있었다. 이 신적 로고스는 이제 다름 아닌, 예수 그리스도 안에서 가시적 모습을 취하고 사람이 되신 분이라고 그리스도교 신학자들은 강조했다. 이러한 사고를 배경으로 예컨대 유스티누스는 다음과 같이 기술할 수 있었다.

---

141) 옛 계약의 이스라엘과 다른 종교들과의 관계도 상반된 가운데 공존했다. 그 관계는 철저한 거부(가령 이사 44,6~20)부터 시작해서 노아와의 계약을 아는 것, 이방인 출신의 거룩한 이들과 예언자들을 인정하는 것(멜키체덱, 발라암…), 이교도들의 모범적 신심(요나서에 등장하는 니네베)을 비롯해 '다른 민족들'을 초대하는 것, 함께 하느님을 찬미하기 위해 예루살렘으로 가는 것에까지 이르렀다. 이에 관해서는 다음 책을 보라: Daniélu, *Heiden*.

"그리스도는 모든 사람이 그 몫을 나누어 받는 말씀(로고스)이시다. (…) 이 말씀에 따라 살았던 사람들은 그리스도인이다. 그들이 예컨대 그리스 사람인 소크라테스와 헤라클레이토스와 이와 유사한 이들, 그리고 그리스 사람이 아닌 아브라함, (…) 엘리야를 비롯해 다른 많은 사람처럼 무신론자로 간주되었더라도 말이다. 이들의 행위와 이름을 언급하는 것은 시간이 충분하지 않다. (…) 말씀에 따라 살았거나 지금 그렇게 하는 사람은 모두 그리스도인이다."[142]

그런데 명확한 그리스도인임은 무슨 의미일까? 유스티누스는 다음과 같이 기술한다.

"우리의 가르침은 모든 인간적 가르침을 능가한다. 우리는 그리스도 안에서 모든 말씀(τὸ λογικὸν τὸ ὅλον)을 가지고 있기 때문이다. 그리스도는 우리의 몸 안에서, 우리가 하는 말에서, 우리의 영혼 안에서 모습을 드러내신다. 철학자들과 입법자들이 발견하고 표현한 모든 올바른 것은, 그들이 로고스의 단편(斷編)들(κατα Λόγου μέρος)을 발견하고 주시한 덕분이다. (…) 그들이 말한 선한 것은 모두 우리 그리스도인에게 속한다. (…) 저자들은 자신이 품은 로고스라는 씨앗에 근거하여 진리를 어렴풋하게 볼 수 있다. 그러나 씨앗을 소유하는 것은 다른 것이다. (…) 현실에 참여하는 것은 다른 것이다."[143]

---

142) Justin, *apol.* I, 46,3. 10. 13(Girgenti, pp.224~225).
143) Justin, *apol.* II, 10,1(Girgenti, pp.198~199).

요약해 보자. 그리스도인들은 보편적으로 활동하시는 로고스이신 그리스도를 통하여 처음에 어디서나 유지된 것을 충만히 소유한다. 그리고 그것을 과오나 죄와 뒤섞이게 하지 않은 채 소유한다.

알렉산드리아의 클레멘스와 리옹의 이레네우스 역시 이와 유사한 사고를 지지한다. 그들은 지속적인 구원 경륜이 피조물로부터 시작해서 구약성경을 지나 신약성경에까지 이른다고 본다. 그리고 모든 단계에서 로고스(말씀)가 모습을 드러내시고, 마침내 그리스도 안에서 육화한다고 여긴다. 그렇기 때문에 옛 계약 아래에서 하느님이 모습을 드러내신 것은 당연히 로고스가 모습을 드러내신 것이다. 언제나 그리고 어디서나, 또한 다른 종교적 형상들 안에서도 한 분이신 로고스(말씀)이신 그리스도가 모습을 드러내신다. 이 종교적 형상들에서도 '최초의 교회'에 대한 사고가 발견되는데, 이 사고에 따르면 창조 처음부터 하나의 신앙과 하나의 구원이 중개자이신 예수 그리스도 안에서 실현된다.

'최초의 교회'에 대한 이런 아주 오래된 사고에 이어 아우구스티누스와 교회의 위대한 전승도 다음과 같이 말할 수 있었다. "사안에 따라서 오늘날 그리스도교 신앙(christiana religio)이라 부르는 것은 이미 옛날에도 있었고, 인류가 세상에 처음 등장했을 때에도 존재했다. 그러다가 마침내 그리스도께서 사람이 되시어 오셨다. 그때부터 사람들은 이미 존재했던 참된 신앙을 그리스도교 신앙이라 부르기 시작했다."[144]

---

144) Augustinus, *retr.* I, 13,3(*BA* 12, p.342). 다음 책도 참조하라: Congar, *Ecclesia*, p.81 이하. 또한 이 책 제1권 2.2.2.1.도 보라. 아우구스티누스의 입장은 후대에 폭넓게 받아들여졌다. 이에 관해서는 다음 책을 보라: Congar, *Ecclesia*, p.87 이하. 콩가르는 스콜라 신학에서 전개된 '그리스도, 인류의 머리'(Christus caput humanitatis) 및 '머

그 결과로 나온 것으로, 다른 종교들에 활짝 열려 있는 이러한 자세에 맞서 중세의 중기부터 사람들은 대체로 비그리스도교 종교들에 오히려 부정적 입장을 표명했다. 이는 세상이('특별한 경우'인 유다교와 '주변 현상'인 이슬람을 배제한 채) 어느 정도 그리스도교 신앙에 의해 다스려진다는 잘못된 생각에 근거한 것이다. 또한 전해 받은 공리를 통해, 그러나 완전히 일방적이고 완전히 잘못 이해된 "교회 밖에는 구원이 없다"(Extra ecclesiam nulla salus)라는 공리에 근거한 것이다.[145] 이러한 입장은 '배타주의'라고 표현된다. 그리스도교 신앙은 배타적인, 즉 다른 모든 종교를 배제하는 구원의 길이라고 이해되었다. 이러한 입장은 15~16세기에 발견된 광활한 대륙들로 인해 근대의 선교 활동 초기에 지대한 영향을 미쳤다. 사람들은 선교에 대한 열정을 불태웠다. 신대륙에 사는 원주민들은 그리스도교 신앙을 모르고 세례 받지 못한 상태에서는 구원되지 못하고, 마르코 복음 16장 16절에 따라서 영원히 단죄받을 것이기 때문이다. 가령 예수회의 위대한 첫 선교사 중 하나인 프란치스코 하비에르(Franz Xaver) 역시 그렇게 생각했다. 그는 수천 명의 사람들에게 세례를 주어 그들이 지옥 불에서 벗어나게 했다고 생각했다.

그러나 역사가 흐르면서 그리스도교 신앙에 의해 구원을 받지 못한 매우 많은 지역이 있다는 사실이 밝혀짐에 따라 점점 더,

---

리이신 분의 은총'(gratia capitis)이라는 사고를 가리켜 보인다. 여기서 처음부터(!) '머리'이신 그리스도는 "신성에 의해서"(au titre de sa divinité) 뿐만 아니라 "인성에 위해서"(au titre de l'humanité)도 행사하신다(같은 책, 91쪽). 토마스 아퀴나스에 관해서는 특히 다음 글도 보라: A.M. Hoffmann, "Die Gnade der Gerechten des Alten Bundes nach Thomas v. Aquin", in: *DT* 29(1951), pp.167~187.

145) 다음 두 책을 참조하라: Kern, *Außerhalb*; Sesboüé' *Hors de l'Eglise*.
부정적 입장 외에 다른, 비그리스도교 종교들에 열려 있는 입장도 늘 존재했다. 이에 관해서는 다음 책을 보라: Dupuis, *Unterwegs*, pp.165~190.

그리고 마침내 제2차 바티칸 공의회에서 다른 관점이 관철되었다. 다음과 같은 다양하고 심오한 체험도 이에 기여했다. 즉 비그리스도교 종교들은 단순히 왜곡되거나 몰락하는 모습을 보이지 않고, 오히려 일부는 매우 활기찬 신앙 공동체임을 보이면서, 구성원들을 하느님에 대한 이해로 깊이 이끌었다.

거기서 생겨난 새로운 관점에서 볼 때 그리스도는 단순히 비그리스도교 종교들의 반대자이거나 '완전히 다른 존재'가 아니라, 오히려 인류의 모든 종교적 여정의 목표이시다. 그리스도와 하느님의 성령은 모든 종교 안에서 활동하시고, 종교적 기본 체험에 영향을 미치신다. 이 종교적 기본 체험은 다양한 사회문화적 맥락과 전통을 비롯해 탁월한 인물들에게 기인한 것이기에, 개별적으로 다른 종교들의 모태가 된다.

이 종교적 기본 체험은 다르게 이해된다. 일부 신학자들, 예컨대 장 다니엘루, 한스 우르스 폰 발타사르, 앙리 드 뤼박 등에게는 이 체험에서 사람들의 종교적 갈망만 표현된다. 이 종교적 갈망은 하나의 응답을 구하는데, 예수 그리스도에 대한 명확한 신앙에서만 그 응답이 주어진다.

반면에 다른 신학자들, 예컨대 칼 라너, 한스 큉, 구스타베 틸스, 하인츠 로베르트 슐레테 등은 한 걸음 더 나아간다. 그들에게는 하느님은 어디서나 활동하신다는 종교적 기본 체험에 비추어, 예를 들어 에페소서 1장 9절에 따라서, 이교도들에게도 하느님의 신비가 밝혀진다는 것이 출발점이 된다. 그러나 비그리스도교 종교들에서는 종교적 기본 체험뿐만 아니라 그것에 대한 사회문화적 해석도 아직 불분명하지만, 결국엔 밝혀져서 왜곡과 혼란함과 결핍과 혼재되어 있기 때문에, 이 종교들은 그리스도와 만나면서 제대로 말로 표현하는 것, 정화, 수정, 그리고 동시에 지속성과 부각하는 것이 필요하다.

그렇다 하더라도, 이렇게 다른 두 가지의 공통점이 있다. 바로 다음과 같은 확신이다. 즉, 종교들이 그리스도와 만나는 가운데 바오로가 아레오파고스에서 "여러분이 알지도 못하고 숭배하는 그 대상을 내가 여러분에게 선포하려 합니다"(사도 17,23)라고 설교한 것이 이루어진다. 이에 따라 그리스도는 모든 종교의 목표점으로서 자리 잡고 계신다. 그렇다, 종교적 통찰과 체험, 가치와 실천은 그분 안에서 비로소 제자리를 찾을 수 있다. 만물은 그분 안에서 창조되었고 또 그분을 향하여 창조되었다.

이는 이른바 '포괄주의적' 입장이다. 그리스도와 그분을 향해 있는 그리스도교는 다른 모든 종교를 포괄하고 통합하며 완성으로 이끌 수 있다.

제2차 바티칸 공의회의 가르침도 이런 노선에서 움직인다.

공의회 첫 문헌들 가운데 하나가 이미 비그리스도인들은 그리스도 안에서 모인 하느님 백성에 속한다고 말하며 이렇게 강조한다. "사실 그들이 지닌 좋은 것, 참된 것은 무엇이든지 다 교회는 복음의 준비로 여기며, 모든 사람이 마침내 생명을 얻도록 빛을 비추시는 분께서 주신 것이라고 생각한다"(「교회 헌장」 16항). 「교회의 선교 활동에 관한 교령」 3항에도 이와 유사한 내용이 명시되어 있다. 복음 선포는 "사람들의 마음과 정신에 또는 민족들의 고유 의례와 문화에 심겨 있는 좋은 것은 무엇이든 없어지지 않도록 할 뿐만 아니라 치유되고 승화되며 완성되게 한다"(「교회 헌장」 17항). 「비그리스도교와 교회의 관계에 대한 선언」 2항은 위대한 인류 종교들의 '근본 가치'에 관해 이렇게 말한다. "가톨릭교회는 이들 종교에서 발견되는 옳고 거룩한 것은 아무것도 배척하지 않는다. 그들의 생활양식과 행동 방식뿐 아니라 그 계율과 교리도 진심으로 존중한다. 그것이 (…) 모든 사람을 비추는 참진리의 빛을 반영하는 일도 드물지는 않다." 따라서 중요한 것은, 세계 종교들의 가치를 "인정하고 보호하며 증진하는"(agnoscant, servent, promoveant, 「비그리스도교와 교회의 관계에 대한 선언」 2항) 일이다. 우리는 다른 종교적 전승들 안에 가치들이 숨어 있음을 알고, 진지한 대화를 통해 "하느님께서 이민족들에게 얼마나 값진 보화를 나누어 주셨는지를 배워야 한다"(「교회의 선교 활동에 관한 교령」 11항).

교황청 종교간대화평의회가 1991년 5월 19일에 펴낸 「대화와 선포」 문헌도 위와 매우 유사하게 다음의 사항을 강조한다. "공의회는 이 종교들에 속한 개별 신앙인들의 신앙생활은 물론 그들에게 전수된 종교적 전승에도 분명 긍정적 가치가 있음을 인정한다. 이 가치는 하느님의 말씀과 활동에서 비롯된 것으로, 이때 영의 보편적 활동은 겉으로 드러나지 않는다. (…) 이에 비추어 복음을 준비하는 저 요소들은 신적 구원 경륜 내에서 섭리에 따른 역할을 했으며 지금도 하고 있음을 알 수 있다"(「대화와 선포」 17항).

사람들은 세계 종교들에 대한 이러한 긍정적 견해를 토대로 다음과 같이 질문했다. 세계 종교들은 진정한 신적 계시에 근거를 두고, 따라서 하느님께서 원하시고 작용하셨으며, 늘 동반하신 구원의 길이 될 수는 없는 것인지 물었다. 이 질문을 놓고 가톨릭 신학에서는 아직 의견이 일치되지 않고 있다. 피에트로 로

사노(Pietro Rossano)는 '중도' 입장을 표명하면서 이렇게 기술한다. "공의회를 비롯해 후대의 교회 문헌들도 (…) 이 문제에 명확한 답을 내놓기를 피하더라도, 독자들이 다시는 되돌아올 수 없는 것처럼 보이게 하는 '문턱'을 제거했다. (…) 그럼에도 엄밀히 신학적 용어가 계시 개념을 '예수 그리스도의 계시'(묵시 1,1)로 제한하도록 바람직하게 작용한다. 사실 중요한 것은 역사적으로, 그리고 특별히 신약성경의 종말론적 맥락과 관련된 용어이다. 종교와 관련해서는 '깨달음'(Erleuchtung)이나 '통고'(通告, Kundgabe) 같은 용어가 (…) 더 적절할 것이다."[146] 이에 따라 '계시' 개념을 세계 종교들에 적용하거나, 적용하지 않을지에 대한 결정은 신학적 '언어 규정'의 문제가 아닐까 싶다.

위에 언급된 「대화와 선포」 문헌은 로사노보다 한발 더 나아가 교부들과 관련해 이렇게 말한다. "그들의 견해에 따르면, 하느님께서는 그리스도인들의 증언 이전에 이미, 그리고 이와 무관하게 당신 자신을 드러내셨다(!). 비록 완전한 방법으로는 아니더라도 말이다. 로고스의 이 계시는 자신이 목표로 한 것, 즉 예수 그리스도 안에서의 완전한 계시를 희미하게 가리켜 보인다." 비그리스도교 종교들 안에 있는 모든 것이 '은총의 결과'가 아니더라도, '점차 발전하는 계시'로 존재한다. 이 '점차 발전하는 계시'는 "하느님께서는 인간과 수백 년에 걸쳐 대화하시면서 인간에게 구원을 선사하셨고, 지금도 선사하신다"(24항; 25항도 참조하라)는 것에 근거를 둔 것이다.

---

146) Rossano, *Christliche Theologie*, p.353.

따라서 제2차 바티칸 공의회와 공의회 이후의 교도권 신학[147]은 세계 종교들과 그리스도교의 포괄주의적 관계를 보여 주는 '범례'(範例)가 된다. 이 둘은 그리스도와 만나면서 본래의 목표에 도달하는 것으로, 하느님의 구원 여정, 계시 여정이다. 포괄주의적 입장 안에 그리스도교의 기본 입장이 들어 있다. 이에 대해 포괄주의의 위대한 선구자 중 하나인 칼 라너는 다음과 같이 기술한다. "그리스도교는 모든 사람에게 필요하고 절대적인 종교로, 자신 외에는 동등한 권리를 가졌다고 인정할 수 없는 종교라고 이해된다. 이 문장은 그리스도교의 자기 이해에 따른 것으로, 자명하고 근본적이다."[148]

다원주의적 종교론으로 잠시 시선을 돌려 보자.

배타주의와 포괄주의 외에 1970년대에 새롭게 등장한 다원주의적 종교신학은 다원주의의 본보기라고도 불리는데, 이 신학의 입장을 제한된 틀에서만 살펴보겠다.[149] 당시에 가톨릭 진영에서도 그때까지는 특별히 계몽적 입장이라고 표명된 것으로 여겨지는 한 가지 주장에 주목했다. 예컨대 폴 니터(Paul F. Knitter) 같은 신학자들은 이렇게 요구했다. "그 어떤 종교도, 그리고 그 어떤 계시도 하느님의 유일하고 궁극적인 말씀, 배타적이거나 포괄

147) 공의회 주요 문헌들과 공의회 이후 문헌들이 다음 책에 요약되어 있다: E. Fürlinger (Hrsg.), *Der Dialog muss weitergehen. Ausgewählte vatikanische Dokumente zum interreligiösen Dialog*, Freiburg i. Br., 2009.

148) Rahner, *Christentum*, p.139.

149) 배타주의, 포괄주의, 다원주의로 분류한 것 외에 다른 사조들도 있다. 이에 관해서는 예를 들어 다음 글을 참조하라: J. H. Wong, "Anonymous Christians: Karl Rahners Pneuma-Christocentrism and an East-West dilogue", in: *TheolSt* 55(1994), pp. 609~637.

적인 말씀이 될 수 없다는 사실을 인정해야 한다. 어느 궁극적인 말씀은 하느님을 제한하고 그분의 신비를 가져갈 것이다. 이는 우상 숭배다. (…) 예수가 우리가 그것을 통해 신적 신비의 보편성을 주시할 수 있고, 또 주시해야 하는 하나의 창(窓)임이 분명하다면, 다른 창들도 있을 수 있다."[150] 이로부터 다음과 같은 결과가 나온다. "모든 종교는 적법하고, 또 적법할 수 있다. 다시 말해 그 종교 창시자들도 적법하다. 이는 또다시 세상에 사는 '많은 사람 가운데 하나'인 예수 그리스도는 구세주이자 계시자임을 밝혀 줄 것이다."[151]

여기서 현대 신학에서 폭넓게 토론되고 있는 다원주의의 본보기를 다루는 것은 너무 멀리 나간 것이리라. 마찬가지로 여기에 포함된, 매우 복잡한 '종교' 개념을 규명하는 것이 어떻게 가능한지, 그리고 현대 종교신학의 다른 구상들을 놓고 토론하는 것 역시 불필요해 보인다. 두 가지 요인만 언급하겠다.

(1) 다원주의의 본보기는 그 본래 선구자들이 아닌, 그것에 관심을 갖고 뛰어든 많은 신학자가 하느님의 신비에 대해 크게 주목해서가 아니라, 진리 추구를 위해 마음이 활짝 열려

150) Knitter, *Nochmals*, p.509.

151) Knitter, *Ein Gott*, p.43. 파니카(Panikkar, *Weg*, p.37)도 이와 유사하게 생각한다. 하느님과 인성의 '위격적 합일'(unio hypostica)의 의미에서 강생을 물리치는 것도 다원주의적 입장과 결부된다. '절대적인 것'이 피조물의 '절대적이지 않은 것'과 더할 나위 없이 그리고 긴밀히 결부될 수 있다는 것을 놓고 논쟁이 벌어지기 때문이다. 이에 맞서 슐츠["Die Gretchenfrage der pluralistischen Religionstheologie: Einer ist Gott, nur einer auch Mittler?", in: Müller / Serretti(Hrsg.), *Einzigkeit*, pp.113~153, 여기서는 p.140]가 다음과 같이 논증하는 것은 옳다. "인간 정신의 유한함을 겸손하게 가리켜 보이면서 하느님을 인식할 수 없다고 여기는 사람은 오만한 자기만족에 빠져 이 유한함을 절대시한다."

있었기에 전개된 것이라고 추측해 볼 수 있다. 오히려 다원주의의 본보기는 한스위르겐 페어바이엔(Hansjürgen Verweyen)이 지적하듯이 “여기서 자아는 영적 의미로 충만해져서, 또는 내면 깊은 곳에서 들리는 소리에 경건하게 귀 기울이면서, 진지하게 활동하라는 요구로 인해 영원히 방해받지 않고서 머물고자 한다는 의혹을 불러일으킨다.”[152] 달리 말하자면, 다원주의의 본보기에서 인간에게 요구되는, 구속력 있는 진리를 포기함으로써 ‘포스트모던적인’ 태도가 표현된다.

(2) 역사적으로 비교할 때 다원주의적 종교신학은 사실 고대 그리스도교에서 나온 ‘양태론’(Modalismus)이 변형된 것이라고 보인다. 이 ‘양태론’에 따르면, 하느님은 다양한 양상(‘양태’, modus)으로 인간에게 나타나시지만, 그 양상에서 아주 멀리 떨어져 계신다. 따라서 결코 실제 모습을 드러내지 않으신다. 이와 매우 유사하게 다원주의가 제시하는 명제는 종교의 모든 형태에서 하느님은 특정한 문화적 조건 아래 모습을 드러내시지만, 결코 실제 모습으로 나타나지 않으신다고 확신한다. 그러나 그리스도교 신앙이 고백하는 하느님의 자기 전달은 그렇게 생각될 수 없다. 그리스도교 신앙은 하느님이 있는 그대로,[153] 더 정확히 말하면 예수

[152] H. Verweyen, *Gottes letztes Wort*, Düsseldorf, 1991, pp.99~100.

[153] 이는 물론, 우리는 그리스도 안에서 하느님을 완전히 바라보고 그분의 신비를 간파한다는 뜻이 아니다. 하느님의 신성은 언제나 남아 있다. ‘지복직관’(visio beatifica) 가운데서도 그러하다. 이는 피조물이 영원히 이해할 수 없는 ‘더’(magis)이다. 이 신성이 강생하신 하느님의 아드님 안에 깃들어 있다. 그럼에도 하느님은 그리스도 안에서 아무것도 유보해 놓지 않으셨으며 시간과 공간의 제약을 받으시면서 더할 나위 없이 당신을 드러내 보이셨다는 것은 진실로 남아 있다.

그리스도 안에서 모습을 드러내신다는 것이 전제되기 때문이다. 그분은 당신 자신에 대해서 이렇게 말씀하신다. "나를 본 사람은 곧 아버지를 뵌 것이다"(요한 14,9). 하느님은 예수 그리스도 안에서 당신의 '심장'을, 곧 당신의 본질을 더할 나위 없는 사랑으로 보여 주실 뿐만 아니라, 또한 그렇게 행동하신다. 이 사랑을 '실제' 속으로 옮기시면서 말이다. 그것을 그리스도교 신앙은 강생과 구원 사건이라고 표현한다.

이런 관점에서 보면, 다원주의적 종교론은 철저한 결정을 내리도록 요구한다. 이는 그리스도 또는 크리슈나 또는 붓다 … 중에 어느 한 분을 믿을 것인지 결정하라는 뜻이 아니다. 오히려 중요한 것은, 강생하시어 우리 인간의 운명을 마지막 순간까지 나누신 하느님, 그리고 종교를 달리 이해하는 것을 고려하여 결정하는 것이다. 종교를 달리 이해하는 가운데 궁극적이지 않고 상이한 모습들과 형상들에서 신적인 것이 드러난다. 하느님께서는 그 어디서도 실제로 세상의 '지극히 쓸모없는 것 속으로까지'는 들어가지 않으셨다.[154]

여기서 앞에 인용된 칼 라너의 말을 떠올려 보자. 이 말에서 현대 가톨릭 신학의 핵심이 다시 인식된다. "그리스도교는 모든 사람에게 필요하고 절대적인 종교로, 자신 외에는 동등한 권리를 가졌다고 인정할 수 없는 종교로 이해된다. 이 문장은 그리스도

154) 이에 관해서는 다음 책을 참조하라: J. Ratzinger, *Salz der Erde*, Stuttgart, 1996, p.275.

교의 자기 이해에 따른 것으로, 자명하고 근본적이다." 이에 비추어 포괄주의적 관점에서 나온 종교 간 대화의 토대도 이해할 수 있다. 포괄주의적 관점에 따르면, 그리스도교는 다른 종교들과의 대화를 통해 보다 풍요로워지는 것을 필요로 하지 않는다. 그리스도교는 '충만한 진리'를 지니고 있다. 그러나 이 충만함은 주체의 상황에 따라서 항상 유지되지 않기에 끊임없는 쇄신, 개혁, 새로운 출발이 필요하다. 이때 경우에 따라서 진리의 빛을 더 잘 비추는 다른 종교들 역시 지금 묻혀 버린 본래의 진리를 다시 발견하는 데 기여할 수 있다. 그러나 어느 경우이든 포괄주의적 입장에서 그리스도교가 '절대적 종교'라는 명제에는 논쟁의 여지가 없다. 모든 관점에서 볼 때 이 명제는 결코 거부되지 않을 것이다. 그러나 이 명제는 여러 문제를 제기하고, 다른 종교들이 지닌 계시가 어떤 것인지 질문하도록 도움을 준다. 그리고 그 문제들을 가능하면 인간적인 구상 또는 심지어 악령의 세력으로 축소하도록 이끌기도 한다. 이 명제는 (따라서 다원주의적 종교철학에 대한 비난도) 적어도 자기 자신을 절대적이라 여기는 종교가 대화할 능력이 있는지에 대해서 의혹을 불러일으킨다. 게다가 이 명제는 다른 종교들이 동등한 권리를 지녔음을 부인함으로써, 다소 강제적으로 확정된 것이 아닌지에 대한 묘한 의문을 남기다. 이런 까닭에 라너가 내놓은 명제뿐만 아니라, 제2차 바티칸 공의회가 해석한 몇 가지 점 역시 이번 장에서 '창조된 지혜' 하느님과 혼인한 피조물이자 인격적 형상인 '마리아'에 관해 숙고한 점들에 비추어 볼 때 다소 문제가 있고, 따라서 변경되어야 한다. 자크 뒤퓌가 언젠가 이에 동의하면서 '포괄주의적 다원주의'라고 표현한 방향으로 나아가야 한다. 그가 이렇게 표현한 이유는 그에게도 '고전적인' 포괄주의만으로는 충분하지 않기 때문이다.

4.3.2.2. '창조된 지혜' 안에서 종교들의 일치

사람들이 이제 최초의 인격체로 이해된 피조물, 즉 '마리아'에 동의하든지 그렇지 않든지 상관없이, 피조물은 그리스도 안에서, 그리스도를 통하여, 그리고 그리스도를 향해 '예정'되었음을 인식하게 될 것이다. 이는 '마리아'가 근원적으로 규정되었음과 불가분의 관계에 있다. 하느님의 아드님이 마리아 안에서 피조물과 영원히 연결되어 있고, 가없는 사랑으로 하나가 되는 한 말이다. 물론 이렇게 그리스도와 교회와 관련해 피조물이 근원적으로 규정되었음은, 앞에서 언급한 것처럼, 우리가 마리아 안에서 역사적 개인, 나자렛의 한 여인만 바라보지 않고, '마리아' 안에서 '창조된 지혜' 순수한 피조물을 바라보면 더 분명히 드러난다. 역사가 흐르면서 비로소 하느님과 세상의 궁극적 합일이 마리아 안에서, 그리고 마리아를 통하여 이루어진 반면, 창조주 하느님께서는 처음부터 영원히 사랑으로 '마리아'와 '혼인'하셨기에, 처음부터 영원에 이르기까지 '마리아 안에 계시는 하느님'이시다.

만일 이것이, 곧 하느님과 피조물의 가장 긴밀한 합일이 최초의 피조물 전체에게 새겨진 '감춰진 무늬'에 그치지 않고, 피조물의 '본질을 이루는 이성'(ratio constitutiva), 본질을 이루는 토대, 본질의 의미라면, 어떠한 인간, 어떠한 사회, 어떠한 문화도 존재할 수 없다. 간략히 말하면 이렇다. 그것들에 대해 이해할 수 없고 깊이 각인되지 않은 것, 그리고 의식적으로든 무의식적으로든 자신의 방식으로 그에 대한 답을 주는 것은 아무것도 존재할 수 없다. 무엇보다 종교가 답을 내놓는다. 모든 종교적 관계는 그러한 것으로서 하느님과 '마리아(교회)'의 근원적 결합이 반영된 것이기 때문이다. 오직 한 분이신 하느님이 계시듯이, 하느님과 '마리아(교회)'의 근원적 관계도 하나뿐이다. 모든 종교에서 이 근원적 관계가 감지되고 받아들여지고 있다. 종교들이 내놓는 대답은 상이하고, 그렇게 매우 다르기에 사회문화적 맥락에서 일어나는 수많은 변화와 이른바 종교 창시자들의 다른 카리스마에 따라 상반되기도 하다.[155] 그러나 직관, 정서적 상태, 반성, '초월적 경험'[156]을 통한 인간의 기본 체험, '절대자'로부터 '거저' 받은 것, 그 어떤 공로 없이 감동하고, 동시에 그에 상응하는 응답을 하도록 촉구받는 것은 어디서나 동일한 것을 결과로 가져올 수 있을 테고, 다양한 언어 형태 및 표현 방식으로만, 그리고 다양한 '신화적' 체계와 문화를 수단으로 표현될 수 있을 것이다. 그러나 이 '기본

155) 오해를 막기 위해 언급할 점이 있다. 여기서 주장된 견해는 뮐러〔"Erkenntnistheologische Grundprobleme einer Theologie der Religionen", in: ders. / Serretti (Hrsg.), *Einzigkeit*, pp.17~48, 여기서는 p.33〕에 의해 옳게 거부된 입장과 몇 가지 점에서, 그러나 결정적인 점에서 다르다. 그 입장에 따르면 "신화에 뿌리를 둔 모든 제식, 역사적으로 실존한 창시자들이 세운 세계 종교들, 야훼의 이끄심에 (…) 감사하는 하느님 백성의 신앙 고백은 절대적인 것으로 향한 정신의 동일한 근본적 활동에서 비롯되었다." 그러나 종교는 "정신의 근본적 활동"에서 비롯된 게 아니라, 하느님께서 선사하셨고 지금도 계속 선사하시는 피조물의 본질적 근원이, 다시 말해 하느님의 아드님과 성령에 의하여 영향을 미친 마리아와 교회가 되풀이되면서 구체화된 것이라고 나는 확신한다.

156) 이와 관련해서는 다음 책을 보라: Rahner, *Grundkurs*, pp.31~32, 61~62, 157 이하. 라너는 '마리아'에게 시선을 두지 않지만, 그의 은총 신학에 비추어 보면 이와 매우 유사한 결론에 도달한다. 다음 글을 참조하라: ders., "Weltgeschichte und Heilsgeschichte", in: *Schriften* V, pp.115~135.

체험'은 인간의 '자기 구상'이 아니다. 오히려 그것은, 하느님의 아드님과 하느님의 성령이 처음부터 '마리아' 곁에 계셨고, 따라서 모든 피조물을 다스리신다는 것에 기인한 것이다.[157]

그렇기 때문에 종교의 '핵심'은 어디서든 동일한 것이라고 규정될 수 있다. 중요한 것은 사랑을 받아들이는 것, 그리고 피조물이 이에 상응하여 사랑의 응답을 하는 것이다.

여기서 매우 애매한 개념인 '사랑'(Liebe)은 오늘날 어디서나 통용되는 의미도 아니고, 윤리적 가치도 아니며, 그리스도교의 사랑(Caritas)을 의미하지도 않는다. 오히려 '사랑'은 여기서 자기 삶을 망가뜨리거나 부숴 버리는 것을 없애는 그 무엇에 대한 추구이자 동경을 가리킨다. 사랑은 자신을 끌어당기고 완성을 약속하는 '절대직인 것'을 향한 인간의 내적 움직임을 주제로 삼는다. 이 '절대적인 것'이 이제 (그때그때의 문화적 전제 조건들이나 언어화에 따라서) 인격적으로 또는 비인격적으로 이해되든, 초월적이거나 내재적인 '다른 것' 또는 전혀 이해할 수 없지만 끌어당기는 '무'(無)이든 간에 말이다. 어느 경우이든 '절대적인 것'은 인간

157) 이는 결코 새로운 이론이 아니다! 이레네우스〔*Adv.haer.* IV, 6, 7(FC 8/4, 55)〕는 이미 다음과 같이 기술했다. "'아드님이 모습을 드러내신다는 것'은 미래에 이루어질 일이 아니다. 그분이 마리아에게서 태어나시고 아버지를 드러내 보이셔야 로고스(말씀)가 출발하실 것처럼 말이다. 오히려 그것은 모든 시대를 위해 중요성을 지닌다. 아드님은 처음부터 자신의 피조물 옆에 계셨고 모든 이에게 아버지를 드러내 보이셨기 때문이다. (…)." 이로부터 게프르〔C. Geffré, "La singularitè du christianisme à l'âge du pluralisme religieux", in: Doré / Chr. Theobald(Hrsg.), *Penser la foi,* FS J. Moingt, Paris, 1993, pp.351~369, 여기서는 pp.365~366〕는 다음과 같은 추론한다. "교부들의 전승에 동의하면, 강생하신 아드님의 구원 경륜을 더 포괄적인 구원 경륜의, 다시 말해 인류의 종교사와 관련이 있는 영원한 말씀의 구원 경륜의 성사로 이해하는 것이 가능하다." 이런 입장을 자크 뒤퓌〔"Die Universalität des Wortes und die Partikularität Jesu Christi", in: *SThZ* 10(2006), pp.81~100, 여기서는 p.98〕가 넘겨받았다. 그렇지만 사람들이 이 책에서 '마리아'에 대한 토대를 받아들이면 이중의 구원 경륜의 사고를 이해할 수 없다!

을 끌어당기고 인간은 그것을 향해 마음이 움직인다. 그렇기 때문에 '사랑'이 있는 것이다! 이 사랑 안에서 인간은 해로운 것이나 구제받지 못한 것 또는 자기 삶에서 결핍된 것을 극복하고 '치유'되기 위해 애쓴다.[158)]

사랑을 모든 종교의 핵심으로 규정한다는 것은 결코 '진리'를 사랑의 행위로 대체하는 것을 의미하지 않는다. 다음과 같은 이유에서 그렇다. (1) 이 사랑의 행위는 진리에, 즉 '창조된 지혜'에 대한 진리에 기반하고 있기 때문이다. 다시 말해 사랑은 세상의 '심장'이라는 것, 그리고 이 사랑은 실현되어야 한다는 의식적인 확신 또는 무의식적인 생각에 기반을 두고 있다. (2) 사랑의 행위는 특히 성경의 진리 개념에 의해 더욱 확증된다. 성경에 따르면, 진리는 결국 한 '위격'(요한 14,6)이고 실현되어야 한다. "말씀이 우리의 '거처'가 되시고 우리는 그분의 '거처'가 되기 위해서다."[159)] (3) 종교 세계에서는 진리, 순수한 진리가, 진리 외에는

---

158) 여기서 사랑이 의미한 바를 이렇게 규명함으로써 특히 아시아의 종교성과 관련해 예상되는 이의를 고려해야 한다는 생각이 든다. 아시아는 (뭉뚱그려 말하면) 서양에서 첨예화된 인격에 대한 이해를 그렇게 여기지 않고 이런 까닭에 사랑의 대화도 종교적 태도의 총합으로 간주하지 않기 때문에, 동양권에서 종교의 실천과 목표는 전혀 다르게 구상된 것으로 보인다. '절대자' 측면에서 근원과 혼재되고 하나가 되는 과제, '신비'에 대한 표상을 포기하는 것 등등은 여기서 편협하게 이해된 '사랑' 개념의 자리로 들어선다. 그럼에도 나에게는 큰 긴장이 있더라도 '종교'의 이런저런 유형들 사이에 모순되거나 반대되는 것은 없어 보인다. 이와 관련해서 내가 토론을 제안한 내용이 담긴 다음 책을 보라: Greshake, *Gott*, pp.506~516.

159) H. Schlier, "Meditationen über den Johanneischen Begriff der Wahrheit", in: ders., *Besinnung auf das Neue Testament*, Freiburg i. Br., 1964, pp.272~278, 여기서는 p.277.
특별히 성경적 진리 개념에 관해서는 다음 책들을 보라: W. Kasper, *Dogma unter dem Wort Gottes*, Mainz, 1965, pp.58~84; O. Loretz, *Galilei und der Irrtum der Inquisition*, Kevelaer, 1966, pp.41~71(Lit.); D. Berdesinski. *Die Praxis - Kriterium für die Warheit des Glaubens?* München, 1973; Schnackenburg, *Johannesevangelium II*, pp.265~281; Chr. Landmesser, *Wahrheit als Grundbegriff neu-*

아무것도 중요하지 않다[160]는 단순한 요구는 이미 고전적 형이상학에서 말씀은 좋은 것과 아름다운 것과 긴밀히 연결되어야만 말씀이 말씀으로서 증명된다는 것을 간과한다. 따라서 사랑이 세상의 '심장'에 관해서는 별반 언급하지 않는다. (4) 사랑의 행위는 가톨릭교회의 위대한 전승, 예컨대 토마스 아퀴나스가 신앙을 이해한 것에 관한 최근의 연구를 통해서 다시 한번 증명된다. 이 연구에 따르면, 진리가 사랑보다 우세하다는 모든 견해에 맞서 토마스는 다음과 같은 내용을 강조한다. "사랑이 있는 곳에 신앙도 있다"(Ubi caritas, ibi fides).[161]

이로부터 중요한 결과가 도출된다. 즉 만일 모든 종교가 '마리아 안에 계시는 하느님'이라는 근원적 관계의 '반영' 내지는 역사적으로 '반복되는' 구체화된 형태라면, 또는 달리 표현하자면, 사랑이 위에 언급된 의미에서 종교적 관계의 결정적인 핵심적 요소라면, 여러 종교에서 나타난 '계시'의 개념과 내용이 우선 중요한 것은 아닐 수도 있다. 사람들은 이 계시의 '공통 요소들'을 비교하고, 자신이 몸담은 종교의 관점에서 그것이 어떻게 묘사될 수 있는지, 예컨대 원시적인 것으로서 어떻게 전개되고 완성에 이르렀는지, 악화되었거나 불완전한 것과 혼재된 것으로서 여겨지는지 등등의 질문을 할 수 있다. 오히려 중요한 것은 사랑의 체험과 사랑의 실천이다. 물론 이 둘은 최소한의 '계시 내용' 없

---

testamentlicher Wissenschaft, Tübingen, 1999.

160) 나는 보르도니〔M. Bordini, "Jesus Christus - die Wahrheit in Person", in: Müller/Serretti(Hrsg.), *Einzigkeit*, pp.173~227〕가 쓴 글의 핵심을 그렇게 여긴다.

161) Rechmann, *Liebe I.* 이 중요한 책에 관해서는 각주 9번(이 책 제2권 1.1.)을 참조하라.

이 존재할 수 없는 것들이다(제2권 1.1.을 보라). 그러나 사랑이 하느님으로부터 체험되고 인간이 이에 대답한다면, 칼 라너도 그렇게 주장했던 바와 같이, 다른 종교들과의 '동등하지 않음'이라는 문제에 대한 판단은 사실 주제에서 벗어난 것이다. 또한 진정한 계시와 단순한 깨달음 내지 알아차림, 심지어 인간적인 구상이나 악마의 작용을 구분하려는 가능성마저도 사라지게 된다. 그리스도 안에서 충만함을 지닌 저 진리의 '빛'이 다른 종교들에서 발견된다고 제2차 바티칸 공의회 문헌이 명시한 것도 최소한 수정되어야 할 필요가 있다. 하느님의 사랑이 체험되고 응답을 받을 때 진리와 만나고, 더 정확히 말하면, 그 나뉠 수 없는 완전함에서 만나게 되고, 깨달음을 얻게 된다. 그때 구원이 이루어진다. 그때 부활에 대한 희망을 품게 된다. 사랑하는 사람은 "죽음에서 생명으로 건너갔기"(1요한 3,14) 때문이다. '창조된 지혜' 최초에 창조된 마리아와 교회는 모든 이와 모든 것을 포용한다.

이를 통해서 그리스도교 신앙은 '특별한 위치'를 잃게 되는 것일까? 아니다, 그렇지 않다! 모든 종교는 정당하게 자신이 특별한 위치에 있음을 주장하고, 또 주장해도 되기 때문이 아니다. 모든 종교는 '절대자'에 대한 독자적 체험에 기반을 두고 있고, 이에 특별히 응답한다. 모든 종교는 '일반적인 것'과 비교해 특별한 것으로 여겨진다. 왜냐하면 모든 것을 포용하는 하느님의 사랑이라는 사건은 태초의 마리아와 교회이기 때문이다.

4.3.2.3. 그리스도교 신앙의 '특별함'

그리스도교 신앙의 '특별함'을 이야기할 때는 도대체 어떤 점이 특별하다고 할 수 있는지에 대한 질문이 앞서 제기되어야 한다. 먼저 간략하게, 지극히 변증법적인 명제를 토대로 이렇게 대답할 수 있다. 즉 그리스도교의 특별함은 (특별함의 본질이 그러하듯) 다른 종교들의 특별함과 대비되어 거리를 두는 것(어떤 것이 다른 어떤 것과 구분되듯이)에서 생겨나지 않고, 다른 모든 종교에 맞서 다르지 않다고 표명하는 데에서 생겨난다. 이를 설명하기 위해 지금부터 조금 더 다뤄 보겠다.

지극히 오해의 소지가 있어도 간략히 말하자면, 모든 종교의 본질은 '하느님과 마리아'라는 근원적 관계가 '반복'되는 데에서, 즉 '사랑' 안에 있다. 이 사랑은 자기 사랑이든, 이웃 사랑이든, 하느님에 대한 사랑일 수도 있으며, 단지 진정한 사랑(앞에서 설명한 의미 내에서)이라면 무엇이든지 포함한다. 따라서 사랑을 받아들임과 전해 줌, 더 숭고한 사랑에 대한 갈망이 '종교적인 인간'(homo religiosus)을 규정한다. '본질적으로' 종교들 사이에는 형태의 다양성과 표현의 차이는 있을 수 있지만, 그러나 다른 것과의 차이로 인해 벽을 쌓고 경계를 정하는 것, 자기 보호, 정체성 확립 등을 위한 다양한 노력은 지양되어야 한다. 그러나 현실은 그렇지 않다. 분명히 '사랑'이라는 개념은 너무 일반적이고 공허하며, 따라서 해석이 필요하고 의미가 열려 있으며 불확실하다. 최초의 피조물인 마리아 안에 주어졌고, 종교들 안에서 다양한 방식으로 표현된 사랑의 심오한 의미는 선한 뜻을 품은 모든 사람에게 다가갈 수 있다. 그렇지만 마리아(교회)와 '혼인'하신 하느님께서는 어느 정도까지, 또 얼마나 깊이 개입하시느냐에 대한 질문은 여전히 열려 있다. 하느님의 사랑은 실제로 아무것도, 그리고 아무도 배제하지 않을까? 하느님의 사랑은 인간의 내면 깊은 곳과 심연 속으로, 죽음과 몰락 속으로 들어갈까? 하느님의 사랑은 모든 희망을 잃은 사람들에게 희망을 품게 할까? 하느님의 사랑은 인간의 "아니오" 내지, 사악함, 비열함, 인간이 악에 깊이 연루되어 있다는 사실마저도 이겨 낼 수 있을까? 하느님의 사랑은 자신의 얼굴을 거부하거나 부인하는 것도 견뎌 낼 수 있을까? 요약해 보자. 확장 가능하고, 힘이 있으며, 절대적으로 보편적인 사랑의 본질적 형상은 무엇인가? 이 질문들에 제대로 대답할 수 없다면, 종교들이 제공하는 그저 '일반적인' 대답, 즉 하느님 내지 '절대자'는 인간을 사랑한다고, 그리스도교적으로 표현하면 하느님께서는 '마리아' 안에 계시고 '마리아'는 하느님 안에 있다는 답변에 머무를 뿐 아니라, 필연적으로 서로를 분리하고 경계를 짓는 종교적 형태가 생겨날 것이다. 이러한 종교들은 이러저러한 관점에서, 서로 정도를 달리하여 절대자의 관심에 대한 응답을 제공한다. 다양한 종교들의 차이는 종교들이 그들이 각각 접근할 수 있는, 그리고 이해할 수 있는 절대자의 다른 측면을 반영한다.

반면에 그리스도교 신앙은 예수 그리스도 안에서, 개별 신앙인 안에서가 아니라, 그분 안에서, 사랑이 남김없이 드러나고 실현되었다고 고백한다. 이보다 더 위대하다고 생각할 수 있는 사랑은 없다. 예수 그리스도 안에서 하느님은 우리의 형제, 벗, 신랑으로 그치지 않으신다. 그분 안에서 훨씬 더 많은 것이 이루어진다. 하느님께서는 강생하시어 우리 가련한 인간의 운명 속으로 들어오신다. 그리고 몸소 인간적 기쁨과 고통을 체험하신다. 십자가와 죽음, 심지어 하느님께 버림받기까지 말이다. 그분은 글자 그대로 "가장 마지막 자리"(auf den letzten Platz, Abbé Henri Huvelin)로 가신다. 가장 마지막 사람과도 연대하시고, 그와 가까이 계시기 위해서다. 그분은 인간의 "아니오"로 말미암아 죽임을 당하시지만, 당신의 "예"를 올곧게 유지하신다. 예수 그리스도의 사랑은 그렇게 구속력 있고, 구체적이고, 강렬하므로, 그분의 '강생'은 오직 그분의 유일한 삶 속에서 실현된다. 왜냐하면 '역사를 초월한' 또는 그분의 유일무이한 '강생'과 동일하게 여겨질 수 있는 사건이 많은 사람 안에서, 또는 심지어 모든 사람 안에서 반복된다면, 시간과 공간의 제약을 받는 인간의 참된 본성은 사라지게 될 것이고, 마치 가현설의 주장처럼 겉으로 보이는 가짜 인성과 동일시되기 때문이다.[162] 그러나 하느님은 당신의 강렬한 사랑 안에서 역사적으로 유일하게 강생하시어 인간의 본성(인격이 아니라!)을 취하심으로써, 앞에서(제2권 1.2.3.1.과 제2권 4.2.2.2.) 언급한 것처럼, 강생 사건은 인간 본성에 속한 모든 이에게 무한한 확장성 안에서 인성을 지닌 모든 사람에게 열려 있다. 하느님은 모든 이와 그렇게 긴밀히 결속되어 계시므로, 모든 이는 마리아처럼 신앙 안에서 하느님의 아드님을 '새롭게' 낳을 수 있으며, 그분을 자신 안에서 새로운 형상으로 찾아낼 수 있다. 이제 많은 개개인으로부터 '그리스도의 몸'이 이루어진다. 이제 그들은 그리스도와 하나가 될 수 있고, 서로 하나가 될 수 있다. 또한 삼위일

162) 헤겔과 그 뒤를 이은 예슈케(W. Jaeschke, *Die Religionsphilosophie Hegels*, Darmstadt, 1983, p.99)와 슐체(*Sein*, pp.402~406)는 나자렛 예수의 강생이 많은 사람에게로 또는 다른 모든 사람에게로 확대되는 것은 '추상적'이고 "그리스도의 '보편화'라는 논리는 인간의 본모습을 부인한다"(p.400)고 예리하게 지적한다.

체 하느님의 빛이 될 수 있다.

그리스도교의 확신에 따르면, 그리스도 안에서 드러난 사랑은 가장 높은 수준의 사랑이다. 이에 질문을 던지는 사람은 그것을 넘어서는 사랑의 차원을 알아야 한다. 이는 어려운 것일 수도 있을 것이다. 반면, 더 중요한 반론도 있다. 어떻게 이처럼 강렬하고 포괄적이며 보편적인 사랑, 즉 "이보다 더 위대하다고 생각할 수 없는"(quae maior cogitari nequit) 사랑이 실재하며, 그리고 사람들은 이 사랑 속으로 옳게 빠져들 수 있다는 것을 무엇에 근거하여 알 수 있을까? 여기서는 결국 절대적인 하느님의 자기 계시와 그 사랑의 실재성을 증명하는 예수 그리스도의 부활과 같은 사건을 제외하고는 다른 대답이 있을 수 없다. 그러나 이 우연적인 증거는 인간 안에 있는 '그 무엇'과 마주친다. 이 사랑의 진리는 수긍할 만한 것으로 보인다. 그것은 인간의 깊은 갈망뿐만 아니라 합리적 지성에도 부합한다. 왜냐하면 바로 이러한 완전한 사랑이 지닌 역사성은 인간의 이성과 상상력을 뛰어넘는 무조건적인 선물의 성격을 보여 주는 가장 적합한 표징이기 때문이다. 예수 그리스도 안에서 이루어진 이 완전한 사랑이라는 역사적이고 우연한 사건에 비추어 창조주 하느님과 피조물의 '근원적 혼인'이 궁극적인 심오함과 결과와 관련해 무엇을 의미하고, 또 무엇을 목표로 하는지 분명하게 드러난다. 바로 이런 까닭에 최초의 마리아와 교회에 관해 이야기하는 것, 그리고 이 둘을 온전히 의식하는 것 역시 역사적 강생에 의해서만 가능할 수 있다.

'그리스도교와 세계 종교들'과 관련해 앞에서(제2권 4.2.2.3.) 언급된 '변증법적 원칙'이라는 주제로 돌아가자. 앞에서 강조된 바와 같이, 모든 종교는 종교적 관계의 특수한 표현으로, 서로를 구분하고 구별하는 '다른 것과 다른 것'(aliud et aliud)이라는 방식으로 나란히 존재하고 있다. 오직 그리스도 자신, 즉 사랑 그 자체가 나타나고 실현된 그분, 그리고 그 사랑을 아무런 조건 없이 응답한 '마리아'만이 모든 다른 부분적인 관계에 있어서 '다르지 않음'(non-aliud)을 보여 주고 있다. 사랑은 그리스도 안에서 완전히 나타났고 실현되었으며, 마리아는 사랑에 곧바로 응답했다. 그리스도교도 먼저 다른 종교들 옆에서 종교적 사안을 개별적으로 수행한다. 그러나 그리스도교는 고유성, 즉 다른 모든 종교와 구별되는 특성을 지니고 있다. 그리스도교는 예수 그리스도 안에서 드러난 완전한 사랑을 알고, 이를 인정한다. 그리고 이 사랑에 응답하려 애쓰고, 이 사랑을 증명할 사명을 지녔다고 여긴다. 이로써 그리스도교는 그리스도의 끝없는 사랑과 깊이 '연루'되었다. 이 사랑을 처음에는 실현할 수 없거나, 이 사랑에 부합하지 못하더라도 말이다. 그렇지만 받아들이고, 인정하고, 증명하면서, 그리스도교 신앙은 그리스도의 '다르지 않음'(non-aliud)에, 그리고 그분께 응답한 '창조된 지혜'에 함께 참여한다.

이 '참여'(Teilhabe)에는 진리가 단순히 교훈적 가르침이나 이론에 따른 계시 모델에 따른 추상적으로 옳은 교리상의 진리(이런 진리는 자신에 대한 이해와 보호를 위해 내용적 표현이 필요하다)가 아니라는 통찰도 포함한다. 진리는 단순히 현실을 반영하려는 것이 아니라, 인간의 마음속에 스며들고자 한다. 그렇기 때문에 진리는 한편으로 다양한 피조물의 이미지와 언어의 가능성과 호환될 수 있다. 다른 한편으로, 진리는 더 위대하시고 따라잡을 수 없는 하느님께 호소한다. 진리가 다양한 방식으로 세상에 전해지고,

세상에 의해 받아들여지는 가운데 그리스도께서는 그분의 충만한 형태로 나아가신다(에페 4,13 참조).

이렇게 숙고한 점들로부터 참으로 중요한 실제적 결론이 도출된다. 즉 그리스도의 '다르지 않음'(non-aliud)에 참여하는 것으로서, 그리스도교는 다른 종교들에 벽을 쌓거나 경계를 정하지 않는다는 것, 경계표를 세우지 않는다는 것, 경멸적인 판단을 내리지 않는다는 것을 지켰다. 오히려 그리스도교는 그리스도께서 자신 안에서 작용하시고 실현하신 동일한 사랑이 다른 종교들 안에서 작용한다는 것을 깨닫게 했다. 유다교가 한편으로는 교회 밖에 있는 존재이지만, 그레고르 마리아 호프(Gregor Maria Hoff)가 말하는 것처럼, 교회는 "이스라엘에게 신학적으로 공간을 내주어야 한다. 하느님과 이스라엘의 독자적 여정을 존중하면서 말이다. (…) 그리고 다른 종교들은, 제2차 바티칸 공의회 문헌인 「우리 시대」(*Nostra aetate*)를 통해 말한 것처럼, 구원에서 배제되지 않는다."[163] 이 말은 이런 뜻이다. 즉, '모든 종교 안에서' 이스라엘이 특별한 위치를 차지함에도 불구하고, 다른 세계 종교들 역시 이해 가능하도록 특정한 해석 모델, 경우에 따라서는 등급을 매긴 해석 모델이 제시되었다. 다른 세계 종교들도 이스라엘처럼 '교회 안에 공간'을 가지고 있어야 한다. 왜냐하면 교회는 다른 종교들의 '외부'에서도 자신의 본질, 즉 하느님의 보편적이고, 아무것도 배제하지 않는 사랑의 돌봄을 인식하기 때문이다. 따라서 다른 종교들 안에서 공통적인 것과 유사한 것, 연결하는 것을 표현하는 요소들과 흔적을 찾는 것이 중요하다. 제2차 바티칸 공의

163) Hoff, *Ekklesiologie*, pp.50~51.

회도 「비그리스도교와 교회의 관계에 대한 선언」에서 그렇게 시도했다. 그리고 아시시에서 함께 바친 기도에서 아주 부분적으로 일어났던 것처럼, 이 공통된 것을 표현해야 한다. 더 나아가, 다른 종교들은 새롭고 다른 '언어 및 표현 방식'으로 그리스도 사랑의 신비에 귀 기울여야 한다. 이 사랑의 힘으로 더 큰 드넓음 속으로 들어가기 위해서다. 간략히 말하면 이렇다. 포괄주의는 모든 종교가 그리스도를 향해 가는 여정에 있고, 그분 안에서 자신의 충만함을 발견한다는 확신 그 이상이어야 한다. 포괄주의는 오히려 자기 자신이 다른 종교들과 '다르지 않은 것'(non-aliud)이라고 이해하도록, 그리고 그러한 것을 통해 다른 종교들과 교류하도록 초대한다.[164]

이를 위해서는 보다 단호한 방식의 대화를 필요로 한다. 그 이유는 이렇다. 그리스도교는 자신이 증언해야 하는 것, 곧 그리스도의 완전한 사랑을 실현하지 못하고 있고, 그리스도 자신도 아직 '몸' 전체의 머리가 되지 못하셨기 때문이다. 또한 많은 종교의 가치와 실행 방식, 그리고 통찰들이 아직 명시적으로 그리스도께 도달하지 못했기 때문에, 그리스도교와 교회 역시 여전히 성장하고, 배워야 할 과제를 안고 있다. 다른 종교들과의 대화를 통해 그리스도교는 그리스도 사랑의 보편성을 더 깊이 이해하고, 이를 실현하는 데 한 걸음 더 나아갈 수 있다.

---

164) 여기서 표명된 입장은 니콜라우스 쿠자누스("De pace fidei", in: *Philos.-theologische Schriften*, Hrsg. v. L. Gabriel, Bd. III, Wien, 1967, pp.705~797)의 입장과 크게 다르지 않은 것으로 보인다. 그 역시 다양한 종교들 사이에서 '평화'를 생각하기 때문이다. 이때 그는 상대주의적 관점에서 진리를 도외시하지 않고, 온갖 위장과 애매함과 모순에도 불구하고 모든 이를 일치시키는, 단순하고 참된 '핵심'을 바라본다. 이와 관련해서는 다음 글도 보라: H.-B. Gerl-Falkovitz, "Wahrheit und Toleranz. Zuum Verhältnis der Religionen", in: K.-J. Wallner(Hrsg.), *Auditorium Spiritus Sancti*, FS Heiligenkreuz, Langwaden, 2004, pp.296~317.

> "전 구세사와 계시의 역사가 그리스도교 및 교회의 역사 속으로 들어가 철저히 바뀌어야 비로소 그 궁극적 충만함과 역사적 완성에 이를 수 있다. (…) 〔따라서〕 그리스도교와 교회도 항상 자신의 본질을 완성하려 애쓴다는 것, 그리고 종교적으로 긍정적인 면에서, 그러나 아직 단호히 그리스도교적이지 않은 면에서 인류의 정신적-종교적 역사 내에서 그리스도교와 교회가 변모되어야 하는 것을 인정할 수 있음이 이해가 된다. 그리스도교와 교회가 변모되어야 하는 것은, 하느님의 은총이 역사적으로 드러나게 하기 위해서다."[165]

「대화와 선포」가 말하고 있는 것처럼, 이를 위해 필요한 대화는 "끝없는 과정"이다. 그리스도인들은 자신의 정체성을 잃지 않고서 다른 사람들에 의해, 그리고 그들을 통하여 그들의 전통의 긍정적 가치를 알고 수용할 준비를 해야 한다"(49항). 그래야 비로소 종교들도 완전한 일치를 이룰 수 있다. 이 일치는 '신랑'이신 하느님의 아드님과 "그분 곁에서 사랑받는 아이"(잠언 8,30)라는 근원적 관계에서, 다시 말해 모든 종교와 개별 신앙인이 '반복적으로' 모방하는 관계 안에서 선취되었다. 그렇지만 하느님께서 모든 것 안에서 모든 것(alles in allem)이 되실 때 비로소 완성될 것이다. 그때까지 그리스도교에, 물론 그리스도교에서만 아니라, 이러한 일치를 추구하고 작은 형태로 실현하는 과제가 남아 있다.

그러므로 세계 종교들의 관계와 이들 종교를 존중하는 것은 '최초의 교회인 마리아' 내지 '창조된 지혜'를 바라보는 가운데 새

---

165) K. Rahner, "Kirche, Kirchen und Religionen", in: *Schr.* VIII, pp.355~373, 여기서는 p.364.

롭고 다른 '차원'을 얻게 된다. 세계 종교들은 '마리아 안에 계시는 하느님'이라는 관계의 '반영'으로서 마리아와 교회 속으로, 사랑의 사건 속으로 들어가 있다. 이 사랑의 사건은 모든 이에게 제공되며, 결코 중단되지 않는다. 이로써 모든 개개인이 그러하듯이, 모든 세계 종교는[166] 자신을 지탱시켜 줄 수 있고, 결코 실망시키지 않는 약속 아래 서 있다.

이렇게 고찰을 통해서 '마리아'가 그리스도교 교회들에서 그렇게 매우 다양한 역할을 할 수 있다는 점이 이해된다. 마리아는 겉보기에는 완전한 '부재'(Abwesenheit)로 여겨지기까지 했는데, 결국에는 그리스도께 버금가는 중요성에 이르기까지(제1권 7장 '전망'에 나오는 문세 제기를 보라), 모든 것 안에서 지속되는 것은, 심지어 비그리스도교 종교들에서도 지속되는 것은 '종교적 관계'이다. 이 '종교적 관계'는 각기 다른 언어로 표현될 수도 있고, 숨겨져 있을 수도 있으며, 더 많거나 적게 드러날 수도 있다. '마리아'에 관한 언급, 즉 하느님 사랑의 대상으로 지정된 그녀와 그로 인해 명시적으로 발생한 공경의 영역에서 드러난 높은 지위는 종교적이고 근원적인 차원에서 매우 구체적으로 표현한 것으로, 내 생각엔 지극히 통찰력 있게 표현한 것이라 생각된다.

---

166) 모든 이에게 적용되는 선행하는 것으로서 이 최초의 교회로부터 교회를 탈퇴하는 일은 있을 수 없다. 이를 놓고 현재 벌어지는 논쟁은 매우 부차적인 것으로 드러난다.

4.3.2.4. 보충 - 마리아와 세계 종교들의 신적 모성

태초에 '창조된 지혜'라는 구상은 세계 종교들이 다르게 바라본 관점에서 증명될 뿐만 아니라, 거의 모든 종교에서 마주치는 현상을 밝히는 데에도 도움을 줄 수 있다. 신적 모성을 공경하는 현상은 인류의 어머니(Urmutter)에 대한 제식으로서, 구석기 시대부터 거의 모든 문화권에서 볼 수 있다.[167] 이 제식에 비추어 많은 상이한 차원이 인식될 수 있다. 여인과 대지의 풍요로움, 이와 연관된 죽음보다 강한 '생명의 신비' 그러나 모태 안에서 보호받음을 느끼는 태아의 체험도 인식될 수 있다. 때로는 여신이 남신과 함께 있고, 그런 가운데 '거룩한 혼인'(hieros gamos)의 신비를 드러낸다. 분명히 이 종교적 근원 현상은 다른 모든 종교적 현상이 그러하듯, 인간적 체험, 이 경우에는 인간의 보편적 체험의 구상으로서 초월적인 신적 세계 깊은 곳까지 이해될 수 있다. 여기서 제기되는 질문은 하나뿐이다. 실제로는 사정이 정반대인 것은 아닌가 하는 것이다. 그 이유는 이렇다. '마리아 안에 계시

---

167) 이에 관해서는 예컨대 다음 책들을 참조하라: E. Neumann, *Die große Mutter. Eine Phänomenologie der weiblichen Gestaltungen des Universums*, Olten, 1994; M. Stone, *Als Gott eine Frau war. Die Geschichte der Ur-Religionen unserer Kulturen*, 독일어 번역본: München, 1989; M. Eliade, *Geschichte der religiösen Ideen*, Bd. I, 독일어 번역본: Freiburg i. Br., 1978, p.30 이하, p.47 이하; Sh. Husain, *Die Göttin. Das Matriarchat. Mythen und Archetypen, Schöpfung, Fruchtbarkeit und Überfluss*, 독일어 번역본: Köln, 2001; K.-H. Ohlig, *Religion in der Geschichte der Menschheit. Die Entwicklung des religiösen Bewusstseins*, Darmstadt, 2002, p.55 이하, p.85 이하, p.147 이하; G. Hierzenberger, *Maria - Die weibliche Dimension Gottes*, Kevelaer, 2004, 특히 p.22 이하.
'거룩한 혼인'이라는 사고는 여신의 모성에 대한 표상과 긴밀히 연관되어 있다. 이에 관한 고대의 가장 중요한 자료가 다음 책에 명시되어 있다: Schmid, *Brautschaft.*

는' 하느님은 언제나 이미 인간에게 다가가셨으므로, 인간은 신적 사랑의 빛에서 자신의 체험을 이해하고 해석할 수 있기 때문이다. 이러한 관점에서 보면, 사람들은 '위대하신 어머니'(Magna Mater)에 대한 공경이라는 보편적이고 종교적인 현상은 성경 영역에서는 하느님과 '시온의 여인' 내지 '하느님의 사랑을 받은 왕위에 오른 여인, 지혜인 여인'을 중심으로 전개되는 진정한 신적 계시의 그림자라고 이해할 수 있다. 이런 까닭에 신적인 모성이라는 주제는 종교 간 대화의 대상이 될 수도 있다. 그리스도교는 마리아 공경과 그리고 이를 넘어 하느님과 순수한 피조물인 마리아(교회)의 태초의 '혼인'이라는 구상을 통해 종교 간 대화에 기여할 수 있다. 이 태초의 '혼인'은 창조에 근거를 둔 것이다.

우리가 앞에서(제1권 2.1.2.) 보았듯이, 그러한 '대화'는 4세기에 마리아 공경의 영향으로 아르테미스(사냥의 여신) 공경이 사라지면서 이미 진행되었다. 이로써 사람들은 단순히 종교적 혼합주의를 추구한 것이 아니라, 종교 신화 속에서는 예수 그리스도 안에서 이루어진 진리에 관한 '예비적 구상' 같은 무언가가 존재하다는 점을 부각시켰다. 이런 맥락에서 알렉산드리아의 클레멘스(Klemens von Alexandrien)는 다음과 같이 기술했다. "오라, 그대에게 로고스를 보여 주고, 로고스의 신비를 알려 주겠다. 그리고 익숙한 비유를 들어 이 둘을 설명해 주겠다."[168]

그리스 신화의 비유를 들어 밝히겠다는 뜻이다. 클레멘스의 이 문장을 후고 라너는 자신의 책 『그리스도교 관점에서 해석하는 그리스 신화』(*Griechische Mythen in christlicher Deutung*)에 나오는

168) Klemens v. Alexandrien, *Protrept*, 12(GCS o. Bd-Angabe, p.84).

'그리스도의 신비와 이교도의 신비'라는 장의 모토로 제시하고 이렇게 기술한다. "하느님의 활동은 인류의, 특히 고대 후기 민족들의 종교사적 발전을 통해 의미를 지니게 되었다. 이러한 종교사적 발전은 로마서의 의미에서 위기일 뿐만 아니라, 그리스도를 향한 교육이기도 하다."[169] 여기에 '마리아에게도 향한'이라는 문구를 추가해야 할 것이다. 칼 프륌(Karl Prümm)은 1939년에 이미 이런 방향으로 나아갔다. 그는 어머니 공경을 "인류가 지닌 성향"이라고 표현하고, 이런 이유에서 마리아 공경을 "윤리적 필연성으로서 (…) 이렇게 세상에 퍼져 있는 이교도들의 일부 세력을 실제로 물리치기 위한 것으로 승화시킨다."[170]

이렇게 "그리스도교 밖에 있는 것이 교육적으로 통합"될 때 상대주의적 혼합주의를 피하게 될 뿐만 아니라, 인간 마음의 정화도 이루어진다는 것을 개신교 의사이자 심리치료사인 테오도르 보벳(Thdodor Bovet)은 다음과 같이 설명한다.

> "옛날에는 야훼와 아스타르테(Astarte, 고대 셈족이 숭배한 풍요와 생식과 사랑의 여신_ 옮긴이 주) 사이에 화해할 수 없이 대립된 것이 존재했다. 아스타르테는 완전히 없어져야 했다. 그러나 세월이 흐

169) H. Rahner, *Griechische Mythen in christlicher Deutung*, Basel, ^{4}1984, pp.28~29. 이런 노선에서 델라하예(K. Delahaye, "Maria Tyous Ecclesiae", in: *Alma Socia Christi. Acta Congressus mariologici-mariani Romae* 1950, vol. V/!, Rom, 1952, pp.25~45)는 칼 프륌의 견해에 동의하면서 다음과 같이 기술한다. "모든 신비는 차음부터 여신을 기리는 종교가 거행한 제식에 깃들어 있었다. (…) 동시에 동정녀이자 어머니로 보이는 여성 형상에서 대지의 형이상학적 의미가 온 세상을 포괄한 것으로서 표현된다. (…) 교부들은 하와부터 시작해서 성경에 등장하는 모든 여성을 창조된 세상의 상징으로 보았다."

170) K. Prümm, *Christentum als Neuheitserlebnis. Durchblick durch die christlich-antike Begegnung*, Freiburg i. Br., 1939, p.147.

르면서 둘의 투쟁은 대체로 다르게 펼쳐졌다. 야훼는 인간의 생각과 원의를 이겨 내고, 인간의 의식적 삶을 다스렸다. 반면에 위대한 여신은 인간의 무의식 속으로 들어갔고, 거기서 인간의 실제적 태도에 더 막강한 위력을 행사했다. 따라서 오늘날까지 무엇보다 생각과 원의 속에서 신앙을 체험하는 그리스도인 '영혼의 세계'에, 특히 무의식에 뭔가 으스스한 것이 붙어 있다. (…) 그러나 그분(예수)을 통하여 마리아가, 그리고 이로써 위대한 여신이 무의식으로부터 나온다. 위대한 여신은 밤을 지배하는 악령의 여왕이기를 그만둔다. 오히려 명확하고 의식적으로, 그렇지만 겸손하게 하느님 앞으로 와서 이렇게 아뢴다. '말씀하신 대로 저에게 이루어지기를 바랍니다.' 마리아는 무의식에서 나와 그리스도교의 메시지가 되었다. 이때 마리아를 독자적 형상, 자신을 비추는 태양으로, 하느님 옆에 있는 '여신'으로 바라볼 위험이 생긴다. 그렇게 되면 우리는 영지주의자나 이교도 무리에 포함된다. 그러나 우리가 마리아의 고유한 모습을 닮을 때, 즉 마리아는 달과 같은 존재임을, 다시 말해 그리스도의 빛을 비추는 존재임을 알 때, 마리아는 정반대로 무의식적인 것을 없애 버릴 테고, 이는 우리를 풍요롭게 할 것이다."[171]

---

171) Th. Bovet, *Die Liebe ist unsere Mitte*, Tübingen, 1959, pp.54~55. 드레버만(*Frage*, p.114)에게서도 긍정적 측면이 보인다. "우리가 사는 세상은 영적 측면에서 위대한 어머니에 대한 진실을 보완하는 것이 절실하다. 그리고 이 진실을 영원한, 신적 진리로 (재)발견하고 증명하는 것은 삶이 병든 이 시기에 가톨릭 신앙이 피하지 않고 필연적으로 반응하는 것이다." 이러한 견해는 완전히 융(C.G. Jung)의 입장에 이어 나온 것이다. 융은 1953년에 이미 여성이 남성과 동등한 권리를 지녔음을 다음과 같이 설명한다. 이러한 동등한 권리는 "'신적' 여성, 그리스도의 신부 형상 안에서 형이상학적으로 정박할 것을 〔요구한다〕. (…) 여성적인 것은 남성적인 것과 마찬가지로 인격적 대리를 요구한다"(Jung, *Antwort*, pp.498~499).
이에 관한 다음 문헌도 참조하라: Courth, *Mariologie*, p.323 이하.

그리스도교 초기에 마리아와 위대한 여신과 함께 이루어진 것은 유사한 방식으로 오늘날까지 되풀이되고 있다. 그것은 무수히 변형된 모습으로 나타나는데, 예를 들면 마리아와 안데스 지역에서 신봉하는 여신 파차마마(Pachamama)가 동화된 과정을 통해서도 볼 수 있다. 오늘날까지 이 여신은 '어머니와도 같은 대지'(Mutter Erde)뿐만 아니라 현실 세계 전체, 특히 생명의 전체성을 대변하는 존재로서 라틴아메리카의 많은 지역, 특히 페루, 볼리비아, 콜롬비아, 에콰도르[172]에 사는 인디언들에게서 공경받고 있다.

'신대륙'이 발견된 뒤에 그리스도교 선교사들은 강력한 어머니 형상 없이는 그리스도교의 토착화가 불가능함을 깊이 통찰하면서, 파차마마를 마리아로 '대체'하려 애썼다. 그러나 이렇게 대체하는 것은 초기에만 성공했다. 일부에서는 파차마마가 오늘날까지도 큰 무리 없이 마리아와 동일시되고, 또는 마리아도 다른 구체적 모상으로 여겨지고 있지만,[173] 일부에서는 마리아가 파차마마의 '대체물'이 되고 있다. 따라서 사람들은 파차마마는 물론

172) 에콰도르에서 '파차마마'는 '자연' 내지는 '자연성'의 의미에서 심지어 헌법에 공식적으로 '근본 원칙'으로 명시되어 있다. 헌법 서문에 이런 내용이 나온다. "우리는 자연, 파차마마를 축하하며, 우리는 그 일부이며, 우리의 존재에 필수적입니다." 헌법 제71조에는 '파차마마'가 심지어 '법적인 인격'으로 표현되어 있다. "파차마마는 (…) 그 존재와 그 순환, 구조, 기능 및 진화 과정의 유지 및 재생이 완전히 존중받을 권리가 있다"라고 선언한다.

173) 1980년대에 페루에 간 적이 있다. 나는 8월 15일에 안데스 산맥에 있는 어느 외진 마을의 성당에서 국제적으로 저명한 어느 종교학자(!)의 설교를 들었다. 그 설교 내용의 일부를 그대로 옮겨 보겠다. "오늘 우리는 마리아 축일을, 우리에서 크비누아(quinua, 안데스 지역에서 나는 곡물)와 코카나무를 주신 파차마마의 축일을 기리고 있습니다. (…)." 당시에 나는 페루에 있는 어느 신학교에서 신학생들과 잠시 함께 지냈다. 그때 신학생들은 '파차마마'가 구약성경에 등장하는 '창조된 지혜'와 동일한지 아닌지, 그리고 '처음부터' 실제 인물로 존재했는지 아닌지를 놓고 토론을 벌였다(그러니까 의견이 일치하지 않은 것이다).

마리아 역시 부르며, 제식을 통해 공경한다. 무엇보다 두 존재가 서로 동일시되기에, 마리아는 창조의 역할을 수행한다. 그러나 어느 경우이든 자비로운 마리아는 제물 봉헌과 규정 준수를 엄격히 요구하는 파차마마를 능가한다. 이로써 마리아에게 적용되는 은총의 원칙은 이교적 여신이 요구하는 엄격한 원칙, 즉 '받기 위해 준다'(do ut des)는 엄격한 원칙의 자리를 대체한다.

라틴아메리카의 여러 나라에 파차마마가 있다면, 멕시코에는 아즈텍족(멕시코 원주민)이 공경하는 대지의 여신 토난친(Tonantzin)이 있다. 토난친 공경 역시 마리아 공경으로 인해 자취를 감추었다. 그러나 예전에 공경받던 이 여신의 본질적 특성도 새로운 어머니(마리아)에게로 옮겨갔다. 그리하여 멕시코에서, 그리고 미국에 사는 라틴 민족에게서도 특히 공경받는 마리아, 즉 요한 바오로 2세 교황이 "두 아메리카의 어머니"라고 묘사한 과달루페의 마리아가 어떻게 '뱀을 짓밟는 여신' 토난친과 그 특별한 역할에 의해 완전히 각인되었는지 드러날 수 있다.[174] 인디언인 후안 디에고(Juan Diego)는 어린 시절에 마리아 발현을 목격한 뒤에 마리아를 특히 "생명을 주시는 분의 어머니" "창조주의 어머니" "태양과 대지를 만드신 분의 어머니"로 묘사한다. 이 모든 칭호는 아즈텍족이 믿었던 여신들에 적용된 것이었다. 이 여신들과 함께 마리아는 "인간을 살게 하시는 참된 하느님의 어머니"로 등장하고, "지고한 창조의 위력과 동일시된다."[175] 여기서도 토난친과 마리아에 대한 개념들은 반대로 묘사된다.

---

174) 이에 관해서는 다음 문헌들을 참조하라: Gebara / Lucchetti, *Maria*, pp.142~143, 156~167; J. Rodriguez, "Tonantzin Guadalupe: Von Leid und Tod zur Auferstehung", in: *Conc.* 44(2008), pp.474~482.

175) *Ibid.*, p.480.

마리아 내지는 여성적 원형(ἀρχῆ)과의 관계, 그리고 그것이 지닌 '지혜의 특성'에 대한 또 다른 관점을 불교에서도 찾아볼 수 있다. 그리스도교와 불교는 종교적 '세계'가 전혀 다르기 때문에, 만약 비교가 가능하다면, 여기서 비교의 대상은 그리스도와 붓다가 아니라,[176] 오직 마리아와 붓다가 될 수 있다.[177] 그 이유는 이렇다. 붓다가 가르침과 삶으로 전해 준 다르마(Dharma), 즉 '영원하고 보편적인 것'은 사람들이 개별적으로 이해하듯이, 궁극적으로 의심할 수 없는 실재와 같은 것이기 때문이다. 붓다는 '깨달음'을 통해, 다르마 자체의 선물을 받았다. 이 깨달음은 불교 문헌을 보면, 깨달음이란 여인에 의한 분만에 비유된다. 여인은 "다르마를 세상에 가져오기" 때문이다. 따라서 붓다에게는 마리아에게서처럼 '모태'가 탁월한 중요성을 지닌다.[178] 붓다와 마리아는 다음과 같은 점에서도 비교할 수 있다. 그들 안에서, 그리고 그들을 통하여 영원한 말씀이 육(肉) 내지는 다르마를 이해할 수 있는 거룩한 말씀이 된다는 것이다. 이 둘은 온전히 '받음'에서 비롯된 삶을 산다. 이 둘은 철저히 '수동적'이거나 '자신을 비운다.' 다시 말해 온갖 이기적인 구속에서 벗어났다. 그러므로 이 둘은 받은 것을 전해 주는 '통로'가 될 수 있다. 이로써 이 둘은

---

176) 물론 예컨대 '종교 창시자들'과 같은 제한된 관점에서 보면 그리스도와 붓다의 유사성도 정당화될 수 있다.

177) 이와 관련해서는 앞에 언급된 푸스(M. Fuß)의 글과 다른 문헌들을 비롯해 다음 글도 보라: D. Mitchell, "Compassionate Endurance. Mary and the Buddha", in: *BSNC* 21(1986), pp.296~300. 위에 기술된 내용은 이 2차 문헌을 토대로 한 것이다.

178) 다음 책을 참조하라: Fuß, *Buddha*, p.212 이하. 그리고 그 책에 명시된 불교 관련 문헌들도 참조하라. 푸스는 특히 여성적인 관세음보살(Bodhisattivas Guanyin) 형상이 그려진 수많은 초상화에서 부처의 모상이 드러난다고 언급한다. 그러나 그는, 테라바다(Theravâda) 불교의 대중 신심에 따르면 부처는 어머니로 묘사된다는 점도 도외시한다.

'보편적 모성'을 지니고 있다.[179] 간략히 말하면 이렇다. "자신의 존재를 포기하는 것은 붓다와 마리아의 본래적 삶의 모습을 표현한다. (…) 두 인물은 (…) 열려 있는 자세로 받아들이고 창조적 분만을 통해 역동적인 비움에 완전히 응답한다."[180]

이러한 '유사성'을 통해서 다른 종교들 사이에 큰 차이가 있음을 부인하려는 것은 아니다.[181] 그러나 모든 차이에도 불구하고 하나로 이어진 구조가 있다. 피조물의 원형(ἀρχή)에 근거를 두고 있는 하나의 공통된 구조가 존재하고, 이는 다른 종교들에서 어떤 관계를 반영하고 반복함으로써 각기 다른 표현 양식을 찾고 있는 것이다. 바로 이런 점에서 마리아는 세계 종교들이 장차 나눌 대화에서 중요한 역할을 할 수 있다.

---

179) 이와 관련된 불교 문헌들은 다음 책에 나와 있다: Fuß, *Buddha*, p.238 이하.

180) Fuß, *Buddha*, pp.214, 242. 다음 글도 보라: P. Gäng, "Die Bedeutung von Göttinnen und weiblichen Buddhas", in: *Zur Debattte* 2(2013), pp.37~38.

181) 힌두교에서는 불교보다 더 많이 여성적 '원칙'이 부각되어 있다. 예를 들어 인도에서는 그리스도인들보다 힌두교도들이 더 많이 마리아 성지 순례지를 방문한다. 그렇지만 이 대목에서는 이에 관해 더 이상 언급하지 않겠다. 유다교의 '마리아를 따른 구조'와 무슬림 교도들의 마리아 공경에 관해서도 더 이상 언급하지 않을 것이다. 이에 관해서는 예컨대 다음 책들을 보라: E. Peretto(Hrsg.), *Maria nell'Ebraismo e nell'Islam oggi.*, Roma-Bologna, 1987; D. Kinsley, *Indische Götinnen*, Frankfurt, 1990; L. Hagemann / E. Pulsfort, Maria die Mutter Jesu in *Bibel und Koran*, Würzburg-Altenberge, 1992.

MARIA
ECCLESIA

II

제5장

전 망

제 5 장 • 전 망

5.1. 몇몇 예술 작품 안에 드러난 마리아

5.1.1. '성인'에 관해 예술적으로 묘사할 때 중요한 점

"마리아님,
수많은 그림에서
당신이 아름답게 묘사된 모습을 바라봅니다.
그렇지만 그 어떤 그림도
제 영혼이 당신을 어떻게 바라보는지
묘사하지 못합니다."

낭만주의 시인 노발리스(Novalis, 프리드리히 레오폴드 폰 하르덴베르크)가 쓴 이 시구를 읊조릴 때면 떠오르는 장면이 있다. 내가 보좌 신부로 처음 부임한 곳으로, 라인강 하류 지역의 어느 본당 인근에 은퇴한 노사제가 살고 있었다. 이 사제는 자신의 서재 벽 곳곳에, 바닥부터 천장에 이르기까지 마리아가 묘사된 그림을 빽빽이 걸어 놓았다. 그렇게 백 점이 넘는 그림들이 크고 작은 형태로, 아름다우면서도 통속적으로 공간을 가득 채웠다. 어떻게 보면 그림들이 공간을 지배했다. 이렇게 기이하게 장식하게 된 이유를 그 사제는 위에 인용된 노발리스의 시구를 통해 제시했다.

이제 이 책을 마무리하면서 마리아가 묘사된 그림 몇 점을 관찰하려는 것은 마리아에 대한 '아름다운 표현'을 통해 한 단면을 제시하려는 것이 아니라(어느 작품에서는 '다정함'과 반대되는 것이 표현될 것이다), 우리가 지금까지는 엄격히 신학적으로 바라보았던 '마리아'라는 복합적인 인물에게 다른 방식으로 다시 한번 다가가기 위해서이다.

'성인'을 체험하는 것은 단지 신앙과 경건한 생각을 통해서만 이루어지는 것이 아니라는 것은 이미 앞에서(제1권 1.5.2.2.) 언급했다. 상징적이고 예술적인 표현도 더 높은 수준에서 종교 세계로 들어가는 문을 열어 준다. 예술에서도 성인이 '이해하는 것'과 '상상하는 것'이 표현된다. 따라서 묘사된 것은 자신에게서 벗어나 결국 이해할 수도, 상상할 수도, 말할 수도 없는 그 무엇을 가리켜 보인다는 것은 처음부터 분명하다. 바로 이 점에서 실재(實在)를 개념적으로 이해하는 것과 관련해 중요한 차이가 드러날 것이다. 예를 들어 신학 분야에서 볼 수 있듯이 말이다. 신학적 개념은 파악된 실재를 그 '자신'과 동일시하라는 (개념적으로 이해된 모든 것에 해당되는) 요구에 의해서, 이른바 '둘째 단계'에서 비로소 '출발'해야 한다. 신적인 실재를 개념적으로 이해하고 분석하고 성찰하는 것은 '유비'(Analogie)의 법칙 아래 있어야 한다. 이는 거룩한 것을 인식하고 이해하려는 모든 인간적 시도에 있어서 실재하는 것을 이미 인식하고 파악한 것이 '유사하지 않음'(Unähnlichkeit)이 '유사함'(Ähnlichkeit)보다 더 크다는 것을 의미한다. 그리고 이 기본 법칙은 인식하는 단계에 이어지는 고유한 단계에서 타당성을 지닌다.[1] 반면 예술은 신앙과 공통점이 있다. 예술은 처음부터, 그러니까 '둘째 단계'에서가 아니라, 자신에게서 벗어나, 자신에 의해 이해될 수 없는 실재를 가리켜 보인다는 것이다. "교의는 신적인 진리를 지향하면서 이 신적인 진리를 깨닫는다"〔Articulus (fidei) est perceptio divinae veritatis tendens in ipsam〕[2]는 토마스 아퀴나스의 명제에 상응하여 사람들은 예술에 관해서도 이렇게 말할 수도 있을 것이다. "예술 작품은 신적인 진리를 가리키면서 이 신적인 진리를 깨닫는다"(Repraesentationes artis sunt perceptiones divinae veritatis tendentes in ipsam). 이 말은 하느님을 대상으로 하는 예술적 표현에는 물론, 신적인 생명과 활동과 관련된 '초월적 세계'에 대한 모든 묘사에도 적용된다. 예술 작품은 처음부터 '신적인 신비'를 스스로 재현하려는 것이 아니라, 단순히 가리켜 보이고 상기시키는 것을 재현한다. 예술 작품은, 자신에게서 벗어나, 신비를 가리켜 보이면서 이 신비를 조명한다.

아래에서는 마리아에 관한 예술 작품들 가운데 몇 가지를 선별하여 기술했다. 이 예술 작품들은 여러 관점에서 볼 때 '특이'하고, 따라서 마리아의 형상을 우리에게 익숙한 관점에서 벗어나 바라볼 마음을 불러일으킬 수 있고, 또 그래야 한다. 이는 이 책의 여러 대목에서도 이미 시도한 것이다. 마리아에 관한, 이루 헤

---

1) 이는 전통적으로 이른바 고전적 '세 단계'의 둘째 단계에서 이루어진다. 첫째 단계인 '긍정의 길'(via affirmationis)로부터 시작해서 둘째 단계인 '부정의 길'(via negationis)을 지나 셋째 단계인 '탁월함의 길'(via eminentiae)에 이르게 된다. 첫째 단계에서는 실재(實在)를 있는 그대로 파악하는 것이 중요하다. 둘째 단계에서는 신적인 것의 실재는 모든 인식이 추구하는 것과는 전혀 다른 것임을 의식해야 한다. 셋째 단계에서는 우리가 인식하는 단편(斷編)들은 전혀 무의미하지는 않지만, (토마스 아퀴나스가 삶을 마치며 말했듯이) 하느님의 탁월하심에 비추면 '지푸라기'(palea)에 불과하다는 것을 깨닫게 된다.

2) Thomas v. Aquin, *STh* II, 1,6.

아릴 수 없을 정도로 많은 예술 작품과 그 유형을 여기서 다 다룰 수는 없는 일이며, 그렇게 많다는 것에 반대해서도 안 된다.[3] 그 이유는 이렇다. "그 어떤 그림도 당신을 묘사하지 못합니다."

5.1.2. 선별된 예들

5.1.2.1. '신적 지혜를 묘사한 이콘'

_ 노브고로드(Nowgorod, 15~16세기)

여기서 가장 먼저 소개하는 그림(이 책 468쪽의 그림 2를 보라)은 이 책이 지향하는 내적인 목표와 크게 일치한다. 이 작품은 '신적 지혜(Sophia)를 묘사한 이콘'이다. 러시아 신학자들은 신적 지혜에 관해서, 그리고 이 신적 지혜와 마리아의 관계에 대해서 깊이 묵상하기 위해 이 작품에 접근했다(제1권 6.3.4.를 보라).[4] 이런 유형의 가장 오래된 작품은 모스크바 크렘린궁의 수태고지 대성당에 소장되어 있는데, 이 작품은 신적인 지혜를 묘사하면서 그리스도를 (코린토 1서 1장 24절에 따라서) 신적인 지혜로 묘사한 반면,[5] 노브고로드에 있는 지혜를 묘사한 이콘은 그렇지 않다.

---

3) 다음 두 글이 이를 개관하게 해 준다: G.M. Lechner, "Marienverehrung und Bildende Kunst", in: *Hmar*, pp.559~621; K. Kolb, "Typologie der Gnadenbilder", in: *Hmar*, pp.849~882.

4) 더 큰 배경에 관해서는 다음 글을 보라: M. Osterrieder, "Das Land der Heiligen Sophia: Das Auftauchen des Siphia-Motivs in der Kultur der Ostslaven", in: *Wiener Slawistischer Almanach* 50(2002), pp.5~62.

5) 이에 관해서는 다음 책을 보라: K. Chr. Felmy, *Das Buch der Christus-Ikonen*,

이 그림 가운데를 보면, 창조된 신적 지혜가 고유한 여성 형상으로 묘사되어 있다. 이 형상은 잠언 9장 1절의 "(신적) 지혜가 일곱 기둥을 깎아 자기 집을 지었다"라는 말씀에 따라 임금의 복장을 하고, 일곱 기둥으로 받쳐진 옥좌에 앉아 있다. 이 형상의 좌우에는 두 인물이 공경하는 태도를 취하며, 이 형상을 향해 있다. 관찰자 편에서 보면, 그림 왼쪽에는 마리아가 '하느님의 어머니임을 암시'하는 모습으로 서 있다. 다시 말해 후광이 비치는 가운데 그리스도(아기 예수)를 품에 안고 있다. 관찰자 편에서 볼 때 그림 오른쪽에는 세례자 요한이 있다. 마리아와 요한은 구약과 신약의 구세사를 대변하는 게 분명하다. 옥좌에 앉아 있는 여성 형상 위로 주님이신 그리스도께서 팔을 위로 뻗고 계신다. 그리스도 위로는 하느님의 천상 세계가 보인다. 여기서 그리스도는 상징화된 별들로 반짝이는 하늘로 인해 하느님과 떨어져 계신다. 그리고 하느님께서는 천상에 계심이 빈 옥좌와 그분께 흠숭을 드리는 천사들을 통해 암시되고 있다.

이 작품에 묘사된 '지혜'는 그리스도와도, 마리아와도 동일시되지 않는다. 세례자 요한과도 단순하게 동일시되지 않는다. 오히려 예수 그리스도와 마리아, 그리고 구약 시대의 거룩한 인물들은 피조물이 하느님을 닮게 하고 삼위일체 하느님의 삶 속으로 포함시키려는 신적 의지의 '표명'이자 구체화이고, 역사적인 실현이라 할 수 있다. 달리 말하자면, 여기서 의미하는 지혜는 '창조된 지혜'이자 '성전' 즉 하느님의 영원한 지혜가 머무는 곳이자, 그것이 가시적이고 구체화된 것이다. 앞에 인용된 루트비

Freiburg i. Br., 2004, pp.138~142. 이어지는 내용과 관련해서도 이 책을 참조하라. 나아가 다음 책도 보라: I. Bentchev, *Engelikonen*, Luzern, 1999, pp.173~175.

히 벤첼의 말을 다시 한번 인용하면, 지혜는 "하느님과 사람들 사이에서 일어나는 모든 것이 인격화된 표현"이다. 이 '사건'에 탁월하고 더할 나위 없는 방식으로 하느님과 혼인한 구약성경 및 신약성경의 마리아(교회)가 속한다. 하느님께서 마리아 안에서 사람이 되신 것은, 우리의 형제로서 영원히 우리와 친교를 나누시기 위해서다. 이런 까닭에 예루살렘의 코스마스(8세기)와 그를 따르는 비잔틴의 전례적 전승은 잠언 9장 1절에 나오는 "지혜의 성전"을 마리아로 여겼다.[6] 그렇지만 마리아(교회)는 그 역사적 형상에 비추어서, 더 정확히 말하자면 그 다양한 역사적 형상들에 비추어서, 역사적 지혜 '전체'와, 그러니까 앞에서(제2권 4.2.1.4.) 상세히 규명했던 '원형'(ἀρχή)과 단순하게 동일시되지는 않는다.

비록 지혜와 마리아와 그리스도가 동일시되지는 않지만, 긴밀히 연결시켜서 묘사하고 있는 이 이콘은 이후 변형된 형태로 창작되는데, 그중에서 가장 오래되고, 우리에게 알려진 것들 가운데 하나는 7~8세기에 나온 시리아 사본(Codex Syriacus)이라고 할 수 있다.[7] 12세기에 힐데스하임(Hildesheim)의 미사 제대 벽화로 그려진 세밀화도 이와 비교할 만하게 묘사한 것이다. 지혜는 여성으로, 그러한 것으로 명확히 표현되었는데, 원래는 도시 여신들의 상징이지만 대지의 어머니를 가리키는 상징이기도 한 '성벽 형상의 관(冠)'(Mauerkrone, 고대 로마에서 제일 먼저 적의 성벽에 올라가 그 꼭대기에 군기를 세운 용사에게 주어졌던, 성을 본뜬 관을 말함_ 옮긴이

6) 이와 관련해서 더 자세한 것은 다음 책을 보라: Bentchev, *Engelikonen*, p.173.

7) 이에 관해서는 다음 책을 보라: Lilienfeld, *Frau Weisheit*, p.156 이하. 나아가 다음 책도 보라: Schipflinger, *Sophia*, pp.71~72.

주)을 쓰고 있다(이에 관해서는 제2권 5.1.2.3.을 보라). 그리고 동시에 "나는 그분과 함께 세상을 창조했다"(잠언 8,22 이하 참조)라고 적혀 있는 스카풀라를 두르고 있다. 손에는 예수 그리스도의 흉상을 높이 들고 있고, 그것을 바라보고 있다. 이에 대해 쉬플링거(Th. Schipflinger)는 다음과 같이 기술한다. "사람들은 그것을 달리 볼 수도 있다. 그 형상은 로고스(말씀)를 지상으로 모셔 오고, 로고스를 받아들인다. 또한 로고스를 가리키고, 로고스를 사람들에게로 데려간다. 그 형상은 세상을, 사람들을 하느님과 연결하는 존재이다." 이어서 그는 여기서 왜 마리아가 아니라 지혜가 묘사되었는지 묻는다. 그리고 이렇게 대답한다. 마리아는 "지혜 안에 자신의 근원을 두기 때문이다. 마리아는 인간 안에 있는 지혜, 육화한 지혜이기"[8] 때문이다.

그렇지만 이 이콘은 이후 여러 유형으로 변형되어 있다. 그리고 이는 대부분 '키이우판(板)'(키예프 버전, Kiewer Fassung)이라고 규정된다. 그 가운데 구성이 완전히 똑같은 작품에서는 지혜의 핵심 인물이 '하느님 어머니의 모습'으로 묘사되고, 이에 따라 좌우 형상들은 마리아 또는 요한이 아니라, 구별할 수 없는 거룩한 인물들로 구성된다. 따라서 그러한 이콘들에서 창조된 지혜는 마리아 안에서 절정을 이루며, 이제는 차이 없이 동일시된다. 이러한 예술적 표현은 러시아 신학자들이 지혜에 대해 그들이 가졌던 신학적 의미를 구현한 것이라 볼 수 있다. 그들의 견해에 따르면, 지혜는 마리아와 교회의 역사적인 형상이다. 그리고 지혜

8) Schipflinger, *Sophia*, pp.71~72, 76.

는 피조물 전체를 포괄하는 순수한 원형(ἀρχή)이기에 마리아와 교회보다 더 포괄적이다.

5.1.2.2. 성모상 '착한 의견의 성모'
_ 이탈리아 라치오(Latium)의 게나차노(Genazzano)

형식상으로, 이 작품(이 책 469쪽의 그림 3을 보라)에서 중요한 것은 '자비로우신 하느님의 어머니'인 '엘로우사'(Eleusa)를 묘사한 이콘이라는 것이다. 이런 유형의 이콘은 무수히 많다. 여기서 논의할 이 작품은 그 특별한 예술성이나 놀랍게도 전설에서 유래했기에 선별된 것이 아니라, 그 '제목' 때문에, 즉 앞에서 언급된 지혜를 묘사한 이콘과 긴밀한 연관성이 있기에 소개하는 것이다.

'착한 의견의 성모'라는 제목은 성당 이름을 따서 그림에 붙여진 것이다. 이 성당은 식스토 3세 교황(432~440) 재임기에 처음으로 언급됐는데, 반면 이 그림의 유래는 후대에 속하는 것이고, 그 유래는 완전히 전설로 가득 차 있다. 전설에 따르면, 성전이 보수된 뒤인 1467년 마르코 축일(4월 25일)에 성전의 어느 벽면에 성모 마리아의 모습이 나타났다고 한다. 곧이어 사람들이 이곳으로 몰려들면서, 이 성모상에 대한 공경이 활발히 이루어졌다. 그러면서 이 성모상은 원래 알바니아의 스쿠타리에 있었고, 그곳에서 이미 특별한 공경을 받았다는 전설이 생겨났다. 당시에 튀르키예가 유럽으로 쳐들어오면서 위급한 상황에 처하게 되자, 이 성모상이 '천사들'에 의해 라치오의 게나차노로 옮겨졌다고 한다. 천사들이 이렇게 성모상을 옮긴 모습에 관해서는 제2권 5.1.2.3.을 보라. 이렇게 알바니아의 스쿠타리에 이 성모상이 있었다는 것은 그 지역에 동일한 유형의 성모상('엘로우사')이 있었다는 사실이 그 배경을 이룬다.

최근에 연구자들은 이 그림에 묘사된 아기 예수의 목 언저리에서 "A. 비바 … 작(作)"(A. Viva … fecit)이라는 서명을 발견했다. 이는 베로나의 대가 안토니오 비바리니(Antonio Vivarini)가 그린 것이라고 추정된다. 그는 이 그림을 원래 성전 벽에 프레스코 벽화로 그렸을 것이고, 후대에 이 그림은 액자에 담기게 되었다.

그렇다 하더라도, 이 성모상은 특히 다음과 같은 이유에서 '유명'해졌다. 레오 13세가 로레토 성모 호칭 기도에 '착한 의견의 성모'라는 칭호를 추가한 것이었다. 그는 카르피네토 로마노(Carpineto Romano) 출신으로, 이 지역에서는 대략 50킬로미터 떨어진 게나차노로 해마다 성지 순례를 했으며, 지금도 계속하고 있다. 그 일과 관련해 1903년 4월 22일에 반포된 회칙 「지극히 복되신 동정녀로부터」(*Ex quo beatissima Virgine*)에 다음과 같이 명시되어 있다. "거룩하신 동정녀 마리아께서는 하느님의 영원한 계획(aeternum Dei consilium)과 강생하신 말씀의 신비를 받아들인 순간에 '착한 의견의 성모'라고도 불리실 만했다. 이를 넘어 마리아는 신적 지혜의 생생한 음성으로부터 가르침을 받으셨다. (…)." 이 두 문장에서 '착한 의견'의 본래 의미가 강조된다. 여기서 중요한 것은 '조언'(의견)이 아니다. 마리아는 여기서 '조언자'로 주목받지 않는다.[9] 오히려 중요한 것은 '하느님의 지혜', 세상을 영원히 당신의 사랑으로 품으시려는 하느님의 영원하고 '선한 뜻'이다. 마리아는 하느님의 이 '선한 뜻'의 어머니이다. 하느님의 이 '선한 뜻'은 예수 그리스도 안에서 완전히 실현되고, 마리아는 그런 존재로서 신적 지혜로부터 선택받고 충만해진다. 그러므로 이 성모상은 그 특별한 칭호와 함께 지혜가 묘사된 노브고로드의 이콘이 서구식으로 변형된 것이다.

이 그림과 관련해서 그다음으로 매우 중요한 것이 있다. 게나차노 인근 지역인 프레네스테(오늘날의 팔레스트리나)에 최초의 포르투나(Fortuna) 신전이 있었다. 이 신전은 서양 고대 시대의 가장 크고, 가장 중요한 신전 가운데 하나였다. 오늘날까지 남아 있는 거대한 유적지가 그것을 말해 주듯이 말이다. 당시에 황제와 장수(將帥)들이 그곳으로 갔다. 포르투나 여신에게서 미래를 점치고, '좋은 신탁'을 묻기 위해서였다. 교회가 '마리아, 착한 의견의 성모'라고 처음 언급한 시기에 이 성전은 이미 예전의 중요성을 잃었을지라도, 사람들은 프레네스테에서 매우 오랫동안 이교도적 전통을 고수했다. 그리고 6세기에 이르기까지 '신탁'을, 즉 미래가 가져올 것에 대한 정보를 청하며 '포르투나' 여신에게로 향했다.[10] 그런 관점에서 보면, '착한 의견의 성모' 칭호는 포르투나 신전과 연관되어 생겨난 것임을 쉽게 짐작하게 된다. 그렇지 않았다면, 이 포르투나 신전 가까이에 당시에 (적어도 5세기 초

9) 나는 이사야서 9장 5절에 나오는 "놀라운 경륜가"라는 메시아에 대한 칭호에서 출발했으며, 마리아를 하느님의 조언을 '최초로 들은 인물'로 보면서 그러한 중요성을 오래전에 의식했다. 다음 글을 참조하라: G. Greshake, "Sie ist ganz Ohr für ihr Kind. Muttergottes vom guten Rat", in: *Entschluss* 43(1988), pp.22~23. 그렇지만 나의 절친한 친구 알베르트 라우흐(레겐스부르크에 있는 동방교회연구소장)는 먼저 더 나은 것을 내게 알려 주었고, 이어서 위에 인용된 레오 13세의 회칙도 알려 주었다.

10) 이와 관련해서는 다음 책을 참조하라: J.M. Merz, *Das Heiligtum der Fortuna in Palestrina und die Architektur der Neuzeit,* München, 2001, 특히 p.34.

에) 매우 기이하고 유사성도 없는 '착한 의견의 성모' 칭호가 달린 성당을 짓는 일이 어떻게 가능했겠는가? 사람들은 이 칭호와 함께 다음과 같이 표현하려 했을 것이다. 즉, 참된 '신탁' 미래가 가져올 것이 궁극적으로 드러나는 것은 이미 마리아 안에 있었다. 마리아는 우리 인간을 위해 하느님의 '선한 뜻'을 자신의 팔과 가슴에 품고 있고, 온 세상을 위해 궁극적이고 참된 '착한 포르투나'(bona fortuna)를, 곧 하느님의 영광 안에서 복되고 영원한 생명을 낳는다. 따라서 '최초의 교회'인 마리아는 참된 '최초의 포르투나'이기도 하다. 그러므로 여기서(여기서도!) 마리아는 다른 많은 경우에도 그러하듯이, 이교도적 여신들의 역할과 모습, 중요성과 연관된다.

5.1.2.3. 성모상 '가난한 자들의 성모'

_ 이탈리아 아브루초(Abruzzen)의 페레토(Pereto)

마리아와 이교도적 여신들 사시의 관계, 특히 마리아가 그들을 '대체'하는 과정과 동시에 마리아의 형상을 묘사한 가장 오래되고 전형적인 예시는 이제 논의할 고대의 성모상인 '가난한 자들의 성모'(Madonna dei Bisognosi)라는 칭호가 붙은 성모상(이 책 469쪽의 그림 4를 보라)에서 알 수 있다. 이 작품은 페레토 마을 인근 지역에 소장되어 있다.

전승에 따르면, 올리브 나무로 조각된 이 성모상은 606년과

610년 사이에 스페인의 세비야에서 당시에 페레토와 오리콜로 사이에 있던 험준한 산악 지역인 세라세카 산맥으로 옮겨졌다고 한다. 그때부터 이 성모상은 세월이 흐르면서 여러 번 복원되었는데, 그 과정에서 오른쪽 손과 함께 팔도 추가되었다. 이 모습은 누군가를 초대하고 인사하는 몸짓과 함께, 순전히 예술적으로 볼 때, 이 작품이 지닌 '통일성'에서 완전히 벗어나 있으며, 이 작품이 원래 전하려던 메시지와 완전히 상반된 것이었다.[11] 이런 까닭에 여기서는 이 팔을 제거하여, 원래의 모습을 재현하였다.

이 성모상이 세비야에서 아브루첸으로 옮겨졌다는 이야기는 전설임에 틀림없다.[12] 이 이야기는 동일한 방식에 이르기까지 매우 유사한 방식으로 다른 성모상들에도 전해졌기 때문이다.[13] 17세기에 나온 어느 문헌에 이렇게 성모상이 옮겨졌다고 기록되어 있다. 그러나 이 문헌은 추측하건대 12세기에 나온 것으로, 당시에 읽기가 매우 힘든 어느 단편(斷編)을 그대로 베낀 것이라고 추정된다. 세라세카에 있는 성당에 대한 가장 오래된 언급은 11세기로 거슬러 올라가며, 이는 전통적으로 성상의 이동 시기로 알려진 보니파시오 4세(608~615)의 시대와 연결된다.

---

11) 18세기에 나온 동판화에는 팔과 손이 없다. 대신 오른쪽 팔과 왼쪽 팔이 완전히 몸에 붙어 있고, 아기를 받치는 역할만 한다.

12) 산투아리오(Santuario) 성모상에 관한 문서고 소장 자료 전체는 다음 문헌들에서 볼 수 있다: M. Basilici, *S. Maria dei Bisognosi*, Roma, 1984; M. Basilici, *Santa Maria dei Bisognosi*. Le Fonti, Pietrasecca di Carsoli, 2005; M. Basilici / F. Amici(Hrsg.), *XIV Centenario del Santuario di Santa Maria dei Bisognosi*(2010.0611.에 게재되었음), in: www.de.scribd.com/doc/87301098/Santuario-Madonna-Dei-Bisognosi (2012.11.09.에 게재되었음).

13) 그림들을 그렇게 옮기는 존재는 언제나 '천사들' 다시 말해 '천사다운 삶'(vita angelica)을 사는 수도자들이다. 이런 까닭에 그들은 '천사'라 불린다. 이에 관해서는 다음 책을 참조하라: K.S. Frank, *Angelikos Bios. Begriffsanalytische und begriffsgeschichtliche Untersuchung zum "engelgleichen Leben" im frühen Mönchtum*, Münster, 1964.

일부 비판적 역사학자들은 이 성모상이 중세 시대에 아브루초 출신의 어느 조각가가 만든 평범한 작품이라고 주장한다. 반면 나는 이 성모상이 아주 오래전에 스페인에서 나온 아주 오래된 것이라고 주장하고 싶다. 이 작품은 한편으로는 비잔틴 고딕 조형 예술과 매우 유사하기 때문이고, 다른 한편으로는 (무엇보다!) 이 성모상의 표현 방식이 중세기에 아브루초 출신의 평범한 예술가에게는 알려지지 않았을 방식이기 때문이다.

'가난한 이들의 성모'라는 제목이 붙은 이 성모상에는 두 가지 전형적인 특징이 있다.

(1) 여기서 마리아는 이른바 '성벽 관'을 쓰고 있다. 이는 이교도들 사이에서 도시를 수호하는 여신들, 특히 퀴벨레(Kybele, 자연이나 풍요한 대지를 상징하는 프리기아의 여신_ 옮긴이 주)에게 붙여진 칭호였다. 퀴벨레는 이로써 자신에게 바쳐진 도시와 요새의 수호자로 간주되었다. 이에 따라, 가령 에페소의 아르테미스(Artemis)도 그 도시의 수호자로서, 그러한 성벽 관을 쓴 모습으로 묘사되었다. 이로써 관심이 아르테미스에서 마리아로 옮겨졌음이 이 성모상에서 '명백하게' 드러난다(제1권 2.1.2.를 참조하라). 그러나 둘 사이에는 연관성도 남아 있다. 즉, 마리아는 '자명'하게 이교적 여신들의 역할을 넘겨받고, 이로써 인류 종교의 연속성을 상징하기도 한다.

(2) 마리아는 완전히 자신의 아들 예수 그리스도 뒤로 물러난다. 마리아의 전 존재는 아들을 위해 옥좌에 앉아 있는 것

에 불과하다. 마리아는 "불가해한 하느님을 이해하는"('아카티스토스 찬가', Hymnos Akathistos) 유일한 존재일 뿐, 더 이상 아무것도 아니다. 그렇기 때문에 훗날 그림에 추가로 그려진 팔과 '외향적인' 제스처는 이 성모상의 메시지를 완전히 파괴한다. 마리아가 위대한 점은 바로 그녀가 단지 왕좌, '그릇' 그리고 '배경'이라는 것에 있다. 마리아는 '존재하시는' 그분, 즉 예수 그리스도를 위해 옥좌에 앉아 있는 존재이다. 우리는 다른 측면에서도 이렇게 볼 수 있다. 즉, 마리아는 단지 '그릇'이기 때문에, 그 안에 담긴 존재인 예수와 그녀는 매우 긴밀한 관계에 있다. 이 성모상에서 둘은 서로 거의 떨어질 수 없는 것처럼 하나로 융합되어 있다. 어머니인 마리아는 아기와 완전히 하나가 되고, 아기 또한 어머니와 완전히 하나가 된다.

지금까지 언급된 이 세 작품에서 마리아는 우리의 현실 세계에서 멀리 떨어져 있는, 혹은 마치 '금빛 배경'(Goldgrund) 정도로 등장하는 존재 정도라는 인상을 줄 수도 있다. 그러나 이는 전혀 사실이 아니다. 이제부터 언급할 마리아에 대한 표현은 오히려 일부 사람들에게는 다소 충격을 줄 수도 있는 방식으로 이 부분에 대해서 명확하게 제시할 것이다.

그림 소개

그림1	마티아스 그뤼네발트, “천사들의 합창”, 이젠하임 제단(Isenheimer Altar), 사진: akg-images / Erich Lessing
그림2	“신적 지혜를 묘사한 이콘”(Ikone der Göttlichen Sophia), 사진: 개인
그림3	“착한 의견의 성모”(Madonna del Buon Consiglio), 사진: 개인
그림4	“가난한 자들의 성모”(Madonna dei Bisognosi), 사진: 개인
그림5	막스 에른스트, “세 증인 앞에서 어린 예수를 벌주는 마리아” (La vierge corrigeant l'enfant Jésus devant trois témoins), 루트비히 박물관, ML 10056,
그림 6	한스 발둥, “마리아의 대관식”, 사진: akg-images / Erich Lessing © VG-Bild Kunst, Bonn 2014

〔그림 1-1〕
마티아스 그뤼네발트(Mathias Grünebald), "천사들의 합창",
이젠하임 제단(Isenheimer Altar), 1506~1515
사진: akg-images / Erich Lessing

〔그림 1-2〕
"천사들의 합창과 그리스도의 육화"
(Engelkonzert und Menschwerdung Christ)

〔그림 2〕
"신적 지혜를 묘사한 이콘"(Ikone der Göttlichen Sophia),
노브고로드(Nowgorod), 15/16세기
사진: 개인

〔그림 3〕
"착한 의견의 성모"
(Madonna del Buon Consiglio)
Genazzano (Latium), 15세기
Titulus: Mater Boni Consilii, Anfang 5. Jh.
사진: 개인

〔그림 4〕
"가난한 이들의 성모"
(Madonna dei Bisognosi),
Pereto (Abruzzen), 7세기
사진: 개인

〔그림 5〕
막스 에른스트, “세 증인 앞에서 어린 예수를 벌주는 마리아”
(La vierge corrigeant l’enfant Jésus devant trois témoins), 1926,
루트비히 박물관, ML 10056.
사진: 쾰른-라인 지역 사진자료보관소, rba_c003490

〔그림 6〕
한스 발둥, "마리아의 대관식"
사진: akg-images / Erich Lessing © VG-Bild Kunst, Bonn, 2014.

5.1.2.4. '세 증인 앞에서 어린 예수를 벌주는 마리아'
_ 막스 에른스트(Max Ernst, 1926)

이 작품(이 책 470쪽의 그림 5를 보라)은 앞에 인용된 노발리스의 시에서 말하는 '다정함'과는 거리가 멀다. 여기서는 '마리아와 반대된 것'이 묘사되었다. 이 작품이 파리에서 처음 전시되자 큰 소동이 일어났고, 쾰른에서 두 번째로 전시되었을 때에는 더 큰 소동이 일어났다는 것은 놀라운 일이 아니다. 쾰른의 대주교는 첫째 날에 전시회장을 폐쇄시켰고, 당시에 브뤌(Brühl)에 살던, 그러니까 쾰른 대교구 지역에 살고 있던 화가를 신성 모독이라는 이유로 파문했다.

무엇 때문에 신성 모독이라는 것일까? 화가는 전해져 내려온 많은 금기를 깼다. 이는 어린 예수를 묘사하는 것에서부터 이미 시작되었다. '경건한 소년 예수', 순종해야 하는 모든 아이의 모범이 되어야 하는 존재가 호되게 매를 맞고 있다. 더 정확히 말하면, 매를 맞아야 하는 이유가 있기 때문이라고 추정해 볼 수 있다. 이는 스캔들일까? 단지 단성론적인 색채(=예수의 신성을 강조하는 특성)가 강한 그리스도의 모습을 고수하는 사람에게만, 그리고 그들이 그렇게 생각한다면 이는 분명 스캔들일 것이다. 반면 하느님의 아드님이 (죄 이외에는) 모든 면에서 우리와 똑같으셨다는 점을 진지하게 여기면, 상황은 다르게 보인다. 인간으로서의 성장 과정에는 아이 시절의 반항기와 까다로운 시기를 거치는 것도 포함된다. 이 단계를 거치지 않고서는 실제로 독립적인 능력, 자기결정을 할 능력을 지닌 인간으로 성숙해질 수 없을 것이다. 결과적으로 이는 예수에게도 적용될 수 있다. 루카 복음 2장 41절 이하가 보여 주듯이, 소년 예수는 부모를 뛰어넘는 독립성을 보여 주었고, 순종과는 거리가 먼 태도를 보였다. 예수가 하늘에 계신 아버지에 대해 순종하는 모습이 강조된다고 해서, 지상의 부모에 대한 순종이 덜 중요하게 여겨져서는 안 된다. 그 이유는 이렇다. 예수는 왜 부모에게 말하지 않고서 부모가 사흘 동안이나 자신을 애타게 찾게 했을까? 아니다, 그렇지 않다! 복음서에 등장하는 예수는 처음부터 (그리고 이후에도) 다소 예민하고 '날카로운 면'을 보여 준다. 이는 성숙하고 성장한 사람에게서도 볼 수 있는 모습이다. 이 모든 것은 죄와는 전혀 관련이 없다. 그러므로 이 작품에서 화가가 묘사한 것처럼, 예수의 신성에 대한 강조가 편협하게 지나친 경우에는, 이런 모습이 예수의 신성을 모독한 것처럼 보일 수도 있다.

만일 예수가 실제로 어린 시절과 청소년기를 모두 거친 평범한 한 인간이었다면, 이는 당연히 그의 주변 환경에도 영향을 미쳤을 것이다. 아이들은 '떼쓰는' 힘든 시기를 지나가기 마련이다. 이런 시기를 예수는 피해 갔을까? 이때 그의 어머니 마리아는 한 번도 신경이 예민해지지 않았을까? 이는 세상에서 지극히 자연스러운 일이 아닌가? 분명히, 아이들이 매 맞는 것은 오늘날 우리에게 절대적으로 금지되었다. 그렇지만 그것은 수천 년 동안 이어진 인류 역사에서 지극히 평범하고 정상적인 일이었다. 나 역시 어린 시절에는 때로, 그리고 경우에 따라서 나의 몫으로 벌을 받았다. 이는 철저히 내 잘못으로 인한 것이었고, 그 점에 대해서 나는 잘 받아들이고 있다. 오늘날 심리학자들이 우리에게 알려 주고 있듯이, 나는 벌을 받았다는 이유로 인해 마음의 상처를 받지 않았다. 오히려 정반대이다!

우리가 지금 다루는 이 작품을 보면, 마리아는 서양의 예술 전통에 따라 파란색과 빨간색 옷을 입고 있으며, 머리에는 왕관을 쓰고 있다. 그러나 그 외에는 '모든 초자연적인 속성을 벗어 버린 모습'이다. 요아힘 칼(Joachim Kahl)이 다음과 같이 자세히 기술하고 있다.

> "하느님의 어머니이신 마리아는 수백 년 동안 공경받고 있고, 여성적 온화함과 부드러움, 인내의 모범으로서 변모되었다. 여기서 마리아는 바로 그 신성한 모습에서 벗어나 있다. (…) 고전적인 성모 마리아 그림에서는 마리아와 그녀의 벌거벗은 아기가 일반적으로 관람자를 정면으로 바라본다. (…) 반면에 이 작품에서는 마리아가 눈을 크게 부릅뜨고, 아들의 엉덩이를 응시하고 있다. 그 아들의 얼굴 대신 엉덩이가 관람자를 향하고 있다. 서양의 위대한 마리아 그림에 대한 전통은 여기서 도발적이고 신성 모독의 극치를 발견하게 된다."[14)]

---

14) J. Kahl, "Die Jungfrau züchtigt den Jesusknaben vor drei Zeugen. Eine philosophische Bildmeditation zu Max Ernst", in: http://kahl-marburg.privat.t-online.de/kahl_MaxErnst.pdf(2012.03.11.에 게재되었음).
이 묵상의 대부분은 (출처 표시 없이!) 로터〔L. Rother, "Die Jungfrau züchtigt den Jesusknaben vor drei Zeugen", in: http://bs.cyty.com/kirche-von-unten/archiv/kvu124/zuechtigung.htm(2012.03.11.에 게재되었음)〕에게서 나온 것이다. 그러나 저자는 칼(Kahl)의 신학적이고 무신론적인 묵상을 긍정적으로 신학적 묵상으로 확대한다. 그리하여 그는 예수의 관점에서 다음과 같은 점에 주목한다. "그분(예수)이 (…) 온전히 인간, 우리 가운데 하나, 그러니까 평범한 사람이 되셨다면, 그분이 세상에 와서 부모에게서 벌을 받았다는 것도 분명한 사실이다." 그런 다음 로타르가 다음과 같이 묻는 것은 어느 정도 옳다. 대다수 사람은 이젠하임 제단에 묘사된(이 책 466쪽과 467쪽에 있는 그림 1-1과 그림 1-2를 보라_ 옮긴이), 예수가 처참하게 십자가에 달린 모습에는 분개하지 않지만 이 그림에 대해서는 왜 흥분하느냐는 것이다.

사람들은 분명히 그렇게 볼 수도 있다. 그러나 다른 측면에서 마리아가 묘사된 이 작품은 아기 예수가 묘사된 작품도 그러하듯이, 전통에 맞서 냉정한 현실감을 보여 주고 있다. 이 그림은 하느님의 역사적 활동을 우리가 상상할 수 있고, '기적적인' 천상의 높은 곳에서 끌어내어, 현실에 발을 딛게 하고 인간적이고, 때로는 지나치게 인간적인 일상의 한가운데로 위치할 수 있게 도와준다. 근본적으로 이 작품은 앞에서(제1권 3.3.4.) 상세히 다룬 질문을 시각적으로 구체화시킨다. 즉 마리아까지 포함된 타락 이후의 인간 존재에게는 하느님과 이웃에 대한 무관심, 몰이해, '공격적인 태도' 용기 없는 태도, 권태로움이 포함되는 것은 아닌가? 이러한 것들이 모두 바로 죄로 분류되어야 하는 것은 아닐까? 만일 '지혜의 여성'이 구체적인 역사의 조건 아래 실현되었다면, 이 '지혜의 여성'은 막스 에른스트가 어쩌면 전혀 다른 모티브를 토대로[15) 묘사한 바와 같이, 표현한 것과 같은 형태를 취할 수 있고, 또 그러해야 하는 것은 아닐까? 몇몇 신학자, 가령 토마스 쉬플링거가 그렇게 생각하듯이, 신적인 지혜는 '인간'이 되지는 않지만, 그것은 완전히 인간적 형상 안으로 들어가 '비워지고' 구체적으로 일상이 되며, 우리의 세상 속에서 표현된다. 간략히 말하자면, 지혜의 여성은 완전히 "백성 가운데 나온 여인"(새 성가집 521,3)으로서 온전히 마리아가 된다. 이 사소한 진리를 위해 이 도발적인 그림은 이 자리에 서 있을 수 있다.

15) 칼(같은 책)은 예컨대 자전적 배경에 주목한다. 즉, 화가(막스 에른스트)는 엄격한 가톨릭 교육자 가정에서 성장했다. "그의 아버지는 그를 어린 시절에 자주 때렸다. 그러나 축일에는 그에게 흰옷을 입히고 소년 예수처럼 행복한 아이 모습을 그렸다." 그러나 칼은 (여기서 언급하지 않은 상세한 것들도 주시하면서) 무엇보다 이 그림을 부모에게서 물려받은 로마 가톨릭 색채가 강한 그리스도교에서 벗어나려는 화가의 '해방 과정'으로 해석한다.

5.1.2.5. '마리아의 대관식'

_ 그린(Grien)의 한스 발둥(Hans Baldung, 1512~1516)

프라이부르크 임 브라이스가우, 성모 대성당

마리아의 '대관식' 또는 '승리'라는 모티브는 마리아가 하늘로 불러올림을 받았음에서 나왔으며, 일부 작품에서 이 두 가지 모티브는 여전히 긴밀한 관계를 유지하고 있다. 1250년 무렵에 '그리스도가 마리아에게 왕관을 씌우는' 형식의 표현이 등장했는데, 여기서 마리아는 그리스도와 함께 같은 옥좌에 앉아 있는 모습으로 그려졌다. 15세기에 이르러서야 그 장면이 확대되었다. 성삼위 모두가 대관식에 참여하는 모습으로 그려지고 있다. 이에 더해, 그 장면은 예술적 구성을 통해 심오하게 묘사되어 있다. 삼위일체 하느님과 마리아가 함께, 그리고 마리아를 통해 상징되는 모든 피조물도 함께 표현되는 깊이 있는 형식으로 변모했다.

이런 유형은 독일 남서부 지역에 널리 퍼져 있었다. 그다음으로는 프라이부르크 대성당의 중앙 제단에 묘사된 주요 장면(이 책 471쪽의 그림 6을 보라)을 예로 들어 이후 더 자세히 언급하겠다.[16] 스트라스부르에서 부름 받은 그린의 한스 발둥은 1512년부터 1516년까지 자신의 주요 작품을 그렸다. 이 작품은 뒤러(Dürer) 시대에 독일 미술계의 기념비적 그림 중 하나로 평가받고 있다. 작품 해석을 위해 두 가지 중요한 요소를 중점적으로 살펴보겠다.

---

16) 이에 관해서는 다음 책에 이미 나와 있다: Greshake, *Gott*, p.551 이하.

이 그림 중앙에는 태초의 삼위일체 상징이 삼각형으로 묘사되어 있다. 삼각형은 단일성과 다양성(삼위일체)을 서로 긴밀히 연결하고 있는 기하학적 도형이다. 이런 유형의 그림들에서는 성부와 성자의 두 머리와 함께 성령을 상징하는 비둘기가 이런 유형의 모든 작품에서 명확한 삼각형을 형성한다. 예술가의 의도가 담긴 게 분명한 이 삼각형은 전체 그림의 시각 효과적인 중심점을 이룬다. 그러나 추가적으로, 넷째 요소인 마리아도 성부와 성자와 함께 또 다른 삼각형을 형성한다. 따라서 두 삼각형이 결합하여 사각형, 곧 마름모꼴이 생겨난다.

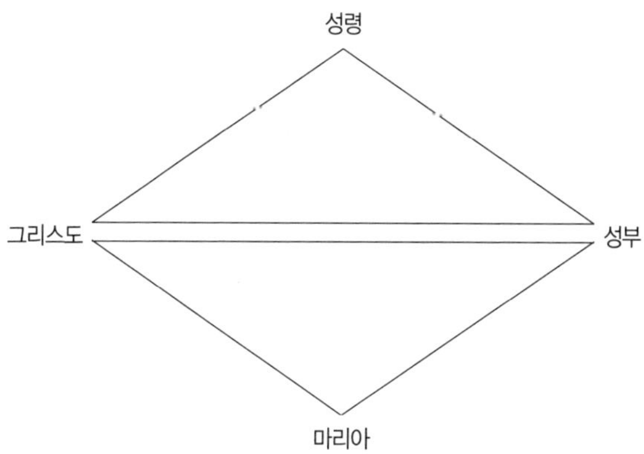

이런 유형의 대다수 그림에서는 두 삼각형 내지 마름모꼴이 머리들을 연결함으로써 형성되는데, 이것은 프라이부르크 대성전에 소장된 그림에서는 성부와 성자와 성령께도 적용된다. 이 작품에서 아래쪽 삼각형은 한편으로는 성부와 성자의 두 머리를 통해 형성되고, 다른 한편으로는 마리아가 자신의 모태를 향해 뻗은 손가락을 통해 형성된다. 여기서 마리아를 통해 새로운 마름모꼴이 만들어지는데, 여기서는 특히 마리아의 모성에 초점이 맞춰진다.

이것이 의미하는 바는 다음과 같다. 융(C.G. Jung)은 그런 작품을 바라보면서 "삼위일체(삼각형) 형태를 해체하고, 이를 '사각형 형태'로 대체한 것"이라고 확신했는데, 이는 합리적인 주장이라고 볼 수 있을까? 융은 "중세기 도상학은 (…) 마리아의 대관식을 통해 사각형의 상징을 준비했고, 그것을 슬며시 삼위일체(삼각형)의 자리로 밀어 넣었다"라고 했다. 이때 융에게 사각형은 "보편적으로 존재하는 원형(Archetype)"이며, 그리고 이 원형은 물질이라는 지상의 요소를 통해 신적 삼위일체를 '보완한다.' 이로써 물질은 "형이상학적 영역으로 밀려나"고, 동시에, 아니 오히려 주로 "세상을 타락시키는 원칙, 즉 악"을 표현한다. "사각형 도식은 이러한 존재를 부인할 수 없는 사실로 인정함으로써, 삼위일체적 사고에 현실 세계의 족쇄를 채운다."[17)]

여기서 융과의 논쟁만을 다룰 수는 없기에, 다음과 같은 점들에 보다 유념해야 할 것이다. 융이 물질적이고 세속적인 것과 악을 동일시하는 것은 그리스도교 신앙에서는 거의 받아들여질 수 없다. 반면, 그는 사각형 상징의 넷째 요소를 '현세적인 것'에 배열한 점에서는 그가 어느 정도 옳을 수도 있을 것이다. 이것은 앞 단락에서 다룬 신적 지혜의 '비움'(Entleerung)이라는 핵심어 아래 종종 진부하고 섬뜩하지만, 아름답고 매혹적이기도 한 세상 속으로 들어가 스스로를 비워 낸다. 마리아의 승천을 통해 '세상'은 모

17) C.G. Jung, "Symbolik des Geistes", in: *Psychologische Abhandlungen* VI, Zürich, 1948, pp.403~404, 399, 414.

든 차원에서 나와 하느님의 생명 속으로 깊숙이 받아들여지고, 따라서 예술적 표현도 이를 보여 주듯이, 삼위일체의 존재를 '보완'하는 것으로 여길 수 있다. 물론 이는 매우 '유비적인'(analog) 의미에서 그렇다. 그렇지만 이는 삼위일체의 폐기나 상대화한다는 것을 의미하지 않는다. 오히려 삼위일체는 여전히 중심에 있지만, 마리아를 통해 현세적 요소가 신성한 영역에 통합되는 방식으로 확장된다. 이는 예술적 표현에서도 잘 드러나듯, 신적 현실이 인간적 현실과 어떻게 조화를 이루는지를 보여 준다.

더 자세히 들여다보면, 우리는 성부와 성자, 그리고 마리아의 머리를 통하여 형성된 삼각형을 사각형의 일부로 이해할 수 있을 뿐만 아니라, 상상의 영역으로 투영된 '삼위일체를 이룬 삼각형'으로 이해할 수도 있다. 이로써 상단 삼각형의 꼭대기(성령)는 마리아 안에, 더 정확히 말하자면 성령으로 말미암은 마리아의 풍요로움 안에 반영된다. 이는 삼위일체 안에서 '성령'으로, 즉 하느님의 창조를 향한 '넘어섬'(피조물 속으로 들어감)으로 묘사할 수 있는 삼위일체 '자리'에,[18] 탁월한 '마리아'가 거울에 비친 듯이 꼭 들어맞는다는 것을 의미한다. 따라서 엄정한 의미에서 네 번째 요소가 생기는 것이 아니라, 오히려 (피조물을 대표하는) '마리아'는 성령의 뜻을 실현하는 피조물로서 삼위일체 하느님의 생명 속으로 받아들여진다.

이것으로 이미 둘째 요소가 언급되었다. 이 작품에 묘사된 마리아는 단순히 그저 '한 개인'이 아니다. 오랜 전통에 따라, 우리

18) 이와 관련해서는 다음 책을 보라: Greshake, *Gott*, p.212.

가 무수한 본보기에서 보았듯이, 마리아는 예로부터 교회의 실질적 상징이자, 이를 넘어 피조물 전체의 실제적 상징으로 이해된다. 프라이부르크 대성당에 소장된 그림에서 주제로 다뤄진 것은 그리스도의 오른손에 받쳐진 세상(!)이라는 구(球)에 마리아가 반영되어 있다는 것이다. 따라서 마리아는 세상의 거울로 이해된다. 그러므로 마리아의 승천과 대관식이 묘사된 작품들을 바라보면서 신앙인은 모든 피조물의 미래를 깨닫는다. 피조물은 결국 삼위일체 하느님의 생명 속으로 들어가는 것이다. 피조물의 이러한 완성은 동시에 삼위일체적 생명의 (자유로이 선택받은) '완성'이다. 삼위일체 하느님은 예수의 어머니인 '마리아'와, 또한 마리아의 자녀이기도 한 그분의 수많은 형제자매와 영원히 일치를 이루신다.

5.2. 결론을 대신하여

이렇게 방대하고, 내용이 복잡한 책의 결론으로 다시금 앞에서 다룬 내용을 간추리고 진단하는 것, 그리고 이런 방식으로 '요약'하는 것은 별반 의미가 있어 보이지 않는다. 이 책을 전반적으로 평가하면서 마무리하는 것 역시 나에게는 특별히 도움이 되지 않는 것이라 여겨진다. 또한 클라우스 슈라이너(Klaus Schreiner)가 자신의 책을 다음과 같은 문장으로 끝낸 것도 특별히 도움이 될 것 같지는 않다. "언제나 그랬듯이 마리아는 오늘날에도 시대와 관련된 사안이 거울에 비친 상(像)이자 갈망이며, 도전으로 머물러 있다. 야콥 부르크하르트(Jacob Burckhardt)가 종교 일반에 관해 말한 것은 특히 마리아 공경에도 적용된다. 이는 '모든 민족과 시대를 크고 다른 것 속으로 들어가 반영된 것'이다."[19] 그러한 결론은 옳을 수도 있겠지만, 그것은 이 연구의 결론으로는 충분하지 않다.

그 대신에 아래에서는 우리가 이 책에서 밝혀 낸 실제적 결과로부터 두 가지 '범주'를 다시 한번 강조하겠다.

---

19) Schreiner, *Maria*, p.508(여기서 그는 다음 책을 참조한다: J. Burckhardt, *Weltgeschichtliche Betrachtungen*, Hrsg. v. P. Ganz, Oxford, 1982.).

5.2.1. 신학적이고 교회적이며 정책적인 결론

(1) 마리아는 신앙인의 원형이고, 그녀의 신앙(그 '내용'은 단순하고 소박하며 '가난함')은 하느님의 말씀을 듣고 그분께 의탁하며 그분의 뜻을 따르는 것이 핵심이라면

— 마리아처럼 하느님을 불가해한 신비로, 가까이 계시는 분이자 사랑으로 체험하는 신앙인에게 그가 지닌 앎의 '가난함'은 값질 것이다.

— 신학자는 (다른 모든 신앙인도) "진리가 담긴 자루"(세바스티안 토롬프)처럼, 혹은 신적인 실재를 자기 마음대로 다루는 "하느님의 비밀 고문"(발터 카스퍼)처럼 처신하지 않을 것이다.

— 교도권의 신앙은 심문하고 집행하는 법령집처럼 다뤄져서는 안 될 것이다.

— 신앙의 '신비적 차원'을 강조하고 삶에서 실현하는 것은 교회에서 지금까지 그랬던 것보다 훨씬 중요하다.

(2) 마리아가 교회라면

— 교회 안에서 이루어지는 모든 것은 실재(實在)의 심오한 신비를 언어화하고 이를 규명하는 데 주력해야 한다. 그러기 위해 신자들이 각자 지극히 고유한 방식으로 하느님의 아드님을 '세상에 오시게' 하고, 자신 안에서 모습을 갖추시게(갈라 4,19) 하여, 모두가 함께 그분의 충만한 경지에 다다르고(에페 4,13), 그분 안에서 하나가 되어 서로 '친교'를 이루

며 하느님의 백성이 되도록 이끄는 것이 도움이 될 것이다.

— 교회는 다른 세속적 기관들과 동일한 기관으로서, 결코 우위에 있어서는 안 된다. 성직자의 교계제도로 권력을 행사하는 기구로서 독점적으로 존재해서는 안 된다. 오히려 교회는 하느님의 무한한 신비를 가리키는 표징인 '성사'로서 체험되어야 한다. 교회는 이를 위해 힘써야 한다. 마리아는 '불가해한 하느님을 이해한' 존재이듯이 말이다.

(3) 교회의 활동이 마리아, 그리고 하느님의 구원 사업에 대한 그녀의 협력에 초점을 맞춘다면

— 사목 활동은 효율성을 중시해서는 안 되고, 자신에게서 벗어나 오직 하느님만이 '그것을 이루신다는 점'을 가리켜 보여야 한다.

(4) 피조물이 처음부터 '마리아'로서, 하느님과 혼인 상대로 창조되었고, 하느님께서 '마리아 안에 계시는 하느님'으로 이해되고, 그 안에 머무시는 '거처'로서 창조되었다면, 그리고 이 근원적 관계 안에서 세상 만물이 근원과 존립, 의미와 목표를 지닌다면

— 모든 피조물, 세상과 역사는 "모든 것 안에서 하느님을 찾도록" 요구받는다.

— '세상으로 향하는 것'(세상으로 향하기를 거부하는 것 대신에)은 신앙에 속한다. 하느님께서 "세상 한가운데"〔au coeur des masses, 르네 보이욤(René Voillaume)〕 계시기 때문이다.

— 다른 종교들도 자신들 안에서 하느님과 '마리아'의 동일한 근본 관계를 발견하도록 초대받는다. 이 관계는 그리스도

교 안에서도 (그리스도교의 자기 이해에 따르면, 더 선명하고 명시적이고 확실하게) 체험할 수 있다.

5.2.2. 영적인 결론

끝으로 세 가지 '영적인 원칙'을 제시하고, 간략히 설명하겠다. 왜냐하면 '마리아와 교회'를 주제로 다룬 이 책이 영적인 결론도 내리지 않는다면, 그 책은 분명히 목표를 잃은 것이기 때문이다.

첫 번째 영적인 원칙:
마리아가 이룬 것은 우리도 이뤄야 한다.

마리아는 신앙인의 본보기로서 온전히 하느님께 받아들여졌다. 마리아는 자신을 향한 하느님의 말씀을 받아들이고, 그 말씀에 따라서 자기 삶을 구성한다. 이는 동정녀다운 방식으로, 다시 말해 하느님의 뜻을 무조건 따르고 자신을 남김없이 바치는 방식으로 이루어진다. 여기서 마리아는 단지 개인이 아니라, 전체를 위한 결정체(結晶體)이다. 이는 한편으로는 이런 뜻이다. 즉 마리아는 고립된 채 개인으로서 믿는 것이 아니라, 하느님의 백성 안으로 들어갔다. 마리아는 이 하느님의 백성을 대변한다. 그것은 다른 한편으로는 이런 뜻이다. 즉, 하느님을 낳으신 분으로서 마리아의 행동은 하느님께서 세상 속으로, 사람들에게로 오시는 데 초점이 맞춰져 있다. 그리하여 모든 이 안에서 그리스도께서 모습을 갖추시도록(갈라 4,19) 말이다. 그러므로 마리아의 신앙은 친교적 특성을 지니고 있으며, 모든 이가 그리스도 안에서 하나가 되도록(에페 1,10 참조) 방향이 맞춰져 있다.

마리아의 이러한 본질적 특성을 바라보는 가운데 우리가 알아야 할 중요한 것이 있다. 마리아가 이룬 것은 우리 모두도 이뤄야 한다는 것이다. 하느님의 말씀을 듣는 이, 믿는 이, 누군가 안에서 하느님의 아드님이 새롭게 태어나신다. 누군가는 "교회의 영혼"(anima ecclesiastica, 오리게네스)이다. 누군가는 하느님과 인간의 친교로부터 자신의 삶을 규정하고 이 친교를 향해 있다.

두 번째 영적인 원칙:

우리는 하느님의 "예"와 이에 부합하게 응답한 마리아의 "예" 안에서 살 수 있고, 이로써 "예"라고 말하도록 부름을 받았으며, 또 그렇게 응답할 수 있다.

하느님은 피조물을 지어 내시면서 이 피조물에 무조건 "예"라고 말씀하시며, 사랑 안에서 이 피조물과 가장 긴밀히 결합하신다. 당신의 아드님이 사람이 되시어 '세상의 일부'가 되도록 하시기까지 말이다. 그분은 우리의 형제로서 세상의 온갖 가련함을 가져가시고, 하느님의 "예"를 되풀이하시고, 종국엔 그것을 입증하신다. 마리아는 창조주 하느님의 "예"에 부합하게, 자유로이 "예"라고 응답한 피조물이다. 하느님은 말씀이시고, 마리아는 '메아리'이다.

"예"로 이루어진 이 근원적 대화 안에서 모든 것이, 즉 피조물 전체, 역사, 인류와 개개인, 교회와 모든 신앙인, 그리스교와 모든 종교가 생겨났다. 모든 것은 하느님과 마리아가 나누는 이 대화 속으로 끌어들여졌다고 이해될 수 있다. 동시에 마리아의 "예"를 자신의 말과 행위로 따라하도록, 모든 것이 그토록 섬뜩하거나 참혹하게 모습을 드러내더라도, 그럼에도 불구하고 '앞서 구원받고' 영원한 생명으로 불러졌음을 신앙과 희망 속에서 깨닫도록 부름을 받았다고 이해될 수 있다. 아무것도 이 "예"로부터 떨어져 나갈 수 없다. 아무것도 "우리 주 그리스도 예수님 안에서 드러난 하느님의 사랑에서 우리를 떼어 놓을 수 없(습니)다"(로마 8,39).

셋째 영적 원칙:

교회와 그 구성원들의 모든 활동은 '신앙의 어머니'가 다른 사람들을 위해 존재한다는 것, 그러나 이때 자신에게서 벗어나 '활동하시는' 그분을 가리켜 보이면서 그 은총의 영광을 찬양한다(에페 1,6)는 것에서 의미를 지닌다.

초기 신학자들, 특히 아우구스티누스는 이미 마리아를 영예로운 칭호인 '신앙의 어머니'로 부를 것을 교회와 모든 구성원에게 독려했다. 그러나 인간의 그러한 행위는, 그리고 다른 모든 행위도 오직 하느님의 은총 덕분이라는 사실이 마리아에게서 모범적으로 드러난다. 하느님께서는 가련한 피조물 안에서, 그리고 피조물을 통하여, 당신의 비천한 종 안에서, 그리고 이 종을 통하여 활동하고자 하신다. 따라서 인간의 모든 활동은 은총의 '움직임'이라고 이해할 수 있다. 이 은총은 '하느님의 더 큰 영광을 위하여'(ad majorem Dei gloriam) 이끄시는 그분의 '자기 움직임'으로 대체되기를 바란다. 이런 의미에서 신앙인이 받은 은총은 지고한 활동을 위해 올바르게 쓰여야 한다.

5.2.3. 마무리

마지막에 이르러서는 결국 신학적이고 교회 정책적인 결론도, 영적인 결론도 내릴 필요가 없을 것이다. 오히려 두 신학자의 말로 이 책을 마무리하겠다. 두 신학자의 말은 서로 다른 것인데, 마리아에 관해 (역시 전혀 다르게) 숙고한 내용을 '기도'로 끝맺는다.

도로테 죌레는 다음과 같이 기술한다.

> "한때 해방의 노래를 부른 작고 혁신적인 마리아는 석고나 조각품으로 만들어진 것이 아니다. (…) 마리아의 신비는 무엇인가? 마리아가 우리에게 말하고 있는 것은 이 세상이 승자와 패자가 늘 동일한 인물이라는 부조리한 비극이 펼쳐지는 불운한 무대가 아니라, 생명을 지키고 우리가 자비라 부르는 엄청난 것을 진실하게 하는 희망의 장소라는 것이다. 러시아에는 '아담을 집으로 데려오는 마리아'(Maria von der Heimholung Adams)가 있다. 기계가 지배하는 세상에서 심각한 강박 상태에 빠져 헤매는 아담, 즉 이 유한하고 유일한 피조물을 집으로 데려오는 것보다 오늘날 더 필요한 게 무엇일까? 거룩하신 하느님의 어머니, 저

희를 위하여 빌어 주소서!"[20]

칼 라너는 이렇게 기술한다.

"그러므로 사람들은 모든 마리아에 대한 찬미와 모든 마리아 신학의 끝에서 듣는 이에게 아주 낮고 소박하게 이렇게 청할 수 있다. "마리아를 사랑할 수 있는 은총을 주십사고 기도하시오."[21]

"성령과 신부가 '오십시오' 하고 말씀하신다.
이 말씀을 듣는 사람도 '오십시오' 하고 말하여라."
(묵시 22,17)

---

20) D. Sölle, "Meine Seele sucht das Land der Freiheit", in: H. Haag u.a.(Hrsg.), *Maria, Brauchtum und Religion in Bild und Text*, Freiburg u.a., 1997, pp. 122~144, 여기서는 p.144.

21) Rahner, *Dogma*, p.157.

약어 및 인용 방식

이 책의 약어 표기 방식은 항상 슈베르트너(S.M. Schwertner)의 책 *Abkürzungsverzeichnis* (Berlin - New York, [2]1994)를 따릅니다.

고대, 교부 및 중세 자료의 출처는 일반적인 방식으로 혹은 표기 자체를 이해하는 방식으로 축약합니다. 신학에서 흔히 사용하는 약어, 예를 들면 성경, 교도권 문헌, 제2차 바티칸 공의회 문헌, 표준 문헌 등은 별도로 다르게 인용되지 않습니다. 슈베르트너(S.M. Schwertner)의 약어 목록과는 별도로 혹은 그와 다르게 다음의 기호가 사용됩니다.

• ALG	Sankt Augustinus – Der Lehrer der Gnade. Lat.-dt. Gesamtausgabe seiner anti pelagianischen Schriften, Würzburg, 1955f.
• BA	Bibliothèque Augustinienne.
• EEK	Evangelischer Erwachsenenkatechismus, Hrsg. von der Vereinigten Evangelisch-Lutherischen Kirche Deutschlands, Gütersloh, 1975; [5]1989.
• DwÜ I-IV	Dokumente wachsender Übereinstimmung, Paderborn u.a., 1983~2013.
• EÜ	Einheitsübersetzung der Hl. Schrift(1980).
• GLalt	Gotteslob. Kath. Gebet- und Gesangbuch, Hrsg. von den Bischöfen Deutschlands u.a., Stuttgart, 1975.
• GLneu	Gotteslob. Kath. Gebet- und Gesangbuch, Hrsg. von den (Erz-)Bi- schöfen Deutschlands u.a., Neuherausgabe Stuttgart, 2013.

- GW.Joh. W. Klein, Gottes Wort bei Johannes. Kapitel 1-12. Vorträge im Kolleg 1959-1960, Tübingen, 2000 = Sonderheft KCGH 109(2000).
- GW.KiJa. W. Klein, Gottes Wort im Kirchenjahr. Vorträge im Kolleg 1957-1961, Tübingen, 1999 = Sonderheft des KCGH 108(1999).
- GW.Röm. W. Klein, Gottes Wort im Römerbrief. Vorträge im Kolleg 1958-1961, Tübingen, 1998 = Sonderheft des KCGH 107(1998).
- HthKVatII P. Hünermann / J. Hilberath(Hrsg.), Herders Theologischer Kommentar zum Zweiten Vatikanischen Konzil, Bd. I-V, Freiburg i. Br., 2005.
- KCGH Korrespondenzblatt des Collegium Germanicum Hungaricum, Rom.
- LACL S. Döpp / W. Geerlings(Hrsg.), Lexikon der antiken christlichen Literatur, Freiburg i. Br., 1998.
- Schr. I-XVI K. Rahner, Schriften zur Theologie, Bd. I-XVI, Zürich u.a., 1954~1984.
- TD I-IV H.U. v. Balthasar, Theodramatik, Bd. I-IV, Einsiedeln, 1973~1983.
- TL I-III H.U. v. Balthasar, Theologik, Bd. I-III, Einsiedeln, 1985~1987.
- Ü. Übersetzung
- Vortr. Wilhelm Klein in Rom, Bonn und Münster. Vorträge, Aufzeichnungen, Hildesheim 2001 = Sonderheft KCGH 110(2001).

1. 공식적·비공식적 교도권 문헌 및 교회 일치 차원의 합의 문헌들

- Anglikanisch / Römisch-Katholische Internationale Kommission (ARCIC), *Maria: Gnade und Hoffnung in Christus*, in: *DwÜ* IV, pp.294~331(Ursprüngliche englische Fassung: *Mary: Grace and Hope in Christ*, 2004[The Seattle Statement].
- Bilaterale Arbeitsgruppe der DBK und der Kirchenleitung der ELKD, *Communio Sanctorum. Die Kirche als Gemeinschaft der Heiligen*, Paderborn-Frankfurt, 2000.
- Catholica-Arbeitskreis der VEKD, "Maria – Evangelische Fragen und Gesichtspunkte. Eine Einladung zum Gespräch", in: *US* 37(1982), pp.184~201.
- Deutsche Bischofskonferenz(Hrsg.), *Katholischer Erwachsenen-Katechismus*, Kevelaer u.a., 1985.
- *Ergänzung zur: Glaubensverkündigung für Erwachsene*, dt. Freiburg i. Br., 1969.
- (Erz-)Bischöfe Deutschlands u.a.(Hrsg.), *Gotteslob, Kath. Gebet- und Gesangbuch*, Neuherausgabe Stuttgart, 2013.
- *Evangelischer Erwachsenenkatechismus*, Hrsg. von der Vereinigten Evangelisch-Lutherischen Kirche Deutschlands, Gütersloh, 1975; [5]1989.
- Franziskus I., Enzyklika "*Lumen fidei*"(2013.06.29.), in: VApS 193.

• Fürlinger, E.(Hrsg.), *Der Dialog muss weitergehen. Ausgew. vatikanische Dokumente zum interreligiösen Dialog*, Freiburg i. Br., 2009.
• *Glaubensverkündigung für Erwachsene. Dt. Ausgabe des Holländischen Katechismus*, Nijmegen-Utrecht, 1968.
• Gruppe von Dombes, *Maria in Gottes Heilsplan und in der Gemeinschaft der Heiligen*, dt. Frankfurt-Paderborn, 1999.
• Johannes Paul I., *Angelus-Ansprache* (1978.09.10.), in: *L'Osservatore Romano* (1978,09.21.), p.5.
• Johannes Paul II., *Angelus-Ansprache* (1983.07.03.), in: www.vatican.va/holy_father/john_paul_II/angelus/1983/documents/hf_jp_ang_19830703_it.html(2012.12.05. 접속).
• ――, *Ansprache auf der Audienz* (1996.07.10.), in: www.vatican.va/holy_father/john_paul_II/audiences/1996/documents/hf_jp-II_aud_19960710_it.html(abgerufen 7.12.2012).
• *Katechismus der Katholischen Kirche*, dt. München, u.a., 1993.
• *Katechismus der Katholischen Kirche. Kompendium*, dt. München, 2005.
• *Kongregation für die Glaubenslehre, Schreiben an die Bischöfe der Katholischen Kirche über die Zusammenarbeit von Mann und Frau in der Kirche und in der Welt* = VApS 166.
• *Lutherisch / Römisch-katholische Kommission für die Einheit, Die Apostolizität der Kirche. Studiendokument*, Paderborn-Frankfurt, 2009.
• Österreichische Bischofskonferenz(Hrsg.), *Youcat. Jugendkatechismus der katholischen Kirche*, München, 2010.
• Orthodox / Römisch-katholischer Dialog, *Das Geheimnis der Kirche und der Eucharistie im Licht des Geheimnisses der Heiligen Dreifaltigkeit* (1982), in: *DwÜ* II, pp.531~541.

- Päpstlicher Rat für den Interreligiösen Dialog, *Dialog und Verkündigung*(1991.05.19.) = *VApS* 102.
- Paul VI., Apost. *Schreiben "Marialis cultus" über die Marienverehrung*(1974.02.02.), dt. in: *Nachkonziliare Dokumentation* 45, Trier, 1975.
- Pius IX., Bulle "*Ineffabilis Deus*"(1854.12.08.), dt. in: R. Graber, *Die marianischen Weltrundschreiben der Päpste in den letzten hundert Jahren*, Würzburg, ^{2}1954.
- Pius XII., Enzyklika "*Mystici corporis*"(1943.06.29.), in: *AAS* 35 (143), dt. Luzern, ^{6}1956.

2. 참고 문헌(대략 1920년까지)

【A】

- Alexander v. Alexandrien, *Epist. ad Alexandrum Const.*, in: *Theodoret, Hist. Eccl.* I,3(*GCS* 82).
- *Altjüdisches Schrifttum außerhalb der Bibel*, übers. u. erläutert v. Paul Riessler, Darmstadt, 1966.
- Ambrosius, *De institutione virginis*(*PL* 16, pp.316~334).
- ――, *Epistulae et Acta III*(*CSEL* 82/83).
- ――, *Epistulae extra collationem traditae*(*CSEL* 72, pp.141~311).
- ――, *Expositio evangelii secundum Lucam*(*CSEL* 32/4).
- Anselm v. Canterbury, *Monologion*(*WW* I, Hrsg. Schmitt).
- *Apokryphe Kindheitsevangelien*(*FC* 18).
- Aristides, *Apologie*(*SC* 470).
- Aristoteles, *Nikomachische Ethik*, Hrsg. v. F. Dirlmeier, Frankfurt-Hamburg, 1957.
- Athanasius, *De incarnatione*(*SC* 18, pp.207~317).
- Augustinus, *Confessiones*, Hrsg. v. J. Bernhart, München, ^{3}1966; *Die Bekenntnisse*, Hrsg. v. H.U. v. Balthasar = *Christliche Meister* 25, Einsiedeln, 1985.
- ――, *Contra adversarium legis et prophetarum*(*PL* 42, pp.603~666).
- ――, *De civitate Dei*(*BA* 33~37).

• ——, *De diversis quaestionibus ad Simplicianum*(*CC* 44).
• ——, *De dono perseverantiae*(*ALG* VII, pp.328~438).
• ——, *De Genesi ad litteram*(*BA* 48~50).
• ——, *De gestis Pelagii*(*ALG* II, pp.198~318).
• ——, *De gratia Christi et peccato originali*(*ALG* II, pp.320~466).
• ——, *De natura et gratia*(*ALG* I).
• ——, *De peccatorum meritis et remissione*(*ALG* I, pp.54~300).
• ——, *De perfectione iustitiae hominis*(*ALG* II, pp.128~196).
• ——, *De praedestinatione sanctorum*(*ALG* VII, pp.240~326).
• ——, *De sancta virginitate*(*BA* 3, pp.103~227).
• ——, *De trinitate*(*CC* 50).
• ——, *Enchiridion*(*BA* 9, pp.102~327).
• ——, *Ennarrationes in Psalmos*(*CC* 38~40).
• ——, *Epistula ad Catholicos de secta Donatistarum*(*BA* 28, pp.502~706).
• ——, *Expositio epistulae ad Galatas*(*PL* 35, pp.2105~2148).
• ——, *In primam epistula Joannis tractatus*(*SC* 75).
• ——, *Opus imperfectum contra Julianum*(*PL* 45, pp.1050~1607).
• ——, *Retractationes*(*BA* 12).
• ——, *Sermones*(*CC* 41~42Ba).
• ——, *Sermones*(*PL* 38).
• ——, *Sermones Denis*, Hrsg. v. G. Morin, Rom, 1930.
• ——, *Sermones Guelferbytania*, Hrsg. v. G. Morin, Rom, 1930.
• ——, *Tractatus in Johannis Evangelium*(*BA* 71ff; *CC* 36).

【B】

• Baader, F. v., *Gesammelte Schriften zur Philosophischen Anthropologie*(*WW* IV), Aalen, 1963 = Leipzig, 1853.
• Basilius d. Gr., *Epistulae*(*PG* 32, pp.219ff).

• Basilius v. Seleucia, *Oratio 39*(*PG* 85, pp.425~452).
• Beda Ven., *In Lucae evangelium*(*CC* 120, pp.1~425).
• Bernhard v. Clairvaux, *Sermo in Dom. infra Octavam Assumpt. B.M.V.*(Sämtl. *WW*〔Hrsg. v. G.B. Winkler〕 8, pp.594~618).
• ——, *Sermo 3 in vigilia nativitatis Domini*(Sämtl. *WW*〔Hrsg. v. G.B. Winkler〕 7, pp.158~174).
• Böhme, J., *De tribus principiis*, in: Sämtliche Schriften, Nachdruck, Hrsg. v. W.-E. Peukert, Stuttgart-Bad Canstatt, 1988.
• Bonaventura, *Commentaria in IV libros sententiarum*(*Opera Omnia* III, Quaracchi).
• Brief an Diognet, in: *Die Apostolischen Väter*, Hrsg. v. K. Bihlmeyer, Tübingen, 1956, pp.141~149; deutsch: Schriften des Urchristentums, Hrsg. v. Kl. Wengst, Darmstadt, 1984, pp.281~348.

【C】
• Cyprian v. Carthago, *De ecclesiae catholicae unitate*(*SC* 500).
• Cyrill v. Alexandrien, *Homiliae diversae*(*PG* 77, pp.981~1116).
• ——, *In Joannis Evangelium*(*PG* 74).

【D】
• Dante, A., *La divina Commedia*, Hrsg. L. Pietrobondo, Turin, 1956.
• Descartes, R., *Discours de la Méthode*(*PhB* 261), Hamburg, 1960.
• *Didache*(*KAV* 1).

【E】
• Epiphanius v. Salamis, *Panarion omnium haeresium*, Bd. III(*GCS* 37).
• Eusebius, *Historia Ecclesiastica*(*SC* 31).

【F】

• Foucauld, Ch. de, *XXV lettres inédites du Père de Foucauld. Correspondance avec le chanoine Caron*, Paris, 1946.
• ——, *Correspondances Sahariennes*, Paris, 1998.
• ——, *Directoire*, in: *Règlements et Directoire*, Montrouge, 1995, pp.603~679.
• Franz v. Assisi, *Lettera a tutti i fedeli*, in: Fonti Francescane, Padua, [4]1990, pp.151~160.
• Fulgentius v. Ruspe, *Epistula 17 ad Petrum diaconum*(*CC* 91A, pp.563~615).

【G】

• Gottfried v. Admont, *Homiliae festivales 87*(*PL* 174, pp.1012~1028).
• Gregor d. Gr., *Homiliae in evangelia*(*CC* 141).
• Gregor v. Nazianz, *Orationes*(*PG* 35f).
• Gregor v. Nyssa, *In Canticum Canticorum homiliae*(*FC* 16/1~3).
• Gregorios Palamas, *Homilia 37*(In sanctissimam dorm. BMV)(*PG* 151, pp.459~473).
• Grignion von Montfort, L.M., *Das Goldene Buch der Hingabe an Jesus durch Maria*, dt. Maria Roggendorf, [26]2007.

【H】

• Hegel, G.W.F., *Ästhetik*, Bd. I(Glockner).
• ——, *Grundlinien der Philosophie des Rechts* (Studienausgabe, Fischer-Bücherei).
• ——, *Vorlesungen über die Philosophie der Religion*, Bd. I-II (Meiner).

• ——, *Wissenschaft der Logik*, *WW* III(*WBG* Darmstadt = Meiner).
• Hieronymus, *Adversus Helvidium 19*(*PL* 23, pp.183~216).
• ——, *Epistulae*(*CSEL* 54).
• Hildegard v. Bingen, *Epistolarium*(*CCCM* 91).
• ——, *Lieder*, Hrsg. v. P. Barth u.a., Salzburg, 1969.
• *Hirt des Hermas*(*KAV* 7).
• *Hymnos Akathistos*, Hrsg. v. G.G. Meersseman, Fribourg, 1958.

【I】
• Ignatius v. Antiochien, "Briefe", in: *Die Apostolischen Väter*, Hrsg. v. K. Bihlmeyer, Tübingen, ²1956.
• Ignatius v. Loyola, *Exercitia Spiritualia*, Rom, 1953.
• Irenäus v. Lyon, *Demonstratio apostolica*(*FC* 8/1).
• ——, *Adversus haereses*(*FC* 8/1~5).
• Isaak v. Stella, *Sermones*(*FC* 52/1~3).

【J】
• Johannes Damaszenus, *De fi de orthodoxa*(Kotter II).
• Johannes Dun Scotus, *Ordinatio*(*Opera Omnia*, Paris, 1891f).
• Johannes v. Salisbury, *Metalogicon*, Hrsg. v. J.B. Hall, Turnhout, 1991.
• Justin, *Apologia prima et secunda*, in: Giustino, *Apologie*, Hrsg. v. G. Girgenti [griechisch und italienisch], Milano, 1995.
• ——, *Dialogus cum Tryphone*(*PTS* 47), deutsch: *Dialog mit dem Juden Tryphon*(*BKV*, neu Hrsg. v. K. Greschat / M. Tilly), Wiesbaden, 2005.

【K】
• Kant, I., *Reflexionen*, *WW* 25(Ak.Ausgabe).

• ——, *Kritik der ästhetischen Urteilskraft* = *WW*(Weischedel) 8, Darmstadt, [3]1968.
• Kierkegaard, S., *Der Liebe Tun*, Bd. I-II, Gütersloh, 1983.
• ——, *Die Tagebücher*, 1834-1855, Hrsg. v. Th. Haecker, München, 1949.
• ——, *Furcht und Zittern*, Gütersloh o. J.
• Klemens v. Alexandrien, *Pädagogus*(*GCS* 12).
• ——, *Protreptikos*(*GCS* o. A.).

【L】
• Leo d. Gr., *Sermones*, tract. 1~38(*CC* 138).
• *Liturgia SS. Apostolorum Addei et Maris*, in: F.E. Brigtman, *Liturgies Eastern and Western*, Oxford, 1896.
• Luther, M., *Das Magnifi cat verdeutscht und ausgelegt*(= Studienausgabe, Delius I), Berlin, 1979, pp.312~364.
• ——, *De servo arbitrio*(Studienausgabe, Delius III), Berlin, 1983, pp.170~356.
• ——, *Dictata super Psalterium*(Studienausgabe, Delius I) Berlin, 1979, pp.29~96.
• ——, *Kirchenpostille*(*WA* 10/1).
• ——, *Predigten des Jahres 1529*(*WA* 29/3).
• ——, *Schmalkaldische Artikel*(*WA* 50).
• ——, *Sermo*(1520.12.25.)(*WA* 7, 187~193).
• ——, *Von den guten Werken*(Studienausgabe, Delius II), Berlin, 1982, pp.15~88.

【M】
• Meister Eckhart, *Expositio s. Ev. sec. Johannem*(Lat. *WW* III).
• ——, *Predigten*, in: *WW* I, Hrsg. v. N. Largier, Frankfurt, 1993.

• Möhler, J.A., *Die Einheit der Kirche oder das Prinzip des Katholizismus. Dargestellt im Geistes der Kirchenväter der drei ersten Jahrhunderte*, Hrsg. v. J.R. Geiselmann, Darmstadt, 1957.

【N】

• Newman, J.H., *Maria im Heilsplan*, Hrsg. v. Brigitta zu Münster, Freiburg i. Br., 1953.
• ——, *Über die Entwicklung der Glaubenslehre* = Ausgew. *WW* VIII, Mainz, 1969.
• ——, *Zur Philosophie und Theologie des Glaubens* = Ausgew. *WW* VI, Mainz, 1964.
• Nikolaus v. Kues, *De non-aliud, in: Philosophisch-theologische Schriften*, Hrsg. v. L. Gabriel, Bd. II, Wien, 1966, pp.443~565.
• ——, *De pace fi dei, in: Philosophisch-theologische Schriften*, Hrsg. v. L. Gabriel, Bd. III, Wien, 1967, pp.705~797.

【O】

• Olier, J.J., *Traité des Saint Ordres, comparè aux écrits authentiques*, Hrsg. v. G. Chaillot u.a., Paris, 1984.
• Origenes, *In Canticum hom.*(*SC* 37).
• ——, *In Matthäum, Fragmente*(*GCS* 41/1).
• ——, *In Johannem homiliae*(*SC* 120), deutsch: *Das Evangelium nach Johannes*, Hrsg. v. R. Gögler, Einsiedeln u.a., 1959.
• ——, *In Leviticum homiliae*(*SC* 286).
• ——, *In Lucam homiliae*(*FC* 4/1+2).
• ——, *In Matthaeum, III: Fragmente*(*GCS* 41).
• ——, *In Romanos*(*FC* 36).
• ——, *Selecta in Genesim*(*PG* 12, pp.91~146).

【P】

- Paschasius Radbert, *De partu virginis*(*PL* 120, pp.1366~1386).
- Polycarp, *Briefe*(*KAV* 5).
- Ps.-Augustinus, *De assumptione B. Mariae Virginis*(*PL* 40, pp. 1142~1148).
- ——, *Liber meditationum*(*PL* 40, pp.901~912).
- Ps.-Dionysios, *De divinis nominibus*(*PG* 3, pp.586~984).
- Ps.-Melito v. Sardes, *Transitus Mariae*, in: M. Haibach-Reinisch, *Ein neuer "Transitus Mariae" des Ps.-Melito*, Rom, 1962, verfügbar in: www.tdx.cat/bitstream/handle/10803/2028/03.LBR_Presencia.pdf.txt;jsessionid=55F95774F7E4139CECE089286D5EE7BC(2013.02.25. 접속).
- Ps.-Modestus v. Jerusalem, *Encomium in B. Virginem*(*PG* 86/2, pp.3378~3311).

【R】

- Rousselot, P., *Pour l'histoire du problème de l'amour au Moyen Age*, Münster, 1908.
- Rupert v. Deutz, *De Sancta Trinitate et operibus eius. – De operibus Spiritus Sancti*(*CCM* 24).

【S】

- Scheeben, M.J., *Handbuch der katholischen Dogmatik*, Bd. III, Freiburg i. Br., 1925(=1882).
- Schelling, F.W.J., *Schriften zur Religionsphilosophie 1841-1854*(*WW* VI), München, 1959.
- ——, *System des transzendentalen Idealismus*(1800) = *WW* IX/1(Hist.-krit. Ausgabe), Stuttgart, 2005.
- Schneemelcher, W.(Hrsg.), *Neutestamentliche Apokryphen in dt.*

Übersetzung, Bd. I: Evangelien, Tübingen, [3]1959.
- Strack, H.L. / Billerbeck, P., *Das Evangelium nach Matthäus, erläutert aus Talmud und Midrasch*, München, 1922.

【T】
- Tertullian, *Contra Valentinianos*(*CC* 2, pp.751~778).
- ——, *De carne Christi*(*CC* 2, pp.871~917).
- ——, *De oratione*(*CC* 1, pp.257~274).
- Theodoret v. Cyrus, *Historia ecclesiastica*(*GCS* 82).
- Thomas v. Aquin, *De veritate*(Marietti).
- ——, *In libros Sententiarum*(www.documentacatholicaomnia.eu/04z/z_1225-1274,_Thomas Aquinas,_In_libros_Sententiarum_Petri_Lombardi,_LT. pdf.html(2013.05.21. 접속).
- ——, *Summa contra gentiles*, Hrsg. v. K. Albert u.a., Bd. I-IV, Darmstadt, [3]2009.
- ——, *Summa theologica*(*BAC*).

【Z】
- *Zweiter Klemensbrief*, in: *Schriften des Urchristentums*, Hrsg. v. Kl. Wengst, Darmstadt, 1984.
- Zwingli, H., "Eine Predigt über die ewigreine Jungfrau Maria", in: *WW* I(CR 88), Berlin u.a., 1905, pp.392~428; hochdt. in: E. Campi, *Zwingli und Maria. Eine reformationsgeschichtliche Studie*, Zürich, 1997, pp.99~146.

3. 이차 문헌

【A】

- Ackermann, St., *Kirche als Person*, Würzburg, 2000.
- Agterberg, M., *Ecclesia-Virgo. Étude sur la virginité de l'Église et des fi dèles chez saint Augustin*, Louvain, 1960.
- Ahlbrecht, A., *Tod und Unsterblichkeit*, Paderborn, 1964.
- Alfaro, J., "Signifi catio Mariae in Mysterio salutis", in: *Greg*. 40 (1959), pp.9~37.
- Alferi, Th., *"Worüber hinaus Größeres nicht gegeben werden kann…". Phänomenologie und Offenbarung nach J.-L. Marion*, Freiburg-München, 2007.
- Arnold, J.(Hrsg.), *Sind Religionen austauschbar. Philosophisch-theologische Positionen aus christlicher Sicht*, Münster, 2012.
- Assmann, J., *Die Mosaische Unterscheidung oder der Preis des Monotheismus*, München-Wien, 2003.
- ——, "Monotheismus und die Sprache der Gewalt", in: P. Walter (Hrsg.), *Das Gewaltpotential des Monotheismus und der dreieine Gott* = *QD* 216, Freiburg i. Br., 2005, pp.18~38.
- Auer, J., *Unter deinen Schutz und Schirm. Das älteste Mariengebet der Kirche*, Leutersdorf, [7]1987.

【B】

- Baeck, L., *Paulus, die Pharisäer und das Neue Testament*, Frankfurt, 1961.
- Balič, K., *Testimonia de Assumptione B. V. Mariae ex omnibus saeculis*, vol. I-II, Rom, 1948~1950.
- Balme, D.M., "Zeugungslehre", in: *Lexikon der Alten Welt III*, pp.3331~3333.
- Balthasar, H.U. v., "Casta meretrix", in: *Sponsa Verbi*, Einsiedeln, 1961, pp.203~305.
- ——, *Der antirömische Affekt*, Freiburg i. Br., 1974.
- ——, *Der dreifache Kranz*, Einsiedeln, [3]1979.
- ——, "Der Zugang zur Wirklichkeit Gottes", in: *MySal* II, pp.15~43.
- ——, "Die marianische Prägung der Kirche", in: W. Beinert (Hrsg.), *Maria heute ehren*, Freiburg i. Br., 1977, pp.263~279.
- ——, *"Du krönst das Jahr mit deiner Huld". Radiopredigten*, Einsiedeln, 1982.
- ——, *Einleitung zu: Augustinus, Die Bekenntnisse*, Einsiedeln, 1985, pp.15~30.
- ——, "Empfangen durch den Heiligen Geist, geboren von der Jungfrau Maria", in: W. Sandfuchs(Hrsg.), *Ich glaube*, Würzburg, 1975, pp.39~49.
- ——, *Herrlichkeit*, Bd. I, II/2, III/1, Einsiedeln, 1961; [2]1969; 1965.
- ——, *Karl Barth. Darstellung und Deutung seiner Theologie*, Köln.
- ——, *Klarstellungen*, Freiburg i. Br., 1971.
- ——, *"Kommt und seht"*, Freiburg i. Br., 1983.
- ——, *Pneuma und Institution*, Einsiedeln, 1974.
- ——, *Présence et Pensée. Essai sur la philosophie religieuse de*

Grégoire de Nysse, Paris, 1942.
• ——, *Prüfet alles - das Gute behaltet*, Ostfi ldern, 1986.
• ——, *Spiritus Creator*, Einsiedeln, 1967.
• ——, *Sponsa Verbi*, Einsiedeln, [3]1971.
• ——, *Theodramatik I-IV*, Einsiedeln, 1973~1983.
• ——, *Theologik*, Bd. II-III, Einsiedeln, 1985/1987.
• ——, "Versuch eines Durchblicks durch mein Denken", in: *IKaZ* 18(1989), pp.289~293.
• ——, "Vorwort; sowie: Maria in der kirchlichen Lehre und Frömmigkeit", in: J. Ratzinger / H.U. v. Balthasar(Hrsg.), *Maria, Kirche im Ursprung*, Freiburg, 1980, pp.5~6. 41~79..
• ——, *Zu meinem Werk*, Einsiedeln, [2]2000.
• ——(Hrsg.), *Origenes, Geist und Feuer. Ein Aufbau aus seinen Schriften*, Einsiedeln-Freiburg, [3]1991.
• Baraúna, G., "Die heiligste Jungfrau im Dienste des Heilsplanes", in: ders.(Hrsg.), *De Ecclesia. Beiträge zur Konstitution "Über die Kirche" des Zweiten Vatikanischen Konzils*, Bd. II, Freiburg i. Br.-Frankfurt, 1966, pp.459~476.
• Bardenhewer, O., *Geschichte der altkirchlichen Literatur*, Bd. I, Freiburg i. Br., 1902.
• Barré, H., "Marie et l'Eglise du vénérable Bède à saint Albert le Grand", in: *Marie et l'Eglise*, vol. I. = *BSFEM* 16(1951), pp.59~143.
• Barré, H., *Prières anciennes de l'Occident à la Mère du Sauveur*, Paris, 1962.
• Barth, K., *Ad Limina Apostolorum*, Zürich, 1967.
• ——, *Kirchliche Dogmatik*, Bd I/2, Zollikon-Zürich, [5]1960.
• ——, *Nachwort zur Schleiermacher-Auswahl*, Hrsg. v. H. Bolli, München, 1968.
• Basilici, M., *S. Maria dei Bisognosi*, Roma, 1984.

- ——, *Santa Maria dei Bisognosi. Le Fonti*, Pietrasecca di Carsoli, 2005.
- Basilici, M. / Amici, F.(Hrsg.), "XIVo Centenario del Santuario di S. Maria dei Bisognosi(2010.06.11.)", in: www.de.scribd.com/doc/87301098/Santuario-Madonna-dei-Bisognosi(2012.11.02. 접속).
- Baudler, G., *Einführung in symbolisch-erzählende Theologie. Der Messias Jesus als Zentrum der christlichen Glaubenssymbole*, Paderborn, 1982.
- Baumann, G., *Die Weisheitsgestalt in Proverbien 1-9. Traditionsgeschichtliche und theologische Studien*, Tübingen, 1996.
- ——, *Liebe und Gewalt. Die Ehe als Metapher für das Verhältnis JHWH-Israel in den Prophetenbüchern* = *SBS* 185, Stuttgart, 2000.
- Beauvoir, S. de, *Das andere Geschlecht. Sitte und Sexus der Frau*, dt. Reinbek, 1951.
- Beinert, W., *Die Kirche – Gottes Heil in der Welt. Die Lehre von der Kirche nach den Schriften des Rupert v. Deutz, Honorius Augustodunensis und Gerhoch v. Reichersberg*, Münster, 1973.
- ——, *Heute von Maria reden? Kleine Einführung in die Mariologie*, Freiburg i. Br., 1973.
- ——, "Himmelskönigin – Urbild der Kirche – neue Frau. Die Wandlungen des katholischen Marienbildes von der Gegenreformation bis zum Ende des 20. Jh.", in: W. Beinert u.a.(Hrsg.), *Maria – eine ökumenische Herausforderung*, Regensburg, 1984, pp.75~116.
- ——, *Maria. Spiegel der Erwartungen Gottes und der Menschen*, Regensburg, 2001.
- Below, I., "Die Verehrung der Gottesmutter und der Heilsplan Gottes", in: Geistliche Akademie Sagorsk / Ostkirchliches Institut, Regensburg(Hrsg.), *Tausend Jahre Marienverehrung in Russland*

und Bayern, München, 1988, pp.12~25.

- Bemile, P., *The Magnifi cat within the Context and Framework of Lukan Theology*, Frankfurt u.a., 1986.
- Ben-Chorin, Sch., *Mutter Mirjam. Maria in jüdischer Sicht*, TB München, 1971.
- Benkö, St., "Mariologie in protestantischer und römisch-katholischer Sicht", in: *ThZ* 24(1968), pp.29~39.
- Benoit, P., "Résurrection à la fi n des temps ou de la mort?", in: *Conc.* 60(1970), pp.91~100.
- Bentchev, I., *Engelikonen*, Luzern, 1999.
- Berger, Kl., *Darf man an Wunder glauben?*, Stuttgart, 1996.
- ——, *Die Bibelfälscher. Wie wir um die Wahrheit betrogen werden*, München, 2013.
- ——, *Glaubensspaltung ist Gottesverrat. Wege aus der zerrissenen Christenheit*, München, 2006.
- Berger, P.L., *Einladung zur Soziologie*, dt. München, 1971.
- Berges, U., *Das Buch Jesaja. Komposition und Endgestalt*, Freiburg i. Br., 1998.
- Bernhardt, R., *Der Absolutheitsanspruch des Christentums. Von der Aufklärung bis zur Pluralistischen Religionstheologie*, Gütersloh, 1990.
- ——, "Evolution der Offenbarung – Offenbarung der Evolution", in: U. Lüke / G. Souvignier(Hrsg.), *Evolution der Offenbarung – Offenbarung der Evolution* = *QD* 249, Freiburg i. Br., 2012, pp. 17~26.
- Berdesinski, D., *Die Praxis – Kriterium für die Wahrheit des Glaubens?*, München, 1973.
- Berrouard, M.F., "L'Église Vierge et la virginité de l'esprit", in: BA 71, pp.935~937.

- Berthoud, G., "Das Universum der Gabe", in: M. Rosenberger / F. Reisinger / A. Kreutzer(Hrsg.), *Geschenkt – umsonst gegeben?*, Frankfurt/M. u.a., 2006, pp.25~50.
- Bessuti, G.M., *Bibliografi a Mariana*, Bd. I-IX, Rom, 1950-1989.
- Beumer, J., "Die altchristliche Idee einer präexistierenden Kirche", in: *WuW* 9(1942), pp.13~22.
- ——, "Die Idee einer vorchristlichen Kirche bei Augustinus", in: *MThZ* 3(1952), pp.161~175.
- Bieler, M., *Einleitung zu: F. Ulrich, Homo Abyssus*, Einsiedeln, ^{2}1998, pp.XIII~LIV.
- ——, *Freiheit als Gabe. Ein schöpfungstheologischer Entwurf*, Freiburg i. Br., 1991.
- Birkhofer, P., *Natus ex Maria virgine. Darstellung der Aussagen von J. Ratzinger über die Jungfräulichkeit Mariens und seiner Auseinandersetzung mit möglichen Schwierigkeiten bei diesem Bekenntnis*, Dipl.-Arbeit Freiburg i. Br., 1989.
- Bischof-Köhler, D., *Von Natur aus anders. Die Psychologie der Geschlechtsunterschiede*, Stuttgart, 2002.
- Bitter, G., "Evangelisation und Inkulturation", in: *Presse- und Informationsstelle des Erzbistums*, Freiburg i. Br.(Hrsg.), Information-Berichte - Kommentare - Anregungen, Jan.-März, 1987, Nr. 1~3, 5~31.
- Bleistein, R., *Kurzformel des Glaubens*, Würzburg, 1971.
- Blinzler, J., *Die Brüder und Schwestern Jesu* = *SBS* 21, Stuttgart, 1967.
- Böhler, D., "Maria – Tochter Zion. Die Bedeutung der Mutter Jesu nach der Hl. Schrift", in: *GuL* 78(2005), pp.401~412.
- Böhnke, M., *Kirche in der Glaubenskrise. Eine pneumatologische Ekklesiologie*, Freiburg i. Br., 2013.
- Boff, L., *Ave Maria*, dt. Düsseldorf, 1981.

- ——, *Maria – das mütterliche Antlitz Gottes*, dt. Düsseldorf, 1985.
- Boismard, M.E., *Du baptême à Cana*, Paris, 1956.
- Bolewski, J., *Der reine Anfang. Dialektik der Erbsünde in marianischer Perspektive nach Karl Rahner*, Frankfurt, 1991.
- Bordoni, M., "Jesus Christus – die Wahrheit in Person", in: G.L. Müller / M. Serretti(Hrsg.), *Einzigkeit und Universalität Jesu Christi*, dt., Einsiedeln-Freiburg, 2001, pp.173~227.
- Böttigheimer, Chr., "Heiligkeit und Sündigkeit der Kirche", in: K. Hilpert(Hrsg.), *Zukunftshorizonte katholischer Sexualethik* = *QD* 241, Freiburg i. Br., 2011, pp.146~161.
- ——, *Wie handelt Gott in der Welt? Refl exionen im Spannungsfeld von Theologie und Naturwissenschaft*, Freiburg i. Br., 2013.
- Bosshard, S.N., *Erschafft die Welt sich selbst? Die Selbstorganisation von Natur und Mensch aus naturwissenschaftlicher, philosophischer und theologischer Sicht* = *QD* 103, Freiburg i. Br., 1985.
- Bouyer, L., *Die Kirche*, Bd. I/II, dt. Einsiedeln, 1977.
- ——, *Frau und Kirche*, dt. Einsiedeln, 1977.
- Bover, J.M., "'Quod nascetur (ex te) sanctum vocabitur Filius Dei'(Lc 1,35)", in: *Bib.* 1(1920), pp.92~94.
- Bovet, Th., *Die Liebe ist unsere Mitte*, Tübingen, 1959.
- Bovon, Fr., *Das Evangelium nach Lukas*, 1. Teilband = *EKK* III/1, Neukirchen-Vluyn, 1989.
- Boyarin, D., "Sehnsucht nach dem Christentum? oder: Zurück ins Mittelalter", in: A. Bedenbender(Hrsg.), *Judaeo-Christentum. Die gemeinsame Wurzel von rabbinischem Judentum und früher Kirche*, Paderborn-Leipzig, 2012, pp.121~158.
- Breuning, W., "Systematische Entfaltung der eschatologischen

Aussagen", in: *MySal* V, pp.779~890.
- Broch, Th., *Denken der Krise. Vermittler von Hoffnung. Pierre Teilhard de Chardin*, Toposplus, 2000.
- Brodmann, B., "Mariens Jungfräulichkeit nach Lk 1,34 in der Auseinandersetzung von heute", in: *Anton.* 30(1955), pp.27~44.
- Broglie, G. de, "Pour une meilleure intelligence du 'Correptione et Gratia'", in: *Augustinus Magister. Congrès international Augustinien*, Bd. I, Paris, 1954, pp.317~337.
- Brosch, H.J. / Hasenfuß, J.(Hrsg.), *Jungfrauengeburt gestern und heute*, Essen, 1969.
- Brown, R.E., *The Birth of the Messiah. A commentary in the infancy narrations in the Gospels of Matthew and Luke*, New York u.a., [2]1993.
- Brown, R.E. u.a.(Hrsg.), *Maria im Neuen Testament. Eine ökumenische Untersuchung*, dt. Stuttgart, 1981(= *Mary in the New Testament*, Philadelphia, 1978).
- Brox, N., *Einleitung, Übersetzung und Kommentar zu: Der Hirt des Hermas* = *KAV* 7, pp.13~74.
- ——, *Einleitung, Übersetzung und Kommentar zu: Irenäus v. Lyon, Adversus haereses* = *FC* 8/1, pp.101~117.
- Brück, M. v. / Werbick, J.(Hrsg.), *Der einzige Weg zum Heil? Die Herausforderung des christlichen Absolutheitsanspruchs durch pluralistische Religionstheologien* = *QD* 143, Freiburg i. Br., 1993.
- Brunner-Traut, E., "Die Geburtsgeschichte der Evangelien im Lichte der ägyptologischen Forschungen", in: *ZRGG* 12(1960), pp.97~111.
- Buber, M., *Schriften zur Bibel* = *WW* II, Heidelberg-München, 1963.
- ——, *Zwei Glaubensweisen*(1950), in: *WW* I, München-Heidelberg,

1962, pp.651~782.
• Bucher, R., "Stabilität in einer 'Fluid Church'", in: *Zur Debatte* 8(2012), pp.28~30.
• Büchner, Chr., *Wie kann Gott in der Welt wirken? Überlegungen zu einer theologischen Hermeneutik des Sich-Gebens*, Freiburg i. Br., 2010.
• Buckenmaier, A., *Universale Kirche vor Ort*, Regensburg, 2009.
• Bulgakow, S., *Die Orthodoxie. Die Lehre der orthodoxen Kirche*, dt. Trier, 1996.
• ——, "Kosmodizee", in: N. v. Bubnoff / H. Ehrenberg, *Östliches Christentum – Dokumente, II. Philosophie*, München, 1925, pp. 195~245.
• ——, "Zur Frage nach der Weisheit Gottes", in: *Kyrios* 2(1936), pp.93~101.
• Bultmann, R., *Evangelium des Johannes*, Göttingen, [16]1959.
• Burger, Chr., *Marias Lied in Luthers Deutung. Der Kommentar zum Magnifi kat(Lk 1, 46b~55) aus den Jahren 1520/21 = Spätmittelalter und Reformation* 34, Tübingen, 2007.
• Busch, E., *Karl Barths Lebenslauf*, München, 1975.
• Busch, K., *Geschicktes Geben. Aporien der Gabe bei Jacques Derrida*, München, 2004.

【C】
• Cambón, E., *Trinità modello sociale*, Roma, 2009.
• Camelot, P.-Th., *Die Lehre von der Kirche. Väterzeit bis ausschließlich Augustinus = HDG* III, 3b, Freiburg i. Br., 1970.
• Campenhausen, H. v., *Die Jungfrauengeburt in der Theologie der alten Kirche*, Heidelberg, 1962.
• Cantalamessa, R., *Maria. Ein Spiegel für die Kirche*, dt. Köln,

1994.

- Capra, F., *Wendezeit – Bausteine für ein neues Weltbild*, München, 1983.
- Casey, J., *Atheist for God. Spiritual desire in Bernard of Clairvaux's Sermons on the Song of Songs*, Kalamazoo, 1988.
- Casper, B., "Der Isenheimer Altar – Grünewalds Einladung zum Glauben", in: *Zur Debatte*, Heft 2, 2008, pp.2~6.
- ——, "Wilhelm Klein in Freiburg(1919-1921)", in: *Klein, Vortr.*, pp.454~457.
- Cassirer, E., *Philosophie der symbolischen Formen*, Bd. III, Darmstadt, ^{2}1954(=1929).
- Cerfaux, L., *La théologie d'Église suivant S. Paul*, Paris, 1948.
- Charon, J.E., *Der Geist der Materie*, Wien-Hamburg, 1979.
- Christ, F., *Jesus Sophia. Die Sophia-Christologie bei den Synoptikern*, Zürich, 1970.
- Coathelem, H., *Le parallélisme entre la sainte Vierge et l'Eglise dans la tradition latine jusqu'à la fi n du XIIe siècle* = *AnGr* 74, Rom, 1954.
- Congar, Y., *Christus – Maria – Kirche*, dt. Mainz, 1959.
- ——, *Die Lehre von der Kirche* = *HDG* III/3c, Freiburg i. Br., 1971.
- ——, "Die Wesenseigenschaften der Kirche", in: *MySal* IV/1, pp.357~502.
- ——, "Ecclesia ab Abel", in: M. Reding(Hrsg.), *Abhandlungen über Theologie und Kirche*, FS K. Adam, Düsseldorf, 1952, pp. 79~108.
- ——, "Marie et l'église dans la pensée patristique", in: *RSESC* 38(1954), pp.3~38. 408~412.
- ——, "Mutter Kirche", in: V. Schnurr / B. Häring(Hrsg.), *Kirche*

heute, Bergen-Enkheim, 1965, pp.30~38.

• Conybeare, C., "Die jungfräuliche Kirche und die jungfräuliche Mutter", in: *ARW* 9(1906), pp.73~86.

• Cordes, P.J., *Sendung zum Dienst*, Frankfurt, 1972.

• Cothenet, E., "Le Protévangile de Jacques", in: *ANRW* II, 25,6 (1988), pp.4252~4269.

• ——, "Marie dans les apocryphes", in: *Maria*, vol. 6, Hrsg. v. H. du Manoir, Paris, 1961, pp.71~156.

• Courth, Fr., "Aufnahme Marias in den Himmel", in: *LThK* 1, pp.1216~1220.

• ——, "Der mariologische Beitrag von H. M. Köster", in: *Mar.* 48(1986), pp.170~178.

• ——, "Kontroverspunkte im ökumenischen Gespräch über die Mutter Jesu und Ansätze ihrer Überwindung", in: H. Petri(Hrsg.), *Divergenzen in der Mariologie*, Regensburg, 1989, pp.9~33.

• ——, "Mariologie. Maria, die Mutter des Christus", in: W. Beinert(Hrsg.), *Glaubenszugänge. Lehrbuch der Katholischen Dogmatik*, Bd. II, Paderborn u.a., 1995, pp.299~398.

• ——, "Mittlerschaft, Miterlöserschaft Marias", in: *LThK* 7, pp.346~347.

• ——, "Zur Situation der deutschsprachigen Mariologie", in: *Mar.* 43(1981), pp.152~174.

• Cousins, E., "A Theology of interpersonal Relations", in: *Thought* 45(1970).

• Cox, H., *Verführung des Geistes*, dt. Stuttgart-Berlin, 1974.

• Cullmann, O., "Kindheitsevangelien(Einleitung)", in: W. Schneemelcher(Hrsg.), *Neutestamentliche Apokryphen in deutscher Übersetzung*, Bd. I: Evangelien, Tübingen, [3]1959, pp.272~279.

• Cuvillier, E., *Qui donc es-tu, Marie? Les différents visages de la mère de Jésus dans le Nouveau Testament*, Paris, 1994.

【D】

- Dalferth, I.U., "Alles umsonst. Zur Kunst des Schenkens und den Grenzen der Gabe", in: M. Gabel / H. Joas(Hrsg.), *Von der Ursprünglichkeit der Gabe. J.-L. Marions Phänomenologie in der Diskussion*, Freiburg i. Br., 2006, pp.159~191.
- Dalferth, I.U. / Peng-Keller, S.(Hrsg.), *Gottvertrauen. Die ökumenische Diskussion um die fi ducia = QD* 250, Freiburg i. Br., 2012.
- Daniélou, J., *Die heiligen Heiden des Alten Testaments*, dt. Stuttgart, 1956.
- ——, *Platonisme et théologie mystique. La doctrine spirituelle de S. Grégoire de Nysse*, Paris, ²1953.
- Darlap, A., "Fundamentale Theologie der Heilsgeschichte", in: *MySal* I, pp.3~156.
- Davis, P., *Gott und die moderne Physik*, München, 1986.
- D'Costa, G., "Das Pluralismus-Paradigma in der christlichen Sicht der Religionen", dt., in: *ThGw* 30(1987), pp.221~231.
- De Fiores, St., "Maria in der Geschichte von Theologie und Frömmigkeit", in: W. Beinert, *Handbuch der Marienkunde*, Bd. I, Regensburg, 1996, pp.99~266.
- Deiss, L., *Maria, Tochter Sion*, dt. Mainz, 1961.
- Delahaye, K., *Erneuerung der Seelsorgsformen aus der Sicht der frühen Patristik*, Freiburg i. Br., 1958.
- ——, "Maria Typus Ecclesiae", in: *Alma Socia Christi. Acta Congressus mariologici-mariani Romae 1950*, vol. V/1, Rom, 1952, pp.25~45.
- ——, "Maria, Typus der Kirche", in: *WuW* 12(1949), pp.79~92.
- Delius, W., *Geschichte der Marienverehrung*, München-Basel,

1963.

- Dettloff, W., "Virgo – Mater. Kirchenväter und die moderne Biologie zur jungfräulichen Mutterschaft Marias", in: *WiWei* 20 (1957), pp.221~226.
- Dibelius, M., *Jungfrauensohn und Krippenkind*, Heidelberg, 1933.
- Dickmann, U., "Der Geliebte bleibt der Andere. Meditation über den Eros", in: A. Brenninkmeijer-Werhahn / Kl. Demmer(Hrsg.), *Das Herz spricht zum Herzen*, Freiburg i. Br., 2012, pp.88~97.
- Dies, L., *Maria, Tochter Sion*, Mainz, 1961.
- Dietschy, H., "'Gott ist Vater und Mutter'. War Johannes Paul I. ein Ketzer?", in: *Ref.* 30(1981), pp.425~432.
- Dietz, I.M., "Ist die Heilige Jungfrau nach Augustinus 'Immaculata ab initio'?", in: *Aug.* 4(1954), pp. 362~411.
- ――, "Maria und die Kirche nach dem hl. Augustinus", in: *Maria et Ecclesia. Acta Congressus mariologici-mariani in civitate Lourdes anno 1958 celebrati*, vol. III, Rom, 1959, pp.201~239.
- Dillenschneider, Cl., *Le Mystère de la corédemption mariale. Théories nouvelles*, Paris, 1951.
- ――, *Le sens de foi et le progrès du mystère marial*, Rom, 1954.
- Dinzelbacher, P., "Sexualität/Liebe. – Mittelalter", in: ders.(Hrsg.), *Europäische Mentalitätsgeschichte*, Stuttgart, 1993, pp.70~89.
- Disse, J., "Jesus und die Religionen. Zur Religionstheologie von J. Dupuis", in: J. Arnold(Hrsg.), *Sind Religionen austauschbar?*, Münster, 2012, pp.151~195.
- Dittrich, A., *Mater Ecclesiae. Geschichte und Bedeutung eines umstrittenen Marientitels* = *BDS* 44, Würzburg, 2009.
- ――, *Protestantische Mariologie-Kritik. Historische Entwicklung bis 1997 und dogmatische Analyse* = MSt 11, Regensburg, 1998.
- Dochhorn, J., "Zu den religionsgeschichtlichen Voraussetzungen

trinitarischer Gottesvorstellungen im Frühen Christentum und in der Religion Israels", in: V.H. Drecoll(Hrsg.), *Trinität*, Tübingen, 2011, pp.11~79.

- Dohmen, Chr. / Dirscherl, E., "Typologie", in: *LThK* ³10, pp.321~323.
- Dörnemann, H., "Eine Art Freundschaft. Die Ehe im Kontext der Pluralität heutiger Partnerschaftsformen", in: *HK* 66(2012), pp.574~579.
- ――, *Freundschaft als Paradigma der Erlösung*, Würzburg, 1997.
- ――, *Freundschaft. Die Erlösungslehre des Thomas v. Aquin*, Würzburg, 2012.
- Drehsen, V., "Synkretismus ist nicht gleich Synkretismus. Zum Kriterienproblem bei der Anverwandlung des Fremden", in: A. Lienkamp / Chr. Lienkamp(Hrsg.), *Die "Identität" des Glaubens in den Kulturen. Das Inkulturationsparadigma auf dem Prüfstand*, Würzburg, 1997, pp.39~53.
- Drewermann, E., "Die Frage nach Maria im religionswissenschaftlichen Horizont. Die scheinbare 'Grundlosigkeit' der Mariologie", in: *ZMR* 66(1982), pp.96~117.
- ――, *Strukturen des Bösen*, Bd. III, Paderborn u.a., ⁵1986.
- Düfel, H., *Luthers Stellung zur Marienverehrung*, Göttingen, 1968.
- Dürr, H.-P., *Es gibt keine Materie!*, Amerang, ²2012.
- ――, *Geist, Kosmos, Physik. Gedanken über die Einheit des Lebens*, Amerang, 2010.
- Dumais, M., "Resurrection au moment de la mort?", in: L. Audet u.a., *Resurrection. Esperance humaine et don de Dieu*, Paris u.a., 1971.
- Dümpelmann, L., *Kreation als ontisch-ontologisches Verhältnis. Zur Metaphysik der Schöpfungstheologie des Thomas von Aquin*,

Freiburg-München, 1969.
• Dupuis, J., *Unterwegs zu einer christlichen Theologie des religiösen Pluralismus*, dt. Innsbruck-Wien, 2010.
• ——, "Die Universalität des Wortes und die Partikularität Jesu Christi", in: *SThZ* 10(2006), pp.81~100.
• Duque, J.M., *Die Kunst als Ort immanenter Transzendenz. Zu einer fundamental-theologischen Rezeption der Kunstphilosophie H.-G. Gadamers*, Frankfurt, 1997.
• Duquesne, J., *Maria. Die Mutter Jesu*, dt. Darmstadt, 2004.
• Durst, M., "Justin der Märtyrer", in: *MarLex* 3, pp.489~491.
• Durwell, F.-X., *Regard chrétiens sur l'au-delá*, Paris, 1994.

【E】
• Ebeling, G., "Zur Frage nach dem Sinn des mariologischen Dogmas", in: *ZThK* 47(1950), pp.383~391, wieder abgedruckt in: ders., *Wort Gottes und Tradition*, Göttingen, 1964, pp.175~182.
• Ebertz, M.N., *Erosion der Gnadenanstalt? Zum Wandel der Sozialgestalt von Kirche*, Frankfurt, 1998.
• Eckholt, M., "Christsein an den Crossroads der Städte", in: M. Siewernich / K. Wenzel(Hrsg.), *Aufbruch in die Urbanität. Theologische Refl exion kirchlichen Handelns in der Stadt* = *QD* 252, Freiburg i. Br., 2013, pp.27~65.
• Eggemann, I., *Die ‚ekklesiologische Wende' in der Mariologie des II. Vatikanums und ‚Konziliare Perspektiven' als neue Horizonte für das Verständnis der Mittlerschaft Marias*, Altenberge, 1993.
• Eichrodt, W., "Heilserfahrung und Zeitverständnis im Alten Testament", in: *ThZ* 12(1956), pp.103~125.
• Eilrich, Chr., *Gott zur Welt bringen: Maria. Von den Möglichkeiten und Grenzen einer protestantischen Verehrung der Mutter*

Gottes, Regensburg, 2011.

- Eliade, M., *Geschichte der religiösen Ideen*, Bd. I, dt. Freiburg i. Br., 1978.
- ――, "Methodologische Anmerkung zur Erforschung der Symbole in den Religionen", in: ders. / J.M. Kitagawa(Hrsg.), *Grundfragen der Religionswissenschaft*, Salzburg, 1959, pp.106~135.
- Erikson, E., *Kindheit und Gesellschaft*, dt. Stuttgart, 1969.
- Ernst, J., *Das Evangelium nach Lukas*, Regensburg, 1977.
- Essen, G., "Da ist keiner, der nicht sündigt, nicht einer …", in: Th. Pröpper, *Theologische Anthropologie*, Bd. II, Freiburg i. Br., 2011, pp.1092~1156.
- Esterbauer, R., "Zu einer Phänomenologie des Gebens", in: *SJbPhil* 37(1992), pp.89~112.

【F】

- Faber, E.-M., *Maria – Mensch im Brennpunkt der Erlösung. Die Mariologie Karl Rahners im Gesamtgefüge seiner Theologie*, Dipl.-Arbeit, Freiburg i. Br., 1988.
- ――, "Universale concretum bei Hans Urs von Balthasar", in: *IkaZ* 29(2000), pp.258~273.
- Faber, R., *Der Selbsteinsatz Gottes*, Würzburg, 1995.
- Feiter, R., *Zur Freiheit befreit. Apologie des Christlichen bei Ferdinand Ulrich*, Würzburg, 1994.
- Feld, H., "Der bedeutendste katholische Theologe des 20. Jahrhunderts?", in: *RoJKG* 19(2000), pp.263~273.
- ――, "Was ist die intellectualis creatura des heiligen Augustinus?", in: http://oki-regensburg.de/k_ feld.htm(2011.12.08. 접속)
- Felmy, K. Chr., *Das Buch der Christus-Ikonen*, Freiburg i. Br.,

2004.
• ——, *Einführung in die orthodoxe Theologie der Gegenwart*, Berlin, 2011.
• ——, "Sophia – die Weisheit Gottes", in: *Rev.teologica*(Siebenbürgen) 3(2012), pp.151~164.
• Feuillet, A., "Le Messie et sa mère d'après le chapître 12 de l'Apocalypse", in: *RB* 66(1959), pp.55~85.
• Feurstein, H., *Matthias Grünewald*, Bonn, 1930.
• Flanagan, D., "Eschatologie und Aufnahme in den Himmel", in: *Conc.* 5(1969), pp.60~65.
• Flasch, K., *Was ist Zeit? Augustinus v. Hippo. Das XI. Buch der Confessiones*, Frankfurt, 1993.
• Flick, M. / Alszeghy, Z., *Il peccato originale*, Brescia, 1972.
• ——, "Teologia della Storia", in: *Greg.* 35(1964), pp.256~298.
• Florenskij, P.A., *An den Wasserscheiden des Denkens*, Berlin, 1991.
• ——, *Der Pfeiler und Grundfeste der Wahrheit. Versuch einer orthodoxen Theodizee in 12 Briefen(1914)*, deutsch abrufbar unter: www.kontextverlag.de/fl orenskij.zehnter.html.
• ——, "Brief an Feodor Samarin", in: Fr. und S. Mierau(Hrsg.), *Pawel Florenski(sic!), Leben und Denken*, Bd. I, Ostfi ldern, 1995, pp.230~233.
• Förster, H., "Früheste Zeugnisse der Marienfrömmigkeit in Ägypten", in: P.L. Hofrichter(Hrsg.), *Auf der Suche nach der Seele Europas: Marienfrömmigkeit in Ost und West*, Innsbruck-Wien, 2007, pp.25~41.
• Forster, K., "Idiomenkommunikation", in *LThK* ^{2}5, pp.607~609.
• Forte, B., *Maria – Mutter und Schwester des Glaubens*, dt. Zürich, 1990.

• Fraine, J. de, *Adam und seine Nachkommen*, Köln, 1962.

• Frank, A., *Studien zur Ekklesiologie des Hirten, II Klemens, der Didache und der Ignatiusbriefe unter besonderer Berücksichtigung der Idee einer präexistenten Kirche*, München, 1975.

• Frank, K.S., "'Geboren aus der Jungfrau Maria'. Das Zeugnis der Alten Kirche", in: K.S. Frank u.a. (Hrsg.), *Zum Thema Jungfrauengeburt*, Stuttgart, 1970, pp.91~120.

• ——, *Angelikos Bios. Begriffsanalytische und begriffsgeschichtliche Untersuchung zum "engelgleichen Leben" im frühen Mönchtum*, Münster, 1964.

• Freitag, J., *Geist-Vergessen – Geist-Erinnern. Vl. Losskys Pneumato-lo-gie als Herausforderung westlicher Theologie*, Würzburg, 1995.

• ——, "Maria in Gottes Heilsplan und in der Gemeinschaft der Heiligen", in: *Cath* 55(2001), pp.29~51.

• Frieling, R., "Maria / Marienfrömmigkeit III/1", in *TRE* 22, pp.137~143.

• Führlinger, E.(Hrsg.), *Der Dialog muss weitergehen. Ausgew. vatikan. Dokumente zum interreligiösen Dialog*, Freiburg i. Br., 2009.

• Fürst, W., "Was veranlasst die Praktische Theologie heute, Pastoralästhetik zu betreiben?", in: ders.(Hrsg.), *Pastoralästhetik* = *QD* 199, Freiburg i. Br., 2002, pp.31~54.

• Fuß, M., "Buddha und Maria: Dynamische Leere als Ikone des Dialogs", in: *StMiss* 43(1994), pp.211~244.

• ——, "Maria – vincolo dell'unità nell'ecumenismo tra le religioni e di fronte ai nuovi movimenti", in: *SetRel* 3(1993), Heft 9, pp.114~132.

【G】

- Gabel, M. / Joas, H.(Hrsg.), *Von der Ursprünglichkeit der Gabe. J.-L. Marions Phänomenologie in der Diskussion*, Freiburg i. Br., 2006.
- Gadamer, H.-G., *Wahrheit und Methode. Grundzüge einer philosophischen Hermeneutik*, Tübingen, ²1965.
- Galling, K., "Beschneidung I", in: *RGG* ³1, pp.1090~1091.
- Galot, J., *Être né de Dieu. Jean 1,13* = *AnBib* 37, Rom, 1969.
- ——, "Maria, Typus und Urbild der Kirche", in: G. Baraúna (Hrsg.), *De Ecclesia. Beiträge zur Konstitution "Über die Kirche" des Zweiten Vatikanischen Konzils*, Bd. II, Freiburg i. Br. - Frankfurt, 1966, pp.477~492.
- ——, *Maria. La donna nell'opera della salvezza*, Rom, ³2005.
- Gäng, P., "Die Bedeutung von Göttinnen und weiblichen Buddhas", in: *Zur Debatte* 2(2013), pp.37~38.
- Ganoczy, A., *Chaos – Zufall – Schöpfungs glaube*, Mainz, 1995.
- ——, "Communio – ein Grundzug des göttlichen Heilswillens", in: *Unsere Seelsorge*(Münster) 22(1972), pp.1~8.
- Garijo-Guembe, M.M., *Gemeinschaft der Heiligen. Grund, Wesen und Struktur der Kirche*, Düsseldorf, 1988.
- Gasecki, K., *Das Profil des Geistes in den Sakramenten. Pneumatologische Grundlagen der Sakramentenlehre*, Münster, 2009.
- Gay-Canton, R., *Entre dévotion et théologie scolastique. Réceptions de la controverse médiévale autour de l'Immaculée Conception en pays germaniques*, Turnhout, 2011.
- Gebara, I. / Lucchetti Bingener, M.C., *Maria, Mutter Gottes und Mutter der Armen*, dt. Düsseldorf, 1988.
- Gebhardt, W., "Believing without Belonging? Religiöse Individuali-

sierung und neue Formen religiöser Vergemeinschaftung", in: A. Kreutzer / Fr. Gruber(Hrsg.), *Im Dialog. Systematische Theologie und Religionssoziologie* = QD 258, Freiburg i. Br., 2013, pp.297~317.

- Geerlings, W., "Inkarnation und Kirche. Zur Corpus-Christi-Vorstellung des hl. Augustinus", in: G. Röwekamp(Hrsg.), *Fußnoten zu Augustinus. Ges. Schriften Wilhelm Geerlings*, Turnhout, 2010, pp.47~703.
- Geffré, C., "La singularitè du christianisme à l'âge du pluralisme religieux", in: J. Doré / Chr. Theobald(Hrsg.), *Penser la foi*, FS J. Moingt, Paris, 1993, pp.351~369.
- Gerhards, M., *Das Hohelied. Studien zu seiner literarischen Gestalt und theologischen Bedeutung*, Leipzig, 2010.
- Gerland, M., *Meine Seele erhebt den Herrn. Eine evangelische Pilgerreise zu Maria*, Leipzig, 2007.
- Gerl-Falkovitz, H.-B., "Wahrheit und Toleranz. Zum Verhältnis der Religionen", in: K.-J. Wallner (Hrsg.), *Auditorium Spiritus Sancti*, FS Heiligenkreuz, Langwaden, 2004, pp.296~317.
- Gerlitz, P., "Symbol II", in: *TRE* 32, pp.481~487.
- Gese, H., "Die Weisheit, der Menschensohn und die Ursprünge der Christologie als konsequente Entfaltung der biblischen Theologie", in: *SEÅ* 44(1979), pp.77~114.
- ——, *Lehre und Wirklichkeit in der alten Weisheit*, Tübingen, 1958.
- ——, "Natus ex virgine", in: ders., *Vom Sinai zum Zion*, München, 1984, pp.130~146.
- ——, "Weisheit", in: *RGG* ^{3}6, pp.1574~1577.
- Gewieß, J., *Die Marienfrage Lk 1,34, im Anhang der dt. Ausgabe von R. Laurentin*, Kurzer Traktat, pp.184~217.

- Gherman, P., "Le parallélisme entre Marie et l'église selon la doctrine de l'Orient Chrétien séparé et des protestants", in: *Maria et Ecclesia. Acta congressus mariologici-mariani in civitate Lourdes anno 1958 celebrati*, vol. X, Rom, 1960, pp.1~50.
- Giesen, H., *Die Offenbarung des Johannes = RNT*, Regensburg, 1997.
- Gnilka, J., *Das Evangelium nach Markus*, Bd. I = EEK II/1, Zürich, 1978.
- ——, *Das Matthäusevangelium = HThKNT*, Bd. I, Freiburg i. Br., 1986.
- ——, *Der Philipperbrief = HThKNT*, Freiburg i. Br., 1968.
- Goerdt, W., "Sophiologie", in: *HWP* 9, pp.1063~1069.
- Goettsberger, J., *Die göttliche Weisheit als Persönlichkeit im AT*, München, 1919.
- Gollinger, H., *Das "große Zeichen" von Apk 12*, Würzburg-Stuttgart, 1971.
- Goppelt, L., *Typos. Die typologische Deutung des Alten Testaments im Neuen*, Darmstadt, ²1981.
- Görg, M., "Die Göttin Isis und die Heilige Maria – Gottesmütter im Vergleich", in: *US* 59(2004), pp.371~380.
- ——, *Mythos, Glaube und Geschichte, Die Bilder des christlichen Credo und ihre Wurzeln im alten Ägypten*, Düsseldorf, 1992.
- Görres, A. / Kasper, W.(Hrsg.), *Tiefenpsychologische Deutung des Glaubens? Anfragen an E. Drewermann = QD* 113, Freiburg i. Br., 1988.
- Görres, A. / Rahner, K., *Das Böse*, Freiburg i. Br., 1982.
- Göttsberger, J., *Die göttliche Weisheit als Persönlichkeit im Alten Testament*, München, 1919.
- Gorski, H., *Die Niedrigkeit seiner Magd. Darstellung und theologi-*

sche Analyse der Mariologie Martin Luthers als Beitrag zum gegenwärtigen lutherisch / römisch-katholischen Gespräch, Frankfurt u.a., 1987.

- ——, "Im Widerstreit zum Heiligen Geist? Pneumatologische Anmerkungen zur katholischen Marienlehre aus evangelisch-lutherischer Sicht", in: A. Ziegenaus(Hrsg.), *Maria und der Heilige Geist. Beiträge zur pneumatologischen Prägung der Mariologie*, Regensburg, 1991, pp.9~23.
- Gossebrink, H., *Maria in der Theologie Hildegards v. Bingen = SSSTh* 29, Würzburg, 2004.
- Graber, R., *Die marianischen Weltrundschreiben der Päpste in den letzten hundert Jahren*, Würzburg, ^{2}1954.
- ——, *Maria im Gottgeheimnis der Schöpfung*, Regensburg, 1949.
- Gräb-Schmidt, E. / Preul, R.(Hrsg.), *Ästhetik = MJTh* XXII, Leipzig, 2010.
- Graef, H., *Maria. Eine Geschichte der Lehre und Verehrung*, Freiburg i. Br., 1964.
- Grass, H., *Traktat über Mariologie*, Marburg, 1991.
- Greeley, A., *Maria. Über die weibliche Dimension Gottes*, dt. Graz, 1979.
- Greshake, G., *Auferstehung der Toten*, Essen, 1969.
- ——, "Auferstehung im Tod. Ein 'parteiischer' Rückblick", in: *TheolPhil* 73(1998), pp.538~557.
- ——, "Christentum und Weltreligionen. Anmerkungen zum 'Pluralismus-Paradigma'", in: F.X. D'Sa / R. Mesquita(Hrsg.), *Hermeneutics of Encounter*, FS G. Oberhammer, Wien, 1994, pp.109~122.
- ——, "Das Verhältnis von Christentum und Weltreligionen in der neueren katholischen Theologie", in: Pastoralamt der Erzdiözese

Wien(Hrsg.), *Wie von Christus reden im Angesicht der pluralen religiösen Wirklichkeit?*, Wien, 1997, pp.4~23.
• ——, *Der dreieine Gott*, Freiburg i. Br., 1997, (erweitert) ^{5}2007.
• ——, "Die Freiheit und das Böse, Gott und der Teufel. Ein Plakat", in: B.J. Claret(Hrsg.), *Theodizee. Das Böse in der Welt*, Darmstadt, 2007, ^{2}2008, pp.15~35.
• ——, "Dogmatik und Spiritualität", in: E. Schockenhoff / P. Walter(Hrsg.), *Dogma und Glaube*, FS W. Kasper, Mainz, 1993, pp.235~252.
• ——, *Erlöst in einer unerlösten Welt*, Mainz, 1987.
• ——, "Freiheit oder Gnade?", in: ders., *Gottes Heil – Glück des Menschen*, Freiburg i. Br., 1983, pp.105~135.
• ——, *Gnade – Geschenk der Freiheit, Toposplus*, Kevelaer, 2004.
• ——, *Gnade als konkrete Freiheit. Eine Untersuchung zur Gnadenlehre des Pelagius*, Mainz, 1972.
• ——, *Hinführung zum Glauben an den drei-einen Gott*, Freiburg i. Br., 1998, (erweitert) ^{5}2008.
• ——, "Jesus Christus und der Dialog der Weltreligionen", in: *StMiss* 51(2002), pp.219~213.
• ——, "Klein, Wilhelm", in: *LThK* ^{3}6, p.122.
• ——, "'Seele' in der Geschichte der christlichen Eschatologie", in: W. Breuning(Hrsg.), *Seele. Problembegriff christlicher Eschatologie* = *QD* 106, Freiburg i. Br., 1986, pp.107~157.
• ——, "Sie ist ganz Ohr für ihr Kind. Muttergottes vom guten Rat", in: *Entschluss* 43(1988), pp.22~23.
• ——, *Vorwort zu: G. Trentin, Im Anfan g. Das "Mariengeheimnis" in den Handschriften von Wilhelm Klein*, dt. Würzburg, 2006, pp.7~10.
• ——, *Warum lässt uns Gottes Liebe leiden?*, Freiburg i. Br., 2007.

• ——, *… wie man in der Welt leben soll. Grundfragen christlicher Spiritualität*, Würzburg, 2009.
• Greshake, G. / Kremer, J., *Resurrectio mortuorum*, Darmstadt, [2]1992.
• Greshake, G. / Lohfink, G., *Naherwartung – Auferstehung – Unsterblichkeit* = *QD* 71, Freiburg i. Br., [4]1982.
• Grillmeier, A., *Jesus der Christus im Glauben der Kirche*, Bd. I, Freiburg i. Br., 1979.
• ——, "Maria Prophetin", in: ders., *Mit Ihm und in Ihm*, Freiburg i. Br., 1975, pp.198~216.
• Gross, J., *Die Entwicklungsgeschichte des Erbsündendogmas*, Bd. I-IV, München-Basel, 1963~1972.
• Grote, H., "Maria / Marienfrömmigkeit II", in: *TRE* 22, pp.119~137.
• Gruber, G., "Zur Spiritualität von P. Wilhelm Klein. Erinnerungen", in: *KCGH*(Katalog) 2007, pp.53~65.
• Guardini, R., *Das Wesen des Christentums*, Mainz-Paderborn, 1991.
• ——, *Der Rosenkranz unserer Lieben Frau*, Würzburg, 1940.
• ——, *Die Mutter des Herrn*, Würzburg, [2]1956.
• Gunton, C.E., *The One, the Three, and the Many*, Cambridge, 1993.

【H】
• Haag, E., "Das Immanuelzeichen in Jesaja 7", in: *TrThZ* 100(1991), pp.3~22.
• Hagemann, L. / Pulsfort, E., *Maria die Mutter Jesu in Bibel und Koran*, Würzburg-Altenberge, 1992.
• Hainz, J., "Vom 'Volk Gottes' zum 'Leib Christi'", in: *JBTh* 7(1992), pp.145~165.

- Halkes, C. J.M., “Eine ‘andere’ Maria”, in: *US* 32(1977), pp.323~337.
- Hall, St. G., “Typologie”, in: TRE 34, pp.208~224.
- Hallensleben, B., “Pater Wilhelm Klein SJ und die Theologie des 20. Jahrhunderts”, in: *KCGH*(Katalog) 115(2006), pp.5~17.
- Hammann, K., *Rudolf Bultmann. Eine Biographie*, Tübingen, [2]2010.
- Hänggi, Ä. / Pahl, I., *Prex eucharistica*, Fribourg, 1968.
- Harbecke, H., “Maria und die Frau(en). Mariologische Linien bei Joseph Ratzinger/Benedikt XVI. im Gespräch mit differenzfeministischen Ideen”, in: *Conc.* 44(2008), pp.492~501.
- Härle, W., *Dogmatik*, Berlin, [3]2007.
- Harnack, A. v., *Beiträge zur Einleitung in das Neue Testament*, Leipzig, 1911.
- Hartmann, St., *Die Magd des Herrn. Zur heilsgeschichtlichen Mariologie Heinrich M. Kösters*, Regensburg, 2009.
- Hasenfuss, J., “Die Jungfrauengeburt in der Religionsgeschichte”, in: H.J. Brosch / J. Hasenfuss(Hrsg.), *Jungfrauengeburt gestern und heute*, Essen, 1969, pp.11~23.
- Hauke, M., “Anthropologie und Mariologie in der zeitgenössischen theologischen Diskussion: gemeinsame Perspektiven und Probleme”, in: *FKTh* 29(2013), pp.1~21.
- ——, “Die Unbefl eckte Empfängnis Mariens und die Neuformulierung der Erbsündenlehre. Ein Beispiel für die kritische Funktion der Mariologie”, in: M. Hauke u.a.(Hrsg.), *Sedes Sapientiae = MarJ* 9(2005) Bd. 1, pp.5~37.
- ——, “Die ‘virginitas in partu’. Akzentsetzungen in der Dogmengeschichte”, in: A. Ziegenaus(Hrsg.), *“Geboren aus der Jungfrau Maria”*, Regensburg, 2007, pp.88~131.

• ——, *Gott oder Göttin? Feministische Theologie auf dem Prüfstand*, Aachen, 1993.

• Hausamann, S., "Maria-Gottesgebärerin. Die Mariologie bei den griechischen Vätern und ihre Bedeutung für die orthodoxe Marienverehrung heute", in: ders., *Wege und Irrwege zur kirchlichen Einheit im Licht der orthodoxen Tradition*, Göttingen, 2005, pp.133~171.

• Hausmann, J., *Israels Rest. Studien zum Selbstverständnis der exilischen Gemeinde*, Stuttgart, 1987.

• Heidegger, M., *Über den Humanismus*, Frankfurt, 1949.

• Heine, S., "Maria, die Mutter Jesu in der feministischen Theologie", in: M. Kießing(Hrsg.), *Maria, die Mutter unseres Herrn*, Lahr, 1991, pp.121~135.

• Heinz, A., "Maria in Liturgie und Frömmigkeit des Marianischen Jahrhunderts", in: B. Schneider(Hrsg.), *Maria und Lourdes*, Münster, 2008, pp.56~85.

• Hemmerle, Kl., "Berufungspastoral um die Jahrtausendwende", in: *Berufung. Zur Pastoral der geistlichen Berufe* 24(1986).

• ——, "Communio als Schlüsselwort für das Verständnis Mariens. Skizze zur Phänomenalität christlicher Persongestalt", in: J. Schreiner / Kl. Wittstadt(Hrsg.), *Communio Sanctorum*, FS P.-W. Schelle, Würzburg, 1988, pp.303~309.

• ——, "Der Begriff des Heils", in: *IkaZ* 3(1972), pp.210~230.

• ——, "Gemeinschaft als Bild Gottes", in: *WW* 5, Freiburg i. Br., 1996.

• ——, "Trinität und Maria", in: ders., *Leben aus der Einheit*, Freiburg i. Br., 1995, pp.156~176.

• Hengel, M., "Die 'auserwählte Herrin', die 'Braut', die 'Mutter' und die 'Gottesstadt'", in: M. Hengel u.a.(Hrsg.), *La cité de Dieu*,

Tübingen, 2000, pp.245~285.

- Henrich, D., *Die Philosophie im Prozeß der Kultur*, Frankfurt, 2006.
- ——, *Versuch über Kunst und Leben. Subjektivität-Weltverstehen-Kunst*, München, 2001.
- Herbst, M., "Kirche wie eine Behörde verwalten oder wie ein Unternehmen führen? Zur Theologie des Spirituellen Gemeindemanagements", in: H.-J. Abromeits u.a.(Hrsg.), *Spirituelles Gemeindemanagement*, Göttingen 2001, pp.82~110.
- Hernández Martínez, J.M., "La asunción de Maria como paradigma de escatologia cristiana", in: *EphMar* 50(2000), pp.249~271.
- Heymel, M., *Die jüdische Mutter Jesu und wir Heidenchristen. Ein dogmatischer Beitrag zur evangelischen Predigt und Lehre über Maria*, Habil.-schrift Heidelberg, 1987.
- Hierzenberger, G., *Maria – Die weibliche Dimension Gottes*, Kevelaer, 2004.
- Hilberath, B.J., *Pneumatologie*, Düsseldorf, 1994.
- Hoeps, R., "Jenseits der Nostalgie. Was ist Bildtheologie", in: *HK Spezial*, 2012, pp.29~33.
- Hoff, G.M., *Ekklesiologie = Gegenwärtig Glauben denken* Bd. 6, Paderborn, u.a., 2011.
- Höffken, P., *Das Buch Jesaja, Kapitel 1-39*, Stuttgart, 1993.
- Höhn, H.-J., *Gott – Offenbarung – Heilswege*, Würzburg, 2011.
- ——, "Soziologie in der Theologie – oder: Der Blick von außen auf den Blick nach außen", in: A. Kreutzer / Fr. Gruber(Hrsg.), *Im Dialog. Systematische Theologie und Religionssoziologie = QD* 258, Freiburg i. Br., 2013, pp.56~72.
- Hoffmann, A.M., "Die Gnade der Gerechten des Alten Bundes nach Thomas v. Aquin", in: *DT* 29(1951), pp.167~187.

- Hoffmann, V., *Skizzen zu einer Theologie der Gabe*, Freiburg i. Br., 2013.
- ——(Hrsg.), *Die Gabe. Ein "Urwort" der Theologie?*, Frankfurt, 2009.
- Hofmann, Fr., "Marias Stellung in der Erlösungsordnung nach dem hl. Augustinus", in: C. Feckes(Hrsg.), *Die heilsgeschichtliche Stellvertretung der Menschheit durch Maria*, Paderborn, 1954, pp.131~143.
- ——, "Mariens Stellung in der Erlösungsordnung nach dem hl. Augustinus", in: *Alma Socia Christi. Acta Congressus mariologici-mariani Romae 1950*, vol. V/1, Rom, 1952, pp.87~100.
- Hofmann, M., *Maria, die neue Eva. Geschichtlicher Ursprung einer Typologie mit theologischem Potential*, Regensburg, 2011.
- Hofrichter, P.L.(Hrsg.), *Auf der Suche nach der Seele Europas. Marienfrömmigkeit in Ost und West*, Innsbruck-Wien, 2007.
- Hofrichter, P., *Nicht aus Blut, sondern monogen aus Gott geboren. Textkritische, dogmengeschichtliche und exegetische Untersuchung zu Joh 1,13-14*, Würzburg, 1978.
- Holm, B.K., *Gabe und Geben bei Luther. Das Verhältnis zwischen Reziprozität und reformatorischer Rechtfertigungslehre*, Berlin, 2006.
- Hoping, H., *Freiheit im Widerspruch. Eine Untersuchung zur Erbsündenlehre im Ausgang von I. Kant*, Innsbruck-Wien, 1990.
- Hossfeld, F.-L. / Zenger, E., *Die Psalmen 1-50 = NEB*, Würzburg, 1993.
- ——, *Psalmen 51-100 = HThKAT*, Freiburg u.a., 2000.
- Huber, K., "Perspektiven auf das Gottesvolk in Offb 12-14", in: Th. Schmeller u.a.(Hrsg.), *Die Offenbarung des Johannes, Kommunikation im Konflikt = QD* 253, Freiburg i. Br., 2013, pp.165~185.

- Hühn, W., "Wir", in: *HWP* 12, pp.812~820.
- Huhn, J., "Ambrosius v. Mailand", in: *MarLex* I, pp.126~129.
- ——, *Das Geheimnis der Jungfrau-Mutter Maria nach dem Kirchenvater Ambrosius*, Würzburg, 1954.
- Hulsbosch, A., *Schöpfung, Sünde und Erlösung im evolutionistischen Weltbild*, Wien, 1965.
- Hünermann, P., "Die theologische Grundlegung der christlichen Sozialethik in Gaudium et spes", in: M. Vogt(Hrsg.), *Theologie der Sozialethik* = *QD* 255, Freiburg i. Br., 2013, pp.23~62.
- ——, *Ekklesiologie im Präsens. Perspektiven*, Münster, 1995.
- ——, "Juden auf dem Weg des Heils. Eine theologische Refl exion auf die Frage von Offenbarung und Geschichte im Ausgang von Dei Verbum", in: H. Frankemölle / J. Wohlmuth(Hrsg.), *Das Heil der Anderen* = *QD* 238, Freiburg i. Br., 2010, pp.420~459.
- ——, "Kommentar zu Lumen Gentium", in: *HThKVatII*, Bd. II, pp.263~582.
- Hurlbut, St. A., *The picture of the heavenly Jerusalem in the writings of Johannes Fecamp*, Washington, 1943.
- Husain, Sh., *Die Göttin. Das Matriarchat. Mythen und Archetypen, Schöpfung, Fruchtbarkeit und Überfluss*, dt. Köln, 2001.
- Hüttenhoff, M., *Der religiöse Pluralismus als Orientierungsproblem*, Leipzig, 2001.

【I】

- Iacoangeli, R., "'Sub tuum praesidium'. La più antica preghiera mariana", in: S. Felici(Hrsg.), *La mariologia nella catechesi dei Padri*, Roma, 1989, pp.207~240.
- Instinsky-Anrich, M., *Deutschsprachige Marianische Literatur 1945-1987*, Kevelaer, 1987.

【J】

- Jaeschke, W., *Die Religionsphilosophie Hegels*, Darmstadt, 1983.
- Jansch, E., *Die Selbstorganisation des Universums*, München, 1979.
- Johnson, E.A., "Wahrlich unsere Schwester. Ein feministisch-hermeneutischer Zugang", in: *Conc.* 44(2008), pp.387~394.
- Jugie, M., *La mort et l'assomption de la Sainte Vierge*, Città del Vaticano, 1944.
- Jung, C.G., *Antwort auf Hiob* = WW XI, Zürich, ^{3}1973.
- ——, "Symbolik des Geistes", in: *Psychologische Abhandlungen* VI, Zürich, 1948.
- Jungclaussen, E., "Maria im liturgischen Kult der orthodoxen Kirche", in: *US* 30(1975), pp.127~145.
- Jüngel, E., *Gott als Geheimnis der Welt. Zur Begründung der Theologie des Gekreuzigten im Streit zwischen Theismus und Atheismus*, Tübingen, 1977.
- ——, *Gottes Sein ist im Werden*, Tübingen, 1965.
- ——, *Wertlose Wahrheit*, München, 1990.

【K】

- Kahl, J., "Die Jungfrau züchtigt den Jesusknaben vor drei Zeugen. Eine philosophische Bildmeditation zu Max Ernst", in: http://kahl-marburg.privat.t-online.de/kahl_MaxErnst.pdf(2012.03.11. 접속).
- Kallis, A., Brennender, *nicht verbrennender Dornbusch. Refl exionen orthodoxer Theologie*, Münster, 1999.
- ——, "Die Gottesgebärerin in der orthodoxen Theologie und Frömmigkeit", in: Hmar I, pp.364~381.
- Kamlah, W., *Der Mensch in der Profanität*, Stuttgart, 1949.
- Kanberg, J.A., *Maria – Ersterbin des in Christus neu geschaffenen Lebens*, St. Ottilien, 2006.

• Karrer, L., *Der Glaube in Kurzformeln*, Mainz, 1978.
• Karrer, M., "Ein alter Text neu gelesen. Die Johannesapokalypse", in: *Zur Debatte* 5(2010), pp.1~4.
• ——, "Hellenistische und frühkaiserzeitliche Motive in der Johannesapokalypse", in: Th. Schmeller u.a.(Hrsg.), *Die Offenbarung des Johannes, Kommunikation im Konflikt = QD* 253, Freiburg i. Br., 2013, pp.32~73.
• Karrer, O.(Hrsg.), *Maria in Dichtung und Deutung. Eine Auswahl*, Zürich, 1962.
• Käsemann, E., "Das theologische Problem des Motivs vom Leibe Christi", in: ders., *Paulinische Perspektiven*, Tübingen, 1969, pp. 178~210.
• Kasper, W., "Brief zum Thema 'Jungfrauengeburt'", in: *IKaZ* 16 (1987), pp.531~535.
• ——, "Der Geheimnischarakter der Kirche hebt den Sozialcharakter nicht auf", in: *HK* 41(1987), pp.232~236.
• ——, *Dogma unter dem Wort Gottes*, Mainz, 1965.
• ——, *Katholische Kirche. Wesen – Wirklichkeit – Sendung*, Freiburg i. Br., 2011.
• Kasselouri-Hatzivassiladi, E., "'Verehrungswürdiger als die Cherubim'. Marias orthodoxes Gesicht", in: *Conc.* 44(2008), pp.430~437.
• Kassing, A., "Der heilsgeschichtliche Ort Mariens in der Kirche nach Apk 12", in: *Maria et Ecclesia. Acta Congressus mariologici-mariani in civitate Lourdes anno 1958 celebrati*, vol. III, Rom, 1959, pp.39~60.
• ——, *Die Kirche und Maria. Ihr Verhältnis im 12. Kapitel der Apokalypse*, Düsseldorf, 1959.
• Kaufmann, F.-X., *Kirche in der ambivalenten Moderne*, Freiburg i. Br., 2012.

- Kaut, Th., *Befreier und befreites Volk. Traditions- und redaktionsgeschichtliche Untersuchung zu Magnifi kat und Benediktus im Kontext der vorlukanischen Kindheitsgeschichte*, Frankfurt, 1990.
- Kehl, M., *Die Kirche. Eine katholische Ekklesiologie*, Würzburg, 1992.
- ——, *Kirche als Institution*, Frankfurt, 1976.
- ——, *Mit der Kirche fühlen*, Würzburg, 2010.
- Kelly, J.N.D., *Early Christian Doctrines*, London, [5]1977.
- Kemper, M.-E., "Das sogenannte 'Jüngste Gericht'. Die Neuentdeckung der Sixtina nach der
- Restaurierung", in: *Zur Debatte*, Heft 2, 2006.
- Kerkloh, M., *'… die in vollkommenster Weise Erlöste'. Die Frage nach einem mariologischen Grundprinzip bei Rahner*, München-Ravensburg, 2005.
- Kern, W., *Außerhalb der Kirche kein Heil?*, Freiburg i. Br., 1979.
- Kessler, H., "Der Begriff des Handelns Gottes. Überlegungen zu einer unverzichtbaren theologischen Kategorie", in: H.U. v. Brachel / N. Mette(Hrsg.), *Kommunikation und Solidarität*, Freiburg (Schweiz) - Münster, 1985, pp.117~130.
- ——, *Evolution und Schöpfung in neuer Sicht*, Kevelaer, [3]2010.
- ——, "Was heißt: Gott handelt? Über Gottes Wirken in der Welt und an der Welt", in: ders., *Den verborgenen Gott suchen*, Paderborn, 2006, pp.90~103.
- Kilian, R., *Die Verheißung Immanuels Jes 7,14 = SBS* 35, Stuttgart, 1968.
- ——, *Jes 1-12 = NEB* 17, Würzburg, 1986.
- Kinsley, D., *Indische Göttinnen*, Frankfurt, 1990.
- Kittel, G., "ἀκούω ecc", in: *ThWNT* I, pp.216~225.

• Klauser, Th., "Gottesgebärerin", in: *RAC* 11, pp.1071~1103.
• Klein, W., *Gottes Wort bei Johannes. Kapitel 1-12. Vorträge im Kolleg 1959-1960*, Tübingen, 2000 = Sonderheft *KCGH* 109(2000).
• ——, *Gottes Wort im Kirchenjahr. Vorträge im Kolleg 1957-1961*, Tübingen, 1999 = Sonderheft des KCGH 108(1999).
• ——, *Gottes Wort im Römerbrief. Vorträge im Kolleg 1958-1961*, Tübingen, 1998 = Sonderheft des KCGH 107(1998).
• ——, *Wilhelm Klein in Rom, Bonn und Münster. Vorträge, Aufzeichnungen*, Hildesheim, 2001 = Sonderheft *KCGH* 110(2001).
• Kniazeff, A., *La mère de Dieu dans l'Église Orthodoxe*, Paris, 1990.
• Knierim, R., "Cosmos and History in Israel's Theology", in: U. Mauser(Hrsg.), *Horizons in Biblical Theology*, Pittsburg u.a., 1961.
• Knitter, P.F., *Ein Gott – viele Religionen. Gegen den Absolutheitsanspruch des Christentums*, dt. München, 1988.
• ——, "Nochmals die Absolutheitsfrage", in: EvTh 49(1989), pp. 505~516.
• Knoch, O., "Maria in der Heiligen Schrift", in: *Hmar*, pp.15~92.
• Knopf, R., "Der zweite Clemensbrief", in: *Die Apostolischen Väter = HNT*, Tübingen, 1923, pp.151~184.
• ——, "Die Anagnose zum zweiten Clemensbrief", in: *ZNW* 3 (1902), pp.266~279.
• Koch, E., "'… von Glauben eine Jungfrau, von Liebe eine Mutter'. Beobachtungen zur Marienverehrung im Bereich der Wittenberger Reformation im 16. und 17. Jahrhundert", in: W. Beinert / K. Feiereis / H.-J. Röhrig(Hrsg.), *Unterwegs zum einen Glauben*, FS L. Ullrich, Leipzig, 1997, pp.477~488; wieder abgedruckt in: Th.A. Seidel / U. Schacht(Hrsg.), *Maria, evangelisch*, Leipzig-Paderborn, 2011, pp.43~57.
• Koch, K. Geleitwort zu I.U. Dalferth / S. Peng-Keller, *Gottver-*

trauen. Die ökumenische Diskussion um die fi ducia = *QD* 250, Freiburg i. Br., 2012, pp.11~17.

- Koehler, Th., "Les principales interprétations traditionelles de Jean 19,25-27 pendant les douze premiers siècles", in: *EtMar* 16(1959), pp.5~22.
- Köhlmoos, M., "Weisheit / Weisheitsliteratur II", in: *TRE* 35, pp. 486~497.
- Kolb, K., "Typologie der Gnadenbilder", in: *Hmar*, pp.849~882.
- Komonchak, J.A., "Der Kampf für das Konzil", in: G. Alberigo / Kl. Wittstadt(Hrsg.), *Geschichte des Zweiten Vatikanischen Konzils*, Bd. I, dt. Mainz-Leuven, 1997, pp.189~401.
- Köster, H.M., "Der geschichtliche Weg von marianischen Einzelaussagen zum geschlossenen Traktat einer systematischen Mariologie", in: *ThGl* 68(1978), pp.368~384.
- ——, "Die Jungfrauengeburt als theologisches Problem seit D. Fr. Strauß", in: *Jungfrauengeburt gestern und heute*, Essen, 1969, pp.35~87.
- ——, *Die Magd des Herrn. Theologische Versuche und Überlegungen*, Limburg, 1947; ^{2}1954.
- ——, "Die Mariologie im 20. Jahrhundert", in: H. Vorgrimler / R. Vander Gucht, *Bilanz der Theologie im 20. Jahrhundert*, Bd. III, Freiburg i. Br., 1970, pp.126~147.
- ——, *Unus Mediator. Gedanken zur marianischen Frage*, Limburg, 1950.
- Koster, M.D., "Die Stellvertretung Mariens bei Thomas von Aquin", in: C. Feckes(Hrsg.), *Die heilsgeschichtliche Stellvertretung der Menschheit durch Maria*, Paderborn, 1954, pp.181~185.
- Kothgasser, A.M., "Maria und der Heilige Geist. Anregungen für

eine christliche Spiritualität", in: A. Ziegenaus(Hrsg.), *Maria und der Heilige Geist. Beiträge zur pneumatologischen Prägung der Mariologie*, Regensburg, 1991, pp.51~74.

- Kraus, G., "Prädestination II, III", in: *LThK* 8, pp.468~474.
- Kreiml, J., "Die virginitas post partum. Zum Verständnis der 'Brüder und Schwestern' Jesu", in: A. Ziegenaus(Hrsg.), *"Geboren aus der Jungfrau Maria"*, Regensburg, 2007, pp.132~147.
- Kreiner, A., "Hierarchia veritatum", in: *Cath.* 46(1992), pp.1~30.
- Kremer, J., "Auferstehung der Toten in bibeltheologischer Sicht", in: G. Greshake / J. Kremer, *Resurrectio Mortuorum*, Darmstadt, [2]1992, pp.5~161.
- ——, "Das Erfassen der bildsprachlichen Dimension als Hilfe für das rechte Verstehen der biblischen 'Kindheitsevangelien' und ihre Vermittlung als lebendiges Wort Gottes", in: K. Kertelge (Hrsg.), *Metaphorik und Mythos im Neuen Testament* = *QD* 126, Freiburg i. Br., 1990, pp.78~109.
- Kreuzer, M., "'Empfangen durch den Heiligen Geist'. Die Wirkweise des Heiligen Geistes bei der Menschwerdung des Sohnes Gottes", in: A. Ziegenaus(Hrsg.), *"Geboren aus der Jungfrau Maria"*, Regensburg, 2007, pp.74~87.
- Krings, H., "Gott", in: *HphG* 3, pp.629~641.
- Krüger, K., *Maria-Kirche in der älteren syrischen Väterliteratur, in: Maria et Ecclesia. Acta Congressus mariologici-mariani in civitate Lourdes anno 1958 celebrati*, vol. III, Rom, 1959, pp.109~136.
- Kruse, H., "Alma Redemptoris Mater. Eine Auslegung der Immanuel-Weissagung in Is 7,14", in: *TrThZ* 74(1965), pp.15~36.
- Kuhn, H., *Begegnung mit dem Sein*, München, 1954.
- Küng, H., *Christsein*, München-Zürich, 1974.

• ——, *Credo,* München-Zürich, 1992.
• ——, *Die Kirche,* Freiburg i. Br., 1967.
• ——, *Existiert Gott? Antwort auf die Gottesfrage der Neuzeit,* München-Zürich, 1978.
• ——, *Menschwerdung Gottes. Eine Einführung in Hegels theologisches Denken als Prolegomena zu einer künftigen Christologie,* Freiburg i. Br., 1970.
• ——, *Rechtfertigung,* Einsiedeln, 1957.

【L】

• Lafaye, J., *Quetzalcóatl et Guadalupe,* Paris, 1974.
• Lanczkowski, G., "Symbol I", in: *RGG* ³6, pp.541~543.
• Landmesser, Chr., *Wahrheit als Grundbegriff neutestamentlicher Wissenschaft,* Tübingen, 1999.
• Lang, B., *Frau Weisheit. Deutung einer biblischen Gestalt,* Düsseldorf, 1975.
• Langemeyer, B., "Konziliare Mariologie und biblische Typologie", in: *Cath* 21(1967), pp.295~316.
• Larcher, C., *Études sur le livre de la Sagesse,* Paris, 1969.
• Lattke, G., "Lukas 1 und die Jungfrauengeburt", in: K.S. Frank (Hrsg.), *Zum Thema Jungfrauengeburt,* Stuttgart, 1970, pp.61~89.
• Laub, F., *Die Begegnung des frühen Christentums mit der antiken Sklaverei,* Stuttgart, 1982.
• Laurentin, R., *Die marianische Frage,* dt. Freiburg i. Br. 1965 (Paris, 1963).
• ——, "Esprit-Saint et théologie mariale", in: *NRT* 99(1967), pp.26~42.
• ——, "Kurzer Traktat der marianischen Theologie", Regensburg, 1959.
• ——, "L'interpretation de la Genèse 3,15 dans la tradition jus-

qu'au début du XIIIe siècle", in: *BuEtMar* 12(1954), pp.77~156.

- ——, "Maria als Urbild und Vorbild der Kirche", in *MySal* IV/2, pp.316~336.
- ——, *Mutter Jesu – Mutter der Menschen. Zum Verständnis der marianischen Lehre nach dem Konzil*, dt. Limburg, 1967.
- Lautenschläger, G., *Hildegard v. Bingen*, Stuttgart-Bad Cannstadt, 1993.
- Lechner, G.M., "Marienverehrung und Bildende Kunst", in Hmar, pp.559~621.
- Lehmann, K., "Mann und Frau als Problem der theologischen Anthropologie. Systematische Erwägungen", in: Th. Schneider (Hrsg.), *Mann und Frau – Grundproblem theologischer Anthropologie* = *QD* 121, Freiburg i. Br., 1989, pp.53~72.
- ——, "Zum Problem einer Konzentration der Glaubensaussagen", in: *LebZeug*, Heft 3/4, 1970, pp.19~20.
- Leiner, M., "Solus Christus – Christus allein. Ein evangelischer Kommentar zur katholischen Marienfrömmigkeit", in: Th.A. Seidel / U. Schacht(Hrsg.), *Maria. Evangelisch*, Leipzig-Paderborn, 2011, pp.59~81.
- Leiss, W., *The domination of Nature*, New York, 1972.
- Leist, E., Biblische und gnostische Seinserfahrung, in: H. Rombach (Hrsg.), *Die Frage nach dem Menschen*, FS M. Müller, Freiburg-München, 1966, pp.326~351.
- Lemmo, N., "Maria 'Figlia di Sion', a partire da Lc 1,26-38. Bilancio esegetico dal 1939-1982", in: *Mar.* 45(1983), pp.175~258.
- Lengsfeld, P., *Adam und Christus. Die Adam-Christus-Typologie im Neuen Testament und ihre dogmatische Verwendung bei M. J. Scheeben und K. Barth*, Essen, 1965.
- Lennerz, H., *De beata virgine. Tractatus dogmaticus*, Rom, 1957.

- Lentzen-Deis, W., "Im Himmel fängt das Leben erst richtig an. Zum Gedenken an P. W. Klein", in: *AnzSS* 109(2000), pp.517~518.
- Léon-Dufour, X., *Un bibliste cherche Dieu*, Paris, 2002.
- Lerch, M., *All-Einheit und Freiheit. Subjektphilosophische Klärungsversuche in der Monismus-Debatte zwischen Kl. Müller und M. Striet*, Würzburg, 2009.
- Lerner, G., *Die Entstehung des feministischen Bewusstseins. Vom Mittelalter bis zur Ersten Frauenbewegung*, Frankfurt u.a., 1993.
- Leuenberger, M., "Die Personifi zierte Weisheit vorweltlichen Ursprungs von Hi 28 bis Joh 1. Ein traditionsgeschichtlicher Strang zwischen den Testamenten", in: *ZAW* 120(2008), pp.366~386.
- Levinas, E., *Jenseits des Seins oder anders als Sein geschieht*, dt. Freiburg-München, ²1998.
- Lilienfeld, F. v., "Die Weisheit Gottes. Die Schau der Sophia bei Wl. Solowjew", in: dies., *Sophia – Die Weisheit Gottes. Ges. Aufsätze 1983-1995*, Erlangen, 1997, pp.192~211.
- ——, "Frau Weisheit in byzantinischen und karolingischen Quellen des 9. Jhs. Allegorische Personifi kation, Hypostase oder Typos", in: M. Schmidt(Hrsg.), *Typus, Symbol, Allegorie bei östlichen Vätern und ihren Parallelen im Mittelalter*, Regensburg, 1982, pp.146~186
- Link, Chr., *Hegels Wort "Gott selbst ist tot"*, Zürich, 1974.
- Lintner, M.M., *Eine Ethik des Schenkens. Von einer anthropologischen zu einer theologischethischen Deutung der Gabe und ihrer Aporien*, Wien-Berlin, 2006.
- Litz, R., "Abgrund Alleinheit. Anmerkungen zu einer dunklen Dimension der 'monistischen' Denkform", in: R. Langthaler / M. Hofer(Hrsg.), *Selbstbewusstsein und Gottesgedanke*, Wien, 2010, pp.251~274.

- Loewenich, W. v., *Der Moderne Katholizismus vor und nach dem Konzil*, Witten, 1970.
- Lohfink, G., “Das Weinwunder zu Kana. Eine Auslegung von Joh 1,1-12”, in: *GuL* 57(1984), pp.169~182.
- ——, “Gehört die Jungfrauengeburt zur biblischen Heilsbotschaft?”, in: *ThQ* 159(1979), pp.304~306.,
- Lohfink, G. / Weimer, L., *Maria – nicht ohne Israel*, Freiburg i. Br., 2008.
- Lohfink, N., *Lobgesänge der Armen*, Stuttgart, 1990.
- Lohse, B., *Martin Luther*, München, 1981.
- Looff, H., *Der Symbolbegriff in der neueren Religionsphilosophie und Theologie*, Köln, 1955.
- Loretz, O., *Galilei und der Irrtum der Inquisition*, Kevelaer, 1966.
- Löser, W., “Maria, die Tochter Zion”, in: A. Raffelt(Hrsg.), *Weg und Weite* = FS K. Lehmann, Freiburg i. Br., 2001, pp.535~547.
- ——. “‘Universale concretum’ als Grundgesetz der oeconomia revelationis”, in: *HFTh* II, pp.108~121.
- —— u.a.(Hrsg.), *Dogmengeschichte und katholische Theologie*, Würzburg, 1995.
- Lossky, Vl., *Die mystische Theologie der morgenländischen Kirche*, dt. Graz, 1961.
- Lubac, H. de, *Histoire et Esprit. L’intelligence de l’Ecriture d’après Origène*, Paris, 1950.
- ——, *Die Kirche. Eine Betrachtung*, dt. Einsiedeln, 1968.
- ——, *Glauben aus der Liebe, “Catholicisme”*, dt. Einsiedeln, 1970.
- ——, *Kommentar zu Teilhard de Chardin, Hymne an das Ewig Weibliche*, Einsiedeln, 1968, pp.15~160.
- ——, *Méditation sur l’église*, Paris, 1954.

• Lubich, Ch., *Maria – die erste Christin. Orientierung an einem Vorbild*, dt. München, ^{2}1979.
• Lüdde, M.-E., "Unter dem Mantel ihrer Barmherzigkeit. Maria aus volkskundlicher Sicht", in: Th.A. Seidel / U. Schacht(Hrsg.), *Maria. Evangelisch*, Leipzig-Paderborn, 2011, pp.147~160.
• Lyonnet, St., "Le récit de l'annonciation et la maternité divine de la Sainte Vierge", in: *Amie du Clergé*, Rom, 1956, pp.33~48.

【M】

• Maas, W., *Unveränderlichkeit Gottes*, München, 1974.
• Maas-Ewerd, Th. / Madey, J., "Sub tuum praesidium", in: *MarLex* 6, pp.327~328.
• Mack, B.L., *Logos und Sophia. Untersuchungen zur Weisheitstheologie im hellenistischen Judentum*, Göttingen, 1975.
• Madec, G., *Marie, vierge et mère selon S. Ambroise et S. Augustin, in: ders., Lectures Augustin* = EAug 168, Paris, 2001, pp.281~293.
• Mahé, J., "Cyrille d'Alexandrie", in: *DThC* III, pp.2476~2527.
• Mahoney, R., "Die Mutter Jesu im Neuen Testament", in: G. Dautzenberg(Hrsg.), *Die Frau im Urchristentum* = *QD* 95, Freiburg i. Br., 1983, pp.92~116.
• Maier, J., *Jesus von Nazareth in der talmudischen Überlieferung*, Darmstadt, 1978.
• Maier, M., *Jeremia. Die Geschichte eines Berufenen*, Bad Tölz, 2004.
• Malmberg, F., *Ein Leib – ein Geist*, Freiburg i. Br., 1960.
• Manemann, J.(Hrsg.), *Monotheismus* = *Jb.f.Polit. Theologie* 4 (2002), Münster u.a., 2003.
• Marcel, M., *Die Gabe*, Frankfurt, 1989.
• *Maria et Ecclesia. Acta Congressus Mariologici Mariani in civitate*

Lourdes, 1958, 16 Bände, Rom, 1959~1962.

- *Marie dans le mystère de l'alliance*, Paris, 1988.
- Marion, J.-L., *Das Erotische. Ein Phänomen*, dt. Freiburg-München, 2011.
- ——, *Die Öffnung des Sichtbaren*, dt. Paderborn u.a., 2005.
- ——, "Idol und Bild", in: B. Casper(Hrsg.), *Phänomenologie des Idols*, Freiburg-München, 1981, pp.107~132.
- ——, "La raison du don", in: *Philosophie* 78(2003), pp.3~32.
- Markschies, Chr., "Irdisches und himmlisches Jerusalem im antiken Christentum", in: M. Hengel u.a.(Hrsg.), *La cité de Dieu*, Tübingen, 2000, pp.303~350.
- ——, "Jüdische Mittlergestalten und die christliche Trinitätstheologie", in: M. Welker / M. Volf(Hrsg.), *Der lebendige Gott als Trinität*, FS J. Moltmann, Gütersloh, 2006, pp.199~214.
- Maron, G., "Maria in der protestantischen Theologie", in: Conc. 19(1983), pp.626~632.
- Marschler, Th., "Ich erwarte die Auferstehung der Toten", in: *Zur Debatte* 3(2010), pp.45~47.
- Matuschek, D., *Konkrete Dogmatik. Die Mariologie Karl Rahners*, Innsbruck-Wien, 2012.
- Mauser, U., *Gottesbild und Menschwerdung. Eine Untersuchung zur Einheit des Alten und Neuen Testaments*, Tübingen, 1971.
- Mayer, C., "'Caelum caeli': Ziel und Bestimmung des Menschen nach der Auslegung von Genesis 1,1f.", in: N. Fischer / C. Meyer (Hrsg.), *Die Confessiones des Augustinus v. Hippo. Einführung und Interpretationen zu den dreizehn Büchern*, Freiburg i. Br., 1998, pp.553~601.
- —— u.a.(Hrsg.), *Das Schöne in Theologie, Philosophie und Musik*, Würzburg, 2013.

- Mayer, J., “Gespräch mit P. Dr. Wilhelm Klein SJ(1995.03.27.)”, in: www.oki-regensburg.de Forum Pater Klein(2012.10.27. 접속).
- Mazzanti, G., *I sacramenti. Simbolo e teologia*, Bologna, 2010.
- ——, *Persone nuziali. Communio nuptialis. Saggio teologico di antropologia*, Bologna, 2005.
- McHugh, J., *The Mother of Jesus in the New Testament*, London, 1975.
- Meersseman, G., *Der Hymnus Akathistos im Abendland*, Bd. I-II, Freiburg/Schweiz, 1958; 1960.
- Mees, M., “Der Hirte des Hermas und seine Aussagen über den Heiligen Geist”, in: *Lat*. 47(1981), pp.343~355.
- Meessen, F., *Unveränderlichkeit und Menschwerdung Gottes*, München, 1974.
- Meier-Oeser, S. / Scholz, O.R. / Seils, M., “Symbol”, in: *HWP* 10, pp.710~739.
- Menke, K.-H., *Das Kriterium des Christseins*, Regensburg, 2003.
- ——, “Die Annahme der Gnade als Mitvollzug der Erlösung”, in: *Cath* 47(1993), pp.1~19.
- ——, *Die Einzigkeit Jesu Christi im Horizont der Sinnfrage*, Einsiedeln-Freiburg, 1995.
- ——, “Ein Spielball heftiger Kontroversen. Das mariologische Schlusskapitel der Kirchenkonstitution”, in: *IkaZ* 41(2012), pp. 652~668.
- ——, *Fleisch geworden aus Maria. Die Geschichte Israels und der Marienglaube der Kirche*, Regensburg, 1999.
- ——, *Jesus ist Gott der Herr. Denkformen und Brennpunkte der Christologie*, Regensburg, 2008.
- ——, *Sakramentalität. Wesen und Wunde des Katholizismus*, Regensburg, 2012.

• ——, *Stellvertretung. Schlüsselbegriff christlichen Lebens und eine theologische Grundkategorie*, Einsiedeln-Freiburg, 1991.
• ——, "Symbol V", in: *LThK* 9, pp.1158~1160.
• Merklein, H., *Die Jesusgeschichte – synoptisch gelesen*, Stuttgart, 1994.
• ——, "Entstehung und Gestalt des paulinischen Leib-Christi-Gedankens", in: A. Böhnke / H. Heinz(Hrsg.), *Im Gespräch mit dem dreieinen Gott*, FS W. Breuning, Düsseldorf, 1985, pp.115~140.
• Merz, J.M., *Das Heiligtum der Fortuna in Palestrina und die Architektur der Neuzeit*, München, 2001.
• Metz, J.B., "Caro cardo salutis", in: *Hochland* 55(1962), pp.97~107.
• ——, "Freiheit, III: Theologisch", in: *HThG* II, pp.28~39.
• ——, "Seele", in: *LThK* ²9, pp.570~573.
• ——, *Zur Theologie der Welt*, Mainz-München, 1968.
• Meuffels, H.O., "Mariologie und Anthropologie", in: *ThG(B)* 43 (2000), pp.198~211.
• Meyer zu Schlochtern, J., *Sakrament Kirche*, Freiburg i. Br., 1992.
• Michl, J., "Kann im Lichte der Hl. Schrift Maria Stellvertreterin der Menschheit genannt werden?", in: C. Feckes(Hrsg.), *Die heilsgeschichtliche Stellvertretung der Menschheit durch Maria*, Paderborn, 1954, pp.26~41.
• Mieth, D. / Müller-Schauenburg, B.(Hrsg.), *Mystik, Recht und Freiheit. Religiöse Erfahrung und kirchliche Institutionen im Spätmittelalter*, Stuttgart, 2012.
• Mitchell, D., "Compassionate Endurance. Mary and the Buddha", in: *BSNC* 21(1986), pp.296~300.
• Mitterer, A., *Dogma und Biologie der Heiligen Familie*, Wien, 1952.
• Moga, I., *Kirche als Braut Christi zwischen Kreuz und Parusie*.

Die Ekklesiologie Hans Urs von Balthasars aus orthodoxer Sicht = Forum Orthodoxe Theologie 9, Berlin, 2010.

- Möhler, J.A., *Die Einheit in der Kirche*, Hrsg. v. J.R. Geiselmann, Darmstadt, 1957.
- Moingt, J., *L'homme qui venait de dieu*, Paris, 1993.
- Moltmann-Wendel, E., *Wach auf meine Freundin. Die Wiederkehr der Gottesfreundschaft*, Stuttgart, 2000.
- Monod, J., *Zufall und Notwendigkeit*, dt. München, 1971.
- Mückshoff, M., "Die heilsgeschichtliche Stellvertretung der Menschheit durch Maria nach dem hl. Laurentius von Brindisi", in: C. Feckes(Hrsg.), *Die heilsgeschichtliche Stellvertretung der Menschheit durch Maria*, Paderborn, 1954, pp.198~259.
- ——, "Die mariologische Prädestination im Denken der franziskanischen Theologie", in: FS 39(1957), pp.288~502.
- Mühlen, H., "Christus als Urbild der Kirche und der methodische Ansatz für die Frage nach der Stellung Mariens in der Kirche", in: *Maria et Ecclesia. Acta Congressus mariologici-mariani in civitate Lourdes anno 1958 celebrati*, vol. III, Rom, 1959, pp.569~610.
- ——, "Das Christusereignis als Tat des Heiligen Geistes", in: *MySal* III/2, pp.513~545.
- ——, "Der Aufbruch einer neuen Verehrung Maria", in: *Maria im Geheimnis der Kirche* = Sonderheft *Cath.* 29(1975), pp.145~163.
- ——, "Die Lehre des Vaticanum II über die 'Hierarchia veritatum' und ihre Bedeutung für den ökumenischen Dialog", in: *ThGl* 56(1966), pp.303~335.
- ——, *Die Veränderlichkeit Gottes als Horizont einer künftigen Christologie*, Münster, 1969.
- ——, *Im-Wir-Sein. Grundlegung der Wir-Wissenschaft Aus dem Nachlass*, Hrsg. v. W. Maas, Paderborn u.a., 2008.

- ——, "Neuorientierung und Krise der Mariologie in den Aussagen des II. Vatikanums", in: *Cath* 20(1966), pp.19~53.
- ——, *Una mystica Persona. Die Kirche als Mysterium der Identität des Heiligen Geistes in Christus und den Christen: Eine Person in vielen Personen*, München u.a., ²1967.
- Mulack, Chr., *Maria. Die geheime Göttin im Christentum*, Stuttgart, 1985.,
- Müller, A., *Ecclesia-Maria. Die Einheit Marias und der Kirche*, Fribourg, ²1955.
- ——, "Fragen und Aussichten der heutigen Mariologie", in: J. Feiner / J. Trütsch / Fr. Böckle(Hrsg.), *Fragen der Theologie heute*, Einsiedeln u.a., ³1960, pp.301~318.
- ——, *Glaubensrede über die Mutter Jesu*, Mainz, 1980.
- ——, "L'unité de l'église et de Marie chez les pères des IVe et Ve siècle", in: *Marie et l'Eglise*, vol. I. = *BSFEM* 16(1951), pp.27~38.
- ——, "Marias Stellung und Mitwirkung im Christusereignis", in: *MySal* III/2, pp.393~510.
- Müller, A. / Sattler, D., "Mariologie", in: Th. Schneider(Hrsg.), *Handbuch der Dogmatik*, Bd. II, Düsseldorf, 1992, pp.155~187.
- Müller, A.M.K., "Geschöpfl ichkeitsdefi zite in Naturwissenschaft und Theologie", in: ders. u.a., *Schöpfungsglaube heute*, Neukirchen-Vluyn, 1985, pp.9~89.
- Müller, G.L., "Erkenntnistheologische Grundprobleme einer Theologie der Religionen", in: ders. / M. Serretti, M.(Hrsg.), *Einzig- keit und Universalität Jesu Christi*, dt., Einsiedeln-Freiburg, 2001, pp.17~48.
- ——, *Gemeinschaft und Verehrung der Heiligen. Geschichtlich-systematische Grundlegung der Hagiologie*, Freiburg i. Br., 1986.
- ——, *Maria – die Frau im Heilsplan Gottes*, Regensburg, 2002.

• ——, *Was heißt: Geboren von der Jungfrau Maria?* = *QD* 119, Freiburg i. Br., 1989.
• Müller, G.L. / Wallner, K.J., *Was bedeutet Maria uns Christen? Die Antwort des Konzils*, Wien, 1994.
• Müller, Kl., *Streit um Gott. Politik, Poetik und Philosophie im Ringen um das wahre Gottesbild*, Regensburg, 2006.
• ——, "Über die monistische Tiefendimension der christlichen Gottrede", in: ders. / M. Striet(Hrsg.), *Dogma und Denkform*, Regensburg, 2005, pp.47~85.
• —— / F. Meier-Hamidi(Hrsg.), *Persönlich und alles zugleich*, Regensburg, 2010.
• Müller, M., *Auseinandersetzung und Versöhnung*, Berlin, 1994.
• Münch-Labacher, G., "Cyrill v. Alexandrien", in: *LacL*, pp.148~152.
• Munoz Iglesias, S., "Lo historico en los Evangelios de la Infancia", in: *EstMarianos* 64(1998), pp.3~26.
• Mußner, Fr., *Der Galaterbrief* = *HThKNT*, Freiburg i. Br., 1974.
• ——, "Der Glaube Mariens im Lichte des Römerbriefs", in: ders., *Praesentia Salutis. Ges. Studien zu Fragen und Themen des Neuen Testaments*, Düsseldorf, 1967, pp.284~292.
• ——, "Die Mutter Jesu im Neuen Testament", in: W. Beinert u.a., *Maria – eine ökumenische Herausforderung*, Regensburg, 1984.
• ——, "Lk 1,48f; 11,27f und die Anfänge der Marienverehrung in der Urkirche", in: *Cath* 21(1967), pp.287~294.
• ——, *Maria, die Mutter Jesu im Neuen Testament*, St. Ottilien, 1993.
• ——, "Ursprünge und Entfaltung der neutestamentlichen Sohneschristologie", in L. Scheffczyk(Hrsg.), *Grundfragen der Christ- ologie heute* = *QD* 72, Freiburg i. Br., 1975, pp.77~113.
• Musurillo, H.A., *Acts of the Pagan and Christian Martyrs*, vol. II,

Oxford, 1999.

【N】

• Nebel, J., "Der Preis der Jungfrau in der aktuellen römischen Liturgie", in: A. Ziegenaus(Hrsg.), *"Geboren aus der Jungfrau Maria"*, Regensburg, 2007, pp.191~251.
• Negel, J., "Weil die Welt nicht ganz dicht ist … Eine philosophisch-theologische Erörterung der Frage nach dem Wirken Gottes in der Welt", in: W. Eisele(Hrsg.), *Gott bitten? Theologische Zugänge zum Bittgebet* = *QD* 256, Freiburg i. Br., 2013, pp.102~185.
• Nellessen, E., *Das Kind und seine Mutter* = *SBS* 39, Stuttgart, 1969.
• ——, "Die Verkündigung der Menschwerdung", in: *Jungfrauengeburt gestern und heute*, Essen, 1969.
• Neo, S.M.(Hrsg.), *Maria e lo Spirito Santo. Atti del 4°* Simposio Mariologico Internaz.(Rom, Oktober 1982), Rom-Bologna, 1984.
• Neumann, E., *Die Grosse Mutter. Eine Phänomenologie der weiblichen Gestaltungen des Unbewussten*, Olten, 1974.
• Newman, B., *Hildegard v. Bingen. Schwester der Weisheit*, Freiburg i. Br., 1995.
• Niederwimmer, K., *Kommentar zur Didache*(*KAV* 1).
• Nikolaou, T., "Mittlerin der Gnade II", in: *MarLex* 6, pp.491~492.
• ——, "Sündenlosigkeit II", in: *MarLex* 6, pp.332~333.
• Nissiotis, N., "Maria in der orthodoxen Theologie der Ostkirche", in: E. Moltmann-Wendel(Hrsg.), Was *geht uns Mariaan?*, Gütersloh, 1988, pp.88~112.
• Nitsche, B., "Geist und Freiheit. Zu Status und Funktion der Pneumatologie in einer transzendentalen Theologie", in: Kl. Müller / M.

Striet(Hrsg.), *Dogma und Denkform. Strittiges in der Grundlegung von Offenbarungsbegriff und Gottesgedanke*, Regensburg, 2005, pp.151~162.
- Norden, E., *Die Geburt des Kindes. Geschichte einer religiösen Idee*, Darmstadt, ^{3}1958 = Berlin, 1924.

【O】
- Oberlinner, L., *Historische Überlieferung und christologische Aussage. Zur Frage der "Brüder Jesu" in der Synopse*, Stuttgart, 1975.
- Oeing-Hanhoff, L., "Hegels Trinitätslehre", in: *ThPh* 52(1977), pp. 378~407.
- ——, *Metaphysik und Freiheit*, München, 1988.
- Ohlig, K.-H., *Religion in der Geschichte der Menschheit. Die Entwicklung des religiösen Bewusstseins*, Darmstadt, 2002.
- Oster, St., *Mit-Mensch-Sein. Phänomenologie und Ontologie der Gabe bei Ferdinand Ulrich*, Freiburg-München, 2004.
- ——, *Person und Transsubstantiation. Mensch-Sein, Kirche-Sein und Eucharistie – eine ontologische Zusammenschau*, Freiburg i. Br., 2010.
- Osterrieder, M., "Das Land der Heiligen Sophia: Das Auftauchen des Sophia-Motivs in der Kultur der Ostslaven", in: *Wiener Slawistischer Almanach* 50(2002), pp.5~62.

【P】
- Panikkar, R., *Der neue religiöse Weg*, München, 1990.
- Pannenberg, W., *Anthropologie in theologischer Perspektive*, Göttingen, 1983.
- ——, *Grundzüge der Christologie*, Gütersloh, ^{4}1972.

• ——, *Systematische Theologie*, Bd. I, Göttingen, 1988.

• ——, "Wie wahr ist das Reden von Gott?", in: W. Pannenberg / G. Sauter u.a.(Hrsg.), *Grundlagen der Theologie*, Stuttgart u.a., 1974, pp.29~41.

• Pellegrini, S., "Babylon – Die Strategie der Verteufelung(Offb 17,1–19,10)", in: Th. Schmeller u.a.(Hrsg.), *Die Offenbarung des Johannes, Kommunikation im Konflikt* = *QD* 253, Freiburg i. Br., 2013, pp.186~230.

• Peltomaa, L.M., *The Image of the Virgin Mary in the Akathistos Hymn*, Leiden u.a., 2001.

• Pemsel-Maier, S., *Rechtfertigung durch Kirche? Das Verhältnis von Kirche und Rechtfertigung in den Entwürfen der neueren katholischen und evangelischen Theologie*, Würzburg, 1991.

• Perella, S. M., "Il parto verginale di Maria nel dibatttito teologico contemporaneo(1962–1994)", in: *Mar.* 56(1994), pp.95~213.

• Peretto, E.(Hrsg.), *Maria nell'Ebraismo e nell'Islam oggi. Atti del VI Simposio Internaz. Mariologico*, Roma-Bologna, 1987.

• Peroli, E., *Essere persona. Le origini di un'idea tra grecità e cristianesimo*, Brescia, 2006.

• Perrot, Ch., "Les récits d'enfance dans la Haggada", in: *RechScRel* 55(1967), pp.467~518.

• Persson, P.E., *Evangelisch und Römisch-katholisch*, Göttingen, 1961.

• Pesch, O.H., *Katholische Dogmatik aus ökumenischer Erfahrung*, Bd. I–II, Ostfi ldern, 2008-2010.

• Pesch, R., "Der Gottessohn im matthäischen Evangelienprolog(Mt 1–2)", in: *Bib* 48(1967), pp.395~420.

• ——, "Eine alttestamentliche Ausführungsformel im Matthäus-Evangelium", in *BZ NF* 10(1966), pp.220~245.

• ——, “Gegen eine doppelte Wahrheit. Karl Rahner und die Bibelwissenschaft”, in: K. Lehmann(Hrsg.), *Vor dem Geheimnis Gottes den Menschen verstehen*, FS K. Rahner, München-Zürich, 1984, pp.10~36.
• ——, *Über das Wunder der Jungfrauengeburt*, Bad Tölz, 2002.
• —— (Hrsg.), *Zur Theologie der Kindheitsgeschichten. Der heutige Stand der Exegese*, München-Zürich, 1981.
• Peterson, E., *Ekklesia, Studien zum altchristlichen Kirchenbegriff (1926)*, Würzburg, 2010.
• ——, *Lukasevangelium und Synoptica*, Würzburg, 2005.
• Peterson, E.H., *Jesus und seine Nieten. Von unmöglichen Christen und katastrophalen Gemeinden*, publiziert durch das Ordinariat der Erzdiözese Wien, Juni 2012.
• Peyriguère, A., *Geistliches Testament, in: ders., Le temps de Nazareth*, Paris, 1964, pp.176~202.
• ——, *Herr, weise mir den Weg*, dt. Luzern, 1966.
• ——, *Une vie qui crie l'Evangile*, Paris, 1967.
• Petri, H., “Zu Problemen der sprachlichen Vermittlung in der Mariologie”, in: ders.(Hrsg.), *Divergenzen in der Mariologie*, Regensburg, 1989, pp.81~102.
• Pfeifer, G., *Ursprung und Wesen der Hypostasenvorstellungen im Judentum*, Stuttgart, 1967.
• Pfeil, H., “Die Frage nach der Veränderlichkeit und Geschichtlichkeit Gottes”, in: *MThZ* 31(1980), pp.1~23.
• Philips, G., “La grâce des justes de l'Ancien Testament”, in: *EthL* 23(1947), pp.521~556.
• Piastra, C.M.(Hrsg.), *Gli studi di Mariologia medievale. Bilancio storiografi co. Atti del I BConvegnoMariologico della Fondazione E. Franceschini(7-8 novembre 1997)*, Florenz, 2001.

- Pikaza, X., *Maria y el Espíritu Santo*, Salamanca, 1981.
- Pinkus, L., *Il mito di Maria. Un approccio simbolico*, Rom, 1986.
- Pintard, J., "Le principe «Prius mente quam corpore» dans la Patristique et la Théologie latines", in: *Etudes Mariales* 27(1970), pp.25~58.
- Planck, P., "Gottesgebärerin und Immerjungfrau. Altchristliche Quellen ostkirchlicher Marienverehrung", in: H. Petri(Hrsg.), *Christsein und marianische Spiritualität*, Regensburg, 1984, pp.59~76.
- Plumpe, J.C., *Mater Ecclesia. An Inquiry into the Conception of the Church as Mother in Early Christianity*, Washington, 1943.
- Pöltner, G., *Schönheit. Eine Untersuchung zum Ursprung des Denkens bei Thomas v. Aquin*, Wien-Freiburg-Basel, 1978.
- Poschmann, B., "Rezension von H. M. Köster, Die Magd des Herrn", in: *ThR* 44(1948), pp.44~46.
- Posener, A., "Tochter Zion? Maria als jüdische Mutter", in: Th. A. Seidel / U. Schacht(Hrsg.), *Maria. Evangelisch*, Leipzig-Paderborn, 2011, pp.137~144.
- Pötscher, W., "Personifikation", in: KP 4, pp.661~663.
- Potterie, I. de la, "Das Wort Jesu 'Siehe deine Mutter' und die Annahme der Mutter durch den Jünger", in: J. Gnilka(Hrsg.), *Neues Testament und Kirche*, FS R. Schnackenburg, Freiburg i. Br., 1974, pp.191~219.
- ——, "La Mère de Jésus et la conception virginale du Fils de Dieu. Étude de théologie johannique", in: *Mar.* 40(1978), pp.41~90.
- ——, "Le symbolisme de sang et de l'eau en Jn 19,34", in: *Did(L)* 14(1984), pp.201~230.
- ——, "Il parto verginale del Verbo incarnato: 'Non ex sanguinibus…, sed ex Deo natus ist'(Gv 1,13)", in: *Mar.* 45(1983), pp.127~

174.

- ——, "Maternità di Maria e maternità della Chiesa secondo la tradizione giovannea", in: Atti del 3° Simposio Mariologocio Internat, Rom, u.a., 1981, pp.273~302.
- Pottmeyer, H.J., "Der Papst Zeuge Jesu Christi in der Nachfolge Petri", in: K. Lehmann(Hrsg.), *In der Nachfolge Jesu Christi*, Freiburg i. Br., 1980, pp.58~91.
- Preda, R., "Die heilsgeschichtliche Bedeutung der Gottesmutter in der orthodoxen Theologie", in: P.L. Hofrichter(Hrsg.), *Auf der Suche nach der Seele Europas: Marienfrömmigkeit in Ost und West*, Innsbruck-Wien, 2007, pp.157~166
- Prigent, P., *Apocalypse 12. Histoire de l'exégèse*, Tübingen, 1959.
- Pröpper, Th., *Erlösungsglaube und Freiheitsgeschichte. Eine Skizze zur Soteriologie*, München, [3]1991.
- ——, *Evangelium und freie Vernunft. Konturen einer theologischen Hermeneutik*, Freiburg i. Br., 2001.
- ——, Freiheit als philosophisches Prinzip der Dogmatik, in: E. Schockenhoff / P. Walter(Hrsg.), *Dogma und Glaube*, FS W. Kasper, Mainz, 1993, pp.165~192.
- ——, *Theologische Anthropologie*, Bd. I-II, Freiburg i. Br., 2011.
- Prümm, K., *Christentum als Neuheitserlebnis. Durchblick durch die christlich-antike Begegnung*, Freiburg i. Br., 1939.

【R】

- Rad, G. v., *Das erste Buch Mose. Genesis = ATD* 2/4, Göttingen, 1964.
- ——, *Theologie des Alten Testaments*, Bd. I-II, München, [4]1962; [4]1965.
- ——, *Weisheit in Israel*, Neukirchen-Vluyn, 1970.

- Radkiewicz, J., *Auf der Suche nach einem mariologischen Fundamentalprinzip. Eine historisch-systematische Untersuchung über die letzten hundert Jahre*, Konstanz, 1990.
- Rahner, H., "Die Gottesgeburt", in: *ZkTh* 59(1935), pp.333~418.
- ——, "Geburt aus dem Herzen", in: *Gloria dei* 4(1949), pp.89~99.
- ——, *Griechische Mythen in christlicher Deutung*, Basel, [4]1984.
- ——, *Maria und die Kirche. Zehn Kapitel über das geistliche Leben*, Innsbruck u.a., [2]1962.
- Rahner, J., *Einführung in die christliche Eschatologie*, Freiburg i. Br., 2010.
- Rahner, K., "Assumptio Beatae Mariae Virginis", in: K. Rahner, *SW* 9, pp.3~392.
- ——, "Das Christentum und die nichtchristlichen Religionen", in: *Schr.* V, pp.136~158.
- ——, "Das Dogma von der Unbefl eckten Empfängnis Mariens und unsere Frömmigkeit", in: *Schr.* III, pp.155~167.
- ——, "Das Dogma von der Unbefl eckten Empfängnis Mariens", in: *SW* 9, pp.580~589.
- ——, "Das marianische Jahr", in: *SW* 9, pp.571~579.
- ——, "Das neue Dogma und wir", in: *SW* 9, pp.496~501.
- ——, "Das 'neue' Dogma. Zur Definition der Himmelfahrt der hl. Jungfrau und Gottesmutter", in: *SW* 9, pp.475~495(*WuW* 5[1950], pp.805~820).
- ——, "Der eine Mittler und die Vielfalt der Vermittlungen", in: *Schr.* VIII, pp.218~235.
- ——, "Der Glaube des Christen und die Lehre der Kirche", in: *Schr.* XII, pp.262~285.
- ——, "Die Hominisation als theologische Frage", in: P. Overhage/ K. Rahner, *Das Problem der Hominisation. Über den biologischen*

Ursprung des Menschen = *QD* 12/13, Freiburg i. Br., 1961, pp.13~90.

- ——, "Die Unbefl eckte Empfängnis", in: *Schr.* I, pp.223~237.
- ——, "Dogmatische Bemerkungen zur Jungfrauengeburt", in: K.S. Frank u.a., *Zum Thema Jungfrauengeburt*, Stuttgart, 1970, pp. 121~158.
- ——, "Dogmen- und Theologiegeschichte von gestern für morgen", in: *Schr.* XIII, pp.11~47.
- ——, "Erbsünde", in: *HTTL* 2, pp.155~164.
- ——, "Erfahrungen eines katholischen Theologen", in: K. Lehmann(Hrsg.), *Vor dem Geheimnis Gottes den Menschen verstehen, K. Rahner zum 80. Geburtstag*, Freiburg i. Br., 1984, pp.105~119.
- ——, *Gebete des Lebens*, Freiburg i. Br., ^{4}1984.
- ——, "Gespräch(1974)", in: P. Imhof / H.Biallowons, *Karl Rahner im Gespräch*, Bd. I, München, 1982.
- ——, *Gnade als Freiheit*, Freiburg i. Br., 1968.
- ——, *Grundkurs des Glaubens. Einführung in den Begriff des Christentums*, Freiburg i. Br., ^{3}1976.
- ——, *Im Heute glauben*, Einsiedeln, 1965.
- ——, *Immanente und transzendente Vollendung der Welt*, in: *Schr.* VIII, pp.593~609.
- ——, "Kirche der Sünder", in: *Schr.* VI, pp.301~320.
- ——, "Kirche, Kirchen und Religionen", in: *Schr.* VIII, pp.355~373.
- ——, "Maria, Mutter des Herrn", in: *SW* 9, pp.515~568.
- ——, "Mariologie", in: *LThK* ^{2}7, pp.84~87.
- ——, *Münsteraner Mariologievorlesung* = Tonbandnachschrift der von Rahner zur Veröffentlichung freigegebenen Mariologie-Vorlesungen in Münster im WS, 1967~1968.

• ——, "Mut zur Marienverehrung", in: *Für eine neue Liebe zu Maria*, Freiburg i. Br., 1984.
• ——, "Mut zur Marienverehrung", in: *Schr.* XVI, pp.321~335.
• ——, "Probleme der Christologie von heute", in: *Schr.* I, pp.169~222.
• ——, "Probleme heutiger Mariologie", in: *SW* 9, pp.681~703.
• ——, "Rezension von H.M. Köster, Unus Mediator", in: *SW* 9, pp. 733~745.
• ——, "Sündige Kirche nach den Dekreten des Zweiten Vatikanischen Konzils", in: *Schr.* VI, pp.321~347.
• ——, "Theologie und Anthropologie", in: *Schr.* VIII, pp.43~65.
• ——, "Theologisches zum Monogenismus", in: *Schr.* I, pp.253~322.
• ——, "Über die theoretische Ausbildung künftiger Priester heute", in: *Schr.* VI, pp.139~167.
• ——, *Vorwort zu: S. Zucal, La teologia della morte in Karl Rahner*, Bologna, 1982.
• ——, "Weltgeschichte und Heilsgeschichte", in: *Schriften* V, pp. 115~135.
• ——, "Zum Sinn des Assumpta-Dogmas", in: *SW* 9, pp.502~511.
• ——, "Zur konziliaren Mariologie", in: *StdZ* 174(1964), pp.87~101.
• ——, "Zur Theologie der Menschwerdung", in: *Schr.* IV, pp.137~155.
• ——, *Zur Theologie des Todes* = *QD* 2, Freiburg i. Br., 1958.
• —— / K. Lehmann, "Geschichtlichkeit der Vermittlung", in: *MySal* I, pp.727~787.
• —— / K. Weger, *Was sollen wir noch glauben*, Freiburg i. Br., 1979.

- Räisänen, H., *Die Mutter Jesu im Neuen Testament*, Helsinki, [2]1989.
- ——, "Maria / Marienfrömmigkeit I", in: *TRE* 22, pp.115~119.
- Raiser, K., *Identität und Sozialität. G.H.M. Meads Theorie der Interaktion und ihre Bedeutung für die theologische Anthropologie*, München-Mainz, 1971.
- Ratzinger, J., "Auferstehung", in: *SM* 1, pp.390~402.
- ——, "Das Problem der Mariologie", in: *ThRv* 61(1965), pp.73~82.
- ——, "Die Ekklesiologie des Zweiten Vatikanums", in: *IkaZ* 15 (1986), pp.40~52.
- ——, *Die Tochter Zion*, Einsiedeln, 1977.
- ——, "'Du bist voll der Gnade'. Elemente biblischer Marienfrömmigkeit", in: J. Ratzinger / P. Henrici(Hrsg.), *Credo. Ein theologisches Lesebuch*, Köln, 1992, pp.103~116.
- ——, *Einführung in das Christentum*, München, [2]1968.
- ——, *Einleitung zu: Konstitution über die Kirche*, Münster, 1965.
- ——, "Erwägungen zur Stellung von Mariologie und Kirchenfrömmigkeit im Ganzen von Glaube und Theologie", in: ders. / H.U. v. Balthasar(Hrsg.), *Maria – Kirche im Ursprung*, Freiburg i. Br. 1980, pp.5~40.
- ——, *Eschatologie – Tod und ewiges Leben*, Regensburg, 1977; erweiterte Ausgabe, [6]1990; Neuausgabe, 2007.
- ——, *Geleitwort zu Fr. Mußner, Maria, die Mutter Jesu im Neuen Testament*, St. Ottilien, 1993.
- ——, *Gottes Ja zum Menschen*, Freiburg i. Br., 1987.
- ——, *Jesus von Nazareth*, Teil I, Freiburg i. Br., 2006.
- ——, *Jesus von Nazareth. Prolog – Die Kindheitsgeschichten*, Freiburg i. Br., 2012.

- ——, "Kirche", in: *LThK* ²6, pp.172~183.
- ——, *Salz der Erde*, Stuttgart, 1996.
- ——, *Volk und Haus Gottes in Augustins Lehre von der Kirche*, St. Ottilien, ²1992.
- ——, "'Welchen Begriff hatte das Zweite Vatikanische Konzil von der Gesamtkirche?' Vortrag vom 27.2.2000 im Vatikan", in: *Die Tagespost*, Beilage März, 2000.
- ——, "Zwischen Tod und Auferstehung", in: *IkaZ* 9(1980), pp. 209~223.
- —— (Hrsg.), *"Kompendium" des Katechismus der Katholischen Kirche*, dt. München, 2005.
- —— / Balthasar, H.U. v(Hrsg.), *Maria – Kirche im Ursprung*, Freiburg i. Br., 1980.
- Rauch, A., "In Weisheit hast du alles geschaffen = Internat. Sympo sium in Alba Julia(02.05.2007.)", in: www.nikowy.hompage t-onlin e.de/07_ai.pdf(abgerufen 07.11.2012.).
- —— u.a.(Hrsg.), *CD: P. Wilhelm Klein SJ, 1989–1996. Lehrer von Sophia Maria Kirche, Produktion: pagina*, Tübingen, 2001.
- Rechmann, H.-K., *Die Liebe als Form des Glaubens. Studien zum Glaubensbegriff des Thomas v. Aquin*, Hrsg. v. A. Winter / G. Stitz, Neuried, 2001.
- Reese, Th.J., *Im Innern des Vatikan. Politik und Organisation der katholischen Kirche*, dt. Frankfurt, ⁵2005.
- Refoulé, Fr., *Les frères et soeurs de Jésus*, Paris, 1995.
- Reiprich, Th., *Das Mariageheimnis. Maria von Nazareth und die Bedeutung familiärer Beziehungen im Markusevangelium*, Göttingen, 2008.
- Reißner, H., "Maria – Sophia. Ein Versuch über P. A. Florenskij's Sophiologie", in *IkaZ* 32(2002), pp.290~300.

- ——, "Sophia – Maria. Erwägungen zur Sophiologie von P. A. Florenskij", in: *Hermeneia* 18(2002), pp.25~40. 65~86.
- Reitz, P., "Maria als von Gott gebetener Mensch. Maria bei Luther und den Lutheranern", in: P.L. Hofrichter(Hrsg.), *Auf der Suche nach der Seele Europas: Marienfrömmigkeit in Ost und West*, Innsbruck-Wien, 2007, pp.281~313.
- Rickes, A., "Deconstructing the Linearity of Grace. The Risk and Refl exive Paradox of Mary's Immaculate 'Fiat'", in: IJSTh 10 (2008), pp.179~194.
- Riebl, M., *Auferstehung Jesu in der Stunde seines Todes? Zur Botschaft von Mt 27,51b–53*, Stuttgart, 1978.
- Riedl, J., *Die Vorgeschichte Jesu*, Stuttgart, 1968.
- Riedlinger, H., "Maria und die Kirche in den marianischen Hoheliedkommentaren des Mittelalters", in: *Maria et Ecclesia. Acta Congressus mariologici-mariani in civitate Lourdes anno 1958 celebrati*, vol. III, Rom, 1959, pp.241~289.
- ——, "Mariens Jungfräulichkeit und Gottesmutterschaft", in: M. Seybold(Hrsg.), *Maria im Glauben der Kirche*, Eichstätt-Wien, 1985, pp.27~58.
- Riesenhuber, K., *Maria im theologischen Verständnis von Karl Barth und Karl Rahner* = *QD* 60, Freiburg i. Br., 1973.
- Rodriguez, J., "Tonantzin Guadalupe: Von Leid und Tod zur Auferstehung", in: *Con.* 44(2008), pp.474~482.
- Roellenbleck, E., *Magna Mater im Alten Testament*, Darmstadt, 1949.
- Rogerson, J.W., "The Hebrew Conception of Corporate Personality", in: B. Lang(Hrsg.), *Anthropological Approaches to the Old Testament*, Philadelphia-London, 1985, pp.43~59.
- Röhrig, H.-J., *Kenosis. Die Versuchungen Christi im Denken von*

M. M. Tareev, Leipzig, 2000.

- Rösel, M., "Die Jungfrauengeburt des endzeitlichen Immanuel. Jesaja 7 in der Übersetzung der Septuaginta", in: *JBTh* 6(1991), pp.131~151.
- Rosenberg, A., *Geleit- und Schlüsselwort zu: H. Rahner, Griechische Mythen in christlicher Deutung*, Basel, ^{4}1984, pp.IX~XXI.
- Rosenberger, M. / Reisinger, F. / Kreutzer, A.(Hrsg.), *Geschenkt – umsonst gegeben? Gabe und Tausch in Ethik, Gesellschaft und Religion*, Frankfurt u.a., 2006.
- Rossano, P., "Christliche Theologie und Religionen. Ein Problem unserer Zeit", in: R. Latourelle / G. O'Collins(Hrsg.), *Probleme und Aspekte der Fundamentaltheologie*, dt. InnsbruckWien, 1985.
- ——, "Lo Spirito Santo nelle religioni e nelle culture non cristiane", in: *Credo in Spiritum Sanctum – Atti del Congr. teol. intern. di Pneumatologia(22.-26.3.1982)*, Bd. II, Rom, 1983, pp. 1193~1403.
- Rossetti di Valdalbero, C.L., *Novissimus Adam. Saggi di antropologia ed escatolologia biblica*, Città del Vaticano, 2010.
- Rother, J., "Die Jungfrau züchtigt den Jesusknaben vor drei Zeugen", in: http://bs.cyty.com/kirche-von-unten/archiv/kvul24/zuechtigung.htm(abgerufen 11.03.2012.).
- Ruether, R.R., *Maria. Kirche in weiblicher Gestalt* = Kaiser Traktate 48, München, 1980.

【S】

- Saliba, J.A., "The Virginal-Birth Debate in Anthropological Literature. A Critical Assessment", in: *ThSt* 36(1975), pp.428~454.
- Salvadori, I., *L'autocoscienza di Gesù. "In tutto simile a noi eccetto il peccato"*, Rom, 2011.

• Samerski, St., "Neuer Wein in alten Schläuchen? – Marienverehrung und Josephskult in der Neuzeit", in: *Zur Debatte*, Heft 5(2009), pp.31~33.
• Sattler, D., "Ökumenische Annäherungen an die Ecclesia ab Abel vor dem Hintergrund von Dominus Jesus", in: A. Franz(Hrsg.), *Was ist heute noch katholisch?* = *QD* 192, 8 Freiburg i. Br., 2001, pp.87~113.
• Schaeffler, R., *Glaubensrefl exion und Wissenschaftslehre*, Freiburg i. Br., 1980.
• Scharbert, J., *Solidarität in Segen und Fluch im Alten Testament und in seiner Umwelt*, Bonn, 1958.
• Schaup, S., *Sophia. Das Weibliche in Gott*, München, 1964.
• Scheele, P.-W., "Maria in der Gemeinschaft und Geschichte Israels", in: *Maria im Geheimnis der Kirche* = Sonderheft *Cath* 29(1975), pp.92~113.
• Scheffczyk, L., *Die Mariengestalt im Gefüge der Theologie. Mariologische Beiträge*, Regensburg, 2000.
• ——, *Die Mittlerschaft Marias, in: ders., Glaube in der Bewährung. Ges. Schriften zur Theologie III*, St. Ottilien, 1991, pp.300~320.
• ——, "Exegese und Dogmatik zur virginitas post partum", in: *MthZ* 28(1977), pp.291~301.
• ——, "Maria im Glauben der Kirche, II: Maria in der Heilsgeschichte", Wien, 1980.
• ——, *Maria. Mutter und Gefährtin Christi*, Augsburg, 2003.
• ——, "Mariologie und Anthropologie", in: D. Berger(Hrsg.), *Karl Rahner: Kritische Annäherungen*, Siegburg, 2004, pp.299~313.
• ——, "Theotokos", in: *MarLex* 6, pp.390~391.
• Scheja, G., *Der Isenheimer Altar des Matthias Grünewald*, Köln,

1969.
• Schelkle, K.H., *Geleitwort zu R. Laurentin, Struktur und Theologie der lukanischen Kindheitsgeschichte*, dt. Stuttgart, 1967.
• ――, "Maria", in: *HthG* III, pp.115~119.
• ――, *Paulus, Lehrer der Väter. Die altkirchliche Auslegung von Röm 1-11*, Düsseldorf, ²1959.
• Schenk, R., "Thomas v. Aquin", in: *MarLex*, pp.399~405.
• Schilling, O., *Geist und Materie in biblischer Sicht*, Stuttgart, 1967.
• Schimanowski, G., "Die frühjüdischen Voraussetzungen der urchristlichen Präexistenzchristologie", in: J. Laufen(Hrsg.), *Gottes ewiger Sohn*, Paderborn 1997, pp.31~55.
• ――, *Weisheit und Messias. Die jüdischen Voraussetzungen der urchristlichen Präexistenzchristologie*, Tübingen, 1985.
• Schimmelpfennig, R., *Die Geschichte der Marienverehrung im deutschen Protestantismus*, Paderborn, 1952.
• Schipflinger, Th., *Sophia - Maria. Eine ganzheitliche Vision der Schöpfung*, München-Zürich, 1988.
• Schlichting, W., *Maria. Die Mutter Jesu in Bibel, Tradition und Feminismus*, Wuppertal u.a., 1989.
• Schlier, H., *Der Römerbrief = HThKNT*, Freiburg i. Br., 1977.
• ――, *Die Zeit der Kirche*, Freiburg, ²1958.
• ――, "Meditationen über den Johanneischen Begriff der Wahrheit", in: ders., *Besinnung auf das Neue Testament*, Freiburg i. Br., 1964, pp.272~278.
• Schmaus, M., *Katholische Dogmatik*, Bd. II/1, München, ³1962.
• ――, *Katholische Dogmatik*, Bd. V, München, ²1961.
• ――, "Unsterblichkeit der Geistseele oder Auferstehung der Toten?", in: H. Schlink / H. Volk(Hrsg.), *Pro Veritate* = FS L. Jäger u. W. Stählin, Münster-Kassel, 1963, pp.311~337.

• Schmeller, Th. u.a.(Hrsg.), *Die Offenbarung des Johannes, Kommunikation im Konflikt* = *QD* 253, Freiburg i. Br., 2013.
• Schmid, J., "Brautschaft, heilige", in: *RAC* 2, pp.528~564.
• ——, *Das Evangelium nach Lukas*, Regensburg, ^{3}1955.
• Schmid, K., "Was heißt Vertrauen?, Biblische Erkundungen anhand von Ps 13 und der Abrahamsüberlieferung der Genesis", in: I.U. Dalferth / S. Peng-Keller, *Gottvertrauen. Die ökumenische Diskussion um die fi ducia* = *QD* 250, Freiburg i. Br., 2012, pp. 31~47.
• Schmidbaur, H. Chr., *Gottes Handeln in Welt und Geschichte. Eine trinitarische Theologie der Vorsehung*, St. Ottilien, 2003.
• Schmidt, A., *Jesus der Freund*, Würzburg, 2011.
• Schmidt-Leukel, P., "Das Pluralistische Modell in der Theologie der Religionen. Ein Literaturbericht", in: ThRv 89(1993), pp.353~370.
• ——, "Zur Klassifi kation religionstheologischer Modelle", in: *Cath* 47(1993), pp.163~183.
• Schmitt, Chr., "Klein, Wilhelm", in: BBKL 33, pp.746~749.
• Schmitz-Moormann, K.(Hrsg.), *Schöpfung und Evolution*, Düsseldorf, 1992.
• Schnackenburg, R., *Das Johannesevangelium* = *HThKNT*, Bd. I-III, Freiburg i. Br., 1965-1975.
• Schnackers, H., *Kirche als Sakrament und Mutter. Zur Ekklesiologie von H. de Lubac*, Frankfurt, 1979.
• Schneider, B.(Hrsg.), *Maria und Lourdes*, Münster, 2008.
• Schneider, G., *Einleitung zu: Apokryphe Kindheitsevangelien*(*FC* 18, pp.7~93).
• ——, "Jesu geistgewirkte Empfängnis(Lk 1,34f). Zur Interpretation einer christologischen Aussage", in: *ThPQ* 199(1971), pp.

105~116.

- Schneider, M., “Das Marienlob der Frühen Kirche”, in: www.kath.de/zentrum/archiv_texte/vortrag_radio_2011/13_2011.pdf(2013.01.31. 접속).
- Schneider, R., “Die heilige Frau”, in: O. Karrer(Hrsg.), *Maria in Dichtung und Deutung. Eine Auswahl,* Zürich, 1962.
- Schneider, Th., *Was wir glauben. Eine Auslegung des Apostolischen Glaubensbekenntnisses,* Düsseldorf, 1985.
- Schneider, Th. / Ullrich, L.(Hrsg.), *Vorsehung und Handeln Gottes* = *QD* 115, Freiburg i. Br., 1986.
- Scholz, O.R., “Symbol II”, in: *HWP* 10, pp.723~738.
- Schönborn, Chr., “Maria – Herz der Theologie – Theologie des Herzens”, in: W. Baier u.a.(Hrsg.), *Weisheit Gottes – Weisheit der Welt* = FS J. Ratzinger, Bd. I, St. Ottilien, 1987, pp.575~589.
- Schoonenberg, P., “Der Mensch in der Sünde”, in: *MySal* II, pp.845~941.
- ——, “Der neue Katechismus und die Dogmatik”, in: *Dokumentation des Holländischen Katechismus,* Freiburg i. Br., 1967.
- ——, *Gottes werdende Welt,* Limburg, 1963.
- Schreiber, St., “Die Sternenfrau und ihre Kinder(Offb 12). Zur Wiederentdeckung eines Mythos”, in: *NTS* 53(2007), pp.436~457.
- Schreiner, Kl., *Maria. Jungfrau, Mutter, Herrscherin,* München-Wien, 1994.
- Schubert, K., “Die Jungfrauengeburt im Lichte frühjüdischer Quellen”, in: *ThG(B)* 16(1973), pp.193~199.
- Schulte, R., *Die Herkunft Jesu Christi. Verständnis und Missverständnis des biblischen Zeugnisses. Eine theologie-kritische Besinnung,* Münster, 2012.
- ——, “Ökumenische Besinnung über die Stellung Mariens in der

christlichen Theologie", in: Ordinariat der Erzdiözese Wien(Hrsg.), *Ökumenische Besinnung*, Wien, 1981.

- Schulte-Klöcker, U., *Das Verhältnis von Ewigkeit und Zeit als Wiederspiegelung der Beziehung zwischen Schöpfer und Schöpfung. Eine textbegleitende Interpretation der Bücher XI-XIII der 'Confessiones' des Augustinus*, Bonn, 2000.
- Schultze, B., *Maria und Kirche in der russischen Sophia-Theologie, in: Maria et Ecclesia. Acta congressus mariologici-mariani in civitate Lourdes anno 1958 celebrati*, vol. X, Rom, 1960, pp.51~141.
- Schulz, M., "Die Gretchenfrage der pluralistischen Religionstheologie: Einer ist Gott, nur einer auch Mittler?", in: G.L. Müller / M. Serretti(Hrsg.), *Einzigkeit und Universalität Jesu Christi*, dt., Einsiedeln-Freiburg, 2001, pp.113~153.
- ——, *Sein und Trinität. Systematische Erörterungen zur Religionsphilosophie G. W. F. Hegels im ontologiegeschichtlichen Rückblick auf J. Dun Scotus und I. Kant und die Hegel-Rezeption in der Seinsauslegung und Trinitätstheologie bei W. Pannenberg, E. Jüngel, K. Rahner und H. U. v. Balthasar*, St. Ottilien, 1997.
- Schulz, W., *Metaphysik des Schwebens. Untersuchungen zur Geschichte der Ästhetik*, Pfullingen, 1985.
- Schulze, W.A., "Die Himmelfahrt Mariens bei C. G. Jung", in: *ThZ* 25(1969), pp.215~218.
- Schüngel-Strautmann, H., "Alttestamentliche Weisheitstexte als marianische Liturgie. Sprüche 8 und Jesus Sirach 24 in den Lesungen an den Marienfesten", in: E. Gössmann / D.R. Bauer(Hrsg.), *Maria für alle Frauen oder über allen Frauen?*, Freiburg i. Br., 1989, pp.12~35.
- Schürmann, H., *Das Lukasevangelium = HThKNT*, Bd. I, Freiburg

i. Br., 1969.

• ——, "Die geistgewirkte Lebensentstehung Jesu", in: W. Ernst / K. Feiereis(Hrsg.), *Einheit in Vielfalt,* FS H. Aufderbeck, Leipzig, 1974, pp.156~169.

• Schwager, R., "Kontraproduktive Folgen? Gefahren beim Streben nach einem schnellen Konsens", in: *ThPQ* 142(1994) bes., pp. 23~31.

• —— (Hrsg.), *Christus allein? Der Streit um die pluralistische Religionstheologie* = *QD* 160, Freiburg i. Br., 1996.

• Schwanke, J., "Freier oder unfreier Wille? Die Kontroverse zwischen M. Luther und Erasmus v. Rotterdam", in: W. Zager(Hrsg.), *Martin Luther und die Freiheit,* Darmstadt, 2010, pp.41~58.

• Schweizer, E., "σῶμα", in: *ThWNT* VII, pp.1024~1091.

• Schwöbel, Chr., *Gott in Beziehung. Studien zur Dogmatik,* Tübingen, 2002.

• Scipioni, L.I., *Nestorio e il concilio di Efeso,* Mailand, 1974.

• Scola, A., *Das hochzeitliche Geheimnis,* dt. Freiburg, 2006.

• Seckler, M., "Der Begriff der Offenbarung", in: *HFTh* II, pp.60~83.

• Sedlmeier, Fr., "Jes 7,14 – Überlegungen zu einem umstrittenen Vers und zu seiner Auslegungsgeschichte", in: A. Ziegenaus(Hrsg.), *"Geboren aus der Jungfrau Maria",* Regensburg 2007, pp.13~43.

• Seethaler, P., "Die Weisheitstexte in der Marienliturgie", in: *BenM* 34(1958), pp.111~120.

• Seidel, Th. A. / Schacht, U.(Hrsg.), *Maria. Evangelisch,* Leipzig-Paderborn, 2011.

• Seiler, H., *Corredemptrix. Theologische Studie zur Lehre der letzten Päpste über die Miterlöserschaft Mariens,* Rom, 1939.

• Seils, M., *Der Gedanke vom Zusammenwirken Gottes und des Menschen in der Theologie Luthers,* Berlin, 1962.

- Semmelroth, O., "Kommentar zum 8. Kapitel von LG", in: *LThK*, Erg.-Bd. I, pp.326~347.
- ——, Urbild der Kirche. Organischer Aufbau des Mariengeheimnisses, Würzburg, ²1954.
- Sequeri, P., "Nur einer ist der 'Gute'. Theologie der Affektion als Umkehr der Ontologie", in: E. Arens(Hrsg.), *Gegenwart. Ästhetik trifft Theologie* = *QD* 246, Freiburg i. Br., 2012, pp.46~72.
- Serra, A., *Contributi dell'antica letteratura giudaica per l'esegesi di Giovanni 2,1–12 e 19, 25–27*, Rom, 1977.
- ——, "'… e lo avvolse in fasce…'(Lc 2,7b)", in: ders., *C'era la madre di Gesù … (Gv. 2,1). Saggi di esegesi biblico-mariana(1978–1988)*, Milano-Roma, 1989, pp.225~284.
- ——, "L'Annunciazione a Maria(Lc 1,26–38). Un formulario di Alleanza?", in: *PaVi* 25(1980), pp.4~11.
- ——, Vergine, in: S. de Fiores / S. Meo(Hrsg.), *Nuovo dizionario di Mariologia*, Cinisello Balsamo, 1985, pp.1424~1454.
- Sesboüé, B., *Hors de l'Eglise pas du salut*, Paris, 2004.
- Seybold, M.(Hrsg.), *Maria im Glauben der Kirche*, Eichstätt-Wien, 1985.
- Sickenberger, J., Die Messiasmutter im 12. Kapitel der Apokalypse, in: *ThQ* 126(1946), pp.357~427.
- Siegert, F., Die Mutter Jesu und der Lieblingsjünger, in : J.C. de Vos / F. Siegert(Hrsg.), *Interesse am Judentum*, Münster, 2008, pp.411~417.
- Silberer, M., *Die Trinitätsidee im Werk von P. A. Florenskij*, Würzburg, 1984.
- Simon, J. u.a., "Symbol", in: *TRE* 32, pp.479~496.
- Smitmans, A., *Das Weinwunder von Kana. Die Auslegung von Jo 2,1–11 bei den Vätern und heute*, Tübingen, 1966.

- Soden, W. v., *Muttergottheiten*, in: *RGG* [3]4, pp.1227~1229.
- Söding, Th., Die Größe der Hoffnung, in: U. Swarat / Th. Söding(Hrsg.), *Gemeinsame Hoffnung – über den Tod hinaus* = *QD* 257, Freiburg i. Br., 2013, pp.252~292.
- ——, Heilsamer Glaube. Die synoptische Tradition, in: I.U. Dalferth / S. Peng-Keller, *Gottvertrauen. Die ökumenische Diskussion um die fi ducia* = *QD* 250, Freiburg i. Br., 2012, pp.48~79.
- ——, Leib Christi I, in: *LThK* 6, pp.769~771.
- Söll, G., *Abschied von Maria?*, Donauwörth, 1974.
- ——, *Mariologie* = *HDG* III/4, Freiburg i. Br., 1978.
- ——, Maria in der Geschichte von Theologie und Frömmigkeit, in: Hmar, pp.92~231.
- Sölle, D., Meine Seele sucht das Land der Freiheit, in: H. Haag u.a.(Hrsg.), *Maria, Brauchtum und Religion in Bild und Text*, Freiburg u.a., 1997, pp.122~144.
- ——, *Stellvertretung*, Stuttgart-Berlin, 1965.
- Solowjew, W.S., Russland und die universale Kirche, in: *WW* III, Freiburg-München 1954, pp.145~419.
- ——, *Solowjews Leben in Briefen und Gedichten*, Hrsg. v. L. Müller, Erg.-bd. der WW, München, 1977.
- ——, *Solov'evs Leben und Werk. Schriften zur Philosophie, Theologie und Politik*, Hrsg. v. L. Müller, Darmstadt, 1991, pp.13~27.
- Sonnemans, H., *Seele. Unsterblichkeit – Auferstehung*, Freiburg i. Br., 1984.
- Spaemann, R., "Über einige Schwierigkeiten mit der Erbsündenlehre", in: Chr. Schönborn / A. Görres / R. Spaemann(Hrsg.), *Zur kirchlichen Erbsündenlehre*, Fribourg, [2]1994, pp.37~66.
- Speyer, W., "Der Verfall des Marienbildes in der westlichen Kunst

der Neuzeit", in: P.L. Hofrichter(Hrsg.), *Auf der Suche nach der Seele Europas. Marienfrömmigkeit in Ost und West*, Innsbruck-Wien, 2007, pp.219~237.

- Spindeler, A., *Cur Verbum caro factum? Das Motiv der Menschwerdung und das Verhältnis der Erlösung zur Menschwerdung in den christologischen Glaubenskämpfen des 4. und 5. Jh.*, aderborn, 1938.
- Splett, J., "Gottesbeweis Mitmenschlichkeit. Zur rationalen Begründung von Religion", in: A.J. Buch / H. Fries(Hrsg.), *Die Frage nach Gott als Frage nach dem Menschen*, Düsseldorf, 1981, pp. 51~62.
- ——, "Gottes Freiheit und die Kontingenz der Schöpfung. Zur religionsphilosophischen Begründung menschlichen Weltverständnisses", in: Ph. Schmitz(Hrsg.), *Macht euch die Erde untertan? Schöpfungsglaube und Umweltkrise*, Würzburg, 1981, pp.39~64.
- Staniloae, D., *Orthodoxe Dogmatik*, Bd. II, Zürich u.a., 1990.
- Starowieyski, M., "Le titre θεοτόκος avant le concile d'Ephèse", in: *StudPatr* 19(1989), pp.236~242.
- Stecher, R., "Die persönliche Weisheit in den Proverbien", in: *ZkTh* 75(1953), pp.411~451.
- Steck, O.H., *Der Schöpfungsbericht der Priesterschrift*, Göttingen, ^{2}1981.
- Stegmüller, O., "Sub tuum praesidium. Bemerkungen zur ältesten Überlieferung", in: *ZkTh* 74(1952), pp.76~82.
- Steinhauer, H., *Maria als dramatische Person bei Hans Urs von Balthasar. Zum marianischen Prinzip seines Denkens*, Innsbruck-Wien, 2001.
- ——, "Vorerlöst zu uneingeschränkter Solidarität. Vom Privileg der Mutter Jesu zur Bestimmtheit der ganzen Schöpfung", in: K.J.

Wallner(Hrsg.), *Auditorium Spiritus Sancti* = FS 200-JahrJubiläum der Phil.-Theol. Hochschule Heiligenkreuz, Langwaden, 2004, pp. 379~392.

- Stock, K., "Die Berufung Marias(Lk 1,26–38)", in: *Bib.* 61(1980), pp.457~491.
- Stößl, F., "Personifi kationen", in: *PRE* 37, pp.1042~1058.
- Strack, H.L., *Einleitung zu Talmud und Midrasch*, München, [6]1976.
- Stubenrauch, B., *Dialogisches Dogma. Der christliche Auftrag zur interreligiösen Begegnung* = *QD* 158, Freiburg i. Br., 1995.
- Studer, B., *Dominus Salvator*, Rom, 1992.
- Suenens, L.-J., *Maria im Plan Gottes*, Fribourg, 1963.

【T】

- Tapolet, W. / Ebneter, A., *Das Marienlob der Reformatoren*, Tübingen, 1962.
- Tavo, F., Woman, *Mother and Bride. An exegetical Investigation into the "Ecclesial" Notions of the Apocalypse*, Leuven u.a., 2007.
- Taylor, Ch., "Formen religiösen Lebens", in: *Zur Debatte* 3, 2012, pp.17~18.
- Teilhard de Chardin, P., *Der göttliche Bereich*, dt. Olten-Freiburg, [5]1965.
- ──, *Hymne an das Ewig Weibliche. Mit dem Kommentar von Henri de Lubac*, dt. Einsiedeln, 1968.
- Thurian, M., *Maria*, dt. Mainz-Kassel, 1965.
- Tillard, J.-M.-R., *Chair de l'Église, chair du Christ*, Paris, 1992.
- Tillich, P., *Gesammelte Werke*, Bd. V: Schriften zur Religionsphilosophie, Stuttgart, 1964.
- ──, *Systematische Theologie*, Bd. I, dt. Stuttgart, [3]1967.

• ——, *Wesen und Wandel des Glaubens*, Frankfurt, 1961.
• Toniolo, E.M., "Maternità divina e verginità di Maria nel magistero della Chiesa dal 392 al 649", in: G. Liccaro u.a.(Hrsg.), *Atti del Convegno Internazionale di studi Mariologici*, Neapel, 1993, pp.75~103.
• Torres Queiruga, A., *Die Wiederentdeckung der Schöpfung*, dt. Darmstadt, 2008.
• Tourpe, E., "La positivité de l'être comme amour chez Ferdinand Ulrich à l'arrière plan de Theologik III. Sur un mot de H. U. v. Balthasar", in: *Greg*. 89(2008), pp.86~117.
• Trentin, G., "'Der einzige Geist, der alles in allem wirkt.' Zur Neuevangelisierung", in W. Kleins "Gesprächen", in: www.o-ki-regensburg.de P. Wilhelm Klein. Forum(2013.05.16. 접속).
• ——, *Im Anfang. Das "Mariengeheimnis" in den Handschriften von Wilhelm Klein*, dt. Würzburg, 2006.
• ——, "Wie soll man heute Wilhelm Klein lesen?", in: *KCGH* (Katalog) 116(2007), pp.77~84.
• Turner, H.E.W., "Nestorius reconsidered", in: *StudPatr* 13(1975), pp.306~321.

【U】

• Uhde, B., "'Fiat mihi secundum verbum tuum.' Die Zurücknahme des menschlichen Willens als ein Prinzip der Weltreligionen", in: *Jb. f. Religionsphilosophie* I, Frankfurt, 2002, pp.87~98.
• Ulrich, F., *Der Mensch als Anfang. Zur philosophischen Anthropologie der Kindheit*, Einsiedeln, 1970.
• ——, *Gabe und Vergebung. Ein Beitrag zur biblischen Theologie* = *Schriften* V, Hrsg. v. St. Oster, Freiburg, 2006.
• ——, *Homo Abyssus. Das Wagnis der Seinsfrage. Neuausgabe*,

Freiburg, ²1998.
- Unger, D., "Christ's role in the universe according to St. Irenaeus", in: *FS* 5(1945), pp.3~20. 114~137.

【V】
- Valeske, U., *Hierarchia veritatum*, München, 1968.
- van der Kooij, A., "Die Septuaginta Jesajas als Dokument jüdischer Exegese. Einige Notizen zu LXX-Jes. 7", in: *Übersetzung und Deutung*, FS A.R. Hulst, Nijkerk, 1977, pp.91~102.
- Vanhoye, A., "Interrogation johannique et exégèse de Cana(Jn 2,4)", in: *Bibl.* 55(1974), pp.157~167.
- Verweyen, H., *Gottes letztes Wort. Grundriss der Fundamentaltheologie*, Düsseldorf, 1991.
- ——, "Mariologie als Befreiung, Lk 1,16–45.46 im Kontext", in: *ZkTh* 105(1983), pp.168~183.
- Villafi Orita Monteleone, A., "Die Mitwirkung Marias an der Erlösung: status quaestionis der neueren Diskussion", in: *FKTh* 29(2013), pp.22~36.
- Vögtle, A., "Die Genealogie Mt 1,2–16 und die matthäische Kindheitsgeschichte", in: ders., *Das Evangelium und die Evangelien*, Düsseldorf, 1971, pp.57~136.
- ——, "Mt 1,25 und die Virginitas B.M.Virginis post partum", in: *ThQ* 147(1967), pp.28~39.
- ——, "Offene Fragen zur lukanischen Geburts- und Kindheitsgeschichte", in: ders., *Das Evangelium und die Evangelien*, Düsseldorf 1971, pp.43~56.
- Vollenweider, S., "Christus als Weisheit, Gedanken zu einer bedeutsamen Weichenstellung in der frühchristlichen Theologiegeschichte", in: *EvTh* 53(1993), pp.290~210.

• Voss, G., *Dich als Mutter zeige. Maria in der Feier des Kirchenjahres*, Freiburg i. Br., 1991.
• ——, "'Marianische Spiritualität'. Intention und Abgrenzung", in: *US* 42(1987), pp.231~238.

【W】
• Wacker, M.-Th., "Eine Frage der Gerechtigkeit. Gott suchen – feministisch, gendersensibel, geschlechterbewusst", in: *HK.spezial* 2(2011), pp.47~51.
• Wanke, J., "Auskunftsfähig für das Evangelium", in: *Zur Debatte* 5(2013), pp.6~7.
• Warnach, V., *Agape. Die Liebe als Grundmotiv der neutestamentlichen Theologie*, Düsseldorf, 1951.
• Weber, M., *Wirtschaft und Gesellschaft*, hrg. v. J. Winckelmann, Bd. I-II, Köln-Berlin, 1964.
• Weder, H., "Glaube-Hoffnung-Vertrauen. Beobachtungen aus neutestamentlich-hermeneutischer Perspektive", in: I.U. Dalferth / S. Peng-Keller(Hrsg.), *Gottvertrauen. Die ökumenische Diskussion um die fi ducia* = *QD* 250, Freiburg i. Br., 2012, pp.80~104.
• Weger, K.-H., *Theologie der Erbsünde* = *QD* 44, Freiburg i. Br., 1970.
• Wehrle, P., "City-Pastoral. Seelsorge an den Wegen der Menschen", in: ders. / T. Licht, *CityPastoral in der Erzdiözese Freiburg* = *Freiburger Texte* 47, Freiburg i. Br. 2002.
• Weissmahr, B., "Gibt es von Gott gewirkte Wunder? Grundsätzliche Überlegungen zu einer verdrängten Problematik", in: *StdZ* 191(1973), pp.47~61.
• ——, *Gottes Wirken in der Welt. Ein Diskussionsbeitrag zur Frage der Evolution und des Wunders*, Frankfurt, 1972.

- ———, "Kann Gott die Auferstehung Jesu durch innerweltliche Kräfte bewirkt haben?", in: *ZkTh* 100(1978), pp.441~469.
- ———, *Ontologie*, Stuttgart u.a., 1985.
- Weizäcker, C.-F. v., *Die Einheit der Natur*, München, 1971.
- Welker, M., "Kirche zwischen pluralistischer Kultur und Pluralismus des Geistes", in: J. Mehlhausen(Hrsg.), Pluralismus und Identität, Gütersloh, 1995.
- Welte, B., "Vom Sinn der Marienverehrung", in: *EuA* 55(1979), pp.407~413.
- ———, "Zur Theorie der Marienverehrung", in: ders., *Zwischen Zeit und Ewigkeit*, Freiburg i. Br., 1982, pp.272~279.
- Welte, P. H., *Erlösung – wie und wovon? Was Christen unter Heil verstehen*, Regensburg, 2012.
- ———, *Ins Böse verstrickt. Versuch einer Neuinterpretation der Erbsündenlehre*, Münster, 2009.
- Wengst, Kl.(Hrsg.), *Schriften des Urchristentums*, Darmstadt, 1984.
- Wenzel, L., "Mystik und Gnosis bei W. S. Solowjew", in: P. Koslowski(Hrsg.), *Mystik und Gnosis in der Geschichte der Philosophie*, Darmstadt, 1988, pp.296~313.
- Werbick, J., "Fides – Fiducia – Emuna", in: I.U. Dalferth / S. Peng-Keller(Hrsg.), *Gottvertrauen. Die ökumenische Diskussion um die fi ducia* = *QD* 250, Freiburg i. Br., 2012, pp.295~312.
- ———, *Kirche. Ein ekklesiologischer Entwurf für Studium und Praxis*, Freiburg i. Br., 1994.
- Weyermann, M., "Die Typologien von Adam-Christus und Eva-Maria und ihr Verhältnis zueinander", in: *IkaZ* 88(1998), pp.213~218.
- Wheeler Robinson, H., *Corporate personality in ancient Israel*, Edinburgh, 1981.

- ——, "The Hebrew conception of corporate Personality", in: *ZAW*, Bh. 66(1936), pp.49~62.
- Wickert, U., *Die dreifaltige Mutterschaft Mariens*, Vallendar, 2007.
- ——, *Die Weltlichkeit des Glaubens, die historische Theologie und Maria Assumpta*, Manuskript eines Anfang 1972 in Tübingen vor der Arbeitsgemeinschaft der beiden theologischen Fachbereiche gehaltenen Vortrags.
- ——, "Die Weltlichkeit des Glaubens, die historische Theologie und Maria Assumpta", in: H. Feld / J. Nolte(Hrsg.), *Wort Gottes in der Zeit*, FS K.H. Schelkle, Würzburg, 1973, pp.378~409.
- ——, *Ein evangelischer Theologe schreibt über Maria*, Berlin, 1979.
- Wickham, L.R., "Nestorius / Nestorianischer Streit", in: *TRE* 24, pp.276~286.
- Wiedenhofer, S., *Das katholische Kirchenverständnis. Ein Lehrbuch der Ekklesiologie*, Graz u.a., 1992.
- Wiederkehr, D., "Maria und die 'neue Frau'", in: MySal Erg.-Bd, pp.246~248.
- ——, *Wie geschieht Tradition = QD* 133, Freiburg i. Br., 1991.
- ——(Hrsg.), *Der Glaubenssinn des Gottesvolkes – Konkurrent oder Partner des Lehramtes = QD* 151, Freiburg i. Br., 1994.
- Wilckens, U., "'Empfangen vom Heiligen Geist', geboren aus der Jungfrau Maria – in Lk 1,26–38", in: R. Pesch(Hrsg.), *Zur Theologie der Kindheitsgeschichten*, München-Zürich, 1981, pp.49~73.
- ——, "Einführungsvotum zum ev.-kath. Glaubensgespräch über die Mutter des Herrn auf dem 88. Deutschen Katholikentag in München", in: Dokumentation, Hrsg. v. Zentralkomitee der deutschen Katholiken, Paderborn, 1984, pp.702~707.
- Willi, R., "Die marianische Deutung der alttestamentlichen 'Weisheit'

bei Joseph Ratzinger und Leo Scheffzcyk", in: *FKTh* 29(2013), pp.110~125.

• Winter, P., "The Proto-source of Luke 2", in: *NT* 1(1956), pp.184~199.

• Wipfler, H., *Grundfragen der Trinitätsspekulation*, Regensburg, 1977.

• Wittgenstein, L., *Philosophische Untersuchungen*, Frankfurt, 1967.

• Wolf, K., *Philosophie der Gabe. Meditationen über die Liebe in der französischen Gegenwartsphilosophie*, Stuttgart, 2006.

• Wölfel, E., "Erwägungen zu Struktur und Anliegen der Mariologie", in: W. Schöpsdau(Hrsg.), *Mariologie und Feminismus = Bensheimer* Hefte 64, Göttingen, 1985, pp.71~102.

• Wong, J.H., "Anonymous Christians: Karl Rahners Pneuma-Christocentrism and an East-West dialogue", in: *TheolSt* 55(1994), pp.609~637.

• Wucherer-Huldenfeld, A.K., "Geburtszustand und weltoffene Daseinsweise", in: S. Schindler(Hrsg.), *Geburt. Eintritt in eine neue Welt*, Göttingen u.a., 1986, pp.173~191.

• Wulf, Fr., "Unsere Marienfrömmigkeit", in: *GuL* 21(1948), pp.295~301.

【Z】

• Zeller, H., "Corpora Sanctorum", in: *ZkTh* 71(1949), pp.385~465.

• Zenger, E., "Jahweh, Abraham und das Heil der Völker", in: W. Kasper(Hrsg.), *des Christentums = QD* 79, Freiburg i. Br., 1977.

• ——, "Was ist der Preis des Monotheismus", in: *HK* 55(2001), pp.186~191.

• Zerwick, M., *Der Brief an die Galater*, Düsseldorf, 1964.

• Ziegenaus, A., "Der christologische Gehalt der jungfräulichen

Mutterschaft", in: ders.(Hrsg.), *"Geboren aus der Jungfrau Maria"*, Regensburg, 2007, pp.44~57.

- ——, "Die Empfängnis durch den Heiligen Geist. Zur Wirkweise des Heiligen Geistes bei der Inkarnation", in: ders.(Hrsg.), *Maria und der Heilige Geist. Beiträge zur pneumatologischen Prägung der Mariologie*, Regensburg, 1991, pp.75~91.
- ——, "Erwägungen zum Rückgang marianischer Frömmigkeit", in: ders.(Hrsg.), *Das marianische Zeitalter*, Regensburg, 2002, pp.209ff.
- ——, *"Geboren aus der Jungfrau Maria"*, Regensburg, 2007.
- ——, "Jungfräulichkeit II", in: *MarL* 3, pp.469~481.
- ——, "Maria in der Heilsgeschichte", in: ders., *Mariologie = Katholische Dogmatik*, Bd. V, Aachen 1998, pp.232~287.
- ——, *Verantworteter Glaube*, Bd. II, Buttenwiesen, 2001.
- ——(Hrsg.), *Das Marianische Zeitalter*, Regensburg, 2002.
- Ziermann, H., *Matthias Grünewald*, München u.a., 2001.
- Zimmermann, R., "'Bräutigam' als frühjüdisches Messias-Prädikat?", in: *Biblische Notizen* 103(2000), pp.85~100.
- Zmijewski, J., *Die Mutter des Messias. Maria in der Verkündigung des Neuen Testaments*, Kevelaer, 1989.
- Zucal, S., *La teologia della morte in Karl Rahner*, Bologna, 1982.

/인/명/ /색/인/

【ㅁ】

【ㅂ】

【ㅅ】

【 ㅇ 】